VERLAG
ÖSTERREICH

Ursula Floßmann
Herbert Kalb
Karin Neuwirth

Österreichische Privatrechtsgeschichte

9. Auflage

2023

Lehrbuch

VERLAG
ÖSTERREICH

em. o. Univ.-Prof.[in] Dr.[in] Ursula Floßmann
langjährige Vorständin des Instituts für Österreichisches und Deutsche Rechtsgeschichte, nunmehr Institut für Legal Gender Studies, JKU Linz

Univ.-Prof. DDr. Herbert Kalb
Vorstand des Instituts für Kanonistik, Europäische Rechtsgeschichte und Religionsrecht, JKU Linz

Mag.[a] Dr.[in] Karin Neuwirth
Wissenschaftliche Mitarbeiterin am Institut für Österreichische und Deutsche Rechtsgeschichte, nunmehr Institut für Legal Gender Studies, JKU Linz

www.verlagoesterreich.at
Gedruckt in Ungarn

Satz: Grafik & Design, Claudia Gruber-Feigelmüller, 3580 Horn, Österreich
Druck: Prime Rate Kft., 1044 Budapest, Ungarn

Gedruckt auf säurefreiem, chlorfrei gebleichtem Papier

Bibliografische Information der Deutschen Nationalbibliothek
Die Deutsche Nationalbibliothek verzeichnet diese Publikation in der Deutschen Nationalbibliografie; detaillierte bibliografische Daten sind im Internet über http://dnb.d-nb.de abrufbar.

ISBN 978-3-7046-8298-7 8. Aufl Verlag Österreich
ISBN 978-3-7046-9176-7 9. Aufl Verlag Österreich

Vorwort zur neunten Auflage

Seit der 7. Auflage im Team erarbeitet, behält auch die 9. Auflage den bisherigen Aufbau bei. Die Aktualisierungen betreffen vor allem die durch den Gesetzgeber veranlassten Änderungen im geltenden Recht sowie die Einarbeitung grundlegender rechtshistorischer Literatur. Um den Charakter eines rechtshistorischen Lehrbuchs zu stärken, wurden die Verweise auf die aktuell-rechtlichen Lehrbücher aufgrund der immer kürzer werdenden Publikationsintervalle und aus Platzgründen eingeschränkt.

Linz, im Mai 2023

Ursula Floßmann
Herbert Kalb
Karin Neuwirth

Vorwort zur ersten Auflage

Ein Lehrbuch der Österreichischen Privatrechtsgeschichte fehlt seit langem. Diesem Mangel soll das vorliegende Werk abhelfen. Es erscheint in der Reihe „Springers Kurzlehrbücher der Rechtswissenschaft", womit bereits gesagt ist, daß bei der Aufarbeitung des reichen Quellenmaterials Zugeständnisse an die Kürze und Übersichtlichkeit des Stoffes gemacht werden mußten. Um dem vornehmsten Auftrag der Rechtsgeschichte zu entsprechen, das geltende Recht aus seinen Entstehungsbedingungen heraus zu erklären, war es allerdings notwendig, dem eigentlichen Lehrstoff die Grundzüge unserer Privatrechtsordnung vergleichend gegenüberzustellen. Darüber hinaus soll den Studienanfängern der spätere Einstieg in das moderne Privatrecht erleichtert werden. Aus diesen didaktischen Erwägungen schien es mir ratsam, die bisherigen Ergebnisse der rechtsgeschichtlichen Forschung in ein weitgehend gebräuchliches System des österreichischen bürgerlichen Rechts einzubauen.

Für die wertvolle Hilfe bei der Literaturbeschaffung und Anlegung der Verzeichnisse danke ich meinen Assistenten Dr. *O. Lehner* und Dr. *E. Ellrichshausen*; für die Herstellung des Manuskripts Frau *M. Steinleitner*.

Linz, im Juli 1983 *Ursula Floßmann*

Inhaltsverzeichnis

Abkürzungsverzeichnis

ABGB	Allgemeines Bürgerliches Gesetzbuch (JGS 946/1811)
ADHGB	Allgemeines Deutsches Handelsgesetzbuch (1861)
ae.	außerehelich
a. F.	alte Fassung
AHGB	Allgemeines Handelsgesetzbuch (österreichische Fassung) (RGBl. 1/1863)
Allg. GBG	Allgemeines Grundbuchsgesetz 1871 (RGBl. 95)
ALR	Preußisches Allgemeines Landrecht (1794)
ARÄG	Arbeitsrechtsänderungsgesetz 2000 (BGBl. I 44)
Art.	Artikel
ASVG	Allgemeines Sozialversicherungsgesetz (BGBl. 189/1955)
AußStrG	Außerstreitgesetz 1854 (RGBl. 208)
Bd.; Bde.	Band; Bände
BG	Bundesgesetz
BGB	(Deutsches) Bürgerliches Gesetzbuch (DRGBl. 195, 1896)
BGBl.	Bundesgesetzblatt
BRBG (1.)	Erstes Bundesrechtsbereinigungsgesetz (BGBl. I 1999/191)
BRGÖ	Beiträge zur Rechtsgeschichte Österreichs
bspw.	beispielsweise
B-VG	Bundes-Verfassungsgesetz
bzw.	beziehungsweise
Cap.	Caput
CTh	Codex Theresianus
DBGBl.	Deutsches Bundesgesetzblatt
ders.	derselbe
d. h.	das heißt
d. i.	das ist
dies.	dieselbe
DRGBl.	Deutsches Reichsgesetzblatt
EGBGB	Einführungsgesetz zum (deutschen) Bürgerlichen Gesetzbuch (DRGBl. 604, 1896)
EheG	Ehegesetz (RGBl. 1938, I, 807)
einschl.	einschließlich
EKHG	Eisenbahn- und Kraftfahrzeughaftpflichtgesetz (BGBl. 48/1959)
EO	Exekutionsordnung (RGBl. 79/1896)

f.; ff.	folgende; fortfolgende
FN	Fußnote
Frhr.	Freiherr
FS	Festschrift
G	Gesetz
GBG	Allgemeines Grundbuchsgesetz 1955 (BGBl. 39)
GewRÄG	Gewährleistungsrechts-Änderungsgesetz (BGBl. I 2001/48)
Gf.	Graf
GG	Grundgesetz für die Bundesrepublik Deutschland („Bonner Grundgesetz“) (DBGBl. 1, 1949)
GS	Gedächtnis-/Gedenkschrift
HdWb.	Handwörterbuch
HfD	Hofdekret
HfKD	Hofkanzleidekret
Hg.; hg.	Herausgeber; herausgegeben
HGB	Handelsgesetzbuch (DRGBl. 219, 1897, in der für Österreich geltenden Fassung)
h. L.	herrschende Lehre
Hl. Röm. Reich	Heiliges Römisches Reich Deutscher Nation
Hpst.	Hauptstück
HRG	Handwörterbuch zur Deutschen Rechtsgeschichte
HRG²	Handwörterbuch zur Deutschen Rechtsgeschichte (Zweitauflage in Teillieferungen)
i. d. F.	in der Fassung
i. d. g. F.	in der geltenden Fassung
i. d. R.	in der Regel
i. e. S.	im engeren Sinn
IO	Insolvenzordnung (BGBl. I 2010/29)
iFamZ	Interdisziplinäre Zeitschrift für Familienrecht
i.V. m.	in Verbindung mit
i.w.S.	im weiteren Sinn
Jb.	Jahrbuch
JBl.	Juristische Blätter (1872–1938, 1946 ff.)
JGS	„Justizgesetzsammlung“, Gesetze und Verordnungen im Justizfache (1780–1848)
Jh.	Jahrhundert
JosGB	Josephinisches Gesetzbuch
jurid.	juridisch
Kais. E.	Kaiserliche Entschließung
Kais. P.	Kaiserliches Patent
Kd.	Kundmachung
KindRÄG	Kindschaftsrechts-Änderungsgesetz 2001 (BGBl. I 2000/135)
KO	Konkursordnung (RGBl. 337/1914)
KSchG	Konsumentenschutzgesetz 1979 (BGBl. 140)

lat.	lateinisch
Lief.	Lieferung
MA.; ma.	Mittelalter; mittelalterlich
m. a. W.	mit anderen Worten
MRG	Mietrechtsgesetz (BGBl. 520/1981)
Nachdr.	Nachdruck
Neudr.	Neudruck
n. F.	neue Fassung
NF	Neue Folge
n. h. L.	nach herrschender Lehre
Nov.	Novelle
Nr.	Nummer
ns.	nationalsozialistisch
öarr	österreichisches Archiv für recht & religion
OGH	Oberster Gerichtshof
ÖJZ	Österreichische Juristen-Zeitung (1946 ff.)
RAO	Rechtsanwaltsordnung (RGBl. 96/1868)
RFG	Recht & Finanzen für Gemeinden
Rg	Rechtsgeschichte. Zeitschrift des Max-Planck-Instituts für europäische Geschichte
RGBl.	Reichsgesetzblatt
RÜG	Rechts-Überleitungsgesetz (StGBl. 6/1945)
Rz.	Randziffer
s.	siehe
S. C.	Senatus consultum
sog.	sogenannt
Sp.	Spalte
Ss.	Sachsenspiegel
StGBl.	Staatsgesetzblatt für die Republik Österreich
StGG	Staatsgrundgesetz über die allgemeinen Rechte der Staatsbürger (RGBl. 142/1867)
str.	strittig
TN	Teilnovelle zum ABGB
I TN Kais.	VO über eine TN zum allgemeinen bürgerlichen Gesetzbuche (RGBl. 276/1914)
II TN Kais.	VO über die Erneuerung und Berichtigung der Grenzen (zweite TN zum allgemeinen bürgerlichen Gesetzbuche) (RGBl. 208/1915)
III TN Kais.	VO über die dritte TN zum allgemeinen bürgerlichen Gesetzbuche (RGBl. 69/1916)
ue.	unehelich
UGA.	Ungarischer Gesetzesartikel
UGB	Unternehmensgesetzbuch (Handelsrechts-Änderungsgesetz 2005, BGBl. I 120)
umstr.	umstritten

v.	von
v. a.	vor allem
VfGH	Verfassungsgerichtshof
vgl.	vergleiche
VO	Verordnung
VR	Zeitschrift für das Versicherungswesen
VwGH	Verwaltungsgerichtshof
WEG	Wohnungseigentumsgesetz (BGBl. 149/1948)
WRN	Wohnrechtsnovelle 2000 (BGBl. I 36)
Z	Ziffer
z. B.	zum Beispiel
ZGB	Schweizer Zivilgesetzbuch
ZNR	Zeitschrift für Neuere Rechtsgeschichte (1979 ff.)
ZRG GA	Zeitschrift der Savigny-Stiftung für Rechtsgeschichte (1880 ff.), Germanistische Abteilung
ZRG KA	Zeitschrift der Savigny-Stiftung für Rechtsgeschichte (1880 ff.), Kanonistische Abteilung
ZRG RA	Zeitschrift der Savigny-Stiftung für Rechtsgeschichte (1880 ff.), Romanistische Abteilung
Zs.	Zeitschrift

Erster Teil: Einleitung

Lit.: *H. Baltl*, Einflüsse des Römischen Rechts in Österreich, Ius Romanum Medii Aevi V/7–9, 1962, 1 ff.; *H. Baltl*, Die Österreichische Rechtsgeschichte, FS H. Lentze, 1969, 35 ff.; *H. Baltl/G. Kocher/M. Steppan*, Österreichische Rechtsgeschichte, 122009; *E. Berger* (Hg.), Österreichs Allgemeines Bürgerliches Gesetzbuch (ABGB). Eine europäische Privatrechtskodifikation III: Das ABGB außerhalb Österreichs, 2010; *W. Brauneder*, Zur Gesetzgebungsgeschichte der niederösterreichischen Länder, FS H. Demelius, 1973, 1 ff.; *W. Brauneder*, Kanonisches und römisch-gemeines Recht am Beginn der modernen Privatrechtswissenschaft, FS A. Dordett, 1976, 107 ff; *W. Brauneder*, Österreichs Allgemeines Bürgerliches Gesetzbuch (ABGB). Eine europäische Privatrechtskodifikation II: Das ABGB von 1912 bis 2012, 2011; *W. Brauneder*, Österreichs Allgemeines Bürgerliches Gesetzbuch (ABGB). Eine europäische Privatrechtskodifikation I: Entstehung und Entwicklung des ABGB bis 1900, 2014; *W. Brauneder*, Europäische Privatrechtsgeschichte, 2014; *A. Buschmann*, Mit Brief und Siegel – Kleine Kulturgeschichte des Privatrechts, 2014; *P. Caroni*, „Privatrecht". Eine sozialhistorische Einführung, 1988; *P. Caroni*, Gesetz und Gesetzbuch. Beiträge zu einer Kodifikationsgeschichte, 2003; *P. Caroni*, Privatrecht im 19. Jahrhundert. Eine Spurensuche, in Schweizerisches Privatrecht I/1, hg. v. *Ch. Chappuis/S. Hofer*, 2015; *H. Coing*, Europäisches Privatrecht I: Älteres Gemeines Recht (1500–1800), 1985, II: 19. Jahrhundert, 1989; *H. Conrad*, Deutsche Rechtsgeschichte I, 21962, II, 1966; *U. Floßmann*, Österreichische Privatrechtgeschichte als Teildisziplin der Rechtsgeschichte Österreichs, in Die österreichische Rechtsgeschichte, hg. v. *C. Faußner/H. Valentinitsch/G. Kocher*, 1991, 91 ff.; *U. Floßmann*, Frauenrechtsgeschichte, Linzer Schriften zur Frauenforschung 26, 22006; *U. Gerhard* (Hg.), Frauen in der Geschichte des Rechts. Von der Frühen Neuzeit bis zur Gegenwart, 1997; *G. Hamza*, Entstehung und Entwicklung der modernen Privatrechtsordnungen und die römischrechtliche Tradition, 2009; *Ph. Harras Ritter v. Harrasowsky*, Geschichte der Codification des österreichischen Civilrechtes, 1868, Nachdr. 1968; *Ph. Harras Ritter v. Harrasowsky*, Der Codex Theresianus und seine Umarbeitungen, 5 Bde., 1883 ff.; *V. Hasenöhrl*, Beiträge zur Geschichte der Rechtsbildung und der Rechtsquellen in den österreichischen Alpenländern bis zur Rezeption des römischen Rechts, 1905; *H. Hofmeister* (Hg.), Kodifikation als Mittel der Politik. Vorträge und Diskussionsbeiträge über die deutsche, schweizerische und österreichische Kodifikationsbewegung um 1900, 1986; *P. Jörs/W. Kunkel/L. Wenger*, Römisches Privatrecht, 31949; *M. Kaser*, Das römische Privatrecht I, 21971, u. II, 21975; *G. Kocher*, Höchstgerichtsbarkeit und Privatrechtskodifikation. Die oberste Justizstelle und das allgemeine Privatrecht in Österreich von 1749–1811, 1979; *G. Kocher*, Grundzüge der Privatrechtsentwicklung und die Geschichte der Rechtswissenschaft in Österreich, 21997; *G. Köbler*, Deutsche Rechtsgeschichte, 62005; *P. Koschaker*, Europa und das römische Recht, 41966; *H. Kreller*, Römisches Recht II: Grundlehren des Gemeinen Rechts, 1950; *K. Kroeschell*, Deutsche Rechtsgeschichte I (bis 1250), 132008, III (seit 1650), 52008; *K. Kroeschell/A. Cordes/K. Nehlsen-von Stryk*, Deutsche Rechtsgeschichte II (1250–1650), 92008;

H. Lentze, Naturrecht und Historische Schule in der österreichischen Rechtswissenschaft, Wissenschaft und Weltbild 23, 1970, 38 ff.; *H. Lentze*, Die Universitätsreform des Ministers Graf Leo Thun-Hohenstein, Sitzungsberichte der österreichischen Akademie der Wissenschaften, philosophisch-historische Klasse, Bd. 239, 1962; *K. A. v. Martini*, Lehrbegriff des Naturrechts, ^{2}1799, Neudr. 1970; *Th. Mayer-Maly*, Die Wiederkehr von Rechtsfiguren, Juristenzeitung 1971, 1 ff.; *St. Meder*, Rechtsgeschichte. Eine Einführung, ^{7}2020; *Ch. Neschwara*, Die ältesten Quellen zur Kodifikationsgeschichte des österreichischen AGBG, 2012; *J. Ofner*, Der Ur-Entwurf und die Berathungs-Protokolle des österreichischen ABGB I u. II, 1889, Neudr. 1976; *W. Ogris*, Der Entwicklungsgang der österreichischen Privatrechtswissenschaft im 19. Jahrhundert, Schriftenreihe der Juristischen Gesellschaft Berlin, Heft 32, 1968, 1 ff.; *W. Ogris*, Die historische Schule der österreichischen Zivilistik, FS H. Lentze, 1969, 449 ff.; *W. Ogris*, Die Rechtsentwicklung in Österreich 1848–1918, II: Die Habsburgermonarchie 1848–1918, 1975; *W. Ogris*, Elemente Europäischer Rechtskultur. Rechtshistorische Aufsätze aus den Jahren 1961–2003, hg. v. *Th. Olechowski*, 2003; *Th. Olechowski/Ch. Schmetterer*, Rechtsgeschichte. Einführung in die historischen Grundlagen des Rechts, ^{5}2019; *Th. Olechowski/R. Gamauf (Hg.)*, Studienwörterbuch Rechtsgeschichte & Römisches Recht, ^{4}2020; *L. Pfaff*, Der Codex Theresianus und seine Umarbeitungen, JBl 1883, Nr. 22, 255 ff., Nr. 23, 267 ff., 1884, Nr. 15, 169 ff., Nr. 16, 183 ff., Nr. 17, 195 ff., Nr. 18, 207 ff., 1885, Nr. 22, 253 ff., Nr. 23, 265 ff., Nr. 24, 277 ff., Nr. 25, 291 ff.; *J. W. Pichler*, Necessitas. Ein Element des mittelalterlichen und neuzeitlichen Rechts, 1983; *P. Putzer*, Das Privatrecht in den schriftlichen Rechtsdenkmälern der Stadt Salzburg im Mittelalter, FS H. Eichler, 1977, 503 ff.; *M. Rintelen*, Landsbrauch und gemeines Recht im Privatrecht der altösterreichischen Länder, FS A. Steinwenter, 1958, 78 ff.; *T. Ritter v. Sartori-Montecroce*, Beiträge zur österreichischen Reichs- und Rechtsgeschichte. Über die Reception der fremden Rechte in Tirol und die Tiroler Landes-Ordnungen, 1895; *M.P. Schennach*, Rechtsgeschichte der österreichischen Wirtschaft, 2022; *H. Schlosser*, Grundzüge der Neueren Privatrechtsgeschichte, ^{10}2005; *H. Schlosser*, Europäische Rechtsgeschichte, ^{5}2023; *G. K. Schmelzeisen*, Polizeiordnungen und Privatrecht, Forschungen zur Neueren Privatrechtgeschichte 3, 1955; *M. Schmoeckel*, Kanonisches Recht, 2020; *W. Selb/H. Hofmeister*, Forschungsband Franz v. Zeiller, 1980; *H. Slapnicka*, Österreichs Recht außerhalb Österreichs. Der Untergang des österreichischen Rechtsraums, 1973; *A. Steinwenter*, Der Einfluß des römischen Rechts auf die Kodifikation des bürgerlichen Rechts in Österreich, L'Europa e il diritto romano. Studi in memoria di Paolo Koschaker I, 1954, 403 ff.; *H. Strakosch*, Privatrechtskodifikation und Staatsbildung in Österreich (1753–1811), 1976; *H. E. Troje*, Gemeines Recht und Landsbrauch in Bernhard Walthers (1516–1584) Traktat „De iure protomiseos", 1972, 151 ff.; *H. v. Voltelini*, Zur Rezeption des gemeinen Rechtes in Wien, FS des akademischen Vereins deutscher Historiker in Wien, 1914, 79 ff.; *E. Weiß*, Einige Bemerkungen zur Rezeption des römischen Rechts in den österreichischen Alpenländern, L'Europa e il diritto romano. Studi in memoria di Paolo Koschaker, 1954, 393 ff.; *U. Wesel*, Geschichte des Rechts in Europa, ^{5}2022; *G. Wesenberg/G. Wesener*, Neuere deutsche Privatrechtsgeschichte im Rahmen der europäischen Rechtsentwicklung, ^{4}1985; *G. Wesener*, Zur Bedeutung der österreichischen Landesordnungsentwürfe des 16. und 17. Jahrhunderts für die neuere Privatrechtsgeschichte, FS N. Grass I, 1974, 613 ff.; *G. Wesener*, Einflüsse und Geltung des römisch-gemeinen Rechts in den altösterreichischen Ländern in der Neuzeit (16. bis 18. Jahrhundert), 1989; *G. Wesener*, Anfänge und Entwicklung der „Österreichischen Privatrechtsgeschichte" im 19. und frühen 20. Jahrhundert, ZNR 2006, 364 ff.; *F. Wieacker*, Privatrechtsgeschichte der Neuzeit unter besonderer Berücksichtigung der deutschen Entwicklung, ^{2}1967; *V. Winkler*, Der Kampf gegen die Rechtswissenschaft. Franz Wieackers „Privatrechtsgeschichte der Neuzeit" und die deutsche Rechtswissenschaft des 20. Jahrhunderts, 2014; *U. Wolter*, Ius canonicum in iure civili, Studien zur Rechtsquellenlehre in der neueren Privatrechtsgeschichte, 1975.

Ergänzend dazu vgl. die Schrifttums- und Quellennachweise bei *N. Grass*, Bibliographische Einführung in die Rechtsgeschichte und Rechtsethnologie, D/4, Österreich, 1979; *G. Köbler*, Einfache Bibliographie europäisch-deutscher Rechtsgeschichte, 1990; *H. Coing* (Hg.), Handbuch der Quellen und Literatur der neueren europäischen Privatrechtsgeschichte I, 1973, II/1, 1977, II/2, 1976, III/1, 1982, III/2, 1982, III/3, 1986 (insbes. die Österreich betreffenden Abschnitte); *H. Coing/W. Wilhelm* (Hg.), Wissenschaft und Kodifikation des Privatrechts im 19. Jahrhundert, 1974 ff.; *G. Wesenberg/G. Wesener*, Neuere deutsche Privatrechtsgeschichte, [4]1985; sowie die quellengeschichtlich ausgerichteten Beiträge in: *Handwörterbuch zur deutschen Rechtsgeschichte* (HRG), hg. v. *A. Erler* und *E. Kaufmann*, I. Bd., 1971, II. Bd., 1978, III. Bd., 1984, IV. Bd., 1990, V. Bd., 1998, seit 2004 erscheint die Zweitauflage in Teillieferungen hg. v. *A. Cordes/H.-P. Haferkamp/H. Lück/D. Werkmüller/R. Schmidt-Wiegand*, [2]I. Bd., 2008, [2]II. Bd., 2012, [2]III. Bd., 2016; *Ius commune*, Veröffentlichung des Max-Planck-Instituts für Europ. Rechtsgeschichte, hg. v. *H. Coing*, 1967 ff.; *Rechtsgeschichte – Legal History*, Zeitschrift des Max-Planck-Instituts für europ. Rechtsgeschichte, hg. v. *Th. Duve/St. Vogenhauer*, 2002 ff.; *Fontes rerum Austriacarum*, hg. v. d. Historischen Kommission der kaiserlichen Akademie der Wissenschaft u. a., Bd. 1 ff, 1849 ff; *FS zur Jahrhundertfeier des allgemeinen bürgerlichen Gesetzbuches*, hg. v. d. Wiener Jurist. Gesellschaft, I. und II. Teil, 1911; *FS 200 Jahre ABGB*, hg. v. *C. Fischer-Czermak/G. Hopf/G. Kathrein/M. Schauer*, I u. II, 2011; *H. Klang/F. Gschnitzer*, Kommentar zum Allgemeinen bürgerlichen Gesetzbuch, 2. Auflage, I/1, 1964, I/2, 1962, II, 1950, III, 1952, IV/1, 1968, IV/2, 1978, V, 1954, VI, 1951, Ergänzungsband, 1977; *Zweihundert (200) Jahre ABGB (1811–2011)*, hg. v. *B. Dölemeyer/H. Mohnhaupt*, 2012.

I. Aufgabe der österreichischen Privatrechtsgeschichte

Die Reform der juristischen Studienordnung Ende der 1970er Jahre[1] hat den rechtshistorischen Fächern vorrangig die Aufgabe zugewiesen, das **geltende Recht aus seinen geschichtlichen Entstehungsbedingungen heraus verständlich** zu machen[2]. Dazu bedarf es einer Einführung in die Grundbegriffe unserer Rechtsordnung, des Vergleichs mit früheren Rechtsauffassungen und der Erklärung des Wandels. Die österreichische Privatrechtsgeschichte hat daher nicht nur die Entwicklung privatrechtlicher Dogmen und Institutionen bis in unsere Zeit vorzutragen, sondern **auch die geistigen, wirtschaftlichen und sozialen Hintergründe des jeweiligen Rechtszustandes auszuleuchten.** Als besonders lehrreich erweist sich dabei die Begegnung mit jenen immer wiederkehrenden Rechtsfiguren, die uns vor Augen führen, dass eine

1 BG vom 2.3.1978 über das Studium der Rechtswissenschaften, BGBl. 140; VO des Bundesministers für Wissenschaft und Forschung vom 12.3.1979 über die Studienordnung für das Studium der Rechtswissenschaften, BGBl. 148.

2 Diese Zielsetzung wurde auch nach den universitären Reformpaketen (Universitäts-Studiengesetz, BGBl. I 1997/48, Universitätsgesetz 2002, BGBl. I 2002/120) beibehalten. Die Bestimmung der Pflichtfächer obliegt den einzelnen Studienkommissionen im Rahmen der Erstellung des Studienplanes. Vgl. auch die rechtshistorischen und rechtsvergleichenden Berichte in *Ch. Baldus/Th. Finkenauer/Th. Rüfner* (Hg.), Bologna und das Rechtsstudium. Fortschritte und Rückschritte der europäischen Juristenausbildung, 2011.

Aktualisierung des historischen juristischen Instrumentariums jederzeit möglich ist[3].

II. Dimensionen der österreichischen Privatrechtsgeschichte

Die Entwicklung des österreichischen Privatrechts hat sich keineswegs isoliert in den engen Grenzen des heutigen Österreich vollzogen. Einerseits war es die langdauernde verfassungsrechtliche Zuordnung österreichischer Länder zum Hl. Röm. Reich Deutscher Nation (bis 1806) und sodann die völkerrechtliche Mitgliedschaft beim Deutschen Bund (bis 1866), die unser Fach in den größeren Rahmen der deutschen Privatrechtsgeschichte stellt; andererseits hat der weiträumige Rezeptionsvorgang auch bei uns so tiefe Spuren des **ius commune** (gemeines Recht) hinterlassen, dass von einer europäischen Rechtsidee in unserem Privatrechtssystem gesprochen werden kann. Beginnend mit einem seit dem 12. Jh. von Nord- und Mittelitalien ausgehenden Rechtstransfer drangen an der Wende vom 15. zum 16. Jh. im Zuge der Verwissenschaftlichung des heimischen Rechtslebens zusammen mit der Rechtstechnik des gemeinen Rechts so viele neue Rechtseinrichtungen bei uns ein, dass darin eine deutliche Zäsur der österreichischen Privatrechtsentwicklung zu erkennen ist: Auf die Periode des **älteren Rechts** mit stark gewohnheitsrechtlichem Gepräge bis zum Ausgang des MA. folgt die **neuzeitliche Rechtsentwicklung**, die zu einer Verwissenschaftlichung und zunehmenden Systematisierung des Privatrechts führte und im 18. Jh. mit der Idee der Kodifikation zu einer neuen bis heute aktuellen Privatrechtsordnung reifte.

Die politisch bedeutsame Periodisierung in *germanische Zeit* (bis 500 n. Chr.), *fränkische Zeit* (bis 900), *Mittelalter* (bis 1500; Frühma. und Hochma. bis 1250 – Spätma. bis 1500) und *Neuzeit* (ab 1500) soll nur am Rande zum Tragen kommen, soweit es zur Verdeutlichung der Rechtsquellen notwendig erscheint.

Begleitet wird die zeitliche Gliederung der österreichischen Privatrechtsgeschichte von jeweils bestimmenden Einflüssen des deutschen Rechts[4] als heimisches Partikularrecht, des römischen oder kanonischen Rechts als universal

3 *Th. Mayer-Maly*, Die Wiederkehr von Rechtsfiguren, JZ 1971, 1 ff.

4 Die Rechtswissenschaft hat seit dem 17. Jh. für das ma. Recht, soweit es im germanisch-fränkischen Rechtsdenken verwurzelt ist, den Begriff „Deutsches Recht" geprägt. Als dialektische Gegenposition zum „Römischen Recht" und „Kanonischen Recht" soll es die aus anderen Erbmassen gespeiste heimische Rechtstradition erfassen. Neuere Forschungen stellen den Transfer politischer, kultureller, wissenschaftlicher und rechtlicher Erzeugnisse von der Antike bis heute auf breitere Grundlage und erinnern an den wissenschaftsgeschichtlich bedingten Kampfbegriff „Deutsches Recht", ohne die Bezeichnung als Umschreibung für territorial unterschiedliches, heimisches Gewohnheitsrecht wirklich in Frage zu stellen. *F. L. Schäfer*, Juristische Germanistik. Eine Geschichte der Wissenschaft vom einheimischen Privatrecht, 2008.

verbindliche Rechte (ius commune), den systemischen Neuerungen des vernunftrechtlichen Gesetzesrechts und den postmodernen Bemühungen um soziale Gerechtigkeit. Geistige Strömungen, etwa die Scholastik, der Humanismus, die Aufklärungsphilosophie, der Liberalismus und der Feminismus wirkten ebenfalls nachhaltig auf die Entwicklung ein.

III. Rechtsquellen

A. Älteres Recht

1. Heimisches Partikularrecht

Es gibt keine kodifikationsähnliche Überlieferung des älteren heimischen Privatrechts. Gewohnheiten der zahlreichen genossenschaftlichen Verbände bestimmten das Rechtsleben. Gültig war somit das alte, überlieferte **Gewohnheitsrecht**, wie es sich durch Übung der Vorfahren herausgebildet hatte.

Die neuere rechtshistorische Forschung tendiert dazu, den Begriff „Gewohnheitsrecht", der im 19. Jh. als Komplementärbegriff zum Gesetzesrecht wissenschaftlich verfestigt wurde, für oral geprägte Rechtskulturen durch den Begriff „Rechtsgewohnheit"[5] zu ersetzen und damit die „unreflektierte Verwandlung von tatsächlicher Gewohnheit in normative Regeln" *(Dilcher)* differenzierter erfassen zu können[6].

Die Kenntnis des „guten alten" Rechts[7] vermittelte vor allem die mündliche Überlieferung, schriftliche Aufzeichnungen traten erst später hinzu und konnten nie Anspruch auf Vollständigkeit erheben. *Gesatztes Recht* von Trägern hoheitlicher Gewalt war im MA. eher die Ausnahme. Nur dort, wo sich die überkommenen Sozial- und Wirtschaftsstrukturen auflösten, eröffnete sich ein Anwendungsbereich für „neues" Recht. Gewohnheitsrecht und gesatztes Recht bestanden dann nebeneinander und traten in ein Konkurrenzverhältnis. *Rechtsunsicherheit* und **Rechtszersplitterung** waren die Folge.

---

5 *K. Kroeschell*, „Rechtsgewohnheiten" – und wie es dazu kam, Rg 17, 2010, 58 ff.

6 *G. Dilcher*, Noch einmal: Rechtsgewohnheit, Oralität, Normativität, Konflikt und Zwang, Rg 17, 2010, 67 ff. Eine umfassende rechtstheoretische Erörterung bietet *M. Pilch*, Der Rahmen der Rechtsgewohnheiten: Kritik des Normensystemdenkens entwickelt am Rechtsbegriff der mittelalterlichen Rechtsgeschichte, 2009; dazu die Beiträge in Rg 17, 2010.

7 Die Lehre vom „guten alten" Recht als Charakteristikum der frühmittelalterlichen Rechtsordnung stammt von *F. Kern*, Recht und Verfassung im MA, HZ 120, 1919, 1 ff., und fand breite Aufnahme in der Rechts- und Verfassungsgeschichtswissenschaft. Nach einem Teil der neueren Lehre ist die These vom „guten alten" Recht auf Grund wortgeschichtlicher Untersuchungen widerlegt, weil bis zum 12. Jh. Belege für die Bedeutung von Güte und Alter im frühzeitlichen Rechtsdenken fehlen. Andere halten am Grundgedanken der Kernschen Lehre fest und verweisen auf anthropologische Universalien (*J. Liebrecht*, Gutes altes Recht, HRG ²II, Sp. 624 ff); *M. P. Schennach*, Gesetz und Herrschaft. Die Entstehung des Gesetzgebungsstaates am Beispiel Tirols, 2010; *H. Kalb*, Rechtswissenschaft, Rechtsgeschichte und der Gesetzesbegriff im Mittelalter, Miscellanea Mediaevalia 38, 2014, 3 ff.

Die Kollisionsprobleme, die sich aus der Rechtsquellenvielfalt und Rechtszersplitterung ergaben, wurden dadurch noch verschärft, dass jeder Rechtsgenosse seinem Recht (dem Recht seines Geburtsortes) unterworfen blieb, wo immer er sich gerade aufhielt **(Personalitätsprinzip)**. Aber auch die im ausgehenden Hochma. zunehmende Vorstellung eines großräumigen territorialen Geltungsbereiches des Rechts **(Territorialitätsprinzip)** schloss lokale Besonderheiten neben dem „Landrecht" nicht aus. Es blieb ein Kennzeichen des ma. Rechts, dass es den Menschen in seinem typischen Lebensbereich erfasste, ihn persönlich und örtlich einem besonderen Herrschafts- und **Rechtskreis** zuordnete. Eine die Rechtsvielfalt harmonisierende zentrale Gesetzgebungsgewalt fehlte, ebenso eine entwicklungsfähige Justizverfassung und die wissenschaftliche Bearbeitung des heimischen Rechts.

Die verschiedenen Völker, die nach dem Zerfall des römischen Reiches das Gebiet des heutigen Österreich besiedelten (ab dem 7. und 8. Jh. hauptsächlich Bayern und Alemannen) haben ihre Rechtsgewohnheiten in gerichtlichen Fallentscheidungen zum Ausdruck gebracht **(Weistümer)**[8]. Die ersten daraus gewonnenen Rechtsaufzeichnungen größeren Umfangs waren die **Stammes-** oder **Volksrechte**, die entsprechend der Rechtsaufzeichnungssprache Latein als **Leges** bezeichnet wurden[9]. Sie veranschaulichen uns alte Rechtsüberzeugungen, Stammes- und Völkergewohnheiten, lassen aber bereits vereinzelt vulgarrechtlich-römische Elemente erkennen[10]. Als Vermittlerin dieses Rechtsgutes bot sich vor allem die römische Kirche an, die das geistige und kulturelle römische Erbe im Zuge der Christianisierung den Germanen weiterzugeben versuchte. Für das Gebiet des heutigen Österreich sind in diesem Zusammenhang die *Lex Baiuvariorum* (741–744), die *Lex Alamannorum* (ca. 720; sie war auf das Gebiet des heutigen Vorarlberg und Tirol beschränkt und wurde dann allmählich durch das bayrische Gesetz verdrängt) und die *Leges Langobardorum* (7.–8. Jh.; für die südlichen österreichischen Länder, besonders für das heutige Südtirol) zu nennen. **Römisches Vulgarrecht**[11] bewahrte daneben für die romanische Bevölkerung seine Geltung.

In den weströmischen Provinzen hatte sich nach der Verflachung des klassischen römischen Rechts seit dem 3. Jh. das römische Vulgarrecht ausgebildet. In Verbindung mit heimischen Rechtssätzen entstanden neue Sonderrechte für die römische Bevölkerung, etwa die *Lex Romana Curiensis* (9. Jh.), die für die romanische Bevölkerung im westlichen Tirol und Vorarlberg galt.

---

8 Zum Begriff und Stand der Weistumsforschung vgl. *D. Werkmüller*, Weistümer, HRG V, Sp. 1239 ff. mit umfangreichen Quellen- und Literaturangaben; *D. Werkmüller*, Ländliche Rechtsquellen, HRG ²III, Sp. 541 ff.

9 *G. v. Olberg-Haverkate*, Leges barbarorum, HRG ²III, Sp. 690 ff.

10 Zur „Begegnung von lateinisch-christlicher und germanischer Rechtskultur" s. *G. Dilcher*, Germanisches Recht, HRG ²II, Sp. 241 ff., 247 f.

11 S. dazu *Th. Mayer-Maly*, Römisches Vulgarrecht, HRG IV, Sp. 1132 ff.

Ergänzungen und Reformen der Stammesrechte durch königliche Erlässe und Anordnungen (**Kapitularien**; capitularia legibus addenda) seit dem 8. Jh. dokumentieren eine frühe gesetzgebungsähnliche Tätigkeit (Rechtsgebote) im fränkischen Großreich, in das auch Bayern mit dem österreichischen Raum einbezogen war. Diese in Kapitel geordneten „kleineren Gesetze" sind bereits von der Vorstellung getragen, dass ein Hoheitsträger einseitig Recht schaffen könne[12]. Urkunden mit rechtlichem Inhalt, die manchmal bereits zu **Urkunden-** und **Formelbüchern** zusammengestellt wurden, ergänzen die ältesten Zeugnisse des heimischen Rechts.

Die Zeit nach dem Zerfall dieses fränkischen Großreiches hat uns kaum Rechtsquellen hinterlassen. Vom 10. bis 12. Jh. setzte eine neue Periode des ungeschriebenen Gewohnheitsrechtes ein, in der das ältere „Gesetzesrecht" allmählich in Vergessenheit geriet. Erst an der Wende vom 12. zum 13. Jh. sollte ein grundlegender Wandel in der Rechtsüberlieferung eintreten. Es machte sich geradezu ein Hang zu (privaten wie amtlichen) **schriftlichen Rechtsaufzeichnungen** bemerkbar. Sie sind in erster Linie Zustandsbilder partikularer Gewohnheitsrechte und geben als solche die ungeheure Zersplitterung des spätma. Rechts wieder, enthalten aber auch ernstzunehmende Versuche der Rechtsvereinheitlichung und Rechtsfortbildung. Unter den privaten Rechtssammlungen erwarben sich die **Land-** und **Lehnrechtsbücher** (seit dem 13. Jh.) besonderes Ansehen, da sie die einzig greifbaren geschlossenen Rechtsdarstellungen waren und damit zur unmittelbaren Erkenntnisquelle für die Rechtsanwendung wurden[13].

Neben dem *Sachsenspiegel* (Eike von Repgow) aus der Zeit um 1225, der in verschiedenen Teilen Deutschlands bis zum BGB von 1900 „galt" [14], ist vor allem der um 1275 in Augsburg entstandene *Schwabenspiegel* zu nennen, der die österreichische Rechtsentwicklung stark beeinflusst hat. So finden sich Sätze des Schwabenspiegels wörtlich im Steiermärkischen Landrecht, im Wiener Stadtrechtsbuch oder im Pettauer Stadtrecht.

Die eigenständigen österreichischen Rechtsaufzeichnungen waren ebenfalls vom Bemühen getragen, den Rechtsstoff zu sammeln, zu sichten und zu vereinheitlichen, um auf diese Weise ein höheres Maß an Rechtssicherheit zu schaffen. Es handelt sich dabei um teils private, teils amtliche Aufzeichnungen der **Land-**, **Stadt-** und **Hofrechte**, denen sich **schriftliche Dokumente der Rechtspraxis** in großem Umfang anschlossen.

Unter den **Landrechten** sind zu nennen das *Österreichische Landrecht* (um 1290), das hauptsächlich im Gebiet des heutigen Niederösterreich galt, das *Steiermärkische*

12 *G. Schmitz*, Kapitularien, HRG ²II, Sp. 1604 ff.

13 Zum europäischen Rechtsbuchbegriff *H. Lück*, Rechtsbücher als private Rechtsaufzeichnungen? ZRG GA 131, 2014, 418 ff.

14 Vgl. *H. Lück* (Hg.), Von Sachsen-Anhalt in die Welt. Der Sachsenspiegel als europäische Rechtsquelle, 2015; *H. Lück*, Der Sachsenspiegel. Das berühmteste deutsche Rechtsbuch des Mittelalters, 2017.

Landrecht (älteste Abschrift aus ca. 1425) als Darstellung des steirischen Gewohnheitsrechtes mit Geltung auch im benachbarten Kärnten, die *Landesordnung für Kärnten und Krain* (1338) mit hauptsächlich straf- und prozessrechtlichem Inhalt sowie die *Landesordnung von Tirol* (1282) mit vorwiegend verfassungsrechtlichen Bestimmungen.

Eine eigenständige Entwicklung nahmen die **Stadtrechte**, die ihren Geltungsanspruch zumeist auf kaiserliche oder landesfürstliche Rechtssetzungsprivilegien stützten. Besondere Bedeutung hatte in diesem Zusammenhang das sog. *Kürrecht*, das den Städten die Befugnis vermittelte, das bestehende Recht autonom fortzubilden. Die so entstandenen Rechtssätze werden als *Satzungen, Willküren, Einungen, Statuten* oder *Schraen* bezeichnet. Obwohl urkundliche Nachweise fehlen, ist anzunehmen, dass z. B. Wien und Enns bereits Ende des 12. Jhs. ein „Stadtrecht" besaßen. Die Überlieferung setzt mit den Stadtrechten von Enns im Jahr 1212, Wien 1221 und Innsbruck 1239 ein; Ende des 15. Jhs. hatten dann die meisten Städte ein eigenes Stadtrecht. Es tritt uns in (amtlichen) Stadtbüchern oder (privaten) Stadtrechtsbüchern entgegen, die Aufzeichnungen über die verschiedenen Privilegien, das geltende Gewohnheitsrecht und die Rechtsfortbildung durch Rechtsprechung und Rechtsweisung enthalten. Wichtigstes Beispiel ist das *Wiener Stadtrechtsbuch* aus der Mitte des 14. Jhs. mit hauptsächlich zivilrechtlichem Inhalt. Es wurde für die Städte Hainburg, Krems, Stein, Wiener Neustadt, Eggenburg und Mautern zum Vorbild („Familie" des Wiener Stadtrechts).

Das **bäuerliche Recht** war stark den überlieferten Gewohnheiten verhaftet und dementsprechend partikularisiert. Erste Rechtsaufzeichnungen von Entscheidungen grundherrschaftlicher Gerichte, meist als *Weistum, Öffnung* oder *Banntaiding* bezeichnet[15], stammen aus dem 13. Jh. Derartige Weistümer nahmen im 14. und 15. Jh. zu und sind uns vor allem aus dem 16. Jh. bekannt. In der Neuzeit wurde die Rechtsfindung durch Befragung der Rechtsgenossen vor dem grundherrschaftlichen Gericht allmählich durch den jährlichen obrigkeitlichen Vortrag ersetzt, der zunehmend polizeirechtliche Normen in sich aufnahm.

Die zahlreichen **Urkunden** rechtsgeschäftlichen Inhalts wurden auch im hohen und späten MA. zu Sammelbüchern zusammengetragen, durch Abschriften verbreitet und als Rechtsquelle benutzt. Die *Imbreviaturae*, seit dem 12. Jh. von *Notarii* zu Beweiszwecken geführte Register über die von ihnen verfertigten Urkunden, kamen diesem Anliegen entgegen und wurden als Vorlagen für weitere Rechtsfälle verwendet. Regelrechte **Formelbücher** legte man in Österreich bereits im 14. und 15. Jh. wiederholt an, um der bestehenden Formstrenge des gerichtlichen Verfahrens genügen zu können. Das *Formelbuch des Notars Andreas von Rode* aus dem 13. Jh. lieferte wahrscheinlich das Material für das berühmte *Baumgartenberger Formelbuch* (auch formularius de modo prosandi genannt), das Anfang des 14. Jhs. im oberösterreichischen Kloster Baumgartenberg entstand und als Lehrbuch für die Abfassung von Briefen und Urkunden, aber auch als Entscheidungshilfe bei der Lösung von Rechtsproblemen diente. **Urbare**, die vor allem im grundherrschaftlichen Interesse angelegt wurden, um Aufschlüsse über Hofstellen und darauf liegende Leistungen zu geben, enthalten zugleich Aufzeichnungen der die Grundstücke betreffenden Rechtsgeschäfte (Grundbücher).

15 Österreichische Weistümer, gesammelt von der Österreichischen Akademie der Wissenschaften, I–XVIII, 1870–1978.

2. Römisches Recht

Die Beschäftigung mit dem justinianischen **Corpus Iuris Civilis (Legistik)** war ein Zweig des **gelehrten Rechts**, der sich Ende des 11. Jhs. an den oberitalienischen Universitäten[16] herausgebildet hatte („studium civile").

Das Gesetzgebungswerk des oströmischen Kaisers *Justinian* von 534 umfasste die *Institutionen*, ein Lehrbuch mit Gesetzeskraft, die *Pandekten* oder *Digesten*, eine Sammlung von Juristenschriften aus der Periode des klassisch-römischen Rechts, den *Codex*, die Gesetze früherer Kaiser, und die *Novellen*, Justinians eigene Gesetze (das eigentlich lebende Recht Ostroms). Teile des erst im 16. Jh. „Corpus Juris Civilis" genannten Gesetzgebungswerkes (Institutionen, Codex und die in der Privatsammlung Epitome Juliani aus dem 6. Jh. enthaltenen Auszüge aus den Novellen) waren auch in Westeuropa bekannt und im 10. und 11. Jh. von den „Lombardisten" zur Bearbeitung des heimischen lombardischen Rechts als subsidiäres, gemeines Recht herangezogen worden, aber erst mit dem Wiederauffinden einer Handschrift der Digesten (Pisaner, später Florentiner Handschrift) im 11. Jh. begann in der **Rechtsschule von Bologna** die wissenschaftliche Sichtung des gesamten römischen Rechtsstoffes. Man betrachtete das justinianische Gesetzgebungswerk als geltendes, zeitgenössisches Gesetzbuch und machte es zur Grundlage einer neuen **europäischen Rechtswissenschaft.**

Unter dem Einfluss der exegetischen Methode der Frühscholastik wurden insbes. die Digesten einer umfassenden Bearbeitung unterzogen und mit fortlaufenden Wort- und Sacherklärungen versehen. Von diesen Glossen (vergleichbar den Fußnoten) bekam die **Schule der Glossatoren**[17] ihren Namen. Ihr Gründer war *Irnerius*; als weitere bedeutende Vertreter sind vor allem die „vier Doktoren" *(Martinus, Bulgarus, Jacobus und Hugo)* sowie *Azo* und *Accursius* zu nennen. Die **Schule der Kommentatoren** versuchte dann vom 14. Jh. an, das justinianische Recht den Bedürfnissen der Zeit anzupassen und praktisch nutzbar zu machen[18]. Das geschah durch großangelegte Kommentare, die das römische Fallrecht in ein überschaubares System brachten. Schärfere Begriffsbildungen und Monographien über einzelne Sachgebiete, *Traktate* genannt, legten den Grundstein zur modernen Rechtswissenschaft. Als bedeutendste Vertreter dieser Schule gelten *Bartolus de Sassoferrato* und *Baldus de Ubaldis.*

Unter den populärwissenschaftlichen Schriften, die sich in der Regel mit Einzelthemen befassten, nimmt die *Summa legum* einen hervorragenden Platz ein, weil sie auch für die Praxis bedeutsam wurde.

Sie entstand im 14. Jh. und behandelte in der Art eines Kurzlehrbuches aktuelle Rechtsprobleme überwiegend aus der Sicht des römischen und kanonischen Rechts, doch sind auch österreichische und sogar polnische Rechtseinflüsse feststellbar. Dementsprechend groß war ihre Verbreitung, außer in Österreich (wo sie als Vorlage des

16 *N. Hammerstein*, Universitäten, HRG V, Sp. 492 ff.

17 *H. Lange*, Römisches Recht im Mittelalter I (Die Glossatoren), 1997.

18 *H. Lange/M. Kriechbaum*, Römisches Recht im Mittelalter II (Die Kommentatoren), 2007.

Wiener Neustädter Stadtrechts diente) auch in Ungarn, Böhmen und Polen. Der nicht eindeutig feststellbare Verfasser wurde später *Raymundus Partenopensis* alias *Neapolitanus* genannt.

3. Kanonisches Recht

Die römische Kirche war seit dem hohen MA. um eine wissenschaftliche Erfassung ihrer Normen und Ordnungsstrukturen bemüht[19]. Das von Gratian in Bologna zwischen 1125 und 1140 (2. Version kurz nach 1140) verfasste Decretum präsentierte unter Anwendung der scholastischen Methode eine Bestandsaufnahme kirchlichen Rechts. Gratians Dekret wurde in den folgenden Jahrzehnten durch Einschübe (Paleae) ergänzt, bald europaweit verbreitet und diente als Textgrundlage für eine selbständige kanonistische Rechtswissenschaft. Das Decretum Gratiani wurde in gleicher Weise bearbeitet wie das römische Recht, mit Summen und Glossen (Dekretisten). Bald nach Entstehung des Dekrets veränderte sich der Rechtsquellenbestand des kirchlichen Rechts, es wurde zunehmend Dekretalenrecht, wissenschaftlich aufbereitet durch die sog. Dekretalisten[20]. 1234 promulgierte Papst Gregor IX. eine durch ihn veranlasste Dekretalensammlung in 5 Büchern durch Übersenden and die Universitäten (Liber Extra), 1298 setzte Papst Bonifaz VIII. den sog. Liber Sextus, rechtstechnischer Höhepunkt gesetzgeberischer Aktivität im MA., in Kraft. Decretum Gratiani, Liber Extra, Liber Sextus, die sog. Clementinae (Dekreten Papst Clemens V. 1314–1317) sowie private Sammlungen (Extravagantes Johannis Papae XXII. et Extravagantes communes) bilden das sog. **Corpus Iuris Canonici**, 1582 von Papst Gregor XIII. amtlich publiziert.

Aus dem theologischen Postulat, Gott sei die Quelle allen Rechts, leitete die Kirche einen umfassenden Geltungsanspruch ihrer Normen ab, den sie durch die Begründung und Ausweitung zivilrechtlicher Kompetenzen zu untermauern versuchte. Vor das geistliche Gericht gehörten nach kirchlichem Verständnis kraft sachlicher Zuständigkeit die causae mere spirituales (z. B. Ehesachen) und die causae spiritualibus annexae, mixtae (z. B. Patronats-, Verlöbnis-, Dotal-, Status-, Testamentsrecht oder eidlich bekräftigte Verträge), aufgrund persönlicher Zuständigkeit alle Angelegenheiten, die personae miserabiles (Arme, Witwen, Waisen, Kreuzfahrer) betrafen, dazu die

---

19 Zu der von *H. J. Berman*, Law and Revolution. The Formation of the Western Legal Tradition, 1983 (dt. 1991) sowie Law and Revolution II. The Impact of the Protestant Reformation on the Western Legal Tradition, 2003, vertretenen Auffassung einer „päpstlichen Revolution" im 11. Jh. und deren maßgeblicher Bedeutung für die Entstehung einer spezifisch westlichen Rechtstradition vgl. *G. Dilcher*, Bermans „Law and Revolution" – eine rechtshistorische Revolution?, Rg 21, 2013, 164 ff.

20 *W. Hartmann/K. Pennington* (Hg.), The History of Medieval Canon Law in the Classical Period, 1140–1234, 2008; *Ch. Link*, Kirchliche Rechtsgeschichte, ^{2}2010.

causae clericorum (wenn der Beklagte ein Geistlicher war) und Fälle der Rechtsverweigerung. Tatsächlich beschränkte sich der weltliche Geltungsbereich des kanonischen Rechts im Wesentlichen auf Ehe- und Familienangelegenheiten, sodass es neben dem heimischen Recht als weiterer Rechtskreis bestand (Bereichstheorie).

Unter dem Einfluss der Kirche und des Klerus wurde allerdings auch im Raum des heutigen Österreich ein erster Prozess der Verwissenschaftlichung des Rechtswesens eingeleitet **(Frührezeption)**. Er konzentrierte sich im Wesentlichen auf den Bereich der Gerichtsverfassung und des Prozessrechts. Ausgehend von der Übung der Kanonistik, für die Interpretation und wissenschaftliche Bearbeitung kirchenrechtlicher Quellen auch das römische Recht heranzuziehen, entstand ein römisch-kanonisches Prozessrecht, das seit der Mitte des 12. Jhs. in der geistlichen Rechtsprechung Fuß fasste und die geistliche Gerichtsbarkeit reformierte. Die Übernahme einzelner Institutionen des „gelehrten" Prozessrechts ins weltliche Recht, insbesondere im Rahmen der landesfürstlichen Gerichtsorganisation, ist bereits im 13. Jh. belegt[21].

Ungeachtet der Eigenständigkeit des kanonischen Rechts war der wissenschaftliche Diskurs ein romano-kanonistischer (gelehrtes Recht). Ein wesentlicher Grund war die Materienidentität zwischen ius civile und ius canonicum; eine Identität, für die das römische Recht die Folie der wissenschaftlichen Erörterung war. Das kanonische Recht umfasste eben „nicht nur Liturgie und Kirchenverfassung und auch nicht lediglich Familien- und Erbrecht, sondern bis in das Detail ausgearbeitete Systeme des Straf- und Zivilrechts insgesamt" (H. J. Berman)[22].

21 Nachweise der Frührezeption in Österreich bei *W. Trusen*, Spätmittelalterliche Jurisprudenz und Wirtschaftsethik dargestellt an Wiener Gutachten des 14. Jhs., Beiheft 43 zur Vierteljahrschrift für Sozial- und Wirtschaftsgeschichte, 1961; *ders.*, Anfänge des gelehrten Rechts in Deutschland. Ein Beitrag zur Geschichte der Frührezeption, 1962; *O. Hageneder*, Die geistliche Gerichtsbarkeit in Ober- und Niederösterreich. Von den Anfängen bis zum Beginn des 15. Jhs., 1967; *W. Stelzer*, Gelehrtes Recht in Österreich. Von den Anfängen bis zum frühen 14. Jh., Mitteilungen des Instituts für Österreichische Geschichtsforschung, Ergänzungsband XXVI; *G. Wesener*, Römisches Recht und österreichische Rechtsgeschichte, in Die österreichische Rechtsgeschichte. Standortbestimmung und Zukunftsperspektiven, hg. v. *H. C. Faußner/ G. Kocher/ H. Valentinitsch*, 1991, 285 ff.

22 Zur Bedeutung des ma. kanonischen Rechts für die europäische Rechtskultur vgl. *P. Landau*, Europäische Rechtsgeschichte und kanonisches Recht im Mittelalter, 2013 (ausgewählte Aufsätze des Autors aus den Jahren 1967–2006 mit addenda); *O. Condorelli/F. Roumy/M. Schmoeckel* (Hg.), Der Einfluss der Kanonistik auf die europäische Rechtskultur, I Zivil- und Zivilprozessrecht, 2009, II Öffentliches Recht, 2011, III Straf und Strafprozessrecht, 2012, IV Prozessrecht, 2014.

B. Neuzeitliche Rechtsentwicklung

1. Rezeption[23]

Die Ausbreitung und Übernahme des gelehrten Rechtes[24] vollzog sich mit der weiträumigen Verwissenschaftlichung des Rechtswesens, als Rechtslehre, Rechtsprechung und Rechtsfortbildung auf einen gelehrten Juristenstand übergingen. Die Universitäten als Träger eines organisierten Rechtsunterrichts vermittelten römisches Recht (ius civile – doctor legum) und kanonisches Recht (doctor canonum) bzw. beides (ius utrumque – doctor iuris utriusque) als allgemein anwendbares Recht **(ius commune, gemeines Recht)** und ließen das partikuläre heimische Recht vorerst als unwissenschaftlich außer Betracht. Auf diese Weise entstand ein einheitliches gelehrtes Recht des ma. Kaiserreiches. Rezipiert wurde vor allem das römische Recht, wie es die Glossatoren und Kommentatoren geformt hatten, es fanden aber auch das kanonische Recht und das langobardische Lehensrecht (niedergelegt in den Libri feudorum, die als Teil des Corpus Juris Civilis galten und kommentiert worden waren) als Reichsrecht Anerkennung.

Die europaweite Rezeption römischer Rechtskultur kann nur vor dem Hintergrund der großen geistesgeschichtlichen Bewegungen dieser Zeit erkannt werden. *Humanismus* und *Renaissance* förderten die Hinwendung zum Welt- und Lebensgefühl der Antike. Dazu sollte dem Weltreich der Kirche im Sinne der ma. **Zwei-Schwerter-Theorie** ein Weltreich des Kaisers gegenübergestellt werden. Es entsprach dieser Geisteshaltung, dass sich die ma. Kaiser darauf besannen, Nachfolger der römischen Cäsaren zu sein **(renovatio imperii)**. Das römische Recht war daher nicht fremdes Recht, sondern beanspruchte als Ganzes, „in complexu", Geltung (sog. **theoretische Rezeption**)[25]. Unterstützt wurde diese unhistorische Konzeption durch die sog. **Lotharische Legende**, nach welcher Kaiser Lothar III. durch ein Reichsrezeptionsgesetz die Anwendung des römischen Rechts angeordnet hätte. Die traditionellen Wechselbeziehungen zwischen heimischem und römischem Recht (Begegnung der Volksrechte mit

---

23 Grundlegend zum weiten Begriffshorizont *H. Schlosser*, Neuere Europäische Rechtsgeschichte, 2012, 8 ff., der auch erste Ergebnisse der aktuellen Transferforschung miteinbezieht. S. auch die Überblicke von *H. Kiefner*, Rezeption (privatrechtlich), *M. Stolleis*, Rezeption (öffentlichrechtlich), *D. Giesen*, Rezeption fremder Rechte und *A. Söllner*, Römisches Recht in Deutschland, alle HRG IV, Sp. 970 ff. und 1126 ff., mit weiterführenden Literaturangaben.

24 Zum romano-kanonistischen Diskurs vgl. *H. Kalb*, Juristischer und theologischer Diskurs und die Entstehung der Kanonistik als Rechtswissenschaft, öarr 2000, 1; *ders.*, Rechtskraft und ihre Durchbrechung im Spannungsfeld von kanonistischem und theologischem Diskurs, FS P. Landau, 2000, 405.

25 Die ältere Forschung hat aus der ma. Auffassung der *translatio imperii*, wonach das Hl. Röm. Reich eine Fortsetzung des alten römischen Reiches bilde, geschlossen, dass das römische Recht bereits seit dem 12. Jh. als kaiserliches Recht mithin subsidiär gegolten habe. Die neuere Forschung hat aber erwiesen, dass der Begriff *„Kaiserrecht"* erst als Folgeerscheinung der Rezeption mit dem Begriff *„Römisches Recht"* gleichgestellt wurde (s. dazu zusammenfassend *G. Wesenberg/G. Wesener*, Neuere deutsche Privatrechtsgeschichte, [4]1985, 80 ff.).

dem spätantiken römischen Recht, Anwendung des römischen Rechts durch karolingische Herrscher, kontinuierliches Weiterleben des römischen Vulgarrechts bis zum hohen MA., Verankerung des kanonischen Rechts im römischen Recht) gaben weitere Argumente für die Rezeption ab. Vor allem aber diente sie dem landesfürstlichen Absolutismus zu Beginn der Neuzeit, dem die straffen Ordnungsprinzipien der autokratisch geprägten spätrömischen Gesetzgebung gelegen kamen.

Einer ersten Verbreitung römischrechtlichen Gedankengutes durch gelehrte Juristen im 12. und 13. Jh. (Frührezeption) folgte im 15. und 16. Jh. die **Hauptrezeption**, nachdem viele deutsche Scholaren an den Schulen der Kommentatoren zu studieren begannen und, in ihre Heimat zurückgekehrt, in Gerichten oder Ämtern Verwendung gefunden hatten.

Neben den landesfürstlichen Behörden waren es die (auch in Wien tagenden) Reichsbehörden, in denen gemeinrechtlich gebildete Juristen das erlernte Recht anwenden konnten. Sie bewirkten damit eine Änderung der Justizverfassung (Verdrängung der Laienbeisitzer, Schöffen usw.), die als **praktische Rezeption** bezeichnet wird.

2. Usus modernus pandectarum

Die Rezeption führte nicht zu einer abrupten Beseitigung des heimischen Rechts, sondern löste einen stetigen Prozess innerer Erneuerung und Verbesserung der Rechtspraxis aus.

In der Anfangsphase der Rezeption galt den gelehrten Juristen der Landsbrauch als Verballhornung des allein richtigen gemeinen Rechts. Dieses strenge Urteil wich in weiterer Folge der Auffassung, dass es sich dabei um gültige Rechtsnormen handle, die sich durch partikuläre Gewohnheitsbildung vom gemeinen Recht entfernt und es insoweit abgeändert hätten.

Bereits die Kommentatoren hatten eine Vermittlerfunktion zwischen ma. Recht und gemeinem Recht wahrgenommen **(mos italicus)**. Die heimische Rechtspraxis setzte diese Harmonisierungsbemühungen vom 16. bis zum 18. Jh. im **Usus modernus pandectarum**[26] fort, dessen Ziel es war, das rezipierte römisch-kanonische Recht allgemein anwendbar zu machen, ohne die Errungenschaften heimischer Rechtskultur preiszugeben. Die erhoffte Vereinheitlichung des Rechts blieb allerdings aus (auf manchen Gebieten kam es sogar zu einer weiteren Rechtszersplitterung); erreicht wurde eine universelle Rechtsdogmatik, die auch heute noch in der modernen Rechtswissenschaft fortlebt.

Das Nebeneinander von gemeinem Recht und partikulärem Landsbrauch stellte die Rechtspraxis vor das große Problem, welche Norm im konkreten Fall anzuwenden war. Auf Reichsebene sah § 3 der Reichskammergerichtsordnung 1495 vor, dass das Gericht „nach des Reichs gemeinen Rechten“ zu richten habe. Diese Anordnung wurde allerdings durch die „*Salvatorische Klausel*“ relativiert, wonach „die redlichen, erbarn und leidlichen Ordnungen, Statuten und Gewohnheiten der Fürstenthumb,

26 Dieser Begriff ist dem zwischen 1690 und 1712 erschienenen gleichnamigen Werk von *Samuel Stryk* entlehnt, welches eine nach den Titeln der Digesten geordnete Sammlung von Disputationen beinhaltet.

Herrschaft und Gericht, die für sy pracht werden" zu beachten waren. Demnach sollte das gemeine Recht nur **subsidiär** gelten. Infolge der Schwierigkeiten, den Geltungsnachweis für das heimische Gewohnheitsrecht zu erbringen, kehrte sich jedoch in vielen Territorien allmählich das Verhältnis um. Wer sich auf einen glossierten Text des Corpus Juris Civilis berief, hatte die Vermutung seiner Primärgeltung für sich, es sei denn, dem Gegner gelang der Beweis der Nichtrezeption (Theorie der *fundata intentio* von *Schilter*). Unter den Territorien, die ein deutlich differenziertes Verhältnis zum gemeinen Recht entwickelten, waren die österreichischen Länder. *Bernhard Walther v. Waltherswil* formulierte wohl die allgemeine Überzeugung, wenn er meinte, dass ein beständiger Satz des Gewohnheitsrechtes dem gemeinen Recht vorgehen sollte. Nur wenn der Landsbrauch zweifelhaft und ungewiss war, ließ er das gemeine Recht gelten. Außerdem verwarf er einen feststehenden Landsbrauch dann, wenn jemand die ihm günstige Rechtsregel missbrauchte und dem anderen dadurch unbilligerweise ein Schaden entstand.

Begünstigt durch die Errichtung neuer Universitäten im deutschen aber auch österreichischen Raum (1586 Graz – 1778 jurid. Fakultät, 1623 Salzburg – 1653 jurid. Fakultät, 1669 Innsbruck – 1670 jurid. Fakultät) nach dem Vorbild der 1365 gegründeten und am Ausgang des 15. Jhs. (1493) mit einer Lehrkanzel für römisches Recht ausgestatteten Universität Wien (bis zu diesem Zeitpunkt hatte man in Wien nur kanonisches Recht gelehrt), entfaltete sich in der Neuzeit eine reiche wissenschaftliche Tätigkeit (Kommentare, Konsiliensammlungen, Monographien und Differenzienliteratur).

Der Beginn einer eigenständigen **österreichischen Rechtswissenschaft** ist vor allem mit den Namen *Bernhard Walther v. Waltherswil* („Vater der österreichischen Rechtswissenschaft"; bedeutend seine privatrechtlichen Traktate aus dem 16. Jh.: Aureus Iuris Austriaci Tractatus), *Johann Baptist Suttinger* (Consuetudines Austriacae, ad stylum excelsi regiminis infra Anasum accomodatae, 1716, ^{2}1718; Observationes practicae, oder gewisse Gerichts-Bräuch, wie dieselben sonderlich bey dem Löbl. Land-Marschallischen Gericht in Oesterreich unter der Ennß in acht genommen und gehalten werden, 1656), *Johann Weingärtler* (Conet discordantia iuris consuetudinarii Austriaci supra Anasum cum iure communi, 1674, 1719), *Johann Heinrich Reuter* (Viginti quinque tabulae iuridicae, quibus accesserunt variae differentiae iuris communis et Austriaci, 1674), *Benedikt Finsterwalder* (Practicarum observationum ad consuetudines archiducatus Austriae superioris accomodatarum, 1687/1689/1703, ^{2}1719–1732) und *Johann Georg Kees* (Commentarius ad Justiniani Institutionum imperialium IV libros, 1726, 1746, ^{8}1759) verbunden. Sie haben ihre Arbeiten im überwiegenden Maß der Erhaltung des Landsbrauches gewidmet und damit die Rechtspraxis maßgeblich beeinflusst[27].

3. Frühneuzeitliche Gesetzgebung

Die Auseinandersetzung mit inhaltlich verschiedenem Recht und seinen Geltungsgrundlagen im Zeitalter der Rezeption gab der Vorstellung Raum, dass Recht wandelbar ist. Als zuständig für Änderungen und Neuerungen betrachteten sich Landesfürst und Landstände, wie dies dem dualistischen Kräf-

27 *G. Wesener*, Die Epoche des Usus modernus pandectarum in Österreich, FS K. Ebert, 2013, 273 ff.

teverhältnis der Zeit entsprach. Besonders jene Bereiche, die aufgrund geänderter wirtschaftlicher und sozialer Verhältnisse keine Rechtstradition kannten, wurden durch rechtliche Neuschöpfungen geregelt. Die Geltung derartiger Gesetze begründete man mit der dem Landesfürsten von Gott übertragenen Verpflichtung, für die Wohlfahrt und Sicherheit seiner Untertanen zu sorgen (**„gute Policey"**)[28].

Ein besonderes Anliegen der neuzeitlichen Gesetzgeber war die Überwindung der herrschenden Rechtszersplitterung. Sie unterzogen sich der Aufgabe einer Sammlung und Sichtung des reichen Quellenmaterials nicht zuletzt deshalb, weil umfassende Gesetzeswerke die Möglichkeit boten, gesellschaftspolitische Reformen einfließen zu lassen. Die Folge war eine **Flut von Gesetzen und Gesetzesentwürfen**, die eine oft tendenziöse Behandlung des Rechtsstoffes aus landesherrlicher oder landständischer Sicht erkennen lassen. Ihr Inhalt war keineswegs auf zivilrechtliche Bestimmungen beschränkt. Soweit sie als Landesordnungen, Landrechtsordnungen, Landhandfesten oder Polizeiordnungen Geltung erlangten, erhoben sie keinen Ausschließlichkeitsanspruch und ließen etwa das bäuerliche Sonderrecht, das Lehensrecht und die Stadtrechte (zunächst noch) weiter gelten.

Unter den zahlreichen **Landesordnungen**, die eine Festschreibung des im Land geltenden Rechts herbeiführen sollten, sind neben jenen für Tirol (1506, sog. Bauernlandesordnung 1526, Landesordnungen 1532 und 1573) vor allem die Landesordnungsentwürfe der Länder ob und unter der Enns von Bedeutung. Die vier in Österreich unter der Enns entstandenen Entwürfe und der Entwurf für Österreich ob der Enns erhielten zwar nie die kaiserliche Sanktion, Teile davon wurden jedoch als selbständige Gesetze publiziert oder durch faktische Anwendung zu Gewohnheitsrecht (so insbes. die zivilrechtlichen Bestimmungen des oberösterreichischen Entwurfes).

Die frühneuzeitliche Kodifikationsgeschichte im **Land unter der Enns** beginnt 1528 mit dem *Zeiger in das Landrechtsbuch* (Institutum Ferdinandi)[29], welcher stark romanistische Züge trug. 1573 folgte der Entwurf einer Landtafel bzw. Landesordnung *(Entwurf Püdler)*[30], der sich als Aufzeichnung des in Österreich unter der Enns geltenden Rechts darstellt und somit eine wichtige Erkenntnisquelle des heimischen Gewohnheitsrechtes ist. 1584 bis 1586 erfolgte eine erste Überarbeitung des Entwurfs Püdler durch *Melchior Hofmayer*, 1595 legten dann *Reichart Strein Frhr. v. Schwarzenau und Hertenstein* und *Johann Baptist Linsmayr zu Weinzierl* einen Entwurf vor, der ohne bedeutende inhaltliche Veränderungen durch seine knappe, präzise und generalisierende Ausdrucksweise auffällt *(Entwurf Strein – Linsmayr)*. Keiner dieser Entwürfe erhielt die kaiserliche Sanktion. Nach einer durch Konfessionskriege und

28 Zur zurückhaltenden Privatrechtsgesetzgebung auf Reichsebene s. *G. Wesenberg*, Die Privatrechtsgesetzgebung des Heiligen Römischen Reiches von den Authenticae bis zum Jüngsten Reichsabschied und das römische Recht, Studi in memoria di P. Koschaker I, 1954, 187 ff.

29 Zur Edition der handschriftlichen Transkription von *C. Gf. Chorinsky* sowie Datierung mit 1526 bzw. 1526–1528 s. Landrechtsentwurf für Österreich unter der Enns 1526, hg. v. *W. Brauneder*, 2015, 10 f.

30 Ebenfalls neu editiert und hg. v. *W. Brauneder*, Landrechtsentwurf für Österreich unter der Enns 1573, 2015.

Bauernunruhen bedingten Pause in der Kodifikationstätigkeit bis zur Mitte des 17. Jhs. wurde schließlich 1654 die *Kompilation der vier Doktoren* (Johann Baptist Suttinger v. Thurnhof, Johann Michael v. Seiz, Johann Georg Hartmann und Johann Leopold), ein Entwurf mit stark gemeinrechtlichem Einschlag, erarbeitet. Auch sie trat nie formell in Kraft, doch wurden Teile daraus als selbständige Gesetze publiziert. Dies waren die **Gerhabschaftsordnung** vom 18. Februar 1669 für Niederösterreich, die das Vormundschaftsrecht normierte, der **Tractatus de juribus incorporalibus** vom 13. März 1679 für Niederösterreich mit dem Regelungsschwerpunkt Grundherrschaften und Grundbuchsführung[31] und die **Neue Satz- und Ordnung vom Erbrecht außer Testament**, welche 1720 für Niederösterreich, 1729 für Oberösterreich, 1737 für die Steiermark, 1747 für Kärnten erlassen wurde. Im **Land ob der Enns** setzten bereits Mitte des 16. Jhs. erste Kodifikationsbestrebungen ein. Konkrete Vorarbeiten für eine Landesordnung wurden vom Linzer Stadtschreiber *Veit Stahel* in der zweiten Hälfte des 16. Jhs. in Angriff genommen; zum Abschluss kamen die Arbeiten aber erst unter *Abraham Schwarz* im Jahre 1609, der die *obderennsische Landtafel* verfasste. Obwohl sie nie die kaiserliche Sanktion erlangte, wirkte sie auf die Rechtsanwendung und wissenschaftliche Literatur bis ins 18. Jh. ein.

Privatrechtliche Bestimmungen geringeren Umfangs finden sich auch in den **Landrechtsordnungen**, die das Verfahren vor den ständischen Land- und Hofrechten aufzeichneten, sowie in den **Landhandfesten**, mit denen man die landständische Verfassung in den einzelnen Territorien verankern wollte. Schließlich enthalten eine Reihe von **Polizeiordnungen** (1527, 1542, 1552, 1671, 1676 für Österreich ob und unter der Enns, Steiermark, Kärnten und Krain; 1573 für Tirol; 1577 für Kärnten; 1577 für Steiermark; 1538 für die Stadt Wien) ebenfalls privatrechtliche Bestimmungen.

Die Fortentwicklung der **Stadtrechte** erfolgte nunmehr durch den Landesherrn, da die städtische Autonomie völlig verdrängt wurde. Das **bäuerliche Recht** bestimmte sich weiterhin nach den jeweiligen Weistümern, denen jedoch zunehmend obrigkeitlicher Charakter anhaftete. Außerdem mehren sich seit dem 17. Jh. die Beispiele, dass der Landesfürst Gesetze im Untertanenfache zum Schutz der Bauern erließ.

Einen unmittelbaren Einblick in die Rechtsanwendung vermitteln die **Consuetudinarien-** und **Motivenbücher**, die den geltenden Landsbrauch schriftlich niederlegten, um ihn anwendbar, d. h. beweisbar zu machen. Dazu kamen weiterhin angelegte **Formelbücher** (Notars-, Gerichts- und Stadtbücher), vor allem aber immer mehr **„öffentliche Bücher“**, etwa die Landtafeln und Grundbücher.

4. Das Naturrecht und die Naturrechtskodifikationen

Im 17. Jh. trat in der europäischen Geistesgeschichte eine entscheidende Wende ein. Die Hinwendung zum Persönlichkeitsideal des Humanismus erschütterte den Glauben an die Offenbarung, aber auch an rechtliche Autoritäten, wie sie etwa die Rechtsquellensammlung Justinians, die geradezu als „heiliges Buch“ angesehen wurde, verkörperte.

31 Der Tractatus enthielt auch Bestimmungen über das Patronat, die Dorfobrigkeit, das Jagd- und Fischereirecht und andere Materien, die am häufigsten Anlass zu Prozessen gaben. S. dazu *F. Wisnicki*, Die Geschichte der Abfassung des Tractatus de juribus incorporalibus, Jahrb. f. Landeskde. und Heimatschutz von NÖ und Wien NF 20, II. Teil, 1926/27, 69 ff.

Im **Naturrecht** manifestiert sich das (ewige) Suchen des Menschen nach allgemeingültigen und unveränderlichen Gesetzlichkeiten des menschlichen Zusammenlebens, vor allem nach den Rechten und Pflichten des einzelnen in der Gesellschaft. Es ist *überstaatliches Recht*, das nicht auf menschlicher Rechtsetzung und Rechtsformung beruht.

Das **Vernunftrecht** des 17. und 18. Jhs. ist nur ein kleiner historischer Ausschnitt aus dem naturrechtlichen Weltbild, hat aber maßgeblichen Einfluss auf die Privatrechtsentwicklung der Neuzeit ausgeübt. Ihm liegt der Gedanke zugrunde, dass der Mensch in der Lage sei, kraft seiner Vernunft die natürliche Rechtsordnung zu erkennen, sie deduktiv aus Vernunftwahrheiten abzuleiten und als geschlossenes Rechtssystem darzustellen. Eine Rechtsnorm sollte nicht Geltung haben, weil sie als uralte Gewohnheit anerkannt war oder aus einem als Autorität angesehenen Rechtskreis stammte, sondern allein deshalb, weil sie *vernünftig* ist. Ein solcher Rang komme etwa dem Gebot *pacta sunt servanda* oder der *Unverletzlichkeit des Eigentums* zu. Darauf aufbauend müsse von der bisherigen Gelegenheitsgesetzgebung zur „planvollen" Gesetzgebung übergegangen werden.

Zu den bedeutendsten Vertretern des Vernunftrechts zählen *Hugo Grotius, Samuel v. Pufendorf, Christian Thomasius, Christian Wolff*; in Österreich *Karl Anton v. Martini* und *Franz v. Zeiller*.

Die Ideen der Vernunftrechtslehre konnten im Zuge der **Aufklärung** in großem Umfang verwirklicht werden und führten zu einer tiefgreifenden Veränderung der rechtlichen Strukturen. Sie weckten vor allem ein eigenständiges Rechtsbewusstsein in verschiedenen Ländern[32] und gaben den Anstoß zur Systematisierung[33] und Dynamisierung des Rechts.

Erst die Vertreter des Naturrechts nahmen die bereits von *Gaius* (Institutionen) verfolgte und dadurch auch den Glossatoren und Kommentatoren vertraute Idee der Systematisierung des Rechts wieder auf und führten sie zu Ende. Sie begnügten sich nicht mehr mit Gliederungen des Rechtsstoffs, sondern versuchten, ihn insgesamt an logischen Ordnungsprinzipien auszurichten und in ein geschlossenes System zu bringen. Allgemein anwendbare, vernunftgemäße Rechtsregeln sollten das unüberschaubare Fallrecht ersetzen. Damit wurde das Recht aber auch von überbrachten Bindungen gelöst, es entwickelte eine eigene Dynamik.

Die Forderungen der vernunftrechtlichen Theorie vereinigten sich mit dem Wunsch des aufgeklärten Absolutismus, für Rechtssicherheit und Rechtsgleichheit zu sorgen. Der Staat des 18. Jhs. machte es sich daher zur Aufgabe,

---

32 Die Vernunftrechtslehre wagte *Kritik* am gemeinen Recht und an der Rezeption. Das gemeine Recht galt nicht mehr als unabänderlich, sondern im Sinne der Forschungen *Hermann Conrings* (s. dazu *M. Stolleis* [Hg.], Hermann Conring [1606–1681]. Beiträge zu Leben und Werk, Historische Forschungen 23, 1983) als historische Etappe der Rechtsentwicklung. Dem Ruf nach Anwendung des heimischen Rechts wurde vielfach dadurch entsprochen, dass man ihm eine vernunftrechtliche Legitimierung gab.

33 Zum Systemgedanken in der Privatrechtsgeschichte vgl. *M. Lipp*, Privatrechtssysteme, HRG III, Sp. 1978 ff. und die dort zit. Lit.

das geltende Recht zu erfassen und in **Kodifikationen**[34] niederzulegen. So entstanden große privatrechtliche Gesetzeswerke, der **Codex Maximilianeus bavaricus civilis**, das preußische **Allgemeine Landrecht**, der französische **Code Civil** und das österreichische **ABGB**, die die weitere europäische Rechtsentwicklung maßgeblich beeinflussten. Ihr gemeinsames geistiges Profil zeigt sich darin, dass sie alle eine umfassende Gesellschaftsplanung durch erschöpfende und systematische Neuordnung des Rechtsstoffes herbeiführen sollten.

Das älteste umfassende deutsche Privatrechtsgesetzbuch, der **Codex Maximilianeus bavaricus civilis** von *v. Kreittmayr*, entstand 1756. Es ist noch stark vom Usus modernus pandectarum geprägt, indem es etwa die subsidiäre Geltung des gemeinen Rechts anerkennt, und ist daher nur als Vorläufer der großen Naturrechtskodifikationen zu sehen.

In Preußen entstand als Gemeinschaftsarbeit des Großkanzlers *v. Carmer* sowie des OARRat *C. Gottlieb Suarez* und des Rechtslehrers *Ernst F. Klein* ein Entwurf, der 1794 als **Allgemeines Landrecht** in Kraft gesetzt wurde. Es umfasst neben dem bürgerlichen Recht das Handels-, Wechsel-, See- und Versicherungsrecht sowie das Staats-, Kirchen-, Straf-, Stände- und Lehenrecht. Inhaltlich beruhte sein zivilrechtlicher Teil auf den Ansichten des Usus modernus und des Naturrechts (insbes. in der Ausgestaltung durch Thomasius und Wolff) mit starken sozialen Komponenten, doch erschwerten Umfang (etwa 19.000 Paragraphen) und Kasuistik seine Anwendung ganz erheblich.

Im Banne der Erklärung der Menschen- und Bürgerrechte des Jahres 1789 entstand der 1804 in Kraft gesetzte französische **Code Civil** (während der napoleonischen Zeit auch Code Napoleon genannt). Das Gesetz ist stark naturrechtlich beeinflusst und verarbeitet neben Gewohnheitsrecht germanischen Ursprungs auch gemeinrechtliche Elemente. Als Vorteil werden seine klare und elegante Sprache sowie die auf Fortbildung in der Praxis angelegten Generalklauseln angesehen, als Nachteil sein unübersichtliches System.[35]

In **Österreich** hatte bereits Maximilian I. den Plan einer umfassenden Kodifikation, doch waren erst im 18. Jh. die staatsrechtlichen und geistesgeschichtlichen Grundlagen für ein solches Vorhaben vorhanden. Als Ansätze der im ABGB zum Abschluss gebrachten Kodifikationsbemühungen sind die Anlegung des **Codex Austriacus** (1704–1777), eine Zusammenfassung der bis dahin ergangenen kaiserlichen Mandate, Resolutionen, Dekrete etc., und die Einsetzung einer Kompilationskommission im Jahr 1709 durch Joseph I. zu nennen. 1753 berief Maria Theresia zwei Kompilationshofkommissionen (1756 erfolgte ihre Zusammenlegung), die die Aufgabe hatten, eine einheitliche Regelung des Straf-, Strafverfahrens- und Zivilrechts für die österreichischen Länder und für Böhmen vorzubereiten.[36] Ihre Zielvorgabe war die Auf-

34 Die Kodifikation als eine epochale Wende der europäischen Rechtsgeschichte beschreibt *P. Caroni*, Gesetz und Gesetzbuch, 2003.

35 Eine strukturierte rechtshistorische Bibliographie bietet *L. Pfister*, Zweihundertjähriges Jubiläum des Code civil, ZNR 2011, 241 ff.

36 Die ältesten Materialien zur Kodifikationsgeschichte aus 1753 (*Azzoni*, Vorentwurf zum Codex Theresianus; *Holger*, Anmerckungen über das österreichische Recht) hat

arbeitung der bestehenden Landesrechte nach naturrechtlichen Gesichtspunkten unter Beachtung des gemeinen Rechts. Die Entwürfe dieser Kommission, der u. a. *Azzoni* und *Holger* angehörten, wurden von einer Revisionskommission begutachtet und nach deren Vorstellungen modifiziert. Als Ergebnis wurde schließlich 1766 der **Codex Theresianus** vorgelegt, der allerdings wegen seines lehrbuchhaften Charakters nicht als Gesetzbuch geeignet war. Maria Theresia befahl eine Überarbeitung, wobei *Horten* federführend wurde. Der sog. **Entwurf Horten** blieb unvollständig, es wurde jedoch daraus das Personenrecht sanktioniert und selbständig am 1.11.1786 als **Josephinisches Gesetzbuch** in Kraft gesetzt.

1790 wurde von Leopold II. eine Hofkommission in Gesetzessachen bestellt und deren Vorsitz *Karl Martini Freiherr v. Wasserburg* übertragen. Im Jahre 1797 wurde der sog. **Entwurf Martini**, auch **Urentwurf** genannt, probeweise in Westgalizien und später in Ostgalizien eingeführt, weshalb er auch als **Westgalizisches (Ostgalizisches) Gesetzbuch** bezeichnet wird. Eine neue Kommission, der u. a. *Haan* und *Rothenhahn* angehörten, überarbeitete das westgalizische Gesetzbuch und schuf so die endgültige Fassung für das ABGB. Die Hauptarbeit leistete *Franz v. Zeiller*, der stark vom naturrechtlichen Gedankengut beeinflusst war. Der bereits 1806 fertiggestellte Entwurf wurde durch kaiserliches Patent vom 1.6.1811 (JGS Nr. 946) als **Allgemeines Bürgerliches Gesetzbuch** in allen deutschen Erbländern der Österreichischen Monarchie kundgemacht und mit 1.1.1812 in Kraft gesetzt.[37]

Gegenstand des ABGB ist eine systematisch geschlossene Darstellung des Privatrechts, die den Anspruch erhebt, die bis dorthin herrschende Rechtszersplitterung und Rechtsquellenvielfalt zu beseitigen. Sie geht von einer **Zweiteilung des Stoffes** in Personen- und Vermögensrecht aus (*Institutionen-* oder *gaianisches System*[38]). Den Verfassern des ABGB ist es dabei gelungen, das Gedankengut aus Naturrecht und Frühliberalismus vom Bevormundungsanspruch des Absolutismus freizuhalten. Die „allgemeinen Grundsätze der Gerechtigkeit“ und „die besonderen Verhältnisse der Einwohner“, also ausgesprochene Leitgedanken des Naturrechts, bestimmen das Gesetzbuch,

2012 *Ch. Neschwara* in den Fontes rerum Austriacarum, Fontes iuris Bd. 22, herausgegeben.

37 Zum Einfluss des ABGB auf die europäische Rechtsentwicklung *E. Berger* (Hg.), Österreichs Allgemeines Bürgerliches Gesetzbuch (ABGB). Eine europäische Privatrechtskodifikation, III: Das ABGB außerhalb Österreichs, 2010, und *M. Geistlinger/F. Harrer/R. Mosler/J. M. Rainer* (Hg.), 200 Jahre ABGB – Ausstrahlungen, 2011, mit einem exzellent pointierten Einführungsbeitrag von *W. Ogris*, Das ABGB innerhalb und außerhalb Österreichs, 1 ff.

38 Einleitung (§§ 1–14); Erster Teil. Von dem Personenrechte (§§ 15–284); Zweiter Teil. Von dem Sachenrechte (§§ 285–1341); Dritter Teil. Von den gemeinschaftlichen Bestimmungen der Personen- und Sachenrechte (§§ 1342–1502).

in dem große Anteile des heimischen Rechts verarbeitet wurden[39]. Hervorzuheben ist überdies das Bekenntnis zur formal-rechtlichen Gleichheit, in dem allerdings kein Widerspruch zur bestehenden gesellschaftlichen und politischen Ordnung erkannt wurde. Das ABGB wollte für den wirtschaftlich auf sich selbst gestellten, vernünftigen, von ma. Bindungen frei gewordenen Bürger gelten, um seine wirtschaftlichen Kräfte für das Staatswohl freizusetzen. Eine weitergehende normative Aussage wurde dem vernunftrechtlichen Gleichheitspostulat nicht zugebilligt, wie die Aufrechterhaltung des patriarchalen Familienrechtsmodells im ABGB beweist[40].

Das von *Zeiller* festgelegte Leitmotiv für die Kodifikation des bürgerlichen Rechts, die Freiheit des Individuums zum Prinzip der Rechtsordnung zu erheben („*der Gesetzgeber sei zwar Vater seiner Untertanen …; aber vollbürtige Kinder dürften nicht am Gängelband geführt werden*“[41]), konnte allerdings nur in dem vom Staat vorgegebenen Freiheitsrahmen verwirklicht werden. Dieser wurde unter dem Eindruck der Französischen Revolution immer mehr eingeengt, sodass am Vorabend der Kodifikation geradezu von einem „Kontrastprogramm“ politischer Unfreiheit und Bevormundung gesprochen werden kann. Kodifikationstechnisch wurde zwar ein freiheitliches Privatrecht erarbeitet, aber um den Preis, die ständische Sozialordnung unangetastet zu lassen. Was davon den Prinzipien des kodifizierten Rechts nicht entsprach, galt als öffentliches Recht und wurde aus dem ABGB ausgeschieden (ein treffliches Beispiel bietet der Gesindedienstvertrag: „Die Rechte und Pflichten zwischen den Dienstherren und dem Dienstgesinde sind in den besonderen darüber bestehenden Vorschriften enthalten.“ § 1172 ABGB 1811). Das allgemeine bürgerliche Recht entfaltete folglich nur in jenen Bereichen Wirkungen, in denen keine Sonderrechte (wie Privilegien, adelige Grundstücks- und Erbrechte usw.) bestanden. „Wie modern das Privatrecht auch seinem Inhalt nach sein mochte, es hing von den politischen Gesetzen ab, wo es überhaupt zur Anwendung kam.“[42]

5. Exegetik und Pandektistik des 19. Jhs.

Rechtswissenschaft und Praxis verharrten nach In-Kraft-Treten des ABGB vorerst im naturrechtlichen Gedankengut. Die Zeit bis zur Mitte des 19. Jhs. war keine Periode wesentlicher legislativer Neuschöpfungen, sondern hauptsächlich durch die Auslegung (= *Exegese*) des vorliegenden Gesetzeswerkes geprägt. Sie gab der Rechtsentwicklung auch den Namen: **Exegetik**[43].

39 *G. Wesener*, Zur Bedeutung des Usus modernus pandectarum für das österreichische ABGB, GS Th. Mayer-Maly, 2011, 571 ff.

40 Dazu *U. Floßmann*, Das Geschlechterverhältnis in der Rechtslehre Franz von Zeillers, GS H. Hofmeister, 1996; *H. Kalb*, Grundrechte und Martini – eine Annäherung, in: Naturrecht und Privatrechtskodifikation, 1999, 235.

41 *J. Ofner*, Der Ur-Entwurf und die Berathungs-Protokolle des österreichischen ABGB I, 1889, 5.

42 Vgl. dazu *D. Grimm*, Das Verhältnis von politischer und privater Freiheit bei Zeiller, in Forschungsband Franz v. Zeiller, hg. v. *W. Selb*/*H. Hofmeister*, 1980, 94 ff., 103.

43 Der Beginn der exegetischen Schule in Österreich ist bereits mit dem In-Kraft-Treten des „Josephinischen Gesetzbuches“ von 1786 anzusetzen.

Neben den Kommentaren gab es eine Vielzahl von Werken, die dem ABGB das gemeine Recht, das kanonische Recht, das französische oder preußische Recht, aber auch das ältere Recht von Böhmen, Schlesien und Mähren rechtsvergleichend gegenüberstellten. Als weitere Gruppe traten dazu noch die „verbindenden Werke", die sowohl das ABGB als auch jene Quellen, auf die es verwies (vor allem die „politischen Gesetze"), erläuterten und damit einige Bereiche der Rechtsordnung erst verständlich machten. Die offene Rechtsfortbildung durch bewussten Eingriff in das Normengefüge hielt sich in dieser Periode in Grenzen, doch gab es daneben einige Beispiele *verdeckter Rechtsfortbildung*, bei der einer Norm ein bestimmter Sinngehalt in der Überzeugung, er habe von jeher bestanden, *irrtümlicherweise* unterlegt wird. In der zweiten Hälfte des 19. Jhs. wurde diese verdeckte Rechtsfortbildung teilweise sogar untermauert oder zu Ende geführt[44].

Eine Änderung trat erst durch die politischen und sozialen Umwälzungen im Anschluss an die Revolution 1848 ein, in deren Gefolge sich auch in Österreich die **Historische Schule** und die daraus hervorgegangene **Pandektistik** als neuer Zweig der Rechtswissenschaft durchsetzen konnte. Anstoß dazu gaben die *Reformen des Ministers Graf Leo v. Thun-Hohenstein* in der Mitte des 19. Jhs. Die Rückbesinnung auf historische Werte[45] sollte dem Neoabsolutismus Halt geben, doch förderte gerade die Pandektenwissenschaft, die außerjuristische Wertungen ablehnte, liberale Strömungen[46].

Die Begründer der **Historischen Schule**, von denen besonders *Gustav Hugo, Jacob Grimm, Friedrich v. Savigny, Georg Friedrich Puchta* und *Karl Friedrich Eichhorn* zu nennen sind, verstanden ihr Wirken als Korrektiv zur Geschichtsfeindlichkeit der Aufklärung und zur „rationalistischen Entartung des Rechts". Für sie war das Recht keine künstliche, willensmäßige und empirische Erfindung, wie es die Vernunftrechtslehrer verstanden, sondern ein naturnotwendiger Bestandteil der Volkskultur. Wie die Kultur, so wachse auch das Recht aus dem „gemeinsamen Bewußtsein des Volkes" (Volksgeist), empfange daraus seine Geltung und werde durch den Willen eines Gesetzgebers eher gestört.[47] Nur die „strenge historische Methode" sei geeignet, den Weg zum richtigen, zum wahrhaft geltenden Recht zu weisen („staatsfreies" Zivilrecht)[48].

---

44 Näheres bei *W. Brauneder*, Privatrechtsfortbildung durch Juristenrecht in Exegetik und Pandektistik in Österreich, ZNR 1983, 22 ff. (Beispiele der verdeckten Rechtsfortbildung 29 ff.).

45 S. dazu *H. Lentze*, Die Universitätsreform des Ministers Graf Leo Thun-Hohenstein, Sitzungsberichte der österreichischen Akademie der Wissenschaften, philosophisch-historische Klasse, Bd. 239, 1962.

46 Dies war ein Grund, warum man 1893 im Rahmen des Faches „Deutsches Recht" ein Fach „Österreichische Reichsgeschichte" einführte, das ab 1935 als „Österreichische Verfassungs- und Verwaltungsgeschichte" weitergeführt wurde und seit der Studienrechtsreform Ende der siebziger Jahre als Teil der „Österreichischen Rechtsgeschichte" fortlebt.

47 Zur Frage des metaphysisch begründeten Volksgeistes und der nach Richtigkeitskriterien jenseits des Gefühls zu treffenden Rechtsentscheidungen *H.P. Haferkamp*, Die Historische Rechtsschule, 2018, 125 ff. u. 264 ff.

48 Diese Überlegungen führten auch zu einer Aufspaltung der rechtsgeschichtlichen Wissenschaft in Germanistik, Romanistik und Kanonistik, die bis zur Studienrechtsreform Ende der siebziger Jahre bestimmend für das Rechtsstudium sein sollte.

Die weitere Entwicklung führte zur **Pandektenwissenschaft.** Die Pandektisten (so benannt nach ihrem bevorzugten Studienobjekt) glaubten ihre Verpflichtung zur historischen Erfassung des Rechts durch eine formal-begriffliche, systematisch-konstruktive Erforschung des „in sich vernünftigen" Rechtsstoffes einlösen zu müssen. Das justinianische Recht, das als ein in sich geschlossenes System angesehen wurde, wurde unter diesem Gesichtspunkt neu untersucht und bearbeitet. Dabei ging man rein positivistisch vor, abstrahierte nach den Regeln formaler Logik ein System (eine „Hierarchie") von Begriffen und leitete daraus wiederum neue Rechtssätze und Grundregeln ab **(Begriffsjurisprudenz).** Außerjuristische Wertungen lehnte man ab. Ideologischen Halt bot der wirtschaftliche und soziale Liberalismus des 19. Jhs., dessen sozialethische und philosophische Grundlagen weitgehend übernommen wurden. Der Raum, in dem die bürgerliche Gesellschaft agierte, sollte von unmittelbarer staatlicher Machtausübung freigehalten werden.

Die weitere Rechtsentwicklung bis zum Ende des 1. Weltkrieges wurde in Österreich und in Deutschland maßgeblich durch die Pandektenwissenschaft bestimmt. Unter ihrem Einfluss entstanden eine Reihe von Gesetzen, in Deutschland etwa das ADHGB von 1861, das – mit Ausnahme des Seerechts – in das österreichische AHGB von 1862 übernommen wurde, das sächsische BGB von 1863 und schließlich das deutsche **BGB** von 1900. Nicht zuletzt ist ihr die Erarbeitung eines „Allgemeinen Teils" des Privatrechts zu danken, der ein Schlüssel zum Recht, vor allem auch zur Rechtsanwendung geworden ist *(Pandektensystem).* In Österreich wurde das pandektistische Vorbild zunächst in Einzelgesetzen (Außerstreitgesetz 1854, Gewerbeordnung 1859, Grundbuchsgesetz 1871 usw.), schließlich in der weitgehenden Reform des ABGB durch **drei Teilnovellen** spürbar.

Diese **Teilnovellen**[49] griffen tief in das Gefüge des bürgerlichen Rechts ein, indem sie sich oft fast wörtlich an das Vorbild des BGB hielten. Trotzdem gelang es, sie harmonisch in den Gesamtbau des ABGB einzufügen. Die *I TN* von 1914 (RGBl. 276) behandelte das Personen-, Familien- und Vormundschaftsrecht sowie das gesetzliche Erbrecht. Das politisch heiß umkämpfte Eherecht blieb allerdings unberührt. Die *II TN* von 1915 (RGBl. 208) brachte Neuerungen im Grenzberichtigungsrecht. Die *III TN* von 1916 (RGBl. 69) erfasste das Sachen- und Schuldrecht und deren gemeinschaftliche Bestimmungen.

Ebenfalls in den Beginn des 20. Jhs. fällt der Abschluss der Kodifikationsbestrebungen in der Schweiz. Der vom Rechtslehrer *Eugen Huber* erarbeitete Entwurf eines Zivilgesetzbuches **(ZGB)** trat gleichzeitig mit dem Obligationenrecht **(OR)** 1912 in Kraft.

C. Die Entwicklung im 20. Jh.

Große politische, soziale und wirtschaftliche Veränderungen seit dem Beginn des 20. Jhs. ließen **neue Rechtsgebiete** entstehen (Arbeits-, Wirtschafts-, Industrie- und Umweltrecht usw.), während andere Rechtsgebiete entscheidend **umgebildet** wurden (Versicherungs-, Patent-, Wettbewerbsrecht usw.). Ins-

49 *B. Dölemeyer*, Die Revision des ABGB durch die drei Teilnovellen von 1914, 1915 und 1916, Ius commune Bd. 6, 274 ff.

gesamt wurde dem Privatrecht eine stärkere **soziale Funktion** zugeordnet (so im Mietrecht, Bodenrecht, Konsumentenschutzrecht usw.), wobei sich allerdings die Rechtsfortbildung nicht durch Gesamtreformen, sondern durch zahlreiche Sondergesetze vollzog[50].

Die Rechtswissenschaft verließ allmählich wieder den Boden des Positivismus und wandte sich der **Interessenjurisprudenz**, in weiterer Folge **Wertungsjurisprudenz** zu.

Die Lehre von der Wertungsjurisprudenz war bereits von *Rudolf v. Ihering* in Frontstellung zur Begriffsjurisprudenz vorbereitet worden und geht von der Grunderkenntnis aus, dass jede Rechtsnorm einen Interessenkonflikt entscheidet, auf einem Gegeneinanderwirken widerstreitender Interessen beruht. Diesen Interessenkonflikt gilt es zu erkennen und im Geiste der bereits vom Gesetzgeber in der Rechtsnorm vorgenommenen Wertung zu lösen.

Auch in der Zeit zwischen 1938 und 1945[51] behielt das bürgerliche Recht im Wesentlichen seinen normativen Bestand. Neue Akzente setzten vor allem die Rechtsprechung und die Rechtswissenschaft, indem sie als neue Rechtsquellen den Führerwillen, das gesunde Volksempfinden und das Parteiprogramm der NSDAP anerkannten. Als weitere Einbruchstellen der ns. Weltanschauung erwiesen sich die Generalklauseln. Anstelle des AHGB wurde das deutsche HGB eingeführt, ebenso das deutsche Ehegesetz sowie (vorübergehend) das deutsche Testamentsgesetz. Die vollständige Ersetzung des ABGB durch das BGB wurde nicht durchgeführt, weil ein bürgerliches Volksgesetzbuch[52] geplant war, das beide ersetzen sollte.

Nach dem **Zerfall der totalitären Systeme**[53] in Europa ist ein Wiederaufleben naturrechtlicher Gedanken festzustellen, die auch auf das Privatrecht der Gegenwart Einfluss nehmen. International gewinnt die Überzeugung an Boden, dass das Rechtsgut der menschlichen Würde die aktive Abwehr von Diskriminierungen notwendig macht. Damit ist auch das Zivilrecht in die Pflicht

50 Ein besonders gelungenes Beispiel, die politischen Gestaltungskräfte in die jüngste Privatrechtsgeschichte miteinzubeziehen, bietet *K. W. Nörr*, Zwischen den Mühlsteinen. Eine Privatrechtsgeschichte der Weimarer Republik, 1988; *M. Schmoeckel*, Rechtsgeschichte der Wirtschaft seit dem 19. Jahrhundert, 2008.

51 Zum nationalsozialistischen Recht grundlegend *B. Rüthers*, Die unbegrenzte Auslegung. Zum Wandel der Privatrechtsordnung im Nationalsozialismus, [8]2017; s. auch den Überblicksartikel von *M. Stolleis*, Nationalsozialistisches Recht, HRG [2]III, Sp. 1806 ff. (mit vielen Literaturhinweisen); *A. Rethmeier*, „Nürnberger Rassegesetze“ und Entrechtung der Juden im Zivilrecht, 1995; für Österreich: *U. Davy/H. Fuchs/H. Hofmeister/J. Marte/I. Reiter* (Hg.), Nationalsozialismus und Recht, Rechtssetzung und Rechtswissenschaft in Österreich unter der Herrschaft des Nationalsozialismus, 1990; *F.-St. Meissel/B. Bukor*, Das ABGB in der Zeit des Nationalsozialismus, FS 200 Jahre ABGB I, 2011, 17 ff.

52 M. *Stolleis*, Volksgesetzbuch, HRG V, Sp. 990 ff. mit weiterführenden Literaturangaben; *H.-P. Haferkamp*, „Österreichisches“, „Deutsches“ und „Nationalsozialistisches“ in der Rechtsprechung des Reichsgerichts zum ABGB zwischen 1939 und 1945, in Zweihundert (200) Jahre ABGB (1811–2011), hg. v. *B. Dölemeyer/H. Mohnhaupt*, 2012, 159 ff.

53 *I. Kauhausen*, Nach der Stunde „Null“. Prinzipiendiskussion im Privatrecht nach 1945, ZNR 2008, 173 ff. mit Kritik an der fehlenden grundsätzlichen Neubegründung.

genommen, einen umfassenden Diskriminierungsschutz zu entwickeln und der Privatautonomie gleichheitskonforme Schranken zu setzen[54]. Im Lichte dieser Erkenntnis ist auch das Projekt einer gesamteuropäischen Rechtskodifikation, 1989 vom Parlament der EU der Rechtswissenschaft aufgegeben, kritisch zu verfolgen. Der bisher von Vertretern der Neo-Pandektenwissenschaft mit großem Aufwand vorgestellte Weg, ein modernes europäisches Zivilgesetzbuch aus den Grundwerten des „alteuropäischen" ius commune herauszufiltern, überzeugt so nicht[55].

Auf dem Hintergrund von gesellschaftlicher Ausdifferenzierung und Globalisierung des Rechts bieten aktuelle Rechtstheorien – teilweise sehr heterogene – Reflexionsangebote für die Praxis[56].

---

54 Anlässlich der 200-Jahrfeier des ABGB sind neben entwicklungsgeschichtlichen Rückblicken (bspw. *P. Apathy* in Zweihundert Jahre ABGB, hg. v. *A. Fenyves/F. Kerschner/A. Vonklich*, 2012, 47 ff.) auch Grundsatzfragen der Gegenwart angesprochen worden (hervorzuheben *C. Fischer-Czermak/G. Hopf/G. Kathrein/M. Schauer*, FS 200 Jahre ABGB II, 2011).

55 Zur „Historisierung der Moderne" s. auch *H. Schlosser*, Neuere Europäische Rechtsgeschichte, 2012, 375 ff.

56 *S. Buckel/R. Christensen/A. Fischer-Lescano* (Hg.), Neue Theorien des Rechts, [3]2020.

Zweiter Teil: Personen- und Familienrecht

I. Die Rechtsfähigkeit des Menschen

A. Geltende Rechtsgrundsätze

Das objektive Recht ist eine Ordnung menschlichen Zusammenlebens. Es verteilt Befugnisse und schützt (begrenzt) sie mit korrespondierenden Pflichten. Bezugspunkt dieser Rechte und Pflichten ist der **Mensch**, er ist schlechthin das **„Rechtssubjekt"**. Daneben gibt es noch Gebilde, die ebenfalls Rechte und Pflichten haben können, die **„juristischen Personen"**. Ihnen ist diese Rechtsfähigkeit zur Gänze verliehen, während natürliche Personen über angeborene (existentielle) Rechte verfügen, die sie auch bei den anderen Mitgliedern ihrer Gesellschaft zu respektieren verpflichtet sind. Der Mensch ist also Träger von Rechten und Pflichten, die ihm **angeboren** sind (§ 16 ABGB), und Träger von Rechten und Pflichten, die er **erwirbt** (§ 18 ABGB). Alle zusammen machen seine **Rechtsfähigkeit** aus[57].

1. Angeborene Rechte

„Jeder Mensch hat angeborene, schon durch die Vernunft einleuchtende Rechte, und ist daher als eine Person zu betrachten. Sklaverei oder Leibeigenschaft, und die Ausübung einer darauf sich beziehenden Macht wird in diesen Ländern nicht gestattet" (§ 16 ABGB).

Welchen Inhalt diese Rechte im Einzelnen haben, sagt das Gesetz nicht ausdrücklich, nach heutigem Rechtsverständnis sind aber unzweifelhaft jene Rechte gemeint, die uns als **„Grundrechte"** und **„Persönlichkeitsrechte"** zu einem Begriff geworden sind. Persönlichkeitsrechte dienen dem unmittelbaren Schutz der menschlichen Person, ihrer Würde und Unversehrtheit. Im digitalen Zeitalter sind Persönlichkeitsrechte unter dem Aspekt der medialen Verbreitung und Speicherung von Daten neu zu betrachten. Mit dem Hass-im-Netz-Bekämpfungs-Gesetz (BGBl I 2020/148) erfolgte eine Neuregelung zur Wahrung der Rechte über den Tod hinaus (§ 17a ABGB) sowie der Unterlassungs- und Beseitigungsansprüche (§ 20 ABGB).

57 Zur juristischen Person s. unten.

Im Zeitalter des Konstitutionalismus (19. Jh.) wurden die Grundrechte Bestandteil des Verfassungsrechts und gehören somit dem öffentlichen Recht an. Die Bedeutung des § 16 ABGB liegt in der programmatischen Anerkennung „allgemeiner Persönlichkeitsrechte" für das österreichische Privatrechtssystem.

2. Fähigkeit zum Rechtserwerb

„Jedermann ist unter den von den Gesetzen vorgeschriebenen Bedingungen fähig, Rechte zu erwerben" (§ 18 ABGB).

Damit sind Rechte gemeint, deren Zuteilung durch einen gesetzlich normierten Erwerbstatbestand bedingt ist. Die gesetzlichen Bedingungen des Rechtserwerbs lassen sich in zwei große Gruppen zusammenfassen: Die erste Gruppe enthält jene Bedingungen, die für **alle** Personen unterschiedslos gelten (z. B. Bedingungen des Eigentumserwerbes); die zweite Gruppe stellt auf **bestimmte persönliche Eigenschaften** des Rechtserwerbers ab (Alter, geistige Gesundheit, Geschlecht, Staatsbürgerschaft, eine bestimmte Ausbildung, usw.).

Der Begriff Rechtsfähigkeit sagt daher Verschiedenes aus. Unter **„allgemeiner" Rechtsfähigkeit** verstehen wir die Eigenschaft, überhaupt Zuordnungssubjekt von Rechten und Verbindlichkeiten zu sein; unter **„individueller" Rechtsfähigkeit** die Fähigkeit, Zuordnungssubjekt von Rechten und Verbindlichkeiten zu sein, die einer bestimmten Person mit Erfüllung der im Gesetz normierten persönlichen Voraussetzungen zugeordnet werden können.

Zu beachten ist, dass die Rechtsordnung Alter und Gesundheit nicht allein als Voraussetzung für die Rechtsfähigkeit des Menschen heranzieht, sondern auch zur Abstufung seiner Handlungsfähigkeit. Ein *Mangel an Handlungsfähigkeit* liegt vor, wenn er durch Vermittlung eines Vertreters beseitigt werden kann; ein *Mangel an Rechtsfähigkeit*, wenn bestimmte Rechte und Verbindlichkeiten auch durch einen Vertreter nicht erworben werden können[58].

3. Beginn und Ende der Rechtsfähigkeit

Der Mensch erlangt die Rechtsfähigkeit mit **vollendeter Geburt**, d. h. mit der natürlichen oder künstlichen Trennung des Kindes vom Mutterleib. Bestehen Zweifel, ob ein Kind lebend oder tot geboren wurde, gilt die Vermutung der Lebendgeburt. Es ist nicht notwendig, dass ein Kind lebensfähig (vital) ist.

Auch das **ungeborene Kind** („nasciturus") hat vom Zeitpunkt der Empfängnis an einen Anspruch auf Schutz der Gesetze, d. h. es bestehen verschiedene Schutzvorschriften zu seinen Gunsten. Darüber hinaus hat der Ungeborene eine **bedingte** und **beschränkte** Rechtsfähigkeit: Er kann unter der Voraussetzung, dass er lebend geboren wird, bereits Rechtsträger werden, soweit dies ausschließlich zu seinem Vorteil ist, es also um seine Rechte geht (§ 22 ABGB).

58 Vgl. dazu *R. Ostheim*, Zur Rechtsfähigkeit von Verbänden im österreichischen bürgerlichen Recht, 1967, 100 ff.

Die Rechtsfähigkeit des Menschen endet mit seinem **Tod**, der ärztlich bestätigt (Totenschein) und in das Sterbebuch eingetragen wird. Kann der Tod eines Menschen auf diese Weise nicht bewiesen werden (z. B. die Leiche eines Ertrunkenen bleibt unauffindbar), ist das Gericht im außerstreitigen Verfahren von seinem Tod zu überzeugen **(Todesbeweis)**. Für den Fall, dass auch der Todesbeweis nicht erbracht werden kann, sieht die Rechtsordnung die Möglichkeit der gerichtlichen **Todeserklärung** vor. Sie setzt Verschollenheit (Zweifel am Fortleben wegen langer, nachrichtenloser Abwesenheit) voraus und begründet die *Vermutung*, dass der Verschollene an dem im Beschluss anzugebenden Tag gestorben ist. Sowohl Todesbeweis als auch Todeserklärung können entkräftet werden[59].

Das Todeserklärungsgesetz 1950, BGBl. 1951/23[60], differenziert die Verschollenheitsvoraussetzungen nach der Gefahr (Wahrscheinlichkeit) des Todes. Dabei spielen das Alter des Vermissten und die Umstände seiner Verschollenheit eine Rolle (Kriegsverschollenheit, See- und Luftverschollenheit, allgemeine Gefahrenverschollenheit). Danach bestimmen sich die notwendige Dauer der nachrichtenlosen Abwesenheit und die Festsetzung des Todeszeitpunkts.

B. Historische Entwicklung

Lit.: *E. Adler*, Die Persönlichkeitsrechte im Allgemeinen Bürgerlichen Gesetzbuch, FS ABGB II, 1911, 165 ff.; *U. Aichhorn* (Hg.), Frauen & Recht, 1997; *R. Bartsch*, Die Rechtsstellung der Frau als Gattin und Mutter, 1903; *F. Battenberg*, Acht, HRG ²I, Sp. 59 ff.; *H. Conrad*, Die Rechtsstellung der Ehefrau in der Privatrechtsgesetzgebung der Aufklärungszeit, FS G. Katten, 1957, 253 ff.; *A. Deutsch*, Ehre, HRG ²I, Sp. 1224 ff.; *R. Dittrich* (Hg.), Woher kommt das Urheberrecht und wohin geht es?, 1988; *W. Ebel*, Der Bürgereid, 1958; *J. Eckert*, Adel, HRG ²I, Sp. 69 ff; *J. Eichinger*, Die Frau im Arbeitsrecht, 1991; *E. Ennen*, Frauen im Mittelalter, ⁶1999; *A. Erler*, Klostertod, HRG II, Sp. 891f.; *A. Erler*, Leibesfrucht, HRG II, Sp. 1177f.; *A. Erler*, Loskauf Gefangener, HRG III, Sp. 48 ff.; *H. Fehr*, Die Rechtsstellung der Frau und der Kinder in den Weistümern, 1912, Neudr. 1971; *U. Floßmann* (Hg.), Recht, Geschlecht und Gerechtigkeit, 1997; *U. Floßmann*, Die Gleichberechtigung der Geschlechter in der Privatrechtsgeschichte, FS H. Eichler, 1977, 119 ff.; *U. Floßmann*, Die positive Diskriminierung im österreichischen Recht, in Frau sein in Salzburg, XI. Landes-Symposion 1990, hg. v. *R. Floimair*, 1991, 39 ff.; *U. Floßmann*, Frauenrechtsgeschichte, Linzer Schriften zur Frauenforschung 26, ²2006; *U. Gerhard* (Hg.), Frauen in der Geschichte des Rechts, 1997; *O. v. Gierke*, Deutsches Privatrecht I, 1895, Neudr. 1936, 355 ff.; *D. Gottwald*. Ebenbürtigkeit, HRG ²I, Sp. 1172 f.; *K. Härter*, Fremde, Fremdenrecht, HRG ²I, Sp. 1791 ff.; *H. Hattenhauer*, Grundbegriffe des Bürgerlichen Rechts, ²2000, 1 ff.; *J. W. Hedemann*, Die Fortschritte des Zivilrechts im XIX. Jahrhundert I, 1910, Neudr. 1968, 53 ff., II/1, 1930; *M. Herrmann*, Der Schutz der Persönlichkeit in der Rechtslehre des 16. bis 18. Jahrhunderts, 1968; *G. Jerouschek*, Leibesfrucht, HRG ²III, Sp. 777 f.; *H. Kalb*, Klostertod, HRG ²II, Sp. 1905 ff.; *D. Klippel*, Der zivilrechtliche Schutz des Namens. Eine historische und dogmatische Untersuchung, 1985; *D. Klippel*, Historische Wurzeln und Funktionen von Immaterialgüter- und Persönlichkeitsrechten im 19. Jahrhundert, ZNR

59 Unter Einbeziehung der Gesetzes- und Dogmengeschichte *H. Eichler*, Personenrecht, 1983.

60 Zuletzt novelliert durch BGBl. I 2003/112.

1982, 132 ff., *E. Koch*, Maior dignitas est in sexu virili. Das weibliche Geschlecht im Normensystem des 16. Jahrhunderts, 1991; *B. Koehler*, Fremde, HRG I, Sp. 1266 ff.; *H. Kreller*, Römisches Recht, II Grundlehren des Gemeinen Rechts, 1950, 85 ff.; *K. Kroeschell*, Bürger, HRG ²I, Sp. 738 ff.; *A. Laufs/A. Eichener*, Stände, Ständewesen, Ständelehre, HRG IV, Sp. 1901 ff.; *O. Lehner*, Senatus Consultum Velleianum – Die Wiederkehr einer antiken Rechtsfigur im frühneuzeitlichen österreichischen Recht, ZRG GA 1988, 270 ff.; *D. Lenze*, Die Entwicklung der Persönlichkeitsrechte im 19. Jahrhundert, 1962; *W. Müller*, Entwicklung und Spätform der Leibeigenschaft am Beispiel der Heiratsbeschränkungen, 1974; *W. Ogris*, Bürgerlicher Tod, HRG I, Sp. 556 f.; *B. Raschauer*, Namensrecht, 1978, 4 ff.; *E. Rothweiler/St. Geyer*, Loskauf, Lösegeld, HRG ²III, Sp. 1047 ff.; *B. Rüthers*, Die unbegrenzte Auslegung. Zum Wandel der Privatrechtsordnung im Nationalsozialismus, ⁸2017; *K. Saerbeck*, Beginn und Ende des Lebens als Rechtsbegriff, 1974; *R. Scheyhing*, Adel, HRG I, Sp. 41 ff; *R. Scheyhing*, Ebenbürtigkeit, HRG I, Sp. 793 ff.; *R. Scheyhing*, Ehre, HRG I, Sp. 846 ff.; *G. K. Schmelzeisen*, Die Rechtsstellung der Frau in der deutschen Stadtwirtschaft, 1935; *M. Schmoeckel*, Bürgerlicher Tod, HRG ²I, Sp. 751 f.; *J. Schröder*, Rechtsfähigkeit, HRG IV, Sp. 288 ff.; *D. Schwab*, Gleichberechtigung (der Geschlechter), HRG I, Sp. 1696 ff., ²II, Sp. 390 ff.; *H. Thieme*, Die Rechtsstellung der Frau in Deutschland, Ideengeschichte und Rechtsgeschichte, Gesammelte Schriften I, 1986, 305 ff.; *H. Thieme*, Fremdenrecht, HRG I, Sp. 1270 ff.; *A. Wacke*, Vom Hermaphroditen zum Transsexuellen, Zur Stellung von Zwittern in der Rechtsgeschichte, FS K. Rebmann, 1989, 861 ff.; *M. Weber*, Ehefrau und Mutter in der Rechtsentwicklung, 1907, Neudr. 1989; *H. Winterberg/J. Eckert*, Bauernbefreiung, HRG I, Sp. 325 ff., ²I, Sp. 466 ff.; *F. v. Zeiller*, Gibt es nach den österreichischen Gesetzen einen bürgerlichen Tod, Zeitschrift für österreichische Rechtsgelehrsamkeit, 1826, II, 161 ff.

Die Geschichte bietet bis zu den „vernunftrechtlichen“ Kodifikationen (in Einzelbestimmungen sogar zeitlich darüber hinausgehend) ein **vielgestaltiges Bild rechtlicher Ungleichbehandlung** von Menschen. Das erklärt sich aus der Auffassung, die Fähigkeit, Träger von Rechten und Pflichten zu sein, werde allein von der Rechtsordnung verliehen. In Wahrheit bestimmt sie nur das Maß der Zuteilung, doch können auch damit höchst unterschiedliche Verhältnisse nach den jeweils herrschenden Wertvorstellungen geschaffen werden.

1. Beginn der Rechtsfähigkeit

a) Älteres Recht

Das lebend geborene Kind erlangte die Rechtsfähigkeit erst mit dem Nachweis seiner **Lebensfähigkeit**. Beschauen und Beschreien der Wände des Hauses finden sich in den ma. Rechtsquellen als Zeichen der Vitalität des Kindes reichhaltig belegt, ebenso die Vorgabe einer bestimmten, in Tagen gemessenen Lebensdauer. Verkrüppelung (unmenschliche Gestalt) galt als Zeichen mangelnder Vitalität.

Für die vorchristliche Zeit ging die klassische von Jakob Grimm begründete Lehre davon aus, dass die Rechtsfähigkeit erst mit der **förmlichen Aufnahme** in die Sippe (Hausgemeinschaft) begann. Sie erfolgte durch den Vater in bestimmten sakralen Riten. Vor diesem Sakralakt konnte das Kind ausgesetzt, also getötet werden, doch fand das Aussetzungsrecht nur dann sittliche Billigung, wenn ein wichtiger Grund vorlag (wirtschaftliche Not des Vaters; Lebensunfähigkeit des Kindes). Das förmlich aufgenommene Kind genoss dagegen wie jedes andere Mitglied des Familienverbandes den Rechtsschutz der Sippe. Die Aufnahme des Kindes in die Sippe erfolgte durch Aufheben vom Boden oder andere Pflegehandlungen, spätestens durch die nach neun Nächten vorgenommene Namengebung, die mit einer Wasserweihe verbunden war.

Mangels ausreichender Quellen stellen neuere Forschungsergebnisse diese These in Frage. Tatsächlich ist die gleichsam selbstverständliche Verknüpfung der förmlichen Aufnahme mit dem Aussetzungs- bzw. Tötungsrecht des Vaters nicht weiter aufrecht zu erhalten, weil es sich um unterschiedliche Phänomene handelt[61].

Mit der Ausbreitung des Christentums verschwanden das Aussetzungs- und Tötungsrecht sowie die rechtsförmliche Aufnahme des Neugeborenen in Sippe und Haus. Einige Rechte machten die Rechtsfähigkeit des Kindes von der Taufe abhängig, die binnen zehn Tagen nach der Geburt erteilt wurde[62]. Mehrheitlicher Anknüpfungspunkt für den Beginn der Rechtsfähigkeit war jedoch von da an die **Geburt**, sofern das Neugeborene **lebensfähig** war.

Ansätze eines privatrechtlichen Schutzes der Leibesfrucht finden sich in den ma. Rechtsbüchern. So wurde bei Tod des Vaters die Erbauseinandersetzung bis zur Geburt des Kindes hinausgeschoben, um dem Kind den Erbanspruch zu wahren.

Außerhalb der Rechtsgemeinschaft standen die Unfreien (Angehörige einer unterworfenen Urbevölkerung, Gefangene aus Beutezügen). Ihre Schutz- und Rechtlosigkeit konnte in ältester Zeit so weit gehen, dass sie als Sachen behandelt wurden[63].

b) Neuzeitliche Rechtsentwicklung

Das gemeine Recht ließ die Rechtsfähigkeit mit der Geburt eines freien Menschen beginnen und entsprach damit im Wesentlichen den ma. Vorstellungen. Die überkommenen Vorbehalte hinsichtlich der Lebensfähigkeit und menschlichen Gestalt des Geborenen wurden allerdings beibehalten. Bis zum ABGB blieben daher Lebendgeburt, Nachweis der Lebensfähigkeit und gewöhnliche menschliche Gestalt Bedingungen für den Erwerb der Rechtsfähigkeit. Noch *Zeiller* bemerkte, „daß eine Mißgeburt, wenn sie kein vernunftfähiges

61 *Th. Olechowski*, Aussetzen eines Kindes, HRG ²I, Sp. 382 f. Dieser Beitrag führt als Beleg für ein mütterliches Aussetzungsrecht die Lex Frisionum an und verweist darauf, dass sich die Isländer bei der Christianisierung um 1000 das Recht der Aussetzung von Kindern vorbehielten; *E. Schuhmann*, Geburt, HRG ²I, Sp. 1976 ff., hält offenbar ein elterliches Aussetzungs- und Tötungsrecht überhaupt für unbewiesen. Weiterhin für die Aufnahme des Kindes Kraft väterlicher Verfügungsgewalt *M. Meumann*, Kindestötung, HRG ²II, Sp. 1761 ff. (Sp. 1762), der die germanische Rechtstradition mit jener der römischen Antike und des alten China vergleicht.

62 *Ch. H. F. Meyer*, Taufe und Person im ersten Jahrtausend. Beobachtungen zu den christlichen Wurzeln einer Grundkategorie europäischen Rechtsdenkens, Rg 21, 2013, 89 ff.

63 Zur Rechtslage der Unfreien s. *A. Ehrhardt*, Rechtsvergleichende Studien zum antiken Sklavenrecht I. Wergeld und Schadenersatz, ZRG RA 68, 1951, 74 ff. und *H. Nehlsen*, Sklavenrecht zwischen Antike und Mittelalter, 1972.

Wesen ist, auch kein rechtsfähiges sei“, doch machte das ABGB diese Einschränkung nicht mehr. Die **vollendete Geburt** des Menschen wurde allgemein zum Beginn der Rechtsfähigkeit.

Die Rechtsfähigkeit des **nasciturus** erhielt insofern einen neuen Aspekt, als das gemeine Recht die Möglichkeit eines Rechtserwerbs durch die Leibesfrucht verallgemeinerte. Ausgangspunkt dieser Überlegung war die Rückbeziehung der Rechtsfähigkeit des nasciturus auf den Zeitpunkt der Zeugung, soweit es sich um Rechtstatsachen zu seinen Gunsten handelte. Folgerichtig kannte das gemeine Recht auch eine Pflegschaft zugunsten der Leibesfrucht (cura ventris). Im 18. Jh. setzte sich generell der Grundsatz durch, dass „die allgemeinen Rechte der Menschheit auch den noch ungeborenen Kindern gebühren, und zwar ab der Zeit der Empfängnis“. Daraus wurde im *ABGB 1811* die beschränkte und bedingte Rechtsfähigkeit des nasciturus. Im Zuge dieser Entwicklung lag ein verstärkter strafrechtlicher Schutz des ungeborenen Lebens, der allerdings streng vom privatrechtlichen Problem der Rechtsfähigkeit getrennt wurde.

Die völlige Rechtlosigkeit eines lebensfähigen Menschen war dem österreichischen Rechtsraum seit dem MA. unbekannt. Der *Unfreie* war Rechtssubjekt, allerdings mit verminderter Rechtsfähigkeit.

2. Beschränkung der Rechtsfähigkeit

In ältester Zeit hing die Rechtsfähigkeit des einzelnen von der Zugehörigkeit zu einer Sippe ab, die ihm die Teilnahme an der Rechtsgemeinschaft vermittelte. Ausgestoßene oder Unfreie hatten zunächst keine, dann äußerst beschränkte Rechte. Im Übrigen war der ma. Begriff der Rechtsfähigkeit stark vom Ständedenken geprägt. Die Zugehörigkeit zu einem Stand bestimmte die Rechtsstellung des einzelnen. Schließlich trug die rechtliche Ungleichbehandlung von Mann und Frau, aber auch die Sonderstellung von Kranken, Andersgläubigen oder Fremden dazu bei, dass kein einheitliches Bild der Rechtsfähigkeit entstehen konnte **(abgestufte, geminderte Rechtsfähigkeit)**. Die Vorstellung naturgegebener oder gottgewollter rechtlicher Ungleichheit war im ma. Rechtsdenken tief verwurzelt und wirkte weit in die Neuzeit hinein fort. Erst die theoretische Fundamentierung der Freiheit und Gleichheit aller Menschen durch das Vernunftrecht schuf die Voraussetzungen für die **„allgemeine“ Rechtsfähigkeit** im Sinne des geltenden Rechts.

a) Unfreie

Die Unfreiheit[64] war wohl immer eine Ausprägung wirtschaftlicher Abhängigkeit. Der Unfreie war rechtlos, weil er sich sein Recht nicht verschaffen

64 Zu den terminologischen Schwierigkeiten der Abgrenzung von Freien und Unfreien in der rechtshistorischen Forschung s. *H. Nehlsen*, Unfreie, HRG V, Sp. 464 ff.

konnte. Aus diesem Grund gab es das ganze MA. hindurch bis in die Neuzeit verschiedenste Abstufungen rechtlicher Abhängigkeit. Ihre Verwandtschaft zu den Formen gänzlicher oder teilweiser Rechtlosigkeit in den antiken Rechten ist unverkennbar.

Die Unfreien des MA. gehörten zum Gesinde des Grundherrn, bildeten dessen „familia servilis", soweit ihnen nicht der Aufstieg in die Freiheit gelang (ministeriales). Sie waren ihrem Herrn dienst- und folgepflichtig, unterlagen seiner Heiratserlaubnis und hatten Tributleistungen zu erbringen (z. B. Besthaupt). Diese Beschränkungen der Rechtsfähigkeit verschwanden etwa im 13. Jh. in den Städten, versteinerten jedoch im ländlichen Raum und prägten die Rechtsstellung des unfreien Bauern.

In manchen Gebieten deutscher Rechtskultur (z. B. in den östlichen Gebieten Böhmens und Mährens) kam es sogar zur **Leibeigenschaft**. Sie war gleichsam der Rechtsmaßstab totaler wirtschaftlicher Abhängigkeit des Bauern vom Grundherrn und erfasste alle Lebensbereiche. Dennoch wäre es verfehlt, dem Leibeigenen jegliche Rechtspersönlichkeit abzusprechen. Seine Rechtsstellung unterschied sich nur graduell vom unfreien Bauern, wie es ihn auch in Österreich gab. (Dazu unten.)

Unfrei wurde man geboren, konnte es aber auch durch strafgerichtliche Verurteilung, Unterwerfung oder Heirat mit einer unfreien Person werden[65].

b) Stände

Stände sind Personengruppen, die sich durch selbstgeschaffene Verhaltensnormen in ihren Rechten und Pflichten von anderen abheben. In Teilbereichen entwickelten sie sogar eine eigene Kultur. Nach den Voraussetzungen der Zugehörigkeit werden Geburtsstände, Besitzstände und Berufsstände unterschieden. Ihre Eigenart hat sich durch soziale Schichtungen dermaßen verrechtlicht, dass gewisse Rechtsbeziehungen nur mehr zwischen Standesgenossen möglich sind; *Ungenossen* gehören nicht zu ihrer Rechtsgemeinschaft **(Prinzip der Ebenbürtigkeit).**

Das Denken in diesen Kategorien bestimmte das Rechtsleben bis zum Ende des 18. Jhs. Damals gelang die weitgehende Beseitigung extremer ständischer Unterschiede, doch blieb die Einebnung ständischer Ungleichheiten dem 19. Jh. und die gänzliche Aufhebung der Ständeordnung dem 20. Jh. vorbehalten[66].

---

65 *G. Franz*, Bauernschaft und Bauernstand 1500–1970, 1975; *G. Grüll*, Bauer, Herr und Landesfürst. Sozialrevolutionäre Bestrebungen der oberösterreichischen Bauern von 1650–1848, 1963.

66 S. Leiherechte; Aufhebungsgesetze aus dem 20. Jh.: Gesetz vom 3.4.1919, StGBl. Nr. 211, über die Aufhebung des Adels, der weltlichen Ritter- und Damenorden und gewisser Titel und Würden; Gesetz vom 6.7.1938, Deutsches RGBl. I, 825, über das Erlöschen der Familienfideikommisse und sonstiger gebundener Vermögen (dadurch wurden die §§ 618–645 ABGB außer Kraft gesetzt).

aa) Adelsstand

Dieser in sich stark differenzierte Stand (Reichsadel – Landesadel; hoher Adel – niederer Adel usw.) genoss nicht nur im öffentlichen Recht, sondern auch im Privatrecht eine Sonderstellung. So galt das Prinzip der Ebenburt im Eherecht und Vertragsrecht, und dem Adel war es auch vorbehalten, Familienfideikommisse zu bilden oder adelige Namen und Wappen zu führen. Familien des hohen Adels hatten überdies das Recht, ihre Haus- und Familienangelegenheiten (vor allem Angelegenheiten des Ehe- und Erbrechts) durch Hausgesetze oder Hausverträge autonom und für alle Familienmitglieder bindend zu regeln **(Privatfürstenrecht)**.

Eine Einschränkung der Rechtsfähigkeit gab es beim Adel insofern, als er Tätigkeiten, die mit einer adeligen Lebensführung nicht in Einklang zu bringen waren (etwa Handel, Gewerbe, bäuerliche Arbeiten), bei sonstigem Verlust des Adels nicht ausüben durfte.

bb) Bürgerstand

Bis ins 12. Jh. waren die Bürger von anderen ständischen Gruppen (freien wie unfreien) kaum geschieden. Die Besonderheit ihrer Rechtsstellung wurde allenfalls durch herrschaftliche Privilegien geschaffen, die ihnen marktrechtliche und später auch siedlungsrechtliche Freiheiten verliehen. Mit den Stadtgründungen im 12. Jh. entstand dann eine weitgehend homogene Bürgerschaft, die sich autonom auf bestimmte Regeln des Zusammenlebens einschwor (bürgerliche Schwureinungen auf dem Prinzip der Selbstbindung). Die Pfeiler dieser Stadtrechte waren Freiheit der Stadtbewohner, städtischer Frieden und gleiche Erwerbschancen für alle Bürger („*Stadtluft macht frei*“[67]). Jede Stadt hatte ihre eigene Stadtverfassung und ihr eigenes Stadtrecht.

Die Homogenität der städtischen Bürgerschaft gründete sich allerdings auf eine „negative“ Freiheitsidee: Nur jene Rechtsminderungen, die im städtischen Wirtschaftsleben unerträglich erschienen, wurden beseitigt. Andere – z. B. unterschiedliche Teilhabe an den politischen Rechten – blieben bestehen. Die rechtlich abgesicherte Vorherrschaft „ratsfähiger“ Geschlechter (Stadtpatrizier) ließ sogar die Handwerkerzünfte erst allmählich in die politische Verantwortung für die Stadt hineinwachsen. Daneben gab es Personen „niedrigeren Standes“, die von der politischen Willensbildung gänzlich oder doch zum Teil ausgeschlossen blieben. Die neuzeitliche Entwicklung zum Obrigkeitsstaat engte die städtische Autonomie immer mehr ein. Die Bürger wurden zu Untertanen, die sich innerhalb des landesfürstlichen Territorialstaates als soziale Schicht (Bürgerstand) zwischen Adel und Bauern etablierten[68]. Als ge-

67 Zu den einprägsamen Formulierungen „Luft macht eigen – Luft macht frei“ s. *D. Werkmüller*, HRG III, Sp. 92 ff.

68 „Der Bürgerstand begreift alle Einwohner des Staates unter sich, welche ihrer Geburt nach weder zum Adel noch zum Bauernstande gerechnet werden können.“ § 1 II 8 ALR, 1794.

staltende Kraft der Gesellschaft des 18./19. Jhs.[69] standen sie letztlich dem modernen Staatsbürgerbegriff Pate.

cc) Bauernstand

Seit dem 12. Jh. zeichnete sich mit den Städtegründungen immer mehr die Entstehung eines eigenen bäuerlichen Standes ab. Dieser Stand war in sich und territorial stark differenziert, vor allem gab es freie und unfreie Bauern. Dem österreichischen Rechtsraum blieben die wirtschaftlichen Entstehungsbedingungen der Leibeigenschaft und damit das Rechtsinstitut als solches zwar erspart, doch gab es auch hier mannigfache Formen beschränkter Rechtsfähigkeit.

Die Stellung des **unfreien** Bauernstandes kann durch eine **dreifache Abhängigkeit** charakterisiert werden: **Sachenrechtlich** ergab sie sich daraus, dass der Bauer Grund und Boden in Form des Leiherechtes zur Bewirtschaftung erhielt, wofür er Abgaben und Dienste zu erbringen hatte. **Politisch** abhängig war er, weil sein Grundherr Gerichts- und Verwaltungsaufgaben wahrnahm (die Grundherrschaft verfestigte sich gleichsam zum „Staat im Staat"). Und schließlich war er **persönlich** von seinem Grundherrn abhängig, was sich am stärksten auf seine Rechtsfähigkeit auswirkte. Beschränkungen bestanden durch die Dienstpflicht des unfreien Bauern, die bis zum Gesindezwangdienst gehen konnte, da ihm die freie Wahl seiner Tätigkeit versagt war. Weiters bedurfte er zur Heirat der gutsherrlichen Einwilligung. Wohl am bedrückendsten war die Beschränkung der Freizügigkeit, die freie Entscheidungen über den Wohnsitz, die berufliche Tätigkeit und die sonstigen äußeren Umstände des Lebens ausschloss.

In Österreich gab es ab dem hohen MA. hohe sachliche Abgaben, geringer waren solche aus persönlicher Abhängigkeit. Dennoch ging bereits von den Bauernkriegen im 16. Jh. starker Druck zur generellen Aufhebung der persönlichen Abhängigkeit aus. Beseitigt wurde sie erst im 18. und 19. Jh. („Bauernbefreiung").

c) Frauen

Die Rechtsstellung der Frau war bis zu den Privatrechtskodifikationen der Neuzeit dadurch gekennzeichnet, dass sie vom Erwerb bestimmter Rechte (allerdings auch der damit verbundenen Pflichten) ausgeschlossen war.

Ein weiterer Aspekt der Frauenbenachteiligung betrifft die Teilnahme am rechtsgeschäftlichen Leben und wird bei der Handlungsfähigkeit zu behandeln sein (Geschlechtsvormundschaft als Sonderform einer beschränkten Geschäftsfähigkeit).

Ständische Unterschiede machen es schwer, ein Gesamtbild ihrer Rechtsfähigkeit zu zeichnen, doch lässt sich immerhin der Grundsatz der Ungleich-

69 „Déclaration des droits de l'homme et du citoyen" 1789 (1. französ. Grundrechtskatalog).

behandlung der Geschlechter in den wichtigsten Entwicklungslinien verdeutlichen[70]. Die ältesten Quellen sind Zeugnisse eines stark ausgeprägten **Patriarchats**. Es fand seine rechtliche Ausgestaltung in der **Muntgewalt** des Hausvaters über alles, was zu seinem Hauswesen gehörte. Die Frau als Mitglied des Hauses konnte diese umfassende Verfügungsgewalt nicht ausüben, war also immer dem Hausvater unterworfen. Damit nahm sie keinerlei Anteil am öffentlichen Leben, war wehr-, gerichts- und lehensunfähig und konnte Grundstücke weder erben noch besitzen. Ein selbständiger Aufgabenbereich ist am frühesten bei der Ehefrau zu finden. Ihre Position lässt sich am besten dadurch beschreiben, dass sie Herrin des Hauses gewesen ist[71]. Diese besondere Stellung im Haus blieb nicht ohne Einfluss auf die Rechtsentwicklung. Sie erhielt die **Schlüsselgewalt**, konnte also den Mann durch selbständiges Handeln verpflichten, wurde teilweise **vermögensfähig** und erlangte unter christlichem Einfluss den Rang einer Partnerin in der **ehelichen Genossenschaft**. Das Ergebnis war eine deutliche rechtliche Besserstellung der Frau in der ma. Rechtswelt, die auf manchen Teilgebieten der Rechtsordnung zur Vorstellung einer fast modern anmutenden Frauenemanzipation verleitet. Beschränkungen im Liegenschaftsrecht, im Erbrecht und im Lehnsrecht konnten weitgehend überwunden werden[72].

Die **Rechtslage im ausgehenden MA.** überlässt bereits der Frau die Verwaltung und Nutzung ihres Vermögens; über das Ehegut disponieren Mann und Frau *mit einem Munde* und *mit gesamter Hand*. Ihre Rechtsstellung im Familienverband ist stark aufgewertet. Sie hat der vermögensrechtlichen Abschichtung ihrer Kinder zuzustimmen und setzt bei Vortod des Mannes die väterliche Gewalt über die Kinder fort und übt nicht nur faktisch, sondern bereits kraft eigenen Rechts die Erziehungsgewalt aus, was Gehorsamspflichten der Kinder nach sich zieht.

Diese in Stadt und Land erkennbaren Ansätze rechtlicher Gleichbehandlung von Mann und Frau waren am deutlichsten im Stadtrecht, wo es der **Kauffrau** gelang, sich im wirtschaftlichen Konkurrenzkampf Respekt zu verschaffen und von jeglicher Bevormundung zu befreien. Ihre Rechtsfähigkeit hob sich durch den Abbau aller Beschränkungen des Vermögenserwerbs kaum mehr von jener des Mannes ab.

Die aus dem ma. Rechtsleben hervorgegangene Emanzipationsbewegung wurde jedoch im 16. und 17. Jh. aufgehalten, teilweise sogar umgekehrt. In die

70 Ein breites Quellenmaterial bietet *P. Ketsch*, Frauen im Mittelalter, Bd. 1 Frauenarbeit im Mittelalter, 1983, Bd. 2 Frauenbild und Frauenrechte, 1984.

71 „Sie steht (aber) an der Spitze der Hausdienerschaft, teilt mit dem Manne Tisch, Bank und Bett und führt die Schlüssel." *J. Grimm*, Deutsche Rechtsaltertümer I, [4]1899, Neudr. 1983, 617 Nr. 447.

72 Zu dem im Kirchenrecht für die Frau fixierten Status der Unterdrückung vgl. *I. Raming*, Der Ausschluß der Frau vom priesterlichen Amt. Gottgewollte Tradition oder Diskriminierung, 1973; *dies.* auch zum Entwicklungsstand: Frauenbewegung und Kirche. Bilanz eines 25jährigen Kampfes für Gleichberechtigung und Befreiung der Frau seit dem 2. Vatikanischen Konzil, [2]1991.

frühen territorialen Rechtsaufzeichnungen fanden meist nicht die fortschrittlichen Rechtsauffassungen des ausgehenden MA., sondern gemeinrechtliche Institute Aufnahme, die den Gedanken einer natürlichen Minderbegabung und Schutzbedürftigkeit der Frau wiederbelebten. Als neue Argumente für die beschränkte Rechtsfähigkeit der Frau wurden in diesem Zusammenhang mangelnde Geistesschärfe und Geschäftstüchtigkeit genannt[73].

So wurde etwa das *S. C. Velleianum*, das Frauen von jeglicher Sicherstellung fremder Verbindlichkeiten ausschloss (Bürgschaft, Gesamtschuld, Verpfändung, Novation), zu einem tragenden Rechtsprinzip des gemeinen Rechts aufgewertet und in dieser Gestalt von vielen neuzeitlichen Land- und Stadtrechtsordnungen übernommen[74]. Die ebenfalls rezipierte Lehre von der väterlichen Gewalt hemmte für lange Zeit die Konstituierung von Mitgestaltungsrechten der Frau am Familienleben. Eine erneut auflebende Geschlechtsvormundschaft über unverheiratete Frauen (*Kriegsvogtei* oder *Litiskuratel*), die den Gefahren einer Übervorteilung im verwickelten rechtsgeschäftlichen Verkehr abhelfen sollte, ließ den Gedanken einer Zulassung des weiblichen Geschlechts zu den Aufgaben eines Vormunds erst gar nicht aufkommen.

Eine nachhaltige Veränderung der Rechtsstellung der Frau brachte erst die Theorie des Vernunftrechts, von dessen Prinzipien vor allem jene von der **Gleichheit aller Menschen**[75] und der **Wechselbezüglichkeit aller Rechte und Pflichten** wegweisend wurden. Die Geschlechter waren demnach gleich zu behandeln; jede Bevorzugung trug den Makel des Unrechtmäßigen, sofern dem Mehr an Rechten nicht ein gleiches Maß an korrespondierenden Pflichten entsprach. Damit war die Auseinandersetzung um eine gerechte Aufgabenteilung zwischen Mann und Frau im Familienverband aber auch im übri-

73 Dazu eingehend *E. Koch*, Maior dignitas est in sexu virili. Das weibliche Geschlecht im Normensystem des 16. Jahrhunderts, 1991; unter Bezugnahme auf österreichische Rechtsquellen *U. Floßmann*, Geschlechtsspezifische Diskriminierung und Gleichbehandlungsgebot als Strukturelemente frühneuzeitlicher Rechtsordnungen, FS L. Carlen, 1989, 617 ff.; *dies.*, Die weiblichen Rechtsfreiheiten in der Landtafel ob der Enns, FS G. Wesener, 1992, 131 ff.

74 Zur Rezeptionsentwicklung des S. C. Velleianum in den deutschsprachigen Ländern und den Niederlanden *St. Wagner*, Interzession naher Angehöriger, 2018, 86 ff., für Österreich 218 ff.

75 Zu dem noch nicht eingelösten Versprechen der Menschenrechte als Denkmöglichkeit humaner Verhältnisse vgl. insbes. *U. Gerhard*, Gleichheit ohne Angleichung. Frauen im Recht, 1990 (mit einem umfangreichen Literaturverzeichnis zu frauenspezifischen Themen aus der Geschichte und Gegenwart). *U. Gerhard* hat auch die erste Dokumentation unseres Wissensstandes über die Rechtsstellung von Frauen im deutschsprachigen Raum seit der Frühen Neuzeit initiiert und herausgegeben (Frauen in der Geschichte des Rechts, 1997), damit gravierende Lücken auf dem Gebiet der Frauenrechtsgeschichte geschlossen, gleichzeitig aber auf bestehende Forschungsdefizite einer Rechtsgeschichte aufmerksam gemacht, die lange die Tatsache der Geschlechterdifferenz ignorierte. Ein entwicklungsgeschichtlicher Abriss der österreichischen Frauenrechtsgeschichte als Teil der europäischen Rechtsgeschichte findet sich bei *U. Floßmann*, Frauenrechtsgeschichte. Ein Leitfaden für den Rechtsunterricht, Linzer Schriften zur Frauenforschung 26, [2]2006.

gen Rechtsleben eröffnet. Sie führte zur Rechtsauffassung einer allgemeinen (Frau und Mann gleich erfassenden) Rechtsfähigkeit, deren Grundzüge für nicht in einer Ehe lebende Frauen bereits im ABGB 1811 ausformuliert wurden[76]. Bis zur generellen Gleichberechtigung von Mann und Frau dauerte es allerdings noch lange Zeit.

Der **Gleichheitsgedanke** des Kodifikationszeitalters wirkte sich zunächst so aus, dass Unterschiede in der Rechtsstellung von Mann und Frau (vor allem Ehefrau) einer besonderen vernunftrechtlichen Begründung bedurften. Aus diesem Grund entwickelte sich in der zweiten Hälfte des 18. Jhs. eine vom Bürgertum des 19. Jhs. akzeptierte vergleichende Psychologie der Geschlechter, welche die „Schwachheit" der Frau und ihre mangelnde Begabung zu rationalen Erkenntnissen hervorhob (Ausschluss der Frau von den „politischen" Rechten)[77]. So konnten die Konsequenzen des allgemeinen Gleichheitsgedankens relativiert werden. Im Nationalsozialismus wurde demgegenüber die Gleichheit aller Menschen sowie die Vorstellung einer allgemeinen Rechtsfähigkeit abgelehnt. Dies führte nicht nur zu Beschränkungen der Rechtsfähigkeit der Rassefremden, sondern auch zur Verschlechterung der Rechtsstellung der Frauen. Getreu dem politischen Schlagwort der Emanzipation von der Emanzipation wurden Frauen insb. im öffentlichen Recht diskriminiert[78]. Die Bevorrechtung des Mannes im Familienverband ist erst unter dem Druck der **Frauenbewegungen**[79] als Verstoß gegen das Gleichbehandlungsgebot (Art. 2 StGG über die allgemeinen Rechte der Staatsbürger 1867, Art. 7 Abs. 1 B-VG) erkannt und durch die **Große Familienrechtsreform** in den 70er Jahren des 20. Jahrhunderts beseitigt worden[80]. Damit brach das Fundament des geschlechtsspezifischen Stufenbaus der Rechtsordnung zusammen und ein Verrechtlichungsschub in der Behandlung der Frauenfrage auf weiteren Gebieten, insb. dem Arbeits- und Sozialrecht, folgte. Im Vordergrund stand dabei der Gesichtspunkt der statisch-formalen Rechtsgleichheit.

Die Debatte über die **tatsächliche Gleichstellung von Mann und Frau** durch positive Förderungsmaßnahmen wurde erst unter dem Druck internationaler Übereinkommen über die Rechte der Frau aufgenommen, insbesondere der

---

76 Zur rechtlichen Stellung der Frau im Privatrecht des Preußischen Allgemeinen Landrechts von 1794 vgl. die gleichnamige Publikation von *S. Weber-Will* aus 1983.

77 Vgl. dazu *K. Hausen*, Die Polarisierung der „Geschlechtscharaktere" – Eine Spiegelung der Dissoziation von Erwerbs- und Familienleben, in Sozialgeschichte der Frauen in der Neuzeit Europas, hg. v. *W. Conze*, 1976, 363 ff.

78 So wurde ihnen bspw. das passive Wahlrecht aberkannt, die Ausübung bestimmter Berufe untersagt und der Hochschulbesuch der Frauen eingeschränkt. Zur Frauenpolitik in der NS-Zeit s. *D. Klinksiek*, Die Frau im NS-Staat, 1982; *H. Maimann*, Zur Frauen- und Familienideologie des Nationalsozialismus, in Justiz und Zeitgeschichte III, hg. v. *E. Weinzierl/K. R. Stadler*, 1977, 53 ff.; eine Analyse der familien-, erb- und arbeitsrechtlichen Stellung der Frau bietet *C. König*, Die Frau im Recht des Nationalsozialismus, 1988. Wie das NS-Frauenbild auch die Zeit nach 1945 beeinflusste, belegen die Beiträge in *U. Floßmann* (Hg.), Nationalsozialistische Spuren im Recht, Linzer Schriften zur Frauenforschung 12, 1999.

79 *E. Frysak*, Legale Kämpfe. Die petitionsrechtlichen Forderungen der österreichischen bürgerlichen Frauenbewegung zur Änderung des Ehe- und Familienrechts um die Jahrhundertwende. L'Homme. Zeitschrift für Feministische Geschichtswissenschaft 14, 1/2003, 65 ff.

80 S. dazu 2. Teil, V. Die Familie.

UN-Konvention zur Beseitigung jeder Form von Diskriminierung der Frau, die von Österreich 1982 ratifiziert wurde (BGBl. 1982/443)[81].

d) Fremde

Als Fremder[82] galt in frühester Zeit, wer nicht zur Sprach-, Kultur- und Rechtsgemeinschaft des Stammes gehörte. Er war rechtlos, genoss jedoch den Schutz der *Gastfreundschaft*, die geheiligt und seit fränkischer Zeit auch Rechtspflicht war. Zwischen dem Gastgeber und dem Gastfreund konnte ein muntähnliches Verhältnis entstehen, das dem Gastgeber die Haftung für den Gastfreund und dessen Vertretung vor Gericht aufbürdete.

In den ma. Städten hatte jeder Nichtbürger (später der Nichtansässige) die Rechtsstellung eines Fremden. Er war beschränkt rechtsfähig, was sich etwa darin auswirkte, dass er keinen Grund erwerben konnte und sich im Prozess einem eigenen Gastgericht stellen musste. In den Ländern war Fremder der Ausländer. Die neuzeitlichen Landesrechte ließen nicht viel von der früheren Rechtsfähigkeit des Fremden bestehen und gingen zum Teil sogar hinter den Rechtszustand des frühen MA. zurück. So war in gewissen Fällen die Verknechtung des Fremden gestattet (z. B. Strandrecht, Wildfangsrecht).

Erst das moderne Naturrecht führte in der Theorie zur grundsätzlichen Gleichstellung der Aus- und Inländer. In den Privatrechtskodifikationen blieben nur noch wenige Reste des alten Fremdenrechtes erhalten, so z. B. Beschränkungen beim Liegenschaftserwerb.[83]

81 *U. Floßmann*, Gleichberechtigung der Geschlechter, 119 ff., 132 ff.; *dies.*, Das neue Familienrecht – Frauenfragen und Reformschwerpunkte im historischen Abriß, in Offene Frauenfragen in Wissenschaft – Recht – Politik, hg. v. *U. Floßmann*, 1991, 165 ff.; *dies.*, Vom formalen zum feministischen Grundrechtsverständnis, in Die rechtliche Stellung der Frau, hg. v. *A. Deixler-Hübner*, 1998, 209 ff. mit weiterführenden Literaturangaben; *U. Floßmann* (Hg.), Recht, Geschlecht und Gerechtigkeit. Frauenforschung in der Rechtswissenschaft, Linzer Schriften zur Frauenforschung 5, 1997. Einblicke in feministische Theorien und die Methoden der feministischen Rechtswissenschaft bei *E. Greif/E. Schobesberger*, Einführung in die feministische Rechtswissenschaft, Linzer Schriften zur Frauenforschung 25, [2]2007; zum internationalen Menschenrechtsschutz *E. Greif/S. Ulrich*, Legal Gender Studies und Antidiskriminierungsrecht [2]2019.

82 *H. Thieme*, Die Rechtsstellung der Fremden in Deutschland vom 11. bis zum 18. Jahrhundert, Recueils de la Société Jean Bodin, P. 10, L'étranger, 1958, neu veröffentlicht in: *H. Thieme*, Ideengeschichte und Rechtsgeschichte, Gesammelte Schriften I, 1986, 289 ff.; *L. Hellmuth*, Gastfreundschaft und Gastrecht bei den Germanen, 1984.

83 Anders im öffentlichen Recht, wo sich zumindest bis 1945 Einflüsse und Kategorien des vormodernen Fremdenrechts und der Fremdenpolizei erhalten haben (*K. Härter*, Fremde, Fremdenrecht, HRG [2]I, Sp. 1791 ff. mit weiterführenden Lit.hinweisen). Zu den über das Privatrecht hinausgehenden langfristigen Strukturmustern der Inklusion/Exklusion von Fremden *L. Raphael*, Zwischen Duldung, Einbürgerung und Privileg. Die Zugehörigkeitsrechte Fremder in der europäischen Rechts- und Sozialgeschichte der Neuzeit, ZRG GA 129, 2012, 183 ff.

e) Ketzer und Andersgläubige

In ältester Zeit wurden Religionsdelikte (z. B. Gotteslästerung) als allgemeiner Friedensbruch mit dem Ausschluss aus der Rechtsgemeinschaft geahndet. Mit der Christianisierung konzentrierte sich der Kampf auf Ketzer (die eigene Glaubenslehren verbreiten) und Andersgläubige.

Seit dem MA. erschienen Kirche und Reich als die zwei Seiten desselben gottgewollten Staates. Die Rechtsstellung nach weltlichem Recht war daher bei jedem einzelnen durch die Zugehörigkeit zur Kirche bzw. durch die Stellung in dieser mitbestimmt. Ketzer hatten gar keine Rechte, Andersgläubige wie Juden oder Moslems waren in ihren Rechten beschränkt und durften z. B. keiner Zunft angehören oder kein Bauerngut bewirtschaften. Die Rechtsbeziehungen zwischen Christen und Andersgläubigen (vor allem Juden) wurden durch kaiserliche (später auch landesfürstliche) Sondergesetze geregelt[84].

Nach der Reformation hatte der Landesherr das Recht, die Religion zu wählen und kraft seines Religionsbannes auch für seine Untertanen zu bestimmen (*cuius regio eius religio*; **ius reformandi**). Wollte sich jemand der Religionsfestlegung durch den Landesfürsten nicht unterwerfen, konnte er zur Auswanderung gezwungen werden **(ius emigrationis)** . Theoretisch sollte damit kein Vermögensverlust verbunden sein, in Wahrheit bedeutete jedoch die Auswanderung einen enormen wirtschaftlichen und sozialen Niedergang.

Erst der Toleranzbewegung des 18. Jhs.[85] gelang eine weitgehende Aufhebung der privatrechtlichen Benachteiligung Andersgläubiger. Die völlige Gleichstellung der verschiedenen Religionsbekenntnisse im Rahmen des Privatrechts wurde dann im Verfassungsstaat des 19. Jhs. verwirklicht[86].

f) Ehre

Der Ehrbegriff[87] beschreibt zwar nur die soziale Wertschätzung eines Menschen in der Gesellschaft, ist aber in vielen Fällen Anknüpfungspunkt für die Zuordnung subjektiver Rechte geworden. Ein Mangel an Ehre kann einen Mangel an Rechten zur Folge haben.

Die Rechtsminderung infolge geminderter Ehre war bereits seit dem frühen MA. bekannt. Als ehrlos und damit rechtlos galten etwa Personen, die ein **unehrliches Gewerbe** betrieben (Henker, Scharfrichter, Schauspieler usw.),

---

84 *F. Battenberg*, Juden, HRG ²II, Sp. 1403 ff.; *A. Erler*, Ketzer, Ketzerei, HRG II, Sp. 710 ff.; *L. Kéry*, Ketzer, Ketzerei, HRG ²II, Sp. 1720 ff.; *B. Koehler/H. Lentze*, Juden, HRG II, Sp. 454 ff.; *K. Lohrmann*, Zur mittelalterlichen Geschichte der Juden in Österreich. Forschungslage und Literaturüberblick seit 1945 (Literaturbericht), MIÖG XCIII, 1985, 115 ff.

85 Grundlegend war die Toleranzgesetzgebung Josephs II. ab 1781.

86 Art. 14 StGG über die allgemeinen Rechte der Staatsbürger 1867 (vorhergegangen waren § 17 Pillersdorfsche Verfassung; §§ 13, 14, 16, 17 Grundrechtsentwurf des Kremsierer Reichstages; § 1 Märzpatent 1849).

87 *A. Deutsch*, Ehre u. Ehrlosigkeit, HRG ²I, Sp. 1224 ff. u. Sp. 1240 ff.

dann Personen, die zu **Ehrenstrafen** verurteilt worden waren (Aufstellen am Pranger, Tragen von Schandmasken und Schandkronen, Eselritt u. a.), auch **unehelich Geborene** wurden unter dem Aspekt der Ehrlosigkeit rechtlich benachteiligt (dazu unten), und **unsittlicher Lebenswandel** lieferte den Vorwand für manche Beschränkungen des Rechtserwerbs. Die Beschränkungen der Rechtsfähigkeit durch Ehrenminderung waren uneinheitlich geregelt und daher in ihrer Vielfalt kaum überschaubar. Das Verbot, in eine Zunft einzutreten, Beschränkungen der Erbfähigkeit sowie die Verweigerung oder Verminderung von Buße und Wehrgeld lassen sich als gebräuchlichste Rechtsfolgen mangelnder Ehre hervorheben.

Das Eindringen des römischen Rechts verschärfte diesen Rechtszustand, weil sich das römischrechtliche Institut der *Infamie* zur rechtlichen Erfassung und Generalisierung der Ehrenfolgen anbot. Erst die Idee der Rechtsgleichheit aller Menschen hat im 19. Jh. die Rechtsfolgen der Ehrenminderung abgeschwächt und bis auf kleine Reste beseitigt[88]. Im geltenden österreichischen Recht hat die Ehrenminderung generell keine Bedeutung mehr, nur in einigen Teilgebieten der Rechtsordnung wird auf die soziale Wertung Rücksicht genommen[89].

3. Von der beschränkten Rechtsfähigkeit zur allgemeinen Rechtsfähigkeit

Die zahlreichen Erscheinungsformen persönlicher Ungleichbehandlung im älteren Recht entziehen sich jeder Kategorisierung. Sie wäre auch nicht realitätsbezogen, weil das ältere Recht keine Theorie der Rechtsfähigkeit entwickelte. Auch die Übernahme der **gemeinrechtlichen Statuslehre** brachte keinen echten Fortschritt. Der frühneuzeitlichen Rechtspraxis gelang zwar eine systematische Aufarbeitung und formalrechtliche Fundierung des bestehenden Zustands der Rechtsungleichheit, doch hat sie inhaltlich keine „neue" Idee der Gleichheit hervorgebracht.

Das römische Recht verstand unter Personenrecht die Summe der Rechtssätze, die sich mit dem möglichen Status des Menschen in verschiedenen Gemeinschaften beschäftigen, wobei der Status einer Person anzeigt, ob und in welchem Maße sie in einer bestimmten Gemeinschaft Träger von Rechten und Pflichten ist. Dem ersten Stand *(status libertatis)* gehörten alle freien Menschen an; er baute auf der antiken Einteilung der Menschen in Freie und Sklaven auf. Der zweite Stand *(status civitatis)* gruppierte die Menschen in Bürger und Fremde und gestand nur den Mitgliedern des (römischen) Staatsverbandes die volle Teilnahme am politischen und privaten Rechtsleben zu. Der dritte Stand *(status familiae)* war durch eine differenzierte Behandlung der einzelnen

88 Aufrecht blieben – bis zur Strafrechtsreform im 20. Jh. – vor allem die Ehrenfolgen einer strafgerichtlichen Verurteilung, der Verlust der Adelsprivilegien, akademischer Grade und vor allem des Rechts, sie wiederzuerlangen (§§ 26 ff. StG).

89 § 65 EheG Untersagung der Namensführung (wurde durch das Namensrechtsänderungsgesetz BGBl. 1995/25 aufgehoben); § 74 EheG Unterhaltsverwirkung.

Familienmitglieder in diesem Herrschafts- und Rechtsverband gekennzeichnet; den höchsten Status hatte der pater familias, darunter standen die gewaltunterworfene Frau (manus-Ehe)[90], die Hauskinder und die zur Dienstleistung in die Familie aufgenommenen Personen[91].

Noch der *Codex Theresianus* folgte (in etwas modifizierter Form) der gemeinrechtlichen Statuslehre und unterschied zwischen dem Stand der Freiheit, dem bürgerlichen Stand und dem Hausstand. Erst die naturrechtliche Vorstellung von **angeborenen Rechten** löste im 18. Jh. die Status-Konzeption ab und hielt unter *Martini* Einzug in die Vorentwürfe zum ABGB.

Der *Entwurf Martini* spricht „von dem Menschen untrennbaren Rechten" und meint damit: „Das Recht sein Leben zu erhalten und die dazu erforderlichen Mittel oder Sachen sich eigen zu machen, seine Geistes- und Leibeskräfte auszubilden und zu veredeln, sich und seine Sachen zu verteidigen, einen unbescholtenen Leumund zu behaupten, und überhaupt mit dem, was ihm angehöret, nach freier Willkür schalten und walten zu können." Weiters „das Recht, Verträge zu schließen und dadurch Sachen zu erwerben oder einem anderen etwas zu übertragen"[92].

In Anlehnung an die Philosophie *Kants* führte *Zeiller* diesen Gedanken weiter. Sein **natürliches Privatrecht** baut darauf auf, dass alle Rechte auf ein oberstes Prinzip zurückgehen, nämlich auf das **Recht der Persönlichkeit**. Es sei das angeborene Recht eines jeden Menschen, die Würde eines vernünftigen, frei handelnden Wesens zu behaupten. Dieser Vorstellung einer allgemeinen Rechtsfähigkeit folgte schließlich das *ABGB 1811*.

In der Rechtswissenschaft des 19. Jhs. wurde die Lehre von den angeborenen Rechten teils anerkennend, teils verwerfend weiterentwickelt. Die daraus hervorgegangene Lehre von den Persönlichkeitsrechten versuchte, den Schutzbereich der Person durch ein einziges (umfassendes, allgemeines) Persönlichkeitsrecht, allenfalls ergänzt durch einzelne besondere Persönlichkeitsrechte (Recht auf Leben und körperliche Unversehrtheit, Recht auf Freiheit, Namensrecht, Recht am eigenen Bild, Schutz der Erfinderehre, Schutz geistiger Interessen eines Urhebers usw.) abzustecken[93].

---

90 Obwohl sich in der römischen Rechtsentwicklung die manus-freie Ehe spätestens im 3. Jahrhundert n. Chr. vollends durchgesetzt hatte, stellten die Rezeptionsjuristen nicht auf die Gleichberechtigung der Geschlechter ab, sondern auf die Vorherrschaft des Mannes im Haus. Dementsprechend wurde auf ältere, systemkonforme Rechtsüberzeugungen zurückgegriffen, wie *E. Koch* in ihrer beeindruckenden Habilitationsschrift „Maior dignitas est in sexu virili. Das weibliche Geschlecht im Normensystem des 16. Jahrhunderts", 1991, belegt.

91 Zur Erweiterung des „status"-Begriffes im gemeinen Recht s. *H. Coing*, Europäisches Privatrecht 1500–1800 I, 1985, 167 ff., der belegt, dass „natürliche" Eigenschaften des Menschen, wie bspw. das Geschlecht, unter dem neuen Begriff *„status naturalis"* zusammengefasst wurden, um die unterschiedlichen Rechtsstellungen von Mann und Frau generell zu rechtfertigen. Demgegenüber beruhte der *„status civilis"* allein auf Rechtsvorschriften, ohne an natürliche Unterschiede anzuknüpfen.

92 Entwurf Martini 1. 2., §§ 2 und 3; *M. Herrmann*, Der Schutz der Persönlichkeit in der Rechtslehre des 16. bis 18. Jahrhunderts, 1968.

93 *E. Adler*, Die Persönlichkeitsrechte im Allgemeinen Bürgerlichen Gesetzbuch, FS ABGB II, 1911, 165 ff. Zur Genese des zivilrechtlichen Namensschutzes *E. Berger*, Erwerb und Änderung des Familiennamens, 2001.

In der NS-Zeit wurde die prinzipielle Einheit von Menschsein und Rechtsfähigkeit einer neuen, spezifisch **deutschen Rechtsidee**[94] preisgegeben. Entscheidend für die Zuerkennung der bürgerlichen Rechtsfähigkeit und staatsbürgerlicher Rechte sollten nach dem Programm der NSDAP Rassezugehörigkeit und Bewährung in der völkischen Gemeinschaft sein: *„Staatsbürger kann nur sein, wer Volksgenosse ist. Volksgenosse kann nur sein, wer deutschen Blutes ist, ohne Rücksichtnahme auf Konfession. Kein Jude kann daher Volksgenosse sein. Wer nicht Staatsbürger ist, soll nur als Gast in Deutschland leben können und muß unter Fremdengesetzgebung stehen"*[95]. Ein beträchtlicher Teil der Rechtslehre stellte sich in den Dienst dieser Ideologie und propagierte die Vorstellung einer **rassisch** und **völkisch gegliederten Rechtsfähigkeit**[96], die scheinbar alte Formen einer abgestuften, geminderten Rechtsfähigkeit übernahm, in der Praxis jedoch bis zur Entrechtung und systematischen Liquidierung der „Rassefremden" führte[97].

Das Reichsbürgergesetz vom 15.9.1935[98] unterschied bspw. zwischen **Staatsangehörigen**, die dem Schutzverband des Deutschen Reiches angehörten und ihm dafür besonders verpflichtet waren, und **Reichsbürgern**. Zu Letztgenannten zählten nur die Staatsangehörigen deutschen und artverwandten Blutes, die durch ihr Verhalten bewiesen, dass sie gewillt und geeignet waren, „in Treue dem deutschen Volk und Reich zu dienen". Nur dieser Personengruppe kamen politische Rechte zu[99]. Die volle Rechtsfähigkeit setzte also nicht nur die Zugehörigkeit zu einer bestimmten Rasse voraus, sondern auch regimetreues Verhalten. Angehörige anderer Rassen (Nicht-Volksgenossen wie etwa Juden und „Zigeuner") und wirkliche oder vermeintliche politische Gegner hatten nur eine beschränkte Rechtsfähigkeit. Selbst bürgerliche, nach heutigem Verständnis angeborene Menschenrechte wurden den Juden vorenthalten. Ebenfalls am 15.9.1935 wurden Eheschließungen sowie außerehelicher Geschlechtsverkehr zwischen „Juden und Staatsangehörigen deutschen oder artverwandten Blutes" verboten und in der Folge unzählige rechtliche Beschränkungen für Juden verfügt. Sie durften viele Berufe nicht ausüben (z. B. Rechtsanwalt, Arzt, Bauer, viele Gewerbe ...), verloren ihr Eigentum durch radikale Enteignung, konnten keine Grundstücke mehr erwerben, hatten jüdische Vornamen (Sara bzw. Israel) zu führen, wurden mittels Aufenthaltsge- und -verboten in ihrer Freizügigkeit beschränkt, von der öffentlichen Fürsorge ausgeschlossen und einem strengen Sonderstrafrecht unterstellt, welches nicht mehr durch Gerichte, sondern durch Polizeidienststellen vollzogen wurde. Am Ende dieser unfassbar schrecklichen Entwicklung stand der Holocaust, die „Endlösung der Judenfrage" während des 2. Weltkriegs, die rund 6 Millionen Juden das Leben kostete.

---

94 *K. Larenz*, Deutsche Rechtserneuerung und Rechtsphilosophie, 1934, 38.

95 Pkt. 4 und 5 des NSDAP-Parteiprogramms aus 1925.

96 *K. Larenz*, Über Gegenstand und Methode des völkischen Rechtsdenkens, 1938, 52.

97 S. dazu insbes. *B. Rüthers*, Die unbegrenzte Auslegung, [8]2017, 323 ff.; *A. Rethmeier*, „Nürnberger Rassegesetze" und Entrechtung der Juden im Zivilrecht, 1995.

98 DRGBl. 1935 I, 1146. Land Österreich: Reichsgesetzblatt 1938 I, 594. Auch alle anderen zentralen nationalsozialistischen Vorschriften hat man nach dem „Anschluss" schrittweise in Österreich eingeführt.

99 Wer der Reichsbürgerschaft ermangelte, konnte weder ein Stimmrecht ausüben, noch ein öffentliches Amt bekleiden oder Beamter sein.

4. Ende der Rechtsfähigkeit

a) Tod

Im frühen und ma. Recht wurde die Rechtsfähigkeit des Menschen nicht ausnahmslos mit dem Tod beendet. Religiöse Vorstellungen vom Weiterleben nach dem Tod verbildlichten sich im Rechtsgebrauch der Grabbeigaben und ließen an eine Rechtsfähigkeit des Toten, sogar andie Haftung des Leichnams für Schulden des Verstorbenen denken. Ein Toter konnte bspw. in früher Zeit Subjekt des Racherechtes, nach Kirchenrecht unmittelbarer Vermögensträger sein[100].

Eine langlebige Fortwirkung dieser Vorstellung war der Rechtsbrauch des **Dreißigsten**. Er findet sich bereits in den Quellen der karolingischen Zeit und wurde im MA. zu einem fest umrissenen Rechtsinstitut. Danach mussten die Witwe und sämtliche Hausgenossen nach dem Tod des Familienoberhauptes so wie bisher versorgt und behandelt werden, die Aufteilung der Erbschaft war vorerst ausgeschlossen. Der Verstorbene lebte auf diese Weise gleichsam dreißig Tage weiter und behielt die volle Rechtsfähigkeit[101].

Mit dem Eindringen des römischen Rechts wurde das Rechtsinstitut des Dreißigsten in ein erbrechtliches Institut umgedeutet und versucht, es mit der *hereditas iacens* des römischen Rechts gleichzusetzen. In weiterer Folge (so noch im ABGB 1811 bis zur Reform 1975) galt der Dreißigste als Institut der Witwenversorgung. Die Witwe sollte sechs Wochen lang nach dem Tod des Ehegatten so wie zu seinen Lebzeiten behandelt werden[102].

b) Todesbeweis und Todeserklärung

Das Problem der Rechtsnachfolge in das Vermögen eines vermutlich Toten wurde im MA. mit dem Rechtsinstrument der **Verschweigung** gelöst. Die Erben des Verschollenen erhielten dessen Vermögen zu **„treuhänderischer Gewere“** (also vorläufig), wobei oft Sicherstellung zu leisten war. Das treuhändige Besitzrecht der Erben konnte sich in Eigenrecht verwandeln, wenn der Tod des Verschollenen als sicher galt. Für die Feststellung des Todes gab es vorerst keine bestimmten Regeln. Erst die von den Kommentatoren beeinflusste **oberitalienische Rechtspraxis** stellte die Vermutung auf, dass der Verschollene bis zur Vollendung seines 100. Lebensjahres gelebt habe und sein Tod mit diesem Zeitpunkt festzusetzen sei. Die deutsche, vor allem die **sächsische Praxis**, setzte dann in Anlehnung an die Bibel (Psalm 90, 10) das Lebensalter auf 70 Jahre herab.

100 So wurde etwa der Heilige als Vermögensträger des ihm gewidmeten Kirchengutes behandelt. Vgl. dazu *H. Hattenhauer*, Das Recht der Heiligen, 1976; *H. C. Heinerth*, Die Heiligen und das Recht, 1939.

101 Dazu *C. G. Homeyer*, Der Dreißigste, Abhandlungen der Königl. Akademie der Wissenschaften zu Berlin, 1864, 87 ff.

102 § 1243 ABGB 1811, aufgehoben durch BGBl. 1975/412; vgl. auch die eigenartige Konstruktion des ruhenden Nachlasses in § 547ABGB (neu gefasst durch ErbRÄG 2015, BGBl. I 2015/87).

Diese Praxis setzte Zivilstandsregister voraus, die sich zunächst in italienischen Städten entwickelten und von dort in den deutschen Rechtsraum gelangten. Ihre Vorbilder waren die *libri memoriales* der ma. Klöster, die jene Verstorbenen enthielten, die der christlichen Fürbitte empfohlen wurden. Eigentliche Kirchenbücher (Taufmatrikeln) sind erst im 14. Jh., und zwar in Italien und Südfrankreich zu finden. Sie wurden zu allgemein beachteten Registern rechtserheblicher Daten über jeden Glaubensbruder (Geburt, Taufe, Ehe, Tod).

In der Neuzeit blieb den Kirchen die Führung dieser Personenregister erhalten, doch wurden die Kirchenbücher zunehmend fiskalischen und militärischen Interessen des Staates nutzbar gemacht. Im absoluten Staat der Aufklärung betrachtete man sie bereits als hoheitliche Instrumente der Bevölkerungskontrolle. Eintragungen im Sterberegister (desgleichen im Geburts- und Eheregister) wurden aber weiterhin von den Seelsorgern vorgenommen. Um auch jene Personen zu erfassen, die keiner gesetzlich anerkannten Kirche oder Religionsgesellschaft angehörten, kam es durch Gesetz vom 9.4.1870, RGBl. 51, zur Einführung eigener Matrikeln bei den Bezirkshauptmannschaften (Gemeindebehörden). Erst seit der Übernahme des deutschen Personenstandsrechts (VO vom 2.7.1938 über die Einführung des deutschen Personenstandsrechts in Österreich; Personenstandsgesetz vom 3.11.1937 und Durchführungsgesetz)[103] gibt es in Österreich rein weltliche Personenstandsregister (Geburtenbuch, Familienbuch; seit 1984 Ehe- und Sterbebuch der Personenstandsbehörden sowie seit 2010 Partnerschaftsbuch der Bezirksverwaltungsbehörden). 2013 wurden diese Bücher durch ein (digitales) Zentrales Personenstandsregister (ZPR) abgelöst, die Personenstandsbehörden arbeiten mittels (dem ZPR integrierten) Lokalen Personenstandsregistern (LPR)[104].

Andere Rechte, nicht zuletzt das französische, hielten weiterhin am Gedanken der Verschweigung fest und stellten daher bei der Todesvermutung weniger auf das Alter des Verschollenen als auf die Dauer der Verschollenheit ab. Dieses System wurde vor allem in Schlesien weiterentwickelt, ist daher als **schlesisches System** bekannt. Das Alter des Verschollenen hatte zwar Rückwirkungen auf die einzuhaltenden Fristen, doch kam es vor allem auf die Verschollenheitsdauer an. Die zunehmende Verkürzung der Fristen ist als Anpassung an die verbesserten Verkehrs- und Nachrichtenverhältnisse in der Neuzeit zu verstehen. Schließlich wurden noch die näheren Umstände der Verschollenheit (Krieg, Seefahrt) berücksichtigt.

In dieser modifizierten Gestalt fand das schlesische System Eingang in die Privatrechtskodifikationen, so auch in das *ABGB 1811*. Ergänzend dazu kam es zur Einführung eines **förmlichen Todeserklärungsverfahrens**, das nach vergeblicher Ediktalvorladung des Verschollenen mit Urteil gegen den bestellten Abwesenheitskurator endete und die Rechtswirkungen des Todes mit Rechtskraft der Todeserklärung eintreten ließ. Der Beweis eines früheren oder späteren Sterbetags war möglich.[105]

---

103 Neu geregelt im Personenstandsgesetz vom 19.1.1983 (PStG), BGBl. 1983/60, welches mit 31.10.2013 außer Kraft getreten ist.

104 Personenstandsgesetz 2013, BGBl. I 2013/16 i. d. F. 2013/161.

105 *A. Bertrand*, Zur Entwicklung des Verschollenheitsrechts, 2013, mit Untersuchungsschwerpunkten auf ALR, Code civil und deutsche Kodifikationen des 20. Jh.

Das geltende Recht der Todeserklärung und Beweisführung des Todes beruht auf dem *Todeserklärungsgesetz* 1950, BGBl. 1951/23. Es ist vor allem auf die Tatbestände der Gefahrenverschollenheit (Krieg, Luft- und Seefahrt, Katastrophe) zugeschnitten, kennt aber auch die allgemeine Verschollenheit nach altem Recht. Das Verfahren ist weitgehend amtswegig und hat ein Aufgebot zu enthalten (Außerstreitverfahren mit Antragsprinzip).

Ein sehr schwieriges rechtspolitisches Problem stellt die Behandlung der **Ehe eines Toterklärten** dar. Bis ins 18. Jh. gab es hierüber nur Bestimmungen des kanonischen Rechts, dann räumte das ABGB dem verlassenen Ehegatten unter verschärften Bedingungen der Todeserklärung in einem Rechtsstreit mit dem eigens bestellten Verteidiger des Ehebandes die Möglichkeit ein, ein feststellendes Urteil über die Auflösung der Ehe zu erwirken. Auch das bedurfte noch der Bestätigung durch das Obergericht[106]. Außerdem musste bei einer gültig geschlossenen Ehe zwischen Katholiken bis 1849 das Ordinariat gefragt werden[107]. Die Position des kanonischen Rechts war grundsätzlich die, dass die neue Ehe durch Rückkehr des Toterklärten vernichtet wurde. Dieser Rechtsauffassung stand bereits in der Neuzeit das Bestreben gegenüber, die Todesklärung mit denselben Rechtsfolgen auszustatten, wie den natürlichen Tod. Sie vernichtete also die eherechtlichen Bande endgültig (so das ALR). Das geltende Recht schuf einen Mittelweg: Im Falle der Heimkehr des Toterklärten kann auf Antrag des wiederverheirateten Partners die neue Ehe aufgehoben werden. Der antragstellende Partner kann zu Lebzeiten seines Ehegatten aus der früheren Ehe eine neue Ehe nur mit diesem eingehen[108].

c) Vorzeitiger Verlust der Rechtsfähigkeit

Das Erlöschen der Rechtsfähigkeit auf andere Art als durch Tod des Rechtssubjektes ist eine Eigenheit historischer Rechtsordnungen. In unserem Rechtsraum hatten v. a. Friedlosigkeit, Acht, bürgerlicher Tod und Klostertod den vorzeitigen Verlust der Rechtsfähigkeit zur Folge.

aa) Friedlosigkeit und Acht

Die lange vorherrschende Lehrmeinung, wonach im älteren Recht an bestimmte Verbrechen, die den Täter als „Feind des ganzen Volkes“ auswiesen, die *unmittelbare Folge* der Friedlosigkeit geknüpft war, ist nach neueren Untersuchungen nicht haltbar. Friedlosigkeit und Acht sind als Rechtsinstrumente einer archaischen Rechtsordnung zu verstehen, die trotz Fehlens des staatlichen Gewaltmonopols einen Zugriff auf Rechtsbrecher durch Dritte legitimierten[109]. Die *Friedlosigkeitserklärung* durch gerichtliche Ächtung ist der Regelfall, sei es wegen Ladungs- oder Urteilsungehorsams. Die Acht diente also zunächst als prozessuales Druckmittel oder als Mittel der Zwangsvollstreckung.

Im Laufe des MA. hat sich die Acht zu einer mannigfaltig differenzierten Rechtsfigur entwickelt. Ihr Anwendungsbereich erweiterte sich auf leichte strafrechtliche Delikte und sogar auf zivile Schuldverhältnisse, da sie die Parteien eines Vertrages in der sog.

106 §§ 112–114 ABGB 1811.

107 Vgl. kais. VO vom 30.11.1849, RGBl. 1849, Nr. 46.

108 EheG §§ 43, 44.

109 Vgl. *F. Battenberg*, Acht, HRG² I, Sp. 59 ff.

„Achtklausel" als Sanktion der Nichterfüllung vereinbaren konnten. Die ma. Acht war örtlich (auf den Gerichtsbezirk, das Territorium, ausnahmsweise auf das ganze Reich) und auch sachlich beschränkt. Sie bedeutete nicht volle Rechtlosigkeit des Geächteten, sondern nahm einen vorläufigen Charakter an, der dem Betroffenen weiterhin die Möglichkeit vermittelte, sich dem Recht zu stellen. Wenn er sich nach Jahr und Tag noch immer nicht dem Gericht gestellt hatte, konnte die Oberacht (Aberacht) über ihn verhängt werden, ohne klar erkennbare Hierarchisierung der Sanktionen. Aus dem Wesen der Acht als prozessuales Zwangsmittel ergibt sich bereits im MA. ihre Ablösbarkeit. Wenn sich der Beklagte gerichtlich oder außergerichtlich mit dem Kläger einigte, konnte er sich aus der Acht befreien. Auch die Aberacht war ablösbar, mitunter unter erschwerten Bedingungen.

In der Neuzeit verlor die Acht in den territorialen Rechtsordnungen ihre Bedeutung, da sie durch andere Institute des Strafrechts, Polizeirechts und Prozessrechts ersetzt wurde. Auf Reichsebene erhielt sie sich als *Reichsacht* bis zum Ende des Hl. Röm. Reiches Deutscher Nation ihre aus dem MA. überkommene Hauptbedeutung.

bb) Bürgerlicher Tod

Dieses Rechtsinstitut war besonders in Frankreich verbreitet, wo es sich aus Elementen der Friedlosigkeit und Acht entwickelte, aber auch Züge der römischen *capitis deminutio* und *infamia* sowie der kanonischen *Exkommunikation* in sich aufnahm. Der bürgerliche Tod wurde im 17. Jh. vorwiegend als Sanktion prozessualen Ungehorsams verhängt. Seit dem 18. Jh. war er mit jeder Verurteilung zu einer Kapitalstrafe verbunden. Im Zuge der französischen Revolution wurde vor allem die Emigration mit dem bürgerlichen Tod sanktioniert, er traf aber auch den zum Tod oder zu lebenslanger Leibesstrafe Verurteilten. Er verlor das Eigentum an seinem Vermögen, seine Ehe galt als aufgelöst, und er konnte auch künftig keine Ehe eingehen. Sein Vermögen fiel nach den Grundsätzen des Intestaterbrechts an seine Erben, der Erwerb neuen Vermögens (ausgenommen Unterhalt) war ihm versagt, er durfte weder Vormund noch Zeuge sein u. a. m. Praktisch war damit seine Rechtsfähigkeit (auch für die Zukunft) völlig zerstört[110].

cc) Klostertod

Der Klostertod (welcher auch bürgerlicher Tod genannt wird, sich jedoch von diesem inhaltlich unterscheidet) war nach ma. Recht die Folge des Eintritts in ein Kloster unter Ablegung der ewigen Profess. Der Betroffene verlor damit sein Land- und Lehnsrecht, da er „von der Welt für tot geachtet" wurde. Diese Rechtsauffassung wirkte in den großen Kodifikationswerken fort, da mit dem Argument völliger Rechtlosigkeit dem Vermögenserwerb der „toten Hand" entgegengetreten werden konnte. (Das kanonische Recht hatte die Erwerbsfähigkeit der Professen mit feierlichem Gelübde nicht angerührt, sondern jeden Erwerb von Religiosen auf das Kloster bzw. den Hl. Stuhl übergeleitet.[111])

---

110 Eine Besonderheit stellte auch danach noch das englische Recht dar, das in seltenen Fällen die Ächtung (Outlawry) kannte. Vgl. hiezu *E. Riezler*, Ehre, Rechtsvergl. Hdwb. II, 1929, 758 ff. *M. Schmoeckel*, Bürgerlicher Tod, HRG ²I, Sp. 751 ff.

111 Die Beschränkungen der Erwerbsfähigkeit und Testierfähigkeit im ABGB für Ordenspersonen mit feierlichem Armutsgelübde (§§ 355, 538 f., 573) waren gemäß h. M. nicht anwendbar bzw. sind in der Zwischenzeit aufgehoben (neu gefasst durch ErbRÄG 2015, BGBl. I 2015/87); vgl. *H. Kalb*, Klostertod, HRG ²II, Sp. 1905 ff.; *ders.*,

Die Begriffe *bürgerlicher Tod* und *Klostertod* wurden in der Periode des Nationalsozialismus vom Reichsgericht für die Beschreibung der Rechtsstellung (Rechtlosigkeit) der Juden wiederbelebt[112], um die Annahme einer vollen Rechtlosigkeit der Juden im Privatrecht juristisch zu untermauern.

II. Die Handlungsfähigkeit des Menschen

Die **Handlungsfähigkeit** ist die *Fähigkeit, durch eigenes Verhalten Rechte und Pflichten zu begründen*. Sie wird nicht mit der Geburt erworben, sondern von der Rechtsordnung nur jenen Personen zuerkannt, die in der Lage sind, ihre Angelegenheiten in vernünftiger Weise zu ordnen und sich dem Recht gemäß zu verhalten. Je nachdem, ob die Fähigkeit gemeint ist, sich durch eigenes rechtsgeschäftliches Handeln zu berechtigten oder zu verpflichten, oder die Fähigkeit, aus eigenem rechtswidrigen Verhalten schadenersatzpflichtig zu werden, spricht man seit dem gemeinen Recht von **Geschäfts-** und **Deliktsfähigkeit**. Volle Handlungs-, also Geschäfts- und Deliktsfähigkeit, wird bei volljährigen Menschen angenommen. Sie gelten als entscheidungsfähig, können die Bedeutung und Folgen ihres Handelns im jeweiligen Zusammenhang verstehen, ihren Willen danach bestimmen und sich entsprechend verhalten (§ 24 ABGB[113]). Personen, die wegen ihres geringen Alters, wegen psychischer Krankheit oder wegen einer Bewusstseinsstörung die Folgen ihrer Handlungen nicht richtig abschätzen können, sind überhaupt nicht oder nur beschränkt handlungsfähig. Sie stehen unter dem *besonderen Schutz der Gesetze* (§ 21 ABGB), haben einen Vertreter, der sie im Geschäftsverkehr bei der Entscheidungsfindung unterstützt und vor Übervorteilung bewahrt, und sind für ihre Pflichtverstöße nicht oder nicht in dem Maße verantwortlich wie die voll Handlungsfähigen.

A. Geltende Rechtsgrundsätze der Geschäftsfähigkeit

Das ABGB macht die Handlungsfähigkeit eines Menschen einerseits von seinem Alter, andererseits von seiner Entscheidungsfähigkeit abhängig.

1. Der Einfluss des Alters auf die Geschäftsfähigkeit

Die Geschäftsfähigkeit eines Menschen nimmt mit dem Alter zu, und zwar nach dem ABGB in drei Stufen. Auf der ersten Altersstufe stehen die **Kin-**

Vermögensrechtliche Sonderregelungen für Religiöse im ABGB – eine Bestandsaufnahme, GS C. G. Fürst, 2013, 325 ff; ders., Fähigkeit zu erben, §§ 531–551 ABGB in *A. Fenyves/F. Kerschner/A. Vonkilch*, Klang Kommentar ABGB, 32016.

112 S. dazu *B. Rüthers*, Die unbegrenzte Auslegung, 82017, 231 f.

113 I. d. F. 2. ErwSchG, BGBl. I 2017/59.

der[114], das sind Personen unter 7 Jahren. Sie sind vollkommen geschäftsunfähig, d. h. sie können durch eigenes Handeln weder Rechte erwerben noch sich verpflichten. Allerdings können Rechtsgeschäfte, die von Personen dieses Alters üblicherweise geschlossen werden und eine geringfügige Angelegenheit des täglichen Lebens betreffen, „mit der Erfüllung der das Kind treffenden Pflichten rückwirkend rechtswirksam" werden[115]. Die zweite Altersgruppe wird aus den **„Unmündig-Minderjährigen"** gebildet, das sind Personen zwischen 7 und 14 Jahren. Diese Personen sind befähigt, „ein bloß zu ihrem Vorteil gemachtes Versprechen anzunehmen", also selbst Rechte zu erwerben. Will sich der Unmündige verpflichten, muss sein gesetzlicher Vertreter entweder für ihn kontrahieren oder dem vom Unmündigen geschlossenen Geschäft zustimmen.

Ein Verpflichtungsgeschäft des Unmündigen ist nicht schlechthin nichtig, sondern *schwebend unwirksam*. Es kann durch die nachträgliche Zustimmung des gesetzlichen Vertreters die volle Gültigkeit erlangen.

Die dritte Altersgruppe erfasst die Personen vom 14. bis zum 18. Lebensjahr, die **„Mündig-Minderjährigen"**, deren Geschäftsfähigkeit ebenfalls beschränkt, gegenüber jener der Unmündigen aber in gewissen Fällen zur vollen Verpflichtungsfähigkeit erweitert ist.[116]

Über sein Einkommen aus eigenem Erwerb und über Sachen, die ihm zur freien Verfügung überlassen worden sind, kann der mündige Minderjährige soweit verfügen und sich verpflichten, als dadurch nicht die Befriedigung seiner Lebensbedürfnisse gefährdet wird. Dienstverträge (ausgenommen Lehr- oder sonstige Ausbildungsverträge) sind, auch wenn sie der mündige Minderjährige allein abgeschlossen hat, voll gültig, können allerdings vom gesetzlichen Vertreter aus wichtigen Gründen vorzeitig gelöst werden.

Mit dem 18. Lebensjahr erreicht der geistig Gesunde die Volljährigkeit, also die **volle Geschäftsfähigkeit**. Bedürfnisse des rechtsgeschäftlichen Verkehrs haben neben dieser **allgemeinen Geschäftsfähigkeit** zahlreiche **Sondergeschäftsfähigkeiten** entstehen lassen, die die Teilnahme am Rechtsverkehr teils erleichtern, teils erschweren. So gab es bestimmte Altersgrenzen für die Betrauung einer anderen Person mit der Obsorge oder die Zeichnung eines Wechsels und gibt es nach wie vor für die Errichtung eines Testaments, die

---

114 Die Definition von „Kind" entfällt in der Neufassung des § 21 ABGB durch das Kindschaftsrechts-Änderungsgesetz 2001, BGBl. I 2000/135. Die Stufen der Geschäftsfähigkeit bleiben trotzdem unverändert (§§ 170 ff., 865 ABGB).

115 Eingeführt durch § 151 (3) ABGB i. d. F. durch die Novelle vom 14.2.1973, BGBl. 108. Aktuell § 170 (3) ABGB i. d. F. KindNamRÄG 2013, BGBl. I. 2013/15.

116 Zu den Mitwirkungsrechten von Kindern und Minderjährigen bei Obsorge-, Pflege- und Erziehungsentscheidungen vor bzw. nach dem KindNamRÄG 2013 *A. Haberl*, Kinderrechte – eine zivilrechtliche Analyse, 2007 bzw. *M. Mayrhofer*, Verfahrensrechte Minderjähriger sowie Obsorgerechte und -pflichten gegenüber dem Kind, Linzer Schriften zur Frauenforschung 54, 2014.

Wahl des Religionsbekenntnisses oder den Abschluss eines Adoptionsvertrages seitens der Adoptiveltern. Schließlich kann die Geschäftsfähigkeit eines erwachsenen, geistig gesunden Menschen durch die Eröffnung eines Insolvenzverfahrens beschränkt sein.

2. Der Einfluss der geistigen (psychischen) Gesundheit auf die Geschäftsfähigkeit

Wer trotz Erreichen der Volljährigkeit auf Grund einer geistigen oder psychischen Behinderung oder im höheren Alter auf Grund einer Demenz in seiner **Entscheidungsfähigkeit** eingeschränkt ist, soll durch die Rechtsinstitute der Vorsorgevollmacht bzw. des Erwachsenenschutzes entsprechenden Ausgleich und Unterstützung erhalten. Der österreichische Gesetzgeber hat sich in Umsetzung der Behindertenrechtskonvention der Vereinten Nationen (Art 12 Gleiche Anerkennung vor dem Recht) mit dem **2. Erwachsenenschutzgesetz** (2. ErwSchG)[117] von einer gesetzlich möglichen grundsätzlichen Aberkennung der Geschäftsfähigkeit eines Menschen verabschiedet. Die Aufrechterhaltung der Selbstbestimmung einer Person ist oberstes Primat der neuen Regelungen; die Fähigkeit, eigene Entscheidungen zu treffen, ist von Angehörigen, Beratungsstellen und entsprechenden Einrichtungen zu unterstützen. Das Handeln durch einen Vertreter soll *ultima ratio* bleiben. Nur zur Abwendung ernstlicher und erheblicher Gefahr kann mittels eines Genehmigungsvorbehalts die Gültigkeit rechtsgeschäftlicher Handlungen aufgeschoben bzw. ausgesetzt werden (§§ 239–242 ABGB).

Die *Vorsorgevollmacht* ist eine „Vollmacht, die nach ihrem Inhalt dann wirksam werden soll, wenn der Vollmachtgeber die zur Besorgung der anvertrauten Angelegenheiten erforderliche Entscheidungsfähigkeit verliert" (§ 260 ABGB). Die Vorsorgevollmacht muss schriftlich vor einem Notar, einem Rechtsanwalt oder bei einem Erwachsenenschutzverein errichtet werden und wird nur wirksam, wenn die Vollmacht und der Eintritt des Vorsorgefalls im Österreichischen Zentralen Vertretungsverzeichnis (ÖZVV) eingetragen sind. Das 2. ErwSchG unterscheidet – neben der Vorsorgevollmacht – insgesamt drei weitere Formen der Vertretung, die *gewählte, gesetzliche* und *gerichtliche Erwachsenenvertretung* („Vier-Säulen-Modell", §§ 239 ff. ABGB), wobei das Ausmaß der Autonomie der betroffenen Personen in unterschiedlicher Intensität berücksichtigt wird[118].

117 BGBl. I 2017/59; die notwendigen sprachlichen und inhaltlichen Anpassungen in sonstigen Materiengesetzen erfolgten durch zwei weitere Gesetzesbeschlüsse, ErwSchAG-Justiz BGBl. I 2018/58 bzw. ErwSchAG BMASGK BGBl. I 2018/59.

118 Dazu etwa *J. Wallner*, Ein Versuch, Patientenautonomie ernst zu nehmen. Rechtsethische Analyse des 2. Erwachsenenschutzgesetzes in Hinblick auf medizinische Behandlungen, FS H. Kalb, öarr 2017, 588 ff.; *M. Neumayr*, ABGB, in Gmundner Kommentar zum Gesundheitsrecht, hg. v. *M. Neumayr/ R. Resch/ F. Wallner*, ²2022, 2900 ff.

B. Die historische Entwicklung der Geschäftsfähigkeit

Lit.: *C. Gf. Chorinsky*, Das Vormundschaftsrecht Niederösterreichs vom 16. Jahrhundert bis zum Erscheinen des Josephinischen Gesetzbuches, 1878; *A. Erler*, Körperkraft, HRG II, Sp. 1145 ff.; *H.-R. Hagemann*, Alter, HRG I, Sp. 134 ff.; *V. Hasenöhrl*, Beiträge zur Geschichte des deutschen Privatrechts in den österreichischen Alpenländern, 1909, 15 ff.; *R. Hessler*, Entmündigung, HRG I, Sp. 946 f.; *B. Kannowski*, Altersstufen, HRG ²I, Sp. 194 ff.; *H.-G. Knothe*, Die Geschäftsfähigkeit in historischer Entwicklung, 1983; *E. Koch*, Entmündigung, HRG ²I, Sp. 1352 f.; *H. Lück*, Körperkraft, HRG ²III, Sp. 181 ff.; *W. Ogris*, Geschäftsfähigkeit, HRG I, Sp. 1594 ff.; *W. Ogris*, Munt, Muntwalt, HRG III, Sp. 750 ff.; *W. Ogris/Th. Olechowski*, Munt, Muntwalt, HRG ²III, Sp. 1683 ff.; *W. Ogris*, Das Erlöschen der väterlichen Gewalt nach deutschen Rechten des MA. und der NZ., Recueils de la Société Jean Bodin 36, 1976, 417 ff.; *Th. Olechowski*, Abschichtung, HRG ²I, Sp. 24 ff; *Th. Olechowski*, Mündigkeit, HRG ²III, Sp. 1678 ff.; *A. Thier*, Geschäftsfähigkeit, HRG ²II, Sp. 270 ff.; *G. Wesener*, Die Stellung des Kindes im Recht der altösterreichischen Länder, Recueils de la Société Jean Bodin 36, 1976, 453 ff.

Während das moderne Recht nur solche Beschränkungen zulässt, die durch den Schutzgedanken zu rechtfertigen sind, kannte das historische Recht auch willkürliche Beschränkungen der Geschäftsfähigkeit des Menschen. Sie sind so vielfältig, dass sie sich kaum erfassen lassen.

1. Altersbedingte Schranken der Geschäftsfähigkeit – Munt

a) Älteres Recht

aa) Altersstufen

In den einfachen und überschaubaren agrarischen Verhältnissen der Frühzeit mit ihren mannigfachen sozialen Bindungen wurden nur zwei rechtlich bedeutsame Altersstufen unterschieden: **unreifes (unmündiges)** und **reifes (mündiges)** Alter. Als Zuordnungskriterium diente wohl hauptsächlich das äußere Erscheinungsbild, meist der Eintritt der Geschlechtsreife, die Wehrhaftigkeit u. dgl. Daran anknüpfend, kamen schon früh, spätestens zur Zeit der Volksrechte, feste, nach Lebensjahren bestimmte Mündigkeitstermine auf (10, 12 Jahre, seltener 14, 15 und 16 Jahre). Damit war die individuelle Reife dem Mündigkeitserfordernis eines gewissen Alters gewichen.

Der am stärksten verbreitete Mündigkeitstermin war das Alter von 12 Jahren. Er findet sich für das Land ob der Enns belegt (O.Ö. Urkundenbuch III 87, von ca. 1240) und für die Steiermark im Steierm. Landrecht Art. 35, 61, 62, 144. Nach dem Österr. Landrecht (Art. 52) galt in Österreich unter der Enns schon im 13. Jh. für Knaben ein Mündigkeitsalter von 14 Jahren. Ähnlich dürfte die Rechtslage in Tirol gewesen sein. Das Wiener Stadtrechtsbuch kennt in seinen Art. 14 und 15 für Knaben ebenfalls die Mündigkeitsgrenze von 14 Jahren, für Mädchen betrug sie 12 Jahre. Im Wiener Stadtrecht wird in § 51 ein Mündigkeitstermin von 18 Jahren angegeben (etwa im Jahr 1340)[119].

---

119 *V. Hasenöhrl*, Österreichisches Landrecht im 13. und 14. Jahrhundert, 1867, 106 ff.; *ders.*, Beiträge zur Geschichte des deutschen Privatrechts in den österreichischen Alpenländern, 1909, 15 ff.

Mit zunehmender Differenzierung der Lebensverhältnisse im MA. stiegen einerseits die Mündigkeitsgrenzen (vogtbare Jahre – reifes Alter mit 18, 20, 21, 24, unter gemeinrechtlichem Einfluss auch 25), andererseits wurden für bestimmte Rechtsgeschäfte oder für bestimmte Bereiche rechtsgeschäftlichen Handelns zusätzlich Mündigkeitstermine eingeführt und für bestimmte Stände oder Personen Sonderregelungen getroffen. Diese Sondergeschäftsfähigkeiten entwickelten sich vor allem im Ehe- und Erbrecht[120], hatten aber – in Fortführung ma. Einzelbestimmungen – auch die Prozessführungsbefugnis, Kampfmündigkeit (Befähigung zum Zweikampf) u. dgl. zum Gegenstand.

bb) Munt (väterliche Gewalt)

Die Bindung der Geschäftsfähigkeit an das Reifemerkmal des Alters war überlagert von der umfassenden Beschränkung der Geschäftsfähigkeit aller jener Personen, die unter fremder **Munt** standen (Frauen, Haussöhne bis zur Abschichtung, vaterlose Waisen bis zur Mündigkeit, Greise unter besonderer Altersvormundschaft). Besonders weitreichend war die **väterliche Munt** über Kinder. Über ihre Auswirkungen auf die Geschäftsfähigkeit geben die Quellen nur unklare Auskünfte. Unmündige (muntunterworfene) Personen waren grundsätzlich nicht verpflichtungsfähig. Sie konnten zwar Rechte erwerben, ihre Verfügungs- und Verpflichtungsgeschäfte waren aber nur dann gültig, wenn ihr Muntwalt für sie kontrahierte oder den Rechtsgeschäften kraft seiner **Gewere zur rechten Vormundschaft** zustimmte. In beiden Fällen konnte sie das Mündel nach erreichter Selbstmunt binnen bestimmter Frist widerrufen[121]. Dieses **Widerrufsrecht** versagte nur bei echter Not des Vertragspartners und schützte den Unmündigen vor eigenem Leichtsinn, aber auch vor nachteiligen Rechtsgeschäften des Vormunds und verhinderte jegliche Vermögensverschleuderung. Andererseits machte es den Geschäftsabschluss mit einem Unmündigen oder seinem Vormund zu einem großen Risiko, da man sich gegen die aus einem etwaigen Geschäftswiderruf entstehenden Nachteile nicht oder nur sehr unvollkommen sichern konnte.

Über Unmündigen (ebenso Verschollenen) gehöriges oder verfangenes Gut konnte nach ma. Vorstellung keine gültige Verfügung getroffen werden. Vom Fall der echten Not abgesehen, waren solche Verfügungen daher immer anfechtbar. Im 13. und 14. Jh. wurde durch den zunehmenden Liegenschaftsverkehr sowie die Erhöhung des Mündigkeitsalters die Sicherstellung des Käufers in derartigen Fällen zu einem der wichtigsten Probleme des Verkehrsrechts. Als Mittel der Sicherstellung standen vor allem

120 *G. Wesener*, Die Stellung des Kindes im Recht der altösterreichischen Länder, Recueils de la Société Jean Bodin 36, 1976, 459, 468 f., 471 ff., 480.

121 Manche Rechte verlangten die ausdrückliche Bestätigung der Rechtsgeschäfte des Vormunds und Mündels (bspw. Art. 52 des Österr. Landrechtes oder Art. 15 des Wiener Stadtrechtsbuches); andere ließen mit dem Mündigkeitstermin eine bestimmte Verschweigungsfrist beginnen, innerhalb der ein Widerruf möglich war (bspw. Art. 83 des Steiermärk. Landrechtes).

Bürgschaft und Verpfändung zur Verfügung. Gehaftet wurde entweder für die Genehmigung der Verfügung durch den mündig Gewordenen (bzw. Zurückgekehrten) oder für die Unterlassung der Eviktion. Im weitaus größten Teil des deutschen Rechtsraumes bevorzugte man die Bürgschaft Dritter oder eine Selbstverbürgung des Verfügenden. Im süddeutschen Raum trat dagegen die pfandrechtliche Sicherstellung sehr stark hervor. Sie wurde im österreichischen Recht meist als *Ebenteuer* (ebenso teuer) bezeichnet[122].

Während unter Vormundschaft stehende, vaterlose Waisen durch das Erreichen des Mündigkeitsalters grundsätzlich ihre volle Selbständigkeit erlangten, blieben Haussöhne auch dann der väterlichen Munt unterworfen. Erst mit der **Abschichtung**, dem Ausscheiden aus dem väterlichen Haushalt, erlosch die väterliche Muntgewalt[123]. Die dem ma. deutschen Recht entstammende Aufspaltung des Mündigkeitsbegriffs war allerdings im österreichischen Rechtsraum bald überwunden. Der „Landsbrauch" ließ mit dem **Erreichen des Mündigkeitsalters** zumeist auch die väterliche Gewalt erlöschen[124].

b) Neuzeitliche Rechtsentwicklung

aa) Altersstufen

Das gemeine Recht bot folgende Altersstufen an: Es wurde zwischen den *infantes* (Kinder bis zu 7 Jahren) und den *minores viginti quinque annis* (Minderjährige von 7–25 Jahren) unterschieden. Die Gruppe der Minderjährigen war außerdem in *impuberes* (pupilli; Unmündigminderjährige von 7–14 Jahren) und *puberes* (puberes minores viginti quinque annis; Mündigminderjährige von 14–25 Jahren) unterteilt. Die Rechtspraxis der frühen Neuzeit folgte dem gemeinrechtlichen Vorbild insoweit, als die Altersgrenze der Volljährigkeit **(Vogtbarkeit)** angehoben und in die Nähe der gemeinrechtlichen 25-Jahr-Grenze gerückt wurde. Übernommen wurde auch der Rechtsbegriff des Kindes. Die Abstufungen des Mündigkeitsalters blieben dagegen der österreichischen Rechtsentwicklung weitgehend fremd. Den Kindern bis zum 7. Lebensjahr folgte eine einheitliche (kaum differenzierte) Altersgruppe der Minderjährigen. Die gemeinrechtliche Mündigkeitsgrenze von 14 Jahren hatte keine besonderen Rechtswirkungen.

Bereits in die Reichspolizeiordnungen von 1548 (Tit. 31) und 1577 (Tit. 32) wurde die römischrechtliche Unterscheidung in pupilli (7–14 Jahre) und minores (14–25 Jahre) nicht übernommen. Unmündige und Minderjährige waren einer einheitlichen Altersvormundschaft unterstellt. Dabei blieb es auch in der Polizeiordnung für die österreichischen Länder von 1552 und in der Gerhabschaftsordnung von 1669 (I. Tit. § 2).

---

122 Sie erlangte auch in anderen Fällen der Gewährleistungshaftung und im Prozess Bedeutung. *Th. Mayer-Maly*, Ebenteuer, ZRG GA 72, 1955, 216 ff.

123 Diese Zweigleisigkeit hat die Lehre dazu bewogen, beim Erreichen des Mündigkeitsalters von „*Mündigkeit* ", beim Austritt aus der väterlichen Gewalt von „*Selbstmündigkeit* " zu sprechen.

124 *C. Gf. Chorinsky*, Das Vormundschaftsrecht Niederösterreichs vom 16. Jahrhundert bis zum Erscheinen des Josephinischen Gesetzbuches, 1878, 396 ff.

Uneinheitlich gestaltete sich dagegen bis in die Mitte des 18. Jhs. die Grenzziehung für die Erreichung der vollen Geschäftsfähigkeit.

In der Gerhabschaftsordnung von 1669 für das Land Österreich unter der Enns erreichten Männer mit 22 und Frauen mit 20 Jahren die Vogtbarkeit (Volljährigkeit). In der Landtafel von Oberösterreich aus dem Jahre 1609 (III 1 § 4) waren sie mit 25 Jahren volljährig. Nach der Tiroler Landesordnung von 1573 standen Kinder bis zum 16. Lebensjahr unter Gerhabschaft. Wenn sie dann noch nicht geeignet waren, ihre Güter selbst zu verwalten, wurde ihnen bis zum 25. Lebensjahr ein Kurator beigestellt (III 52). Inwiefern Heirat und Klostereintritt die Vogtbarkeit verschafften, war ebenfalls höchst unterschiedlich geregelt[125].

Die Vereinheitlichung des Großjährigkeitstermins gelang mit der **„Majorennitäts-Jahrebestimmung"** vom 12.4.1753, die in allen „deutschen Erbkönigreichen und Ländern" die *24-Jahre-Grenze* festsetzte. Sie wurde im Josephinischen Gesetzbuch bestätigt und fand Eingang in das *ABGB 1811*. Dort ist auch erstmals die Abstufung der Geschäftsfähigkeit nach den drei (römischrechtlichen) Altersklassen (Kinder, unmündige Minderjährige, mündige Minderjährige) vollzogen. Im 20. Jh. wurde dann das Volljährigkeitsalter schrittweise auf 18 Jahre herabgesetzt[126].

bb) Volljährigerklärung (Jahrgebung, venia aetatis)

Ein vorzeitiges Erreichen des Mündigkeitstermins war seit dem 13. Jh. durch **Jahrgebung** möglich. Dieses Institut entstammte dem römischen Recht und gelangte im Weg der Frührezeption als kaiserliches Reservatrecht in den deutschen Rechtsraum. Anlass für die Jahrgebung konnte der Tod des Vormunds, schlecht geführte Vormundschaft oder ein Rechtsstreit zwischen dem Mündel und seinem Vormund sein. Der Minderjährige erlangte durch sie die unbeschränkte rechtliche Verfügungsmacht über sein Vermögen. Im Zuge der Hauptrezeption wurden dann nach dem Vorbild der römischrechtlichen **venia aetatis** allgemeine Voraussetzungen der Jahrgebung normiert, darunter die gemeinrechtliche Voraussetzung der Vollendung des 20. bzw. 18. Lebensjahres, aber auch die Fähigkeit zur selbständigen Vermögensverwaltung und ein besonderes Bedürfnis nach Jahrgebung als typisch deutschrechtliche Erfordernisse. Neben der *ordentlichen Jahrgebung*, die den Minderjährigen bei der Veräußerung oder Verpfändung von Liegenschaften weiterhin von der obrigkeitlichen Genehmigung abhängig machte, gab es auch die *außerordentliche (vollkommene) Jahrgebung*, die von diesen Beschränkungen absah. Im Zuge der Kodifikationsvorarbeiten wurde sie zur **gerichtlichen Entlassung**

125 *C. Gf. Chorinsky*, Das Vormundschaftsrecht Niederösterreichs vom 16. Jahrhundert bis zum Erscheinen des Josephinischen Gesetzbuches, 1878, 396 ff.

126 Gesetz vom 6.2.1919, StGBl. 96/1919, § 1 (Herabsetzung auf das 21. Lebensjahr), BG vom 14.2.1973, BGBl. 108 (Herabsetzung auf das 19. Lebensjahr), und BG vom 29.12.2000, BGBl. I 135 (Kindschaftsrechts-Änderungsgesetz 2001 – KindRÄG 2001, Herabsetzung auf das 18. Lebensjahr).

aus der väterlichen Gewalt und **Volljährigkeitserklärung** ausgestaltet, die als Institut der Altersnachsicht übrigblieb und möglich war, wenn das zumindest 18jährige Kind (Mündel) zur selbständigen und gehörigen Besorgung seiner Angelegenheiten reif erschien.

Umgekehrt diente die Verlängerung der Minderjährigkeit wegen verzögerter Reife dem Schutz geistig behinderter oder physisch erkrankter Personen (§§ 173 f. a. F. ABGB).

Die Institute der Verkürzung und Verlängerung der Minderjährigkeit wurden mit dem KindRÄG 2001 beseitigt. Insbesondere die von der Kinder- und Jugendpsychiatrie festgestellte frühere Reifung der Gesamtpersönlichkeit ließ sie entbehrlich erscheinen. Mit der Absenkung der Volljährigkeitsgrenze auf das 18. Lebensjahr wurde dieser Entwicklung Rechnung getragen.

cc) Altersvormundschaft

Die altersbedingten Beschränkungen der Geschäftsfähigkeit äußerten sich in der **Altersvormundschaft**. Das gemeine Recht hielt dafür folgendes Modell bereit: **Kinder** bis zum 7. Lebensjahr waren vollkommen geschäftsunfähig, nahmen also am rechtsgeschäftlichen Verkehr nur über Vermittlung ihres Vormunds *(tutor)* teil. **Pupillen** (7–14 Jahre) konnten nur begünstigende Versprechen annehmen; belastende Rechtsgeschäfte waren nur dann gültig, wenn sie der Vormund bestätigte *(auctoritas tutoris)*. **Minores** (14–25 Jahre) waren zwar geschäftsfähig, doch bestand für sie ein besonderer Übervorteilungsschutz. Der Minor konnte (musste) sich für seine Vermögensangelegenheiten einen Pfleger *(curator)* wählen, der seine Rechtsgeschäfte prüfte und durch seine Zustimmung sanktionierte. Dieses gemeinrechtliche Muster abgestufter Geschäftsfähigkeiten wurde zwar nicht übernommen, erleichterte aber den schrittweisen Abbau der als unbefriedigend empfundenen ma. Altersvormundschaft mit ihren Widerrufsmöglichkeiten. Es kam dem rechtspolitischen Ziel des Obrigkeitsstaates entgegen, die hierarchische Gliederung in die Familie hineinzutragen und zu verfestigen.

Ansatzpunkte für die Neugestaltung der Geschäftsfähigkeit Minderjähriger boten der Eheabschluss und der Klostereintritt Minderjähriger. Nach polizeistaatlicher Auffassung sollten dem kanonischen Recht zuwider Zustimmungsrechte des Vormunds (des Vaters, der Eltern) normiert werden[127]. Nach diesem Vorbild setzte sich im österreichischen Landesrecht zunehmend die Ansicht durch, dass *Verfügungen und Verpflichtungen* **aller** *Minderjährigen* nur bei vorausgehender oder begleitender *Genehmigung des Vaters bzw. des Vormunds* Gültigkeit erlangen. Fehlte sie, sollte das Rechtsgeschäft des Minderjährigen kraftlos und ungültig sein, war sie vorhanden, sollte es allerdings

127 Dazu *G. Wesener*, Die Stellung des Kindes im Recht der altösterreichischen Länder, Recueils de la Société Jean Bodin 36, 1976, 471 ff.

auch der großjährig Gewordene nicht mehr widerrufen können. Der Vater (Vormund) wuchs auf diese Weise immer mehr in die Rolle eines **gesetzlichen Vertreters** des Minderjährigen, der für und gegen ihn unwiderruflich kontrahieren konnte. Zum Schutze des Kindes wurde gleichzeitig bei vielen Verfügungsgeschäften die **Mitwirkung der Obrigkeit** verlangt[128]. Die Entwicklung vollzog sich in kleinen Schritten. Die väterliche (vormundschaftliche) Genehmigungspflicht beschränkte die Geschäftsfähigkeit des Minderjährigen zunächst nur punktuell bei bestimmten Rechtsgeschäften, seit der Erweiterung des Katalogs dieser Geschäfte entstanden generalisierende Umschreibungen der beschränkten Geschäftsfähigkeit eines Minderjährigen, und schließlich bedurften alle seine Verfügungs- und Verpflichtungsgeschäfte der Zustimmung des gesetzlichen Vertreters[129].

Die zunehmende rechtliche Verankerung eines umfassenden Vertretungsrechtes des Vaters bzw. Vormunds ließ bereits im 17. Jh. das Problem entstehen, ob und allenfalls welche Rechtswirkungen **Eigengeschäfte eines Minderjährigen** entfalten konnten. Nach gemeinrechtlichem Vorbild wurde Kindern bis zum 7. Lebensjahr überall die völlige Geschäftsunfähigkeit bescheinigt, doch gestand man den übrigen Minderjährigen weitgehend zu, selbständig Rechte zu erwerben und sich den selbst verschafften Nutzen eines Eigengeschäftes zuzuwenden. Ein zu ihrem wirtschaftlichen Vorteil abgeschlossenes Verpflichtungsgeschäft („... item daraus ein sonderer nutz entstanden"), sollte unabhängig von der Genehmigung des gesetzlichen Vertreters Rechtswirkungen entfalten.

Vom gemeinen Recht wurde dazu die Konstruktion des hinkenden Rechtsgeschäfts *(negotium claudicans)* vorgestellt. Ein ohne *auctoritas tutoris* (also ohne Bestätigung des Vormunds) abgeschlossenes Geschäft war insoweit gültig, als es für den Minderjährigen von Vorteil war (bspw. war ein Minderjähriger aus einem Kaufvertrag berechtigt, den Kaufpreis zu fordern, nicht aber verpflichtet, die Ware zu liefern). Die ersten Versuche in der heimischen Rechtswelt, eine ähnlich gelagerte Regelung zu finden, gingen von der Vorstellung der Ungültigkeit solcher Rechtsgeschäfte aus (der Minderjährige konnte das ihm Geleistete behalten, der Vertragspartner hingegen musste alles an den Minderjährigen zurückgeben), sahen aber ausnahmsweise eine Zurückerstattungspflicht des Minderjährigen (und seiner Vertreter) vor, soferne das Geleistete dem Minderjährigen einen Nutzen gebracht hatte (oder ihm aus „erbaren ursachen" gegeben worden war), er sich aber trotzdem nicht an sein Versprechen binden wollte.

Erst im 17. Jh. **(Gerhabschaftsordnung 1669)** wurde auch für solche Rechtsgeschäfte das Zustimmungsrecht des gesetzlichen Vertreters als definitive

128 Vgl. dazu: Zeiger in das Landrechtsbuch von 1526, III, 5 § 12.

129 So bereits in der obderennsischen Landtafel III 1 § 4: Personen, die noch nicht 25 Jahre alt sind, bzw. solche, die die venia aetatis und die völlige Einantwortung in ihre Güter mit Vorwissen und Bewilligung der Obrigkeit nicht erlangt haben, können ohne Zustimmung der Eltern oder des Gerhaben nicht kontrahieren, veräußern, verschenken oder sich anrechnen lassen. Sollten die Minderjährigen dennoch derartige Geschäfte abschließen, waren diese nicht gültig und weder sie noch Eltern oder Gerhaben daran gebunden.

Gültigkeitsvoraussetzung normiert, was auch der heutigen Rechtslage entspricht: Eigengeschäfte von Minderjährigen sind gültig, wenn sie diese ausschließlich berechtigen. Geschäfte, aus denen dem Minderjährigen irgendeine Verpflichtung entsteht, sind prinzipiell ungültig; sollte jedoch der gesetzliche Vertreter nachträglich seine Genehmigung zu diesem Rechtsgeschäft geben, gilt das Geschäft ex tunc als wirksam. Vor seiner Erklärung ist nur der Partner des Minderjährigen verpflichtet, er kann jedoch eine angemessene Zustimmungsfrist setzen (§ 865 ABGB).

dd) Vermögensverwaltung

Die altersbedingte Beschränkung der Geschäftsfähigkeit hatte zur Folge, dass der Minderjährige sein Vermögen nicht selbst verwalten und nutzen konnte. Dieses Problem hatte im herrschaftlichen Familienverband des älteren Rechts noch keinen besonderen Stellenwert. Mit zunehmender Zersetzung der Muntgewalt des Familienoberhauptes entwickelten sich jedoch eigene Vorstellungen über das Nutzungs- und Verwaltungsrecht am Kindesvermögen. Darunter die, dass der Vater als geborener Vormund weitergehende Rechte haben sollte, als der gekorene Vormund.

Die Unterscheidung kam nicht in einer namentlichen Abgrenzung – der Vater war bis ins 18. Jh. immer auch Vormund – wohl aber im eigentlichen Recht der Vormundschaft zum Ausdruck (zur Vermögensverwaltung des bestellten Vormunds s. unten).

Die Verwaltung des Kindesvermögens oblag weiterhin dem Vater. Er war hierüber keine Rechenschaft schuldig, hatte aber – im Gegensatz zum gemeinen Recht – **keinen regulären Fruchtgenuss**[130]. Mit der Ausbreitung der **Obervormundschaft** im 18. Jh. gerieten gesetzliche Vertretung und Vermögensverwaltung des Vaters immer mehr unter obrigkeitliche Aufsicht.

Die obrigkeitliche Kontrolle erschien nicht zuletzt deshalb erforderlich, weil das Widerrufsrecht des Volljährigen weggefallen war, was zusätzliche Schutzmaßnahmen vor missbräuchlicher Ausübung der väterlichen Gewalt erforderte. Hatte zur Gültigkeit eines Mündelgeschäftes bis ins 17. Jh. die Einwilligung des Vaters in allen jenen Fällen genügt, die nicht ausdrücklich der Genehmigung der Obervormundschaft vorbehalten waren, kehrte sich im folgenden Jahrhundert das Verhältnis um[131]. Danach stand

130 Vgl. *C. Gf. Chorinsky*, Das Vormundschaftsrecht Niederösterreichs vom 16. Jahrhundert bis zum Erscheinen des Josephinischen Gesetzbuches, 1878, 405; *M. Rintelen*, Bernhard Walthers privatrechtliche Traktate, 1937, 79 f.; Gerhabschaftsordnung 1669, 3. Tit. § 7. Bei Kindern von grundherrlichen Untertanen scheint jedoch im 18. Jh. ein Nutznießungsrecht des Vaters bzw. der Mutter üblich gewesen zu sein. Auch in Niederösterreich wurde das Recht des Vaters am Vermögen seiner Kinder im 18. Jh. als Fruchtgenussrecht verstanden. Dazu *G. Wesener*, Die Stellung des Kindes im Recht der altösterreichischen Länder, Recueils de la Société Jean Bodin 36, 1976, 474 f.

131 Wie stark noch im 17. Jh. ma. Vorstellungen nachwirkten, zeigt die Gerhabschaftsordnung 1669, 11. Tit. § 4: Die Veräußerung von unbeweglichem Mündelgut oder wertvollen Mobilien ohne Einwilligung der Obrigkeit war nicht absolut nichtig, sondern konnte vom Mündiggewordenen binnen 5 Jahren angefochten werden.

dem Vater im *Josephinischen Gesetzbuch*[132] zwar die Verwaltung des Kindesvermögens zu, zur Sicherheit des Kindesgutes wurde jedoch die Anlegung eines Inventars gefordert[133] und jährliche Rechnungslegung verlangt.

Eine versuchte Wiederbelebung des väterlichen Fruchtgenussrechts am Kindesvermögen im *Codex Theresianus* nach gemeinrechtlichem Vorbild (die wiederum stark ausgeprägte väterliche Gewalt sollte mit einem Fruchtgenussrecht verbunden werden) misslang. Das *ABGB 1811* hat den Vater zur Verwaltung des Kindesvermögens berufen, ihm aber endgültig keinen Fruchtgenuss des Kindesvermögens zuerkannt (§ 149). Seine Rechtsstellung war wieder mit der eines Vormunds vergleichbar, den die obrigkeitliche Aufsicht schon sehr früh von der Nutzung des Kindesvermögens ausgeschlossen hatte. Nunmehr steht die Verwaltung den Eltern zu[134]. Sie sollen aber einvernehmlich vorgehen.

Aus den Einkünften des Vermögens sind zunächst die Erziehungskosten zu bestreiten. Ergibt sich ein Überschuss, muss er angelegt und darüber Rechnung gelegt werden.

2. Geschlechtsvormundschaft

Die Geschlechtsvormundschaft war im älteren Recht als ein lückenloses System der Bevormundung der Frau ausgestaltet: Die unverheiratete Frau blieb im Hause des Vaters und stand unter seiner Vormundschaft **(väterliche Munt)**, nach des Vaters Tod unter der Munt der Brüder oder anderer männlicher Verwandter (**vormundschaftliche Munt** als verlängerte väterliche Gewalt); bei der Eheschließung wurde die Frau in die Munt des Mannes übergeben **(eheherrliche Munt)**; die Witwe kehrte in die Munt ihrer Verwandtschaft zurück oder geriet unter die Muntgewalt der Verwandtschaft ihres toten Ehegatten (**Geschlechtsvormundschaft im engeren Sinn** als Vormundschaft über mündige, unverheiratete Frauen). Grundgedanke war, die Frau mit Hilfe und durch Vermittlung des männlichen Muntwalts am rechtsgeschäftlichen Leben teilhaben zu lassen, sofern sie überhaupt Rechte und Pflichten erwerben konnte (sie war ja nur beschränkt rechtsfähig). Das änderte sich im hochma. Rechtsleben. Der größer werdende rechtliche Wirkungsbereich der Ehefrau (Schlüsselgewalt), das Durchsetzungsvermögen der Kauffrau in den ma. Städten und die von der Rechtspraxis geförderte Unabhängigkeit der Witwe bei Verfügungen über ihr Vermögen ließen im Spätma. das Institut der Geschlechtsvormundschaft absterben; im Wesentlichen blieben nur Einschränkungen der Frau aus der (allgemeinen) Altersvormundschaft und aus der Vormundschaft des Ehemannes bestehen.

132 IV. Hauptstück § 22.
133 IV. Hauptstück § 23.
134 Bundesgesetz vom 30.6.1977, BGBl. 403.

Noch im 14. Jh. hatte das Mündigkeitsalter für Mädchen eine geringere Bedeutung als für Knaben, da sie die volle Dispositionsfähigkeit erst mit der Vogtbarkeit (durch Heirat oder Eintritt in ein Kloster) erreichten. Seit dem 16. Jh. wurde dann einheitlich die Altersvormundschaft über Söhne und Töchter in gleicher Weise durch Erreichung der Volljährigkeit beendet. Auch die Beschränkung der Handlungsfähigkeit der Ehefrau durch die Muntgewalt ihres Gatten war im späten MA. einem gründlichen Abbauprozess unterworfen. Vertretungshandlungen des Ehemannes wurden nunmehr auf eine (stillschweigende) Vereinbarung mit der Ehefrau zurückgeführt.

Die Neuzeit vermittelt allerdings wieder den Eindruck einer tiefgreifenden Beschränkung der Geschäftsfähigkeit der Frau. Man spricht sogar von einem **Wiederaufleben der Geschlechtsvormundschaft.** Das ist weniger in rechtliche Kategorien zu fassen (Bestimmungen über eine rechtliche Ungleichbehandlung der Geschlechter waren eher die Ausnahme), als vielmehr durch die von ma.-christlichen Anschauungen geprägte Rollenfixierung der Frau zu verstehen („natürliche“ Aufgabenteilung von Mann und Frau auf der Grundlage der neuen – aristotelischen – Hauslehre, die den Mann zum „Leiter“, die Frau zur „Dienerin“ des Hauswesens machte). Die **faktische Ungleichbehandlung der Geschlechter** ist daher in der Neuzeit viel tiefgreifender als es bei bloß rechtlicher Betrachtung den Anschein hat.

Die Ehefrau brauchte sich im rechtsgeschäftlichen Leben (ausgenommen im Rahmen der ordentlichen Haushaltsführung) nicht zu bewähren, sollte sich in weiterer Folge auch nicht bewähren (Übervorteilungsschutz der Frau in Verbreiterung gemeinrechtlicher Ansätze) und konnte sich deshalb auch tatsächlich nicht bewähren (daher rühren die neuen Argumente von der „Schwachheit“ und „Blödigkeit“ des weiblichen Geschlechts).

Die jahrhundertelang genährte Vorstellung von der Minderbegabung und Schwäche des weiblichen Geschlechts richtete so hohe Barrieren auf, dass nicht einmal die vernunftrechtliche Fundierung der Rechtsgleichheit und die Beseitigung rechtlicher Beschränkungen seiner Geschäftsfähigkeit die patriarchalischen Familienstrukturen aufzulösen vermochten. Der Vorzug des Mannes wurde allerdings auf eine freiwillige Unterwerfung der Frau in der Ehewillenserklärung gestützt. Die „Neue Frauenbewegung“ in den 70er Jahren des 20. Jhs. bekämpfte erfolgreich diese Entrechtung verheirateter Frauen (zur Großen Familienrechtsreform s. unten V. Die Familie).

3. Die Geschäftsfähigkeit im Hinblick auf die geistige Gesundheit

a) Älteres Recht

Geisteskranke galten zunächst als Sonderlinge und Besessene, gegen die man sich durch kultische Handlungen und später durch Exorzismen zur Wehr setzte. Erst unter christlichem Einfluss konnten sich Gedanken der Fürsorge durchsetzen. Rechtliche Konsequenzen aus dem Vorliegen einer Geisteskrankheit waren im Wesentlichen der Familie überlassen. Ihre Entscheidung musste allerdings durch Verkündung vor Gericht (Benennung des Vormunds) offenkundig gemacht werden (wie z. B. nordische Quellen des späten MA. erkennen lassen).

Geistige (auch körperliche) Gebrechen führten zu einer **Beschränkung der rechtlichen Handlungsfähigkeit**, manchmal auch der **Rechtsfähigkeit**. Seit dem späten MA. finden sich, besonders in den Städten, Vorschriften über eine förmliche Aberkennung der Geschäftsfähigkeit und eine damit verbundene Anordnung der Vormundschaft über Geisteskranke und Verschwender (**Entmündigung**). Die staatliche Mitwirkung verstärkte sich dabei in dem Maße, als Funktionen der Großfamilie auf hoheitliche Verbände übergingen und der Fürsorgegedanke in den Vordergrund trat. Die Obrigkeit hörte die Beteiligten, bestellte den Vormund und beschränkte die Mitwirkungsbefugnisse der Verwandten immer mehr auf ein bloßes Antrags- und Anhörungsrecht. Ergänzend dazu wurden von Amts wegen die Rechtsverhältnisse solcher Personen geordnet, die ihre Angelegenheiten wegen irgendeiner Behinderung selbst nicht wahrnehmen konnten.

b) Neuzeitliche Rechtsentwicklung

Am Beginn der Neuzeit waren die Rechtsfolgen einer geistigen oder körperlichen Behinderung weitgehend in das Ermessen der Behörden gestellt. Ob eine Vormundschaft für erkrankte Personen notwendig war, wurde nach tunlicher Befragung von Ärzten entschieden, wobei der Begriff Krankheit sehr weitherzig ausgelegt wurde und wohl alles in sich aufnahm, was als Geisteskrankheit, Geistesschwäche, Bresthaftigkeit oder Verkrüppelung verstanden werden konnte. Der römischrechtliche Unterschied von *cura* und *tutela* hat zwar in die Fachsprache der österreichischen Gerichte Eingang gefunden, blieb aber bedeutungslos. Für die Kuratel galten dieselben Grundsätze wie für die Altersvormundschaft. Um dem Geisteskranken die Dispositionsfähigkeit abzuerkennen und ihm einen Vormund zu bestellen (der testamentarisch oder von der Verwandtschaft vorbestimmt sein konnte), bedurfte es keiner bestimmten Form, wohl aber eines ausdrücklichen und öffentlichen Gerichtsaktes. Kam der Kranke wieder zur Vernunft, fiel die Kuratel ohne Formalakt des Gerichtes wieder weg[135]. Das *Josephinische Gesetzbuch* bestimmte allgemein, dass demjenigen ein Kurator zu bestellen sei, der durch Leibes- oder Gemütsgebrechen außerstande ist, seine Geschäfte selbst zu besorgen[136]. Dem richterlichen Ermessen war dabei keine Grenze gesetzt, sein Ausspruch

135 Vgl. dazu: Polizeiordnung von 1552 für die niederösterreichischen Länder, Reichspolizeiordnung von 1548; Gerhabschaftsordnung von 1669; Landmarschallische Gerhabschaftsordnung von 1727. Die Freiheitsbeschränkung des Betroffenen (hauptsächlich durch Einweisung in eine Irrenanstalt) war oft zwingende Folge der Kuratel. Eine Möglichkeit der Abwehr gab es nicht, da das Recht auf persönliche Freiheit noch keinen eigenständigen Wert besaß.

136 §§ 95, 96 JosGB: Ähnlich formuliert das Sachwaltergesetz 1983, BGBl. 136.

musste sich nicht einmal auf das Gutachten von Ärzten stützen. Ähnliches hatte bereits der *Codex Theresianus* vorgesehen[137].

Das *ABGB 1811* hatte als Rechtsgrundlagen für die Behandlung Geisteskranker die dürftigen Bestimmungen der §§ 21, 269, 270 und 273 vorgesehen. Nach § 865 war, „*wer den Gebrauch der Vernunft nicht hat, [...] unfähig, ein Versprechen zu machen, oder es anzunehmen*". Geschäftsunfähig war demnach der Geisteskranke und Geistesschwache, aber auch jeder, der nur vorübergehend nicht im Besitz seiner geistigen Kräfte war. Das schloss gültiges Kontrahieren in „lichten Augenblicken" nicht aus. Die ehemals in § 21 erwähnten „Rasenden, Wahnsinnigen und Blödsinnigen" sollten zum eigenen Schutz einen Kurator erhalten, Verschwender darüber hinaus zum Schutz der Familie. Erst die Gerichtspraxis und das Außerstreitgesetz 1854 (§ 185) schufen ein brauchbares Entmündigungsverfahren, das bis zur Entmündigungsordnung von 1916 Gültigkeit besaß.

Für wahn- oder blödsinnig konnte nur derjenige gehalten werden, der nach genauer Erforschung seines Betragens und nach Einvernehmung der Ärzte gerichtlich dafür erklärt wurde. Durch die Entmündigung wurde der Kranke vollkommen handlungsunfähig, das Gericht bestellte für ihn einen Kurator. Bei dieser Rechtslage war allerdings der Geisteskranke nicht Subjekt, sondern Objekt des Verfahrens. Er hatte kein Recht auf Parteiengehör, keine Rechtsmittelbefugnis, ja er erhielt nicht einmal Kenntnis von der gefällten Entscheidung des Gerichts. Befand er sich in einer geschlossenen Anstalt, dann konnte er keinen Besuch empfangen, keinen Kontakt zu seinem Rechtsanwalt aufnehmen.

Das Hauptgewicht bei der Behandlung von Geisteskranken lag nach wie vor auf der Kuratelsverhängung und auf der Aberkennung der Handlungsfähigkeit. War dieser formale Akt geschehen, dann spielten der Ort und die Art der Unterbringung des Betroffenen keine Rolle mehr. Erst der Spätliberalismus in der Nähe der Jahrhundertwende drängte auf gesetzliche Fixierung der Freiheitsgarantie auch für den Geisteskranken[138].

Als in den 80er Jahren des 19. Jhs. in ganz Mitteleuropa der Ruf nach einer Reform des Irrenrechts laut wurde, ging man auch in Österreich an eine Neuordnung des Anhaltungs- und Entmündigungsrechts. Das Ergebnis war die kaiserliche Notverordnung vom 28.6.1916, **Entmündigungsordnung**, RGBl. 207.

Das Hauptmotiv der Neuerungsbestrebungen lag im Schutz der persönlichen Freiheit. Es sollte primär die Aufnahme in eine Irrenanstalt geregelt werden. Im Verlauf der Reform wurde jedoch immer mehr das Problem der Beschränkung der Handlungsfähigkeit wichtig. Als Neuerung wurde die **beschränkte Entmündigung** eingeführt. Der voll Entmündigte war geschäftsunfähig, stand also einem Kind unter 7 Jahren gleich und erhielt als gesetzlichen Vertreter einen Kurator. Der beschränkt Entmündigte war beschränkt geschäftsfähig, stand grundsätzlich einem mündig Minderjährigen gleich und erhielt als gesetzlichen Vertreter einen Beistand. Zu den Entmündi-

137 §§ 547, 604 CTh.

138 Dazu *F. Hartl*, Der Geisteskranke und sein Recht auf persönliche Freiheit. Ein Rückblick zur Besinnung, ÖJZ 1975, 88 ff.

gungsgründen zählten Geisteskrankheit und Geistesschwäche, daneben für die beschränkte Entmündigung auch gewohnheitsmäßiger Missbrauch von Alkohol und Nervengiften sowie Verschwendungssucht.

Das **Sachwaltergesetz** vom 4.3.1983, BGBl. 136, vollendete vermeintlich die Idee des größtmöglichen Rechtsschutzes bei geringstmöglicher Rechtsbeschränkung[139]. Es kannte nur mehr die Bestellung eines Sachwalters für solche Personen, die wegen einer geistigen Behinderung oder psychischen Erkrankung alle oder einzelne ihrer Angelegenheiten nicht ohne Gefahr eines Nachteils für sich selbst besorgen konnten, und legte keine starren Regeln für die Minderung der Geschäftsfähigkeit fest[140]. Der Sachwalter war mit bestimmten Fürsorgeaufgaben zu betrauen; nur innerhalb seines Wirkungskreises verlor der Behinderte die Geschäftsfähigkeit, soferne ihm nicht bestimmte Sachen oder Teile des Einkommens zur freien Verfügung überlassen wurden.

Mit dem *Sachwalterrechts-Änderungsgesetz* vom 23.6.2006, BGBl. I 92, wurde in Reaktion auf die steigenden Zahlen der Sachwalterbestellungen für alle Angelegenheiten der besonderen Bedeutung dieses Rechtsgebietes abermals Rechnung getragen. Diese Reform sollte die Selbstbestimmung psychisch kranker und geistig behinderter Menschen stärken und ihre Wünsche bei der Auswahl des Sachwalters berücksichtigen[141].

Alle Fragen der Kuratel waren ursprünglich gemeinsam mit der Vormundschaft im Vierten Hauptstück des Ersten Teiles des ABGB geregelt, wurden i. d. F. SWRÄG 2006 unter der Überschrift „*Von der Sachwalterschaft, der sonstigen gesetzlichen Vertretung und der Vorsorgevollmacht*" kurzfristig zum Fünften Hauptstück, um i. d. F. KindNamRÄG 2013 als Sechstes Hauptstück und i. d. F. 2. ErwSchG mit der neuen Überschrift „Von der Vorsorgevollmacht und der Erwachsenenvertretung" eine hoffentlich beständige Positionierung zu finden.

4. Körperliche Gebrechen

Da im älteren Recht nur der wehrhafte Mann die vollen Rechte genießen konnte, wurden Menschen mit Leibesgebrechen bis zum Ende des MA. als

139 Vgl *K. Neuwirth*, Von der Entmündigung zum Erwachsenenschutz – Eckpunkte einer Entwicklung, in Grundfragen des Erwachsenenschutzrechts, hg. v. *E. Wagner*, 2019.

140 Wer vor dem In-Kraft-Treten des Sachwaltergesetzes voll oder beschränkt entmündigt worden war, stand einer Person gleich, der ein Sachwalter für alle Angelegenheiten bestellt worden war; ein beschränkt Entmündigter hatte jedoch die Handlungsfähigkeit eines mündigen Minderjährigen behalten.

141 In einer „Sachwalterverfügung" gem. § 279 (1) ABGB, die noch vor dem Verlust der Einsichts-, Urteils- und Geschäftsfähigkeit zu errichten war, konnten diesbezügliche Vorschläge gemacht werden, deren Einhaltung im pflichtgebundenen Ermessen des Gerichts lag. Hatte eine Person eine „Vorsorgevollmacht" (§§ 284f–284h ABGB i. d. F. SWRÄG 2006) erteilt, konnte eine Sachwalterbestellung unterbleiben, ebenso bei ausreichender Vertretung durch fürsorgeaktive nächste Angehörige, denen das Gesetz eine besondere Vertretungsbefugnis einräumte (§§ 284b–284e ABGB i. d. F. SWRÄG 2006).

völlig oder teilweise handlungsunfähig angesehen. Am Ende des MA. verschwanden derartige Beschränkungen, doch erhielten sich körperliche Gebrechen als Entmündigungsgrund, soweit sie die Rechtsausübung beeinträchtigen konnten. Noch das *ABGB 1811* kannte in § 275 eine (freiwillige) Taubstummenkuratel, die als Hinweis auf eine allgemeine Gebrechlichkeitspflegschaft gedeutet wurde. Das Recht der freiwilligen Stellvertretung und die Möglichkeit, jeder geistig behinderten (etwa auch bewusstlosen) Person einen Sachwalter zu bestellen, hatten ihr schließlich den Anwendungsbereich gänzlich entzogen. Auch die besonderen Formerfordernisse zur Gültigkeit von rechtsgeschäftlichen Erklärungen (Notariatsaktspflicht bei Blinden, Tauben, Stummen) wurden sukzessive eingeschränkt[142].

III. Die Deliktsfähigkeit

A. Geltende Rechtsgrundsätze

Deliktsfähig *ist, wer die unrechtmäßigen Folgen seines Verhaltens einzusehen und dieser Einsicht zu folgen vermag*. Sie hängt also von der geistigen Reife eines Menschen, seinem Alter und Geisteszustand ab. Die Deliktsfähigkeit eines geistig gesunden Menschen wird grundsätzlich mit dem 14. Lebensjahr erreicht. Für Menschen unter dieser Altersgrenze müssen deren Aufsichtspersonen, also insbes. die Eltern eintreten, wenn sie schuldhaft die Sorge für den Minderjährigen vernachlässigt haben (§ 1309 ABGB). Nur wenn der Ersatz des Schadens von der Aufsichtsperson nicht erlangt werden kann, weil ihr keine schuldhafte Sorgfaltsverletzung zur Last fällt, wird unter gewissen Voraussetzungen auch ein Unmündiger selbst für sein rechtswidriges Vorgehen verantwortlich (§ 1310 ABGB). Bestimmend sind in diesem Fall das Maß seiner Einsichtsfähigkeit und die Fähigkeit zur Schadensgutmachung.

Fehlende Entscheidungsfähigkeit und vorübergehende Sinnesverwirrung beseitigen für die Dauer dieses Zustandes die Deliktsfähigkeit, weil die davon betroffenen Personen zu einer vernünftigen Motivation ihres Verhaltens nicht fähig sind. Ausnahmsweise kann auch hier Billigkeitshaftung im Sinn des § 1310 ABGB eintreten. Haftbar wird allerdings, wer sich aus seinem Verschulden in den Zustand versetzt hat, der seine Zurechnungsfähigkeit zur Zeit des schädigenden Verhaltens ausschloss (§ 1307 ABGB).

B. Historische Entwicklung

Im MA. war die unerlaubte Handlung erst aus strafrechtlicher Verfangenheit zu lösen, ehe sie als rein privatrechtlicher Tatbestand, der eine Ersatzpflicht des Verantwortlichen begründete, erkannt wurde. An die Stelle von **Pri-**

142 Vgl. § 1 Notariatsaktsgesetz insbes. i. d. F. BGBl. I 2008/68 und 2009/75.

vatstrafen, Wergeld und Bußen, trat der **Schadenersatz**[143]. Als unerlaubte Handlung galt jeder rechtswidrige Eingriff in fremde Rechte ohne Rücksicht darauf, ob den Schädiger ein Verschulden traf oder nicht. Daher hat man auch in den ma. Rechtsbüchern das Kind für den von ihm angerichteten Schaden verantwortlich gemacht. Das Einstehen seiner Hausgemeinschaft ließ den Gedanken an die Einsichtsfähigkeit des Kindes zunächst gar nicht aufkommen. Mit fortschreitender Rechtskultur setzte sich jedoch eine Betrachtung durch, die den Schädiger nur dann zum Schadenersatz verpflichtete, wenn ihn ein Verschulden traf.

Das Prinzip der **Verschuldenshaftung** nahm Kinder von der Schadenersatzpflicht aus. Für ihre Deliktsfähigkeit gab es jedoch zunächst noch keine bestimmten Altersgrenzen. Man hielt sich vielmehr an die „Einsichtigkeit" des Kindes, die nach einfachen Beweisregeln ermittelt wurde[144]. Am Ende des Mittelalters bildeten sich in manchen Rechtsquellen feste Altersgrenzen aus, die zumeist das 14. Lebensjahr als Deliktsfähigkeitsgrenze festsetzten. Die Vertreter des usus modernus orientierten sich ebenfalls an diesem Mündigkeitsalter, da ihrer Auffassung nach nur ein diesem Alter nahe stehender Jugendlicher für Delikte verantwortlich gemacht werden sollte; eine Begriffsbestimmung wurde jedoch nicht vorgenommen[145]. Das ABGB 1811 folgte nicht dieser Richtung. Aus mehreren Paragraphen (§§ 248, 1297, 1308 ABGB 1811) lässt sich ableiten, dass Jugendliche ab vollendetem 7. Lebensjahr für deliktsfähig angesehen wurden. Erst mit der 3. TN zum ABGB hat man die Deliktsfähigkeitsgrenze auf das vollendete 14. Lebensjahr angehoben.

IV. Die juristische Person

A. Die juristische Person im modernen Recht

Das geltende Recht teilt nicht nur den Menschen Rechte und Pflichten zu, sondern verleiht auch den sog. **„juristischen Personen"** Rechtsfähigkeit. Erwerben können sie Rechte und Pflichten durch ihre Organe. Das sind physische Personen, für die die Regeln der Handlungsfähigkeit uneingeschränkt gelten[146].

143 Zur Entpönalisierung der Deliktsobligation s. *E. Kaufmann*, Das spätmittelalterliche deutsche Schadenersatzrecht und die Rezeption der „actio iniuriarium aestimatoria", ZRG GA 78, 1961, 93 ff.

144 Wollte man bspw. feststellen, ob ein Kind einen Diebstahl begangen hat oder nicht, zeigte man ihm einen Apfel und ein Geldstück. Griff das Kind nach dem Apfel, wurde es als schuldlos angesehen, griff es hingegen nach dem Geldstück, sah man darin ein Anzeichen seiner Schuld.

145 S. dazu *H. Coing*, Europäisches Privatrecht, II 19. Jahrhundert, Überblick über die Entwicklung des Privatrechts in den ehemals gemeinrechtlichen Ländern, 1989, 291 f.

146 Zum Recht der Stellvertretung s. Bevollmächtigungsvertrag. Grundfragen der Handlungsfähigkeit juristischer Personen (z. B. Haftung für deliktisches Verhalten ihrer Organe) entbehren noch heute einer klaren gesetzlichen Regelung.

Die juristischen Personen werden eingeteilt in **Personenvereinigungen** (Gesellschaften und Korporationen, die in § 26 ABGB erwähnt sind) und in **Sachgesamtheiten** (Anstalten und Stiftungen; letztere sind in § 646 ABGB erwähnt). Je nachdem, ob eine juristische Person durch privatrechtliche Gründung oder durch öffentlichrechtlichen Akt (Gesetz, Verordnung) geschaffen wird, sind juristische Personen des privaten und des öffentlichen Rechts zu unterscheiden.

Juristische Personen im Bereich des öffentlichen Rechts sind z. B. die Gebietskörperschaften (Bund, Länder, Gemeinden), die Sozialversicherungsträger und die zahlreichen gesetzlichen Interessenvertretungen (Kammern, Österreichische Hochschülerschaft) sowie mit überwiegend sachlichem Substrat die öffentlichen Krankenanstalten; im Privatrecht die Vereine, Stiftungen und Fonds.

Im Mittelpunkt der Lehre von der juristischen Person steht die Frage, ob und warum einem Gebilde, das nicht Mensch ist, Rechte und Pflichten zuerkannt werden sollen. Sie wird auf der Grundlage der heute herrschenden **Interessentheorie** dahingehend beantwortet, dass jene Gebilde, die ein besonderes, von dem der einzelnen Mitglieder bzw. Nutznießer deutlich unterscheidbares Interesse haben und dieses auch in einer bestimmten Organisation zeigen, Rechtssubjektivität haben sollen, weil dies die Strukturierung einer komplexen Gesellschaft ermöglicht und den rechtsgeschäftlichen Verkehr vereinfacht. Der Mangel einer solchen Organisationsform, vor allem aber die mangelnde Verselbständigung eines überindividuellen Interesses unterscheidet die juristische Person von den *Erwerbsgesellschaften des bürgerlichen Rechts* (§§ 1175 ff. ABGB). Es sind dies vertragliche Zusammenschlüsse zur Verwirklichung gleichgerichteter Interessen der einzelnen Vertragspartner.

Die verlangte Organisationsform ist bei Personenverbänden in Form der *körperschaftlichen Organisation* gegeben. Eine solche liegt vor, wenn nicht alle Mitglieder gemeinsam handeln, sondern vielmehr Organe die Verwaltung führen, nach Mehrheitsprinzip entschieden wird und ein Personenwechsel den Bestand dieser Verbindung nicht berührt. Bei Sachgesamtheiten müssen *Vermögensmassen* vorliegen, die einem bestimmten Zweck gewidmet sind und von der Rechtsordnung ausdrücklich mit Personenqualität ausgestattet sind.

Juristische Personen sind im rechtsgeschäftlichen Verkehr den natürlichen Personen grundsätzlich gleichgestellt (§ 26 ABGB). Näheres zu ihrer Entstehung, ihrer Rechtsstellung und ihrem Wirkungskreis findet sich in Sondergesetzen.

Das besondere Interesse des Staates, die Entstehung und Tätigkeit von Vereinen zu kontrollieren, äußert sich in der Normierung strikter Bedingungen für die Anerkennung (Verleihung) der Rechtspersönlichkeit. Für **wirtschaftliche Vereine**, die auf Gewinnerzielung gerichtet sind, galt nach dem Vereinspatent von 1852 das **Konzessionssystem** (die Vereinsbildung ist an die Genehmigung der Behörde gebunden; es besteht kein Anspruch auf Zuerkennung der Rechtssubjektivität). Sondergesetze für die wichtigsten wirtschaftlichen Vereine (z. B. Aktiengesellschaft, Gesellschaft mit beschränkter Haftung) hatten jedoch den Anwendungsbereich des Vereinspatentes weitgehend eingeschränkt und das Konzessionssystem durch das **Normativsystem** abgelöst (der

Gesetzgeber schreibt vor, was in den Statuten zu regeln ist und auch wie die Regelungen beschaffen sein müssen; werden diese Voraussetzungen erfüllt, muss die Registrierung der juristischen Person vorgenommen werden). Das Vereinspatent 1852 wurde schließlich durch das 1. Bundesrechtsbereinigungsgesetz[147] aufgehoben, sodass ab 1.1.2000 keine Vereine mehr nach dem Konzessionssystem gegründet werden können. Für die nicht auf Gewinnerzielung gerichteten Vereine, die sog. **Idealvereine**, galt nach dem Vereinsgesetz von 1951 das **Anmeldesystem**, das auch durch das am 1.7.2002 in Kraft getretene Vereinsgesetz 2002 beibehalten wurde[148]. Das Gesetz schreibt vor, was in den Statuten zu regeln ist; der durch die Vereinbarung von Statuten (Gründungsvereinbarung) errichtete Verein muss seine Statuten der Behörde übermitteln, und diese kann innerhalb einer bestimmten Frist die Bildung des Vereins untersagen, wenn der Verein nach seinem Zweck, seinem Namen oder seiner Organisation gesetzwidrig wäre (§ 12 Abs. 1). Die unter dem Vereinsgesetz 1951 strittige Frage nach der Rechtsfähigkeit von Vereinen wurde durch das Vereinsgesetz 2002 geklärt: Bleibt die Behörde untätig, entsteht der Verein als Rechtsperson mit Ablauf der Frist von vier Wochen (§ 13 Abs. 1), sonst mit früherer Erlassung eines Bescheides (Abs. 2).

Seit 1993 ist die Errichtung einer **Privatstiftung** zulässig, die weitergehende erlaubte Zwecke verfolgt, jedoch nicht gewerbsmäßig tätig sein darf[149]. **Stiftungen** und **Fonds**, deren Vermögensmassen durch privatrechtliche Widmung wohltätigen Zwecken bestimmt sind, werden im Bundes-Stiftungs- und Fondsgesetz 2015 bzw. Gemeinnützigkeitsgesetz 2015[150] (oder in Landesgesetzen) geregelt. Zur Entstehung einer Stiftung sind eine Stiftungserklärung und die Eintragung ins Firmenbuch notwendig. Im Gegensatz zur Stiftung wird beim Fonds ein Vermögen nicht auf Dauer, sondern zeitlich begrenzt gewidmet. Für **Anstalten**, die nicht bloß aus Kapital bestehen, sondern zur Verwirklichung des Stiftungszweckes auch einer sichtbaren Einrichtung bedürfen, sind die Vorschriften des öffentlichen Rechts maßgebend[151].

B. Historische Entwicklung

Lit.: *Ch. Becker*, Juristische Person, ²II, Sp. 1456 ff.; H. *Conrad*, Individuum und Gemeinschaft in der Privatrechtsordnung des 18. und beginnenden 19. Jahrhunderts, 1956; *A. Cordes*, Körperschaft, HRG ²III, Sp. 186 ff.; *A. Dieckmann*, Gesamthand und Juristische Person, 2019; *H. Eichler*, Personenrecht, 1983, 325 ff.; *H. Eichler*, Die Verfassung der Körperschaft und Stiftung, 1986; *O. v. Gierke*, Das deutsche Genossenschaftsrecht, 4 Bde., 1868–1913, Nachdr. 1954; *E. Kaufmann*, Körperschaft (juristische Person), HRG II, Sp. 1147 ff.; *H. Kreller*, Römisches Recht, II Grundlehren des Gemeinen Rechts, 1950, 104 ff.; *W. Ogris*, Ganerben, HRG I, Sp. 1380 ff., ²I, Sp. 1928 ff.; *W. Ogris*, Gemeinderschaft, HRG I, Sp. 1496 ff., ²II, Sp. 54 f.; *R. Ostheim*, Zur Rechtsfähigkeit von Verbänden im österreichischen bürgerlichen Recht, 1967, bes. 39 ff.; *F. C. v. Savigny*, System des heutigen Römischen Rechts II, 1840, 235 ff.; *F. Schikorski*, Die Auseinandersetzung um den Körperschaftsbegriff in der Rechtslehre des 19. Jahrhunderts, 1978; *B. Schildt*, Genossenschaft,

147 1. BRBG vom 19.8.1999, BGBl. I 191.

148 BG über Vereine (Vereinsgesetz 2002 – VerG), BGBl. I 2002/66 (zuletzt novelliert durch BGBl. I 2021/211).

149 BGBl. I 1993/694 (Privatstiftungsgesetz).

150 BGBl. I 2015/160.

151 Zum tieferen Verständnis der Grundbegriffe s. *Ch. Bezemek*, Landesstiftungs- und Landesfondsrecht, in Das Recht der Länder II/2, hg. v. *E. Pürgy*, 2012; *S. Bergmann/ T. Ratka* (Hg.), Handbuch Personengesellschaften, ²2016.

Genossenschaftsrecht, HRG [2]II, Sp. 103 ff.; *H. Schnizer*, Die juristische Person in der Kodifikationsgeschichte des ABGB, FS W. Wilburg, 1965, 143 ff.; *L. Schnorr v. Carolsfeld*, Geschichte der Juristischen Person, 1933; *R. Schulze*, Stiftungsrecht, HRG IV, Sp. 1980 ff.; *R. Schulze*, Verbände, HRG V, Sp. 662 ff.; *H. Stradal*, Genossenschaft, HRG I, Sp. 1522 ff.; *J. Unger*, Zur Lehre von den juristischen Personen, Kritische Überschau der deutschen Gesetzgebung und Rechtswissenschaft 6, 1859, 147 ff.; *J. Unger*, System des österreichischen allgemeinen Privatrechts I, [3]1868, 319 ff.; *D. Werkmüller*, Verein, Vereinsrecht, HRG V, Sp. 689 ff.; *W. Wilburg*, Rechtsgemeinschaft, Rechtsvergleichendes Handwörterbuch für das Zivil- und Handelsrecht des In- und Auslands V, 1936, 770 ff.; *K. Wolff*, Klang-Kommentar I/1, [2]1964, 124 ff.; *F. v. Zeiller*, Das natürliche Privatrecht, [3]1819, 206 ff.

1. Älteres Recht

Die Vorstellung einer abstrakten Rechtspersönlichkeit war dem älteren Recht fremd. Ansätze zur juristischen Person zeigen sich jedoch in den dichten Organisationsformen der **Genossenschaften**. Die Notwendigkeit des genossenschaftlichen Zusammenlebens ergab sich in älterer Zeit daraus, dass der einzelne auf den Schutz und die Hilfe einer Gemeinschaft angewiesen war. Erst der Interessenausgleich in der Gemeinschaft und die Zusammengehörigkeit ihrer Mitglieder schufen gesicherte Überlebensbedingungen.

Genossenschaftsbildend wirkten unter dem Druck der äußeren Verhältnisse (ländliche Wirtschaftsverfassung, Kolonialisierung) vor allem die Verwandtschaft, das städtische Leben oder die Zugehörigkeit zu einem Stand. Die verschiedenartigen religiösen, kulturellen, gesellschaftlichen, wirtschaftlichen, rechtlichen Ziele schieden die Bevölkerung in vielfach gegliederte Gemeinschaften. Der Vielfalt an Personenverbänden entsprach eine Vielfalt von Strukturprinzipien, die der rechtlichen Erfassung weit voraus waren.

Neben Genossenschaften mit Zwangscharakter, in die man geboren wurde, beruhten andere auf freiwilliger Mitgliedschaft; Genossenschaften mit den ganzen Menschen erfassenden Zwecken wurden ergänzt durch solche, die nur beschränkte Ziele verfolgten; den auf Gleichordnung beruhenden Genossenschaften, die durch einhelligen Beschluss aller Mitglieder ihren Gesamtwillen bildeten („alle für einen"), standen auf Unterordnung gegründete herrschaftliche Genossenschaften zur Seite („einer für alle"). Genossenschaften des „öffentlichen Lebens" und solche der Privatsphäre verschmolzen zu vielgestaltigen Mischformen.

Die Rechtslehre des 19. Jhs. versuchte dadurch eine systematische Gliederung der zahlreichen genossenschaftlichen Zusammenschlüsse herbeizuführen, dass sie nach dem Grad der Verselbständigung von Gemeinschaftsinteressen unterschied. **Ältere Genossenschaften** waren jene, bei denen eine rechtliche Trennung zwischen den Mitgliedern und dem Ganzen nicht oder nur ansatzweise festgestellt werden konnte. Das Merkmal der **jüngeren Genossenschaften** sollte sein, dass eine rechtliche Konfrontation des Verbandes mit seinen Mitgliedern möglich war. Typisch für die **„ältere"** Genossenschaft sind jene ma. Personenverbände, die in ethnisch-religiöser Zweckgemeinschaft den ganzen Menschen erfassten. In ihnen war die Gleichschaltung der Einzelinteressen so stark, dass sich die Identität der Gemeinschaft nicht von jener der einzelnen Mitglieder abhob. Eine „natürliche" Ordnung führte die Mitglieder zu den Prinzipien der **Einstimmigkeit** und des **Gesamteigentums** zusammen.

Ihre Erscheinungsformen reichen von Sippen-, Haus- und Ehegenossenschaften über Nachbarschaften, Dorfschaften und Markgenossenschaften bis hin zu Gefolgschaften, Schwurbrüderschaften, hofrechtlichen Genossenschaften, Eidgenossenschaften und politisch ausgerichteten Genossenschaften.

Besonders deutlich tritt die rechtliche Einheit der verbundenen Personen in der **Gemeinderschaft** hervor. Sie war eine nach den Grundsätzen der *Gesamthand* aufgebaute Personenvereinigung und umfasste ursprünglich nur die in der Hausgemeinschaft durch den gemeinsamen Haushalt verbundenen Personen. Dagegen war die „ältere" Genossenschaft auf eine größere Mitgliederzahl ohne gemeinsame Haushaltsführung ausgerichtet und tendierte daher auch stärker zur selbständigen Verbandspersönlichkeit. Die Gemeinderschaft hielt streng an den Prinzipien der Gesamthand und Gleichberechtigung fest. Ihr Urtyp war wohl die von den Söhnen des Erblassers gebildete *Brüdergemeinschaft*. Nach ihrem Vorbild wurden weitere bäuerliche Gemeinderschaften konstruiert. Gesamthandeigentum am Gemeinschaftsgut, Gesamthandverpflichtung bei Gemeinschaftsschulden und Gesamthandberechtigung bei gemeinschaftlichen Forderungen, Einstimmigkeitsprinzip und Anwachsungsrecht bei Wegfall eines Gemeinders waren ihre tragenden Strukturelemente. Die darin verkörperte Idee der Einheit und Geschlossenheit des Familiengutes griff bereits im MA. auf andere Bevölkerungskreise über. *Ritterliche Ganerbschaften*, deren Zweck es war, allen Familienmitgliedern die an den Besitz eines adeligen Gutes gebundenen Standesvorrechte zu erhalten, und zweckgleiche *Erbverbrüderungen* zwischen Familien, die dem hohen Adel angehörten, waren gemeinderschaftlich organisiert. Als *ehegüterrechtliche Sonderform* ist die Gemeinderschaft der in Gütergemeinschaft lebenden Ehegatten zu nennen[152].

„Jüngere" Genossenschaften mit verselbständigtem Gemeinschaftswillen sind seit dem ausgehenden Hochma. festzustellen. Sie entwickelten sich aus hergebrachten Genossenschaftsformen, und zwar dort, wo der einzelne nicht mehr seine gesamten Daseinsinteressen, sondern bestimmte Zielvorstellungen einbrachte. Das begünstigte jene Organisationsformen, die eine unmittelbare Mitarbeit des einzelnen Gemeinschaftsmitglieds erübrigten. Die Verfolgung gemeinschaftlicher Interessen wurde einigen wenigen Beteiligten überlassen, die zugleich die Präferenzen und Richtlinien bestimmten. Mit der genauen Festlegung der Gemeinschaftsziele und des Verfahrens zu ihrer Verwirklichung in einer **Grundordnung** *(Statuten, Satzung, Einung, Schrae)* reduzierte sich die Einflussmöglichkeit des einzelnen Mitglieds in der Regel

152 Gemeinderschaftliche Vorstellungen haben sich vor allem im Handelsrecht erhalten und gaben der Offenen Handelsgesellschaft sowie der Kommanditgesellschaft das Gepräge. *A. Amend-Traut*, Handelsgesellschaften, HRG ²II, Sp. 703 ff.; *H. Kellenbenz*, Handelsgesellschaft, HRG I, Sp. 1936 ff.; *L. Goldschmidt*, Universalgeschichte des Handelsrechts, 1891, Nachdr. 1957; *P. Rehme*, Geschichte des Handelsrechts, in Handbuch des ges. Handelsrechts I, hg. v. *V. Ehrenberg*, 1913.

auf die Abgabe seiner Stimme in der Mitgliederversammlung. Regelmäßig war **Stimmenmehrheit** für die Beschlussfassung ausreichend. Da das einzelne Mitglied nicht seine Interessen in die Gemeinschaft einbrachte und im Gemeinschaftszweck aufgehen ließ, blieb der Verband auch bei seinem Ausscheiden bestehen. Er war in der Regel bereits **unabhängig von der Zahl und dem Wechsel seiner Mitglieder**. Die zur Verfolgung der gemeinsamen Interessen angelegten finanziellen Mittel wurden zum **Verbandsvermögen**, das die eigens eingerichteten **Organe** verwalteten. Diese Organe handelten für die Körperschaft, trafen Entscheidungen und sorgten für ihre Realisierung.

Am deutlichsten vollzog sich diese Entwicklung in den hochma. Städten, wo die Objektivierung der beteiligten Interessen so weit vorangeschritten war, dass die Gemeinschaft als ihr unmittelbarer Rechtsträger betrachtet wurde.

Der geschilderte Fortbildungsprozess erfolgte nicht überall ungebrochen. In vielfältigsten Mischformen vermengten sich Elemente der älteren und jüngeren Genossenschaft. Gemeinderschaftlich ausgerichtete Handelsgesellschaften nahmen etwa körperschaftliche Elemente an, indem sie den Mehrheitsbeschluss und die Vertretung durch Einzelgesellschafter zum Prinzip erhoben. Andererseits fassten Korporationen die Nutzung des Körperschaftsvermögens durch Genossen als Mitgliedsrecht auf. Manchmal ging das Körperschaftsvermögen bei Auflösung der Korporation im Sinn eines latenten Miteigentumsrechtes an die Mitglieder über.

Der Übergang vom Einstimmigkeitsprinzip zum **Mehrstimmigkeitsprinzip** verdeutlicht im besonderen Maß die rechtlichen Schwierigkeiten einer Abgrenzung: Die älteste Modifikation des Einstimmigkeitsprinzips erfolgte durch die *Folgepflicht*. Die unterlegene Minderheit hatte ihren Widerspruch aufzugeben und der Mehrheit zu folgen („verdecktes" Mehrheitsprinzip). In den bäuerlichen und städtischen Einungen des MA. wurde unterschieden, ob Sonderrechte einzelner Mitglieder betroffen waren; hier bedurfte es der Einhelligkeit, sonst reichte die *mere hand*, die *merer urtel* aus. Meist war aber die unterlegene Partei verpflichtet, sich dem Interesse der Gesamtheit zu beugen, was schließlich die Erzielung eines Gesamtwillens vorspiegelte. Erst durch die Übernahme römischrechtlicher und kanonistischer Vorstellungen wurde im Spätma. der Mehrheitsbeschluss als unmittelbarer Ausdruck des Gesamtwillens begriffen. Der in der kirchlichen Praxis im 11./12. Jh. sich anbahnende Wandel, eigens geschaffene Wahlkörper nach dem Mehrheitsprinzip entscheiden zu lassen und dabei die geheime Wahl anzuwenden, beeinflusste die Anerkennung des Mehrheitsprinzips im weltlichen Recht.

Schließlich fehlten im MA. rechtliche Begriffe zur Erfassung und gezielten Fortbildung der formenreichen Genossenschaft.

Erste Versuche, das Wesen der neuartigen körperschaftlichen Gebilde zu erfassen, fanden ihren Ausdruck in der *Körperschaftssymbolik*. Vor allem dort, wo es sich um Körperschaften hoher Würde handelte, griff der Mensch des MA. zu Bild und Symbol, um die Einheit in der Vielheit zu verdeutlichen. Das Reich (den Staat) symbolisierte man mit den Herrschaftsinsignien (Krone, Lanze, Szepter, Thron, Reichsapfel), Staat und Kirche durch den menschlichen Leib, *corpus*, von dem sich ja auch das Wort *corporatio* (Körperschaft) herleitet. Ein anderes verbreitetes Körperschaftssymbol sowohl für den Staat wie für die Kirche war das Schiff. Es bringt die Vielheit (der Fahrtgenossen) in der Einheit des alle umschließenden Schiffsbordes zum Ausdruck. Bei den kleineren Lebensgemeinschaften war die Körperschaftssymbolik weniger stark ausgebildet. Die Mauer stand in vielen ma. Städten für die körperschaftliche Geschlossenheit der Gemeinde. Daneben finden sich Stadtheilige als Verkörperung der Gemeinschaftsidee[153].

Erste Ansätze einer **juristischen Terminologie** des Genossenschaftswesens wurden im Spätma. aus der Ekklesiologie und der christlichen Staatslehre gewonnen. Besonderes Verständnis fand das aus der paulinischen Theologie bekannte Bild vom „Corpus mysticum“ für die Gemeinschaft der Gläubigen. Ausdrücke wie *persona ficta, mystica* oder *repraesentata*, wohl auch *moralis* wurden in der theologisch-juristischen Korporationslehre geläufig und gelangten von dort in die Rechtssprache der Neuzeit.

2. Neuzeitliche Rechtsentwicklung

a) Gemeines Recht

Die vielgestaltigen ma. **Personenverbindungen**, die äußerst vital Gemeinschaftsaufgaben in den verschiedenen Herrschaftsbereichen wahrnahmen, wurden schon früh (einige schon im 14. Jh.) mit gemeinrechtlichen Rechtsvorstellungen konfrontiert. Da das antike Recht keine abstrahierende Bezeichnung für rechtsfähige Gebilde entwickelt (als Bezeichnung allgemeineren Inhalts kommen in den Quellen corpus und collegium, später auch universitas vor) und sie auch inhaltlich nicht durchdrungen oder ausgestaltet hatte, blieb es der Kanonistik und der Legistik des hohen MA. vorbehalten, eine **Rechtstheorie der juristischen Person** zu finden. Bahnbrechend waren die juristischen Schulen Italiens[154].

Das römisch-italienische Recht unterschied zwei einander völlig wesensfremde Personengesellschaften: **societas und universitas.**

Die *societas* wurde als bloß schuldrechtliches Rechtsverhältnis zwischen den Gesellschaftern gesehen. Dementsprechend konnte die Verbindung als solche weder rechts- noch handlungsfähig sein. Es bestand kein Gesellschaftsvermögen, das eventuell entstehende Vermögen gehörte vielmehr quotenmäßig den einzelnen Gesellschaftern. Die Aufhebung des Vertrages stand jedem Gesellschafter offen, sodass ein Wechsel der Mitglieder die Gesellschaft aufhob. Dagegen war die *universitas* eine auf Dauer angelegte und mit Rechtssubjektivität ausgestattete Personengesamtheit, die selbständig den einzelnen Korporationsmitgliedern gegenüberstand. Das Vermögen der universitas war nicht das der Mitglieder; deren Anteile waren Rechte an fremder Sache und beruhten nicht auf der Mitgliedschaft. Forderungsrechte standen nicht den einzelnen

153 *A. Erler*, Körperschaftssymbolik, HRG II, Sp. 1155 ff.; *L. Schnorr v. Carolsfeld*, Geschichte der Juristischen Person, 1933, Neudr. 1969; *P. E. Schramm*, Herrschaftszeichen und Staatssymbolik, 3 Bde., 1954–1956. Vgl. auch *A. Ehrhard*, Das Corpus Christi und die Korporation im spätrömischen Recht, ZRG RA 70, 1953, 299 ff.

154 Näheres bei *L. Schnorr v. Carolsfeld*, Geschichte der Juristischen Person, 1933, Neudr. 1969. *R. Mehr*, „Societas“ und „universitas“. Römischrechtliche Institute im Unternehmensgesellschaftsrecht vor 1800, 2008.

Mitgliedern, sondern der universitas zu. Die Verbindung blieb in ihrem rechtlichen Bestand vom Wechsel der Mitglieder unberührt und wurde auch als eigenständige Prozesspartei anerkannt. Vielfach forderte man, dass sie ihre Rechtsfähigkeit erst durch „obrigkeitliche" Verleihung **(Konzession)** erhalten solle.

Die juristische Erfassung und Verselbständigung von **Sachgesamtheiten** gelang ebenfalls im ma. italienischen Recht und ging von einem Entwicklungsansatz im spätrömischen Recht aus, das unter christlichem Einfluss neben der Personengesamtheit (universitas personarum) bereits die *universitas bonorum (rerum)* hervorgebracht hatte. Sie war ein bestimmten Zwecken gewidmetes Vermögen, das Träger von Rechten und Pflichten sein konnte. Im deutschen Rechtsraum wurden diese römisch- und kirchenrechtlichen Elemente nach eigenen Rechtsvorstellungen zum Begriff der **Anstalt** weiterentwickelt. In ihrem Endstadium war das eine auf Dauer angelegte, mit bestimmtem Vermögen ausgestattete, zu bestimmten Zwecken berufene, einem außenstehenden Willen unterworfene Rechtspersönlichkeit.

Entscheidend für die Begriffsbildung war einerseits die Idee vom eigenen kirchlichen Sondervermögen (sie wurde mit der Beseitigung des Eigentumsrechtes der ma. Eigenkirchenherrn durch die Patronatsgesetzgebung verwirklicht), andererseits die kirchliche Dogmatik, welche die Kirche als eine gottgewollte, von oben herab organisierte, mit eigener Subjektivität ausgestattete Einrichtung betrachtete.

Ein ständig mitdiskutiertes Problem auf dem Weg zur juristischen Person war die Frage ihrer **Rechtsverkehrsfähigkeit**, also der Möglichkeit, ihr Rechte und Pflichten zuzuordnen. Hiefür wurde die (im römischen Recht nur angedeutete) *Fiktionstheorie* weiter ausgebaut. Sie besagt, dass die Rechtssubjektivität der juristischen Person auf einer Fiktion beruhe. Die juristische Person sei künstlich (aus dem Nichts) geschaffen, könne selbst nicht handeln und nur durch einen Vertreter Rechte und Pflichten erwerben.

Gesetzgebung und Rechtsprechung der Frühen Neuzeit schlossen sich diesen Lehren an, übernahmen ihre Begriffsbildung und versuchten, die verwickelten heimischen Rechtszustände aus der Sicht des gemeinen Rechts zu erklären (belegt in Gutachten juristischer Fakultäten; in Entscheidungen oberster Gerichte; in der Rechtsliteratur). Insbesondere der Anstaltsbegriff kam den neuen (obrigkeitlichen) Ordnungsvorstellungen des neuzeitlichen Gesetzgebers entgegen. Ein Gebilde, dessen rechtliches Schicksal von außen (besser noch von oben) gelenkt wurde, schien vorzüglich geeignet, den „Willen des Landesherrn" auch in Personengesamtheiten bestimmend zu machen. Eine Masse abhängiger („untertäniger") Personen konnte auf diese Weise im übergeordneten Herrn zur Einheit geführt werden. Aus diesem Grund wurden Strukturelemente der Anstalt auf Körperschaften übertragen, viele Körperschaften sogar in Anstalten umgewandelt. Die Autonomie und „Selbstherrlichkeit" ma. Genossenschaften waren damit gebrochen, ihrer Eingliederung in den staatlichen Verband stand nichts mehr im Weg. Das (aus dem römischen Recht entliehene) *Konzessionssystem*, welches dem heimischen Herkommen entschieden widersprach, tat ein Übriges, um der freien Verbandsbildung einen Riegel vorzuschieben. Verbände mit „politischen“ Zielen waren grundsätzlich unerwünscht. Die erstarkte Obrigkeit nahm für sich in Anspruch, den Schutz des einzelnen durch die Genossenschaft unnotwendig gemacht zu haben.

b) Naturrecht

Stand bei der gemeinrechtlichen Dogmatik zur juristischen Person die Frage der Rechtsverkehrsfähigkeit im Vordergrund, so interessierte die vernunftrechtlichen Denker vorrangig die Frage nach dem *vinculum morale*, warum sich der freie Mensch zu werthaften Ordnungen und Verbindungen zusammenschließt.

Soweit sich die juristische Person in ein „sinnhaftes Ordnungssystem“ einfügen ließ, wurde sie als *persona moralis*[155] begriffen. Auch Personenmehrheiten fielen unter diesen Begriff, der in einem soziologisch-philosophischen Sinn verstanden wurde, weshalb alle vertraglichen Zusammenschlüsse von Menschen, selbst die eheliche Gemeinschaft, die Familie oder der Staat in ihm Aufnahme fanden. Man unterschied *einfache Gesellschaften* (bspw. die Familie) und *zusammengesetzte Gesellschaften* (Staat, Erwerbs- und Handelsgesellschaften, Zünfte usw.), stets aber solche, die sich auf den Willen des Menschen zurückführen ließen. Bei ihnen fiel es nicht schwer, ihnen eine Art abgeleitete Personenqualität und damit die Rechtsfähigkeit zuzugestehen.

Die **„moralische Person“** hat auch in das *ABGB 1811* (§ 26) Eingang gefunden. Es sind damit (in Anlehnung an das ALR) die „erlaubten Gesellschaften“ gemeint, die als körperschaftlich organisierte Verbände vorgestellt werden. Zur Übernahme der naturrechtlichen Begriffswelt konnte man sich nicht entschließen[156], eher zum römischrechtlichen Institut der bürgerlichen Erwerbsgesellschaft. Sie ist ein zwei- oder mehrseitiges Vertragsverhältnis, aber keine juristische Person.

Bereits der Codex Theresianus hatte allerdings streng zwischen Korporationen und einfachen Gesellschaften unterschieden. Für Korporationen gebrauchte er meist den Ausdruck Gemeinde und betonte deren Konzessionspflichtigkeit, die Gesellschaft verstand er als bloßes Miteigentumsverhältnis. Im *Josephinischen Gesetzbuch* wurde

155 Nach *O. v. Gierke*, Genossenschaftsrecht III, 548, FN 75, findet sich der Ausdruck „corpus morale“ erstmals bei dem Admonter Abt Engelbert v. Volkersdorf (1250–1331), in dessen Traktat „De regimine principum“. Die Erweiterung des Begriffes im vernunftrechtlichen Sinn geht auf *Samuel Pufendorf* zurück. Eine neue Theorie der juristischen Person enthält er nicht. Vgl. auch *R. Ostheim*, Zur Rechtsfähigkeit von Verbänden im österreichischen bürgerlichen Recht, 1967, 41 ff., und *H. Welzel*, Die Naturrechtslehre Samuel Pufendorfs, 1958, Nachdr. 1986, 19 ff.

156 Die Terminologie des ABGB zur juristischen Person ist unscharf, mehrdeutig und schwankend: Neben den Fachausdrücken Gesellschaft, Gemeinde, moralische Person, Körperschaft, Kirche usw. finden sich auch die Bezeichnungen Stiftung, gemeinnützige Anstalt, Orden, Kloster, Pfründe, öffentliche Versicherungsanstalt, Schule, Kammer, Fiskus, Staat, Gemeinschaft u. ä. Dazu: *H. Schnizer*, Die juristische Person in der Kodifikationsgeschichte des ABGB, FS W. Wilburg, 1965, 143 ff.

dann die juristische Person überhaupt nicht erörtert, der *Entwurf Horten* äußerte sich nur zum Abbau der Privilegien bevorrechteter juristischer Personen. Erst im *Entwurf Martini* nahm man sich wieder der Problematik der juristischen Person an. Einerseits wurde klargestellt, dass den Satzungen von Körperschaften entgegen mancher Anmaßung kein Verordnungscharakter zukommt, andererseits bekannte man sich klar zur rechtlichen Selbständigkeit von Erwerbsgesellschaften (so etwa durch den Weiterbestand der Gesellschaft bei Tod eines Gesellschafters oder durch die strikte Trennung von Gesellschaftsvermögen und Privatvermögen). Was als „Körper" oder „Gemeinde" anzusehen sei, wurde nicht gesagt, bloß festgestellt, dass unerlaubte Genossenschaften solche sind, die sich nicht mit der landesherrlichen Bestätigung ausweisen können. Der neu eingeführte Begriff der „kleineren Gesellschaft" war ein Versuch, den vernunftrechtlich-soziologischen Gesellschaftsbegriff in die Kodifikation miteinzubeziehen, allerdings mit stärkerer Hinwendung zur Körperschaft[157].

Das *ABGB 1811* brachte kaum Neues, sieht man davon ab, dass man sich bereitfand, die erlaubte Gesellschaft in § 26 gleichrangig neben die natürliche Person zu stellen. Dazu angeregt wurde *Zeiller* durch die erbrechtliche Bestimmung, dass unerlaubte Körper keines Erbrechts fähig seien. Um der Gefahr zu begegnen, dass ein Umkehrschluss zur Rechtsfähigkeit unerlaubter Gesellschaften führt, wurde eine allgemeine Regelung über die Rechtsverhältnisse erlaubter Gesellschaften getroffen[158].

c) Modernes Recht

Mit der Abkehr vom vernunftrechtlichen Denken im 19. Jh. gelangte die *neue Fiktionstheorie* der Pandektisten über Wesen und Rechtsverkehrsfähigkeit der juristischen Person zur allgemeinen Herrschaft. Sie stammt in ihren Grundzügen von *Savigny* und wurde auch von der österreichischen Rechtswissenschaft übernommen[159]. Die Entscheidung, welches soziale Gebilde Rechtspersönlichkeit erhalten soll, liegt seither beim Rechtsetzer, dem Staat. Um das gegenüber allen jenen Korporationen klarzustellen, die sich allzu mühelos das Gewand der moralischen Person überstreiften, wurde die juristische Person als Geschöpf der Rechtsordnung theoretisch neu fundiert.

Eine besser fundierte Theorie der juristischen Person war allerdings für die Pandektistik nur ein Problem unter anderen. Erst die Germanisten, angeführt von *Otto v. Gierke*, machten sie zu einer Grundfrage der Rechtswissenschaft und lösten damit eine Lawine rechtswissenschaftlicher Diskussionen und Theorien aus. Im Bemühen, die moderne Genossenschaftsbewegung des 19. Jhs. dogmatisch zu erfassen, zeigte *Gierke* die historische Realität des Genossenschaftswesens auf und folgerte daraus, dass die Genossenschaft ein Fundament der menschlichen Existenz, eine lebendige Realität der Rechtsordnung sei. Sie könne keine Fiktion sein: *Theorie der realen Verbandsperson.*

157 *R. Ostheim*, Zur Rechtsfähigkeit von Verbänden im österreichischen bürgerlichen Recht, 1967, 68 ff.

158 Vgl. *J. Ofner*, Der Ur-Entwurf und die Berathungs-Protokolle des Österreichischen Allgemeinen Bürgerlichen Gesetzbuches, 2 Bde., 1889, Nachdr. 1976, II, 334 u. 470; *C. A. Frhr. v. Martini*, Erklärung der Lehrsätze über das Naturrecht, 1787.

159 *J. Unger*, System des Österr. Allg. Privatrechts, I, ^{3}1868, 313 ff.

Daher sei auch der Gemeinwille nicht als Summe der Einzelwillen, sondern als deren „Integration" zu verstehen. Das Handeln der Organe für die Genossenschaft beziehe sich *direkt* auf den Verband, weshalb dieser haftbar, also deliktsfähig sei[160],[161].

Diese Formel wurde vielfach als vereinfachend und unjuristisch kritisiert. Rückblickend ist jedoch festzustellen, dass *Gierkes* Werk nicht nur die Rechtsgeschichte außerordentlich befruchtet hat, sondern der historisch-dogmatischen Methode des 19. Jhs. ein „Monument moderner Begriffs- und Systemarbeit"[162] setzte.

Die jüngere Lehre bemühte sich, die Kontroverse zwischen den beiden Theorien durch eine Kristallisation der offenen Probleme, aber auch durch neue Denkmodelle aufzulösen[163]. Gewonnen wurde über alle Gräben hinweg eine geschlossene Lehre der juristischen Person. Ihr gelang unter anderem eine rechtstheoretisch klare Trennung zwischen Körperschaften, Anstalten und Stiftungen, sie hat aber auch den liberalen Forderungen nach Vereins- und Stiftungsfreiheit ein realisierbares Konzept gegeben[164].

Die Entwicklung des Vereinsrechtes in Österreich war gemäß § 26 ABGB vom *Konzessionssystem* bestimmt. Noch im *Vereinspatent* vom 26.11.1852 wurde die besondere Genehmigung der Staatsverwaltung zur Errichtung aller Arten von Vereinen gefordert (§ 1). Das *Vereinsgesetz* vom 15.11.1867 (wiederverlautbart am 28.8.1951 als „Vereinsgesetz 1951", BGBl. 233) ersetzte für die nicht auf Gewinn berechneten Vereine das Konzessionssystem durch das *Anmeldesystem*. Art. 12 des StGG über die allgemeinen Rechte der Staatsbürger vom 21.12.1867 verankerte den Grundsatz der Vereinsfreiheit für österreichische Staatsbürger. Ein Großteil der wirtschaftlichen Vereine, insbes. jene des Handels- bzw. Unternehmensrechts, konnten sich in der Folge vom Konzessionssystem freimachen. Für sie gilt das *System der Normativbestimmungen*. Durch das 1. Bundesrechtsbereinigungsgesetz, das alle vor dem 1.1.1946 kundgemachten einfachen Bundesgesetze und Verordnungen überprüfte und die Ausscheidung nicht mehr relevanter Normen aus dem Rechtsbestand verfügte, wurde das Vereinspatent 1852 mit 31.12.1999 aufgehoben und gilt nur mehr für vorher konzessio-

160 *A. Cordes*, Körperschaft, HRG ²III, Sp. 186 ff.; *E. Kaufmann*, Körperschaft, HRG II, Sp. 1147 ff.; *O. v. Gierke*, Das deutsche Genossenschaftsrecht, 4 Bde., 1868–1913, Nachdr. 1954; *H. Krüger*, Allgemeine Staatslehre, ²1966, 147 ff.

161 Zur Übernahme dieser Theorie in der österreichischen Rechtswissenschaft, etwa *M. v. Stubenrauch*, Commentar z. österr. allg. bürgerl. Gesetzbuche, ⁸1902, I/1 zu §§ 26, 27 ABGB.

162 *F. Wieacker*, Privatrechtsgeschichte der Neuzeit, ²1967, 242.

163 Genießertheorie von *R. v. Ihering*, Geist des römischen Rechts auf den verschiedenen Stufen seiner Entwicklung III, ⁹1968, 355 ff.; Theorie des subjektlosen Zweckvermögens von *A. v. Brinz*, Lehrbuch der Pandekten I, ²1873, 194 ff., III/2, 1888, 453 ff.; Schutzrechtstheorie von *K. Wolff*, „Juristische Person" und aufgegebenes Grundstück, 1927, 11 ff.; Theorie der Interesseneinheit von *R. Ostheim*, Zur Rechtsfähigkeit von Verbänden im österreichischen bürgerlichen Recht, 1967, 11 ff.

164 *W. Brauneder*, Von der Moralischen Person des ABGB zur Juristischen Person der Privatrechtswissenschaft, Quaderni Fiorentini, 1983, 263 ff. Mit Recht hebt *H. Coing*, Europäisches Privatrecht, II 19. Jahrhundert, 1989, 95 ff., hervor, dass der „entscheidende Beitrag zur Neugestaltung des Privatrechts, den das 19. Jhd. geleistet hat, … die Ausbildung privatrechtlicher Organisationsformen gewesen (ist)" (95).

nierte Wirtschaftsvereine. Mit dem Vereinsgesetz 2002[165] erfolgte eine Neuregelung der Idealvereine, für die weiterhin das Anmeldesystem bestimmend ist.

V. Die Familie

1. Abschnitt: Allgemeines

A. Grundzüge des modernen Familienrechts

1. Der Regelungsbereich des Familienrechts

Das Familienrecht regelt die durch Ehe, Eingetragene Partnerschaft[166] und Verwandtschaft begründeten Rechtsbeziehungen. Seine besonderen Bereiche sind das **Eherecht** (einschl. Verlöbnisrecht), das **Recht der Eingetragenen Partnerschaft,** das **Recht zwischen Eltern und Kindern** (Verwandtschaftsrecht einschl. Adoptionsrecht), die **Obsorge einer anderen Person**[167] und das **Erwachsenenschutzrecht**[168].

Das *Eherecht* ordnete die Rechtsbeziehungen in einer typisierten Lebensgemeinschaft zweier Personen verschiedenen Geschlechts, deren Zweck es ist, Kinder zu zeugen, sie zu erziehen und sich gegenseitig Beistand zu leisten (§ 44 ABGB). Mit Erkenntnis des VfGH wurde die Unterscheidung zwischen der Ehe als Rechtsinstitut für verschiedengeschlechtliche Paare und der eingetragenen Partnerschaft für gleichgeschlechtliche Paare als diskriminierend aufgehoben[169]. Das *Verwandtschaftsrecht* ordnet die

165 BGBl. I 2002/66.

166 Der Europäische Gerichtshof für Menschenrechte entschied in einem Österreich betreffenden Fall, dass für gleichgeschlechtliche Partnerschaften zwar nicht zwingend die Regelungen des Eherechts zu öffnen sind, dass aber auch homosexuelle Beziehungen dem Schutzbereich des Rechts auf Achtung des Familienlebens unterliegen und diesbezügliche Normen diskriminierungsfrei zu gestalten sind. Vgl. EGMR 24.6.2010, 30141/04 Schalk u. Kopf gegen Österreich.

167 Vor dem KindRÄG 2001 sog. Vormundschaftsrecht.

168 Bis zum 1.7.2007 war im personenrechtlichen Teil des ABGB das Sachwalterrecht mit dem Kindschaftsrecht verknüpft (4. Hpst. §§ 187–284. „Von der Obsorge einer anderen Person, der Sachwalterschaft und der Kuratel"). Der im KindRÄG 2001 bereits angekündigten Verselbständigung der Sachwalterschaftsmaterie wurde mit dem Sachwalterrechts-Änderungsgesetz SWRÄG 2006, BGBl. I 92, entsprochen. I. d. F. KindNamRÄG 2013, BGBl. I 2013/15 folgte dem 4. Hpst. „Von der Obsorge einer anderen Person" (§§ 204–230) das 5. Hpst. „Kindesunterhalt" sowie das 6. Hpst. „Von der Sachwalterschaft, der sonstigen gesetzlichen Vertretung und der Vorsorgevollmacht" (§§ 268–284h). Letzteres wurde durch das 2. ErwSchG unter dem Titel „Von der Vorsorgevollmacht und der Erwachsenenvertretung" (§§ 239–276) grundlegend neu gestaltet.

169 VfGH v. 4. 12. 2017, G 258–259/2017-9. Da der Gesetzgeber keine Neuregelung traf, trat die Aufhebung der Wortfolge „Personen verschiedenen Geschlechtes" in § 44 ABGB mit Ablauf des 31. 12. 2018 in Kraft. Die Eheschließung steht daher nunmehr allen Personen offen. Dass eine Ehe auch von Personen geschlossen werden konnte, die – aufgrund ihres fortgeschrittenen Alters oder krankheitsbedingt – keine Nach-

Rechtsbeziehungen zwischen Stammeltern und allen ihren Nachkommen sowie dieser Nachkommen zueinander (§ 40 ABGB). Die *Obsorge einer anderen Person* trifft Vorkehrungen für die gesetzliche Vertretung, erforderlichenfalls auch für die Pflege und Erziehung sowie die Verwaltung des Vermögens eines Minderjährigen, für den sonst niemandem die beschränkte gesetzliche Vertretung im Rahmen der Obsorge zusteht (§§ 204 ff. ABGB). Das *Erwachsenenschutzrecht* regelt die Vertretung volljähriger Personen, die wegen einer psychischen Krankheit oder geistigen Behinderung nicht in der Lage sind, alle oder einzelne ihrer Angelegenheiten ohne Gefahr eines Nachteils für sich selbst zu entscheiden (§§ 239 ff. ABGB). Die *Eingetragene Partnerschaft* wurde durch das EPG[170] eingeführt und bewirkte die Änderung einer Vielzahl von Normen und Gesetzen. Einerseits betonte der Gesetzgeber die strikte Unterscheidung von der Ehe, andererseits normierte er viele grundlegend parallele Regelungsmuster und Rechtsverweise[171]. Diese Unterschiedlichkeit von Ehe und Eingetragener Partnerschaft wurde durch die bereits oben erwähnte Entscheidung des VfGH beseitigt[172].

Eine weitere inhaltliche Gliederung, die das Familienrecht durchzieht, ist die Aufteilung in einen **personenrechtlichen** Bereich (Familienpersonenrecht) und in einen **vermögensrechtlichen** Bereich (Familienvermögensrecht).

Diese Rechtsgebiete sind im ABGB nicht systematisch getrennt, unterscheiden sich aber grundlegend. So herrscht im personenrechtlichen Bereich häufig *ius cogens* und selbst dort, wo der Parteiwille entscheidet (z. B. bei Eingehung der Ehe), sind die Rechtsfolgen zwingend *(Typenzwang)*. Dazu kommt, dass dieses zwingende Recht meist *formalisiert* ist (z. B. Form des Eheschlusses, Form der Adoption). Im personenrechtlichen Bereich ist also das Familienrecht *Statusrecht*, das jedem Familienmitglied seinen festen Standort zuweist. Das Familienvermögensrecht hingegen öffnet sich der Parteienvereinbarung, sofern nicht besonders schutzwürdige Interessen gegeben sind (z. B. im Ehegüterrecht).

Grundstock der familienrechtlichen Vorschriften im ABGB ist der erste Teil *(Personenrecht)*, der zweite Teil beschäftigt sich in einem Hauptstück der zweiten Abteilung (Von den persönlichen Sachenrechten) mit den Ehepakten[173]. Von den Vorschriften aus 1811 ist wenig übriggeblieben. Durch die Übernahme des deutschen Ehegesetzes vom 6. Juli 1938 samt seinen Durchführungsverordnungen wurden die meisten eherechtlichen Vorschriften des

kommen erwarten durften, und dass zwischen den Ehepartnern auch Kinderlosigkeit vereinbart werden konnte, war bereits h. L.

170 Bundesgesetz über die eingetragene Partnerschaft (Eingetragene Partnerschaft-Gesetz – EPG), BGBl. I 2009/135.

171 Grundlegend dazu *B. Beclin*, Das Eingetragene Partnerschaft-Gesetz im Lichte des Eherechts, EF-Z 2010/34; *N. Benke*, Zum Bundesgesetz über die eingetragene Partnerschaft 2009: Weder Ehe noch Familie, EF-Z 2010/7; *P. Segalla*, Das Eingetragene Partnerschafts-Gesetz aus verfassungsrechtlicher Perspektive, Jahrbuch Öffentliches Recht 2010, 199. Seit In-Kraft-Treten des EPG hob der Verfassungsgerichtshof etliche Bestimmungen wegen Gleichheitswidrigkeit auf bzw. ordnete eine verfassungskonforme, diskriminierungsfreie Anwendung der Normen an, um die willkürliche Unterscheidung der EP von der Ehe auszuschließen.

172 Die Eingetragene Partnerschaft ist nicht länger ausschließlich für Personen des gleichen Geschlechts, sondern für alle zugänglich.

173 28. Hptst. §§ 1217–1266.

ABGB außer Kraft gesetzt. Zahlreiche andere Bestimmungen wurden im Zuge der Großen Familienrechtsreform erneuert[174], deren Lücken man durch weitere Familienrechtsnovellen großteils geschlossen hat. Auch das Kuratelsrecht wurde umfassend reformiert und dient heute nur mehr der prozessualen Interessenvertretung von Ungeborenen, Abwesenden oder Unbekannten in familienrechtlichen Angelegenheiten[175].

2. Das Familienrecht in der sozialen Ordnung

a) Familie als Sozialgebilde

Die Familie war und ist tragendes Bauelement sozialer Ordnungen. Sie scheint gleichsam mit menschlicher Existenz verbunden zu sein. Moderne Formen des Zusammenlebens in familienübergreifenden Gruppen (Kommunen, Wohngemeinschaften) haben die tradierten Verhaltensmuster des Familienlebens (noch?) nicht erschüttert. Geschichtlich betrachtet sind sie allenfalls eine Facette im sozialen Leitbild „Familie", das uns die soziologische Forschung als überaus wandlungsfähig darstellt[176].

Die Familie unserer Zeit ist die **Kleinfamilie**, die die Eltern und die noch nicht erwachsenen oder noch nicht verheirateten Kinder umschließt. Der Kontraktionsprozess der Großfamilie zur Kleinfamilie scheint abgeschlossen, und der Unterschied zwischen Ehe und Familie verwischt sich hin zur

174 BG vom 17.2.1960, BGBl. 58, über die Neuordnung des Rechtes der Annahme an Kindesstatt (AdoptionsG); BG vom 8.3.1967, BGBl. 122, mit dem vormundschaftsrechtliche Bestimmungen des allgemeinen bürgerlichen Gesetzbuchs geändert werden (MitvormundG); BG vom 30.10.1970, BGBl. 342, über die Neuordnung der Rechtsstellung des unehelichen Kindes (UeKindG); BG vom 14.2.1973, BGBl. 108, mit dem Bestimmungen über die Geschäftsfähigkeit und Ehemündigkeit geändert werden (VolljährG); BG vom 1.7.1975, BGBl. 412, über die Neuordnung der persönlichen Rechtswirkungen der Ehe (EheRwG); BG vom 30.6.1977, BGBl. 403, über die Neuordnung des Kindschaftsrechts (KindG); BG vom 15.6.1978, BGBl. 280, mit Änderungen des Ehegattenerbrechts, des Ehegüterrechts und des Ehescheidungsrechts (EheRÄndG); BG vom 30.6.1978, BGBl. 303, über eine Änderung des Ehegesetzes (EheGNov).

175 Grundlegend BG vom 2.2.1983 über die Sachwalterschaft für behinderte Personen, BGBl. 136, mit weiteren Neuerungen im Kindschaftsrecht-Änderungsgesetz und Jugendwohlfahrtsgesetz 1989 sowie im Kindschaftsrechts-Änderungsgesetz 2001; Neustrukturierung durch das Sachwalterrechts-Änderungsgesetz SWRÄG 2006, BGBl. I 92.

176 Die sozialhistorische Forschung, die sich der Lebensgeschichte von Arbeitern, Bauern und kleinen Beamten, also der von der bisherigen Geschichtsschreibung vernachlässigten „schweigenden Masse" annimmt, zeichnet ein Bild unterschiedlichster Familienformen. Die Wandelbarkeit dieser Form des menschlichen Zusammenlebens wurde besonders durch *M. Mitterauer, R. Sieder*, Historische Familienforschung, Sammelband, 1982, sowie durch die Präsentation der Forschungsergebnisse einer großangelegten Studie „Strukturwandel der Familie in Österreich seit dem 17. Jahrhundert" durch *M. Mitterauer, J. Ehmer, R. Sieder* deutlich belegt.

„Gattenfamilie", in der die Ehegatten das familienbegründende Element sind. Ihre Kinder treten mit der Eheschließung aus dieser „Orientierungsfamilie" und gründen eine eigene „Fortpflanzungsfamilie". Der Umbau der Familie zur „kleinen Gruppe" war von einer Verkümmerung des **patriarchalischen Familienleitbildes** bei gleichzeitiger Hinwendung zu den Ideen der **Partnerschaft der Ehegatten** und der **Eigenständigkeit des Kindes** begleitet. Es ist auch viel vom historischen Funktionsreichtum der Familie (politische, produktive, konsumtive, sichernde, fürsorgende, kulturelle, religiöse, erzieherische, bildende Funktionen) verlorengegangen. Der **Funktionsverlust** geht so weit, dass die verbliebenen Bildungs- und Erziehungsaufgaben der Familie bereits als Problem der „Sozialisierung" der Kinder erscheinen. Umgekehrt macht die zunehmende Verinnerlichung der familiären Beziehungen den Verlust eines Familienmitglieds zum Problem der „unvollständigen Familie"[177].

b) Familie als Rechtsgebilde

Dem Sozialgebilde Familie durch den Gesetzgeber rechtliche Gestalt zu verleihen, ist mit zahlreichen *Normierungsproblemen* verbunden: Dem Gebot, die *Autonomie der Familie* zu respektieren, steht die Notwendigkeit gegenüber, an allen dem Staat überhaupt zugänglichen Störungsstellen Behebungsregeln anzubringen. In Konkurrenz mit anderen normierenden Mächten (Ethik, Moral, Religion) soll ein überzeugendes, wirklichkeitsnahes **Familienrechtsmodell** geboten werden. Da die Familie nicht mehr als umfassende Rechtsgemeinschaft verstanden werden kann, sind dabei jene Individualbeziehungen erst auszuwählen, die rechtlich geregelt werden sollen. Die juristische Formulierbarkeit bzw. „Nicht"-Formulierbarkeit familienbegründender und familientragender Elemente, die Grenzziehung zwischen elastischem Recht und festen Tatbeständen, zwischen zwingendem und nachgiebigem Recht, sowie das Maß der Zurückhaltung bei der Regelung wirtschaftlicher und sozialer Verhältnisse bürden dem Familiengesetzgeber schwere Lasten auf. Die Große Familienrechtsreform[178] zeigt das deutlich. Sie war ein von der gesellschaftlichen Entwicklung erzwungener Schritt zur Verwirklichung des **Gleichberechtigungsgrundsatzes** auf dem Gebiet des Familienrechts und sollte neue Rechtsformen für die geänderte Rollenverteilung in der Familie finden. Das Postulat hieß Partnerschaft zwischen Eltern und Kindern und fand seinen Ausdruck in elterlicher Gleichberechtigung, einem verstärkten Schutz der Kinder und weitgehender Anerkennung der Privatautonomie im familiären Bereich. Die diskriminierungsfreie Ausgestaltung der Eingetragenen Partnerschaft als weiterem Modell der Paarbeziehung stellte die Gesetzgebung – insbesondere was die Anerkennung dieser als Familie mit (leibli-

177 *J. Gernhuber*, Lehrbuch des Familienrechts, [4]1994, § 1. Das Familienrecht als Teil der Gesamtrechtsordnung, 1 ff.

178 S. unten.

chen oder adoptierten) Kindern betrifft – vor große Herausforderungen. Erst durch die höchstgerichtliche Prüfung der familienrechtlichen Normen an den grund- und gleichheitsrechtlichen Garantien konnten entscheidende Schritte getan werden[179].

Die Vorstellung einer (tradierten) „natürlichen Aufgabenteilung" zwischen Mann und Frau, die im Mann das Haupt der Familie sah, wich der völligen *Gleichheit persönlicher Rechte und Pflichten der Ehegatten/eingetragenen Partner*; die Vorschriften über die vermögensrechtlichen Beziehungen der Ehegatten trugen der zunehmenden Erwerbstätigkeit der Frau durch volle Gütertrennung während der Ehe und durch gerechte Aufteilung des ehelichen Gebrauchsvermögens und der ehelichen Ersparnisse bei Scheidung, Aufhebung oder Nichtigerklärung der Ehe Rechnung *(gesetzlicher Güterstand)*; entsprechende Regelungen finden sich für die Auflösung der Eingetragenen Partnerschaft; die Gleichstellung beider Elternteile im Kindschaftsrecht leitete von der väterlichen Gewalt zur *elterlichen Gewalt* über; die Neuordnung der *Rechtsstellung des unehelichen Kindes* führte zur rechtlichen Angleichung an die Position ehelich Geborener; im Scheidungsrecht wurde der Anwendungsbereich *des Zerrüttungsprinzips zu Lasten des Verschuldensgedankens erweitert* und die Möglichkeit einer *einvernehmlichen Scheidung* eingeführt.

B. Familie und Verwandtschaft in der rechtshistorischen Entwicklung

Lit.: *B. Bukor*, Abstammung – Ideologie – Recht, 2018; *H. Conrad*, Deutsche Rechtsgeschichte I, ²1962, 31 ff., 152 ff., 399 ff.; *U. Davy/ H. Fuchs/H. Hofmeister/J. Marte/I. Reiter* (Hg.), Nationalsozialismus und Recht, Rechtssetzung und Rechtswissenschaft in Österreich unter der Herrschaft des Nationalsozialismus, 1990, u. a. 68 ff., 124 ff.; *U. Floßmann*, Das neue Familienrecht – Frauenfragen und Reformschwerpunkte im historischen Abriß, in Offene Frauenfragen in Wissenschaft – Recht – Politik, hg. v. U. Floßmann, 1991; *A. Haverkamp*, Haus und Familie in der spätmittelalterlichen Stadt, 1984; *E. Koch*, Familie, Familienrecht, HRG ²I, Sp. 1497 ff.; *E. Koch*, Patria potestas, HRG IV, Sp. 427 ff.; *G. Köbler*, Haus, HRG ²II, Sp. 788 ff.; *H. Kreller*, Römisches Recht, II Grundlehren des Gemeinen Rechts, 1950, 113 ff.; *K. Kroeschell*, Haus und Herrschaft im frühen deutschen Recht, Göttinger rechtswissenschaftliche Studien 70, 1968; *O. Lehner*, Familie – Recht – Politik, Die Entwicklung des österreichischen Familienrechts im 19. und 20. Jahrhundert, 1987; *St. Meder*, Familienrecht. Von der Antike bis zur Gegenwart, 2013; *M. Mitterauer*, Historische Verwandtschaftsforschung, 2013; *M. Mitterauer/R. Sieder*, Vom Patriarchat zur Partnerschaft. Zum Strukturwandel der Familie, ⁴1991; *W. Ogris*, Hausgemeinschaft, HRG I, Sp. 2024 ff.; *W. Ogris*, Munt, Muntwalt, HRG III, Sp. 750 ff.; *W. Ogris/Th. Olechowski*, Munt, Muntwalt, HRG ²III, Sp. 1683 ff.; *T. Ramm*, Das national-sozialistische Familien- und Jugendrecht, Heidelberger Forum 24, 1984; *C. F. Roßhirt*, Dogmen-Geschichte des Civilrechts, 1853, 285 ff.; *R. Schmidt-Wiegand*, Haus und Hof, HRG ²II, Sp. 791 ff.; *W. Schubert* (Hg.), Das Familien- und Erbrecht unter dem Nationalsozialismus, 1993; *D. Schwab*, Familie, in Geschichtliche Grundbegriffe II, hg. v. *O. Brunner/W. Conze/ R. Koselleck*, 1974, 253 ff.; *D. Schwab*, Familie, HRG I, Sp. 1067 ff.; *D. Schwab*, Die Familie als Vertragsgesellschaft im Naturrecht der Aufklärung, Quaderni Fiorentini I, 1972,

179 So die sukzessive Öffnung des Adoptionsrechts für gleichgeschlechtliche Paare oder die prinzipielle Öffnung von Ehe und Eingetragener Partnerschaft unabhängig von Geschlecht oder sexueller Orientierung.

357 ff.; O. *Stobbe*, Handbuch des deutschen Privatrechts IV, ^{3}1900; *A. Wacke*, Patria potestas, HRG III, Sp. 1540 ff.; *F. v. Zeiller*, Commentar über das allgemeine bürgerliche Gesetzbuch für die gesamten Deutschen Erblande der Österreichischen Monarchie I, 1811.

1. Familienbegriff

Die Rechtsgemeinschaften, mit denen wir die Vorstellung eines familiären Zusammenlebens verbinden, waren in älterer Zeit die **Sippe** (großverwandtschaftlicher Verband) und das **Haus** (kleinere Herdgemeinschaft).

Der den ma. Rechtsquellen geläufige Begriff *familia* wurde in Nachahmung eines spätantiken Sprachgebrauchs vor allem für das grundherrliche Gesinde sowie die einheitliche Familie des Grundherrn mit seinen Grundholden verwendet. Die *iura familiae* des 11. und 12. Jhs. zeichnen vor allem das Rechtsleben in den Hofverbänden auf. Auch die christlichen Vorstellungen von der Kirche als *familia dei* oder der Klostergemeinschaft als Familienverband unter der Leitung des Abtes als *pater familias* weisen noch keine Bezüge zum modernen Familienbegriff auf.

Den ma. familiären Ordnungsbereichen entwuchs in der Neuzeit die *Familie* („familia") als Bezeichnung für die in der Hausgemeinschaft verbundenen Familienmitglieder. Sie wurde an der Wende des 17. zum 18. Jh. zu einem Begriff der deutschen Sprache[180] und wandelte sich mit der Rückbildung ihres Betriebscharakters zu jener „neuen" Familie, deren Wesenszüge sich bis heute erhalten haben.

Ende des 18. und im Laufe des 19. Jhs. verdrängte die „Familie" das „Haus" als Bezeichnung für den engsten verwandtschaftlichen Verband. Nur als Träger eines spezifisch adeligen Familienbegriffs erhielt sich das Haus seine Bedeutung.

2. Rechtsformen der Familie

Dem sozialgeschichtlich nachweisbaren **„Varietätenreichtum der Familie"** entspricht eine Fülle von Rechtsgemeinschaften, denen zwar die hohe Intensität des Zusammenlebens ihrer Mitglieder gemeinsam ist, die sich aber nach der Art des verbindenden Elements und nach den zugeordneten (überlassenen) Aufgaben unterscheiden lassen. Die Erscheinungsformen der älteren Familie sind allerdings kaum in Rechtskategorien zu fassen. Solange die Rechtsbildung von „unten", also auf gewohnheitsrechtlichem Weg in kleineren Personenverbänden erfolgte, entsprachen die rechtlichen Strukturen der jeweiligen Familienwirklichkeit, weshalb sich kein einheitlicher Rechtsmaßstab entwickeln konnte. Eine weitere Schwierigkeit liegt in der großen Lückenhaftigkeit der Überlieferung. Schließlich warf die Affinität des ma. Familienrechtes zu ethisch-moralischen und religiösen Leitbildern vielfach nur punktuelle Normierungsprobleme auf, die meist in der Abgrenzung zu übergeordneten Gemeinschaftsformen bestanden. Erst mit dem frühneuzeitlichen Übergang

180 Synonyme Bezeichnungen für die Hausgemeinschaft der frühen Neuzeit waren *domus, oeconomia, societas domestica.*

zur obrigkeitlichen Rechtsetzung begann die Einschnürung der Familienwirklichkeit auf ein genormtes Familienmodell, das anderen Formen des menschlichen Zusammenlebens die rechtliche Anerkennung versagte und auf bestimmte Bevölkerungsgruppen zugeschnitten war (christliches Familienmodell – Nichtchristen; großbäuerliches und großbürgerliches Familienmodell im ABGB 1811; Sonderrecht der adeligen Familie). Die Darstellung der Familienrechtsentwicklung kann daher nur durch schematisierende Modellzeichnungen und Vergleiche erfolgen.

a) Ma. Familienmodelle

Kennzeichen des ma. Familienverbandes war die Ausrichtung auf *ein* Familienoberhaupt, die Anerkennung *einer* Ordnungsmacht, der sich alle Angehörigen zu unterwerfen hatten. Diese Ordnungsgewalt war die **Munt**, gemeinsamer Wesenszug der ma. Familie also die Munt-Unterworfenheit ihrer Mitglieder. Sie war ein Faktum von hoher normativer Kraft, erhielt allerdings erst im Spätma. ihre rechtliche Ausformung.

aa) Munt

In ihrer definitiven Gestalt war die Munt die allgemeine Leitungs- und Ordnungsgewalt über die Angehörigen (Muntlinge) der ma. Kleinfamilie[181]. Sie drückt sich aber auch in der Personen- und Vermögenssorge des Muntwalts über seine Muntlinge aus. Der Muntling steht in rechtlichen Belangen unter dem Schutzschirm des Muntwalts und nimmt durch seine Vermittlung am Rechtsleben teil. Dieses **Außenverhältnis**, also die Dritten gegenüber wirksame Schutzfunktion der Munt, wird im **Innenverhältnis** teils durch herrschaftliche, teils durch genossenschaftliche Elemente abgestützt.

Die Fülle von Befugnissen, welche die **häusliche Munt** ihrem Inhaber vermittelte, lässt es zu, sie inhaltlich in die *väterliche*, *vormundschaftliche*, *eheherrliche* und *gesindeherrliche* Muntgewalt aufzufächern[182].

---

181 Die ältere Lehre, beruhend auf den Untersuchungen von *A. Heusler* (Institutionen des Deutschen Privatrechts I, 1885, 95 ff., II, 1886, 277 ff.), stilisierte die Munt zu einem zentralen und einheitlichen Begriff des Personenrechts (etwa vergleichbar der römischen patria potestas bzw. manus), dem als Zentralbegriff des Sachenrechts die Gewere gegenübergestellt wurde. Prägnant für diese Lehre war vor allem die Vorstellung, dass die Munt als personenrechtliche Herrschaftsgewalt im privatrechtlichen Bereich ihre Ausgestaltung erfahren und dann auch im öffentlichen Bereich (Königsmunt usw.) weitergewirkt habe. Die jüngere Lehre, angeführt von *K. Kroeschell* (Haus und Herrschaft im frühen deutschen Recht, 1968, 37 ff., 67 ff.) hat diese generalisierenden Aussagen zur Munt in Frage gestellt. Die Darstellung einer einheitlichen Muntgewalt im älteren Recht sei ein Zurückblenden spätmittelalterlicher Ordnungsvorstellungen, eine einheitliche Rechtsgrundlage und einen umfassenden Anwendungsbereich der Munt habe es nicht gegeben.

182 Diesen Beispielen vergleichbar sind die „außerhäuslichen“ Muntfälle, die außerhalb des Familienrechts muntähnliche Wirkungen entfalteten (Königsmunt über Kleriker,

Die **väterliche Muntgewalt**, eine personenrechtliche Gewalt des Vaters über seine Kinder, war die am schärfsten ausgeprägte Muntform. Sie enthielt in älterer Zeit wohl das Recht auf Aussetzung und Tötung (str.), jedenfalls das Recht auf Züchtigung. Notverkaufsrecht und Heiratszwang waren typisch für das ma. Herrschaftsrecht. Dazu kamen das Vertretungsrecht des Vaters vor Gericht und Mitwirkungsrechte beim Abschluss von Rechtsgeschäften. Kraft väterlicher Munt wurde schließlich das Kindesgut vom Vater verwaltet und genutzt *(Gewere zur rechten Vormundschaft).* Allerdings durfte die Substanz des Kindesvermögens nicht angegriffen werden (Kindesgut ist eisern Gut; Kindesgut soll weder wachsen noch schwinden). Die väterliche Muntgewalt endete bei Söhnen mit der *Abschichtung*, also der vermögensrechtlichen Verselbständigung, bei Töchtern mit der Verheiratung *(Heirat macht mündig).*

Der traditionellen väterlichen Muntgewalt wurde im Rezeptionszeitalter der Begriff der *patria potestas* übergestülpt, ohne dass damit eine durchgreifende Veränderung des Vater-Kind-Verhältnisses im gemeinrechtlichen Sinn eingetreten wäre. Die väterliche Gewalt wurde allerdings zunehmend als ein dem Interesse und dem Schutz des Kindes dienendes Rechtsinstitut begriffen, das die Ausübung der „Gewalt" nur mehr unter staatlicher Aufsicht zuließ. Die Theorie des Vernunftrechts ging dann so weit, dem breiten Spektrum der väterlichen Rechte ein ebenso breites Spektrum korrespondierender Vater-„pflichten" gegenüberzustellen.

Die **vormundschaftliche Gewalt** war in älterer Zeit der väterlichen Gewalt nachgebildet, wurde aber bereits in der spätma. Rechtswelt – vor allem durch den Aufbau und Ausbau einer obrigkeitlichen Kontrolle über die Vermögensverwaltung des Vormunds – zu einem fremdnützigen Institut weiterentwickelt. Diese Entwicklung wirkte mit zeitlicher Verzögerung auf die inhaltliche Gestaltung der väterlichen Gewalt zurück.

Die **eheherrliche Muntgewalt** über die Frau wurde wohl in älterer Zeit als Fortsetzung der übertragenen Muntgewalt des Vaters über die Tochter verstanden und war entsprechend ausgestaltet. In diese Richtung deuten früh- und hochma. Belege über den Verkauf von Frau und Kindern oder ein weitreichendes Straf- und Züchtigungsrecht des Mannes gegenüber der Frau. Doch bereits im hohen MA. erhielt die eheherrliche Munt einen eigenen Inhalt. Der Mann hatte zwar weiterhin ein gewisses Leitungs- und Weisungsrecht, er vertrat die Frau nach außen und vor Gericht und verwaltete und nutzte das Frauenvermögen (bis ca. 1400), aber mit zunehmender Charakterisierung der Ehe als Genossenschaft streifte die Munt ihre herrschaftlichen Elemente ab. Dieser Entwicklungsprozess geriet in der Neuzeit durch die Betonung der intellektuellen und ökonomischen Abhängigkeit der Frau ins Stocken. Erst das Naturrecht legte das theoretische Fundament für die Gleichberechtigung der ehelichen Gesellschafter.

Die **Munt über das Gesinde** (die im Haus des Muntwalts wohnenden Knechte und Mägde sowie Lehrlinge und Handwerksgesellen) wurde durch die Aufnahme in die Hausgemeinschaft des Hausvaters begründet. Da das Haus nicht nur gemeinsame Lebens- und Wohn-, sondern auch gemeinsame Produktionsstätte war, erfolgte die Gestaltung dieser Rechtsverhältnisse in Anlehnung an das Muntverhältnis.

bb) Großfamilie (Sippe)

Die Verwandtschaft, als Abstammung von einem gemeinsamen Stammhaupt verstanden, ist das wohl stärkste genossenschaftsbildende Element in der ma.

Kaufleute, Juden; Königsmunt über Kirchen, Witwen, Waisen; Muntgewalt weltlicher und geistlicher Großer über Vasallen, Hörige, Freigelassene, Vogteipflichtige usw.).

Rechtswelt gewesen. Der einzelne fand im großfamiliären Verband (Sippe, Freundschaft, Magschaft, Parentela) nicht nur Schutz und Geborgenheit, sondern die Ausrichtung seines ganzen Lebens. Die Rechtsstellung des einzelnen beruhte auf der Zugehörigkeit zu einer Sippe, zur blutgebundenen Gemeinschaft. Ihre religiös-kultische Verankerung sicherte die rechtlichen Wirkungen des Blutsbandes ab und machte die **Großfamilie** zur wichtigsten gesellschaftlichen bzw. rechtlichen Organisationsform im Frühma. In allen ihren vielgestaltigen Erscheinungsformen war die Sippe ein umfassender Friedens- und Rechtsverband[183].

Zur **agnatischen (festen) Sippe** gehörten in Entsprechung des Prinzips der Agnation (Vermittlung der Abstammung durch Männer) die Nachkommen – Männer und Frauen – eines gemeinsamen Stammvaters, soweit die Abstammung durch Männer vermittelt wurde. Zur **cognatischen (wechselnden) Sippe** gehörten über den Kreis der Agnation hinausgehend auch die Blutsverwandten *(Magen)* der Mutterseite. Sie schied sich daher in die *Vatermagen* und *Muttermagen.* Die Männer der Vaterseite hießen *Schwert-* oder *Speermagen*, die Männer der Mutterseite und die Frauen beider Seiten die *Spindel-* oder *Kunkelmagen.* Zwischen den beiden zur Magschaft zusammengeschlossenen Sippen bestand keine Verwandtschaft, sondern lediglich ein Freundschaftsverhältnis, das der *Schwägerschaft* nahekam.

Diesem Großfamilienmodell entsprach auch die **Verwandtschaftszählung** in ältester Zeit. Der *engere Kreis* umfasste die Eltern, Geschwister und Kinder des Hausherren (die sechs gesipptesten Hände; der Busen); ihm standen in weiteren Kreisen (Magschaften) die übrigen Blutsverwandten gegenüber. Zur *ersten Magschaft* (dem zweiten Kreis) gehörten die Enkelkinder, Großeltern, Geschwisterkinder und Elterngeschwister. Die *zweite Magschaft* (dritter Kreis) umschloss sodann die Urenkel, die Urgroßeltern, Großonkel und Großtanten, Vettern und Basen, Großneffen und Großnichten usw. Dieses System der *konzentrischen Kreise* – Zählung nach Magschaften – erfuhr erst in fränkischer Zeit eine Begrenzung mit dem siebenten Kreis (6 Magschaften)[184].

---

183 Die viel erörterte Frage nach Wesen und Funktion der Sippe lässt sich noch nicht mit Sicherheit beantworten. Zu den unterschiedlichen Auffassungen in der rechtshistorischen Forschung vgl. etwa *H. Conrad*, Deutsche Rechtsgeschichte I, ²1962, u. a. 12, 15 f., 20 f., und *K. Kroeschell*, Die Sippe im german. Recht, ZRG GA 77, 1960, 1 ff. Skepsis gegenüber der Allgemeingültigkeit älterer Lehrmeinungen (insbes. zur Dominanz des agnatischen Familienverbandes in ältester Zeit) ist aufgrund der äußerst bruchstückhaften Überlieferungen wohl angebracht, doch darf angenommen werden, dass das vielen antiken Rechtskulturen bekannte agnatische Prinzip auch den germanischen Hausverband beherrschte, weil es den wirtschaftlichen Verhältnissen entsprach. Daher war der nächste Schwertmage zur Übernahme der vormundschaftlichen Hausgewalt berufen, und im Grunderbrecht genoss der Mannesstamm im Allgemeinen den Vorzug. Dort, wo sich Besitztümer zu Stammgütern herausbildeten, konnte sich das agnatische Prinzip sogar noch in der Neuzeit erhalten.

184 Sie findet sich im MA. noch für das sächsische und friesische Rechtsgebiet überliefert, ebenso in nordgermanischen Rechten, die ältere Rechtszustände oft lange bewahrt haben. Verdeutlicht wurde diese Verwandtschaftszählung mit Hilfe des menschlichen Körpers. Kopf und Hals versinnbildlichten den engeren Kreis, das Schultergelenk die erste Magschaft, das Ellbogengelenk die zweite, das Handgelenk die dritte, das erste bis dritte Glied des Mittelfingers die vierte bis sechste Magschaft; die im Nagel stehenden Magen (Nagelmagen) waren nicht mehr verwandt.

cc) Sonderfamilie (Haus)

Bereits im hohen MA. änderte sich in manchen Rechtskreisen bzw. Gesellschaftsschichten die Familienverfassung durch Hinwendung zur **Kleinfamilie** bzw. **Sonderfamilie**[185].

Diese Entwicklung wurde durch die Kolonisationsbewegungen im 12. Jh., den Aufschwung des Handels und durch den aufkeimenden Individualismus in den Städten gefördert. Sippe und Verwandtschaft verloren ihre rechtliche Bedeutung (vor allem im Vormundschafts-, Erb- und Bodenrecht) an die **eheliche Gemeinschaft** (Genossenschaft) von Mann und Frau.

Die Aufgliederung der Verwandtschaft in sog. *Sonderfamilien* ließ zunächst *Haus-* und *Herdgemeinschaften* entstehen. Diese Hausgemeinschaften übernahmen im Laufe des MA. immer mehr die Funktion eines „engeren" Rechts- und Friedensbereiches und wurden spätestens am Ausgang des MA. zum Fundament der Familienrechtsordnung. Genossenschaftliche und herrschaftliche Elemente strukturierten diese Gemeinschaft zu einem eigenartigen Gebilde: der weitreichenden Munt des Hausherrn standen Mitwirkungsrechte und Mitspracherechte der Hausangehörigen gegenüber (Wartrechte, Beispruchsrechte)[186].

Der Umgestaltung des Familienbildes entsprach eine solche der **Verwandtschaftszählung**. Statt nach Magschaften zählte man jetzt nach *Familienschaften*. Dieses Parentelsystem (parentela = Verwandtschaft) umfasste in der ersten Parentel die Deszendenten der Ausgangsperson, in der zweiten Parentel ihre Eltern und deren Deszendenten, in der dritten ihre Großeltern und deren Deszendenten usw. Innerhalb der einzelnen Parentelen erfolgte die Berechnung der Verwandtschaft nach Graden *(Linealgradualordnung)*. Der Nächstverwandte innerhalb der einzelnen Parentelen war, wer dem gemeinsamen Stammelternpaar am nächsten stand. Dabei rechnete man nach *Doppelknien*, indem man die Entfernung beider Teile vom gemeinsamen Stammelternpaar nur einmal angab, sodass Geschwister im ersten, Geschwisterkinder im zweiten, Geschwisterkindeskinder im dritten Grad verwandt waren. Nur wenn die Entfernung für beide Teile ungleich war, erfolgte eine doppelte Angabe[187].

---

185 Der ältere Personenverband hatte neben den Verwandten (Kindern, unverheirateten und verwitweten Frauen, u. U. auch Schwiegerkindern) und der Ehefrau des Hausherrn auch das freie Gesinde und Gäste aufgenommen. Er verengte sich allmählich auf Vater, Mutter und Kinder.

186 Eine genossenschaftliche Mitberechtigung dürfte in älterer Zeit nur für die Haussöhne bestanden haben, die gemeinsam mit dem Hausvater den Kern der Hausgemeinschaft bildeten und zur gesamten Hand am Hausvermögen berechtigt waren.

187 Diese Verwandtschaftszählung wurde auch für das kanonische Recht bestimmend. Es hatte sich zunächst das römischrechtliche System *(computatio legalis)* zueigen gemacht: der Grad der Verwandtschaft zweier Personen bestimmte sich nach der Zahl der sie vermittelnden Geburten *(quot generationes, tot gradus)*. Seit dem 8. Jh. aber wurde als *computatio canonica* die Verwandtschaftsberechnung des deutschen Rechts übernommen. Gleichzeitig unterschied die kanonistische Lehre zwischen der *Verwandtschaft in gerader Linie* (linea recta, z. B. Vater, Sohn, Enkel) und in der *Seitenlinie* (collaterales, z. B. Geschwister, Onkel und Neffe).

Der Übergang von der Groß- zur Kleinfamilie erfolgte aber nicht geradlinig und auch nicht generell. So hat der **hohe Adel** dem alten agnatischen Familienverband weiterhin eine wirtschaftliche und soziale Bedeutung zu wahren vermocht, die sich in rechtlichen Eigenheiten der Erbfolge oder auf dem Gebiet des Vormundschaftsrechts offenbarte. Mit der Schaffung von *Stammsitzen*, die sie zu Herrschaftsmittelpunkten ausgestalteten, und unter dem Einfluss der auf den Mannesstamm beschränkten Lehnfolge lässt sich seit dem 11. Jh. sogar eine erneute Verdichtung der Adelsfamilien zu agnatisch aufgebauten Geschlechtsverbänden beobachten. Durch entsprechende Übung, Verträge, aber auch Hausgesetze erlangten die hochadeligen Häuser eine festgefügte Organisation mit Familienhaupt, Familienrat, internem Schiedsgericht u. a.[188]

Auch in den spätma. **Städten**, deren gesellschaftliche Organisation weitgehend auf der Kleinfamilie aufbaute, war der Familienbegriff noch fließend. Während die Außenbeziehungen der Familie (etwa im Fernhandel, im Kreditwesen oder in der Zunft) vielfach noch durch großfamiliäre Strukturelemente bestimmt waren, vollzogen sich im Binnenverhältnis alle lebensentscheidenden Vorgänge im Kern der Familie. Auf dem **Lande** wiederum behauptete sich die sippenmäßige Bindung dort, wo das Bauerntum an seinen alten Überlieferungen festhalten konnte.

dd) Christliche Familie

Nach christlicher Auffassung hatte die Rechtsordnung der Aufgabe zu dienen, die Menschen zu Gott hinzuführen, sie auf das ewige Leben vorzubereiten. In der gottgefügten natürlichen Ordnung war der Familie ein besonderer Platz zugewiesen. Sie war eine **göttliche Institution**, begründet durch das heilige Band (Sakrament) der Ehe und sollte dem Reich Gottes neue Mitglieder zuführen. Eltern waren die Stellvertreter Gottes, denen die Kinder, in einer Erweiterung des Familienbegriffs allenfalls die Dienstboten, anvertraut waren.

Das **christliche Familienmodell** wurde mit Hilfe des kanonischen Rechts gezielt in die ma. Rechtswelt hineingetragen. Es änderte die rechtliche Erscheinungsform der Familie in wichtigen Teilbereichen, wobei den Bemühungen der Kirche zweifellos die sozialen Umwälzungen zustatten kamen. In das Verhältnis der Ehegatten zueinander mischten sich zunehmend genossenschaftliche Elemente, die eheherrliche und väterliche Gewalt wurde mehr und mehr zu einer Schutzherrschaft, die Würde der Familienmutter trat in Konkurrenz zur gottgewollten Autorität des Vaters, und es wurden erste Ansätze einer elterlichen Gewalt sichtbar. Diese Entwicklung reicht weit in die Neu-

188 Ähnliche, wenn auch begrenztere Ziele wurden im niederen Adel durch Familienfideikommisse verfolgt.

zeit hinein. Sie lieferte zusammen mit der *Hauslehre des Aristoteles* die theoretischen Grundlagen des Familienmodells in der Frühen Neuzeit.

b) Neuzeitliche Familienmodelle

aa) Polizeistaatliche Familie

Der am Dienst Gottes ausgerichteten christlichen Familie des MA. wuchs mit zunehmendem Erstarken des Obrigkeitsstaates eine *„staatsdienende"* Funktion zu. Die theoretische Fundierung des **polizeistaatlichen Familienmodells** gelang durch die Wiederbelebung der **aristotelischen Hauslehre**, die die Familie (das Haus) als natürliches Glied einer übergeordneten und höherwertigen Gemeinschaft zu erklären versuchte.

Nach dieser Lehre bildet das *Haus* einen sozialen Körper der Schöpfungsordnung, in dem der oder die Einzelne je nach familiärer Rolle als Hausvater, -mutter, Kind, Knecht oder Magd den Platz im alltäglichen Leben, den Raum für persönliche Entfaltung und Pflichten findet. Der soziale Status des Menschen ist vom Haus bestimmt, nur die Rolle des Hausvaters weist über das Haus selbst hinaus, indem er die Familie nach „außen" vertritt. Das Haus enthält potentiell alle Lebensbereiche, so etwa Arbeit und Konsum („Nahrung"), Erziehung, Gottesdienst. Die Person ist Bestandteil des Hauses. Die *Familie* ist darin nicht mehr als ein dreifaches Verhältnis, das von Mann und Frau, von Eltern und Kindern und von Herrn und Sklaven. Sie entspricht den Abbildern von Aristokratie, Monarchie und Despotie. Ihr Bindeglied ist die *Gewalt des Hausvaters*, der die dreigliedrige Beziehung zur Einheit führt[189].

Die Übernahme dieser Begriffe von Haus und Staat ließ in der scholastischen Literatur eine neue Limitierung der Hausherrschaft entstehen, die darin begründet war, dass sie sich sozialen Zwecken und staatlicher Kontrolle zu unterwerfen hatte.

Dem frühneuzeitlichen Obrigkeitsstaat kam dieses Familienmodell gelegen. Es entsprach seinen politischen Zielsetzungen, nicht nur den kindlichen Gehorsam gegenüber der väterlichen Autorität, sondern auch die soziale Abhängigkeit der Ehefrau und das männliche Herrschaftsprivileg zu bekräftigen. Die Verantwortung des Hausherrn für ein christliches, ehrbares und obrigkeitstreues Verhalten der Hausgenossen machte die Familie tendenziell zu einem Instrument des Polizeistaats. Damit wurde aber auch die Überwachung der Pflichterfüllung des Hausherrn zu einer Aufgabe des Staates. Er drängte sich in traditionelle Aufgaben der Familie und leitete so den „Funktionsverlust der Familie" ein.

Der Zug zum „ökonomischen" Hausbegriff machte allerdings vor den adeligen Familien halt und erfasste auch nicht jene Einzelfamilien, denen die sozialen Einrichtungen

189 „... steht es dem Manne zu, über die Frau und die Kinder zu regieren, über beide als über Freie, aber nicht in derselben Weise, sondern über die Frau als Staatsmann und über die Kinder als Fürst. Denn das Männliche ist von Natur zur Leitung mehr geeignet als das Weibliche (wenn nicht etwa ein Verhältnis gegen die Natur vorhanden ist), und ebenso das Ältere und Erwachsene mehr als das Jüngere und Unerwachsene ..." *Aristoteles*, Politik, 1254 b^{13-14}; 1259 a^{37}; 1259 b^{3}; zit. nach Klassiker der Staatsphilosophie, Ausgewählte Texte, 1962, 53.

des Hauses fehlten (bspw. Lohnarbeiterfamilien). Der ökonomische Hausbegriff war auf typisch stadtbürgerliche und bäuerliche Verhältnisse zugeschnitten.

bb) Vernunftrechtliche Familie

Ein Wandel in der Rechtsauffassung über die Familie bahnte sich Ende des 17. Jhs. an und kam dann im 18. Jh. zum Durchbruch. Die von der Aufklärungsphilosophie in den Vordergrund gestellte empirische Vernunft beanspruchte ein Monopol für die Erkenntnis der Gesetze, nach denen die irdischen Gemeinschaften regiert werden. Sie versagte damit den theologischen Denkpositionen jegliche soziale Relevanz. Die staatliche Familiengesetzgebung sollte ungehindert von traditionalen Beschränkungen allein das *Staatswohl* verwirklichen können. Gefordert wurde daher die *ausschließliche Gesetzgebungskompetenz des Staates für Ehe und Familie*[190]; inhaltlich war an die Einkehr des individualistischen Ideals in Ehe und Familie gedacht.

Erreicht wurde vor allem das **Aufbrechen alter Autoritätsstrukturen**, die **Zersetzung des patriarchalischen Familienbildes**. Der Einzelne, sei es die Ehefrau, sei es das Kind, sollte auch im Familienverband seiner Menschenrechte nicht verlustig werden, sondern nur vertraglichen Bindungen unterliegen. Diese Hinwendungen zur vertraglichen Ehe- und Familiengesellschaft nahm emanzipatorische Bestrebungen in sich auf. Das **Recht auf eigene Persönlichkeitsentfaltung** sollte der Frau mit dem Hinweis auf die Gleichberechtigung der Geschlechter, dem Kind aus der Menschenrechtsidee gewährt werden[191].

Gleichzeitig reduzierte sich die Familie in zunehmendem Maß auf eine rein konsumwirtschaftliche Größe. Das Ausscheiden der familiären Beziehungen zwischen Herrschaft und Hausbediensteten ließ neue Rechtsbereiche (Recht der Dienstmiete, Arbeitsrecht) entstehen.

Mit der Verlagerung des Familienrechts auf die Ebene individueller vertraglicher Dispositionen wurde die Familie zu einer tendenziell *auflösbaren* Institution. Das passte in das Programm des aufgeklärten Absolutismus, der die Befreiung des Individuums aus traditionellen familiären Bindungen als „staatsnützlich“ empfand und bereits das frühneuzeitliche obrigkeitliche Fa-

190 Dies schloss auch die Reglementierung der Führung und Änderung des Familiennamens ein, wie *E. Berger*, Name und Recht. Die Entwicklung der Familiennamen und ihre Einbeziehung in die Rechtsordnung, ZRG, GA 117, 2000, 564 ff., im Überblick darlegt; umfassender *dies.*, Erwerb und Änderung des Familiennamens, 2001.

191 Zum Gleichheitspostulat der Aufklärung und zu bildungspolitischen Forderungen von Frauen vgl. *U. Floßmann*, Frauenrechtsgeschichte, Linzer Schriften zur Frauenforschung 26, ^{2}2006, 56 ff; *A. Pečar/D. Tricoire*, Falsche Freunde. War die Aufklärung wirklich die Geburtsstunde der Moderne, 2015; *A. Meyer*, Die Epoche der Aufklärung, ^{2}2017; *U. Floßmann/K. Neuwirth*, Frauenrechtsgeschichte und historische Geschlechterordnungen, Linzer Schriften zu Gender und Recht 60, 2017.

milienreglement in diesem Sinne handhabte. Trotzdem folgte die Gesetzgebung diesen Tendenzen nicht uneingeschränkt.

Das Ineinanderfließen verschiedener Zielsetzungen und Wertungen bei der Kodifizierung des Familienrechts zeigen die Ausführungen *Zeillers*: „Die practische Vernunft, das Moral- und selbst das strenge Rechtsgesetz gründet zwischen den Ehegatten, dann den Verwandten und verschwägerten Personen besondere Rechte und Pflichten, die bey dem wichtigen Verhältnisse der Familien zum Staate auch zum Theil durch die bürgerlichen Gesetze zu sanctioniren sind; *daraus entsteht das Familien-Recht.*" Den Familien als *„Pflanzschulen gut gesinnter und brauchbarer Staatsbürger"* sollte vom Gesetzgeber die Beachtung der Sittengesetze, der Lehren der Religion und des Hauptzweckes der bürgerlichen Verfassung, der allgemeinen Wohlfahrt, auferlegt werden.

cc) Bürgerlich-liberale Familie

Eine weitgehende Zerstörung des naturrechtlichen Familienmodells ging im Lauf des 19. Jhs. von der **romantischen Familienauffassung** aus. Sie deutete die Familie als rein psychisches (naturgegebenes) Phänomen und wollte sie dem Zugriff des Rechts gänzlich entziehen. Darauf baut auch der **bürgerliche** *(liberale)* **Familienbegriff**. Die Unantastbarkeit des familiären Innenraums wurde mit der *Heiligkeit* der Familie stigmatisiert. Es bedeutete ein (vorläufiges) Ende der individualrechtlich emanzipatorischen Bestrebungen, weil schon darin ein unzulässiger Eingriff in den Privatbereich der Familie gesehen wurde. Die ideale Harmonie zwischen der liebenden, sich aufopfernden Frau und dem umsichtig leitenden Mann sollte sich von selbst verwirklichen[192].

Die Folge war, dass sich die Rechtsliteratur aus der Behandlung des persönlichen Eherechts und des Eltern-Kind-Verhältnisses mehr und mehr zurückzog. Das Recht behandelte nur noch die Außenwirkungen oder Missbrauchsfolgen der Ehe- und Familienautonomie. Auf der anderen Seite brachte aber das 19. Jh. eine politische und soziale Aufwertung der Familie. Ihre Bedeutung für die Staatswohlfahrt wurde ebenso hervorgehoben wie ihre staatstragende Funktion. Nach außen hin rückte damit die Familie in den Bereich des Öffentlichen, was zu intensiven familienpolitischen Maßnahmen führte, nach Innen verschloss sie sich im Bereich des Privaten. Allein der Mann als ihr Repräsentant betrat den Raum des Öffentlichen. Die Familie war „Grundpfeiler der bürgerlichen Gesellschaft" und „Grundlage des Staates"[193], aber ansonsten Privatsache.

Die Idealisierung des „bürgerlichen" Familienbegriffs war der Integration bestehender Familienformen nicht gerade förderlich. Sie verhinderte einerseits emanzipatorische Tendenzen, andererseits wurde sie großen adeligen Familien, aber auch der bäuerlichen Familie nicht gerecht, die an der Einheit von Familie und Betrieb festhielt und auf die Mitarbeit der Frau angewiesen war. Der „vierte Stand" schließlich, vor allem die Masse der Industriearbeiter, schien aus dem bürgerlichen Familienbegriff überhaupt ausgeklammert zu sein.

---

192 *K. Hausen*, „... eine Ulme für das schwankende Efeu." Ehepaare im Bildungsbürgertum – Ideale und Wirklichkeit im späten 18. und 19. Jahrhundert, in Bürgerinnen und Bürger. Geschlechterverhältnisse im 19. Jahrhundert, hg. v. *U. Frevert*, 1988, 85 ff.

193 Vgl. *J. Unger*, Die Ehe in ihrer welthistorischen Entwicklung, 1850, 3.

dd) Nationalsozialistische Familie

Besonders starker politisch-ideologischer Reformdruck lastete in der NS-Zeit auf dem Ehe- und Familienrecht[194]. Der familiäre Bereich sollte im Sinne der nationalsozialistischen Maxime der *„Vermehrung und Erhaltung der Art und Rasse“*[195] jeglicher Autonomie entkleidet und in den Dienst des züchtungspolitischen Interesses gestellt werden. Als „Grundlagen des völkischen Gemeindschaftslebens, von deren Kraft und Gesundheit Wert und Bestand der Volksgemeinschaft abhängt“[196], waren Ehe und Familie dazu bestimmt, die Bindung an den Staat und seine Ideologie zu festigen und wie eine *„Nation im kleinen“* nach streng hierarchischen Ordnungsprinzipien zu funktionieren. Dem Vater kam dabei die führende Rolle zu. Kraft seiner als höherwertig qualifizierten biologischen und intellektuellen Eigenschaften sollte er Frau und Kinder im völkisch-nationalen Sinn erziehen und die von ihm geforderte unbedingte Gehorsams- und Treueverpflichtung gegenüber dem Staat/Führer in seinen Familienmitgliedern neu erzeugen[197]. Die Frau, deren Wert sich vornehmlich nach der Gebärleistung bestimmte, hatte dem Mann, der Familie und der Nation zu dienen und sich auf die ureigensten „weiblichen“ Aufgaben, das Hüten und Pflegen, zu konzentrieren[198].

So wurde bspw. 1933 (Gesetz zur Verhütung erbkranken Nachwuchses) die zwangsweise Sterilisation Körperbehinderter, geistig Zurückgebliebener, Tauber, Blinder, Epileptiker, Schwachsinniger und schwerer Alkoholiker zur Verhütung erbkranken Nachwuchses gestattet[199] und 1935 (Gesetz zum Schutze des deutschen Blutes und der deutschen Ehre) die Eheschließung und der außereheliche Geschlechtsverkehr „zwischen Juden und Staatsangehörigen deutschen und artverwandten Blutes“ verboten[200], [201]. Das auf verschiedene Gesetze aufgesplitterte Ehehindernisrecht[202] sollte gewährleisten, dass nur staatlich erwünschte Ehen, die der „Erhaltung und Mehrung von Art

194 S. dazu *D. Klinksiek*, Die Frau im NS-Staat, 1982, insbes. 68 ff; *E. Schumann*, Die Reichsgerichtsrechtsprechung in Familiensachen von 1933–1945, Schriften zur Rechtsgeschichte 126, 2007, 171 ff.

195 *A. Hitler*, Mein Kampf, [328]1938, 275.

196 In der Begründung des EheG 1938, nachzulesen bei *E. Volkmar/H. Antoni/H. Ficker/E. Rexroth/H. Anz*, Großdeutsches Eherecht, 1939, Anhang Nr. 2, 477 ff.

197 S. dazu *H. Maimann*, Zur Frauen- und Familienideologie des Nationalsozialismus, in Justiz und Zeitgeschichte III., hg. v. *E. Weinzierl/K. R. Stadler*, 53 ff.

198 Die intensiven Bemühungen, Frauen aus dem Berufsleben zu verdrängen (bspw. durch Aufrufe, steuerliche Maßnahmen und finanzielle Gratifikationen im Falle des Ausscheidens aus dem Erwerbsleben), hatten wenig Erfolg. Auch wurden sie spätestens mit Kriegsausbruch zurückgenommen, da es galt, den Ausfall der Arbeitskraft der an der Front stehenden Männer zu ersetzen; dabei schreckte man auch vor Zwangsmaßnahmen nicht zurück.

199 DRGBl. I, 529.

200 DRGBl. I, 1146 („Nürnberger Gesetze“).

201 Beide Gesetze haben nach dem „Anschluss“ 1938 auch in Österreich gegolten.

202 Außer im bereits zit. Blutschutzgesetz sind seine Bestimmungen insb. in der ersten Blutschutzverordnung (1. Verordnung zur Ausführung des Gesetzes zum Schutze des deutschen Blutes und der deutschen Ehre v. 14.11.1935, DRGBl. I, 1334), im Ehege-

und Rasse" sowie der „Reinhaltung des deutschen Blutes" dienten, geschlossen werden. Erwies sich eine Ehe dennoch als „unzweckmäßig", so war deren Auflösung im Wege der Scheidung möglich, damit einer neuen „wertvollen" Ehe, aus der noch arische Kinder erwartet werden konnten, nichts im Wege stand[203]. Über die Zweck- bzw. Unzweckmäßigkeit einer Ehe entschied allein das Gericht, dem das Ehegesetz mit seinen generalklauselartigen unbestimmten Rechtsbegriffen einen weiten Entscheidungsspielraum einräumte. Der Staatsanwalt erhielt ein Mitwirkungsrecht im Scheidungsverfahren, „um die vom Standpunkt der Volksgemeinschaft für die Aufrechterhaltung oder die Auflösung der Ehe sprechenden Umstände geltend zu machen".

Weitere Eingriffe in den familiären Bereich erfolgten bei der Kindererziehung. So war die gesamte deutsche Jugend ab dem 10. Lebensjahr Zwangsmitglied verschiedener staatlicher Institutionen (z. B. Hitlerjugend), die sie auf ihre künftigen Pflichten vorbereiten sollten. Damit wurde der Staat als Erziehungsträger gleichrangig neben das Elternhaus gestellt. Darüber hinaus konnte den Eltern bei Gefährdung des vorgegebenen nationalsozialistischen und autoritären Erziehungsziels die Erziehung durch den Jugendwohlfahrtsträger entzogen werden[204].

ee) Partnerschaftliche Familie

Erst in den **Familienrechtsreformen** des späten 20. Jhs. konnten sich die (wiederentdeckten) Forderungen des Individualrechts Geltung verschaffen. Zunächst zu Gunsten der Frau (Emanzipation, Gleichberechtigung), dann auch zu Gunsten der Kinder. Die persönlichen Rechte und Pflichten der Ehegatten im Verhältnis zueinander und im Verhältnis zu den Kindern sind gleich (§ 89 ABGB). Das Kindesrecht ist auf dem Prinzip der Fürsorge (Wohl des Kindes) und nicht auf dem Prinzip der Herrschaft aufgebaut. Mit dem KindRÄG 2001 wurde die Rechtsposition des Kindes insofern gestärkt, als nun nicht nur das Kindeswohl, sondern auch dessen Wille in Angelegenheiten der Pflege und Erziehung zu berücksichtigen ist, soweit dem nicht die Lebensverhältnisse der Eltern entgegenstehen. Durch das KindNamRÄG 2013 kam es erstmals zu einer Definition des Kindeswohlbegriffs, indem substantielle Anforderungen beispielhaft aufgezählt werden (§ 138 ABGB). So sind Fürsorge, Förderung und Gewaltfreiheit zentrale Aspekte, ebenso die Vermeidung von Loyalitätskonflikten für das Kind, die Berücksichtigung der Kindesmeinung

---

sundheitsgesetz (Gesetz zum Schutz der Erbgesundheit des deutschen Volkes, v. 18.10.1935, DRGBl. I, 1246) und im EheG (Gesetz v. 6.7.1938 zur Vereinheitlichung des Rechts der Eheschließung und der Ehescheidung; Land Österreich: GBlÖ 1938/244; Altreich: DRGBl. 1938 I, 807) enthalten. Alle vor dem „Anschluss" 1938 erlassenen Rechtsvorschriften sind auch in Österreich in Kraft gesetzt worden.

203 Mischehen wurden unter Umgehung der einjährigen Anfechtungsfrist auch mittels Irrtumsanfechtung aufgelöst; die erste Durchführungsverordnung zum Ehegesetz 1938 hat schließlich die Geltendmachung aller Aufhebungsgründe binnen Jahresfrist ermöglicht, sofern diese am 1.8.1938 bestanden hatten. S. dazu *H. Hofmeister*, Privatrechtsgesetzgebung für Österreich im Nationalsozialismus, in Nationalsozialismus und Recht, hg. v. *U. Davy/H. Fuchs/H. Hofmeister/J. Marte/I. Reiter*, 1990, 124 ff.

204 § 1 (3) JWV 1940 (RGBl. 1940 I, 519).

und die Aufrechterhaltung des Kontaktes zu wichtigen Bezugspersonen. Dritte dürfen in die elterlichen Rechte nur insoweit eingreifen, als ihnen dies durch die Eltern selbst, unmittelbar aufgrund des Gesetzes oder durch eine behördliche Verfügung gestattet ist, alle gemeinsam mit dem Kind im Haushalt lebenden Erwachsenen haben das Kindeswohl zu schützen (§ 139 ABGB).

ff) Fragmentierte Familie

Die sozial- und kulturwissenschaftlichen Debatten haben das Ende der auf Blutsverwandtschaft basierenden Familie sowie weitere durch moderne Lebensformen bedingte Auflösungstendenzen wie Selbstentfaltung und Vereinzelung zum Thema der Familie des 21. Jhs. gemacht[205]. Bereits historisch waren Eingriffe durch Dritte (Adoption, Ammen- und Pflegewesen) sowie neue Familienzusammenschlüsse (Stiefeltern-, Patchwork- und Regenbogenfamilien) faktisch anerkannt und rechtlich in Ansätzen berücksichtigt worden. Dennoch stellen sich insbesondere durch die Fortpflanzungsmedizintechniken (Samen- und Eizellspende, Leihmutterschaft) grundsätzliche Rechtsfragen neu – so etwa das Festhalten an einem System der Elternschaft durch zwei Personen bzw. die Abwägung des Vorrangs der rechtlichen Absicherung von biologischer oder sozialer Elternschaft.

2. Abschnitt: Eherecht

A. Grundzüge des modernen Ehe- und Partnerschaftsrechts

Das geltende österreichische Eherecht, das im Wesentlichen im Ehegesetz von 1938 und im ABGB (beide erneuert im Zuge der Familienrechtsreform der 1970er Jahre und durch das Eherechts-Änderungsgesetz 1999) enthalten ist, geht von der **obligatorischen Zivilehe** aus: Die vom staatlichen Gesetzgeber errichteten Normen über Abschluss, Auflösung und Inhalt der Ehe sind verpflichtend, wenn eine Ehe vom Staat anerkannt werden soll.

Eheähnliche Verbindungen, die nicht die Voraussetzungen einer anerkannten Ehe/Eingetragenen Partnerschaft erfüllen (Lebensgemeinschaften), werden von der Rechtsordnung geduldet und in einigen Rechtsbereichen punktuell wie eine Ehe behandelt (z. B. § 2 Fortpflanzungsmedizingesetz; § 14 (3) Mietrechtsgesetz; § 72 (2) Strafgesetzbuch; § 156 (1) Strafprozessordnung; § 32 (1) Insolvenzordnung)[206]. Die

205 Vgl. *A. Bernard*, Samenspender, Leihmütter, Retortenbabies: Neue Reproduktionstechnologien und die Ordnung der Familie, in Fragmentierte Familien. Brechungen einer sozialen Form der Moderne, hg. v. *I. Kroppenberg/M. Löhnig*, 2010, 169 ff. unter Verweis auf *L. Lévi-Strauss*, Die elementaren Strukturen der Verwandtschaft, 1981, und *J. Goody*, Die Entwicklung von Ehe und Familie in Europa, 1986.

206 Die unterschiedlichen rechtlichen Behandlungen von Ehe und Lebenspartnerschaften erörtert eingehend *U. Aichhorn*, Das Recht der Lebenspartnerschaften. Ehe und Lebensgemeinschaft, 2003, die den Auswirkungen im Kindschaftsrecht, Unterhalt und Unterhaltsvorschussrecht, Sozialrecht, Erbrecht, Steuerrecht, Wohnrecht, Gewalt in

Forderungen nach einer klaren gesetzlichen Regelung (etwa der Folgen einer Auflösung langjähriger Lebensgemeinschaften) werden immer deutlicher[207].

Seit 2010 stand **gleichgeschlechtlichen Paaren** durch das Eingetragene Partnerschaft-Gesetz (EPG) die Möglichkeit einer rechtlichen Verankerung ihrer Beziehung zur Verfügung. Nach Willen des Gesetzgebers sollte damit die Vorrangstellung der Ehe – insbesondere als Ort der Kinderzeugung und -erziehung – keinesfalls beseitigt werden. Die Regelungen blendeten diesen Aspekt zur Gänze aus. Was die Partnerschaftsebene betrifft orientieren sich die Bestimmungen – trotz einzelner differenzierender Spitzen[208] – an jenen des Eherechts. Durch die Aufhebung der Wortfolgen „gleichgeschlechtlicher Paare" in § 1 sowie „gleichen Geschlechts" in § 2 EPG sowie der Ziffer 1 von § 5 Abs. 1 EPG und Aufhebung der Wortfolge „Personen verschiedenen Geschlechtes" in § 44 ABGB als gleichheitswidrig, kam es zur Öffnung beider Rechtsinstitute unabhängig von Geschlecht oder sexueller Orientierung[209].

der Familie, Bürgschaftsrecht usw. detailliert nachgeht. In sehr eingeschränktem Bereich wurden vor Einführung der Eingetragenen Partnerschaft auch gleichgeschlechtliche Lebensgemeinschaften rechtlich anerkannt (z. B. § 13 WEG 2002; § 72 [2] StGB; § 152 [1] StPO; s. auch OGH 16.5.2006, 5 Ob 70/06i unter Berufung auf das Urteil des EGMR 24.7.2003, 40016/98 Karner gegen Österreich). Vor In-Kraft-Treten des EPG waren dies die einzigen rechtlichen Manifestationen homosexueller Partnerschaft.

207 Vgl. *C. Fischer-Czermak/B. Beclin*, Neue Regelungen für nichteheliche Lebensgemeinschaften? Gutachten zum 18. Österreichischen Juristentag, 2012.

208 Lit. und Jud. waren immer wieder mit dem Aufzeigen und Aufheben jener sachlich nicht gerechtfertigten Diskriminierungen beschäftigt; vgl. *G. Kucsko-Stadlmayer*, Familien- und Erbrecht im Lichte des Verfassungsrechts, FS 200 Jahre ABGB II, 2011, 1587 ff.; bspw. Erkenntnisse des VfGH vom 29.11.2011, B 518/11–6 (verfassungskonforme Auslegung bzgl. Schreibweise eines Doppelnamens mit Bindestrich); 3.3.2012, G 131/11 (Aufhebung der ausschließlichen Möglichkeit der Namensänderung anlässlich der Eintragung der EP); 9.10.2012, B 121/11–13, B 137/11–13 (keine Bedenken gegen Eintragung der EP bei der Bezirksverwaltungsbehörde bzw. fehlenden Zugang zum Standesamt); 12.12.2012, B 125/11, B 138/11 (verfassungskonforme Auslegung bzgl. feierlicher Zeremonie anlässlich der Verpartnerung); 19.6.2013, G18, 19/2013–8 (Aufhebung des Amtsräumezwangs bei der Bezirksverwaltungsbehörde); 10.12.2013, G 16/2013 (Aufhebung von Bestimmungen des FMedG bzgl. Nichtzulassung von lesbischen Paaren zur Samenspende).

209 VfGH v. 4. 12. 2017, G 258–259/2017-9. Der VfGH sah in der Aufrechterhaltung unterschiedlicher Rechtsinstitute bei weitgehend gleicher Bedeutung und Wirkung für die Betroffenen eine unzulässige Diskriminierung: *„Die damit verursachte diskriminierende Wirkung zeigt sich darin, dass durch die unterschiedliche Bezeichnung des Familienstandes („verheiratet" versus „in eingetragener Partnerschaft lebend") Personen in einer gleichgeschlechtlichen Partnerschaft auch in Zusammenhängen, in denen die sexuelle Orientierung keinerlei Rolle spielt und spielen darf, diese offen legen müssen und, insbesondere auch vor dem historischen Hintergrund, Gefahr laufen, diskriminiert zu werden. Vor solchen Wirkungen will Art. 7 Abs. 1 Satz 2 B-VG in besonderer Weise schützen."*

Einer Eheschließung kann das vorläufige Versprechen der Brautleute, einander zu heiraten, vorangehen **(Verlöbnis)**. Es ist dies ein Vorvertrag besonderer Art, bei dem die Verpflichtung zum Abschluss des Hauptvertrages nicht durchsetzbar ist, bei dessen Auflösung allerdings unter gewissen Umständen ein Anspruch auf Schadenersatz entstehen kann.

Die **Eheschließung** setzt *Volljährigkeit* (vollendetes 18. Lebensjahr) und *Entscheidungsfähigkeit* voraus, beide machen die *Ehefähigkeit* aus. Die vor In-Kraft-Treten des 2. ErwSchG, BGBl. I 2017/59, verwendeten Begriffe der Ehemündigkeit und Ehegeschäftsfähigkeit sind obsolet geworden. Minderjährige können ab dem 16. Lebensjahr wie schon bisher für ehefähig erklärt werden. Die Ehefähigkeit muss höchstpersönlich gegeben sein, sie ist daher absolut vertretungsfeindlich[210]. Die Brautleute müssen persönlich und bei gleichzeitiger Anwesenheit vor dem Standesbeamten des Trauungsortes, frei von Irrtum, Zwang und Betrug ihren Ehewillen ohne Bedingung und Befristung erklären und es dürfen keine Eheverbote (z. B. Blutsverwandtschaft, Adoption, Doppelehe usw.) bestehen. Eine Ehe wird daher fehlerfrei und gültig geschlossen, wenn ihr kein gesetzliches Verbot entgegensteht, keine Formvorschrift verletzt wird und kein Willensmangel vorliegt. Liegt einer der im Gesetz erschöpfend aufgezählten Fehler vor, der die Gültigkeit der Ehe berührt, kann es je nach Art des Fehlers zur gerichtlichen Aufhebung oder Nichtigerklärung der Ehe kommen. Bis zum richterlichen Urteil ist auch die **mangelhafte Ehe** voll wirksam[211].

Schlichte Eheverbote (z. B. Fehlen der Volljährigkeit) sind dispensabel und hindern die gültige Eheschließung nicht. Im Gegensatz dazu stehen die **Nichtigkeitsgründe** (z. B. Fehlen der Entscheidungsfähigkeit, Eingehung einer Namens- und Staatsangehörigkeitsehe, Doppelehe, Blutsverwandtschaft), die im Falle ihrer Nichtheilung (bei Nichtigkeit wegen Blutsverwandtschaft und Doppelehe ist eine Heilung überhaupt ausgeschlossen) zur rückwirkenden Vernichtung der Ehe durch richterliches Gestaltungsurteil führen. Die Gatten gelten als von Anfang an nicht verheiratet. Bei Vorliegen von **Aufhebungsgründen** (z. B. mangelnde Einwilligung des gesetzlichen Vertreters, Irrtum, arglistige Täuschung und Drohung, Wiederverheiratung des Gatten eines irrtümlich Toterklärten) kann – wenn diese nicht geheilt werden – eine Ehe durch stattgebendes Urteil aufgelöst werden, wobei Rechtsfolgen wie bei einer Scheidung (also ex nunc) eintreten.

Der Inhalt des Ehevertrages ist vom Gesetzgeber nur hinsichtlich weniger Prinzipien typisiert und steht der Disposition der Brautleute weitgehend offen.

---

210 Im Gegensatz dazu war nach alter Rechtslage bei beschränkter Geschäftsfähigkeit eine Zustimmung des Vertreters notwendig gewesen; völlig geschäftsunfähig erklärte Personen hatten gar keine Ehe schließen können. Auch bei einer Scheidung der Ehe muss nach aktueller Rechtslage die Entscheidungsfähigkeit vorliegen. Hier kann jedoch bei Gefährdung des Wohls der betroffenen Person ausnahmsweise eine Vertretungserklärung möglich sein (§ 47 EheG i. d. F. 2. ErwSchG).

211 Sind nicht einmal die elementarsten Voraussetzungen einer Eheschließung erfüllt (es fehlt z. B. die Mitwirkung des Standesbeamten), treten keinerlei Rechtsfolgen ein (Nichtehe).

Die **persönlichen Rechtswirkungen** der Eheschließung oder Verpartnerung sind vom Gleichheitsgrundsatz geprägt: Die Ehegatten sind zu einer umfassenden ehelichen Lebensgemeinschaft verpflichtet (Pflicht zum gemeinsamen Wohnen, zur Treue, zur anständigen Begegnung, zum Beistand); die eingetragenen Partner gehen eine partnerschaftliche Lebensgemeinschaft und Vertrauensbeziehung ein, die außer der Treuepflicht alle für die Ehe genannten Verpflichtungen aufzählt. Ein Ehegatte oder eingetragener Partner hat im Erwerb des anderen mitzuwirken (soweit ihm dies zumutbar, es nach den Lebensverhältnissen der beiden üblich und nicht anderes vereinbart ist); zur Deckung der Bedürfnisse haben sie gemeinsam beizutragen (allerdings nach ihren Kräften und nach der gemeinsam vereinbarten Gestaltung ihrer Gemeinschaft); im Rahmen der sog. Schlüsselgewalt vertritt der Ehegatte/eingetragene Partner, der den gemeinsamen Haushalt führt und keine Einkünfte hat, den anderen bei den Rechtsgeschäften des täglichen Lebens, die er für den Haushalt schließt und die den Lebensverhältnissen der beiden entsprechen. Die Ehegatten/eingetragenen Partner sollen ihre Lebensgemeinschaft, insbesondere die Haushaltsführung, die Erwerbstätigkeit, die Leistung des Beistandes und die Obsorge für Kinder mit dem Ziel voller Ausgewogenheit ihrer Beiträge einvernehmlich gestalten **(Gleichbeteiligungsgrundsatz)**. Von der einvernehmlichen Gestaltung kann jedoch ein Ehegatte seit In-Kraft-Treten des Eherechts-Änderungsgesetzes 1999[212] bei Vorliegen wichtiger Gründe auch einseitig abgehen (§ 91 Abs. 2 ABGB); § 8 Abs. 3 EPG normiert die entsprechende Regelung für einen eingetragenen Partner. Eine Neuregelung des **Namensrechts** der Ehegatten erfolgte durch das KindNamRÄG[213]; kommt es zu keiner Einigung auf einen gemeinsamen Familiennamen, behält jeder Teil automatisch seinen bisherigen Namen. Auch ein aus beiden Namen gebildeter Doppelname ist als gemeinsamer Name möglich (und kann auch an Kinder weitergegeben werden). Bei einer Eingetragenen Partnerschaft gibt es keinen gemeinsamen Familiennamen; die Annahme eines gemeinsamen oder eines Doppelnamens ist nur durch (mittlerweile unproblematische und gebührenfreie) Namensänderung im Verwaltungsweg möglich.

Die **vermögensrechtlichen Beziehungen** zwischen den Ehegatten/eingetragenen Partnern können durch vertragliche Vereinbarung gestaltet werden: **(Ehe)Pakte**, deren Inhalt entweder frei oder in Anlehnung an gesetzlich vorgesehene Typen bestimmt wird. Kommt es zu keiner Vereinbarung, so bleibt es beim **gesetzlichen Güterstand** der Gütertrennung. Diese besteht in reiner Form nur bei aufrechter Ehe/Partnerschaft; im Falle der Scheidung/Auflösung, Nichtigerklärung oder Aufhebung der Ehe/Partnerschaft hat jeder Gatte/eingetragene Partner Anspruch auf einen Teil dessen, was der andere während der Ehe/Partnerschaft erworben hat; bei Auflösung durch Tod erfolgt eine erbrechtliche Vermögensaufteilung.

Die **Scheidung** einer Ehe ist möglich, und zwar bei verschuldeter (durch schwere Eheverfehlungen), aber auch unverschuldeter unheilbarer Zerrüttung (Verhalten aufgrund einer psychischen Krankheit oder vergleichbaren Beeinträchtigung, ansteckende oder ekelerregende Erkrankung und definitive Auflösung der häuslichen Gemeinschaft). Die unheilbare Zerrüttung und Einigung über die Scheidungsfolgen ermöglicht auch die **einvernehmliche Scheidung** (§ 55a EheG). Durch den richterlichen Ausspruch der Scheidung wird die Ehe ex nunc aufgelöst, wodurch die gegenseitigen Rechte und Pflichten erlöschen, doch kann die Unterhaltspflicht weiterbestehen. Es hängt in

212 BGBl. I 1999/125.
213 BGBl. I 2013/15.

der Regel vom Schuldausspruch ab, welcher Ehegatte dem anderen und in welchem Ausmaß er Unterhalt zu zahlen hat. Mit dem Eherechts-Änderungsgesetz 1999 wurde erstmals für bestimmte Härtefälle auch ein **verschuldensunabhängiger Unterhaltsanspruch** eingeführt[214]. Die Aufteilung der elterlichen Rechte richtet sich nach dem Wohl der Kinder, die Vermögensauseinandersetzung über eheliches Gebrauchsvermögen und eheliche Ersparnisse nach Billigkeitserwägungen. Eine Eingetragene Partnerschaft wird durch eine **Auflösung** beendet; die Rechtsfolgen bzgl. Verschulden und Unterhalt sind weitgehend gleichlautend wie bei der Scheidung geregelt.

B. Das Eherecht in der rechtshistorischen Entwicklung

Lit.: *St. Buchholz*, Recht, Religion und Ehe, 1988; *St. Buchholz*, Ehe, HRG ²I, Sp. 1192 ff.; *H. Conrad*, Staatliche Theorie und kirchliche Dogmatik im Ringen um die Ehegesetzgebung Josephs II., FS M. Schmaus II, 1967, 1171 ff.; *A. Duncker*, Gleichheit und Ungleichheit in der Ehe. Persönliche Stellung von Frau und Mann im Recht der ehelichen Lebensgemeinschaft 1700–1914, 2003; *U. Harmat*, Ehe auf Widerruf? Der Konflikt um das Eherecht in Österreich 1918–1938, 1999; *H. Kalb*, Das Eherecht in der Republik Österreich 1918–1978, BRGÖ 2012, 27 ff.; *G. Kohl/Th. Olechowski/K. Staudigl-Ciechowicz/D. Täubl-Weinreich* (Hg.), Eherecht 1811–2011. Historische Entwicklung und aktuelle Herausforderungen, 2012; *K. Kroj*, Die Abhängigkeit der Frau in Eherechtsnormen des Mittelalters und der Neuzeit als Ausdruck eines gesellschaftlichen Leitbilds von Ehe und Familie, 1988; *F. Merzbacher*, Ehe kirchenrechtlich, HRG I, Sp. 833 ff.; *P. Mikat*, Ehe, HRG I, Sp. 809 ff.; *J. Mühlsteiger*, Der Geist des josephinischen Eherechtes, 1967; *W. Müller-Freienfels*, Ehe und Recht 1962, 4 ff.; *Ch. Neschwara*, Konfessionell gebundene Ehehindernisse im österreichischen Allgemeinen Bürgerlichen Gesetzbuch. Strategien zur Umgehung des österreichischen Eherechts, BRGÖ 2018, 173 ff.; *B. Primetshofer*, Ehe und Konkordat, 1960; *B. Rüthers*, Die unbegrenzte Auslegung. Zum Wandel der Privatrechtsordnung im Nationalsozialismus, ⁸2017; *G. K. Schmelzeisen*, Polizeiordnungen und Privatrecht, 1955, bes. 22 ff.; *R. Schulze*, Trauung, Trauungsformel, HRG V, Sp. 301 ff.; *D Schwab*, Geschichtliches Recht und moderne Zeiten, 1995; *D. Schwab*, Grundlagen und Gestalt der staatlichen Ehegesetzgebung in der Neuzeit bis zum Beginn des 19. Jahrhunderts, 1967; *J. Unger*, Die Ehe in ihrer welthistorischen Entwicklung, 1850, Nachdr. 1970; *B. Verschraegen*, Entwicklungen des österreichischen Eherechts im 20. Jahrhundert – Zwischen Tradition und Wandel, FS 200 Jahre ABGB I, 2011, 667 ff.; *E. Weinzierl-Fischer*, Die österreichischen Konkordate von 1855 und 1933, 1960.

---

214 § 68a EheG regelt zwei Fälle, in denen Unterhalt unabhängig vom Verschulden gewährt wird: Zum einen erhält ein geschiedener Ehegatte Unterhalt, wenn ihm aufgrund der Pflege und Erziehung eines gemeinsamen Kindes nicht zugemutet werden kann, sich selbst zu erhalten *(Kindererziehungsfall)*. Die Unzumutbarkeit wird vermutet, solange das Kind das fünfte Lebensjahr noch nicht vollendet hat. Darüber hinaus kann der Unterhalt jeweils auf längstens drei Jahre befristet gewährt werden. Der zweite Fall betrifft denjenigen Ehegatten, der sich während einer langjährigen ehelichen Lebensgemeinschaft der Haushaltsführung, Kindererziehung oder Pflege eines Angehörigen gewidmet hat und dem nach der Scheidung aufgrund seines Alters bzw. seiner Gesundheit oder wegen der mangelnden beruflichen Aus- und Fortbildung eine eigene Erwerbstätigkeit unzumutbar ist *(Aufopferungsfall)*.

1. Allgemeines

Das Eherecht zeigt noch immer Spuren einer jahrhundertelangen Auseinandersetzung zwischen ethisch-religiösen Vorstellungen über das Wesen der Ehe und ihrer rechtlichen Zweckbestimmung. Die Problematik stellte sich immer neu bei der Eingliederung der Ehe in die sozialen Ordnungen der abendländischen Geschichte. Man ist versucht, von einer **Doppelnatur der Ehe** zu sprechen. Das jeweilige Verhältnis von Kirche (Religion) und Staat (politische Herrschaft) hat einmal die eine, dann wieder die andere Seite hervortreten lassen. Die Begriffe waren nicht zu trennen, aber auch nicht zur Deckung zu bringen. Die Versuche, das Spannungsverhältnis aufzulösen, lassen sich auf **zwei Grundmodelle** zurückführen: Nach dem *ersten Modell* stehen sich christliches Ehegesetz und das für die politische Ordnung geltende Eherecht auf verschiedenen Geltungsebenen gegenüber. Ein Konflikt zwischen beiden Ordnungen ist daher kein Rechtskonflikt, sondern Gewissenskonflikt. Die gegenseitige Beeinflussung kann nicht zur rechtlichen Identifikation, sondern allenfalls zu weitgehender Harmonie wesensverschiedener Normen führen. Das *zweite Grundmodell* identifiziert christliche Ehelehre und politisches Eherecht. Es gründet sich auf den Anspruch des christlichen Ehegesetzes, nicht nur das religiöse Wesen der Ehe, sondern auch ihre soziale Funktion im Staat zu bestimmen. Dieses Modell wurde spätestens seit dem 12. Jh. verwirklicht und löste für lange Zeit das weltliche (germanisch-deutsche) Eherecht durch das kirchliche (kanonische) Eherecht ab. Die Erneuerung des weltlichen Eherechts ist in den Zeitläufen der Rechtsgeschichte jüngsten Datums.

2. Eheschließungsrecht

Lit: *H. Conrad*, Die Grundlegung der modernen Zivilehe durch die französische Revolution, ZRG GA 67, 1950, 336 ff.; *H. Conrad*, Das Tridentinische Konzil und die Entwicklung des kirchlichen und weltlichen Eherechts, in Das Weltkonzil von Trient I, hg. v. *G. Schreiber*, 1951, 297 ff.; *M. Erle*, Die Ehe im Naturrecht des 17. Jahrhunderts, 1952; *E. Friedberg*, Das Recht der Eheschließung in seiner geschichtlichen Entwicklung, 1865, Neudr. 1965; *D. Fruscione*, Raubehe, HRG ²IV, Sp. 1050; *W. Köhler*, Die Anfänge des protestantischen Eherechts, ZRG KA 30, 1941, 27 ff.; *P. Mikat*, Dotierte Ehe, rechte Ehe: Zur Entwicklung des Eheschließungsrechts in fränkischer Zeit, 1978; *W. Ogris*, Friedelehe, HRG I, Sp. 1293 f.; *S. Rietschel*, Eheschließung, in Reallexikon der germanischen Altertumskunde, 4 Bde., hg. v. *J. Hoops*, 1911–1913, I, 1913, 508 ff.; *E. Schumann*, Friedelehe, HRG ²I, Sp. 1805 ff.; *E. Schumann*, Morganatische Ehe, HRG ²III, Sp. 1626 ff.; *D. Schwab*, Grundlagen und Gestalt der staatlichen Ehegesetzgebung in der Neuzeit bis zum Beginn des 19. Jahrhunderts, 1967; *D. Schwab*, Heiratserlaubnis, HRG II, Sp. 60 ff., ²II, Sp. 914 ff.; *D. Schwab*, Heiratszwang HRG II, Sp. 66 ff., ²II, Sp. 920 ff.; *D. Schwab*, Verlöbnis, HRG V, Sp. 764 ff.; *R. Sohm*, Das Recht der Eheschließung aus dem deutschen und canonischen Recht geschichtlich entwickelt, 1875.

a) Älteres Recht

Die germanischen Rechtsvorstellungen hatten ihren Horizont in der Sippengemeinschaft. Das äußert sich auch im Recht der Ehebegründung. Neben der

– wohl ursprünglicheren – sippenendogamen Ehe (Sippenbinnenehe) gab es die sippenexogame Ehe (Sippenaußenehe), die den ältesten Eheschließungsformen das Gepräge gab. Dieser Entwicklungsstufe entspricht die sog. Sippenvertragsehe, die uns als wahrscheinlich erster, nicht aber als einziger Ehetyp überliefert ist.

In der Qualifikation des Frauenraubs als Unrechtsakt gegen die Sippe der Frau zeigt sich bereits die Hinwendung zur Rechtsform des Ehe- und Friedensvertrages zwischen den Sippen von Mann und Frau.

aa) Muntehe (Sippenvertragsehe; Kaufehe)

Der Vertrag wurde in ältester Zeit zwischen den Sippen geschlossen (Sippenvertragsehe). Bereits in germanisch-fränkischer Zeit war jedoch der Bräutigam Herr des Vertragsschlusses; die Mitwirkung seiner Verwandten verkümmerte zur formalen Zustimmung und Unterstützung seiner Werbung. Anders bei der Braut. Sie blieb aufgrund der Geschlechtsvormundschaft von der Willensbildung ausgeschlossen; auf ihre Zustimmung kam es nicht an. Der Zerfall der Sippe zur patriarchalischen Hausgemeinschaft verstärkte sogar die Unterordnung der Frau unter die hausherrliche Muntgewalt, womit sich der Abschluss des Ehevertrages zum ausschließlichen Recht des Muntwalts **(Verlobungsrecht)** verfestigte. Dies war regelmäßig der Vater oder – wenn dieser nicht mehr lebte – der Bruder, ansonsten der nächste der Schwertmagen. Von einer Mitwirkung der übrigen Verwandten beim Ehevertrag ist in den Überlieferungen zwar die Rede, doch hatte sie für das rechtliche Geschehen nur mehr die Bedeutung der Wahrnehmung der Öffentlichkeit der Eheschließung[215]. Aus der Sippenvertragsehe war die *Hausvertragsehe* geworden.

Die Überlieferungen trennen den *Eheschließungsvertrag* von der *Begründung der ehelichen Gemeinschaft*. Vertragsabschluss und Vollzug des Geschäftes erfolgten aber ursprünglich in einem einheitlichen Rechtsakt (Bargeschäft). Erst in fränkischer Zeit traten die einzelnen Akte der Eheschließung auch zeitlich stärker auseinander.

(1) Die **Verlobung** (desponsatio) verpflichtete die Brautsippe bzw. den Muntwalt der Braut, sie dem Bräutigam zu übergeben und ihm die eheherrliche Gewalt zu verschaffen (Muntehe). Der Bräutigam hatte hiefür eine **Brautgabe** (Brautschatz, Munt-Schatz, Wittum, pretium nuptiale, dos) oder wenigstens ein Angeld (arrha, arra) hierauf an die Sippe der Braut bzw. den Muntwalt zu leisten (Kaufehe)[216]. Der Brautschatz verlor den Entgeltcharak-

---

215 Vgl. *I. Schwarz*, Die Bedeutung der Sippe für die Öffentlichkeit der Eheschließung im 15. und 16. Jahrhundert, 1959.

216 In den Volksrechten (wie auch in den spätma. Rechten) findet sich der Begriff des Kaufs (emptio; uxorem emere; feminam vendere) mehrmals erwähnt. Daraus wurde von der älteren Lehre abgeleitet, dass die Frau bei den Germanen als Sache gegolten habe. Parallel dazu entwickelte sich die Vorstellung, dass das personenrechtliche Gewaltverhältnis über die Frau Gegenstand des entgeltlichen Erwerbs gewesen sei. Die

ter dadurch, dass er letztlich der Braut selbst zugute kam. Am frühesten, bereits in fränkischer Zeit, ist dieses **Selbstverlobungsrecht** für Witwen belegt. Damit entwickelte sich die Kaufehe zur sog. **Dotalehe**, bei der die Brautgabe zur Witwenversorgung diente.

Die Verlobung war ursprünglich ein Realvertrag. Der Bräutigam erwarb den Anspruch auf Herausgabe der Braut und Übertragung der Muntgewalt durch Hingabe des Brautschatzes bzw. eines Angelds. Für die Verlobung genügte aber bald ein Formalvertrag, was wohl dadurch begünstigt wurde, dass sich die arrha zu einer rein symbolischen Leistung (Reifgeld) zurückbildete[217].

Die Verlobung bedeutete nicht schon die Begründung der Ehe, wohl aber eine Art **Anwartschaft** des Bräutigams auf die Braut, welche in der Regel durch eine Scheintradition (Tradition der Braut an den Bräutigam mit anschließender Rücktradition) augenscheinlich verfestigt wurde[218].

(2) Die **Begründung der ehelichen Gemeinschaft** bedurfte weiterer förmlicher Rechtsakte, über deren Reihenfolge und Bedeutung im Einzelnen noch Unklarheit besteht. Zu erwähnen sind vor allem die **Trauung** (traditio, Übergabe des Mädchens), die **Heimführung** (Brautlauf) und die **Beschreitung des Ehebettes** (Beilager). Die Trauung war ein feierliches Rechtsgeschäft, mit dem die Braut vor den versammelten Verwandten durch symbolische Handlungen (Kniesetzung; adoptionsähnliche Riten) dem Mann überantwortet wurde. Aber erst durch die Heimführung und das Beilager wurde die Braut zur *Ehefrau* mit allen familien-, haus- und standesrechtlichen Wirkungen. Ein weiterer Rechtsakt am Morgen danach war die *Morgengabe* des Mannes an die Frau, um ihrer Anerkennung als *Hausherrin* Ausdruck zu verleihen. In christlicher Zeit bildete sich dazu noch die Sitte aus, dass sich die Eheleute anschließend zur Kirche begaben, um den priesterlichen Segen zu empfangen.

bb) Eheähnliche Lebensgemeinschaften

Die Muntehe war in älterer Zeit nicht die einzige rechtlich anerkannte Lebensgemeinschaft von Mann und Frau. Neben der rechten Ehefrau konnte der Mann beliebig viele Friedeln (fridla, frilla = Freundin, Geliebte – freie Ehe) haben oder der Geschlechtsgemeinschaft mit unfreien Frauen durch die Offenlegung eheähnliche Wirkungen verleihen (Kebsverhältnisse; mit „Kind und Kegel")[219]. Die Kirche ging gegen beide Einrichtungen vor und wertete auch die Friedelehe wegen ihrer leichten Auflösbarkeit zum unzüchtigen

---

neuere Auffassung über den Muntschatz verneint den rein wirtschaftlichen Charakter der Eheschließung. Er wird als Entschädigung für den Verlust der Arbeitskraft gedeutet, den die Brautsippe durch Weggabe des Mädchens erlitt.

217 Zum Bedeutungsfeld der Ringsymbolik *G. Kocher*, Ehering, HRG ²I, Sp. 1221 ff.

218 Untreue der Braut wurde wie Ehebruch angesehen; Weigerung des Bräutigams, die Ehe mit der Braut einzugehen, machte ihn bußpflichtig.

219 Ob die von *I. Weber*, Ein Gesetz für Männer und Frauen. Die frühmittelalterliche Ehe zwischen Religion, Gesellschaft und Kultur, 2008, vorgestellte These, dass es derart

Konkubinat ab[220]. Dennoch bewahrten sich Friedelehe und Kebsehe ihre Bedeutung als legitime Lebensgemeinschaften. Daneben konnte sich die Raubehe – losgelöst von allen Förmlichkeiten – Rechtswirkungen verschaffen.

Die **Friedelehe** (muntfreie Ehe; Ehe ohne eheherrliche Gewalt; freie Ehe; Konsensehe) wurde durch Willensübereinkunft von Mann und Frau, verbunden mit öffentlicher Heimführung und Bettbeschreitung begründet. Da sich die Frau nicht unter die Muntgewalt des Mannes begab, kannte diese Eheform weder die Trauung noch die Brautgabe (undotierte Ehe). Am Morgen nach der Brautnacht erhielt die Frau jedoch die Morgengabe (Morgengabsehe). Ihre weite Verbreitung erklärt sich daraus, dass sie keine Standesgemeinschaft der Ehegatten herbeiführte, und dass sich die Frau dem Mann gegenüber in einer wesentlich stärkeren Rechtsposition befand als bei der Muntehe. Sie wird hauptsächlich überliefert als sog. Einheirat des Mannes in das Haus des Brautvaters (Verehelichung der Erbtochter mit einem Mann niedrigen Standes) sowie als adelige Zweitehe der fränkischen Zeit. Aus der Neuzeit ist sie uns als *morganatische Ehe* (Ehe zur linken Hand) bekannt, die es dem Adel ermöglichte, Ehen mit standesungleichen Frauen zu schließen, ohne dass diese in den Stand des Mannes aufgerückt wären oder ein Ehegattenerbrecht erlangt hätten. Die vermögensrechtliche Sicherstellung dieser Frau erfolgte hier nur durch die Morgengabe[221].

Das **Kebsverhältnis** (Kebsehe; concubinatus) war eine einseitig vom Mann befohlene eheähnliche Geschlechtsverbindung mit unfreien Frauen (Mägden, Gefangenen). Sie verschaffte sich durch Kundmachung eheähnlichen Charakter. Auch die herrschaftlich angeordneten Lebensgemeinschaften zwischen Knechten und Mägden sind in ihren Wirkungen als Kebsehen zu verstehen.

Die **Raubehe** (Entführungsehe) entbehrte der Zustimmung des Muntwalts zur Eingehung einer ehelichen Gemeinschaft. Sie stellte im ältesten Rechtsleben, unabhängig vom Willen der Braut, einen Rechtsbruch dar, der die Rückgabe der Frau an ihre Verwandten und die Leistung einer Buße durch den Bräutigam forderte. Erzwingbar war dies aber nur durch die Fehde. Fiel daher die Racheaktion aus oder blieb sie erfolglos, hatte eine solche Gemeinschaft Bestand. Die Unterscheidung zwischen Raub im engeren Sinn (also gegen den Willen des Mädchens) und der Entführung entspricht einer erst im 7. Jh. anhebenden Entwicklung, als dem Willen der Braut bei der Eheschließung größeres Gewicht beigemessen wurde. Die Anordnung, die Braut an ihren Gewalthaber zurückzugeben, ließ nunmehr den rechtlichen Bestand der Entführungsehe unberührt und löste nur noch die Verpflichtung zur Bußleistung aus.

---

unterschiedliche Eheformen nicht gegeben habe, tragfähig ist, die ältere Lehre *(P. Mikat)* auszuhebeln, bleibt abzuwarten.

220 Die Kirche sah in der Muntehe die einzig „rechte Ehe“, weil sie sich daraus erhoffte, die vor allem im Adel gebräuchliche Polygamie zu unterbinden. Noch in fränkischer Zeit legte sie daher großen Wert auf die Einhaltung der Förmlichkeit der Muntehe (Verlobung, Dotierung, Trauung).

221 Die neuere historische Forschung zweifelt die von *H. Meyer*, Friedelehe und Mutterrecht, 1927, vorgestellten und herrschend gewordenen Rechtswirkungen der Konsensehe an. Eine Neuinterpretation der vornehmlich isländischen Rechtsquellen durch *A. Esmyol*, Geliebte oder Ehefrau? 2002, qualifiziert die Friedelehe als bloßes Konkubinat, also als eine Geschlechtsverbindung höherstehender, meist verheirateter Männer mit Nebenfrauen (frilla/fridla) niederer Herkunft, die vermögend genug waren, sich neben der ehelichen Familie noch andere zu leisten. Anderer Auffassung *D. Strauch*, Vertrags-, Raub- und Friedlehe. Zur Entwicklung des Eherechts im ma. Island, FS A. Wacke, 2001, 451 ff.

b) Kirchliches Recht

Der Missionierungseifer der Kirche galt insbesondere der Durchsetzung christlicher Ehevorstellungen. Ihre Reformbestrebungen zielten vor allem auf die Einführung des dem römischen Recht entnommenen **Konsensprinzips** *(consensus facit nuptias)*, waren also gegen das Verlobungsrecht des Muntwalts der Frau und auf Beseitigung der Raubehe gerichtet. Daneben ging es um die Durchsetzung der **kirchlichen Ehehindernisse** (insbes. des Hindernisses der Verwandtschaft und Schwägerschaft) und um die **Unauflöslichkeit der Ehe**.

Diese seit dem Beginn des 9. Jahrhunderts deutlich in Erscheinung tretenden Bemühungen beschränkten sich vorerst auf eine geistige Beeinflussung der weltlichen Ordnungsmacht. Erst in nachfränkischer Zeit schlug die Kirche einen neuen Weg ein, um ihre Vorstellungen von einer christlichen Ehe durchzusetzen. Alles weltliche Eherecht, das ihren Auffassungen nicht entsprach, sollte keinen rechtlichen Bestand haben. Den Rechtstitel hiezu fand die Kirche im *ius divinum* (göttliches Recht), der von Gott gegebenen, in der Offenbarung bezeugten Ordnung, die nach kirchlicher Auffassung jedem Gesetz der Menschen *(lex mundana)* in Rang und Geltung vorgehen musste. Bedeutungsvoll war die Auffassung, dass das göttliche Recht den menschlichen Ehegesetzen nicht nur Schranken setze, sondern die Ehe in ihrer Gesamtstruktur erfasse. Da die Eheschließung kraft göttlichen Rechts einzig in den übereinstimmenden Ehewillenserklärungen bestand, mussten alle sonstigen Erfordernisse als überflüssig und unbeachtlich erscheinen. Germanische und römische Eheschließungserfordernisse *(solennitates)*, die nicht zum Wesen *(substantia)* der Eheschließung gehörten, wurden eliminiert, sofern sie nicht unter dem Gesichtspunkt „ex honestate“ betrachtet und weitergeübt werden konnten. Vollendet wurde dieses Rechtsgebäude im 12. und 13. Jahrhundert, nachdem die Theologie die **Sakramentenlehre** präzisiert und die Ehe unter die eigentlichen Sakramente des Neuen Testaments aufgenommen hatte. Mit ihr gelang es, eine einheitliche christliche Rechtskultur des Ehelebens zu schaffen.

Die kirchliche Vorstellung einer bevorrangten Geltung des göttlichen Rechts übertrug sich im MA. auf den Gesamtbereich des kanonischen Rechts, also auch auf dasjenige Kirchenrecht, das auf menschlich-kirchlicher Rechtsschöpfung beruht. Daher die Prävalenz der schlichten „leges ecclesiasticae“ gegenüber dem Eherecht der „lex mundana“. Dabei blieb es auch, als die scholastische Wissenschaft den Unterschied zwischen *ius divinum* und *lex ecclesiastica* näher präzisierte. Kraft ihres sakramentalen Charakters wurde die Ehe als *causa spiritualis* und damit als *causa ecclesiastica* verstanden.

Das **Eherecht** hörte damit auf, Teil der weltlichen Rechtsordnung zu sein und wurde **Disziplin des Kirchenrechts**. Eheschließung und Ehescheidung wurden der kirchlichen Gerichtsbarkeit überantwortet, womit ein Kapitel eigenständiger deutscher Rechtsentwicklung abgeschlossen war. Der **Ehekonsens** wurde zum konstitutiven Kern der Eheschließung. Erst die Zustimmung der

Braut machte die Ehe gültig, das Verlobungsrecht der familienrechtlichen Gewalthaber verkümmerte zu einem Ehebewilligungsrecht ohne rechtliche Bedeutung. Die Ehe kam durch das üblicherweise im Kreise (Ring) und mit Zustimmung der Verwandten gegebene Jawort der Brautleute zustande und wurde mit dem Vollzug **unauflöslich**. Daneben hielt man zur Solennisierung der einzig „rechten Ehe“ an den Riten der Muntehe fest. Kirchliche Rechtsauffassungen gestalteten daraus das Recht der **Selbstverlobung** und das Recht der **Selbsttrauung** der mündigen Frau. Getraut wurde noch immer in symbolischen Formen nach Art der alten traditio puellae, doch trat an die Stelle des Muntwalts ein von den Brautleuten „gekorener Vormund“. Er führte die Brautleute zusammen (coniungere) und nahm ihr Jawort entgegen. Trauvormund konnte ein Geistlicher oder ein Laie sein, doch schärften kirchliche Vorschriften schon seit dem 11. Jh. ein, dass die Trauung vor der Kirchentür stattfinden solle. Das Verbot der Laientrauung wurde zwar im 11./13. Jh. verkündet und sollte zugleich die priesterliche Mitwirkung an der Eheschließung statuieren, doch war sie im MA. noch keine Gültigkeitsvoraussetzung für die Ehe, weil es an allgemeinen Form- und Publizitätserfordernissen fehlte. Auch formlose und ohne Zeugen abgegebene Ehewillenserklärungen waren als gültig zu behandeln *(matrimonium clandestinum)*. Erst die Einführung einer **zwingenden Formvorschrift** für die Erklärung des Ehekonsenses in der Neuzeit (zuerst durch das Konzil von Trient, Dekret „Tametsi“ 1563) stellte klar, dass nur die in Gegenwart des zuständigen Priesters vor zwei Zeugen geschlossene Ehe Gültigkeit erlangt.

Die protestantischen Gemeinwesen führten die kirchliche Trauung nicht als Gültigkeitserfordernis der Ehe ein. Aber bereits im 17. Jh. wurde auch dort die Bedeutung der kirchlichen Trauung erkannt und zum Trauzwang verfestigt (Bestrafung bei ehelichem Zusammenleben ohne kirchliche Trauung). Das leitete dazu über, die kirchliche Trauung als Gültigkeitsvoraussetzung in den Kodifikationen protestantischer Gemeinwesen zu verankern[222].

c) Neuzeitliche Rechtsentwicklung

aa) Allgemeines

Der Umgestaltung des Eherechts durch den Staat der Neuzeit ging ein zähes Ringen mit der Kirche um den Kompetenzanspruch in Ehesachen voraus. Die letztlich gelungene Grundlegung einer staatlichen Ordnungsbefugnis ist die formale Seite des Verweltlichungsprozesses des Eherechts, das Loslösen des Eherechts aus der göttlichen Vorherbestimmung die materielle Seite. Der Durchbruch gelang zunächst im formalen Bereich. Die **staatliche Ehegesetzgebung** schuf ein zweites, aber kein anderes Eherecht. Sie blieb den religiös-dogmatischen Grundlagen des ma. Eherechts verfangen und erhob lediglich

222 ALR II 1 § 136.

den Anspruch, *auch* eine Ordnung zu sein, die das Mitglied der katholischen Kirche bindet[223].

Die Auseinandersetzung um die materielle staatliche Legislativbefugnis war von zwei Anschauungen bestimmt: Die Lehre vom *„bürgerlichen Vertrag"* deutete die Ehe als profanes Rechtsgebilde und ordnete das Eherecht der „bürgerlichen" Rechtsordnung zu; die Lehre von der *„staatlichen Kirchenhoheit "* forderte dagegen hoheitliche Kontrolle über die Kirche, folglich auch über das Eherecht. Die Gesetzgebung nahm von beidem etwas und formte das **staatlich-christliche Ehemodell**. Die weltliche Durchschnittsehe war ein Verschnitt aus christlichem Idealbild, aufkeimender humanitärer Gesinnung und staatsnützlicher Zweckbestimmung.

Neue und besonders starke Impulse zur Gestaltung des Eherechts bezog der staatliche Gesetzgeber im 18. Jh. aus dem vernunftrechtlichen Naturrecht. In seinen als „weltliche Bibel"[224] angesehenen Kodifikationen versucht er, das Eherecht unmittelbar und völlig am höherwertigen Staatsinteresse auszurichten **(polizeistaatliches Ehemodell)**. Die Duplizität der Eherechte (kirchliche Ehen – bürgerliche Ehen) blieb jedoch erhalten.

Grund hiefür war nicht zuletzt der *Toleranzgedanke*. Aus religiöser Duldsamkeit und zur Sicherung des territorialen Religionsfriedens gestattete der aufgeklärte Herrscher den Angehörigen christlicher Konfessionen die Anwendung *ihres* Ehegesetzes. In dem Maße, in dem der Staat auch nichtchristliche Religionen und Weltanschauungen duldete, stellte sich die Frage, ob nicht auch ihren Anhängern ein Leben nach ihren Ehevorstellungen zu gestatten sei. In letzter Konsequenz sollte auch das weltanschaulich nicht organisierte Individuum nach seiner Eheauffassung leben dürfen (so das individualistisch-romantische Ehemodell im 19. Jh.).

bb) Staatliche Ehegesetzgebung

Die Anfänge der staatlichen Ehegesetzgebung reichen auf *Maria Theresia* zurück. Die Bekräftigung, die rein bürgerlichrechtlichen Wirkungen der Ehe von den Zivilinstanzen abklären zu lassen[225], schränkte die ausufernde kirchliche Ehejurisdiktion auf den ihr gemäßen Zuständigkeitsbereich ein. Das Gesetz über die Verlöbnisse Minderjähriger[226] stellte den ersten Eingriff in die kirchliche Ehehoheit dar. Im Gegensatz zum kanonischen Recht wurden solche Verlöbnisse vom Staat mit Nichtigkeit bedroht, soferne nicht das Einverständnis des Zustimmungsberechtigten vorlag[227]. Der grundlegende Wandel

223 Für den protestantischen Staat entstand eine solche Kompetenzfrage nicht, solange sich die protestantischen Kirchen nicht als autonome Ordnungsmächte verstanden.

224 *H. Thieme*, Die preußische Kodifikation, ZRG GA 57, 1937, 407.

225 VO vom 20. September 1753.

226 VO vom 12. April 1753.

227 Ehe die österreichische Gesetzgebung es wagte, Eheschließungen, welche nach kanonischem Recht gültig, dem Staat aber unerwünscht waren, in ihrem rechtlichen Bestand anzugreifen, versuchte sie, wenigstens entsprechende Verlöbnisse für ungültig zu erklären und die Ehebehinderungen (die der Staat dem kanonischen Recht gerne hin-

aber wurde durch die **Ehegesetzgebung** unter **Joseph II.** vollzogen. Unter dem Schlagwort „Zurückeroberung der legitimen Rechte“ zog Joseph II. mit dem **Ehepatent** vom 16. Jänner 1783 eine klare Trennlinie zwischen Ehesakrament und Ehevertrag *(Distinktionstheorie)* und derogierte den kirchlichen Ehegesetzen formell mit der Vorlage eines „bürgerlichen Ehevertrags“.

„Die Ehe an sich selbst, als ein bürgerlicher Vertrag (Contract) betrachtet, wie auch die aus diesem Vertrag herfließenden, und den Vertrag errichtenden gegen einander zustehenden bürgerlichen Gerechtsame und Verbindlichkeiten erhalten ihre Wesenheit, Kraft und Bestimmung ganz und allein von den landesfürstlichen Gesetzen; die Entscheidung der hierüber entstehenden Streitigkeiten gehört also für die landesfürstlichen Gerichtsstellen.“ (§ 1 Patent vom 16.1.1783, JGS Nr. 117)[228]

Die Reform des Eherechts durch Joseph II. stieß zwar nicht zur *obligatorischen Zivilehe* vor, doch sollten sich die Pfarrer und sonstigen Geistlichen bei der Trauung in erster Linie nicht als Religionsdiener, sondern als Staatsbeamte verstehen, die staatliches Recht anwenden. Ergaben sich Konflikte zwischen kirchlichem und staatlichem Recht, konnte der Geistliche dennoch mit strafrechtlichen Sanktionen zur Trauung gezwungen werden. Die Überweisung der Ehegerichtsbarkeit von den Diözesangerichten an die staatlichen Gerichtshöfe[229] war eine logische Folge des josephinischen Staatskirchentums.

cc) ABGB 1811

Die Grundsätze des josephinischen Ehepatentes wurden in das ABGB übernommen, mündeten allerdings in ein dreifach gegliedertes Eherecht für Katholiken, Protestanten und Juden[230]. Dabei sollte es vorerst bleiben. Während

zugefügt hätte) in das Verlöbnisrecht einzufügen (*Codex Theresianus*, Teil 1, Cap. III, § I ff.). Dies lag deshalb nahe, weil einerseits den Verlöbnissen nach kanonischem Recht eheähnliche Wirkungen zukamen (kam der Beischlaf unter den Verlobten hinzu, war die Ehe unauflöslich), andererseits der staatliche Gesetzgeber in Rückbesinnung an römischrechtliche Sponsalien das Verlöbnis als das (für die Eheschließung gar nicht erforderliche) Versprechen künftiger Eheschließung normieren wollte. Erst mit dem Patent vom 30. August 1782 wurden die Verlöbnisse jeder rechtlichen Wirkung beraubt, das Ehepatent von 1783 enthält kein Verlöbnisrecht mehr; das ABGB führt das Verlöbnis als Rechtsfigur wieder ein, ohne aber einen Anspruch auf Eheschließung aus dem Verlöbnis anzuerkennen (§ 45).

228 In neuen (das kanonische Recht teils einschränkenden, teils erweiternden) Vorschriften über Ehehindernisse legt das Ehepatent 1783 ein weiteres deutliches Zeugnis für die staatliche Eherechtskompetenz ab; ebenso durch die Einführung der Ehescheidung (§ 55) für Akatholiken. Einen außergewöhnlich fesselnd zu lesenden Einblick in die Rechtskultur und Rechtspraxis der josephinischen Zeit vermittelt *W. Ogris*, Mozart im Familien- und Erbrecht seiner Zeit, 1999.

229 Ehepatent §§ 1, 57.

230 S. die Erläuterungen zu § 115 von *Zeiller*, Commentar über das allgemeine bürgerliche Gesetzbuch II, 1812, 296: „Nächst der allgemeinen Art der Ehetrennung durch den Tod und die Todeserklärung des Ehegatten (§§ 111–114) nehmen andere (nichtkatho-

andere europäische Staaten den Durchbruch zur *Zivilehe* schafften – am frühesten Frankreich (Gesetz vom 20.9.1792); das Deutsche Reich 1875 –, konnte sich das Eherecht in Österreich erst im 20. Jh. von kirchlichen Rechtssetzungskompetenzen freimachen. Die Anerkennung eines neuen, dem bisherigen bürgerlichen Recht unbekannten Ehehindernisses (Impedimentum catholicismi)[231] leitete über zur Wiederherstellung der alleinigen Ehehoheit der katholischen Kirche über ihre Mitglieder im Konkordat vom 18. August 1855 (RGBl. 195)[232].

dd) Konkordat 1855

Nach dem Eherecht des Konkordats war die Ehe eines Katholiken nur gültig, wenn sie den Vorschriften des kanonischen Rechts entsprach. Über die Gültigkeit seiner Ehe sollte die Kirche nach ihren Gesetzen befinden[233]. Getragen wurde dieses Eherecht vom neoabsolutistischen Bündnis zwischen „Thron und Altar".

Der militärische, wirtschaftliche und politische Misserfolg des Neoabsolutismus führte folglich zu einem schrittweisen Abrücken von den Prinzipien des Konkordats.

Den Anstoß dazu gab die Anerkennung der Glaubens- und Gewissensfreiheit (Protestantenpatent 1861, RGBl. 41/1861; StGG vom 21. Dezember 1867, RGBl. 142/1867, Art. 14). Die beiden Maigesetze des Jahres 1868 (Gesetz vom 25. Mai 1868, RGBl. 47/1868 über die Wiederherstellung des ABGB für die Ehen der Katholiken, Wiederherstellung der weltlichen Ehegerichtsbarkeit für die Katholiken und bedingte Zulässigkeit der Zivilehe, sowie RGBl. 49/1868 über die interkonfessionellen Verhältnisse der Staatsbürger) bedeuteten einen direkten Bruch mit dem Wortlaut des Konkordats (das gleiche gilt bezüglich des Gesetzes über die Eheschließung zwischen Angehörigen verschiedener christlicher Religionen vom 31. Dezember 1868, RGBl. 4/1869).

Die formelle Kündigung des Konkordats erfolgte allerdings erst im Jahr 1874 durch das Katholikengesetz (Gesetz zur Regelung der äußeren Rechtsverhältnisse der katho-

---

lische) Religions-Genossen, denen die Ausübung ihrer Religion im Staate zugestanden wird, theils christliche Religions-Verwandte, theils die Juden (von deren abweichendem Eherecht am Ende dieses Hauptstückes gehandelt wird) noch mehrere Trennungsursachen an, deren Anwendung ihnen nach den *Duldungsgrundsätzen* von der öffentlichen Verwaltung verwilliget wird."

231 Das ABGB gestattete den gerichtlich Geschiedenen die Wiederverheiratung ohne Rücksicht auf das Religionsbekenntnis im Augenblick der Scheidung, sofern nur eine im Akatholizismus geschlossene Ehe vorlag (§ 115 ABGB). Zufolge des neuen Ehehindernisses (HD vom 17. Juli 1835) konnte nunmehr kein geschiedener Katholik zu Lebzeiten seines Ehegatten eine gültige Ehe eingehen. Auch der geschiedene Akatholik konnte nur mehr mit einem Nichtkatholiken eine gültige Ehe schließen. Damit sollte das katholische Dogma von der Unauflöslichkeit der Ehe voll verwirklicht werden.

232 Art. 10 – Konkordatseherecht. *E. Weinzierl-Fischer*, Die österreichischen Konkordate von 1855 und 1933, 1960.

233 Gesetz über die Ehen der Katholiken im Kaisertum Österreich vom 8. Oktober 1856, RGBl. 185, §§ 3, 42.

lischen Kirche vom 7. Mai 1874, RGBl. 50/1874)[234]. Vorangegangen war bereits 1870 eine Kündigung des Monarchen unter Berufung auf das Dogma von der Unfehlbarkeit des Papstes wegen „Veränderung des Kompaziszenten". Der Heilige Stuhl hat jedoch weder die praktische (1868) noch die formelle Kündigung des Konkordats zur Kenntnis genommen. Er betrachtete erst die Tatsache des Zerfalls der österreichisch-ungarischen Monarchie als einen Umstand, der das Konkordat von 1855 zum Erlöschen brachte.

ee) Notzivilehe

Durch die Aufhebung des Konkordats wurden das Eherecht des ABGB und die staatliche Ehegerichtsbarkeit für die Katholiken wiederhergestellt. Als Neuerung trat hinzu, dass sie eine vor dem Staat gültige Ehe ohne Beobachtung der kanonischen Formvorschriften abschließen konnten[235].

Diese *Notzivilehe* war – wenn es sich um eine rein katholische Ehe handelte – an folgende Bedingungen geknüpft[236]: Der katholische Ehewerber musste seinen Ehewillen zunächst dem zuständigen Seelsorger kundtun und ihn um Aufgebot und Entgegennahme des Ehekonsenses ersuchen. Wenn der katholische Seelsorger die Vornahme dieser Handlungen aufgrund eines kanonischen, vom Staat nicht anerkannten Hindernisgrundes verweigerte, oder wenn beide Brautleute erklärten, sie wünschen nicht den Abschluss einer katholischen Ehe, war die Zuständigkeit der staatlichen Organe zur Entgegennahme des Ehekonsenses gegeben.

Personen, die keiner gesetzlich anerkannten Religionsgesellschaft angehörten oder überhaupt konfessionslos waren, hatten ebenfalls ihre Eheerklärung vor den staatlichen Organen abzugeben[237].

Von den Grundzügen her bekannte sich damit der österreichische Gesetzgeber weiterhin zum konfessionellen Eherecht. Allen Konfessionen gemeinsam war der Grundsatz des § 62 ABGB, wonach das bestehende Eheband ein absolut trennendes Ehehindernis bildete. Während jedoch für die Nichtkatholiken die Möglichkeit der Ehescheidung gegeben war (§ 115 ABGB), bestand für die Katholiken der Grundsatz des § 111 ABGB, wonach eine Ehe, bei der auch nur ein Teil im Zeitpunkt des Eheabschlusses der katholischen Religion zugetan war, nur durch den Tod aufgelöst werden konnte.

Der Grundsatz der Untrennbarkeit der Katholikenehen ging sogar über die Bestimmungen des kanonischen Rechtes hinaus: Zum einen lag nach bürgerlichem Recht der

234 *Ch. Neschwara*, Konfessionell gebundene Ehehindernisse im österreichischen Allgemeinen Bürgerlichen Gesetzbuch. Strategien zur Umgehung des österreichischen Eherechts, BRGÖ 2018, 173 ff.

235 Gesetz vom 25. Mai 1868, RGBl. 47, Art. II. *I. Fuhrmann*, Die Diskussion über die Einführung der fakultativen Zivilehe in Deutschland und Österreich seit Mitte des 19. Jahrhunderts, 1998.

236 Eine religiös gemischte Ehe konnte nunmehr, sofern der nichtkatholische Teil einem gesetzlich anerkannten Religionsbekenntnis angehörte, unmittelbar vor dem Seelsorger des akatholischen Teiles eingegangen werden. § 77 ABGB hatte zur staatlichen Gültigkeit noch die Eheschließung vor dem katholischen Seelsorger gefordert.

237 Gesetz von 9. April 1870, RGBl. 51.

Begriff der Katholikenehe nicht bloß bei den in kanonisch-kirchlicher Form geschlossenen Ehen vor, sondern auch bei einer von einem Katholiken eingegangenen Zivilehe oder bei Schließung einer religiös gemischten Ehe vor dem nichtkatholischen Religionsdiener. Zum anderen anerkannte das bürgerliche Recht auch nicht die nach kanonischem Recht mögliche Lösung einer gültig geschlossenen, aber nicht vollzogenen Ehe durch päpstliche Dispens oder feierliche Ordensprofess. Damit war also das Hindernis des bestehenden Ehebandes für den Katholiken ein unter allen Umständen trennendes Ehehindernis, dem man grundsätzlich nur durch den Tod des anderen Ehegatten entgehen konnte. Einzig Wohnort- bzw. Staatsbürgerschaftswechsel und Eheschließung im Ausland eröffneten Auswege aus dem österreichischen Eherecht[238].

ff) „Dispensehen"

In Umgehung der strengen Bestimmungen für die Katholikenehe kam seit 1919 (zuerst in Niederösterreich) die Übung auf, vom Hindernis des bestehenden Ehebandes auf administrativem Weg allgemein zu dispensieren. Diese *Dispensehen*[239] wurden so lange als gültige Ehen angesehen, als sie nicht durch ein gerichtliches Urteil für ungültig erklärt wurden.

Diese in der Literatur auch **Sever-Ehen** genannten Dispensehen (der Landeshauptmann von Niederösterreich, *Albert Sever*, hatte Befreiungen dieser Art erstmals in großem Umfang erteilt) gründeten sich auf § 83 ABGB. Den Landesstellen (Verwaltungsbehörden) kam nämlich die Vollmacht zu, von Ehehindernissen zu dispensieren, wenn wichtige Gründe dafür vorlagen. Einen Hinweis, von welchen Hindernissen Dispens erteilt werden könne, enthielt das Gesetz nicht. Diese Dispensbefugnis wurde unter Außerachtlassung der allgemeinen Lehre und Rechtsprechung von dispensierbaren und nichtdispensierbaren Ehehindernissen allgemein ausgeübt. Die Gerichte entschieden sich in schwankender Praxis teils für die Gültigkeit, teils für die Ungültigkeit der Dispensehen. Das vom OGH auf Anforderung des Justizministeriums erstattete Gutachten (1921–1928) sah die Erteilung der Dispens als einen absolut nichtigen Verwaltungsakt an, an den die Gerichte nicht gebunden seien. Der VfGH wiederum teilte den Standpunkt des OGH nicht und entschied regelmäßig, das erkennende Gericht habe seine Zuständigkeit überschritten und sei nicht berechtigt, die Gültigkeit der erteilten Nachsicht zu überprüfen. Seit 1930 änderte sich diese Praxis, als der VfGH entschied, es liege kein bejahender Kompetenzkonflikt vor, da der Landeshauptmann zur Erteilung der Dispens, das Gericht aber zur Prüfung der Gültigkeit der Ehe zuständig und somit beiden Behörden nicht dieselbe Sache vorgelegen sei. Das Eheband der ersten Ehe wurde weder durch die Dispenserteilung noch durch den Abschluss der Dispensehe berührt. Bei den Zivilgerichten setzte sich die Meinung durch, dass die Dispens vom Hindernis des Ehebandes die daraufhin geschlossene Ehe nicht gültig machen könne. Das Verfahren auf Ungültigerklärung der Ehe wegen des Hindernisses des bestehenden Ehebandes war nach § 94 ABGB von Amts wegen einzuleiten, doch wurde seit 1929 vom VfGH entschieden, dass ein entsprechender An-

238 Zu den „deutschen", „Coburger", „Siebenbürger" und „ungarischen" Ehen vgl. *Ch. Neschwara*, „Besondere Verhältnisse machen es mir wünschenswerth [...] das deutsche Reichsbürgerrecht zu erwerben": Die Coburger Eheangelegenheit des Johann Strauß (Sohn), FS H. Kalb, öarr 2017, 321 ff.

239 *H. Kalb*, „Dispensehen" und die Innsbrucker Juristenfakultät: Das Fakultätsgutachten vom 27. November 1919, in Österreich und der Hl. Stuhl im 19. und 20. Jahrhundert, hg. v. *H. Paarhammer*, 2001, 273 ff.

trag an das Gericht nicht von jedermann, sondern nur von demjenigen, der an der Auflösung der Dispensehe ein rechtliches Interesse habe, gestellt werden könne. Nach § 99 ABGB wäre eine Ehe so lange als gültig anzusehen gewesen, bis das entgegenstehende Hindernis vollständig bewiesen war[240].

gg) Konkordat 1934

Ein (vorläufiges) Ende der Auseinandersetzung brachte das Konkordat von 1934 (1. Mai), das die Eherechtskompetenz für Katholiken wieder an die Kirche zurückgab. Dieser Rechtszustand war allerdings nicht von langer Dauer[241].

hh) „Deutsches" Ehegesetz

Bereits mit 1. August 1938 wurde das Gesetz zur Vereinheitlichung des Rechts der Eheschließung und der Ehescheidung im Lande Österreich und im übrigen Reichsgebiet vom 6.7.1938 samt Durchführungsverordnung vom 27.7.1938 in Kraft gesetzt[242]. Dieses Gesetz derogierte nicht nur dem Konkordatseherecht, sondern auch dem Eherecht des ABGB und dem im Burgenland geltenden Sondereherecht.

Hier hatte sich nach dem Erwerb von Teilen Westungarns das ungarische Eherecht erhalten (BVG vom 25. Jänner 1921, BGBl. 85, § 6). Es beruhte auf den beiden ungarischen Gesetzesartikeln I und III vom Jahr 1894 und kannte bereits die obligatorische Zivilehe (UGA I, § 29, 1.) sowie die für die Angehörigen aller Konfessionen unterschiedslos bestehende Scheidungsmöglichkeit (UGA I, § 75)[243].

Nach Eliminierung der typisch nationalsozialistischen Bestimmungen wurde das deutsche Ehegesetz in die österreichische Rechtsordnung übergeleitet[244]. Seither steht das österreichische Eherecht auf dem Boden der **obligatorischen Zivilehe** und kennt grundsätzlich keine konfessionellen Rücksichten mehr.

240 Vgl. *B. Primetshofer*, Ehe und Konkordat, 1960, 19 ff. Zum österreichischen Eherechtswirrwarr zwischen den beiden Weltkriegen im Detail *U. Harmat*, Ehe auf Widerruf? Der Konflikt um das Eherecht in Österreich 1918–1938, Ius Commune Sonderheft 121, 1999; *H. Kalb*, Das Eherecht in der Republik Österreich 1918–1978, BRGÖ 2012, 27 ff.

241 Zu den weiteren Bemühungen der Katholischen Kirche um die staatliche Anerkennung kirchlicher Eheschließungen vgl. *U. Harmat*, „*... eine gottesräuberische Usurpation*"? Die Debatte um die obligatorische Zivilehe in Österreich nach 1945 bis zur Anerkennung des Konkordats 1957, BRGÖ 2014, 84 ff.

242 DRGBl. I, 807; DRGBl. I, 923; einige verfahrensrechtliche Bestimmungen traten bereits am 9. Juli 1938 in Kraft.

243 Näheres dazu bei *Ch. Neschwara*, Rezeption als Reform: Das ungarische Eherecht im österreichischen Burgenland nach 1921, ZNR 1989, 39 ff.

244 Gesetz vom 26. Juni 1945, StGBl. Nr. 31, und Gesetz vom 1. Mai 1945, StGBl. Nr. 6 – RÜG. Mit Bezugnahme auf die deutsche Regelung *F. Schwind*, Kommentar zum österreichischen Eherecht, [1]1951, [2]1980 (hier mit gekürzter Darstellung der deutschen Regelung).

Für alle Ehewerber gilt ohne Unterschied und ohne Ausnahme nur das staatliche Eherecht[245].

3. Ehefähigkeit

Lit.: *C. Gf. Chorinsky*, Das Vormundschaftsrecht Niederösterreichs vom 16. Jahrhundert bis zum Erscheinen des Josefinischen Gesetzbuches, 1878; *D. Schwab*, Grundlagen und Gestalt der staatlichen Ehegesetzgebung in der Neuzeit bis zum Beginn des 19. Jahrhunderts, 1967, bes. 235 ff.; *G. Wesener*, Die Stellung des Kindes im Recht der altösterreichischen Länder, Recueils de la Société Jean Bodin 36, 1976, 453 ff.

Im älteren deutschen Recht stellte sich die Frage nach der Ehefähigkeit gar nicht, da die **Einigung der Sippen** das tragende Element war. Die Entwicklung, die schließlich den Bräutigam selbst mit der Brautsippe kontrahieren ließ, änderte nichts am Prinzip, dass muntunterworfene Personen der Zustimmung ihres Muntwalts bedurften, um rechtsgültig eine Ehe einzugehen. Lediglich bei „reinen" Konsensehen entfiel das Erfordernis der Zustimmung für die Gültigkeit der Ehe. Das kanonische Recht machte dagegen die Ehefähigkeit von der Erreichung eines bestimmten Alters abhängig. **Ehemündig** wurde der Mann mit dem 14. bzw. 16. Lebensjahr, die Frau mit dem 12. bzw. 14. Lebensjahr. Auf die Zustimmung der Eltern (oder des Vormunds) kam es nicht an. Die Eheschließung vor Erreichung der Ehemündigkeit erzeugte bei Kindern (bis zum 7. Lebensjahr) überhaupt keine rechtlichen Wirkungen; bei Unmündigen war sie unerlaubt, doch konnte die Ehe nachträglich geheilt werden.

Der Widerstreit zwischen dem heimischen Recht und dem kanonischen Recht durchzieht die Rechtsordnungen bis ins 16. Jh.[246]. Eine Bereinigung dieser unklaren Rechtslage erfolgte seit dem 16. Jh. dadurch, dass der kanonisch-gemeinrechtliche Standpunkt zwar respektiert, die Eheschließung Unmündiger ohne Einwilligung der Eltern aber mit vermögens- und strafrechtlichen Sanktionen belegt wurde. Noch in der Majorennitäts-Jahrebestimmung 1753 wurden „Sponsalia" und „Ehecontracte" ohne Einwilligung des Vormunds, Kurators oder der vorgesetzten Obrigkeit zwar für verboten erklärt,

245 Konfessionelle Eheschließungen haben nur Wirkung für den innerkirchlichen Bereich, sind allerdings staatlich uneingeschränkt zulässig, seitdem das gesetzliche Verbot, die religiösen Feierlichkeiten einer Eheschließung vorzunehmen, bevor die Ehe vor dem Standesbeamten geschlossen ist (§ 67 Personenstandsgesetz vom 3. November 1937, DRGBl. I, 1146) durch Erkenntnis des VfGH vom 19.12.1955, G 9/55, G 17/55 lt. Kd. BGBl. 1956/46, als verfassungswidrig aufgehoben wurde. Ein rein innerkirchliches Verbot – von dem nur in bestimmten Fällen Befreiung erteilt wird – untersagt dem Priester, eine kirchliche Eheschließung vor der staatlichen vorzunehmen. Die Verletzung dieses Verbotes berührt die Gültigkeit der kirchlichen Ehe allerdings nicht.

246 Die fehlende elterliche Einwilligung bei unvogtbaren Kindern (Minderjährigen) stellte nach dem österreichischen Landesrecht des 16. Jahrhunderts ein trennendes Ehehindernis dar und machte die „eheliche Zusag dem Landsbrauch nach *nichtig* und *kraftloß* ..." (Entwurf Püdler II, 27 §§ 18 und 22).

die Ehe selbst jedoch blieb auch nach dieser Regelung gültig. Erst die Gesetzgebung Josephs II. rückte vom kanonisch-gemeinen Recht ab. Sowohl nach dem *Ehepatent 1783* als auch dem *Josephinischen Gesetzbuch* bedurften Minderjährige zur Eheschließung der Einwilligung ihres Vaters, in dessen Ermangelung des väterlichen Großvaters. Ehen Minderjähriger ohne solche Einwilligung waren „völlig ungültig“[247]. Wurde die Einwilligung ohne erhebliche Gründe verweigert, konnte sie allerdings das Gericht von Amts wegen erteilen.

Im *ABGB 1811* wurde die Ehefähigkeit unmündiger und mündiger Minderjähriger unterschiedlich behandelt. Unmündige unter 14 Jahren ohne Unterschied des Geschlechtes konnten einen gültigen Ehevertrag nicht errichten. Ihr fehlendes Alter stellte ein „unauflösbares Hindernis“ dar, und es wurde davon auch nicht dispensiert[248]. Mündige Minderjährige oder Pflegebefohlene, die keine gültige Verbindlichkeit eingehen konnten, bedurften zur Eheschließung der Einwilligung ihres gesetzlichen Vertreters. Fehlte sie, war die dennoch geschlossene Ehe ungültig, sofern dieses „auflösbare Ehehindernis“ nicht durch Dispens beseitigt wurde[249]. Ein Minderjähriger, dem die Einwilligung zur Ehe versagt wurde, konnte um sie bei Gericht ansuchen. Den Seelsorgern war bei Androhung schwerer Strafe verboten, eine Trauung ohne Zeugnisse (also auch über die Ehefähigkeit) vorzunehmen.

Das *Ehegesetz 1938* stellte den Begriff der **Ehemündigkeit** (§ 1 „Ein Mann soll nicht vor Vollendung des 21. Lebensjahres, eine Frau soll nicht vor Vollendung des 16. Lebensjahres eine Ehe eingehen“) in den Mittelpunkt der Ehefähigkeit. Die Ehe eines Geschäftsunfähigen wurde für nichtig erklärt, ein beschränkt Geschäftsfähiger bedurfte der Zustimmung des gesetzlichen Vertreters (und des Sorgeberechtigten). Vom Erfordernis der Ehemündigkeit konnte dispensiert werden (beim Mann allerdings nur nach vollendetem 18. Lebensjahr), die mangelnde Einwilligung des gesetzlichen Vertreters (und des Sorgeberechtigten) war ersetzbar und konnte auch nur zur Aufhebung der Ehe ex nunc führen.

Im Zuge der Familienrechtsreform wurde das Ehemündigkeitsalter für den Mann auf das vollendete 19. Lebensjahr herabgesetzt und die Dispens für Mann und Frau auf die Nachsicht eines Jahres begrenzt (BG vom 14.2.1973, BGBl. 108). Die notwendige Einwilligung desjenigen, dem die Pflege und Erziehung des Minderjährigen oder des aus anderen Gründen beschränkt Geschäftsfähigen zustehen, entsprach der Neuordnung des Kindschaftsrechts (BG vom 30.6.1977, BGBl. 403). Im Rahmen des KindRÄG 2001 (BG vom

247 § 6 Ehepatent; § 8 Josephinisches Gesetzbuch, 3. Hpst.

248 § 48 i.V. m. § 83 ABGB.

249 § 49 i.V. m. § 83 ABGB. Zum Problem hoheitlicher Ehekonsense s. *E. Mantl*, Heirat als Privileg. Obrigkeitliche Heiratsbeschränkungen in Tirol und Vorarlberg 1820 bis 1920, 1997.

29.12.2000, BGBl. I 135), kam es zur geschlechtsneutralen Festlegung des Ehemündigkeitsalters auf das vollendete 18. Lebensjahr, da die Ungleichbehandlung von Mann und Frau als sachlich nicht mehr zu rechtfertigen angesehen wurde. Auch die Möglichkeit des Dispensierens vom Erfordernis der Ehemündigkeit besteht nunmehr ohne Unterschied des Geschlechts für Personen, die das 16. Lebensjahr vollendet haben. Allerdings muss in diesem Fall der zukünftige Ehepartner bereits volljährig sein, da aufgrund der Tendenz zu späteren Eheschließungen kein erkennbarer Bedarf nach reinen „Minderjährigenehen" besteht und diese dem Gesetzgeber auch nicht erstrebenswert erscheinen.

Die aktuelle Definition der Ehefähigkeit orientiert sich an der Volljährigkeit und Entscheidungsfähigkeit einer Person (§ 1 EheG i. d. F. 2. ErwSchG, BGBl. I 2017/59).

4. Ehehindernisrecht

Lit.: *St. Buchholz*, Ehe, HRG ²I, Sp. 1192 ff.; *P. Mikat*, Ehe, HRG I, Sp. 809 ff.; *Ch. Neschwara*, Konfessionell gebundene Ehehindernisse im österreichischen Allgemeinen Bürgerlichen Gesetzbuch. Strategien zur Umgehung des österreichischen Eherechts, BRGÖ 2018, 173 ff.; *D. Schwab*, Grundlagen und Gestalt der staatlichen Ehegesetzgebung in der Neuzeit bis zum Beginn des 19. Jahrhunderts, 1967, 205 f., 225 ff.

Ehehindernisse und Ehevoraussetzungen geben an, von und zwischen welchen Personen eine Ehe begründet werden kann oder darf.

Da sie sich lediglich durch die negative oder positive Fassung des betreffenden Rechtssatzes unterscheiden, können sie unter dem Ehehindernisrecht zusammengefasst werden.

a) Älteres Recht

Ehehindernisse kannte man bereits im ältesten Recht, doch war ihnen eher die faktische Unvorstellbarkeit eigen, als das rechtliche Eheverbot (z. B. die Verwandtenehe in gerader Linie, wohl auch die Geschwisterehe). Rechtlich fassbar sind am ehesten die Abwehrmaßnahmen gegen Eheschließungen, die als Bruch des Rechtsfriedens angesehen wurden (z. B. Eheschließung mit der geraubten Frau, mit einer Muntunterworfenen ohne Zustimmung des Gewalthabers oder mit der Verlobten eines anderen). In solchen Fällen sahen die Volksrechte und Kapitularien Bußleistungen der Rechtsbrecher vor oder drohten Strafsanktionen an. Seit Ende des 6. Jhs. ging man dazu über, missbilligte Ehen aufzuheben bzw. die Frau an ihren Gewalthaber zurückzugeben. Kirchlicher oder römischrechtlicher Einfluss steigerte schließlich die Abwehrmaßnahmen zur Anordnung der Nichtigkeit unerlaubter Ehen, womit sich die Rechtsfigur des sog. **trennenden Ehehindernisses** ausbildete. Es erfasste in den Volksrechten vor allem das Eheverbot der Blutsverwandtschaft und Schwägerschaft.

b) Kirchliches Recht

In dem Maß, in dem sich die Kirche die ausschließliche Kompetenz in Eheangelegenheiten verschaffen konnte, geriet auch das Ehehindernisrecht des MA. in ihren Bann. Die Beachtung der kanonischen Ehehindernisse wurde durch die kirchliche Ehegerichtsbarkeit kontrolliert. Das klassische kanonische Recht unterschied zwischen **trennenden Ehehindernissen** (impedimenta dirimentia), etwa Blutsverwandtschaft (in gerader Linie zwischen allen Verwandten, in der Seitenlinie bis zum 3. Grad), Irrtum, Zwang, bestehendes Eheband, höhere Weihen usw.[250], und **aufschiebenden** oder **verbietenden Ehehindernissen** (impedimenta impedientia), z. B. Bekenntnisverschiedenheit, Verlöbnis, einfache Gelübde usw. Während erstere eine wirksame Eheschließung verhinderten, berührten letztere die Gültigkeit der Ehe nicht, machten sie aber unerlaubt (Trauungsverbot). Dispens von Ehehindernissen durch kirchliche Obere, vornehmlich durch den Papst, das Hl. Offizium und die Sakramentenkongregation war beschränkt möglich[251]. Zur Geltendmachung der Ehenichtigkeit bildete sich im Laufe des 12. und 13. Jhs. ein eigener „Nullitätsprozess" mit detaillierten Verfahrensvorschriften heraus. Der kirchliche Einfluss sollte über Jahrhunderte hinaus bis tief in die Neuzeit bestehen bleiben.

c) Neuzeitliche Rechtsentwicklung

Bis zum *Ehepatent Josephs II.* beschränkte sich der neuzeitliche Gesetzgeber auf Einzeleingriffe in das kanonische Ehehindernisrecht[252], die sich im We-

250 Trennende Ehehindernisse nahmen im kirchlichen Eherecht großen Raum ein. Sie wurden wie folgt systematisiert: *Privathindernisse* aus Mangel der freien Einwilligung (Mangel des freien Bewusstseins, Zwang und Furcht, wesentlicher Irrtum, Wegfall einer Bedingung, Sklaverei); Privathindernisse aus dem Mangel der persönlichen Fähigkeit (körperliches Unvermögen); *öffentliche Ehehindernisse* (Fehlen des Alters, Entführung, qualifizierter Ehebruch oder Gattenmord, bestehendes Eheband, Verwandtschaft und Schwägerschaft, gänzliche Verschiedenheit des Glaubens, höhere Weihe, feierliches Gelübde der Keuschheit, Mangel der gesetzlichen Form der Eingehung). Zur Einteilung der Ehehindernisse nach neuem kirchlichen Eherecht vgl. *H. de Wall/St. Muckel*, Kirchenrecht. Ein Studienbuch, [6]2022, § 21 Rz. 62 ff.

251 Eine hoheitliche Befreiung im Einzelfall (dispensatio) war bei Hindernissen göttlichen Rechts (z. B. Eheband, geschlechtliches Unvermögen, Verwandtschaft in gerader Linie und zwischen Brüdern und Schwestern) überhaupt nicht möglich; Hindernisse menschlichen Rechts dagegen waren grundsätzlich dispensabel, doch pflegte die Kirche von bestimmten Hindernissen ebenfalls nicht zu dispensieren (z. B. Schwägerschaft zwischen Stiefeltern und Stiefkindern oder Gattenmord). Manche konnten durch Dispens gar nicht beseitigt werden (Mängel im Ehewillen).

252 Neue staatliche Eheverbote waren z. B. jene für „Vagabunden" (VO 1727; die Brautleute mussten über ihr „ehrliches Auskommen und Brotgewinn" ein beglaubigtes Zeugnis ihrer Grundherrschaft oder der zuständigen Gemeinde vorweisen) oder für „Adelige und andere bemittelte Weibspersonen", die einen Ausländer heiraten wollten.

sentlichen darin erschöpften, staatlich unerwünschte Eheschließungen durch strafrechtliche und vermögensrechtliche Sanktionen zu erschweren. Am System des kanonischen Ehehindernisrechts wurde nicht gerüttelt.

Erst Joseph II. schuf ein eigenständiges **weltliches Ehehindernisrecht**. Erhebliche Abweichungen vom kanonischen Recht machen das deutlich, wenngleich grundsätzlich an kirchlichen Ordnungsvorstellungen festgehalten wurde.

An diesem Rechtszustand wurde auch durch das *ABGB 1811* nichts Wesentliches geändert. Eine umfassende **Neuordnung des staatlichen Ehehindernisrechts** erfolgte erst durch das EheG 1938, das neben „klassischen", der bürgerlichen Rechtsordnung bekannten Eheverboten, die fast unverändert dem BGB entnommen wurden[253], Eheverbote mit spezifisch nationalsozialistischem Inhalt zur Verwirklichung der Rassenlehre enthielt. Dazu zählten das Verbot der Eheschließung zwischen Juden und Staatsangehörigen deutschen oder artverwandten Blutes und das Verbot der Eheschließung von Personen, die an bestimmten ansteckenden Krankheiten litten, entmündigt, geisteskrank oder erbkrank waren[254]. Das EheG wurde 1945 ohne die typisch nationalsozialistischen Eheverbote in das österreichische Recht übergeleitet. Die verbliebenen taxativ aufgezählten Eheverbote im engeren Sinn[255] (Verwandtschaft, Schwägerschaft, Doppelehe, Ehebruch, Annahme an Kindes Statt, offene Wartezeit, fehlende Heiratserlaubnis, mangelndes Ehefähigkeitszeugnis für Ausländer) waren zum Teil mit Nichtigkeitssanktion verknüpft (Doppelehe, Verwandtschaft), in anderen Fällen bestand bloß ein dispensables Trauungsverbot (Schwägerschaft, Ehebruch, Wartezeit, fehlendes Ehefähigkeitszeugnis, Annahme an Kindes Statt). 1983 wurden viele dieser Eheverbote aufgehoben, da sie kaum mehr Bedeutung besaßen oder unnötig geworden waren. Geblieben sind das Eheverbot der Verwandtschaft, der Doppelehe und der Annahme an Kindes Statt, wobei die Wahlkindschaft aber ohnehin aufgehoben werden kann.

Für alle Nichtigkeitsgründe[256] gilt, dass sich auf die Nichtigkeit einer Ehe niemand berufen kann, solange sie nicht durch gerichtliches Urteil für nichtig

253 Dazu zählten Verwandtschaft, Schwägerschaft, Annahme an Kindes Statt, Doppelehe und Ehebruch.

254 Das EheG 1938 verwies hinsichtlich dieser Verbote auf das deutsche Blutschutzgesetz 1935 und das deutsche Ehegesundheitsgesetz 1935, die beide nach dem „Anschluss" auch in Österreich in Kraft gesetzt wurden (Verordnung v. 20.5.1938, DRGBl. I, 594, GBlÖ 1938/150; Verordnung v. 14.11.1939, GBlÖ 1939/1438).

255 Eheverbote im weiteren Sinn sind alle Umstände, bei deren Vorliegen der Standesbeamte nicht trauen darf. Dazu zählen neben den zit. Eheverboten im engeren Sinn die Verbote, die aus den Vorschriften über die Ehefähigkeit sowie den Nichtigkeitsgründen abgeleitet werden können.

256 Dazu zählen neben den Eheverboten im engeren Sinn noch Formmangel, Entscheidungsunfähigkeit, Namens- und Staatsangehörigkeitsehe sowie Wiederverheiratung bei Todeserklärung trotz Kenntnis, dass der für tot Erklärte noch lebt.

erklärt worden ist. Allerdings wirkt dieses Urteil dann in die Vergangenheit (ex tunc). Eine Ausnahme besteht nur zugunsten von Kindern, die nichtigen Ehen entstammen; sie gelten als ehelich, wenn sie vor Nichtigerklärung der Ehe geboren wurden. Seitdem das KindNamRÄG 2013 die materiell-rechtlichen Differenzierungen zwischen in oder außerhalb einer Ehe geborenen Kindern beseitigt hat, sind diesbezüglich nur mehr prozessuale und im internationalen Privatrecht relevante Folgen zu berücksichtigen.

5. Ehescheidungsrecht

Lit.: *D. Blasius*, Ehescheidung in Deutschland 1794–1945. Scheidung und Scheidungsrecht in historischer Perspektive, 1987; *W. Brauneder*, Die Ehescheidung dem Bande nach in den Landesordnungsentwürfen für Österreich unter und ob der Enns 1595 und 1608, Österr. Archiv f. Kirchenrecht 1971, 273 ff.; *St. Buchholz*, Ehe, HRG ²I, Sp. 1192 ff.; *P. Mikat*, Ehe, HRG I, Sp. 809 ff.; *P. Mikat*, Rechtsgeschichtliche und rechtspolitische Erwägungen zum Zerrüttungsprinzip. Ehe und Familie im privaten und öffentlichen Recht. Zeitschrift für das gesamte Familienrecht, 1962, 81 ff., 273 ff., 497 ff., 1963, 65 ff.; *S. Möhle*, Ehekonflikte und sozialer Wandel. Göttingen 1740–1840, 1997; *K. W. Nörr*, Bürgerliches Eheauflösungsrecht und Religion, Juristenzeitung 1966, 545 ff.; *H. Portmann*, Wesen und Unauflöslichkeit der Ehe in der kirchlichen Wissenschaft und Gesetzgebung des 11. und 12. Jahrhunderts, 1938; *D. Schwab*, Grundlagen und Gestalt der staatlichen Ehegesetzgebung in der Neuzeit, 1967, 217 ff., 241 ff.

a) Älteres Recht

Die Vorstellung, dass die Eheschließung ein unauflösliches rechtliches Band zwischen den Eheleuten knüpft, lag dem ältesten Rechtsdenken fern. Möglich war sowohl die **beidseitige** als auch die **einseitige Aufhebung der ehelichen Gemeinschaft**. Während bei der Friedelehe (Konsensehe) die Auflösung im Belieben der Ehegatten stand, erfolgte sie bei der Muntehe durch gegenseitige Übereinkunft zwischen den Sippen, später zwischen dem Mann und der Frauensippe und schließlich zwischen dem Mann und der Frau selbst. Auch durch Verstoßung seitens des Mannes konnte die Muntehe aufgelöst werden, wofür allerdings ein schweres Unrechtsverhalten der Frau oder ein „Fehler“ (z. B. Unfruchtbarkeit) Voraussetzung war. Ein einseitiges Scheidungsrecht der Frau setzte sich vereinzelt unter frühem römischrechtlichen Einfluss durch. Vor allem der Muntverlust des Mannes (wenn er etwa seine Frau als Hexe verleumdete) konnte sie berechtigen, die eheliche Gemeinschaft aufzuheben.

b) Kirchliches Recht

Der kanonische Grundsatz, dass eine gültig geschlossene und vollzogene Ehe unter Christen nur durch den Tod aufgelöst werde, fand erst allmählich Eingang in das weltliche Recht. In einer gegenläufigen Beeinflussung des fränkisch-kirchlichen Rechts durch die germanische Rechtstradition wurde bis zum 9. Jh. die Ehescheidung wegen Ehebruchs und aus anderen gleich wichtigen Gründen zugelassen. Erst das 9. Jh. brachte die völlige Abkehr vom Recht der Ehescheidung, das die Möglichkeit einer Wiederverehelichung eröffnete[257]. Die ausschließliche Zuordnung der Ehegesetzgebung und Ehegerichtsbarkeit an die Kirche im hohen Mittelalter verfestigte diesen Rechtszustand zum **Prinzip der absoluten Unauflöslichkeit einer gültigen, vollzogenen Ehe**.

Damit verbunden war allerdings der Ausbau der trennenden Ehehindernisse, deren Geltendmachung zur rückwirkenden Auflösung der Ehe – in den Quellen oft *Scheidung* genannt – führen konnte. Zweifellos hat das Ehehindernisrecht im MA. für den Adel die Funktion eines Scheidungsrechts ausgeübt.

Das Unauflöslichkeitsprinzip wurde auch nicht durch das tridentinische Recht der **Trennung von Tisch und Bett** (separatio tori mensae et habitationis) ausgehöhlt. Die zeitweilige oder dauernde Aufhebung der ehelichen Lebensgemeinschaft berührte das bestehende Eheband (vinculum matrimonii) überhaupt nicht. Sie hatte bestimmte Rechtsgründe zur Voraussetzung (Ehebruch eines Gatten, gegenseitige Vereinbarung bei Ordenseintritt oder Empfang der höheren Weihen durch den Mann mit Zustimmung der Frau) und schloss eine Wiederverehelichung zu Lebzeiten des Ehepartners aus.

c) Neuzeitliche Rechtsentwicklung

Die Konzeption der Ehescheidung ging in der Neuzeit zunächst von der Reformation aus. Da sie den Sakramentscharakter der christlichen Ehe leugnete, bestand auch kein Grund, am Prinzip der Unauflöslichkeit festzuhalten. Ihr irdisches Ehemodell sah die Möglichkeit einer Ehescheidung vor[258].

Die sog. *strenge Richtung* der protestantischen Theologie und Jurisprudenz ließ die Scheidung nur aus bestimmten triftigen Gründen zu (Ehebruch, boshafte Verlassung, Verweigerung der ehelichen Gemeinschaft usw.); die sog. *milde Richtung* kannte nahezu uferlose Scheidungsmöglichkeiten. Meist setzte sich die strenge Lehre durch. Immerhin fand die Möglichkeit der Ehescheidung seit dem 16. Jh. Eingang in die Kirchen- und Ehegerichtsordnungen der reformierten Länder. Der Scheidungstatbestand ließ die Ehe ipso iure auseinanderfallen und wurde von der erkennenden Kirchenbehörde bloß festgestellt.

Die österreichische Rechtsentwicklung glich der in anderen „katholischen" Staaten. Im Zuge der Toleranzbewegung gestand man zwar den Protestanten und Juden das Recht der **Ehescheidung** zu, hielt aber an der **Unauflöslichkeit** der **Katholikenehe** fest[259]. Für sie gab es weiterhin nur die Trennung von Tisch und Bett. Dabei blieb es auch im *ABGB 1811*[260, 261].

---

257 Synode von Paris, 829, III 2; Worms, 829, c. 20.

258 Hergeleitet aus Matth. 5, 31/32; 19, 3–9 und 1. Kor. 7, 15.

259 Ehepatent von 1783, III. Hpst., § 98 i.V. m. § 104.

260 §§ 93, 111, 115, 119, 123–136. Das Ehescheidungsrecht für Protestanten entsprach etwa der „milden Richtung" in der protestantischen Jurisprudenz.

261 Im ABGB 1811 hatten die Begriffe Scheidung und Trennung eine andere Bedeutung als heute. Unter Scheidung bzw. Scheidung von Tisch und Bett verstand man die bloße

Die liberale Rechtsentwicklung des 19. Jhs. ging an Österreich vorbei.

Hatte man in Frankreich bereits durch Gesetz vom 20. September 1792 die Scheidung wegen Unvereinbarkeit der Gemüter oder Charaktere ermöglicht (ohne das tatsächliche Vorliegen eines solchen Sachverhalts gerichtlich nachzuprüfen), schuf man im Deutschen Reich durch das Reichsgesetz vom 6. Februar 1875 (§ 77) ein echtes Scheidungsrecht für Katholiken. Es sah vor, dass in jenen Fällen, in denen nach bisherigem Recht auf beständige Trennung der Ehegatten von Tisch und Bett zu erkennen wäre, fortan die Auflösung des Ehebandes auszusprechen sei. Mit dem BGB 1900 wurde schließlich ein für alle Bürger ohne Unterschied der Religion und Konfession gemeinsames Ehescheidungsrecht eingeführt.

Erst 1938 wurde durch das *deutsche Ehegesetz* unterschiedslos **allen** Staatsbürgern die **Auflösung der Ehe durch Scheidung** gestattet[262]. Dazu bedarf es bestimmter Scheidungsgründe mit ehezerstörender Wirkung. Es müssen allerdings nicht alle Scheidungsgründe auf einem Verschulden beruhen.

Zwei Prinzipien bestimmen seither die inhaltliche Gestaltung der Scheidungsgründe: Das *Verschuldensprinzip* gründet das Scheidungsbegehren auf die schuldhafte grobe Verletzung der aus dem Eheverhältnis entspringenden Pflichten, die dem schuldlosen Partner das Zusammenleben nicht mehr zumutbar macht, das *Zerrüttungsprinzip* auf die faktische Auflösung der ehelichen Gemeinschaft, die eine Wiederherstellung nicht mehr erwarten lässt.

Das Ehegesetz enthält viele generalklauselartige unbestimmte Rechtsbegriffe[263], die ursprünglich dazu bestimmt waren, die nationalsozialistische Vorstellung, dass eine Ehe nur scheidbar ist, wenn sie ihre Funktion in der Volksgemeinschaft nicht mehr erfüllt (zur Steigerung der Geburtenrate Nichts beitrug), durchzusetzen[264]. Der Wille der Ehegatten sollte immer hinter diesen Nützlichkeitserwägungen zurückstehen.

Nach Zusammenbruch der NS-Herrschaft wurde das Scheidungsrecht des EheG ohne den Tatbestand der Unfruchtbarkeit in die österreichische Rechtsordnung übergeleitet und die Generalklauseln im Sinne der geänderten Wertvorstellungen vom Wesen der Ehe neu interpretiert.

Die Scheidungsreform 1978[265] brachte als wichtigste Ergebnisse die **„einvernehmliche Scheidung“** vor dem Außerstreitrichter, bei der eine von beiden Seiten zugestandene Ehezerrüttung nicht weiter zu erforschen ist (§ 55a EheG) und die Beseitigung der Widerspruchsmöglichkeit des an der Ehezerrüttung nicht oder minderschuldigen Ehegatten nach sechsjähriger Auflösung der ehelichen Gemeinschaft (§ 55 EheG).

Aufhebung der häuslichen Gemeinschaft, nicht aber die Auflösung des Ehebandes. Daher bestand bei Scheidung keine Wiederverheiratungsmöglichkeit. Trennung des Ehebandes bedeutete dagegen die Auflösung der Ehe; eine Wiederverheiratung war möglich.

262 Über das Festhalten am kirchlichen Eheschließungsrecht für Katholiken und das Sonderrecht im Burgenland bis 1938 s. oben.

263 Etwa „das Wesen der Ehe“.

264 S. dazu das nationalsozialistische Familienbild oben.

265 BG vom 15.6.1978, BGBl. 280, und BG vom 30.6.1978, BGBl. 303.

Mit dem Eherechts-Änderungsgesetz 1999[266] wurden die Scheidungsgründe mit absoluter Wirkung (Ehebruch, Verweigerung der Fortpflanzung) beseitigt und in einen einzigen relativen Verschuldensscheidungstatbestand (§ 49 EheG) integriert[267]. Dies führte zu einer weiteren Zurückdrängung des Verschuldensgrundsatzes zugunsten des Zerrüttungsprinzips.

6. Persönliche Rechtswirkungen der Ehe

Lit.: *R. Bartsch*, Die Rechtsstellung der Frau als Gattin und Mutter, 1903; *C. Gf. Chorinsky*, Das Vormundschaftsrecht Niederösterreichs vom 16. Jahrhundert bis zum Erscheinen des Josefinischen Gesetzbuches, 1878, 428 ff.; *H. Conrad*, Die Rechtsstellung der Ehefrau in der Privatrechtsgesetzgebung der Aufklärungszeit, FS G. Kallen, 1957, 253 ff.; *H. Fehr*, Die Rechtsstellung der Frau und der Kinder in den Weistümern, 1912, Neudr. 1971; *G. K. Schmelzeisen*, Polizeiordnungen und Privatrecht, 1955, 60 ff.; *H. R. Schmidt*, Männergewalt und Staatsgewalt. Frühneuzeitliche Ehekonflikte vor Gericht in vergleichender regionalgeschichtlicher Perspektive, L'Homme. Zeitschrift für feministische Geschichtswissenschaft 14, 1/2003, 35 ff., *M. Weber*, Ehefrau und Mutter in der Rechtsentwicklung, 1907, Neudr. 1989.

a) Älteres Recht

Die **eheherrliche Munt** gab dem Mann in ältester Zeit so umfassende Herrschaftsbefugnisse über die Frau, dass es schwerfällt, von einem rechtlichen Verhältnis der Ehegatten, von einer Gegenseitigkeit der Rechte und Pflichten zu sprechen. Der Mann konnte die Frau bestrafen, verstoßen, im Falle der echten Not sogar veräußern. Was wir heute als eheliche Pflichten der Frau begreifen, ging in ihrer Gehorsamspflicht auf. Ein gewisses Maß an existentieller Sicherheit gewährte wohl das genossenschaftliche Prinzip, das in jeder Gemeinschaft – so auch in der Ehe – beachtet wurde. Darüber hinaus nahm die Sippe der Frau Schutzfunktionen bei Rechtsbrüchen und Misshandlungen wahr. Unter christlichem Einfluss besserte sich im MA. allmählich die Rechtsstellung der Frau. Auf die Rechtsbeziehungen zwischen den Ehegatten wirkte sich vor allem der Umstand aus, dass die ehemännliche Muntgewalt ihre herrschaftlichen Züge verlor und zunehmend als Schutzgewalt gedeutet wurde.

Nach christlichem Verständnis war die eheliche Gemeinschaft zwischen Mann und Frau der Gemeinschaft zwischen Jesus und seiner Kirche vergleichbar. Dementsprechend hatte die Frau dem Mann demütig zu gehorchen und wurde von ihm geleitet, stand aber auch unter seinem Schutz. Gemeinsam sollten sie ihr Leben auf Gott ausrichten und einander auf dem Weg zu ihm, also im irdischen Leben, beistehen. Aus dieser gegenseitigen Verantwortung erwuchsen dem Mann erstmals konkret umrissene Pflichten.

Er hatte für die Existenz der Ehefrau zu sorgen und war im Rechtsleben ihr **Vogt**, der für sie beim Abschluss von Rechtsgeschäften und vor Gericht auf-

266 BG vom 22.7.1999, BGBl. I 125.

267 Das Vorliegen von absoluten Scheidungsgründen berechtigte jedenfalls zur Scheidung unabhängig davon, ob die Ehe durch die Verfehlung zerrüttet wurde oder nicht.

trat. Andererseits erhielt die Frau die Befugnis, Rechtsgeschäfte des täglichen Lebens selbständig abzuschließen und daraus den Mann zu berechtigen, vor allem aber zu verpflichten **(Schlüsselgewalt)**[268]. Die Betonung des genossenschaftlichen Elements der Ehe stärkte die Rechtsposition der Frau gegenüber den Kindern und ließ die Vorstellung einer **gegenseitigen Treuepflicht** der Ehegatten entstehen, ohne allerdings das „natürliche" Leitungsrecht des Mannes in Frage zu stellen. Alles hatte seine gottgewollte Ordnung.

b) Neuzeitliche Rechtsentwicklung

Auch die Neuzeit brachte vorerst kaum Aussagen hervor, die als persönliche Rechtswirkungen der Ehe zu deuten wären. Die Pflichten der Frau gingen in der Gehorsamkeit gegenüber dem Mann auf, dessen Vorrangstellung durch die rezipierte Lehre von der väterlichen Gewalt und die aristotelische Philosophie von der **Leitungsfunktion des Mannes** sogar noch ausgebaut wurde. Treue- und Beistandspflichten des Mannes entsprachen wohl den Lebensvorstellungen, verdichteten sich aber kaum zu Rechtssätzen. Lediglich die Standesfolge der Frau durch die Heirat war gesichertes Recht und kann als Gewährleistung des standesgemäßen Unterhalts durch den Mann gedeutet werden. Alles Übrige blieb ein Lehrgebäude der gemeinrechtlichen Jurisprudenz, die das ehemännliche Regiment mit dem Anspruch der Frau auf Schutz ihrer Existenz ins Verhältnis zu setzen versuchte. Wo konkrete Hinweise auf eine *gegenseitige* Beistandspflicht zu finden sind, verstanden sie sich als Missbrauchsabwehr[269].

Neue Impulse brachte erst die **naturrechtliche Lehre**. Ihr Dogma vom Ehevertrag führte zunächst dazu, einen **Katalog gegenseitiger Rechte und Pflichten der Ehegatten** aufstellen zu wollen, der etwa im *Codex Theresianus* und im *Josephinischen Gesetzbuch* breiten Raum einnahm[270]. Die abstra-

268 Dazu *W. Brauneder*, Schlüsselgewalt, eherechtlich, HRG IV, Sp. 1446.

269 Vgl. etwa die beiläufige Aussage in den ehegüterrechtlichen Bestimmungen der oö. Landtafel, 3. Teil, 38. Tit. § 8, dass der „mann die ehebeschwerden mit ernehrung weib und kinder tragen soll und mueß. umb welcher ehebeschwärten willen dann der mann solang die ehe werth auch die völlige administration und nutzung deß heirathguetß haben und gwinen thuet ...". Im Zusammenhang damit ist die weitere Bestimmung zu sehen, dass die Frau ihr Heiratsgut und andere für ihren Witwenstand versprochene Vermögensmassen bereits während bestehender Ehe herausverlangen konnte, wenn der Mann „übel hauset und der ehe bößlich vorstehet, also daß er in armueth schulden und verderben geriethe", um damit ihren Unterhalt und den des Mannes zu sichern. Umgekehrt verlor die Frau bei Ehebruch Heiratsgut und Witwenversorgung. Den Weistümern ist zu entnehmen, dass liederlicher Lebenswandel des Mannes und Verschwendungssucht zu obrigkeitlichen Fürsorgemaßnahmen, ja sogar zum Verlust der Munt führen konnten (*H. Fehr*, Die Rechtsstellung der Frau und der Kinder in den Weistümern, 1912, Neudr. 1971, 62).

270 Vorbildlich *Codex Theresianus*, 1. Theil, Caput II, von dem Stand der Menschen § 4 Von dem Hausstand. n. 59–124:

hierende Lehre *Martinis* entnahm daraus vor allem die Pflicht der Ehegatten zu gegenseitigem Beistand.

Die Eheleute sind durch das Naturrecht verbunden, ihre Kinder zu erziehen und sich wechselweise Beistand zu leisten (§ 722). Die Eheleute müssen alle Lasten der Ehe gemeinschaftlich tragen, und ihren Kindern den Unterhalt mit vereinigten Kräften verschaffen (§ 695)[271].

In dieser bereits bereinigten Fassung fanden die Naturrechtslehren Eingang in das *ABGB 1811*, wo die gedachte **Wechselbezüglichkeit zwischen Leitungsrecht und Unterhaltspflicht des Mannes** besonders deutlich zum Ausdruck kam[272].

Die aus den großen Revolutionen hervorgegangene Frauenbewegung nahm bereits im 19. Jh. den Kampf gegen die ungleiche Rollenverteilung von Mann und Frau in der Ehe auf[273]. Erst die Industriegesellschaft zerstörte je-

---

1. Der *Mann* als „Haupt der häuslichen Gesellschaft“ hat „eine Art der Gewalt über seine Ehegattin, welche jedoch nach der Vernunft, Anständigkeit und Billigkeit gemäßiget“ und an die „göttliche, geistliche und weltliche Gesetze gebunden“ sein muss (n. 67).
2. Er ist verpflichtet, „sie seinem Stand gemäß zu ernähren und zu unterhalten, wie nicht minder dieselbe sowohl gerichtlich als außergerichtlich zu vertreten und zu beschützen“ (n. 68).
3. Die *Frau* erhält Namen und Wappen des Mannes, „alle Ehren, Würden und dem Mann zustehenden Vorzüge“, folgt seinem Gerichtsstand und genießt nach seinem Tod „wittibliche“ Vorrechte (n. 69).
4. Sie ist verpflichtet, dem Wohnsitz des Mannes zu folgen, „und ihme in seinem Nahrungsstand und in der Haushaltung alle Hilfe zu leisten, folglich ihm in Besorgung des Hauswesens nach ihrem Stande, Kräften und Kündigkeit zu überheben“ (n. 70).
5. Zu den gemeinsamen „Rechten und Schuldigkeiten“ zählt die „häusliche Beiwohnung, wie unter einander gebührende Erbfolge und Heiratsansprüche, welche aus denen Eheberednissen einem und dem anderen Theil zukommen“ (n. 71).

271 *K. A. v. Martini*, Lehrbegriff des Naturrechts, ^{2}1799, 272 ff.

272 „Der Mann ist das Haupt der Familie. In dieser Eigenschaft steht ihm vorzüglich das Recht zu, das Hauswesen zu leiten; es liegt ihm aber auch die Verbindlichkeit ob der Ehegattin nach seinem Vermögen den anständigen Unterhalt zu verschaffen, und sie in allen Vorfällen zu vertreten“ (§ 91). Die Gattin erhält den Namen des Mannes, die Rechte seines Standes, ist zur Wohnsitzfolge verpflichtet, hat dem Mann im Haushalt und beim Erwerb nach Kräften beizustehen und „so weit es die häusliche Ordnung erfordert, die von ihm getroffenen Maßregeln sowohl selbst zu befolgen, als befolgen zu machen“ (§ 92).
Zeiller verteidigte dieses Festhalten an der traditionellen Rollenverteilung in der Ehe mit unterschiedlichen Begabungen und Eigenschaften von Mann und Frau, sogar mit der überlegenen Stärke und Verstandeskraft des Mannes, daneben aber auch mit der geschlechtsspezifischen Erziehung und Ausbildung (Das natürliche Privat-Recht, 1808, 201).

273 *E. Frysak*, Legale Kämpfe. Die petitionsrechtlichen Forderungen der österreichischen bürgerlichen Frauenbewegung zur Änderung des Ehe- und Familienrechts um die Jahrhundertwende, L’Homme. Zeitschrift für feministische Geschichtswissenschaft 14, 1/2003, 65 ff.

doch das Leitbild der Hausfrauenehe und verhalf dem **partnerschaftlichen Prinzip** zum Durchbruch. Seit dem Bundesgesetz vom 1.7.1975[274] ist den Ehegatten die **einvernehmliche Gestaltung** ihrer Lebensgemeinschaft aufgetragen. Das Eherechts-Änderungsgesetz 1999[275] unterstreicht das partnerschaftliche Prinzip insofern, als es ausdrücklich normiert, dass die Ehegatten die Gestaltung der ehelichen Lebensgemeinschaft mit dem Ziel der vollen Ausgeglichenheit ihrer Beiträge vornehmen sollen **(Gleichbeteiligungsgrundsatz)**.

7. Eheliches Güterrecht

Lit.: *W. Brauneder*, Zur Auslegung und Reform des 28. Hauptstückes des ABGB „Von den Ehepakten", Österreichische Notariatszeitung 105, 1973, 67 f.; *W. Brauneder*, Die Entwicklung des Ehegüterrechts in Österreich. Ein Beitrag zur Dogmengeschichte und Rechtstatsachenforschung des Spätmittelalters und der Neuzeit, 1973; *W. Brauneder*, Gesellschaft – Gemeinschaft – Gütergemeinschaft, in Forschungsband Franz v. Zeiller, hg. v. *W. Selb/H. Hofmeister*, 1980, 14 ff.; *W. Brauneder*, Eheliches Güterrecht, HRG ²I, Sp. 1216 ff.; *W. Brauneder*, Morgengabe, HRG ²III, 1628 ff.; *H. Demelius*, Eheliches Güterrecht im spätmittelalterlichen Wien, 1970; *E. Forster*, Nadelgeld, HRG ²III, 1753; *K. Grillberger*, Eheliche Gütergemeinschaft, 1982; *Th. Mayer-Maly*, Morgengabe, HRG III, 678 ff.; *Th. Mayer-Maly*, Die Morgengabe im Wiener Privatrecht des Spätmittelalters, FS H. Lentze, 1969, 381 ff.; *W. Ogris*, Errungenschaftsgemeinschaft, HRG I, Sp. 1004 ff.; *W. Ogris*, Gütergemeinschaft, HRG I, Sp. 1871 ff.; *W. Ogris*, Güterrecht, eheliches, HRG I, Sp. 1874 ff.; *W. Ogris*, Gütertrennung, HRG I, Sp. 1876f.; *P. Rummel*, Eheliche Gütergemeinschaft und Gesellschaft bürgerlichen Rechts, FS H. Demelius, 1973, 451 ff.; *H. v. Voltelini*, Zur Geschichte des ehelichen Güterrechts in Tirol, FS M. Büdinger, 1898, 331 ff.

a) Ordnungsprinzipien

aa) Vertragsrecht – gesetzlicher Güterstand

Das Ehegüterrecht regelt die vermögensrechtlichen Beziehungen zwischen den Ehegatten. Orientierungspunkte für die Gliederung dieses Rechtsbereiches sind zwei extreme Güterrechtsmodelle: Auf der einen Seite das **System der reinen Gütertrennung**, das vermögensrechtliche Wirkungen der Eheschließung einfach negiert, auf der anderen Seite das **System der umfassenden Gütergemeinschaft**, das sämtliche Vermögen der Ehegatten mit der Eheschließung rechtlich vereinheitlicht. Zwischen diesen beiden Extrempositionen gibt es eine Fülle von Mischformen (allgemeine oder beschränkte – partielle – Gütergemeinschaften unter Lebenden oder auf den Todesfall, Errungenschaftsgemeinschaft, Fahrnisgemeinschaft, verschämte Gütergemeinschaft, Verwaltungsgemeinschaft, Gütertrennung mit Zugewinnausgleich, Ehegabensystem usw.), die der moderne Gesetzgeber dadurch bewältigt, dass er es den Ehegatten freistellt, Verträge zur Regelung ihrer Vermögensverhält-

274 BGBl. 412.
275 BG vom 22.7.1999, BGBl. I 125.

nisse abzuschließen **(Ehepakte)** und hiefür bevorzugte Modelle anbietet, bei Fehlen einer vertraglichen Vereinbarung aber einen **„gesetzlichen Güterstand"** vorsieht.

Gesetzlicher ehelicher Güterstand ist seit 1978 die **Gütertrennung**. Auch im ABGB 1811 war dies – n. h. L. – der gesetzliche Güterstand, doch führten einige gesetzliche Zweifelsregeln inhaltlich zu einer *„verschämten Gütergemeinschaft"* bzw. *„vermuteten Verwaltungsgemeinschaft"*. So wurde im Zweifel vermutet, dass der Erwerb vom Mann herrührt (praesumptio Muciana; § 1237, letzter Satz a. F.) und dass die Ehegattin dem Mann bis auf Widerruf die Verwaltung ihres Vermögens anvertraut habe (§ 1238 a. F.). Außerdem hatte der Mann als Verwalter des Frauenvermögens nur für Stammgut und Kapital zu haften und war für die Nutzungen von der Rechnungslegung befreit (§ 1239 a. F.). Sonderbestimmungen über die Behandlung der Ehewohnung und des Hausrats nach der Scheidung (Aufteilung nach Billigkeitserwägungen aufgrund der 6. DVzEheG vom 21.10.1944, DRGBl. I, 256) sowie die von der Judikatur geübte analoge Anwendung der Prinzipien des bürgerlichen Gesellschaftsvertrages auf gemeinsam verwirklichte Vermögensprojekte (z. B. Bau eines Hauses) durchlöcherten im Laufe der Zeit dieses System. Im Zuge der Familienrechtsreform wurde die gesetzliche Gütertrennung bei aufrechter Ehe „verschärft", doch gelten für die Vermögensaufteilung nach Scheidung, Aufhebung oder Nichtigerklärung der Ehe Sonderbestimmungen, die das Eigentumsrecht am typischen Zugewinn einer Ehe (Gebrauchsvermögen, Ersparnisse) weitgehend vernachlässigen. Eine Besonderheit des gesetzlichen Güterstandes bei aufrechter Ehe ist schließlich die Schlüsselgewalt des Ehegatten, der den gemeinsamen Haushalt führt und keine eigenen Einkünfte hat. Das FamRÄG 2009 (BGBl. I 2009/75) brachte eine Modernisierung güterrechtlicher Regelungen in Form der Streichung veralteter, praktisch bedeutungsloser Rechtsinstitute (z. B. Mitgift, Morgengabe) und einer größeren vertraglichen Autonomie hinsichtlich der Sonderbestimmungen der scheidungsrechtlichen Aufteilung des ehelichen Gebrauchsvermögens (Vorausvereinbarungen).

Mit dieser den Naturrechtskodifikationen zu dankenden Ordnung des Ehegüterrechts wurde erreicht, dass die vertragliche Regelung der vermögensrechtlichen Beziehungen zwischen Ehegatten eher die Ausnahme darstellt. Für das historische Ehegüterrecht gilt das Gegenteil. Der durch Parteiwillen begründete Rechtszustand war der Regelfall. Die ma. Rechtswelt kannte überhaupt nur wenige ehegüterrechtliche Bestimmungen, und daran änderte lange Zeit auch die neuzeitliche Rechtsentwicklung nichts. Selbst dort, wo der Gesetzgeber zu einer Neuordnung des Ehegüterrechts ansetzte, beschränkte er sich in der Regel darauf, das Vertragsrecht zu interpretieren und zu ergänzen. Die abschließende Kodifikation des Ehegüterrechts war primär eine Systemfrage[276].

Das Unvermögen des historischen Gesetzgebers, ein befriedigendes Ehegüterrechtsmodell anzubieten und das wuchernde Vertragsrecht in geordnete Bahnen zu lenken, erschwert die Aufarbeitung rechtshistorischer Erschei-

276 *W. Brauneder*, Die Entwicklung des Ehegüterrechts in Österreich. Ein Beitrag zur Dogmengeschichte und Rechtstatsachenforschung des Spätmittelalters und der Neuzeit, 1973, bietet aus diesem Grund die systematische Zweiteilung des Ehegüterrechts in *rechtsgeschäftlich* bestimmtes und *vertragsloses* Ehegüterrecht an.

nungsformen des ehelichen Güterstandes. Eine gewisse Hilfestellung leistet immerhin die Einteilung nach bevorzugten Vertragstypen. Die Leitlinie führt von der noch gewohnheitsrechtlichen **Verwaltungsgemeinschaft** der fränkischen Zeit (Gütertrennung mit Verwaltungs- und Nutzungsgewere des Mannes am Frauengut) über die **Gütergemeinschaft** des MA. (in den bevorzugten Formen der allgemeinen Gütergemeinschaft sowie der – beschränkten – Errungenschaftsgemeinschaft) zum **Dotalsystem** des rezipierten römischen Rechts (das allerdings durch die Beibehaltung gewillkürter Sonderregelungen zum vielfältigsten Vertragstypenrecht aufgesplittert wurde) und schließlich zur Typenbereinigung durch die subsidiäre Geltung eines **gesetzlichen Güterstandes** seit den naturrechtlichen Kodifikationen.

Der bevorzugte Güterstand der neuzeitlichen Kodifikationen war – in verschiedenen Variationen – die *Verwaltungsgemeinschaft* (ALR II 1 §§ 205 ff.; ABGB §§ 1237 ff.; ZGB Art. 194 ff.; ursprünglich auch BGB §§ 1363 ff.). Im 20. Jh. ging der Zug zur Zugewinngemeinschaft, die etwa (nach vorübergehender Gütertrennung) im BGB verwirklicht ist, sich jedoch in Österreich nur in Ansätzen bei der Vermögensaufteilung nach Scheidung, Aufhebung oder Nichtigerklärung der Ehe durchsetzen konnte.

bb) Zweckbestimmung

Die historischen Aufgaben des Ehegüterrechts lagen einerseits in der **Versorgung des überlebenden Ehegatten**, meist der Witwe, andererseits in der **Aufteilung der finanziellen Lasten** des Ehelebens durch die Forderung eines finanziellen Beitrags der Frau.

Das Fehlen einer gesicherten erbrechtlichen Versorgung des überlebenden Ehegatten ließ inhaltlich die **Versorgungsfunktion** des Ehegüterrechts in den Vordergrund treten. Die spätma. Testamente und die Anerkennung eines gesetzlichen Ehegattenerbrechts zu Beginn des 18. Jhs. boten hiefür keinen ausreichenden Ersatz. Es war daher eine Hauptaufgabe des Ehegüterrechts, die künftige ungewisse Erbaussicht in einen sicheren Versorgungsanspruch umzuformen. Ganz deutlich zeigt sich das in den ma. und frühneuzeitlichen Heiratsbriefen, die letztwillige Anordnungen, gemeinschaftliche Testamente und ehegüterrechtliche Regelungen enthalten und in der gemeinrechtlichen Theorie unter den Begriff *„pacta dotalia mixta“* zusammengefasst wurden.

Die **Beitragsfunktion** wiederum bestimmte die Konturen des Güterstands bei aufrechter Ehe. Neben den auf „älterem“ Gewohnheitsrecht beruhenden Ansprüchen des Mannes auf Verwaltung und Nutzung des gesamten Frauengutes bildeten sich bereits im MA. bes. „Frauengaben“ aus, die ausdrücklich der Erleichterung des ehelichen Standes dienen sollten. Auch der gesetzliche Güterstand des 19. Jhs. (Gütertrennung mit vermuteter Verwaltung und rechnungsfreier Nutzung des Frauenvermögens durch den Mann) fußte noch auf der Forderung nach einem finanziellen Beitrag der Frau zu den Aufwendungen in der Ehe.

Das Ineinandergreifen beider Funktionen ließ gewohnheitsrechtlich die *Gewere zur rechten Vormundschaft* und den *Beisitz* entstehen, bestimmte das *mittelalterliche Vertragsrecht* (Zubringen der Frau – Gegengabe des Mannes; Zubringen der Frau – Miteigentum der Gatten anstelle bisherigen Alleineigentums des Mannes) und ließ schließlich *Ehegüterrechtssysteme* entstehen, die – in verschiedenartigsten Formen – den traditionellen Rechtsauffassungen verhaftet blieben (beim Heiratsgabensystem der Gegenüberstellung von Frauen- und Mannesgabe als Leistung und Gegenleistung; bei den Formen der Gütergemeinschaft der Verknüpfung von gemeinsamer Tätigkeit und gemeinsamer Berechtigung).

b) Älteres Recht

aa) Gewere zur rechten Vormundschaft – Beisitz

Das ältere Gewohnheitsrecht hat aus eigener Kraft kein eigenständiges Ehegüterrechtssystem entwickelt, sondern lediglich Aushilfsregeln angeboten, die den vertragslosen Zustand nach dem Vorbild der Aufgabenteilung in der ehelichen Gemeinschaft überbrückte. Bei grundsätzlicher Vermögenstrennung konnte der Mann kraft seiner **Gewere zur rechten Vormundschaft** das Frauenvermögen verwalten und die Nutzungen daraus ziehen, um die wirtschaftlichen Lasten der gemeinsamen Haushaltsführung nicht allein tragen zu müssen; dem überlebenden Ehegatten – gedacht war vor allem an die Frau – wurde ein Nutzungsrecht am Nachlassvermögen des Verstorbenen in Gestalt eines **Beisitzrechtes** zuerkannt. Vertragliche Vereinbarungen ließen diesen Güterstand der erweiterten Verwaltungsgemeinschaft aber immer mehr in den Hintergrund treten und bereits im 14. Jh. war dem Beisitzsystem der praktische Anwendungsbereich entzogen. Mit der rechtlichen Besserstellung der Frau, die das gewohnheitsrechtliche Nutzungsrecht des Ehemannes an ihrem Vermögen auszuschließen trachtete, verbreitete sich die Vereinbarung eines objektbezogenen Leibgedinges.

bb) Leibgedinge (Leibzucht)

Mit einer solchen Vereinbarung räumte ein Gatte dem anderen für den Fall seines Vortodes unentgeltlich **an einem** oder **mehreren Objekten** ein **Nutzungsrecht auf Lebenszeit** ein. Sie ging also grundsätzlich von einer **Vermögenstrennung** aus. Ihr wirtschaftlicher Zweck bestand in der Versorgung des überlebenden Ehegatten, dessen Rechtsstellung gleich mehrfach gesichert wurde. Er erwarb ein Anwartschaftsrecht auf das zugedachte Vermögen, das sich so äußerte, dass der Besteller hierüber nur mit seiner Zustimmung verfügen konnte; andererseits war die Kraftloserklärung der Leibgedingsurkunde nur dem Berechtigten möglich.

Der eindeutige Versorgungscharakter des Leibgedinges ließ zunächst noch die gewohnheitsrechtliche Verwaltungs- und Nutzungsbefugnis des Mannes am Frauengut zu. Beide verbanden sich vorübergehend zu einem **Leibgedingesystem**, von dem nach dem Abbau der Nutzungsgewere des Mannes nur mehr die gesicherte Zuwendung auf den Todesfall übrig blieb. Der ehegüterrechtliche Zweck der Aufwandsbeisteuerung erfordert von da an die ausdrückliche Verschreibung von Frauenvermögen an den Mann. Es kam zur starken Verbreitung des zuvor nur in Adelskreisen üblichen Heiratsgabensystems, womit sich das Leibgedinge am Ausgang des Mittelalters überlebte.

cc) Heiratsgaben

Man versteht darunter aus Anlass der Eheschließung gegenseitig geleistete oder auch nur versprochene Vermögenszuwendungen (meist in Geld), die den typischen Zweck der Beisteuerung und Witwenversorgung verfolgen. Den Kernbereich bilden wechselseitige Gaben von der Frauen- und der Mannesseite, doch zählen auch andere (ergänzende) Gaben dazu.

Die zentrale Heiratsgabe der Frauenseite wurde bereits im Spätma. als **Heimsteuer** bezeichnet, für die korrespondierende Gabe der Mannesseite setzte sich schließlich nach einer ma. Bezeichnungsvielfalt (Morgengabe, Heiratsgut, Heimsteuer) der Rechtsbegriff **Widerlegung** (Widerlage, donatio propter nuptias dotalitium; contrados) durch. Als Gegengabe war die Widerlegung nur dann und insoweit fällig, als die Heimsteuer geleistet wurde. Beide hatten Geld zum Gegenstand und standen in einem bestimmten Verhältnis zueinander. Während die Heimsteuer in der Regel ausbezahlt wurde, erfolgte von Seiten des Mannes die Zusage der Widerlegung nur für den Fall seines Vortodes. Der Mann hatte beide Leistungen sicherzustellen, wofür sich die Pfandverschreibung in Form des ehegüterrechtlichen Satzes anbot, da sie ihm – dem Gedanken der Beitragsleistung entsprechend – die Möglichkeit einer Nutzung der Heiratsgaben bot.

Der „*ehegüterrechtliche Satz*“ war eine eigenartige Verbindung zwischen der älteren und jüngeren Satzung. Während aufrechten Bestandes der Ehe war der Mann Pfandschuldner im Sinn der jüngeren Satzung, und damit nutzungsberechtigt; die Sicherstellung der Frau beschränkte sich dagegen auf ein dingliches Anwartschaftsrecht. Starb der Mann, fiel ihr das Nutzungspfand an der Widerlage zu.

Vorrangiger Zweck der Heimsteuer war ein Zuschuss der Frau zu den finanziellen Lasten der Ehe, jener der Widerlage die Versorgung der Witwe. Bei Vortod des Mannes vereinigten sie sich in der Aufgabe, der Witwe die *angemessene Lebensführung* (so wie bisher) zu ermöglichen.

Aus den zusätzlichen Heiratsgaben, die dem Bedachten entweder die Nutzung eines bestimmten Objekts oder – in der Regel an Geld – das freie Verfügungsrecht einräumten, ragt die **Morgengabe** hervor. Sie war üblicherweise eine vom Mann der Frau zur freien Verfügung zugesagte Geldleistung, die den bedachten Gatten nach dem Tod des Bestellers versorgen sollte. Erscheinungs- und Funktionsreichtum der Morgengabe machen ihre *begriffliche* Erfassung schwierig: Sie begegnet uns nicht nur als eine am Morgen *nach* der Hochzeitsnacht tatsächlich überreichte Gabe, sondern auch als eine *bei* der Eheschließung selbst vorgenommene Zuwendung. Daneben wurden mit diesem Ausdruck Zuwendungen an die Frau aus Anlass der Eheschließung umschrieben, deren Erfüllung vom Vortod des Mannes abhängig war. Auch der Leistungsgegenstand war verschieden: Nicht nur Geld findet sich als Morgengabe, sondern sehr oft auch Liegenschaftsvermögen. Dementsprechend konnte das Recht der bedachten Frau variieren. An Schmuck und Geld erhielt sie regelmäßig freies Eigentum, an Liegenschaften stand ihr häufig nur der Fruchtgenuss zu. Verschiedene Zwecke der Morgengabe (pretium virginitatis; Auszeichnung der Frau als Ehefrau; Versorgung der Frau, vor allem bei Vorversterben des Mannes; Bildung eines Ehegutes und Sicherung der wirtschaftlichen Zukunft der Kinder aus dieser Ehe) vervielfältigten noch den Variantenreichtum. Ihre Überlieferung geht bis zu den fränkischen Stammesrechten zurück, macht sie – in regional sehr unterschiedlicher Ausgestaltung – zu einem überaus geläufigen Institut der mittelalterlichen Rechtswelt, zeigt sie im frühneuzeitlichen Ehegüterrecht verstärkt als Instrument der Witwenversorgung und ließ sie schließlich nach breiter thematischer Darstellung in der gemeinrechtlichen Dissertations- und Traktatenliteratur Aufnahme in die Kodifikationen finden. Das ABGB bezeichnet die Morgengabe als ein „Geschenk", welches der Mann seiner Gattin am ersten Morgen zu geben verspricht, und verbindet damit die Vermutung, dass es binnen der ersten drei Jahre der Ehe schon überreicht worden sei. Die Redaktoren des BGB hielten die Morgengabe bereits für so selten, dass sie auf eine Regelung verzichteten. Aus dem ABGB wurde sie erst durch das FamRÄG 2009 gestrichen.

dd) Vermögensgemeinschaften

Das vertragliche Ehegüterrecht wurde schon früh durch die Formen der Gütergemeinschaft bereichert. Die Vermögensgemeinschaft konnte eine *beschränkte* oder – zumeist auf einer späteren Entwicklungsstufe – eine *allgemeine* sein. Da die beschränkte Vermögensgemeinschaft das ehegüterrechtliche Prinzip der Vermögenstrennung nicht generell sondern nur objektbezogen aufhebt, vermengten sich in der mittelalterlichen Rechtswelt die frühen Formen der beschränkten Vermögensgemeinschaften mit dem Beisitz, Leibgedinge- oder Heiratsgabensystem.

Die **beschränkte Gütergemeinschaft** begründete eine gemeinsame Berechtigung der Ehegatten entweder an bestimmten Objekten oder an bestimmten Vermögensmassen. Sie erfasste zunächst das konkret vorhandene Vermögen und konnte in verschiedenen Formen auftreten: Miteigentum an Liegenschaften oder auch an Geld; Mitberechtigung an Liegenschaften, vor allem in der Gestalt des gemeinsamen Leibgedinges; obligatorische Mitberechtigung (oder -verpflichtung), vor allem aufgrund von Darlehensgeschäften. Besondere Verbreitung fanden einige Formen der **Vermögensgemeinschaft an Liegenschaften** wegen der einfachen Art ihrer Begründung. Es genügte ein gemeinsames rechtserhebliches Handeln der Gatten, um ihnen gemeinsame Rechte zu verschaffen. Die beschränkten Gütergemeinschaften zeichneten sich dadurch aus, dass sie die Ehegatten **zur gesamten Hand** berechtigten (und verpflichteten). Besonders deutlich kam das in den zahlreichen Formen des gemeinsamen Ehegatteneigentums zum Ausdruck. Es wurde in der Regel durch die Tatsache des gemeinsamen Erwerbs, das gemeinsame Anschreiben im Grundbuch oder das Hinzuschreiben des einen Ehegatten „an die Gewere" des anderen begründet. Die Folge war, dass keiner ohne Zustimmung des anderen über das verfangene Gut verfügen konnte. Bei Auflösung der Ehe fiel das gemeinsame Vermögen zumeist gleichteilig an den überlebenden Ehegatten und die Erben des Verstorbenen.

Erweitert wurden die vereinbarten Mitberechtigungen an bestehenden Vermögensobjekten durch Heiratsabreden, die das künftige Vermögen der Ehegatten, die Errungenschaft, einbezogen. Diese **Errungenschaftsgemeinschaft** wurde den Anforderungen des genossenschaftlichen Prinzips in besonderer Weise gerecht.

Die Anfänge der **Errungenschaftsgemeinschaft** reichen bis in die fränkische Zeit zurück. Schon damals gewährten manche Rechte in Siedlungs- und Rodungsgebieten der Frau einen Anteil am gemeinsam erarbeiteten Vermögen *(collaboratio)*. Im MA. fand sie bes. in Süddeutschland weite Verbreitung. Es sind drei Vermögensmassen zu unterscheiden: Das Gesamtgut der Eheleute (Errungenschaft, Ehegut, Zweihandgut), das eingebrachte Gut des Mannes und das eingebrachte Gut der Frau (Sondergut, Einhandgut). Zum Einhandgut gehörte in der Regel auch, was ein Ehegatte während der Ehe unentgeltlich (durch Schenkung oder im Erbweg) erwarb. Das *Ehegut* stand im Gesamthandeigentum der Ehegatten, das *Einhandgut* im Alleineigentum des betreffenden Ehepartners. Verfügungen über das Gesamtgut konnten nur beide Gatten zusammen vornehmen, Verwaltung und Nutzung hatte allerdings in der Regel der Mann (entweder begründet durch seine Gewere zur rechten Vormundschaft oder aufgrund ausdrücklicher Vereinbarung). Bezüglich der Schuldenhaftung ist zu unterscheiden zwischen *Gemeinschaftsschulden* (Eheschulden), die das Gesamtgut und (meist subsidiär) das Sondergut des Mannes oder der Frau und unter Umständen auch beide verhafteten, und *Sonderschulden*, für die nur das Sondergut des Schuldners und eventuell (subsidiär) das Gesamtgut, nicht aber das Einhandgut des anderen Ehepartners herangezogen wurde. Welche Verbindlichkeiten als Gesamtschulden und welche als Sonderschulden galten, lässt sich nicht einheitlich feststellen.

Eine im französischen Rechtskreis gebräuchliche Abart der Errungenschaftsgemeinschaft war die sog. **Fahrnisgemeinschaft**: Dabei wurde das Gesamtgut über die eheliche Errungenschaft hinausgehend auf die eingebrachte und unentgeltlich erworbene Fahrnis der Eheleute erweitert. Sie umfasste also auch Liegenschaften, die zur ehelichen Errungenschaft gehörten.

Nach Auflösung einer **unbeerbten Ehe** fiel das Sondergut des Verstorbenen an die Herkunftsseite zurück, während das Gesamtgut zwischen dem überlebenden Ehegatten und dem Erben des Verstorbenen geteilt wurde. Bei **beerbter Ehe** dagegen sollte das Familienvermögen bis zum Wegfall des überlebenden Ehegatten zusammengehalten werden. Einhandgut des Verstorbenen und Gesamtgut fielen daher meist an den überlebenden Ehegatten, der aber nur an der Fahrnis freies Eigentum erhielt, während er in der Verfügung über Liegenschaften durch das Verfangenschaftsrecht der Kinder beschränkt war.

Aus der spätma. Tendenz, die Vermögensgemeinschaft der Ehegatten auf das gesamte Vermögen auszuweiten, erwuchs die **allgemeine Gütergemeinschaft**[277]. Sie fand allerdings nur in den Alpengegenden Verbreitung. Sie wurde als *„Rentlensheirat"* (nach dem grenzenlosen – randlosen – Zusammenrin-

277 Dieser entwicklungsgeschichtliche Zusammenhang lässt sich daraus erkennen, dass häufig ein bestimmtes Objekt zum Gemeinschaftsgut erklärt, also zunächst eine beschränkte Gütergemeinschaft begründet wurde, und sodann ein Beisatz anordnete, dass es auch mit dem übrigen Vermögen so gehalten werden solle.

nen der Vermögen) bezeichnet und umfasste sowohl das eingebrachte als auch das in der Ehe erworbene Vermögen der Ehegatten[278].

Bei der reinen Form der *unbedingten Rentlensheirat* wurde auf die Tatsache, ob die Ehe bekindert war oder nicht, keine Rücksicht genommen. Der Überlebende erhielt Alleineigentum am Gesamtgut, Kinder erbten erst nach seinem Tod. Sie fand sich häufig bei Witwenheiraten und erfüllte – vor allem im Hinblick auf das fehlende Ehegattenerbrecht – die Versorgungsfunktion auf bestmögliche Weise. Daneben entwickelte sich die Form der *bedingten Rentlensheirat*, bei der nachgeborene Kinder die Vereinbarung hinfällig machten: *„Kinderzeugen bricht Ehestiftung"*.

c) Neuzeitliche Rechtsentwicklung

Das neuzeitliche Ehegüterrecht setzte zunächst die ma. Rechtstradition fort. Die Rezeption des gemeinen Rechts konnte die **Typenvielfalt vertraglicher Güterstände** nicht einmal eindämmen. Sie wurde durch regionale und ständische Rechtsgewohnheiten nahezu unüberschaubar.

Dort, wo Vermögen, und zwar differenziertes, vorhanden war, wie etwa im städtischen Patriziat und im Adel, blieb weiterhin das Heiratsgabensystem bestimmend. Dort, wo nur geringes Vermögen vorhanden war oder das Vermögen eine wirtschaftliche Einheit bildete, wie im bäuerlichen oder kleinbürgerlichen Bereich, bevorzugte man Vermögensgemeinschaften. Örtliche Unterschiede wiederum wurden im ländlichen Bereich vielfach von der Haltung der jeweiligen Grundherrschaft bestimmt. Wo die Abhängigkeit der Grunduntertanen groß war, insbesondere durch einen starken Besitzwechsel, konnten sich keine typischen Formen der Vermögensgemeinschaft ausbilden. Wo sich aber bäuerliche Leiherechte zu Eigentum verfestigten, kamen ehegüterrechtliche Miteigentumsformen vor. In Salzburg und in der Steiermark waren fast ausschließlich Rentlensheiraten üblich.

Da das römische Recht kein eheliches Gütergemeinschaftsrecht kannte, war diese Art der Vermögensgemeinschaft zwischen Ehegatten starken gemeinrechtlichen Vorbehalten ausgesetzt. Vor allem die Vorstellung einer Berechtigung zur gesamten Hand vertrug sich nicht mit dem gemeinrechtlichen Quoteneigentum. Der Gelehrtenstreit über Wesen und **rechtliche Wirkungen der ehelichen Gütergemeinschaft** wurde zwar letztlich dadurch gelöst, dass sie als „societas" der Ehegatten mit dem Zweck der *„communicatio bonorum, lucri et damni"* zu begreifen sei, ließ aber noch im Kodifikationszeitalter eine gewisse Abneigung gegen umfassende Güterstände bestehen. Sie richtete sich zunächst gegen die Errungenschaftsgemeinschaft und kam in der Vermutung zum Ausdruck, dass im Zweifel lediglich das gegenwärtige Vermögen, nicht aber der Erwerb gemeint sei, wenn eine klare Unterscheidung fehle; sie führte aber auch zu einem Feldzug gegen die allgemeine Gütergemeinschaft, der

278 Dieser Güterstand schloss nicht aus, dass einzelne Vermögensbestandteile durch Ehevertrag oder kraft Gesetzes vom Gesamtgut ausgenommen wurden und im Sondereigentum eines Ehegatten blieben. So gab es Vereinbarungen eines *Vorbehaltsgutes* zugunsten der Kinder aus früherer Ehe; als *Sondergüter* kamen vor allem die Gerade („Fertigung") der Frau und das Heergerät (Heergewäte) des Mannes in Frage (s. *W. Brauneder*, Die Entwicklung des Ehegüterrechts in Österreich, 1973, 324 ff.).

nachgesagt wurde, dass sie die Frau benachteilige (da ihre Ansprüche anders als beim Heiratsgabensystem nicht privilegiert seien) und die Gläubiger schädige (weil sie beim Tod ihres Schuldners gegenüber den Ansprüchen der Ehegattin aus dem Heiratsbrief das Nachsehen hätten).

Aus dieser Sicht erklärt sich auch die *praesumptio Muciana* als Abwehrmaßnahme gegen die Errungenschaftsgemeinschaft. Zweifel an der eindeutigen Zugehörigkeit erworbenen Vermögens sollten die Mitberechtigung der Gattin ausschließen[279].

Das gemeinrechtliche Interesse galt also dem **Heiratsgabensystem**, das sich am ehesten mit dem römischen **Dotalsystem** vereinbaren ließ[280]. Es dominiert nicht nur in den frühen neuzeitlichen Landesordnungsentwürfen, sondern auch in den Entwürfen zu den naturrechtlichen Kodifikationen und schließlich im ABGB. Eigenheiten der heimischen Rechtstradition haben sich allerdings erhalten.

Das **modifizierte Dotalsystem** gab dem Mann in Anlehnung an die ma. Verwaltungsgemeinschaft meist ein Verwaltungs- und Nutzungsrecht am *gesamten* Frauengut *(ususfructus maritalis)* sowie ein Verfügungsrecht über den fundus dotalis mit Zustimmung der Frau bzw. richterlicher Genehmigung. Damit hatte man die Extrempositionen des römisch-gemeinen Rechts verlassen.

Die Ausrichtung des Heiratsgabensystems am gemeinen Recht wird besonders deutlich in der Bestellung des „*Parafernums* “. Da im Laufe der neuzeitlichen Entwicklung das Heiratsgut in der Regel nicht ausreichte, einen dauernden Beitrag zur Erleichterung der ehelichen Lasten zu leisten, wurde diesem Umstand in der Praxis durch weitere Leistungen seitens der Frau oder ihrer Familie abgeholfen. In Anlehnung an das gemeine Recht galten die weiteren Leistungen der Frauenseite als Parafernum, das ebenfalls (praeter dotem) mit einem Verwaltungs- und Nutzungsrecht des Mannes beschwert war. Die Bestellung konnte entweder ausdrücklich oder *stillschweigend* durch Übergabe des betreffenden Vermögens erfolgen.

Die weiterführende **Umgestaltung des Heiratsgabensystems** im *ABGB 1811* bestand darin, dass der rechtliche Zusammenhang zwischen den einzelnen Leistungen gänzlich gelöst wurde, womit vor allem die Widerlage nicht mehr von der Bestellung eines Heiratsguts abhängig war. Das überlieferte

279 Das Hofdekret vom 20.8.1787 (JGS Nr. 710) legte fest, dass die vor dem 1.1.1787 gewohnheitsrechtlich entstandenen Errungenschaftsgemeinschaften weiter bestehen können. Nach diesem Datum Errungenes müsse, da das Josephinische Gesetzbuch nur vertragliche Vermögensgemeinschaften kenne, alles dem Vermögen des Mannes oder dem der Frau, nicht aber beiden Gatten, zugerechnet werden, soweit nicht ausdrücklich eine andere Vereinbarung bestehe. Könne dies nicht geschehen, so sei, bis zum Beweis des Gegenteils durch die Frau oder ihre Erben, Erworbenes dem Mannesvermögen zuzurechnen (*W. Brauneder*, Die Entwicklung des Ehegüterrechts in Österreich, 1973, 360).

280 Das *römische Dotalsystem* ging von der Gütertrennung aus, wobei die finanziellen Lasten der Ehe grundsätzlich auf dem Mann ruhten. Die *dos* war ein Beitrag der Frau „ad onera matrimonii sustinenda“ und wurde dem Mann übereignet, musste ihr jedoch nach Auflösung der Ehe ungeschmälert herausgegeben werden, was jede Verfügung über die Substanz des Vermögens – selbst mit Zustimmung der Frau – ausschloss.

Heiratsgabensystem zerfiel in einzelne **Ehepakte** (Heiratsgut, Widerlage, Morgengabe, Witwengehalt, dazu noch wechselseitiges Testament und Erbvertrag). Das Recht der **Gütergemeinschaft** konnte sich nur in dürftigen Bestimmungen[281] (vor allem Verweisungen auf den bürgerlichen Gesellschaftsvertrag) behaupten, wobei auffällt, dass die Vermutung für die eher lebensfremde Gütergemeinschaft auf den Todesfall streitet[282]. Auch zur Anerkennung des gesamthänderischen Prinzips fand man sich nicht bereit. Die Judikatur behilft sich heute noch mit immanenten obligatorischen Verfügungsbeschränkungen, sofern nicht ausdrücklich ein dinglich wirkendes Veräußerungs- und Belastungsverbot begründet wurde. Eine solche Möglichkeit besteht erst seit der *III TN* (§ 364c).

Der legislatorische Vorrang des Heiratsgabensystems lässt sich u. a. durch die soziale Stellung der Mitglieder der Hofkommission erklären, die an den Beratungen über das Ehepakt-Hauptstück teilnahmen. Sie gehörten geburtsständisch dem Adel an, ihrer Ausbildung nach meist dem Akademikerstand. Um 1800 war das Ehegüterrecht des Adels ausschließlich vom Heiratsgabensystem beherrscht[283].

Das Ehegüterrecht des *ABGB 1811* (vor allem die Auswahl der angebotenen Ehepaktsmodelle) entsprach nicht mehr den praktischen Bedürfnissen und wirtschaftlichen Verhältnissen des beginnenden 19. Jhs. Der Anwendungsbereich ehegüterrechtlicher Vereinbarungen verengte sich einerseits durch die zunehmende Versorgungsfunktion des Ehegattenerbrechts, andererseits wurde das Ehegabensystem durch wirtschaftliche und soziale Umwälzungen im 18. und 19. Jh. überholt[284].

Ähnlich erging es dem **Advitalitätsrecht**. Es hatte durch den Erwerb von Teilen Polens im 18. Jh. Aufnahme in die österreichische Rechtsordnung gefunden. Das Besondere daran war die gegenseitige Einräumung eines lebenslänglichen Nutzungsrechtes am *ganzen* Nachlass oder an einer *Quote* im Falle des Vortodes eines Ehegatten. Trotz großer Ähnlichkeit mit heimischen Rechtsfiguren (Leibgedinge und Witwengehalt) blieb es wegen seiner fehlenden Objektbezogenheit ein Fremdkörper. Dennoch baute man derartige Ehepakte (Fruchtnießung auf den Todesfall) in das Ehegüterrecht des ABGB ein (§ 1255)[285]. Sie fanden keine über Galizien hinausgehende Bedeutung[286].

281 §§ 1233 ff. ABGB.

282 § 1234 ABGB. Gemeint war damit, dass die Wirkungen einer nicht verbücherten Gütergemeinschaft erst mit dem Tod eines Ehegatten eintreten sollten. *Zeiller* wollte also die Gütergemeinschaft auf den Todesfall keineswegs zur Regel machen. Näheres bei *W. Brauneder*, Gesellschaft – Gemeinschaft – Gütergemeinschaft, in Forschungsband Franz v. Zeiller, hg. v. *W. Selb/H. Hofmeister*, 1980,14 ff.

283 *W. Brauneder*, Zur Auslegung und Reform des 28. Hauptstückes des ABGB „Von den Ehepakten", Österreichische Notariatszeitung 105, 1973, 69f.

284 „Das im wesentlichen diesem Güterstand verpflichtete ABGB kodifizierte somit ein System, welches zu dieser Zeit bereits im Absterben begriffen" war (*W. Brauneder*, Die Entwicklung des Ehegüterrechts in Österreich,1973, 389).

285 Abgeschafft mit FamRÄG 2009, BGBl. I 2009/75.

286 *M. Zobkow*, Das österreichische Advitalitätsrecht, Zeitschrift für das Privat- und öffentliche Recht der Gegenwart 32, 1905, 747 ff., 33, 1906, 271 ff., 511 ff.

Wegweisend für ein allgemeines Ehegüterrecht wurden das klare Bekenntnis des *ABGB 1811* zur **Gütertrennung** (§ 1237) sowie Bestimmungen über ein **Verwaltungs- und Nutzungsrecht des Ehemannes**, das die Frau jederzeit widerrufen konnte (§§ 1238 ff.). Schließlich wurde im Zweifel vermutet, dass der Erwerb vom Mann herrührt **(praesumptio Muciana)**. Daraus machten juristische Lehre und Praxis den gesetzlichen Güterstand der **„vermuteten Verwaltungsgemeinschaft"**. Der derzeitige Rechtszustand wurde durch die Familienrechtsreform 1978 geschaffen.[287]

Der gängigen Meinung, dass bereits die Redaktoren des ABGB den gesetzlichen Güterstand der „vermuteten Verwaltungsgemeinschaft" normiert hätten, tritt insbes. *W. Brauneder*, Ehegüterrecht, entgegen. Er bestätigt jene (vereinzelten) älteren Lehrmeinungen[288], die im ABGB keine Bestimmungen über ein gesetzliches eheliches Güterrecht, sondern nur Bestimmungen über Ehepakte fanden. Der sog. „gesetzliche Güterstand" des ABGB sei als Vertragsmuster verstanden worden und aus den Bestimmungen über das „Parafernalgut" hervorgegangen. Fehlten vertragliche Vereinbarungen der Ehegatten über ihre vermögensrechtlichen Beziehungen, sollte in Fortführung einer jahrhundertelangen österreichischen Rechtstradition *reine Gütertrennung* wie bei Unverheirateten Platz greifen. Erst in der Exegetik des beginnenden 19. Jhs. wurden die §§ 1238 bis 1241 zum „gesetzlichen" Güterstand gemacht.

3. Abschnitt: Rechtsverhältnisse zwischen Eltern und Kindern

A. Grundzüge des modernen Kindschaftsrechts

Die Große Familienrechtsreform hat auch die Rechtsbeziehungen zwischen Eltern und Kindern am Prinzip der Partnerschaft ausgerichtet. Aus der väterlichen Gewalt wurde die **elterliche Gewalt**, es festigte sich aber auch die Rechtsposition der Kinder, an deren Wohl alle Erziehungsmaßnahmen zu messen sind. Schließlich sollten uneheliche Kinder weitestgehend wie eheliche Kinder behandelt werden.

Die **Gleichstellung ehelicher und unehelicher Kinder** wurde durch das Kindschaftsrecht-Änderungsgesetz[289] fortgeführt, indem die für alle unehelich geborenen Kinder bestehende Amtsvormundschaft beseitigt und der ae. Mutter von Gesetz wegen die volle und uneingeschränkte elterliche Gewalt (nunmehr Obsorge) zuerkannt wurde[290]. Mit dem KindNamRÄG 2013[291]

287 §§ 1238–1241 wurden aufgehoben (BG vom 15.6.1978, BGBl. 280).

288 Vgl. *H. Krasnopolski*, Lehrbuch des österreichischen Privatrechts IV, 1911, 89.

289 BG vom 15.3.1989, BGBl. 162.

290 Von den verbleibenden Ausnahmeregelungen für uneheliche Kinder wurde die einschneidendste – seine erbrechtliche Benachteiligung – mit Wirkung 1.1.1991 beseitigt.

291 Kindschafts- und Namensrechts-Änderungsgesetz, BGBl. I 2013/15.

sollte die Gleichstellung endgültig realisiert sein; auch die Begrifflichkeiten „ehelich“ und „unehelich“ wurden beseitigt[292].

Der Leitgedanke des Kindschaftsrechts ist die **bestmögliche Wahrung des Kindeswohls**. So normiert § 137 ABGB die Verpflichtung der Eltern, für die Erziehung ihrer mj. Kinder zu sorgen und überhaupt ihr Wohl zu fördern, die Anwendung von Gewalt oder Zufügung körperlicher oder seelischen Leids ist ausdrücklich untersagt. Die Gewaltfreiheit wird in § 138 ABGB in der Aufzählung der für das Kindeswohl insbesondere wichtigen Kriterien abermals betont.

Zu den Aufgaben der Eltern zählen neben der Unterhaltsleistung jene Rechte und Pflichten, die unter dem Oberbegriff **„Obsorge“** in § 158 ABGB aufgelistet sind. Es handelt sich dabei um Pflege und Erziehung, Vermögensverwaltung und gesetzliche Vertretung. Zum Unterhalt der Kinder haben die Eltern gemeinsam „nach Kräften“ beizutragen, wobei die Beitragsleistung auch in der Haushaltsführung liegen kann[293].

Bei **Ausübung der Obsorge** wird zwischen Kindern insoweit unterschieden, als sie bei einem innerhalb einer Ehe geborenen Kind grundsätzlich den Eltern zukommt, bei einem Kind, dessen Eltern nicht verheiratet sind, zunächst aber allein der Mutter. Die nicht miteinander verheirateten Eltern können durch übereinstimmende Erklärung vor dem Standesamt eine gemeinsame Obsorge erwirken (§ 177 Abs. 2 ABGB). Leben sie nicht im gemeinsamen Haushalt, so ist festzulegen, bei wem sich das Kind hauptsächlich aufhalten soll[294]. Der nicht mit der Mutter verheiratete Vater soll im Sinne gleicher Eltern-Kind-Rechte aber nunmehr auch – unabhängig von Zusammenleben mit oder Zustimmung der Mutter – seine Beteiligung an der Obsorge beantragen können (§ 180 Abs. 1 Z. 2 ABGB)[295]. Wird die Ehe, Partnerschaft oder Le-

292 Die Rechte aller Kinder – egal ob in oder außerhalb einer Ehe geboren – sind gleich, ebenso sollen alle Eltern-Kind-Rechte gleich und diskriminierungsfrei gestaltet sein. Eine sachlich gerechtfertigte Ausnahme besteht jedoch insoweit, als die Obsorge für ein nicht in einer Ehe der Eltern geborenes Kind zunächst alleine der Mutter zukommt. So sich die Eltern nicht ohnehin auf eine Obsorge beider für das Kind einigen, kann der Vater nunmehr seine alleinige Obsorge oder die Beteiligung an der Obsorge beantragen. Das Gericht hat ausschließlich nach dem Kindeswohl zu entscheiden.

293 § 231 ABGB; in weiterer Folge sind die Großeltern zum Unterhalt verpflichtet, wenn die Eltern dazu nicht in der Lage sind (§ 232 ABGB).

294 Der österreichische Gesetzgeber bleibt somit auch im KindNamRÄG 2013 beim Modell des Hauptaufenthalts bei einem Elternteil und dem Recht auf persönlichen Kontakt zum anderen Elternteil bzw. anderen Bezugspersonen. Ein beliebiger Wechsel zwischen den Haushalten der Obsorgeberechtigten im Sinne einer Doppelresidenz ist gesetzlich nicht vorgesehen.

295 Auch die Alleinobsorge des Vaters wäre möglich. Das Gericht hat sich in seiner Entscheidung alleine am Kindeswohl zu orientieren und kann quasi zur Erprobung eine Phase der vorläufigen elterlichen Verantwortung (mit genauer Regelung der Kontaktrechte) anordnen (§ 180 ABGB i. d. F. KindNamRÄG 2013).

bensgemeinschaft der Eltern gelöst bzw. die häusliche Gemeinschaft auf Dauer aufgehoben, so bleibt die gemeinsame Obsorge der Eltern grundsätzlich aufrecht. Die Eltern haben vor Gericht eine Vereinbarung zu treffen, in wessen Haushalt das Kind hauptsächlich betreut wird („Heim erster Ordnung"). Die Eltern können jedoch auch die Obsorge eines Elternteils vereinbaren (§ 179 ABGB). Seit Längerem wird unter dem Schlagwort „Elterliche Verantwortung" um eine Reform der Regelungen der Obsorge, des Unterhaltsrechts sowie der „Doppelresidenz" gerungen.

Obsorgeberechtigte Eltern sollen bei der Wahrnehmung ihrer Rechte und Pflichten einvernehmlich vorgehen. Vertretungshandlungen eines Elternteiles sind aber zulässig und rechtswirksam, außer sie betreffen wichtige Angelegenheiten (z. B. vorzeitige Lösung eines Ausbildungs- oder Dienstverhältnisses, Anerkennung der Vaterschaft zu einem unehelichen Kind, Wechsel des Religionsbekenntnisses – § 167 Abs. 2 ABGB), für die ausdrücklich die Zustimmung des zweiten Elternteils, manchmal daneben auch die Zustimmung des Gerichts (z. B. Veräußerung oder Belastung einer Liegenschaft, die dem Kind gehört; Verzicht auf das Erbrecht – § 167 Abs. 3 ABGB) vorgeschrieben ist.

Voraussetzung für Vermögensverwaltung und gesetzliche Vertretung ist freilich volle Geschäftsfähigkeit. Aus diesem oder anderen Gründen resultierende Vertretungsmängel erfordern ein Netz von Vorsorgemaßnahmen zur Wahrung des Kindeswohls.

Wird ein Kind im Inland geboren und kommen Vermögensverwaltung und gesetzliche Vertretung keinem Elternteil zu[296], so ist der **Kinder- und Jugendhilfeträger**[297] ex lege mit der Obsorge in diesem Bereich betraut. Für Findelkinder kommt dem Kinder- und Jugendhilfeträger die gesamte Obsorge zu (§ 207 ABGB).

Gefährdet ein Eltern-, Großeltern- oder Pflegeelternteil durch sein Verhalten das Wohl des mj. Kindes, kann ihm das Gericht die Obsorge ganz oder teilweise entziehen, ihm seine Einwilligungs- und Zustimmungsrechte aberkennen bzw. im Einzelfall die ungerechtfertigt verweigerte Einwilligung oder Zustimmung ersetzen (§§ 181, 178, 185 ABGB). Nötigenfalls hat das Gericht unter Beachtung des Kindeswohles eine andere geeignete Person mit der Obsorge zu betrauen. In Betracht kommen Verwandte, andere nahestehende oder sonst geeignete Personen. Fehlen solche Personen, ist die Obsorge dem Jugendhilfeträger zu übertragen (§§ 204 und 209 ABGB).

Insofern den Eltern (einem Elternteil) die Obsorge nicht zukommt, werden ihnen (ihm) zumindest gewisse Informations- und Äußerungsrechte eingeräumt. Es sind dies das Recht auf persönlichen Verkehr, das Recht, von wichtigen Angelegenheiten und Maßnahmen verständigt zu werden und sich zu diesen zu äußern[298].

296 Etwa bei Tod der Eltern, mangelnder Geschäftsfähigkeit, gerichtlichem Entzug.

297 Bundes-Kinder- und Jugendhilfegesetz 2013, BGBl. I 69; zu den Details der Entwicklung siehe unten im Kap. zu Vormundschaft und Kuratel.

298 Sogar diese Rechte können eingeschränkt oder entzogen werden, wenn ihre Wahrnehmung das Wohl des Kindes ernstlich gefährdet oder wenn sie der nicht mit der Obsor

Das KindRÄG 2001[299] brachte hinsichtlich dieser Informations- und Äußerungsrechte die Gleichstellung von Vätern ehelicher und außerehelicher Kinder, denen die Obsorge nie zugekommen ist. Außerdem wurde erstmals die Möglichkeit eröffnet, beharrliche Verstöße gegen die Informationspflicht seitens des mit der Obsorge betrauten Elternteils zu sanktionieren. Das Gericht hat in diesem Fall auf Antrag bzw., wenn das Wohl des Kindes gefährdet scheint, auch von Amts wegen angemessene Verfügungen zu treffen. Als letzte Maßnahme kommt sogar die teilweise Entziehung der Obsorge in Frage. Durch KindNamRÄG 2013 wurde die Regelung der Informations- und Äußerungsrechte um eine Vertretungskomponente ergänzt. Der nicht mit der Obsorge betraute Elternteil vertritt das Kind in täglichen Angelegenheiten, soweit es sich regelmäßig bei ihm aufhält (§ 189 ABGB; vgl. auch die Regelung gem. § 90 ABGB für Stiefelternteile).

Die Eltern haben in Angelegenheiten, die Pflege und Erziehung betreffen, auf den **Willen des Kindes** Bedacht zu nehmen, soweit dem nicht dessen Wohl oder ihre Lebensverhältnisse entgegenstehen. Je mehr das Kind in der Lage ist, den Grund und die Bedeutung einer Maßnahme einzusehen und seinen Willen nach dieser Einsicht zu bestimmen, desto maßgeblicher wird der Wille des Kindes (§ 160 Abs. 3 ABGB)[300]. Darüber hinaus hat das Pflegschaftsgericht Minderjährige in Verfahren über Pflege und Erziehung oder das Recht auf persönliche Kontakte *tunlichst* persönlich zu hören (§ 105 AußStrG – Ausnahmen siehe Gesetzestext). Weitere rechtliche Einflussnahme des Kindes auf Erziehungsmaßnahmen ist bei der Wahl des Religionsbekenntnisses[301] oder durch Anrufung des Gerichts in Fragen der Ausbildung (§ 172 ABGB) möglich. Besondere Bedeutung kommt dem Willen des Kindes bei medizinischen Behandlungen zu: Die Einwilligung in solche kann nur das einsichts- und urteilsfähige Kind selbst erteilen, wobei die erforderliche Einsichts- und Urteilsfähigkeit bei mündigen Minderjährigen gesetzlich vermutet wird (§ 173 ABGB).

Das **Namensrecht** wurde durch KindNamRÄG 2013 grundlegend geändert. Haben die Eltern des Kindes einen gemeinsamen Familiennamen, so erhält das Kind diesen. Das kann auch ein Doppelname sein. Führen die Eltern keinen gemeinsamen Namen, so ist aus ihren (Doppel-)Namen ein Name für das Kind zu bestimmen, der wiederum ein Doppelname mit zwei Namenstei-

ge betraute Elternteil in rechtsmissbräuchlicher oder in für den anderen unzumutbarer Weise in Anspruch nimmt. Sie entfallen darüber hinaus, wenn der nicht mit der Obsorge betraute Teil das Recht des Kindes auf persönlichen Verkehr mit ihm grundlos ablehnt.

299 BG vom 29.12.2000, BGBl. I 135, zu den Schwerpunkten und Zielen *S. Ferrari/G. Hopf* (Hg.), Reform des Kindschaftsrechts, 2001.

300 Die Berücksichtigung der Kindesmeinung – abhängig von Alter und Reife des Kindes – findet sich auch in der Aufzählung der Kindeswohlkomponenten (§ 138 Z. 5 u. 6 ABGB).

301 Gesetz vom 15.7.1921, DRGBl. Nr. 8234, S. 939, über die religiöse Kindererziehung; in Österreich 1939 in Kraft getreten, DRGBl. I, 384; wiederverlautbart am 30.4.1985, BGBl. 155.

len sein kann. Mangels einer Bestimmung erhält das Kind den Namen der Mutter (§ 155 ABGB)[302].

Nach Beseitigung der Unterschiede zwischen ehelichen und unehelichen Kindern und Streichung der Begriffe kennt das Abstammungsrecht nur mehr eine **Abstammung von der Mutter und vom Vater**. Mutter ist die Frau, die das Kind geboren hat (§ 143 ABGB); Vater ist der aktuell oder nicht früher als 300 Tage vor seinem Tod mit der Mutter verheiratete Mann. Sowohl das Kind als auch der Ehemann der Mutter können jedoch die Feststellung beantragen, dass das Kind nicht vom Ehemann der Mutter abstammt (§ 151 ABGB). Hat der Ehemann allerdings einer medizinisch unterstützten Fortpflanzung mit dem Samen eines Dritten in Form eines Notariatsakts zugestimmt, so kann die Feststellung der Nichtabstammung vom Ehemann nicht beantragt werden (§ 152 ABGB).

Als Vater eines Kindes ist auch derjenige anzusehen, der seine Vaterschaft anerkannt hat oder durch Urteil als Vater festgestellt wird (§§ 144 ff. ABGB)[303]. In Betracht kommt jener Mann, der der Mutter in der Zeit vom 300. bis 180. Tag vor der Geburt beigewohnt hat oder ihrer medizinisch unterstützten Schwangerschaft formell zugestimmt hat und nicht beweisen kann, dass das Kind nicht von ihm abstammt.

Mit der 2015 erfolgten Reform des Fortpflanzungsmedizinrechts[304] und der Möglichkeit der Verwendung einer Samenspende für Partnerschaften und Lebensgemeinschaften von Frauen wurden die Bestimmungen der §§ 144 und 145 ABGB dahingehend ergänzt, dass die *Frau, die das Kind nicht zur Welt bringt, „Elternschaft“* (analog zu einer Vaterschaft) erlangt oder anerkennen kann[305]. Die Regelungen sehen eine sinngemäße Anwendung aller Bestimmungen der Vaterschaft für die Frau als Elternteil vor. 2022 kam es zu Aufhebung der Normen durch den VfGH (mit Wirkung zum 31.12.2023), um auch in Fällen der sogenannten „Heiminsemination“ die Anerkennung der sozia-

302 Zu späteren Änderungen und dem Selbstbestimmungsrecht der mündig Minderjährigen vgl. §§ 156 und 157 ABGB.

303 Das Vaterschaftsanerkenntnis ist durch das Kindschaftsrecht-Änderungsgesetz vom 15.3.1989, BGBI. 162, in rechtstechnischen Belangen geändert worden. Die geplante Vereinfachung, Entbürokratisierung und Beschleunigung ist nur bedingt gelungen und wurde deshalb durch das KindRÄG 2001, BGBI. I 2000/135, und durch das FamErbRÄG 2004, BGBI. I 2004/58, weitergeführt. Das KindNamRÄG 2013, BGBl. I 2013/15, führte zu keinen inhaltlichen Neuerungen, sondern zur gänzlichen Neustrukturierung des Abstammungsrechts und der Beseitigung der begrifflichen Unterscheidung zwischen ehelichen und unehelichen Kindern.

304 Das Fortpflanzungsmedizingesetz (BG vom 4.6.1992, BGBl. 275) regelt Methoden und Techniken der Reproduktionsmedizin sowie diesbezüglich einzuhaltende verwaltungsrechtliche Ge- und Verbote; es wurde bereits mehrfach novelliert.

305 §§ 144, 145 i. d. F. BGBl. I 2015/35 (FMedRÄG 2015). Seit 2019 sind auch Ehepartnerinnen von gebärenden Frauen von dieser Elternschaft erfasst.

len Elternschaft der Partnerin zu ermöglichen. Die Gesetzgebung ist daher gefordert, das Abstammungsrecht neu zu gestalten[306].

B. Das Kindschaftsrecht in der rechtshistorischen Entwicklung

Lit.: *U. Aichhorn* (Hg.), Unterhalt – Obsorge – Kinderbetreuungsgeld: aus frauen(rechtlicher) Perspektive, 2003; *D. Berding*, Elterliche Gewalt, Kindesrechte und Staat im deutschen Naturrecht um 1800, ZNR 2000, 52 ff.; *W. Brauneder*, Kindesgut, HRG ²II, Sp. 1756 ff.; *C. Gf. Chorinsky*, Das Vormundschaftsrecht Niederösterreichs vom 16. Jahrhundert bis zum Erscheinen des Josefinischen Gesetzbuches, 1878; *A. Dufour*, Zeillers Elternrechtslehre im Lichte des vorkritischen Naturrechts, in Forschungsband Franz v. Zeiller, hg. v. *W. Selb/H. Hofmeister*, 1980, 52 ff.; *T. Engel*, Elterliche Gewalt unter staatlicher Aufsicht in Frankreich und Deutschland (1870–1924), 2011; *A. Erler*, Kindererziehung, religiöse, HRG II, Sp. 727 ff.; *F. Janisch*, Kinderschutz und Jugendfürsorge nach dem österreichischen allgemeinen bürgerlichen Gesetzbuche, FS ABGB II, 1911, 349 ff.; *O. Lehner* (Hg.), Kinder- und Jugendrecht, ²1998; *M. Lipp*, „Väterliche Gewalt“ und „Person“ – zur Dogmengeschichte der elterlichen Sorge in der Pandektistik des 19. Jahrhunderts, ZNR 1933, 129 ff.; *H. Mitteis*, Der Rechtsschutz Minderjähriger im Mittelalter. Die Rechtsidee in der Geschichte, 1957, 621 ff.; *W. Ogris*, Vater, HRG V, Sp. 648 ff.; *J.-H. Olbertz*, Kindererziehung, HRG ²II, Sp. 1749 ff.; *E. Schmitz/A. Wacke*, Schwangerschaft, HRG IV, Sp. 1557 ff.; *D. Schwab*, Kind, HRG II, Sp. 717 ff., ²II, Sp. 1736 ff.; *D. Schwab*, Kindesgut, HRG II, Sp. 731; *D. Schwab*, Die rechtliche Stellung des Kindes in Geschichte und Gegenwart, *W. Behler* (Hg.), Das Kind. Eine Anthropologie des Kindes, 1971, 379 ff.

1. Eigenwert des Kindes

Ein besonderer Eigenwert des Kindes wurde in ältester Zeit noch nicht erkannt. Im Mittelalter entwickelte sich unter christlichem Einfluss[307] die Vorstellung von der Schutzbefohlenheit des Kindes, doch reifte sie erst in der Neuzeit zur Anerkennung der eigenen Individualität. Rechtliche Entsprechung fand die Aufwertung des Kindes erstmals in der Gesetzgebung des „aufgeklärten“ Absolutismus, der seine individualistischen Postulate auch zugunsten der Kinder erhob. Die Folge war eine obrigkeitliche Determinierung der väterlichen Gewalt durch die Einrichtung der Obervormundschaft. Sie wurde im Verlaufe des 19. Jhs. von der juristischen Lehre und Praxis zurückzunehmen versucht, um den Innenraum der Familie von staatlichen Eingriffen freizuhalten, doch weist die Entwicklung im 20. Jh. wieder in die Richtung verstärkter staatlicher Kindesfürsorge. Die Stellung des Kindes wird als Rechtsposition sowohl gegenüber der Gesellschaft als auch gegenüber den Eltern begriffen. Der Staat gewährt Erziehungshilfe, Ausbildung und sozialen Schutz, nimmt also vor allem im öffentlichen Recht Verantwortung in Anspruch. So hat sich Österreich 1992 durch die Ratifikation der

306 VfGH 30.6.2022, G 230/2021-20. Dazu *C. Voithofer*, Die Chance für ein zukunftstaugliches Abstammungsrecht, iFamZ 2022, 282 ff. und *K. Neuwirth*, Vater, Mutter, Elternteil und wer weiter? iFamZ 2023, 1 ff.

307 Vorbildlich wirkte v. a. die patristische Literatur.

UN-Konvention über die Rechte des Kindes vom 20.11.1989[308] und das Bundesverfassungsgesetz über die Rechte von Kindern[309] zu einem umfassenden Schutz der Minderjährigen bekannt.

2. Rechtsverhältnis zwischen Eltern und ehelichen Kindern

Lit.: *C. Gf. Chorinsky*, Das Vormundschaftsrecht Niederösterreichs vom 16. Jahrhundert bis zum Erscheinen des Josefinischen Gesetzbuches, 1878, 373 ff.; *E. Krause*, Die gegenseitigen Unterhaltsansprüche zwischen Eltern und Kindern in der deutschen Privatrechtsgeschichte, 1982; *S. Schumacher*, Das Rechtsverhältnis zwischen Eltern und Kindern in der Privatrechtsgeschichte, 1999; *G. Wesener*, Die Stellung des Kindes im Recht der altösterreichischen Länder, Recueils de la Société Jean Bodin 36, 1976, 453 ff.

a) Eheliche Abstammung

aa) Älteres Recht

In germanischer und fränkischer Zeit war die Frage nach der ehelichen oder unehelichen Geburt eines Kindes nicht rechtserheblich. Es kam vielmehr darauf an, ob der Muntwalt der Frau (Ehemann, Vater oder Großvater) das Kind in seine Familie aufnahm. Die rechtliche Zugehörigkeit zu einer Sippe, die durch **Aufnahme in die Hausgemeinschaft** vermittelt wurde, ersetzte den Begriff der Ehelichkeit. Unter christlichem Einfluss vollzog sich im MA. ein tiefgreifender Wandel. Nur solche Kinder galten als ehelich, die in einer **„rechten Ehe"** zur **„rechten Zeit"** geboren wurden. Alle Kinder, die vor oder auch nach Eingehung der Ehe zu früh geboren wurden, galten grundsätzlich als unehelich, darunter die Kinder aus den verpönten Nebenehen.

Nach dem Tode des Ehemanns geborene Kinder galten nur dann als ehelich, wenn die Witwe am *Dreißigsten*, also 30 Tage nach dem Ableben des Ehemannes, schwanger war. Konnte die Schwangerschaft an diesem Tage nicht erwiesen werden, bestand die Möglichkeit, das Kind „an seinen Rechten" zu *beschelten*. Dieses *Ehelichkeitsbestreitungsrecht* wurde dann zu einem generellen Recht des Ehemanns[310].

bb) Neuzeitliche Rechtsentwicklung

Die zunehmende Pönalisierung vor- und außerehelicher Geschlechtsbeziehungen nötigte den neuzeitlichen Gesetzgeber zu einer deutlichen Grenzziehung zwischen ehelich und unehelich geborenen Kindern.

---

308 Resolution Nr. 44/25 der Generalversammlung der UNO; BGBl. 1993/7. Vgl. *M. Haslinger/E. Filler*, Die völkerrechtliche Stellung des Kindes in Österreich; *O. Lehner* (Hg.), Kinder- und Jugendrecht, ^{2}1998, 345 ff.

309 BGBl. I 2011/4. Vgl. auch *A. Deixler-Hübner/S. Ulrich (Hg.)*, Kindschafts- und Namensrechts-Änderungsgesetz. Grundrechte – Elternrechte – Kinderrechte, 2013.

310 Vgl. etwa Schwabenspiegel, Art. 40; Steiermärkisches Landrecht, Art. 243 „Von unzeitigen Khindern". Das Verfahren der Bestreitung hatte nach süddeutschen Quellen „vor dem phaffen" zu geschehen. Zum Einfluss des kanonischen Rechts auf die Gerichtsbarkeit vgl. *O. Hageneder*, Die geistliche Gerichtsbarkeit in Ober- und Niederösterreich, 1967.

Als Vorbilder boten sich gemeinrechtliche Institute an: Die Bindung an **feste Schwangerschaftsfristen**, die bereits im römischen Recht den Zeitraum vom 180. bis zum 300. Tag nach der Eheschließung vorsahen, oder die förmliche Vaterschaftsvermutung für eheliche Kinder „pater est quem nuptiae demonstrant". Man entschied sich für eine kombinative Lösung. Es galten nur jene Kinder als ehelich, die in einer rechtmäßigen Ehe frühestens am Ende des 6. Monats nach der Trauung oder spätestens am 300. Tag *nach* Auflösung der Ehe geboren wurden. Eine Legitimation durch Anerkennung des Vaters war möglich[311]. Diese Regelung wurde ins *Josephinische Gesetzbuch* übernommen[312] und dann vom Westgalizischen Gesetzbuch in das *ABGB 1811* übergeleitet. Die VO über die Angleichung familienrechtlicher Vorschriften vom 6. Februar 1943 (DRGBl. I, 80)[313] bzw. das BG vom 30.6.1977 (BGBl. 403) dehnten die Frist für die Ehelichkeitsvermutung auf 302 Tage nach Auflösung der Ehe aus. Die viel restriktivere Rechtslage, die nur mehr während aufrechter Ehe bzw. vor Ablauf des 300. Tages nach dem Tod des Ehemannes geborene Kinder als ehelich vermutete, wurde durch das **KindRÄG 2001** (BGBl. I 2000/135) geschaffen. Anlass zu dieser **grundlegenden Umgestaltung** gaben die Erfahrungen der Personenstandsbehörden, nach denen Kinder, die nach Auflösung der Ehe (durch Scheidung, Aufhebung oder Nichtigerklärung) geboren wurden, in den seltensten Fällen tatsächlich vom ehemaligen Ehemann der Mutter abstammten. § 138d ABGB i. d. F. Familien- und Erbrechts-Änderungsgesetz 2004 (FamErbRÄG 2004, BGBI I 2004/58) erweiterte allerdings die Möglichkeit, den Status der Ehelichkeit zu erlangen. Demnach ist das Kind auch ehelich, wenn der frühere Ehemann nach Scheidung, Aufhebung oder Nichtigerklärung der Ehe in einem gerichtlichen Verfahren als Vater festgestellt wird. Gleiches gilt, wenn der frühere Ehemann die Vaterschaft anerkennt. Weiters räumte das FamErbRÄG 2004 im Gegensatz zum früher geltenden Recht, das nur dem Kind die **Klage auf Feststellung der ehelichen Abstammung** gewährte, auch dem früheren Ehemann der Mutter ein Klagerecht ein.

Bis zum Familien- und Erbrechts-Änderungsgesetz 2004 entschied in dem Fall, dass die Vermutung der Vaterschaft auf mehrere zutraf, die größere Wahrscheinlichkeit der Vaterschaft. Nunmehr haben sowohl der Mann als auch das Kind die Möglichkeit, in einem gerichtlichen Verfahren den positiven Abstammungsbeweis herbeizuführen. Während zur Widerlegung der Vaterschaftsvermutung bislang der Nachweis der hö-

311 Vgl. dazu *F. J. Greneck*, Theatrum Jurisdictionis Austriacae, 1752, 107.

312 4. Hptst. § 1. Ein Kind gilt dann als ehelich, wenn es frühestens im 7. Monat nach der Trauung und spätestens im 10. Monat nach dem Tod des Vaters geboren wurde. Ein zu früh geborenes Kind konnte der Vater als das seinige anerkennen und ihm damit die Rechtsstellung eines ehelichen Kindes verleihen.

313 Zur Bedeutung rassebiologischer Gutachten in Abstammungsverfahren vor österreichischen Gerichten noch vor 1938 s. *B. Bukor*, Abstammung – Ideologie – Recht, 2018, 75 ff; zu rassepolitisch motivierten Ehelichkeitsanfechtungsverfahren in der „Ostmark" ebd. 112 ff.

heren Wahrscheinlichkeit der Zeugung durch einen anderen Mann ausreichte, hat der Mann nun zu beweisen, dass das Kind nicht von ihm abstammt[314]. Ein Dritter, dessen Samen für eine medizinisch unterstützte Fortpflanzung verwendet wurde, kann nicht als Vater des mit seinem Samen gezeugten Kindes festgestellt werden (§ 148 Abs. 4 ABGB). Einem Vaterschaftsanerkenntnis können sowohl das Kind als auch die Mutter widersprechen; ebenso kann ein bereits feststehender Vater gegen das Anerkenntnis der Vaterschaft durch einen Anderen bei Gericht Widerspruch erheben[315]. Nur das Kind selbst kann eine Feststellung eines anderen Vaters bei bereits bestehender Vaterschaft beantragen („Vätertausch" gem. § 150 ABGB)[316].

Das **KindNamRÄG 2013** (BGBl. I 2013/15) sollte die endgültige **Gleichstellung aller Kinder** durch Abschaffung des Begriffs „unehelich" und überholter Rechtsinstitute (Legitimation durch nachfolgende Eheschließung, Ehelicherklärung durch das Staatsoberhaupt) bewirken.

b) Die Rechtsstellung des ehelichen Kindes

aa) Älteres Recht

Das ältere Recht hat kaum Schutzpositionen für das Kind ausgebildet. Selbstbestimmung in persönlichen oder vermögensrechtlichen Angelegenheiten war nicht einmal vorstellbar. Die **personenrechtliche Gewalt des Vaters** ging so weit, dass er sein Kind aufs strengste bestrafen, verheiraten, ja sogar verkaufen konnte; im vermögensrechtlichen Bereich waren dem Vater in ältester Zeit wohl nur Schranken in Form von gemeinschaftlichen Bindungen auferlegt.

Ansätze von Rechtsbeziehungen zwischen Vater und Kind zeigten sich zunächst im Schutz vor dem Missbrauch väterlicher Macht. Die Strafgewalt wurde zu einem Züchtigungsrecht, das Verkaufsrecht erstreckte sich nur mehr auf Fälle der echten Not und der Heiratszwang wich einem Ehebewilligungsrecht[317]. Das Ende dieser Entwicklung zeigte die **Munt als Schutzmacht** und Aufgabe des Vaters. Im überschaubaren städtischen Bereich überwachten Vormundschaftsbehörden ihre Ausübung.

Beendet wurde die väterliche Munt durch Klostereintritt, Heirat der Töchter, Ausscheiden aus dem Hausverband durch gerichtlichen Akt (foris familiatio), Eintritt in eine gesicherte Lebensstellung und seit dem Spätma. zunehmend mit der Erreichung des Mündigkeitstermins.

---

314 Zum besonderen Entkräftungsbeweis bei der medizinisch unterstützen Fortpflanzung s. § 148 Abs. 3 ABGB.

315 Alle Möglichkeiten von Anerkennung und Widerspruch gehen auf die Rechtsnachfolger der betroffenen Person über, d. h. es kann – insbesondere für Erbschaftsfragen interessant – zu nachträglichen Änderungen der Abstammung kommen (§ 142 ABGB).

316 Ein vermutlicher Kindesvater kann sich daher nicht von sich aus in eine sozial bestehende Familie drängen. Der OGH hatte bzgl. dieser Regelung keine Bedenken im Hinblick auf Art. 8 EMRK.

317 Im ausgehenden MA. wurde den Witwen und den „jungfrawen nach 18 jarn" sogar das Recht auf Selbstverheiratung zuerkannt. Die Söhne profitierten etwa gleichzeitig von dieser Liberalisierung. Vgl. Kap. XLV der Summa legum.

Parallel dazu wurden die Zugriffsmöglichkeiten des Vaters auf das Kindesvermögen in rechtliche Schranken gelegt. Das *Eisern-Gut-Prinzip* und *Widerrufsrechte* des Kindes konturierten die **Gewere zur rechten Vormundschaft**. Bei Verfügungen über Fahrnis war der Vater weitgehend frei, Liegenschaften konnte er nur mit Zustimmung des Kindes (der Vormundschaftsbehörde) veräußern. In der Zweckgebundenheit des Kindesvermögens kamen darüber hinaus erste Rechtsformen einer aprioristischen **Unterhaltspflicht** des Vaters zum Vorschein. Die **Ausstattung** (Aussteuer) der Kinder bei der Abschichtung oder Verheiratung verdichtete sich zum Rechtsbrauch.Weit weniger deutlich waren die Rechtsbeziehungen zwischen Mutter und Kind. Das erklärt sich daraus, dass die Frau selbst der Munt unterworfen war[318]. Ihr wachsender Einfluss im Hauswesen verschaffte ihr jedoch Erziehungsrechte über die Kinder. Dort, wo es der Frau gelang, sich bei Tod des Mannes die Gewalt über die Kinder anzueignen (v. a. im städtischen und bäuerlichen Bereich) wurden am Ausgang des MA. sogar Vorformen einer „elterlichen Gewalt" sichtbar.

Auf die inhaltliche Ausgestaltung der kindlichen Rechtsposition hatte das Prinzip der **Standesfolge** maßgeblichen Einfluss. Sowohl in personen-, wie in vermögensrechtlicher Hinsicht waren mit der Geburt eines Kindes die Weichen gestellt. Dabei zeigte sich die Tendenz, Kinder dem Stande des schlechter geborenen Elternteils („Das Kind folgt der ärgeren Hand") oder dem mütterlichen Stand („Das Kind folgt dem Busen") folgen zu lassen[319].

bb) Neuzeitliche Rechtsentwicklung

Der frühneuzeitliche Obrigkeitsstaat war bestrebt, die Familie in sein hierarchisches Machtgefüge einzubauen. Er sanktionierte kindlichen Ungehorsam[320], stellte aber auch die Vernachlässigung von **Elternpflichten** unter Strafe. Erste Ansätze einer Jugendschutzgesetzgebung (polizeirechtliche Vorschriften über religiöse Erziehung, Verbot von Spiel, Verbot von Trinken, Vorschriften über Unzucht usw.) schufen einen Pflichtenkatalog und näherten die väterliche Gewalt immer stärker der Vormundschaft an. Der Vater galt als nächster gesetzlicher **Gerhab** (Vormund) seiner ehelichen Kinder und hatte sich der Kontrolle der Vormundschaftsbehörde zu stellen[321]. Die Verfesti-

318 Aus diesem Grund wissen wir auch wenig über die Rechtsstellung der Kinder von Unfreien und Halbfreien. Bei ihnen überlagerten sich die väterliche Gewalt und die Gewalt des Herrn.

319 Die Standesfolge bei *unebenbürtigen Ehen* war vor allem auch auf dem Gebiet des öffentlichen Rechts folgenschwer. Während sie in bäuerlichen oder bürgerlichen Kreisen rechtlich milder beurteilt wurde, führte sie in adeligen und hochadeligen Kreisen zum Ausschluss von der Nachfolge in Thron und Herrschaft.

320 Vgl. dazu Art. 65 § 10 der Landgerichtsordnung Ferdinands III. vom 30.12.1656.

321 Vgl. *C. Gf. Chorinsky*, Das Vormundschaftsrecht Niederösterreichs vom 16. Jahrhundert bis zum Erscheinen des Josefinischen Gesetzbuches, 1878, 83 ff. Die einheitliche

gung der Rechtspositionen von Eltern und Kindern äußerte sich nicht zuletzt darin, dass die vormals kaum unterschiedene Personen- und Vermögenssorge der Eltern (primär des Vaters) definiert und in einzelne Rechte und Pflichten aufgefächert wurde.

(1) Unterhalt

Die väterliche Unterhaltspflicht war so selbstverständlich, dass sie sich vorerst einer detaillierten Regelung entzog. Es blieb bei Hinweisen auf einen „standesgemäßen Unterhalt", womit die Gewährleistung der materiellen Standesvorzüge gemeint war. Erst das *Josephinische Gesetzbuch*[322] brachte eine allgemeine Umschreibung der Unterhaltspflicht und bezog auch die Mutter ein.

Den Kindern war *standesgemäßer* Unterhalt zu gewähren, solange sie sich nicht selbst – allenfalls aus den Einkünften eines eigenen Vermögens – erhalten konnten. Der Tochter war überdies ein *anständiges Heiratsgut*, dem Sohn eine *anständige Widerlage* zu geben (wenn die Heiratswerber kein eigenes oder kein hinreichendes Vermögen hatten). Die primäre Pflicht traf den Vater, die Mutter hatte nur dann Unterhaltsleistungen zu erbringen, wenn er dazu nicht in der Lage oder gestorben war. Nach dem Tod der Eltern ging die Unterhaltspflicht auf die Großeltern über, und zwar zunächst auf die Großeltern väterlicherseits, im Falle ihres Unvermögens auf die Großeltern mütterlicherseits. Jenen Kindern, die es verdient hätten, enterbt zu werden und sich nicht selbst erhalten konnten, war der notdürftige Unterhalt zu gewähren. Andererseits hatten die Kinder den bedürftigen Eltern und Großeltern Unterhalt „nach Vermögen und Kräften" zu verschaffen.

Das *ABGB 1811* hat diese Bestimmungen übernommen. Es regelte die Unterhaltspflicht unter den **„elterlichen" Verbindlichkeiten**, bürdete primär aber dem Vater die Unterhaltsleistung, der Mutter die körperliche Pflege der Kinder auf. Den in Dürftigkeit verfallenen Eltern hatten Kinder anständigen Unterhalt zu verschaffen (§§ 141, 154 a. F.). Dabei blieb es bis zur Neuordnung im Zuge der Familienrechtsreform.

(2) Pflege und Erziehung

Bestimmungen über die Kindererziehung hatten – nicht zuletzt wegen der schweren Fassbarkeit anderer Inhalte – vorwiegend die Übung in der Religion zum Inhalt. Das „paternum officium" wurde allgemein so verstanden, dass der Vater seine Kinder zu ernähren und zu erziehen, insbesondere aber auch anzuhalten hatte, die „Sünde zu vermeiden". Erst das *Josephinische Gesetzbuch* beschäftigte sich eingehend mit der Erziehungsgewalt des Vaters und – davon abgeleitet – der Mutter. Beide sollten sich vom Wohl der Kinder leiten lassen, sie beraten und zu einem vernünftigen Leben hinführen.

Altersvormundschaft über Minderjährige wirkte sich v. a. im vermögensrechtlichen Bereich aus.

322 4. Hpst. „Von den Rechten zwischen Aeltern und Kindern".

Träger der Erziehungsgewalt war vor allem der Vater. Er war dafür verantwortlich, die Kinder zu einem „für den Staat nützlichen Stande" zu erziehen, und daher entscheidungsbefugt. Die Mutter jedoch wurde in diese Verantwortung eingebunden. Die Kinder schuldeten beiden Gehorsam und konnten von beiden (mit maßvoller Züchtigung) angehalten werden, ihre Anordnungen zu befolgen. Die Schranken ihrer Macht waren Gesetz und gute Sitten.

Diese Rechtsvorstellungen verschmolzen im *ABGB 1811* zu **gemeinschaftlichen Rechten und Pflichten der Eltern**, denen als Inbegriff besonderer Rechte des Vaters (Standeswohl, Vermögensverwaltung, gesetzliche Vertretung) die **väterliche Gewalt** gegenübergestellt wurde. Die Eltern hatten gemeinsam für das Leben und die Gesundheit ihrer Kinder zu sorgen, gemeinsam ihre körperlichen und geistigen Kräfte zu entwickeln und gemeinsam durch Unterricht in der Religion und in nützlichen Kenntnissen den „Grund zu ihrer künftigen Wohlfahrt" zu legen (§ 139 a. F.). Die Eltern sollten dabei einverständlich vorgehen (§ 144 a. F.), doch entschied der Vater, in Fragen besonderer Wichtigkeit (Berufsausbildung) letztlich das Gericht. Die Kinder schuldeten den Eltern Ehrfurcht und Gehorsam, waren zur Wohnsitzfolge verpflichtet und konnten von den Eltern auf eine nicht übertriebene und ihrer Gesundheit unschädliche Art gezüchtigt werden (§ 145 a. F.). Mit dem **Gesetz v. 30.6.1977** (BGBl. 403) wurde dem Vater das Recht der letzten Entscheidung genommen und das Züchtigungsrecht durch ein sog. „Durchsetzungsrecht" ersetzt. Darüber hinaus wurden die Pflichten der Kinder neu umschrieben. Das **Kindschaftsrecht-Änderungsgesetz v. 15.3.1989** (BGBl. 162) hat schließlich die Anwendung von Gewalt und die Zufügung von körperlichen oder seelischen Leiden ausdrücklich für unzulässig erklärt (§ 146a ABGB). Für den Fall, dass ein Elternteil oder ein sonstiger naher Angehöriger, der mit dem Kind in familiärer oder familienähnlicher Gemeinschaft lebt oder gelebt hat, gegen dieses Gewalt anwendet oder durch sein Verhalten die psychische Gesundheit des Kindes erheblich beeinträchtigt, wurde mit dem **Gewaltschutzgesetz**[323] eine rechtliche Handhabe geschaffen: Auf Antrag des gesetzlichen Vertreters des Kindes kann das Gericht dem Angreifer per einstweiliger Verfügung das Verlassen der Wohnung auftragen und die Rückkehr in dieselbe sowie den Aufenthalt an bestimmten Orten verbieten und darüber hinaus den Auftrag erteilen, ein Zusammentreffen sowie die Kontaktaufnahme mit dem Kind zu vermeiden (§§ 382b, 382e EO). Wird der erforderliche Antrag nicht unverzüglich durch den gesetzlichen Vertreter gestellt, kann auch der Kinder- und Jugendhilfeträger als Vertreter des Minderjährigen eine einstweilige Verfügung beantragen (§ 211 Abs. 2 ABGB)[324]. Durch die jüngste

323 BG v. 30.12.1996, BGBl 759, novelliert durch BGBl. I 1999/125, BGBl. I 1999/146, BGBl. I 2000/59, BGBl. I 2003/31, BGBl. I 2005/158, BGBl. I 2006/56, BGBl. I 2009/40 (2. GeSchG), BGBl. I 2013/152 und BGBl. I 2019/105 (GeSchG 2019).

324 Das Gewaltschutzgesetz schützt selbstverständlich nicht nur die Kinder, sondern alle Personen, die mit dem Angreifer in familiärer oder familienähnlicher Gemeinschaft

Reform erfolgte eine Erweiterung des Gewaltschutzes für Minderjährige. Das Betretungsverbot bezieht sich insbesondere auch auf Schulen und Kinderbetreuungseinrichtungen; die Leitung der jeweiligen Institution ist über die Anordnung zu informieren.

(3) Gesetzliche Vertretung

Die Vertretung des Kindes im Rechtsverkehr blieb auch in der Neuzeit dem **Vater** vorbehalten. Die klare Ausformulierung dieses Rechts im *Josephinischen Gesetzbuch* wurde zum Vorbild für das *ABGB 1811*, das aus der „väterlichen Gewalt" die gesetzliche Vertretung ableitet (§ 152 a. F.). Der reformatorische Schritt zum Vertretungsrecht der **Eltern** ließ die Rechtsposition der Kinder unberührt. Seit In-Kraft-Treten der Kindschaftsrechtsnovellen 1989 und 2001 kann das Vertretungsrecht als Teil der Obsorge auch Großeltern oder Pflegeeltern (oder anderen Dritten einschließlich dem Kinder- und Jugendhilfeträger) übertragen werden.

Für einen nach der Geburt des Kindes auftretenden Vertretungsmangel gilt folgendes: Ist ein Elternteil an der Ausübung der Obsorge gehindert – etwa durch Tod, Verschollenheit, gänzlichen oder teilweisen Obsorgeentzug oder Verlust der Geschäftsfähigkeit – so bleibt die Obsorge im Ausmaß der Verhinderung dem anderen obsorgeberechtigten Elternteil alleine. Trifft die Verhinderung den allein obsorgeberechtigten Elternteil oder beide Elternteile, so hat das Gericht die Obsorge nach Maßgabe des Kindeswohls dem anderen Elternteil, Großelternpaar (Großelternteil) oder Pflegeelternpaar (Pflegeelternteil) zu übertragen. Großeltern bzw. Pflegeeltern kann damit die rechtliche Stellung von Eltern eingeräumt werden.

(4) Vermögensverwaltung

Im Mittelpunkt rechtlicher Erörterungen stand zunächst das Nutznießungsrecht des Vaters am **Kindesvermögen**[325]. Mit zunehmender Angleichung der väterlichen Vermögensverwaltung an jene des Vormunds erfolgte dann im *Josephinischen Gesetzbuch* die Klarstellung: Der Vater kann aus dem Kindesvermögen **keine Nutzungen** ziehen; er ist zur jährlichen Rechnungslegung verpflichtet; Überschüsse, die den Unterhaltsaufwand für das Kind übersteigen, wachsen dem Kindesvermögen zu; und ihm kann wegen „übler Verwaltung" oder über Anordnung des Vermögensstifters sogar die Verwalterbefugnis entzogen werden. Dass der Vater das Kindesvermögen nicht veräußern darf, ist selbstverständlich.

---

leben bzw. gelebt haben und denen ein weiteres Zusammenleben oder -treffen mit der gefährdenden Person nicht zumutbar ist.

325 Es wurde ihm nach dem Vorbild des römischrechtlichen peculiums in der Regel entzogen, kehrte aber im 18. Jh. in einigen Landesrechten wieder (*M. Rintelen*, Bernhard Walthers privatrechtliche Traktate aus dem 16. Jahrhundert, 1937, VI, 5; *F. J. Greneck*, Theatrum Jurisdictionis Austriacae, 1752, 273. Dazu *G. Wesener*, Die Stellung des Kindes im Recht der altösterreichischen Länder, Recueils de la Société Jean Bodin 36, 1976, 480).

Das *ABGB 1811* übernahm die Josephinische Regelung. Was Kinder auf gesetzmäßige Art erworben hatten, war ihr Eigentum, stand aber unter väterlicher Verwaltung. Nur über das, was ein minderjähriges Kind (das nicht im elterlichen Haushalt lebte) durch seinen Fleiß erwarb oder ihm nach erreichter Mündigkeit zum Gebrauch übergeben wurde, konnte es frei verfügen. Die Verwaltungsbefugnisse blieben denen des Vormunds angenähert, Erleichterungen betrafen vor allem die Rechnungslegungspflicht. Die Substanz des Kindesvermögens war unbedingt zu erhalten, Einkünfte dienten der Bestreitung des Kindesunterhalts. 1977 ist die Vermögensverwaltung der „Sorgfalt ordentlicher Eltern“ anvertraut worden[326], 1989 subsidiär auch den Großeltern bzw. anderen Dritten[327] und 2001 auch den Pflegeeltern[328].

(5) Standesfolge

In diesem Punkt stellte die neuzeitliche Rechtsentwicklung letztlich klar, dass die Kinder Namen sowie Familien- und Standesrechte des Vaters erhalten[329]. Diese Bestimmung wurde durch die Beseitigung von Standesvorrechten obsolet und im Zuge der Familienrechtsreform beseitigt[330].

3. Rechtsverhältnis zwischen Eltern und unehelichen Kindern

Lit.: *H. Conrad*, Die Stellung des unehelichen Kindes in der neuzeitlichen Privatrechtsentwicklung Deutschlands, Frankreichs, Österreichs und der Schweiz, Ehe und Familie 9, 1962, 322 ff.; *U. Floßmann/H. Kalb*, „Illegitime“ Kinder im Recht des Landes ob der Enns, FS R. Zinnhobler, 2001, 23 ff.; *B. Harms-Ziegler*, Illegitimität und Ehe. Illegitimität als Reflex des Ehediskurses in Preußen im 18. und 19. Jahrhundert, 1991; *H. Herrmann*, Die Stellung unehelicher Kinder nach kanonischem Recht, 1971; *A. Leineweber*, Die rechtliche Beziehung des nichtehelichen Kindes zu seinem Erzeuger in der Geschichte des Privatrechts, 1978; *M. Mitterauer*, Ledige Mütter. Zur Geschichte unehelicher Geburten in Europa, 1983; *Th. Olechowski*, Bankert, HRG ²I, Sp. 427f.; *G. K. Schmelzeisen*, Polizeiordnungen und Privatrecht, 1955, bes. 81 ff.; *L. Schmugge*, Illegitimität im Spätmittelalter, 1994; *G. Schubart-Fikentscher*, Die Unehelichen-Frage in der Frühzeit der Aufklärung, 1967; *E. Schumann*, Die nichteheliche Familie, Reformvorschläge für das Familienrecht mit einer Darstellung der geschichtlichen Entwicklung und unter Berücksichtigung des Völker- und Verfassungsrechts, 1998; *G. Wesener*, Die Rechtsstellung des unehelichen Kindes in Österreich, Recueils de la Société Jean Bodin 36, 1976, 493 ff.; *G. Winter*, Sozialer Wandel durch Rechtsnormen, erörtert an der sozialen Stellung unehelicher Kinder, 1969; *H. Zeller*, Das Recht des nichtehelichen Kindes, 1976.

326 BG vom 30.6.1977, BGBl. 403.
327 BG vom 15.3.1989, BGBl. 162.
328 BG vom 29.12.2000, BGBl. I 135.
329 So auch § 146 ABGB 1811.
330 BG vom 30.6.1977, BGBl. 403.

a) Älteres Recht

Solange die Aufnahme in den Hausverband des Vaters die Rechtsstellung eines jeden Kindes bestimmte, war uneheliche Geburt durchaus kein Grund geminderter Rechtsfähigkeit oder geringeren Standes. Grundsätzlich wurden alle Kinder, die nicht von einer der Munt unterworfenen Ehefrau geboren wurden, als unehelich angesehen, doch konnten Kinder aus einer dauernden Verbindung mit einer Freien (Hornung; Bastard) durch Aufnahme seitens des Vaters den ehelichen Kindern rechtlich gleichgestellt werden. Kinder aus einer bloß vorübergehenden Verbindung (Winkelkinder; Heckenkinder) traten zum Vater in keine rechtliche Verbindung, sie gehörten weiterhin zur Muttersippe. Für Kinder einer Unfreien galt der Grundsatz *„Das Kind folgt der ärgeren Hand "*.

Unter **christlichem Einfluss** wurden dann alle nicht von der rechten Ehefrau geborenen Kinder als unehelich angesehen. Sie sollten nicht die gleichen Rechte wie eheliche Kinder genießen. Am frühesten verwehrte man dem Vater die Legitimierung unfrei geborener Kinder. Für „anerkannte Bastarde" war die Aufnahme in das väterliche Haus zunächst noch offen, doch ließ kirchliches Denken schließlich jede außereheliche Verbindung unzüchtig erscheinen und verweigerte den daraus entstandenen Kindern die volle Rechtsgleichheit mit vollbürtigen Geschwistern.

Die Unehelichen verloren vor allem ihr Erbrecht gegen den Vater[331], doch belegen ma. Quellen immerhin seine Unterhaltspflicht. Außerdem konnte der Vater dem unehelichen Kind Schenkungen ohne Zustimmung der Erben machen (Hornungsgabe). Die Unehelichen hatten aber auch im öffentlichen Recht bereits Nachteile zu tragen. Der **Makel der unehelichen Geburt** beschränkte ihre rechtliche und soziale Stellung. Sie waren von verschiedenen Berufen ausgeschlossen, konnten nicht Mitglieder von Gilden und Zünften sein, und nach kanonischem Recht war es ihnen prinzipiell nicht möglich, höhere kirchliche Weihen und damit kirchliche Ämter zu erlangen.

b) Neuzeitliche Rechtsentwicklung

Die Rezeption des gemeinen Rechts konnte die Rechts- und Ehrenminderung der unehelich Geborenen nicht beseitigen[332] und trug in diesem Punkt auch nichts zur Rechtsvereinheitlichung bei. Trotz verschiedener Systemansätze in der Lehre vom Unehelichenrecht setzte sich der Zustand der **Rechtszersplitterung** in den neuzeitlichen Rechtsordnungen fort. Das einigende Band war der kanonische Bannfluch über die unerlaubten geschlechtlichen Beziehungen.

331 S. unten Erbfolge unter unehelichen Verwandten.

332 Die dem römischen Recht eigene Besserstellung der Konkubinenkinder kam nicht zur Anwendung, weil das Konkubinat in verschiedenen Reichs- und Landespolizeiordnungen ausdrücklich verboten war.

Getreu dem kanonischen Recht wurden bei grundsätzlicher Aufrechterhaltung des Alimentationsanspruchs gegen den Vater die Rechtsfolgen der Unehelichkeit (vor allem im Erbrecht) vom Grad der Verwerflichkeit des Zeugungsaktes abhängig gemacht: *Bastarde* oder *natürliche Kinder*, die von einem Vater stammten, der die Mutter heiraten konnte, sowie *Schlaf-* oder *Hurenkinder*, die außerhalb einer Ehe von unverheirateten Personen stammten, und bei denen die Mutter nicht wusste oder angeben wollte, wer der Vater war, bildeten eine Gruppe. Dieser stand eine zweite Gruppe von Kindern gegenüber, die aus besonders verwerflichen Verbindungen abstammten, wie *Ehebruchskinder* und *Blutschandekinder*[333]. Verstärkt wurde die rechtliche Benachteiligung der unehelichen Kinder dadurch, dass die Kirche die gemeinrechtlichen Begriffe der „infamia“ und der „turpitudo“ mit ihren eigenen Anschauungen vom Makel der unehelichen Geburt verband und auf diese Weise die illegitimen Kinder zu Personen eines verachteten Standes **(Familienlosigkeit)** deklassieren half.

Der weltliche Gesetzgeber folgte allerdings nicht immer den strengen Auffassungen des kanonischen Rechts. Insbesondere die im 16. und 17. Jh. ergangenen Reichspolizeiordnungen, Reichsabschiede, Landesordnungen und Landespolizeiordnungen enthielten auch Vorschriften über uneheliche Kinder (und andere verachtete Personengruppen), die ihrer Diskriminierung entgegenwirken sollten. Missbräuchliche Benachteiligungen im Handwerk, insbesondere durch die Nichtaufnahme verachteter Personen in Zünfte, sollten hintangehalten werden. Außerdem wurde den unehelichen Kindern der **Schutz der Vormundschaft** gewährt.

Ein weiteres Anliegen des neuzeitlichen Gesetzgebers war die Erarbeitung von Rechtsgrundsätzen zur **Feststellung der außerehelichen Vaterschaft**. Da die gemeinrechtlichen Vaterschaftsvermutungen nur den ehelichen Kindern galten, mussten Beweisregeln für die außereheliche Vaterschaft angeboten werden. Sie reichten von den ma. Formen des gerichtlichen wie außergerichtlichen Geständnisses (Anerkenntnis) über die bloße Beiwohnungbehauptung der Mutter in Bezug auf die mögliche Empfängnis bis zum „sicheren“ Beweis der Abstammung vom beklagten Mann.

Vielfach wurden – in ma. Rechtstradition befangen – eindeutige Äußerungen und schlüssiges Verhalten des Mannes (z. B. Flucht oder Abwesenheit des Beklagten) als Bekenntnis seiner Vaterschaft gewertet, ohne dass es zu weiteren Ausforschungen kommen musste. Die Praxis des Vaterschaftsprozesses förderte dann viele *exceptiones*, also Einreden gegen die Vaterschaftsvermutung, zutage. Besonderes Gewicht hatte die Einrede des Mehrverkehrs (exceptio plurium concubentium). Sie führte ebenso zur Klagsabweisung wie der Beweis des Beischlafs außerhalb der Empfängniszeit oder der Impotenz[334].

Das Ziel einer Vereinheitlichung des unehelichen Kindschaftsrechts wurde schrittweise im 18. Jh. erreicht[335]. Den entscheidenden Schritt zur rechtlichen Besserstellung der unehelichen Kinder tat dann **Joseph II.**, der grundsätzlich

333 Vgl. dazu *F. Schmalzgruber*, Ius ecclesiasticum universum, 1719–28, 4/2, 315 ff.

334 *I. H. Böhmer*, Doctrina de actionibus, 2 cap. 1, § 26 ff., § 30.

335 Vgl. in der Erbrechtsentwicklung die „Neue Satz- und Ordnung vom Erbrecht außer Testament und andern letzten Willen, auch was deme anhängig“ 1720.

ihre Gleichstellung mit den ehelich Geborenen anordnete. Sein Gesetzbuch gab den Unehelichen „ein Stück Familienrecht“[336].

Jene unehelichen Kinder, die außer der Ehe von zwei unverheirateten Personen gezeugt worden waren oder aus ungültigen Ehen stammten, bei denen ein behebbares Ehehindernis bestand, wurden überhaupt den ehelichen Kindern gleichgestellt. Sie hatten gegenüber der väterlichen wie der mütterlichen Seite alle Rechte, die den ehelich Geborenen zustanden. Die rechtliche Gleichstellung sollte allerdings entfallen, wenn ein Elternteil nachher mit einer dritten Person eine behördlich gestattete Ehe einging. Als *„wahrhaft unehelich“* galten Kinder nur dann, wenn ein Elternteil zur Zeit der Zeugung verehelicht war (Ehebruchskinder), oder wenn zwischen den Eltern ein Ehehindernis bestand, das nicht behoben werden konnte. Sie wurden auf den Unterhaltsanspruch beschränkt und hatten weder gegenüber der väterlichen noch der mütterlichen Seite verwandtschaftliche Rechte. Generell wurde festgehalten, dass die *Unterhaltspflicht* vorzüglich dem Vater obliege, als welcher derjenige anzusehen war, der während der Schwangerschaft, bei der Geburt, oder sonst durch die kleinste Handlung zu erkennen gab, dass er das Kind als das seinige ansieht. Konnte der Vater durch kein solches Anzeichen bestimmt werden, so war die Mutter berechtigt, denjenigen zum Unterhalt ihres Kindes zu belangen, der ihr in den ersten drei Monaten der Schwangerschaft nachweislich beigewohnt hatte. Der Unterhalt des unehelichen Kindes war nach dem Stande der Mutter zu bemessen. Es stand im Belieben des Vaters, das Kind in oder außer seinem Haus zu erhalten. In dem Maße, in dem der Vater für das Kind Unterhalt gewährte, gebührte ihm darüber auch die *väterliche Gewalt*, wenn er auf diese nicht freiwillig verzichtet hatte. Konnte die Kindesmutter den Vater nicht anzeigen oder konnte sie die Beiwohnung nicht beweisen, so oblag ihr allein die Unterhaltspflicht. Nach dem Tod von Vater und Mutter richtete sich der Unterhaltsanspruch des Kindes gegen alle, die etwas aus der väterlichen oder mütterlichen Erbschaft erhalten hatten.

Bereits mit dem Tode *Josephs II.* kündigte sich der Rückschritt an. In einem *Patent Kaiser Leopolds II.*[337] wurden die erwähnten Bestimmungen des Josephinischen Gesetzbuches sowie die extensiven Erläuterungen dazu aufgehoben. Der Angriff galt vor allem dem Erbrecht des unehelichen Kindes. Ansonsten sollte „niemand deßwegen, daß er außer der Ehe erzeugt worden ist, irgendeinen Vorwurf oder Nachtheile an Ehre, und einem Hindernisse in seinem, wo immer hingerichteten Fortkommen ausgesetzt seyn.“ Die Entwürfe zum *ABGB 1811* blieben dieser Haltung treu und formten letztlich die gesetzgewordene Maxime: *Uneheliche Geburt soll einem Kinde an seiner bürgerlichen Achtung und an seinem Fortkommen keinen Abbruch tun, gleiche Rechte wie den ehelichen stehen ihm aber nicht zu* (§§ 162; 155 a. F.). Uneheliche Kinder waren zunächst überhaupt von dem Recht der Familie und der Verwandtschaft ausgeschlossen[338], doch wurde dieser Satz durch die *I TN* gestrichen. Nunmehr hatten die unehelichen Kinder nicht nur gegenüber der Mutter, sondern auch gegenüber den mütterlichen Verwandten dieselben

336 *J. Ofner*, Der soziale Charakter des Allgemeinen Bürgerlichen Gesetzbuches (ABGB), FS ABGB I, 1911, 464.

337 22.2.1791 (JGS Nr. 115) § 4 „Von unehelichen Kindern“.

338 § 165 a. F. ABGB.

Rechte wie die ehelichen Kinder. Die rechtliche Verbindung zum Vater wurde vor allem durch den Alimentationsanspruch des unehelichen Kindes und das Recht auf persönlichen Verkehr (Besuchsrecht) aufrechterhalten. Unterhaltsansprüche gegen das uneheliche Kind standen nur der Mutter und den mütterlichen Großeltern zu. Dem unehelichen Vater versagten Theorie und Praxis den Unterhaltsanspruch.

Im Zuge der **Großen Familienrechtsreform** wurde die Grundsatzbestimmung des § 155 „die unehelichen Kinder genießen nicht gleiche Rechte mit den ehelichen" praktisch umgedreht[339]. Mit der Beseitigung der gesetzmäßigen Amtsvormundschaft für alle ue. geborenen Kinder und der Zuerkennung der Obsorge an die Mutter des außerehelichen Kindes, allenfalls sogar an die Eltern des außerehelichen Kindes, wurde die Annäherung der familienrechtlichen Rechtsposition ehelicher und unehelicher Kinder weitestgehend vollzogen[340]. Die im Erbrecht zunächst noch verbliebenen Nachteile wurden mit dem **ErbrechtsänderungsG v. 13. 12. 1989** (BGBl. 656) per 1.1.1991 beseitigt. Das **KindNamRÄG 2013** (BGBl. I 15) strich den Begriff „unehelich" beinahe zur Gänze aus dem Wortlaut des ABGB und versuchte durch Neustrukturierung des Hauptstückes über die Rechte zwischen Eltern und Kindern die Gleichheit aller Kinder unabhängig von ihrer Abstammung klarzulegen.

4. Legitimation

Lit.: *G. Beitzke*, Legitimation und Abstammungsvorfragen, FS F. Schwind, 1978, 13 ff.; *C. Gf. Chorinsky*, Das Vormundschaftsrecht Niederösterreichs vom 16. Jahrhundert bis zum Erscheinen des Josefinischen Gesetzbuches, 1878, 382 ff.; *F. Kogler*, Die legitimatio per rescriptum principis von Justinian bis zum Tode Karls IV., 1904; *F. Merzbacher*, Legitimation durch nachfolgende Ehe, HRG II, Sp. 1677 ff.; *E. Schumann*, Legitimation durch nachfolgende Ehe, HRG ²III, Sp. 706 ff.

Die Legitimation ist ein Rechtsinstitut, durch das einem unehelichen Kind im Verhältnis zu seinen Eltern die Stellung eines ehelichen Kindes verschafft wird.

a) Älteres Recht

In vorchristlicher Zeit ließ die faktische Gleichbehandlung ehelicher und unehelicher Kinder der Legitimation keine Entfaltungsmöglichkeit[341]. Seit dem hohen MA. sind jedoch sog. **„Mantelkinder"** bekannt, die als vorehelich ge-

339 BG vom 30.10.1970, BGBl. 342 (Streichung der Grundsatzbestimmung); BG vom 30.6.1977, BGBl. 403.

340 Diese erfolgte durch das Kindschaftsrecht-Änderungsgesetz v. 15.3.1989, BGBl. 162.

341 Das ältere norwegische Recht kannte eine altertümliche Form der *Geschlechtsleite*, mit der sogar der Bruder den Bruder, der Onkel den Neffen oder noch entferntere Verwandte legitimieren konnte. Mit dieser Geschlechtsleite sollten vor allen Dingen erbrechtliche Wirkungen erzielt werden.

borene Kinder dadurch den Status der Ehelichkeit erlangt hatten, dass sie unter dem Mantel der Eltern (meist der Mutter) mit in die Kirche genommen worden waren. In der Zeit, da der Brauch für den deutschen Rechtsraum belegt ist, hatte bereits Papst Alexander III. 1179 die römische Legitimation durch nachfolgende Ehe für das kirchliche Recht anerkannt.

b) Neuzeitliche Rechtsentwicklung

Gegen Ausgang des MA. ist die kanonische Legitimation auch im weltlichen Rechtsbereich gebräuchlich geworden[342]. Die dem römischen Recht entlehnten Möglichkeiten der Legitimation durch *nachfolgende Eheschließung* und durch einen *Gnadenakt* des Fürsten wurden nun auch in Österreich praktiziert. Die **Legitimation durch nachfolgende Eheschließung** hatte nach dem österreichischen Recht des 16., 17. und 18. Jhs. bis zur Zeit Kaiser *Josephs II.* die Wirkung, dass die legitimierten Kinder in die Familie des Vaters eintraten. Sie unterstanden seiner väterlichen Gewalt wie eheleibliche Kinder. Im *Josephinischen Gesetzbuch* war für diese Legitimation kein Platz, da Kinder lediger Eltern ohnehin den ehelichen Kindern gleichgestellt waren. Die Abkehr von dieser Regelung durch die Nachfolger Josephs II. machte die *legitimatio per subsequens matrimonium* wieder notwendig. Sie wurde in das *ABGB 1811* übernommen (§§ 161f. a. F.). 1983 wurde als Voraussetzung für die Legitimation durch nachfolgende Eheschließung die Feststellung der Vaterschaft des Ehemannes vorgeschrieben[343]. Mit dem Namensrechtsänderungsgesetz (BGBl. 1995/25) wurden auch die namensrechtlichen Folgen der Legitimation neu geregelt: diese bestimmten sich nach den §§ 162 a–d. Das legitimierte Kind erhielt den gemeinsamen Familiennamen der Eltern, bei nicht übereinstimmenden Familiennamen den von den Eltern gem. § 139 Abs. 2 bestimmten, mangels Bestimmung den des Vaters. War der Legitimierte mündig, trat der Namenserwerb aber nur bei dessen Zustimmung ein. Sonderregelungen bestanden für Kinder von Legitimierten und verheiratete Legitimierte. 2013 beseitigte dann der Gesetzgeber mit dem KindNamRÄG das Rechtsinstitut der Legitimation durch nachfolgende Eheschließung zur Gänze.

Die **Legitimation durch Gnadenakt** geht formell auf ein Privileg Kaiser Friedrichs III. vom 6. Jänner 1453 zurück. Darin erteilte er den österreichischen Erzherzogen das Recht, „Bastarde und andere Uneheliche zu legitimieren“ und dieselben „zu denen Rechten, so ehelig geboren seyn“, zu bringen und „auch zu Ehren, Würden, Ständen und allen Ämbtern tauglich zu machen“. Die *legitimatio per rescriptum principis* hatte ursprünglich wohl nur

342 Vgl. dazu Art. 92 des Wiener Stadtrechtsbuches und die Summa legum, Kap. XXX. Für das 16. Jh. vgl. *M. Rintelen*, Bernhard Walthers privatr. Traktate aus dem 16. Jh., 1937, 117 ff.

343 BG vom 11.11.1983, BGBl. 566.

den Zweck, den Makel der unehelichen Geburt zu beseitigen. In den Quellen wird nämlich betont, dass sie nicht die umfangreichen Rechtswirkungen der legitimatio per subsequens matrimonium erzeugt. Die durch den Landesfürsten legitimierten Kinder hatten vor allem kein Erbrecht, wenn dies nicht ausdrücklich verbrieft wurde[344]. Im Josephinischen Gesetzbuch verzichtete man aus erklärlichen Gründen auf eine Regelung; sie wurde erst durch das *ABGB 1811* wieder eingeführt (§ 162 a. F.). Die Legitimation eines Kindes unverheirateter Eltern durch Gnadenakt des Bundespräsidenten war in ihrer Wirkung schwächer als bei der Legitimation durch nachfolgende Eheschließung, denn das Kind konnte nur jene Rechte bekommen, um die ausdrücklich angesucht wurde. Außerdem galt es nur gegenüber dem Vater, nicht aber gegenüber den nächsten Verwandten als ehelich. Die namensrechtlichen Folgen waren mit jenen der Legitimation durch nachfolgende Eheschließung ident. Die Aufhebung dieser Legitimationsform im ABGB erfolgte ebenfalls 2013[345].

5. Adoption

Lit.: *E. Koch*, Adoption, HRG ²I, Sp. 78 ff.; *J. Kohler*, Studien über die künstliche Verwandtschaft, Zeitschrift für vergleichende Rechtswissenschaft 5, 1884, 415 ff.; *S. Rietschel*, Adoption, in Reallexikon der germanischen Altertumskunde I, hg. v. *J. Hoops*, 1913, 38 f; *C. Schott*, Kindesannahme – Adoption – Wahlkindschaft. Rechtsgeschichte und Rechtsgeschichten, 2009.

Bei der Annahme an Kindesstatt wird das durch (eheliche) Geburt entstehende Eltern-Kind-Verhältnis durch einen rechtlichen Akt nachgebildet. Weitere verwandtschaftliche Bande werden nicht begründet.

a) Älteres Recht

In den älteren Rechtsquellen finden sich viele Institute von adoptionsähnlichem Charakter **(Adoption im weiteren Sinn)**. Zu nennen sind vor allem die altnordische *Pflegekindschaft* (Geschlechtsleite) und die fränkische *Affatomie*. Diese „Ehrenadoptionen“ durch Waffengabe oder Haar- bzw. Bartschur waren Erbeinsetzungsakte, die den „Adoptierten“ zu einem (künstlich geschaffenen) „geborenen“ Erben machten. Daneben figurierten ma. Legitimationsakte oftmals unter dem Gesichtspunkt der Adoption.

b) Neuzeitliche Rechtsentwicklung

Die moderne Adoption wurzelt im gemeinen Recht. Vor allem an die *adoptio minus plena* des römischen Rechts, die nur beschränkte Wirkungen erzeugte und hauptsächlich ein Erbrecht des Wahlkindes (nicht auch des Wahlvaters)

344 Selbst in diesem Fall wurden ehelich geborene Kinder erbrechtlich bevorzugt.

345 Art. 65 Abs. 2 lit. d B-VG soll solange weiterhin in Kraft bleiben, bis auch in allen öffentlichrechtlichen Regelungen (z. B. Staatsbürgerschaftsrecht) die Unterscheidung zwischen ehelicher und unehelicher Abstammung gänzlich beseitigt ist.

begründete[346], knüpften sich zaghafte Einzelregelungen im österreichischen Rechtsraum. Noch der Landesbrauch des 17. Jhs. kannte keine allgemein geübte Adoption[347]. Letztlich waren es erbrechtliche Probleme, die der Normierung des Adoptionsrechts den nötigen Nachdruck verliehen[348]. Erste zusammenhängende (sehr komplizierte) Bestimmungen über das Recht der Adoption enthielt dann das *Josephinische Gesetzbuch.*

Ganz im Sinn der naturrechtlichen Vertragslehre überließ es die Rechtsfolgenbestimmung völlig den Parteien, ohne irgendwelche Beschränkungen aufzuerlegen oder eine obrigkeitliche Bestätigung oder Beurkundung zu fordern. Wurde ein Minderjähriger angenommen, genügte die Einwilligung des Vaters bzw. des Vormunds und der Vormundschaftsbehörde. Annehmen konnten nicht nur Männer, sondern auch Frauen. Als gesetzliche Rechtsfolge der Adoption war lediglich die Vormundschaftsführung über ein minderjähriges Wahlkind vorgesehen. Ein Erb- oder Pflichtteilsrecht hatten die Adoptivkinder in diesem Gesetz nicht mehr. Wollte das Kind auch den Namen des Wahlvaters oder der Wahlmutter übernehmen oder an „Geschlechtsrechten" (z. B. Wappen, Stand, Würden) teilnehmen, war die Bewilligung der Landesstelle bzw. bei Personen höheren Standes sogar die Genehmigung des Landesfürsten notwendig.

Schon das *ABGB 1811* gestaltete diesen Rechtsbereich von Grund auf um.

Zwischen den Wahleltern und dem Wahlkind und dessen Nachkommen sollten grundsätzlich die gleichen Rechte gelten wie zwischen ehelichen Eltern und Kindern, doch blieben dem Wahlkind die Rechte gegenüber seiner eigenen Familie erhalten. Die Annahme an Kindesstatt war Männern und Frauen ab einem bestimmten Alter (50) möglich, soferne sie nicht eigene eheliche Kinder oder dem ehelosen Stand feierlich angelobt hatten. Generell war jede Adoption an die Zustimmung der Behörde gebunden. Das Kind bekam den Geschlechtsnamen des oder der Annehmenden, wobei der Familienname des Kindes (als Doppelname) und dessen Adelsstand erhalten blieb. Sollte der Stand der annehmenden Eltern auf das Kind übergehen, musste die Bewilligung des Landesfürsten eingeholt werden. Diese Rechtsfolgen ließen sich durch Vertrag abändern, sofern die namensrechtlichen und adelsrechtlichen Bestimmungen bzw. Rechte Dritter nicht beeinträchtigt wurden. Gültigkeitsvoraussetzung bei der Adoption Minderjähriger war die Zustimmung des Vaters bzw. Vormundes und selbst bei Großjährigen blieben Mitspracherechte des Vaters zu beachten.

Diese Rechtslage wurde schon bald als unbefriedigend empfunden. Die *I TN* setzte zwar die Altersvoraussetzungen für die Wahleltern niedriger an, räumte aber den Ehegatten der Vertragsteile Mitspracherechte ein. Auf dieser Linie einer Einschränkung der Privatautonomie in Adoptionsangelegenheiten lag auch die umfassende *Neuregelung des Adoptionsrechtes* durch das Bundesgesetz vom 17.2.1960 und die Anpassung an das neue Kindschaftsrecht[349]. Ein besonderes Anliegen der Reform war außerdem die Begründung echter El-

346 Das Verhältnis des Wahlkindes zu den natürlichen Verwandten, ja sogar die elterliche Gewalt und Vermögensverwaltung der leiblichen Eltern blieben unberührt.

347 Vgl. dazu das Traktat von Erbschaften, Fol. 273 aus einem Formularienbuch des 16. Jhs., OÖ. Landesarchiv, Starhemberger Handschrift 86.

348 Ordnung vom 3. Mai 1720 über das Erbrecht außer Testament.

349 BG vom 30.6.1977, BGBl. 403.

tern-Kind-Beziehungen durch die Verhinderung von Scheinadoptionen[350]. Jüngere Reformschritte folgen im Wesentlichen geänderten familienrechtlichen Rahmenbedingungen.

Leibliche Kinder des Annehmenden sind kein Hindernis mehr für die Adoption; jede Annahme an Kindesstatt muss gerichtlich bewilligt (nicht nur bestätigt) werden. Ein gerichtlicher Widerruf der Adoptionsbewilligung ist möglich, ebenso die Aufhebung der Wahlkindschaft. 1989 wurde die Stellung des Vaters eines außerehelichen Kindes (er ist zustimmungsberechtigt) neuerlich ausgedehnt.

Durch FamErbRÄG 2004 (BGBl. I 58) wurden die Voraussetzungen für Erwachsenenadoptionen verschärft. Das Mindestalter der Wahleltern wurde sukzessive gesenkt und 2013 erstmals geschlechtsneutral auf das 25. Lebensjahr festgelegt[351]. Die Wirkungen der Adoption sind strikte festgelegt. Zwischen dem Annehmenden und dessen Nachkommen einerseits und dem Wahlkind und dessen im Zeitpunkt des Wirksamwerdens der Annahme minderjährigen Nachkommen andererseits entstehen die gleichen Rechte, wie sie durch Abstammung begründet werden. Der Name des Wahlkindes kann nach KindNamRÄG 2013 anlässlich der Adoption neu bestimmt werden. Anderenfalls behält es seinen bisherigen Familiennamen, frühere automatische Namensänderungen gibt es nicht mehr.

Mit Adoptionsrechts-Änderungsgesetz 2013 (BGBl I. 179) wurde die Möglichkeit der Stiefkindadoption bei Eingetragenen Partnerschaften geschaffen; die eine gemeinsame Adoption gleichgeschlechtlicher Paare hindernden Normen des ABGB und EPG wurden als diskriminierend aufgehoben, und § 197 Abs. 3 ABGB ist verfassungskonform so auszulegen, dass auch bei der Einzeladoption nach Auflösung einer gleichgeschlechtlichen Lebensgemeinschaft keine Verdrängung des leiblichen Elternteils gleichen Geschlecht erfolgt[352]. Zwischen dem Kind und seinen Blutsverwandten bleiben gewisse Bindungen bestehen, doch treten sie gegenüber jenen zwischen Wahleltern und Wahlkind zurück.

c) Pflegeverhältnis

Eine dem Verhältnis zwischen Eltern und Kindern nahekommende Beziehung ist die Besorgung der Pflege und Erziehung des Kindes durch *Pflegeeltern*. Pflegeeltern haben nicht nur das Recht, in allen die Person des Kindes betreffenden Verfahren Anträge stellen zu können, ihnen kann vom Gericht die Obsorge für das Kind ganz oder teilweise übertragen werden; die Obsorge kann auch nur von einem Pflegeelternteil beantragt werden.

350 Etwa zum Zweck der Mietrechtsnachfolge.

351 Der ebenfalls festgelegte Mindestaltersunterschied von 16 Jahren zwischen Wahleltern und Wahlkindern wurde dem VfGH vom OGH zur Prüfung vorgelegt und als verfassungswidrig aufgehoben. Eine starre Altersdifferenz könne mit dem konkreten Kindeswohl unvereinbar sein, insbes. wenn bereits eine längere faktische Eltern-Kind-Beziehung bestanden hat, und sei auch nicht durch Zeitablauf heilbar (vgl. VfGH 11.12.2014, G 18/2014-14).

352 Das AdRÄG 2013 geht auf eine Verurteilung Österreichs vor dem EGMR zurück, vgl. EGMR 19.2.2013, X. u.a. gg. Österreich. Die nachfolgenden Änderungen wurden vom VfGH angestoßen, vgl. VfGH 11.12.2014, G 119-120/2014-12 sowie VfGH 3.10.2018, G 69/2018-9.

Eine ma. Vorform stellen die sogenannten *Kostverträge* dar, protokollierte Verträge über die befristete Verköstigung, Kleidung usw. eines Kindes. Ein Kostvater, manchmal ein Lehrherr, übernahm auf diese Weise konkret abgegrenzte Elternpflichten gegen die zeitliche Überlassung einer Kapitalsumme[353].

§ 186 ABGB 1811 sah die unentgeltliche Fremdpflege eines Kindes und auch den Abschluss eines Vertrages hierüber vor, sagte aber nicht mehr, als dass der Vertrag gerichtlich bewilligt werden müsse, wenn dadurch Rechte des Kindes geschmälert oder ihm besondere Verbindlichkeiten auferlegt werden. Das österreichische Recht der Jugendwohlfahrt sah weitgehende Mitspracherechte der Bezirksverwaltungsbehörde (Jugendamt) vor. Der ganze Rechtsbereich wurde 1989 unter der Überschrift „Das Pflegeverhältnis" neu geregelt[354]. Das Pflegeverhältnis wurde auf Grund einer Ermächtigung durch die unmittelbaren Erziehungsberechtigten, den Jugendwohlfahrtsträger (§ 186 a. F. ABGB) oder durch gerichtliche Verfügung (§ 176a a. F. ABGB) begründet. Der Pflegevertrag bedurfte keiner gerichtlichen Bestätigung. Den Pflegeeltern kam das Recht zur Pflege und Erziehung zu. Darüber hinaus konnte ihnen unter bestimmten Voraussetzungen auf eigenen Antrag auch die **Obsorge als solche** gerichtlich (ganz oder teilweise) übertragen werden[355]. Vor dieser Entscheidung hatte das Gericht aber zahlreiche Betroffene zu hören. Gegen den Einspruch der Eltern oder Großeltern, die die Obsorge hatten oder gehabt hatten, durfte die Übertragung der Obsorge nur verfügt werden, wenn ohne sie das Wohl des Kindes gefährdet war. Die Übertragung war wieder aufzuheben, wenn dies dem Wohl des Kindes entsprach (§ 186a a. F. ABGB). Das KindRÄG 2001[356] bekannte sich dazu, dass Pflegeeltern selbstverständlich dem Kreis der möglichen Obsorgeberechtigten angehören, und vereinfachte den Regelungsbereich. Auch die Neuregelung durch das Bundes-Kinder- und Jugendhilfegesetz 2013[357] hat an diesen Prinzipien festgehalten.

4. Abschnitt: Vormundschaft und Kuratel

A. Grundzüge des modernen Rechts

Mit In-Kraft-Treten des KindRÄG 2001 wurde das Rechtsinstitut der Vormundschaft beseitigt und durch die **Obsorge einer anderen geeigneten Person** ersetzt. Können weder Eltern noch Großeltern oder Pflegeeltern mit der Obsorge bzw. einem Teilbereich der Obsorge für das **minderjährige Kind** betraut werden, hat das Gericht diese einer anderen geeigneten Person zu übertragen (§ 187 ABGB i. d. F. 2001; §§ 204 ff. ABGB i. d. F. 2013). **Schutzbedürftige volljährige Personen** erhalten entweder einen gewählten, gesetzlichen oder gerichtlich bestellten **Erwachsenenvertreter** (§§ 240 ff. ABGB i. d. F. 2. ErwSchG) oder einen **Kurator** (§§ 277 ff. ABGB i. d. F. 2. ErwSchG).

353 Vgl. dazu *W. Ebel*, Kostverträge nach lübischen Stadtbüchern, FS H. Lentze, 1969, 137 ff.

354 Kindschaftsrecht-Änderungsgesetz vom 15.3.1989, BGBl. 162.

355 Für die Übertragung waren das Bestehen einer dem leiblichen Kindschaftsverhältnis nahekommenden Beziehung des Pflegekindes zu den Pflegeeltern, die Absicht einer über kurze Zeit hinausgehenden Pflegekindschaftsdauer und der Umstand, dass die Obsorgeübertragung dem Kindeswohl entsprach, erforderlich.

356 BG vom 29.12.2000, BGBl. I 135.

357 BG über die Grundsätze für Hilfen für Familien und Erziehungshilfen für Kinder und Jugendliche (B-KJHG 2013), BGBl. I 69.

Soll eine geeignete Person mit der Obsorge betraut werden, so sind bei der Auswahl dieser Person besonders das Kindeswohl, Wünsche des Kindes und der Eltern sowie gegebenenfalls desjenigen, der dem Kind ein Vermögen zugewendet hat, zu berücksichtigen. Personen, die nicht voll handlungsfähig sind oder von denen eine dem Kindeswohl förderliche Ausübung der Obsorge nicht zu erwarten ist, dürfen nicht mit der Obsorge betraut werden (§ 205 ABGB). Besonders geeignete Personen müssen die Betrauung mit der Obsorge annehmen, sofern ihnen diese nicht unzumutbar ist (§ 206 Abs. 2 ABGB). Sind andere Personen mit der Obsorge betraut, haben sie in allen wichtigen Angelegenheiten, die die Person des Kindes betreffen, die gerichtliche Genehmigung einzuholen und unterliegen bei Antritt und Beendigung der Obsorge der Rechnungslegungspflicht über den Vermögensstand des Kindes[358]. Die Obsorge für Findelkinder geht ex lege auf den Kinder- und Jugendhilfeträger über; dies gilt für den Bereich der Vermögensverwaltung und der Vertretung auch, wenn ein Kind im Inland geboren wird und in diesem Bereich kein Elternteil mit der Obsorge betraut ist (§ 207 ABGB). Das Gericht hat dem Kinder- und Jugendhilfeträger die Obsorge zu übertragen, wenn sich weder Verwandte oder andere nahestehende noch sonst besonders geeignete Personen finden lassen, die mit der Obsorge ganz oder teilweise betraut werden könnten (§ 209 ABGB).

Die Bestellung eines *Vertreters* erfolgt ausschließlich für volljährige Personen, die aufgrund einer psychischen Erkrankung, geistigen Behinderung oder eines krankheits- oder altersbedingten Zustandes nicht in der Lage sind, einzelne oder alle ihre Angelegenheiten ohne einen Nachteil für sich selbst zu besorgen (§ 239 ABGB).

Für spezifische Anforderungen werden vom Gesetz bestimmte Arten der *Cura* eingerichtet (Kollisionskuratoren, Kuratoren für Ungeborene, für Abwesende und Unbekannte).

B. Das Vormundschaftsrecht in der rechtshistorischen Entwicklung

Lit.: *C. Gf. Chorinsky*, Das Vormundschaftsrecht Niederösterreichs vom 16. Jahrhundert bis zum Erscheinen des Josefinischen Gesetzbuches, 1878; *A. Erler*, Vormundschaft, HRG V, Sp. 1050 ff.; *U. Floßmann*, Die Rechtsstellung der Witwe im Vormundschaftsrecht, in Frau – Recht – Gesellschaft, hg. v. *U. Floßmann/O. Lehner*, 1985, 142 ff.; *M. Heider*, Die Geschichte der Vormundschaft seit der Aufklärung, 2011; *W. T. Kraut*, Die Vormundschaft nach den Grundsätzen des deutschen Rechtes, 3 Bde., 1835–1859; *K. Neuwirth*, Die österreichischen Kinderschutzkongresse der Jahre 1907 und 1913 und ihr Einfluss auf die Jugendwohlfahrtsgesetzgebung nach Ende der Monarchie, FS H. Kalb, öarr 2017, 338 ff.; *W. Ogris*, Waisen, HRG V, Sp. 1100 ff.; *F. Rive*, Geschichte der deutschen Vormundschaft I, 1862, II, 1866, Neudr. 1969; *G. K. Schmelzeisen*, Polizeiordnungen und Privatrecht, 1955, 87 ff.; *E. Schumann*, Mündelgut, HRG ²III, Sp. 1675 ff.; *F. v. Zeiller*, Commentar über das allgemeine bürgerliche Gesetzbuch I, 1811, 407 ff.

1. Älteres Recht

Im geschlossenen Rechtsraum der Sippe fiel die verwaiste Vaterstelle über eine nicht selbstmündige Person an eines ihrer Mitglieder, insbes. den Vater-

358 Das KindNamRÄG 2013 modifizierte die Möglichkeiten einer sogenannten mündelsicheren Veranlagung. § 220 ABGB soll einerseits größere Flexibilität, andererseits mehr Sicherheit bringen.

bruder, den nächsten Schwertmagen. Er übernahm die Hausgewalt als **geborener Vormund** über das Mündel und übte sie im Interesse der Sippe aus. Mit dem Zurücktreten der Sippenbindung näherte sich die Rechtsstellung des geborenen Vormunds immer mehr der väterlichen Gewalt.

Am deutlichsten zeigte sich das bei der Vermögensverwaltung. Der Vormund nahm das Mündelvermögen in die *Gewere zur rechten Vormundschaft*, hatte also volles Verwaltungs- und Nutzungsrecht. Schranken für den Missbrauch seiner Befugnisse waren ihm nur durch den Grundsatz gezogen, „Mündelgut soll weder wachsen noch schwinden; Mündelgut ist eisern Gut".

Dafür musste der Vormund voll für den Unterhalt und die Erziehung des Mündels aufkommen und haftete für dessen schadenstiftendes Verhalten. Darüber hinausgehende Haftungsfragen stellten sich kaum, weil der Vormund – ebenso wie der Vater – nicht Vertreter des Mündels war.

Im späten MA. vollzieht sich ein tiefgreifender Wandel des Vormundschaftsrechts. Die Zunahme letztwilliger Verfügungen stellte dem geborenen Vormund den **gekorenen Vormund** zur Seite. Dieser hatte nicht den Gutglaubensschutz des Blutsverwandten. Aus der bereits dem fränkischen König über Witwen und Waisen zugeordneten Schutzgewalt entwickelte sich daher ein obrigkeitliches Überwachungsrecht. Vor allem in den ma. Städten entstanden **Vormundschaftsbehörden**, die den gekorenen Vormund kontrollierten und sich schließlich ein Bestellungsrecht sichern konnten. Die letztwillige Benennung wurde damit zum bloßen Vorschlag.

Das bedeutsame Nebenprodukt dieser Entwicklung war eine Definition der Rechte und Pflichten des Vormunds. Er wurde ein Glied der öffentlichen Ordnung und hatte sich nicht mehr als Muntwalt über das Mündel zu verstehen, sondern eher als *ein der Behörde verantwortlicher Vertreter* des Mündels.

Bezeichnend für diesen Auffassungswandel ist die **Umgestaltung der Vermögensverwaltung**. Die Gewere zur rechten Vormundschaft reduzierte sich auf eine reine Güterpflege mit Abrechnungspflicht des Vormunds. Für den Entzug der Nutzung des Mündelguts wurde ihm ein *Vogtlohn* geboten, außerdem hatte er nicht mehr mit seinem Vermögen für den Unterhalt und die Erziehung des Mündels aufzukommen und für die von ihm verursachten Schäden zu haften. Die zunehmende Vertretungsbefugnis des Vormunds verstärkte den obrigkeitlichen Kontrollmechanismus, weil das Eingehen rechtsgeschäftlicher Verpflichtungen für das Mündel das Eisern-Gut-Prinzip gefährdete. Es kam zu ersten Bestimmungen über die Bestellung einer *Kaution*, die Errichtung eines *Inventars* und die Pflicht zur periodischen *Rechnungslegung*. Weiters entwickelten sich Vorschriften über die *Anlage von Mündelgeld* und ein *Mitspracherecht der Obrigkeit* bei wichtigen, insbes. Liegenschaften betreffenden Geschäften über das Mündelgut.

2. Neuzeitliche Rechtsentwicklung

Die frühneuzeitlichen Polizeiordnungen vervollständigten und vereinheitlichten dieses Konzept eines **obrigkeitlichen Vormundschaftswesens**[359]. Erst

359 Die erste umfassende Vorschrift in Österreich war die in Anlehnung an die Reichsgesetzgebung des Jahres 1548 geschaffene „Ordnung und Reformation guter Pollizey in

die Gesetzgebung des 18. Jhs. versuchte, den rezipierten gemeinrechtlichen Begriffsapparat auf das heimische Vormundschaftsrecht zu übertragen. Ihr Anliegen war vor allem, den Missbrauch vormundschaftlicher Vertretungsbefugnisse auszuschalten, was man damit zu erreichen glaubte, dass man den Vormund zum „Executivorgan der nahezu selbst administrierenden Obervormundschaft" machte[360]. Außerdem wurden dem Mündel Rechte auf das Vermögen seines Vormunds eingeräumt.

Im Einzelnen führt die Ausgestaltung der **Obervormundschaft** im polizeistaatlichen Sinn zu folgenden Veränderungen: Ständische Sonderrechte wurden abgebaut. Das noch immer stark familienrechtlich orientierte Vormundschaftswesen im hohen Adel und im Großbürgertum hatte sich den neuen Regeln ebenso anzupassen wie das Recht der Grundherrschaft. Dort hatte man die Vormundschaftsführung zu den hoheitlichen Befugnissen des Grundherrn gerechnet, weshalb die „Bestellung" eines Vormunds erst angeordnet werden musste.

Von den gemeinrechtlichen **Delationsgründen** Testament, Gesetz und obrigkeitliche Verfügung gewann die *richterliche Vormundschaft* zunehmend an Bedeutung. Damit die „Pupillen und minderjährigen Kinder unbetrogen und unvernachtheilt bleiben"[361], wurde entsprechend der Lehre von der sog. „*Confirmatio juris germanici* " die obrigkeitliche Bestätigung des Vormunds eingeführt[362]. Das erforderte die obrigkeitliche Prüfung der *Tauglichkeit* des Vormunds[363]. Dem Vormund wurde das feierliche *Gelöbnis* abgefordert, sein Amt gewissenhaft zu führen und sodann eine Urkunde über seine Bestellung ausgestellt (Tutorium, Curatorium). Er hatte eine *Kaution* zu leisten und beim Antreten der Vormundschaft ein *Inventar* über das Pupillarvermögen zu errichten. Aus dem gemeinen Recht wurde sogar die *pfandrechtliche Sicherstellung* der Mündelforderungen am Vermögen des Vormunds übernommen.

Der steigende Einfluss der Obervormundschaft machte sich auch bei der **Verwaltung des Mündelvermögens** immer mehr geltend. Der Vormund galt zwar als gesetzlicher Vertreter des Mündels, konnte es aber ohne Genehmigung des Gerichts dritten Personen gegenüber regelmäßig nicht mehr verpflichten. Außerdem bestimmte die Vormundschaftsbehörde über die Kapitalanlage des Mündelvermögens. Die Sicherungsmaßnahmen waren so umfassend, dass manche (z. B. die Pfandbestellung des Vormunds) bald wieder aus der Übung kamen. Die typisch gemeinrechtlichen Klagen aus dem Vormundschaftsverhältnis erübrigten sich durch die Vorschreibung und gerichtliche Prüfung der *Schlussrechnung*. Andererseits wurde die als letztes Hilfsmittel konzipierte gemeinrechtliche actio subsidiaria (Klage gegen den Magistrat) zu einer Klage gegen die Obervormundschaft generalisiert. Als auch diese subsidiäre Haftung als nicht ausreichend erkannt wurde, normierte man die direkte *Haftung der Obervormundschaft*.

derselben fünff niederösterreichischen Länder und fürstlichen Graffschafft Goertz aufgericht und vernewert" von 1552.

360 *C. Gf. Chorinsky*, Das Vormundschaftsrecht Niederösterreichs vom 16. Jahrhundert bis zum Erscheinen des Josefinischen Gesetzbuches, 1878, 23. S. zur Verdeutlichung bereits die n.ö. Gerhabschaftsordnung vom 18. Februar 1669.

361 *C. Gf. Chorinsky*, Vormundschaftsrecht, 119.

362 Die römischrechtliche Confirmation hatte nur dazu gedient, die Mängel der testamentarischen Ernennung zu heilen.

363 Polizeiordnung von 1552.

Dieser Linie blieben sowohl das *Josephinische Gesetzbuch*[364] als auch die Verfasser des *ABGB 1811* treu. Sie sprechen von *Bevormundung* und begreifen sie als „öffentliche Anstalt", als „politische Vorkehrung, die aus besonderen Nebenbetrachtungen der Civil-Behörde überlassen wird"[365]. Die Vormundschaftsführung sollte weder ein Privatrecht des Vormunds wie im römischen Recht noch eine Familienangelegenheit wie im französischen Recht sein, sondern, vergleichbar der preußischen Rechtsordnung, als eine öffentliche Angelegenheit normiert werden[366].

In äußerlicher Anlehnung an die gemeinrechtliche Unterscheidung zwischen tutor und curator war der **Vormund** gesetzlicher Vertreter eines Minderjährigen, der nicht unter väterlicher Gewalt stand, und trug die Obsorge für Person und Vermögen des Pflegebefohlenen; der **Kurator**, ein mit einem begrenzten Aufgabenbereich ausgestatteter Vertreter jener Schutzbefohlenen, die aus besonderen Gründen nicht in der Lage waren, ihre eigenen Angelegenheiten wahrzunehmen.

Das Gericht prüfte die Maßnahmen des Vormunds auf ihre Gesetz- und Zweckmäßigkeit und war in allen wichtigen, die Personen- und Vermögenssorge betreffenden Angelegenheiten des Mündels um Genehmigung zu fragen.

Das ABGB 1811 ging dabei noch vom Regelfall des aus der Familie berufenen Einzelvormunds und Einzelkurators aus. Frauen sollte ebenso wie Ordensgeistlichen und Einwohnern fremder Staaten „in der Regel" keine Vormundschaft aufgetragen werden. Nur bei einer gesetzlichen Berufung zur Vormundschaft über eheliche Kinder konnte der Mutter bzw. väterlichen Großmutter die Vormundschaft anvertraut werden, allerdings erst **nach** dem väterlichen Großvater. Die Bestellung eines Mitvormunds bei Müttern und Großmüttern war ebenso zwingend vorgeschrieben wie die Anzeigepflicht im Falle der Wiederverehelichung der mütterlichen Vormünderin. Über die Bewilligung der Fortsetzung der Vormundschaft entschied das Vormundschaftsgericht[367]. Die Lockerung des Familienbandes und die zunehmende Kompliziertheit des modernen Lebens sowie der Ausschluss der Frauen von Vormundschaften machten es immer schwieriger, fähige und bereite Einzelvormünder zu finden. An ihre Stelle traten mehr und mehr Sammel-, Berufs-, Anstalts-, Amts- und Generalvormundschaft. Ebenso wurden Vorbehalte gegen die Vormundschaftsführung von Frauen aufgegeben, ohne zunächst eine völlige Gleichberechtigung der Geschlechter anzupeilen.

---

364 V. Hpst. „Von den Rechten der Waisen und Anderer, die ihre Geschäfte selbst nicht besorgen können".

365 *F. v. Zeiller*, Commentar über das allgemeine bürgerliche Gesetzbuch I, 1811, 413.

366 *F. v. Zeiller*, Commentar I, 409, FN.

367 §§ 192, 198, 211 u. 255 ABGB i. d. F. 1811. Zur Zölibatsklausel im Vormundschaftsrecht s. *U. Floßmann*, Die Rechtsstellung der Witwe im Vormundschaftsrecht der Neuzeit, in Frau – Recht – Gesellschaft, hg. v. *U. Floßmann/O. Lehner*, ²1986, 138 ff.

Dieser Entwicklung wurde in der *I TN* Rechnung getragen. So wurden zur Unterstützung der Gerichte *Vormundschaftsräte* eingerichtet. Sie sollten vor allem jene Tatsachen anzeigen, die zu Verfügungen Anlass gaben. Weiters erhielten sie ein Vorschlagsrecht, konnten mit der Angelobung betraut werden und sollten, wo dies nötig war, auch die Pflege und Erziehung beaufsichtigen. Zur Wahrnehmung dieser Aufgaben wurden ihnen *Waisenpfleger* und *Waisenpflegerinnen* beigeordnet.

In Fortbildung eines Gedankens, den für Waisen- und Findelhäuser bereits das Hofdekret vom 17. August 1822 (JGS Nr. 1888) festgehalten hatte, wurde außerdem staatlichen oder staatlich genehmigten Anstalten die rechtliche Stellung eines Vormunds gegeben *(Anstaltsvormundschaft)*[368]. Eine Unterart der amtlichen Vormundschaft war die *Generalvormundschaft*. Gemeinden und andere Körperschaften[369] sowie Vereinigungen für den Jugendschutz[370] konnten das Amt eines Generalvormunds schaffen[371]. Das war ein öffentlicher oder privater Beamter, der kraft seines Amtes die Vormundschaft über gewisse Klassen von Mündeln übernahm. Seine Rechte konnten zeitlich oder sachlich eingeschränkt werden. Sowohl für den Anstalts- als auch für den Generalvormund war die Führung einer Vormundschaft Berufspflicht *(Berufsvormünder)*.

Die Beseitigung des absoluten Ausschließungsgrundes von der Übernahme einer Vormundschaft für das weibliche Geschlecht (§ 192 ABGB i. d. F. *I TN*) wurde von den Mitgliedern der Reformkommission lakonisch mit dem „Zug der Zeit" erklärt (Bericht der Kommission für Justizgegenstände über den Entwurf eines Gesetzes, betreffend die Änderung und Ergänzung von Bestimmungen des allgemeinen bürgerlichen Gesetzbuches, 1912, S. 29). Allerdings wurde die Pflicht zur Übernahme der Vormundschaft nur für die Mutter und Großmutter des Pflegebefohlenen beibehalten, ohne sie für die übrigen Frauen neu festzulegen. Um „Bedenken zu zerstreuen, die etwa noch gegen die Bestellung einer Frau"[372] erhoben wurden, war die Beigebung eines männlichen Mitvormunds als Begleitmaßnahme vorgesehen (§ 211 ABGB i. d. F. *I TN*); bei unehelichen Müttern hatte eine solche noch zu erfolgen, wenn dies „zur Wahrung der Interessen des unehelichen Kindes notwendig ist" (§ 211 Zif.4 ABGB i. d. F. *I TN*). Beibehalten wurde auch die gerichtliche Entlassungsmöglichkeit, wenn sich die Vormünderin verheiratete. Eine Entlassung war jedenfalls dann anzuordnen, wenn der Ehegatte die Zustimmung zur Führung der Vormundschaft widerrief (§ 255 ABGB i. d. F. *I TN*).

Die erste Teilnovelle hatte zwar das Vormundschaftsrecht aus den Fängen bereits funktionsunfähiger großfamiliärer Strukturen befreit, dennoch aber nicht alle Probleme zu lösen vermocht. Zunächst bestimmte die Jugendwohlfahrtsverordnung 1940[373] das Jugendamt zum Amtsvormund aller unehelichen Kinder. Danach erfolgte eine Neuordnung der amtlichen Vormund-

368 I TN, § 50.

369 § 1 VO v. 24. Juni 1916, RGBl. Nr. 195.

370 I TN, § 54.

371 Vgl. *K. Neuwirth*, Die österreichischen Kinderschutzkongresse der Jahre 1907 und 1913 und ihr Einfluss auf die Jugendwohlfahrtsgesetzgebung nach Ende der Monarchie, FS H. Kalb, öarr 2017, 338 ff.

372 Bericht der Kommission für Justizgegenstände über den Entwurf eines Gesetzes, betreffend die Änderung und Ergänzung von Bestimmungen des allgemeinen bürgerlichen Gesetzbuches, 1912, S. 32.

373 VO über Jugendwohlfahrt in der Ostmark v. 20.3.1940, RGBl. I, 519.

schaft durch das Jugendwohlfahrtsgesetz[374], das mit seinen unmittelbar anzuwendenden Vorschriften über die Jugendwohlfahrt den Bestimmungen des ABGB über den Vormundschaftsrat, die Anstaltsvormundschaft und Generalvormundschaft sowie der Jugendwohlfahrtsverordnung 1940 derogierte. Die familienrechtlichen Reformpläne zur Verwirklichung des verfassungsrechtlichen Gleichheitssatzes fassten dann eine grundlegende Umgestaltung des Vormundschaftsrechts ins Auge. Erstes Ergebnis dieser Bemühungen war das BG v. 8.3.1967, das vormundschaftliche Bestimmungen des ABGB änderte, dem nach weiteren Korrekturen des Vormundschaftsrechts[375] 1977 eine Neuordnung des Kindschaftsrechts[376] folgte, die die Bestellung eines Vormunds bei Tod des Vaters oder Wegfall seiner väterlichen Gewalt entbehrlich machte und Differenzierungen zwischen Vater und Mutter beendete. Einem Minderjährigen war ein Vormund zu bestellen, wenn nicht wenigstens einer Person die beschränkte gesetzliche Vertretung im Rahmen der Obsorge zustand. Neben der gesetzlichen Vertretung oblag dem Vormund auch die Vermögensverwaltung, Pflege und Erziehung des Minderjährigen aber nur dann, wenn sie keinem Obsorgeberechtigten zustanden (§§ 187, 188 und 216 a. F. ABGB). Schutzbedürftige Personen, die nicht minderjährig waren oder bei denen trotz ihrer Betreuung durch die Eltern oder einen Vormund ein Bedürfnis nach besonderer Vertretung bestand, erhielten einen Kurator oder Sachwalter (§§ 188 u. 269 a. F. ABGB).

Den Vormund hatte von Amts wegen das Gericht zu bestellen, das auch seine Tauglichkeit prüfte (§ 190 a. F. ABGB). Verschiedene Personen waren von vornherein unfähig zur Übernahme einer Vormundschaft (Minderjährige, beschränkt Geschäftsfähige), andere sollten oder durften in der Regel nicht bestellt werden (Ordensgeistliche, Ausländer, verheiratete Personen ohne Zustimmung des Ehegatten, missliebige und abgelehnte Personen), wiederum andere hatten die Möglichkeit, sich einer Vormundschaft zu entschlagen (Geistliche, öffentliche Beamte, alte und kinderreiche Personen usw.). Taugliche Personen mussten das Amt annehmen, allerdings wurden Verwandte oder testamentarisch bestimmte Personen bevorzugt. Der Vormund stand unter gerichtlicher Aufsicht und unterlag einer jährlichen Rechnungslegungspflicht. Wurde ein Kind im Inland geboren und kamen Vermögensverwaltung und gesetzliche Vertretung keinem Elternteil zu, so wurde der Jugendwohlfahrtsträger ex lege Vormund des ehelichen oder unehelichen Kindes, bis eine andere gerichtliche Entscheidung erfolgte; dies galt auch für Findelkinder (§ 211 a. F. ABGB).

Mit der Beseitigung der generellen Amtsvormundschaft für uneheliche Kinder 1989[377] – eine „vorläufige" Amtsvormundschaft ist nur für jene Neugeborenen vorgesehen, für die kein Elternteil die Vermögensverwaltung und die Vertretung ausübt – steht nunmehr der nicht mit dem Vater verheirateten Mutter allein die Obsorge zu (§ 177 Abs. 2 Satz 1 ABGB).

374 BG v. 9.4.1954, BGBl. 99.
375 BG v. 14.2.1973, BGBl. 108.
376 BG v. 30.6.1977, BGBl. 403.
377 Kindschaftsrecht-Änderungsgesetz v. 15.3.1989, BGBl. 162.

Bereits die Reformen der Jahre 1970 bis 1989 haben die Bedeutung des Rechtsinstituts der Vormundschaft stark zurückgedrängt. Durch die Möglichkeit der Übertragung der Obsorge auf Großeltern, Pflegeeltern und den Jugendwohlfahrtsträger nahm die Anzahl der Fälle, in denen ein Vormund zu bestellen war, immer mehr ab. Mit der Neuordnung des Kindschaftsrechts durch die Novelle 2001 wurde daher die Vormundschaft gänzlich beseitigt und durch die Obsorge anderer Personen ersetzt. Für **Minderjährige** ist nunmehr **ausschließlich** das **Rechtsinstitut der Obsorge** vorgesehen. Mit dieser kann auch die Kinder- und Jugendhilfe betraut sein (Bundes-Kinder- und Jugendhilfegesetz 2013, BGBl. I 69).

C. Das Kuratelsrecht in der rechtshistorischen Entwicklung

Lit.: *C. Gf. Chorinsky*, Das Vormundschaftsrecht Niederösterreichs vom 16. Jahrhundert bis zum Erscheinen des Josefinischen Gesetzbuches, 1878, 355 ff.; *A. Fink*, Kurator, HRG II, 1270 ff.; *R. Hessler*, Entmündigung, HRG I, Sp. 946 f.; *E. Koch*, Entmündigung, HRG ^{2}I, Sp. 1352 f.; *G. Lingelbach*, Kurator, HRG ^{2}III, Sp. 323 ff.; *K. Neuwirth*, Von der Entmündigung zum Erwachsenenschutz – Eckpunkte einer Entwicklung, in Grundfragen des Erwachsenenschutzrechts, hg. v. *E. Wagner*, 2019.

Der Zweck der Kuratel bzw. der Sachwalterschaft, jenen Personen Hilfestellung zu leisten, die aus anderen Gründen als der Minderjährigkeit ihre Angelegenheiten zu besorgen nicht in der Lage sind, stellt sie in die Nähe der Obsorge für behinderte Personen. Sie wurde daher in die entsprechenden Kapitel eingebaut. Die genaue Abgrenzung der Rechtsbereiche war der heimischen Rechtstradition fremd und ist auch unter dem Einfluss der gemeinrechtlichen Dogmatik nie ganz geglückt[378]. Erst mit In-Kraft-Treten des KindRÄG 2001[379] kam es zur Neuordnung des bis dahin äußerst unübersichtlichen Systems, und die einzelnen Rechtsinstitute wurden klar voneinander abgegrenzt. Der Schutz Minderjähriger wird nunmehr grundsätzlich durch die **Obsorge** gewährleistet, die **Sachwalterschaft** hingegen schützte ausschließlich volljährige psychisch Kranke und geistig Behinderte. Sie sollte den Handlungsspielraum des Schutzbedürftigen nur so weit beschränken, als dies unbedingt erforderlich war, konnte aber inhaltlich bis zur Besorgung *aller* seiner Angelegenheiten durch den Sachwalter gehen.

Als rechtlich differenzierte Fälle der Kuratel bestehen weiterhin die Sonderformen (Kollisionskurator, Kurator für Ungeborene, Abwesenheitskurator), deren institutioneller Charakter durch den Sachzwang und weniger durch die geschichtliche Entwicklung geprägt ist.

---

378 Ein Sachwalter konnte nicht nur Kranken, sondern auch vollkommen Gesunden, aber aus anderen Gründen Schutzbedürftigen, bestellt werden; bspw. nach § 145b a. F. ABGB.

379 BG vom 29.12.2000, BGBl. I 135.

Spuren einer Pflegschaft für Abwesende fanden sich bis in die Neuzeit nur vereinzelt in erbrechtlichen Bestimmungen, bis das Josephinische Gesetzbuch die *cura absentis* nach römisch-gemeinrechtlichem Muster einer allgemeinen Regelung zuführte. Der gerichtlich bestellte Kurator hatte für den Abwesenden die Geschäfte zu besorgen und das ihm anvertraute Vermögen nach den Regeln des Vormundschaftsrechts zu verwalten[380].

Auch die Aufgaben des Kollisionskurators wurden erstmals im Josephinischen Gesetzbuch klar herausgearbeitet[381]. Personen, deren Schutz weder durch Eltern noch durch einen Vormund gewährleistet war, bekamen im ABGB einen *Kurator* oder *Sachwalter* beigestellt (§§ 269 u. 274 a. F. ABGB). Ihm kam in der Regel nur eine begrenzte Obsorge über die pflegebefohlene Person zu[382].

Seit In-Kraft-Treten des Kindschaftsrecht-Änderungsgesetzes vom 15.3.1989, BGBl. 162, wurde der Jugendwohlfahrtsträger Sachwalter für die Geltendmachung der Unterhaltsansprüche eines Kindes und erforderlichenfalls für die Vaterschaftsfeststellung, falls ihm ein diesbezügliches schriftliches Ersuchen oder eine schriftliche Zustimmungserklärung des gesetzlichen Vertreters zuging („Muss-Sachwalterschaft“). In allen anderen Angelegenheiten eines Kindes wurde der Jugendwohlfahrtsträger dessen Sachwalter, wenn er sich zur Vertretung bereit erklärte und die schriftliche Zustimmung bzw. ein schriftliches Ersuchen des gesetzlichen Vertreters vorlag („Kann-Sachwalterschaft“)[383]. Mit In-Kraft-Treten des KindRÄG 2001 war diesen Formen der Sachwalterschaft der Boden entzogen; der Kinder- und Jugendhilfeträger stellt nur mehr einen weiteren Vertreter des Kindes dar. Die seit 2009 bestehende Möglichkeit der Bestellung eines Kinderbeistands in Obsorgeverfahren[384] stellt eine besondere Interessenvertretung Minderjähriger (unter 14 bzw. 16 Jahren) dar. Das Bundes-Kinder- und Jugendhilfegesetz 2013, BGBl. I 69, löste das Jugendwohlfahrtsgesetz 1989 ab und erweiterte bzw. modernisierte den Aufgabenbereich der Kinder- und Jugendhilfe.

380 *C. Gf. Chorinsky*, Das Vormundschaftsrecht Niederösterreichs vom 16. Jahrhundert bis zum Erscheinen des Josefinischen Gesetzbuches, 1878, 367 ff.

381 §§ 63, 64, 5. Hpst: „Von den Rechten der Waisen und Anderer, die ihre Geschäfte selbst nicht besorgen können.“

382 S. dazu das ab 1.7.1984 geltende Sachwaltergesetz, BGBl. 1983/136.

383 § 212 a. F. ABGB.

384 § 104a AußStrG i. d. F. Kinderbeistand-Gesetz, BGBl. I 2009/137.

Dritter Teil: Sachenrecht

I. Allgemeines

A. Grundzüge des modernen Sachenrechts

Das **Sachenrecht** *umfasst jene Regeln, die für die Beherrschung der Sachgüter durch den Menschen maßgeblich sind.* Es verteilt die Güter, indem es den Menschen unmittelbare Verfügungsmacht über bestimmte Sachen einräumt (**dingliche** Rechte) und diese Zugehörigkeit gegen jedermann verteidigt (dingliche Rechte wirken **absolut**), sagt aber auch, worin die Herrschaftsbefugnisse des Menschen bestehen. Es sind Rechte der **Sachnutzung**.

Das Urbild des vollkommenen Sachenrechts ist das **Eigentum**, an dem sich das Gefüge aller übrigen Sachenrechte aufrichtet. Dem **„Vollrecht"** an der Sache stehen die **beschränkt dinglichen Rechte** gegenüber. Um das „Mein" und „Dein" auseinanderhalten zu können, bedient sich die Rechtsordnung äußerer Merkmale, die die Vermutung rechtlicher Zugehörigkeit begründen. Das Sachenrecht bezieht daher die tatsächlich ausgeübte Sachherrschaft **(Innehabung)** und den offenkundigen Willen des Innehabers, die Sache als die seinige zu behalten *(Besitzwillen)*, in seine Ordnungsfunktion ein. Ein solcher **Besitz** gewährt Anspruch auf Rechtsschutz und kann durch Zeitablauf zum Vollrecht erstarken **(Ersitzung)**.

Das ABGB hat die jahrhundertealte Streitfrage, ob der Besitz ein Recht oder bloß ein Tatbestand sei, zugunsten des Rechts entschieden: „Denn mit dem Besitze nimmt die Erwerbung des Eigenthums ihren Anfang, dadurch wird es fortgepflanzt, und nach dem gewöhnlichen, folglich zu vermuthenden Laufe der Dinge, werden die Sachen von ihrem Eigenthümer besessen"[385].

Da dingliche Rechte von jedermann zu respektieren sind, bedürfen die Übertragungsakte besonderer **Publizität**. Sie wird bei beweglichen Sachen durch die Übergabe erreicht **(Traditionsprinzip)**, bei Grundstücken durch die Eintragung der Rechtsänderung im Grundbuch **(Intabulationsprinzip)**. Wo die Publizität der Erscheinung des dinglichen Rechts ausnahmsweise nicht die wahre Rechtslage wiedergibt, soll derjenige, der im Vertrauen auf den äußeren Tatbestand (Besitz, Grundbuchstand) gehandelt hat, geschützt sein **(Gut-**

385 *F. v. Zeiller*, Abhandlungen über die Principien II, 1816, Nachdr. 1986, 184.

glaubenswirkung). Er kann auch vom Nichtberechtigten Recht erwerben[386]. Daher müssen sich dingliche Rechte auf bestimmte einzelne Sachen beziehen (Prinzip der **Spezialität**).

Allerdings setzt der rechtsgeschäftliche Erwerb eines dinglichen Rechts nicht nur die formgültige Tradition, sondern auch die Willenseinigung über den Verfügungsakt und einen Rechtsgrund der Verfügung voraus („Ohne Titel und rechtliche Erwerbungsart kann kein Eigentum erlangt werden." § 380 ABGB). Nach dem Prinzip der **kausalen Tradition** im ABGB ist also das **Verfügungsgeschäft** nur gültig, wenn es auf einem gültigen **Verpflichtungsgeschäft** beruht[387].

Ein absoluter Schutz aller denkbaren Erscheinungsformen der Sachzugehörigkeit ist der Rechtsordnung nicht möglich. Das Sachenrecht gewährt ihn daher nur einer beschränkten Anzahl von dinglichen Berechtigungen **(Prinzip der geschlossenen Zahl)** und legt deren Inhalt zumindest in Umrissen fest **(Typenzwang).**

Das ABGB zählte in § 308 folgende „dingliche" Sachenrechte auf: Besitz, Eigentum, Pfandrecht, Dienstbarkeit, Erbrecht. Diese Aufzählung[388] war nicht zutreffend (das Erbrecht gewährt keine unmittelbare Sachherrschaft) und auch nicht vollständig (Reallasten, Baurecht), hat aber normative Bedeutung für den Typenzwang im Sachenrecht. Mit Erbrechts-Änderungsgesetz 2015[389] wurde das „Erbrecht" aus der Aufzählung des § 308 ABGB gestrichen.

Der **Sachbegriff** des ABGB ist der umfassendste, den man sich vorstellen kann:

„Alles, was von der Person unterschieden ist, und zum Gebrauch der Menschen dient, wird im rechtlichen Sinne eine Sache genannt." (§ 285 ABGB). Eine Sonderstellung nehmen nur Tiere ein, die zwar „keine Sachen" sind, aber dennoch den sachenrechtlichen Vorschriften unterliegen, soweit keine abweichenden Regelungen bestehen (§ 285a ABGB)[390]. Die Systematik des ABGB versucht auch, an diesem weiten Sachbegriff festzuhalten und stellt den dinglichen Rechten die persönlichen Sachenrechte gegenüber, doch bleibt das eigentliche Sachenrecht den Erscheinungsformen der unmittelbaren Herrschaft über **körperliche Sachen** vorbehalten[391]. Und selbst in diesem Bereich wird die Einheitlichkeit des Sachenrechts nicht durchgehalten. Der

386 S. §§ 367, 1500 ABGB.

387 Im Gegensatz dazu macht z. B. das BGB die Wirksamkeit des dinglichen Rechtsgeschäfts nicht von der Gültigkeit des Verpflichtungsgeschäfts abhängig (Abstraktionsprinzip).

388 Sie geht auf die gemeinrechtliche Lehre zurück, wie sie *H. Hahn*, Dissertatio de iure rerum et iuris in re speciebus, 1639 formulierte (dominium, possessio, servitus, pignus, ius hereditarium).

389 Erbrechts-Änderungsgesetz 2015 – ErbRÄG 2015, BGBl. I 2015/87.

390 BG v. 10.3.1988, BGBl. 179.

391 Nur der Besitz an Rechten ist eigens geregelt (§§ 311, 312, 313, 350, 351 ABGB).

Funktionalismus der Güterordnung zwingt zur Unterscheidung der Rechte an beweglichen **(Fahrnis)** und unbeweglichen Sachen **(Liegenschaften)**[392].

Die allgemeine rechtliche Einteilung der Sachen (§§ 285–306 ABGB) erfolgt nach der Verschiedenheit der Personen, denen sie gehören (freistehende Sachen, öffentliches Gut und Staatsvermögen, Gemeindegut und Gemeindevermögen) und nach dem Unterschied ihrer Beschaffenheit (körperliche – unkörperliche Sachen; bewegliche – unbewegliche Sachen; verbrauchbare – unverbrauchbare Sachen; schätzbare – unschätzbare Sachen; Zugehör; Gesamtsache).

B. Strukturen der historischen Entwicklung

Lit.: *O. v. Gierke*, Deutsches Privatrecht II, 1905; *J. W. Hedemann*, Die Fortschritte des Zivilrechts im XIX. Jahrhundert II/1, 1930, II/2, 1935, Neudr. 1968; *H. Kreller*, Römisches Recht, II Grundlehren des Gemeinen Rechts, 1950, 149 ff.; *F. v. Savigny*, System des heutigen Römischen Rechts II und III, 1840; *O. Stobbe*, Handbuch des Deutschen Privatrechts II/1, ³1896; *J. Unger*, System des österreichischen allgemeinen Privatrechts, I und II, ⁵1892; *G. Wesenberg/G. Wesener*, Neuere deutsche Privatrechtsgeschichte im Rahmen der europäischen Rechtsentwicklung, ⁴1985, 41 ff., 124 ff., 148, 190 ff.; *F. v. Zeiller*, Abhandlungen über die Prinzipien des allgemeinen bürgerlichen Gesetzbuches, in Materialien für Gesetzkunde und Rechtspflege in den Österreichischen Staaten II, hg. v. *C. J. Frhr. v. Pratobevera*, 1816, 183 ff.; *F. v. Zeiller*, Commentar über das allgemeine bürgerliche Gesetzbuch für die gesamten Deutschen Erbländer der Oesterreichischen Monarchie II und III, 1812.

1. Einleitung

Die auffälligste Eigenart des älteren Sachenrechts war die Gleichsetzung des Rechts mit der jeweiligen Erscheinungsform der **Sachnutzung**. Man könnte sagen, dass jede erlaubte Sachnutzung eine Art Eigentum war. Die **Gewere** gab jeder dauernden Sachherrschaft den Anschein des Rechts und verschaffte ihr grundsätzlich gleichen Schutz. Erst im Spätma. löste sich die abstrakte Vorstellung eines umfassenden Sachenrechts (Gewere des Herrn) von den augenscheinlich ausgeübten Sachnutzungen (beschränkte Nutzungsgewere anderer Berechtigter) und gab den Blick auf qualitativ verschiedene Sachenrechte frei (Obergewere – Untergewere; Obereigentum – Untereigentum). Schrittmacher dieser Entwicklung war die Rechtspraxis in den Städten. Die Rezeption des römischen Rechts vollendete sie und lieferte zugleich das dogmatische Modell eines unbeschränkten Eigentumsrechtes, dem die anderen beschränkten dinglichen Rechte gegenüberstehen. Sie alle waren typisiert und katalogisiert. Die tiefverwurzelte **Funktionalität** des älteren Sachenrechts ließ andererseits die Gleichbehandlung der Rechte an beweglichen und unbeweglichen Sachen undenkbar erscheinen. Während die umfassende Sachherrschaft eines Menschen an beweglichen Sachen – vor allem an persönlichen Gebrauchsgegenständen wie Waffen, Kleidung und Schmuck – seit alters her bekannt war und sich zu Sondereigentum verfestigte, das im MA. bereits alle Fahrnisse erfassen konnte, blieb die erlaubte Sachnutzung an Liegenschaften auf das beschränkt, was dem existentiellen Bedürfnis nach gemeinsamer Bodenbewirtschaftung entsprach[393].

---

392 Die klare Differenzierung zwischen Fahrnis- und Liegenschaftsrecht entspricht dem deutschen Rechtsverständnis, wurde allerdings unter dem Einfluss des rezipierten römischen Rechts einzuebnen versucht.

393 *Haus und Hof* sowie der Garten und die für die Hauswirtschaft nötige Ackerflur standen in Sondernutzung der einzelnen Familien; *Weide und Wald* hingegen scheinen al-

Der Zerfall der Großfamilie, die intensivere Bodennutzung und das Aufkommen neuer Siedlungsformen in den Städten ließen die strikte Unterscheidung von **Liegenschaftsrecht** und **Fahrnisrecht** zunächst unberührt. Wieder war es die Rezeption des römisch-gemeinen Rechts, die einen grundlegenden Wandel herbeiführte. Die Abstraktion (vor allem des Eigentumsrechts) in der gemeinrechtlichen Jurisprudenz ging soweit, dass der Unterschied zwischen dinglichen Rechten an beweglichen und unbeweglichen Sachen geleugnet wurde. Dass dennoch das Sachenrecht der Neuzeit an der herkömmlichen Unterscheidung von Liegenschafts- und Fahrnisrecht festhielt, ist der Bedeutung des **Grundbuchs** für die Sicherheit des Rechtsverkehrs und dem Beharrungsvermögen grundherrschaftlicher Strukturen auf dem Land zuzuschreiben. Erst die Naturrechtskodifikationen stellten die formelle Einheit des Sachenrechts her und versuchten, es frei von jedem Funktionalismus in reiner Form darzustellen[394].

Der sachenrechtliche **Erwerbsakt** war im älteren Recht die förmliche Übertragung der Gewere. Sie war so augenscheinlich fassbar, dass gar nicht weiter nach einem Rechtsgrund der Verfügung gefragt wurde. Erst die Aufspaltung des dinglichen Rechtsgeschäfts in Versprechen und Erfüllung machte die Auseinandersetzung mit beiden Rechtsakten notwendig, weil sie die Konkurrenz mehrerer Ansprüche auf eine Sache ermöglichte. Die Rechtslehre ging einen mühsamen Weg, ehe sie vom unbedingten Vorrang des Sachbesitzers zum Anspruch auf Übertragung des dinglichen Rechts fand. Die Lösung, das Recht an der Sache nur aufgrund eines gültigen Titels *und* auf die rechte Erwerbsart übergehen zu lassen, führt bereits an die Kodifikationsgeschichte heran. Letztlich wurde sogar für den Übertragungsakt die Willenseinigung der Parteien gefordert.

2. Gewere – Besitz – dingliches Recht

Lit.: *E. Albrecht*, Die Gewere als Grundlage des älteren deutschen Sachenrechts, 1828, Neudr. 1967; *P. Apathy*, Die publizianische Klage, 1981; *C. G. Bruns*, Das Recht des Besitzes im Mittelalter und in der Gegenwart, 1848, Neudr. 1965; *R. Herrmann*, Der Besitz, FS ABGB I, 1911, 607 ff.; *A. Heusler*, Die Gewere, 1872, Neudr. 1968; *E. Huber*, Die Bedeutung der Gewere im deutschen Sachenrecht, 1894; *W. Ogris*, Gewere, HRG I, Sp. 1658 ff., ²II, Sp. 347 ff.; *Th. Olechowski*, Besitz, HRG ²I, Sp. 547 ff; *A. Randa*, Der Besitz nach österreichischem Recht, ⁴1895; *F. C. v. Savigny*, Das Recht des Besitzes, ⁷1865, Nachdr. 1985; *M. Wellspacher*, Das Vertrauen auf äußere Tatbestände im bürgerlichen Rechte, 1906; *G. Wesener*, Zur Dogmengeschichte des Rechtsbesitzes, FS W. Wilburg, 1975, 453 ff.; *J. Winiwarter*, Der Besitz nach dem österreichischen bürgerlichen Rechte, in Materialien für Gesetzkunde und Rechtspflege in den Österreichischen Erbstaaten VII, hg. v. *C. J. Frhr. v. Pratobevera*, 1823, 111 ff.

a) Älteres Recht

Die ältere Sachgüterordnung fügte sich um den Grundsatz zusammen, dass die erkennbare Zugehörigkeit einer Sache zum Wirtschaftskreis einer Person

len Siedlern einer Genossenschaft gemeinsam gewesen zu sein. Diese Unterscheidung hielt sich in den ma. Rechtsbegriffen *eigen* und *allmende* lebendig.

394 Daher regelte das ABGB die bücherliche Eintragung im Rahmen der Besitzvorschriften, die Eigentumsübertragung durch bücherliche Einverleibung als eine Form der „Übergabe“ und die sog. Tabularersitzung unter den Ersitzungsvorschriften über bewegliche Sachen.

oder eines Verbandes rechtlich geschützt werden solle, und zwar zumindest solange, bis ein stärkeres Recht an der Sache bewiesen wird. Diese Vorstellung verbildlichte sich im ma. Begriff der **Gewere.**

Die in den älteren Quellen vorzufindenden Begriffe *gewere, giwerida* (lat. vestitura, investitura) charakterisierten zunächst die wahrnehmbare Übertragung der Sachherrschaft („Einkleidung in den Besitz"), nahmen aber bald die Vorstellung der tatsächlichen Sachherrschaft („Zustand des Bekleidetseins mit der Sache") in sich auf.

Die **wesenhafte Verknüpfung** von **tatsächlicher Sachherrschaft** und **dinglicher Berechtigung** brachte es mit sich, dass alleine dem Naheverhältnis zwischen Person und Sache Rechtsscheinwirkung zukam. Schon der Besitz der Sache begründete die **Vermutung des Rechts**. Um dem Berechtigten Schutz zu gewähren, begnügte man sich (nicht zuletzt aus praktischen Gründen) mit dem leicht zu erbringenden Nachweis des tatsächlichen Besitzstandes. Offenkundig fehlerfrei begründeter und ungestört ausgeübter Besitz stellte die dingliche Berechtigung vor, und zwar so lange, bis der wahre Berechtigte oder ein Besserberechtigter die (fehlerhafte) Gewere des bisherigen Inhabers *im Prozess* brach. Wo Gewere und dingliche Berechtigung auseinanderfielen, kam zwar dem dinglichen Recht der Vorrang zu, bis zum förmlichen Beweis des Gegenteils hatte aber der Inhaber der Gewere den Schein des Rechts für sich. Sie war ein allgemeines **sachenrechtliches Legitimationsmittel**, *das durch seine wesenhafte Publizitätswirkung die Sicherheit des Rechtsverkehrs verbürgte.*

Jedes dingliche Recht kam in der ihm entsprechenden Gewere zum Ausdruck und konnte in dieser Gestalt „verteidigt, erobert und übertragen werden". Die Gewere wurde auf diese Weise zu einem umfassenden Begriff, der alle Erscheinungsformen erlaubter Sachnutzung in sich aufnahm, soferne sie nur den Anforderungen einer augenscheinlichen Besitzausübung genügten. Sogar an Rechten, die einer dauernden Ausübung fähig waren, konnte die Gewere begründet werden (Rechtsgewere). Bei Liegenschaften ließ man schließlich auch diese Voraussetzung fallen und anerkannte besitzlose Rechtsverhältnisse (ideelle, ruhende, anwartschaftliche Gewere), sofern sie nur offenkundig waren. Damit bewältigte die ma. Sachenrechtsordnung alle wirtschaftlichen und sozialen Probleme des Rechtsverkehrs.

Die Rechtsscheinwirkung der Gewere gestattete ihrem Inhaber, gewaltsame Störungen durch Selbsthilfe oder deliktische Klage abzuwehren. Sie konnte andererseits nur mit „rechter Klage gebrochen" oder „mit Urteil abgewonnen" werden. Damit wurde der Gewereprozess zum Streit um das bessere Recht, der allerdings durch die Feststellung der stärkeren Gewere entschieden wurde. Wer die Gewere hatte, genoss Beweiserleichterungen bei der Abwehr von Eingriffen in sein dingliches Recht **(Rechtsverteidigungswirkung der Gewere)**, wem zur ideellen Gewere das bessere Recht zustatten kam, konnte die leibliche Gewere des Schlechterberechtigten brechen, solange sie nicht durch Fristablauf zur rechten Gewere geworden war **(Rechtsverwirklichungswirkung der Gewere)**.

Eine besondere Funktion kam der Gewere schließlich bei der Übertragung dinglicher Berechtigungen zu. Sie war die greifbare Hülle, in der das Recht an einer Sache übergeben werden konnte **(Rechtsübertragungswirkung)**. Daher gehörte zur Übertragung des Rechts an einer beweglichen Sache immer auch die Einräumung der leiblichen Gewere dazu **(Traditionsprinzip)**; bei Liegenschaften erfolgte die Rechtsübertragung zunächst durch Einräumung der Gewere auf dem Grundstück selbst (Realinvestitur), dann kam es zu Formen der gerichtlichen und außergerichtlichen Auflassung und schließlich im Spätma. zur Eintragung ins öffentliche Register **(Grundbücher)**[395].

b) Neuzeitliche Rechtsentwicklung

Mit der Rezeption fand der gemeinrechtliche Begriffsapparat Eingang in die Sachenrechtsordnung. Dem **Recht** an einer Sache stand plötzlich in scharfer begrifflicher Antithese der **Besitz** als **tatsächliche Gewalt** über eine Sache gegenüber. Der Kreis der Besitzer wurde dabei vom römischen Recht sehr eng gezogen. Es kannte neben den Eigenbesitzern, die eine Sache wie ein Eigentümer beherrschen und nutzen wollen (Eigentümer, gutgläubiger Besitzer, bösgläubiger Besitzer), nur wenige bestimmte Fremdbesitzer, die kraft fremden Rechts in einem körperlichen Naheverhältnis zu einer Sache stehen (Erbpächter, Prekarist, Pfandgläubiger, Sequester). Ein bloß auf Wiederherstellung des letzten ruhigen Besitzstandes und Untersagung künftiger Eingriffe gerichtetes Verfahren (possessorisches Verfahren) sicherte den Besitz.

Abgesehen von diesen Ausnahmen war für Fremdbesitzer kein staatlicher Rechtsschutz vorgesehen. Ihre faktische Sachherrschaft ohne Eigenbesitzwillen wurde im gemeinen Recht als **Detention** (Innehabung) bezeichnet (Mieter, Pächter, Verwahrer, Entleiher usw.).

Trotz mancher Gemeinsamkeiten in der sachenrechtlichen Konzeption geriet der ma. **Gewere-Begriff** in eine Frontstellung zur römischrechtlichen **possessio**.

Schon deren weitgehende Beschränkung auf Fälle der Besitzausübung mit *animus domini* widersprach dem weiten Anwendungsbereich der Gewere. Zudem war für den römischrechtlichen Besitz das Element der tatsächlichen Sachherrschaft *(corpus)* wesentlich, wogegen das ma. Liegenschaftsrecht zahlreiche Formen einer abgestuften, von der tatsächlichen Sachherrschaft losge-

395 *W. Ogris* macht in der 2. Auflage seines HRG-Beitrages zur Gewere (II, Sp. 352) darauf aufmerksam, dass verfahrensrechtliche Aspekte wie die Rollenverteilung im Prozess, aber auch Einflüsse des kanonischen Rechts, noch näherer Untersuchung bedürfen und meldet insbes. zur ideellen Gewere (siehe unten) „erhebliche Bedenken" gegen die nach wie vor herrschende Lehre an.

lösten Gewere kannte. Die mangelnde Bereitschaft der gemeinen Rechtslehre, den Besitzwillen mittelbarer Gewereinhaber (z. B. von Mietern und Pächtern) anzuerkennen, ließ die Entrechtlichung der zahlreichen Abhängigkeitsverhältnisse und damit die Zerstörung gewachsener Sozialstrukturen befürchten.

Die notwendige **„Germanisierung“ der possessio** gelang unter dem Einfluss des kanonischen Rechts (Begriff des Rechtsbesitzes; Umgestaltung des Besitzschutzes) durch die Besitzlehren der Glossatoren und Kommentatoren und wurde im Usus modernus abgeschlossen: Dem *Namen* nach setzte sich die römischrechtliche *possessio* durch, der *Sache* nach wurde im Wesentlichen die ma. *Gewere* beibehalten. Das Ergebnis war eine Verbindung verschiedenartiger Elemente, die sich nicht immer zu einem einheitlichen Ganzen zusammenfügten[396].

Jeder beschränkt dinglich Berechtigte hatte das Recht des Besitzers. Darüber hinaus gewährte jede Sachherrschaft Besitzschutz, die mit dem Willen ausgeübt wurde, die Sache eigennützig zu verwenden. An die Stelle des *animus domini* trat der umfassendere *animus rem sibi habendi* (die Sache für sich, aber nicht unbedingt wie ein Eigentümer, beherrschen zu wollen).

Wie der animus, so wurde auch das *corpus* des römischen Besitzrechts ausgehöhlt. In Anlehnung an die gemeinrechtliche Unterscheidung von *naturalis* und *civilis possessio* (Eigentümer – Nießbraucher, Lehensherr – Vasall, Eigentümer – Erbpächter) anerkannte man das Nebeneinander von „unvollständigem“ und „vollständigem“ Besitz an ein und derselben Sache.

Der *Rechtsbesitz* hatte als *quasi possessio* einen weiten Anwendungsbereich. Bestimmend hiefür war das kanonische Recht, das grundsätzlich den Besitz an allen Rechten anerkannte, die sich nachhaltig ausüben ließen (so z. B. die kirchlichen und weltlichen Hoheitsrechte über Länder, Gemeinden, Klöster und Kirchen; Ämter und Würden sowie die damit verbundenen Benefizien und Pfründen; Reallasten; aber auch die gegenseitigen Rechte der Ehegatten). Damit fanden zahlreiche Fälle der ma. Rechtsgewere Aufnahme in den romanistisch-kanonischen Begriff der *iuris (quasi) possessio*[397].

Die das ma. Sachenrecht durchziehende Zweiteilung in Liegenschafts- und Fahrnisrecht wurde gegen alle Anfechtungen durch die gemeinrechtliche Lehre von der *Einheitlichkeit des Besitzrechtes* verteidigt. Das Grundbuch erleichterte die Differenzierung, es wurde aber auch an der Legitimationswirkung des Fahrnisbesitzes festgehalten[398].

In Anlehnung an das römische und kanonische Recht übernahmen zwar die *possessorischen Interdikte* den Schutz des Besitzes, doch war die eingewurzelte Praxis des Gewereprozesses übermächtig. Sie ließ Einreden aus dem besseren Recht zu, weshalb diesem *possessorium ordinarium* ein *possessorium summariissimum* zur Seite gestellt

396 *Th. Olechowski*, Besitz, HRG ²I, Sp. 547 ff., spricht von einer „heilosen Verwirrung der Begriffe“ zur Zeit des usus modernus (Sp. 549).

397 *B. Walther* erläuterte in seinen privatrechtlichen Traktaten (16. Jh.) eingehend die Possess an Rechten (an einer Vogtei; an einer Pfarre; an den Diensten eines Holden oder Dienstmannes). Auch der *Tractatus de juribus incorporalibus* (1679) beschrieb den Besitz an Rechten.

398 Vgl. §§ 323, 324 ABGB.

werden musste, um auf schnellstem Weg den jüngsten ungestörten Besitz wieder beschaffen oder wieder herstellen zu können[399].

Die Praxis war dieser ausgeklügelten Rechtstechnik bald nicht mehr gewachsen. Die Sachgüterordnung vermochte kaum noch Konflikte zu lösen, wurde unüberschaubar und ineffektiv. Erst im Zuge der Kodifikationsarbeiten versuchte man, das kunstvolle Gebäude der gemeinrechtlichen Besitztheorie wieder benützbar zu machen. Meist wurde das Heil in der Rückbesinnung auf die klaren Grundsätze des römischen Besitzrechtes gesucht, doch konnten sich auch deutschrechtliche Vorstellungen durchsetzen. Römischrechtlichen Ursprungs sind vor allem die Rechtserheblichkeit des Besitzwillens (§ 309 ABGB: „Wer eine Sache in seiner Macht oder Gewahrsame hat, heißt ihr Inhaber."; § 309 Satz 2 ABGB: „Hat der Inhaber einer Sache den Willen, sie als die seinige zu behalten, so ist er ihr Besitzer.") und die Vorschriften über den Besitzschutz[400]. Dagegen ist der weite Sachbegriff, der den Besitz an Rechten zur Selbstverständlichkeit werden ließ, sofern sie nur einer dauernden Ausübung fähig sind, ein Relikt deutscher Rechtsauffassung. Es gelangte über die Naturrechtslehre in das *ABGB 1811*[401] und macht heute noch den Faustpfandgläubiger, den Servitutsberechtigten, Mieter, Pächter oder Entlehner zum Rechtsbesitzer[402].

399 Sein Vorbild war das summarische Interdiktenverfahren des römischen Rechts, in dem nur geprüft wurde, ob der Besitzer seinem konkreten Interdiktsgegner gegenüber *vi, clam* oder *precario modo* besitzt. Es kam also nur auf die Echtheit, nicht auf die Rechtmäßigkeit des Besitzes (ex iusta causa) an. Das kanonische Recht erweiterte diesen Besitzschutz grundlegend. Es bot bereits früh Bestimmungen an, die depossedierten und kriminalrechtlich verfolgten Bischöfen privilegierten Besitzschutz gewähren sollten (Canon redintegranda, c. 3, C. 3, qu. 1). Mit der *exceptio spolii* konnten sie die Einlassung in den Strafprozess bis zur Restitution ihres Vermögens verweigern. Die Praxis dehnte diese Bestimmung bereits im 11. Jh. auf Zivilprozesse sowie auf andere Personen als Bischöfe aus und gewährte dem Spoliatus Ende des 12. Jhs. eine Klage gegen jeden bösgläubigen Inhaber der entzogenen (damals noch unbeweglichen) Sache *(actio spolii)*. Im 14. Jh. galt als *spolium* bereits jeder Besitzverlust ohne Willen des Besitzers, sei es durch Raub, Drohung, Betrug oder bloße Vertauschung. Die Klage auf Wiederherstellung des Besitzes richtete sich nicht nur gegen den Spolianten, sondern auch gegen Mitwisser und Helfershelfer, sogar gegen Rechtsnachfolger des Spolianten, wenn sie spolii conscius waren. Ausgeschlossen war sie erst nach Ablauf der 30jährigen Verjährungsfrist. Vgl. *M. Wimmer*, Zur actio spolii – Condictio ex c Redintegranda, Dekretale Saepe contingit und condiction possessionis, FS H. Kalb, öarr 2017, 676 ff.

400 S. § 339 ABGB; §§ 454, 457 ZPO.

401 Die Bestimmungen der §§ 311–313 ABGB gehen auf den *Entwurf Martini* II, 2 §§ 3–5 zurück.

402 Ein Vergleich der Besitzregeln im ABGB und BGB zeigt, dass die Dinge noch im 19. Jh. in Fluss waren. Die historische Rechtsschule erarbeitete unter der Federführung *Savignys* ein Modell des „rein römischen Besitzrechtes" (bahnbrechend wirkte die 1802 erschienene Monographie *Savignys*, Recht des Besitzes, in der das hypertrophe und widerspruchsvolle Schrifttum zur Besitzlehre an die Quellen des römischen Rechts zurückgeführt wurde). Dennoch bewahrte sich der Besitz im BGB viel von der

3. Objekte des Sachenrechts

Lit.: *H. Hattenhauer*, Grundbegriffe des bürgerlichen Rechts, 1982, 40 ff.; *H. Holthöfer*, Sachteil und Sachzubehör, 1972; *H. Kreller*, Römisches Recht, II Grundlehren des Gemeinen Rechts, 1950, 149 ff.; *W. Ogris*, Fahrnis, Fahrhabe, HRG ²I, Sp. 1774 ff.; *P. Putzer*, Zur Rechtsgeschichte des Stockwerkseigentums, FS E. Hellbling, 1971, 581 ff.

a) Sachbegriff

Die dem *älteren Recht* eigene Gleichsetzung von Sachherrschaft und konkretem Sachnutzen lässt vermuten, dass sich die Vorstellung einer dinglichen Berechtigung vorerst nur mit der Innehabung körperlicher Sachen verband. Unter dem Aspekt der Nützlichkeit sind jedoch schon im frühen Mittelalter auch Rechte als Objekte einer besonderen Zugehörigkeit und Verfügungsmacht erkannt worden. Demnach war alles Sache, was wirtschaftlichen Nutzen versprach.

Die mittelalterliche Rechtswelt hat jedoch **keinen umfassenden Sachbegriff** hervorgebracht. Dazu fehlte es an einem einleuchtenden Ordnungsprinzip, solange nicht einmal die Trennlinie zwischen Rechtssubjekt und Rechtsobjekt klar zu ziehen war. Verschiedenste Abstufungen der persönlichen Freiheit ließen Rechte an Menschen ebenso denkbar erscheinen wie an Sachgütern, und die Rechtspersönlichkeit war eher von der tatsächlichen Rechtsfülle als von grundsätzlichen Erwägungen zur Rechtsfähigkeit bestimmt. Auch aus der Philosophie der Scholastik konnte ein zukunftsweisender Sachbegriff nicht gewonnen werden, da sie den Menschen wie alle anderen Geschöpfe Gottes als „res“ verstand, der über die belebte und unbelebte Natur nicht wie ein moderner Eigentümer, sondern kraft göttlicher Schöpfungsordnung herrscht.

Die *gemeine Rechtslehre* drang ebenfalls nicht zu einem einheitlichen Sachbegriff vor. Mit der römischrechtlichen „res“ verband sich zwar die Vorstellung eines einheitlichen Vermögensrechts, doch fehlte es an der umfassenden Definition des Rechtsobjekts. Die notwendige Gesamtschau wurde durch die penible Auflistung und Beschreibung jener Gegenstände erreicht, an denen dingliche Rechte begründet werden konnten.

Erst die *Naturrechtsdogmatik* formte aus dem gemeinsamen Prinzip des umfangreichen Sachenkatalogs die **Sache im Rechtssinn**. Getreu der vernunftrechtlichen Philosophie, aber ganz im Sinne ma. Rechtsauffassung wurden Sachen als „Gegenstände von Rechten“ definiert, während die Person als

---

deutschen Rechtstradition. Bemerkenswert ist vor allem das Festhalten am Besitzbegriff der tatsächlichen Gewalt über eine Sache, ohne nach dem Besitzwillen des Inhabers zu fragen. Nur der weisungsgebundene Besitzdiener hat nicht die Rechtsposition des Besitzers. Das erlaubte die Anerkennung eines mehrfachen Besitzes an einer Sache (mittelbarer – unmittelbarer Besitz), was wiederum den Anwendungsbereich des Rechtsbesitzes auf Grunddienstbarkeiten und beschränkte persönliche Dienstbarkeiten schrumpfen ließ.

deren „Subjekt" zu verstehen sei[403]. Diesem Verständnis ist das *ABGB 1811* gefolgt, das im § 285 sowohl körperliche als auch unkörperliche Sachen als Rechtsobjekte begreift.

Die Privatrechtswissenschaft hat dann im 19. Jh. den Sachbegriff auf körperliche, raumfüllende Dinge verengt. Geleitet von der Lehre *Savignys*, daß nur einzelne körperliche Gegenstände Sachen im Rechtssinn seien[404], normiert § 90 BGB: „Sachen im Sinne des Gesetzes sind nur körperliche Gegenstände". Rechte oder Rechtsgesamtheiten, aber auch Sachgesamtheiten und Sachinbegriffe fallen nicht unter diesen Sachbegriff, da ihnen die Körperlichkeit fehlt.

Mit dem BG vom 10.3.1988 über die Rechtsstellung von **Tieren** wurde in das ABGB ein neuer § 285a eingefügt.

„Tiere sind keine Sachen; sie werden durch besondere Gesetze geschützt. Die für Sachen geltenden Vorschriften sind auf Tiere nur insoweit anzuwenden, als keine abweichenden Regelungen bestehen."

So sehr auch die inhaltliche Analyse und systematische Einordnung dieser Rechtsvorschrift in das System des ABGB Schwierigkeiten bereitet[405], drängen sich doch rechtshistorische Reminiszenzen mittelalterlicher und frühneuzeitlicher Tierprozesse auf, denen die Anerkennung einer Tierpersönlichkeit zugrunde lag[406].

b) Sacheinteilungen

Wer die dingliche Berechtigung als unmittelbare Nutzungs- und Herrschaftsbefugnis an einer Sache begreift, kommt nicht darum herum, den Einfluss der

403 Vgl. *I. Kant*, Metaphysik der Sitten, Einl. IV: „Sache ist ein Ding, was keiner Zurechnung fähig ist. Ein jedes Objekt der freien Willkür, welches selbst der Freiheit mangelt, heißt daher Sache."

404 „Die unfreye Natur kann von uns beherrscht werden, nicht als ganzes, sondern nur in bestimmter räumlicher Begrenzung; ein so begränztes Stück derselben nennen wir Sache und auf diese bezieht sich daher die erste Art möglicher Rechte: Das Recht an einer Sache, welches in seiner reinsten und vollständigsten Gestalt Eigentum heißt." (*F. C. v. Savigny*, System des heutigen Römischen Rechts I, 1840, § 53, 338).

405 *P. Bydlinski*, Das Tier (k)eine Sache? Österreichisches Recht der Wirtschaft 1988, 157 ff.; *M. Gimpel-Hinteregger*, Das Tier als Sache und Ersatz der Heilungskosten für ein verletztes Tier, ÖJZ 1989, 65 ff.; *R. Lippold*, Über Tiere und andere Sachen – § 285a ABGB als Beispiel zeitgenössischer Gesetzgebungskunst, ÖJZ 1989, 335 ff.

406 *E. Kaufmann*, Tierstrafe, HRG IV, Sp. 237 ff., gibt ein sehr anschauliches Beispiel eines zivilgerichtlichen Verfahrens gegen Feldmäuse aus den Jahren 1519/20 wieder (entnommen aus *H. A. Berkenhoff*, Tierstrafe, Tierbannung und rechtsrituelle Tiertötung im MA, 1937, 98 ff.), das den schauspielhaften Charakter solcher Tierprozesse offenbart: Unter korrekter Wahrung der zeitgemäßen prozessualen Formen wurde den Feldmäusen im Falle ihres Weichens nicht nur *„frey sicher Geleit vor ihren Feinden erteilt, es syn Hund, Katzen odere andere ihre Feind"*, sondern auch ausdrücklich festgehalten, dass schwangeren und jugendlichen Mäusen ein solches Geleit über einen Zeitraum von 14 Tagen garantiert werde. (Weitere Literaturhinweise bei *E. Kaufmann*, Sp. 241).

Sachqualität auf den Inhalt der Berechtigung anzuerkennen. An die natürliche Unterscheidung von Sachen knüpfen sich daher eigene Rechtsfolgen, es können aber auch aus der unterschiedlichen rechtlichen Behandlung von Sachen eigene Kategorien von Rechtsobjekten entstehen.

aa) Älteres Recht

In der ma. Rechtswelt war die einzig rechtswirksame Sacheinteilung die in bewegliche Sachen *(Fahrnis)* und unbewegliche Sachen *(Liegenschaften)*. Andere Sacheinteilungen (etwa in verbrauchbare und unverbrauchbare oder teilbare und unteilbare Sachen) waren dem älteren Recht zwar bekannt, aber für grundlegende Rechtsfolgendifferenzierungen zu wenig wichtig.

Als **Fahrnis** galten Sachen, die ohne Veränderung ihrer Gestalt von Ort zu Ort bewegt werden konnten. Das waren alle nicht fest mit dem Boden verbundenen, leblosen Sachkörper, aber auch Tiere und Unfreie. Rechtssprichwörter wie „Was die Fackel zehrt, ist Fahrnis“ und „Was verbrennen und sterben mag, ist fahrend Gut“, verdeutlichen die Weite des Fahrnisbegriffs, der sogar (leicht verlegbare, nicht grundfest gebaute) Baulichkeiten einbezog. Dingliche Rechte an solchen Sachen teilten ihr Schicksal, d. h. sie wurden den Regeln des Fahrnisrechts unterworfen, wenn sie in der äußeren Erscheinungsform einer beweglichen Sache auftraten. Das traf z. B. auf verbriefte Rechte (Wertpapiere), aber auch auf Herausgabeansprüche zu, die bewegliches Vermögen zum Gegenstand hatten.

Zu den **unbeweglichen Sachen** zählten nicht nur Liegenschaften, sondern auch Rechte an Liegenschaften, sofern sie eine dauernde Nutzung gewährten *(Realrechte)*. Daher wurden die an Grundstücken bestehenden Dienstbarkeiten und Reallasten wie eigene Liegenschaften behandelt, desgleichen die verdinglichten öffentlichrechtlichen Befugnisse (Gerichtsbarkeit, Vogteigewalt, Regalien, Bannrechte, Münz- und Zollgerechtigkeiten, ja die gesamte Territorialhoheit).

Nicht immer war die natürliche Sachbeschaffenheit ein Garant für zweckentsprechende Rechtsfolgendifferenzierungen. Die Bindung an die starren Regeln des Liegenschaftsrechts konnte in einem Fall angeraten, dann wieder unerwünscht oder gar überlebt sein. Die ma. Rechtsordnung hat sich daher in vielen Fällen über die faktische Beweglichkeit oder Unbeweglichkeit einer Sache hinweggesetzt, einmal durch die Verliegenschaftung, dann wieder durch die Entliegenschaftung[407].

Der häufigere Vorgang war die **Verliegenschaftung** von Fahrnis. Fahrnisgegenstände, die in einem wirtschaftlichen Naheverhältnis zum Grundstück standen (bäuerliche Gerätschaften, Vieh und die auf dem Herrenland angesiedelten Knechte) galten kraft Rechtsbrauches als *pars fundi*, es war aber auch durch *Rechtsgeschäft* möglich, die Verfügungsbeschränkungen des Liegenschaftsrechts auf Fahrnisse zu übertragen. So ist z. B. die vertragliche Verliegenschaftung des gesamten Frauengutes belegt, womit die Verfügungsgewalt des Ehemannes eingeschränkt werden sollte. Schließlich hat

407 *W. Ogris*, Fahrnis, Fahrhabe, HRG ²I, Sp. 1475 f.

man die aus vielen Einzelsachen zusammengesetzten Fahrnisgesamtheiten (Warenlager, Handwerksinventar, Bibliotheken usw.) wie Liegenschaften behandelt. Seeschiffe, aber auch Flussschiffe und Schiffsmühlen wurden bereits im Mittelalter als „schwimmende Gebäude“ den unbeweglichen Sachen zugeordnet.

Seltener war die **Entliegenschaftung**. Damit wurden unbewegliche Sachen nach den Regeln des Fahrnisrechts verfügbar, so z. B. die noch nicht abgesonderten Früchte oder die Saat. Besondere Bedeutung hatte die *gewillkürte Entliegenschaftung* für das (zumeist aus Liegenschaften bestehende) Erbgut. Es konnte damit aus der Verfangenschaft der Erben gelöst werden.

bb) Neuzeitliche Rechtsentwicklung

Mit der Rezeption des römischen Rechts gelangte eine Methode der Sachdifferenzierung in den deutschen Rechtsraum, die im natürlichen Gegensatz zwischen beweglichen und unbeweglichen Sachen nur eine von vielen Möglichkeiten juristischer Begriffsbildung sah. Die stetige **Vervollkommnung römischrechtlicher Sacheinteilungen** war sodann ein besonderes Anliegen der gemeinen Rechtslehre, weil man sich davon die Anerkennung eines einheitlichen dinglichen Rechts an den verschiedenen Sachen erhoffte.

Außerhalb des Privatrechtsverkehrs standen Sachen göttlichen Rechts und öffentliche Sachen. Die anderen wurden eingeteilt in *körperliche Sachen*, „welche angefaßt werden können“, und *unkörperliche Sachen*, „die man nicht anfassen kann, etwa jene, die als Rechte bestehen“; *verbrauchbare Sachen*, deren bestimmungsgemäßer Gebrauch im Verbrauch oder in der Veräußerung besteht, und *unverbrauchbare Sachen* (bedeutungsvoll z. B. bei Gebrauchsüberlassungsverträgen); *vertretbare Sachen*, die nach Maß, Zahl oder Gewicht als Gattungssachen im Verkehr stehen, und *nicht vertretbare Sachen* (bedeutungsvoll bei der Leihe und im Schadenersatzrecht); *teilbare Sachen*, die sich in gleichartige Teile zerlegen lassen, und *unteilbare Sachen* (bedeutungsvoll für die Miteigentumsgemeinschaft); *bewegliche Sachen*, die ohne Veränderung ihres Wesens von Ort zu Ort bewegt werden können, und *unbewegliche Sachen* (bedeutungsvoll für den Besitzschutz und die Ersitzungsfristen); *herrenlose Sachen*, die sich jedermann aneignen kann.

Die Einteilung der Sachen im ABGB ist ein Abbild dieses Begriffsschemas (s. §§ 286 ff.).

c) Sachverbindung

Die systematische Aufarbeitung des Rechts der Sachverbindung ist gleichfalls ein Verdienst der gemeinen Rechtslehre, deren Ergebnisse auch im ABGB Berücksichtigung fanden. Letzte Lücken schloss die Pandektistik des 19. Jhs., sodass wir heute zu Fragen der rechtlichen Zusammengehörigkeit von Sachen, der Verkehrsfähigkeit von Sachgesamtheiten oder des Rechts an den Früchten einer Sache klar Stellung beziehen können.

Dazu stehen festgefügte Rechtsbegriffe bereit, etwa *einfache Sachen*, die eine natürliche ununterscheidbare Einheit bilden, und *zusammengesetzte Sachen*, die aus einer Mehrheit unselbständiger Bestandteile bestehen, zusammen aber eine neue körperliche Einheit bilden (der Bestandteil teilt das rechtliche Schicksal der Hauptsache); *Gesamtsachen*, die sich aus gleichgeordneten, körperlich selbständigen Sachen zusammensetzen und deshalb als rechtliche Einheit behandelt werden (z. B. Bibliothek); als *Zubehör* jene körperlich und rechtlich selbständigen Nebensachen, die dem wirtschaftlichen Zweck einer Hauptsache dauernd dienen (aus der wirtschaftlichen Verbindung folgt im Zweifel die rechtliche); als *Früchte* im Rechtssinn die Erträgnisse einer Sache, die aus ihr bestimmungsgemäß gewonnen werden, ohne die Muttersache wesentlich zu verändern, also die *natürlichen Früchte* (Obst, Milch, Wolle, Pflanzen) und die *zivilen Früchte* (Mietzins, Pachtzins).

Das moderne Sachenrecht bekennt sich einerseits zum **Akzessionsprinzip**, also zur Gleichschaltung der Nutzungs- und Verfügungsbefugnisse an faktisch oder rechtlich verbundenen Sachen, steht aber andererseits aus Gründen der Spezialität und Publizität einer dinglichen Berechtigung an ganzen Vermögensmassen ablehnend gegenüber. Es befindet sich damit im Gegensatz zur deutschen Rechtstradition, hat aber einige Eigenheiten des heimischen Rechtsbrauchs bestehen lassen oder sogar wiederbelebt.

aa) Älteres Recht

Die ma. Rechtswelt kannte keine rechtserhebliche Unterscheidung zwischen Bestandteil und Nebensache, sodass *dingliche Rechte an Sachteilen* nicht ungewöhnlich waren. Ein vom Grundeigentum unabhängiges Sondereigentum an Gebäuden bzw. an räumlich abgegrenzten Teilen des Gebäudes war durchaus gebräuchlich.

Begünstigt wurde dies durch Holzbauten, die nach dem Sprichwort „Was die Fackel verzehrt, ist Fahrnis" nicht als Bestandteil des Grundes betrachtet wurden, und durch die im Hof- und Stadtrecht vorherrschende Bodenleihe. Der Bau auf fremdem Boden war wesentlicher Inhalt des Nutzungsrechts und sollte nicht dem Liegenschaftseigentümer zufallen.

Kennzeichnend für die **Sonderrechtsfähigkeit von Bestandteilen** einer Sache war z. B. das Stockwerkseigentum. Auch über Bodenerzeugnisse (Bäume, Getreide, Früchte) konnte schon vor der Trennung vom Boden verfügt werden etwa durch die Bestellung zum Pfand.

Auf der anderen Seite hat man im MA. den Begriff des **Zubehörs** sehr weit ausgelegt. Fahrnisgegenstände, die zur Bewirtschaftung ländlicher Grundstücke dienten, wurden ebenso von der Liegenschaftsgewere umschlossen wie die angesiedelten hörigen Bauern. Zum Haus (Gebäude) gehörte, was erd-, mauer-, niet- oder nagelfest war, doch ist die rechtliche Zu- und Unterordnung keineswegs auf Sachteile und Nebensachen beschränkt geblieben. Selbst Grundstücke konnten Zubehör sein, und es gab unzählige Rechte, die als Zubehör einer Liegenschaft behandelt wurden (Realrechte; radizierte Rechte).

Unkompliziert war auch die ma. Rechtseinstellung zur **Gesamtsache**. Neben körperlichen Gesamtsachen, wie Viehherden, Warenlager, Gutsinventar, kannte man unkörperliche Gesamtsachen, was die Möglichkeit eröffnete, rechtsverkehrsfähiges Sondervermögen einer Person, einer Familie oder eines Verbandes zu schaffen (Lehnsvermögen, Allodialvermögen, Geschäftsvermögen des Kaufmanns, Schiffsvermögen des Reeders, Gesellschaftsvermögen).

An ihnen konnten dingliche Berechtigungen (Eigentums-, Nießbrauchs- oder Pfandrecht) begründet werden, da sie als einheitliche Sachen galten.

bb) Neuzeitliche Rechtsentwicklung

Das römische Recht war an das Problem der Sachindividualität, inwieweit physische oder ökonomische Stoffverbindungen und Stofftrennungen rechtliche Berücksichtigung finden sollten, mit kasuistischen Sonderregelungen herangegangen. Die Rezeptionsjuristen leiteten daraus allgemeine Grundsätze ab und machten etwa aus der Vorstellung, dass die rechtliche Herrschaft über Grund und Boden auch jeden dauernd mit ihm verbundenen Stoff erfasst, das **Akzessionsprinzip** („superficies solo cedit"): Die mit einem Grundstück dauernd verbundene Sache hatte das rechtliche Schicksal der Liegenschaft zu teilen. Bei „zusammengesetzten Sachen" blieb allerdings die weitgehend undifferenzierte Behandlung von Zubehörstücken („quasi partes") und (selbständigen) Bestandteilen („partes" eines „corpus ex contingentibus") erhalten. Wurde eine Sache zur „pars" einer anderen erklärt, bedeutete das faktisch nicht mehr, als dass die Eigentumsverfolgung der Hauptsache auch den Teil erfasste, doch konnte ihn der Teileigentümer wieder herausverlangen.

Diese gemeinrechtliche Lehre hat im *ABGB 1811* ihren Niederschlag gefunden. Es deklariert die Verliegenschaftung aller beweglichen Sachen, die das *Zugehör* einer unbeweglichen Sache ausmachen (§ 293). Darunter sind sowohl Bestandteile (Zuwachs) als auch Nebensachen, „ohne welche die Hauptsache nicht gebraucht werden kann oder die das Gesetz oder der Eigentümer zum fortdauernden Gebrauche der Hauptsache bestimmt hat" (§ 294), zu verstehen. Vom Grundsatz der Schicksalsgemeinschaft von Haupt- und Nebensachen mussten allerdings wieder Abstriche gemacht werden[408].

Die Zubehörbeispiele des ABGB verdeutlichen zwar den Unterschied zwischen selbständigem Bestandteil und Zubehör (zu den unbeweglichen Sachen gehören nicht nur Gebäude und alles, „was erd-, mauer-, niet- und nagelfest ist …, sondern auch diejenigen Dinge, die zum anhaltenden Gebrauch eines Ganzen bestimmt sind" § 297), doch wurden daraus keine rechtlichen Konsequenzen gezogen. Erst die Erschwernisse für die Kreditwirtschaft erzwangen in der *III TN* eine Sonderregelung für Maschinen[409].

---

408 Eine Sonderstellung nehmen sog. *Überbauten (Superädifikate)* ein. Es handelt sich dabei um Bauwerke, die auf fremdem Grund in der Absicht errichtet werden, daß sie nicht für immer darauf bleiben sollen. Sie werden nicht Zugehör der Liegenschaft und gelten als bewegliche Sachen. Nur wenn sie Zugehör eines Baurechts sind, werden sie als unbeweglich angesehen (§§ 297, 435 ABGB). Demgegenüber konnte an unterirdischen Räumen und Bauwerken (wie Presshäusern, Kellern und Tiefgaragen) durch Eintragung im Grundbuch selbständiges *(Keller-)Eigentum* begründet werden (Hofkanzlei-Dekret vom 2. Juli 1832 über Keller-Grundbücher). Das Kellereigentum ist seit der Grundbuchs-Novelle 2008, BGBl. I 2008/100, als § 300 ABGB in die sachenrechtlichen Bestimmungen integriert, das Hofkanzlei-Dekret trat außer Kraft.

409 Sie lässt die Zubehöreigenschaft dann fallen, wenn im öffentlichen Buch angemerkt ist, dass die Maschinen auf einer Liegenschaft Eigentum eines anderen sind (§ 297a).

Die **Gesamtsache** (universitas rerum) findet im ABGB zwar als „Inbegriff von mehreren besonderen Sachen, die als eine Sache angesehen, und mit einem gemeinschaftlichen Namen bezeichnet zu werden pflegen", Erwähnung (§ 302), ist aber kein Objekt des Sachenrechts mehr. „Als ein Ganzes" betrachtet wird sie nur im Schuldrecht, doch erleichterte man das Verfügungsgeschäft über sie (Übergabe durch Zeichen § 427 ABGB)[410].

4. Systeme des Sachenrechts

Lit.: *O. v. Gierke*, Deutsches Privatrecht II, 1936; *H. Hofmeister*, Liegenschaftsrecht, HRG II, Sp. 2008 ff.; *H. Kreller*, Römisches Recht, II Grundlehren des Gemeinen Rechts, 1950, 187 ff.; *A. Thier*, Liegenschaftsrecht, HRG ²III, Sp. 985 ff.; *B. Windscheid/Th. Kipp*, Lehrbuch des Pandektenrechts I, ⁹1906, 689 ff.; sowie die zu Gewere – Besitz – dingliches Recht zit. Lit.

Die inhaltliche Gliederung des Sachenrechts kann unter dem Gesichtspunkt erfolgen, welche Herrschaftsbefugnisse an einzelnen Sachen oder Sachgruppen zugelassen werden; sie kann sich aber auch danach richten, wie sich die einer Person zugeordneten dinglichen Rechte unabhängig vom Objekt der Rechtausübung unterscheiden lassen. Ist die wirtschaftliche oder soziale Funktion der Sache maßgeblich, drängt sich die systematische *Trennung des Liegenschaftsrechtes vom Fahrnisrecht* auf, weil die existenzielle Bedeutung des unvermehrbaren Bodens für die menschliche Gemeinschaft nach strikter Kontrolle seines Nutzungspotentials verlangt. Dieses Ordnungsprinzip hat jahrhundertelang das deutsche Sachenrecht beherrscht. Die dem römisch-gemeinen Recht entnommene und von der Naturrechtslehre verfeinerte Systematik des modernen Sachenrechts nach dem *jeweiligen Inhalt dinglicher Berechtigungen* leugnet die Notwendigkeit einer besonderen Bodenordnung nicht, stellt sie aber erst über Ausnahmeregelungen (meist öffentlichrechtlichen Charakters) her. Zunächst wird der Besitz als tatsächliche Sachherrschaft vom Recht an der Sache getrennt. Dieses abstrakte dingliche Recht ist formell an allen Sachen gleich und erfasst alle denkbaren Nutzungsmöglichkeiten, kann jedoch durch gesetzliche oder gewillkürte Bindungen zu Gunsten Dritter beschränkt sein. Dem prinzipiell *vollen Recht an der Sache* (Eigentum) stehen also in diesem System die *beschränkt dinglichen Rechte* gegenüber.

a) Älteres Recht

In der ma. Rechtswelt lagen die Vorstellungen vom Inhalt des Rechts an einer Sache und ihrer konkreten Nutzbarkeit noch so nahe beisammen, dass die ganze Sachenrechtsordnung als Verteilungsschlüssel für die verschiedenen Sachnutzungen verstanden werden kann. Mehrere Rechte an einer Sache waren keineswegs ungewöhnlich, vor allem dort, wo sich mehrere Möglichkeiten des Sachgebrauchs anboten. Daher war das dingliche Nutzungsrecht an Grund und Boden auch immer von eigener Art. Es hob sich durch das Fehlen des sonst typischen Ausschließlichkeitsanspruchs so sehr von den umfassenden Rechten des Inhabers einer beweglichen Sache ab, dass von einer **Zweiteilung der mittelalterlichen Sachenrechtsordnung** gesprochen werden kann.

410 S. *H. Holthöfer*, Sachteil und Sachzubehör, 1972, vor allem die kontroversiellen Auffassungen der Pandektenwissenschaft über das Wesen der Gesamtsache.

Wo sich der natürliche Gebrauchszweck einer Sache nicht in das Schema von **Fahrnis-** und **Liegenschaftsrecht** fügen wollte, war man eher zur Ver- und Entliegenschaftung bereit, als die rechtlichen Unterschiede einzuebnen. Die rechtliche Qualifizierung einer Sache zur unbeweglichen hatte tiefgreifende Wirkungen. Sie äußerten sich in Verfügungsbeschränkungen unter Lebenden (s. Näherrechte) und von Todes wegen (s. Ausschluss der gewillkürten Erbfolge), in tiefgreifenden Sozialbindungen des Bodeneigentums, in Sondervorschriften für den Liegenschaftsverkehr und nicht zuletzt in der Anerkennung vielschichtiger Besitzverhältnisse. Auch heute gibt es zahlreiche Normen der Güterordnung, die sich nur dem Fahrnis- oder Liegenschaftsrecht zuordnen lassen (Nachbarrecht, Dienstbarkeiten, Reallasten, Hypothek, Grundbuch, gutgläubiger Erwerb von Nichtberechtigten usw.). Kennzeichnend für die mittelalterliche Sachenrechtsordnung ist jedoch, dass ihre Spaltung bis an das Wesen des dinglichen Rechts heranreichte. Das zeigte sich vor allem an der unterschiedlichen Ausgestaltung des Rechtsschutzes für den dinglich Berechtigten an einer beweglichen oder unbeweglichen Sache, konkret an den Formen und Wirkungen der **Fahrnis-** und **Liegenschaftsgewere**.

aa) Fahrnisgewere

Die Gewere an einer beweglichen Sache war untrennbar mit ihrer **körperlichen Innehabung** verbunden. Sie wurde durch Ergreifen oder Übergabe von Hand zu Hand erworben, ging aber auch mit dem Verlust der leiblichen Herrschaft verloren. Darauf baute das Recht der *Fahrnisverfolgung* im älteren Recht auf. Es wurde zwischen *freiwilliger Besitzaufgabe* und *unfreiwilligem Besitzverlust* unterschieden.

(1) **Freiwillige Besitzaufgabe**: Die aufgrund eines Vertragsverhältnisses (z. B. Verwahrung, Leihe) dem Partner eingeräumte Sachherrschaft an einer beweglichen Sache vermittelte ihm auch die Gewere daran. Die Rückgabe der Sache konnte nur mehr mittels Herausgabeanspruchs aus dem Vertragsverhältnis geltend gemacht werden. War die Sache bereits in die Hand eines Dritten gelangt (z. B. durch vertragswidrige Veräußerung des Verwahrers), so galten die ma. Rechtssprichwörter „Wo du deinen Glauben gelassen hast, dort sollst du ihn suchen"; „Hand wahre Hand"; „Trau, schau, wem". Das versteht sich aus dem Publizitätsgedanken im Fahrnisrecht: Dem Dritten tut sich der Besitz (leibliche Gewere) des Entlehners, Verwahrers kund, nicht aber die vertragliche Bindung (der Rechtsmangel) des Vertrauensmannes. Die ma. Rechtsordnung versagte daher dem Eigentümer die Herausgabeklage gegen den Dritterwerber[411].

---

411 Das Fehlen einer Fahrnisklage gegen Dritte bei anvertrautem Gut hat die herrschende Lehre nicht nur auf die dogmatische Ausgestaltung der Fahrnisgewere (Sachherrschaft = Gewere = Rechtsschutz; Fehlen der Sachherrschaft = Fehlen der Gewere = kein Rechtsschutz), sondern auch und vor allem auf die beherrschende Rolle des Publizitätsgedankens im älteren Fahrnisrecht zurückgeführt. Neuere Untersuchungen sehen die begriffliche Zweiteilung der Fahrnisverfolgung im deutschen Rechtskreis differenzierter und messen dem Hand-wahre-Hand-Prinzip nicht mehr jene zentrale Bedeutung bei (Hinweis bei *W. Ogris*, Hand wahre Hand, HRG ²II, Sp. 702). Als mit zunehmendem Handel und Güterverkehr beim Warenaustausch auf offenem Markt der Schutz des Käufers vordringlich wurde, hat man dem Eigentümer die dingliche Her-

(2) **Unfreiwilliger Besitzverlust**: Auch bei Diebstahl oder Raub ging die Gewere mit dem Verlust der Sachherrschaft unter. Da in diesem Fall dem Eigentümer nicht einmal ein obligatorischer Herausgabeanspruch zur Verfügung stand, wurde ihm bereits im älteren Recht eine besondere *Deliktsklage* gewährt, die sich gegen jeden dritten Besitzer richtete. Der Diebstahl (Raub) wurde als kundbar behandelt, sodass sich der Dritte nicht auf sein Nichtwissen berufen konnte. Es schützte ihn zwar in strafrechtlicher Hinsicht, berührte aber seine Herausgabeverpflichtung grundsätzlich nicht. Die Fahrnisklage aus unfreiwilligem Besitzverlust leitete ein Sonderverfahren ein, das zugleich strafrechtliche (Vorwurf des Diebstahls oder Raubs) und privatrechtliche Elemente („schlichte Klage um Gut") enthielt. Diese **Anefangsklage**[412] nötigte den Besitzer der abhanden gekommenen Sache, sich über seinen rechtmäßigen Erwerb auszuweisen, widrigenfalls er der Diebstahlsstrafe verfiel. Das wichtigste Mittel in dieser Hinsicht war der *Zug auf den Gewähren* (Dritthandverfahren). Der Besitzer übergab seinem Vormann die Sache und schied aus dem Prozess aus. Durch das Handanlegen an die Streitsache tat der Vormann seinen Vorbesitz dar. Er konnte sich nun wieder seinerseits auf seinen Vormann berufen und diesem die Sache zuschieben usw. Gelang dem Anefangskläger der Nachweis seines Besitzrechtes an der streitverfangenen Sache und führte der Gewährszug zur Entdeckung des Diebes, so hatte letzterer die Diebstahlsbuße zu zahlen und die Sache an den Anefangskläger herauszugeben. Blieb der Vormann des Beklagten oder ein früherer Vormann aus, erlitt also der Beklagte *Bruch an seinen Gewähren*, so hatte derjenige, bei dem die Sache bei der Weitergabe stehen blieb, sie ebenfalls an den Anefangskläger herauszugeben, konnte sich aber unter Umständen von der strafrechtlichen Verantwortung (durch Eidleistung oder Nachweis des offenkundigen Sacherwerbs) befreien. In diesem Zusammenhang gewann vor allem der Nachweis des *Kaufes auf öffentlichem Markt* auch zivilrechtliche Bedeutung. Er gab dem Käufer einen Lösungsanspruch auf Ersatz des bezahlten Kaufpreises oder führte sogar zum Ausschluss der Fahrnisklage, wenn der Beklagte die Sache „aufrichtig über die dritte Hand" bekommen hatte (z. B. in den Hansestädten bei allen über See eingeführten Waren). Der Schutz des offenbar unverdächtigen Erwerbs der beweglichen Sache ließ die volle Berechtigung des Dritten entstehen.

bb) Liegenschaftsgewere

Während die Fahrnisgewere auf Fälle unmittelbarer Sachherrschaft beschränkt blieb, wurde im Liegenschaftsrecht auch demjenigen eine Gewere zuerkannt, der bloß mittelbare Nutzungen aus der Sache zog. Die Sachherrschaft über Liegenschaften drückte sich dabei höchst verschiedenartig in einem „Nutzen" oder „Brauchen" aus. Die Folge war ein **Formenreichtum an Geweren im Liegenschaftsrecht**, der sich folgendermaßen aufgliedern lässt:
Unmittelbare – mittelbare Gewere: Die unmittelbare (leibliche, körperliche) Gewere hatte derjenige, der seine Liegenschaft als dinglich Berechtigter bearbeitete und Nutzen daraus zog. Die mittelbare Gewere kam dagegen jenen

ausgabeklage nicht nur bei anvertrautem, sondern auch bei gestohlenem und geraubtem Gut versagt.

412 Dem Anefangsverfahren konnten zwei Selbsthilfeverfahren vorgelagert sein: Zum einen das eigentliche *Handhaftverfahren*, das bei Betretung des Diebes auf handhafter Tat zur Abnahme der gestohlenen Sache und Festnahme des Diebes führte, zum anderen das *Spurfolgeverfahren*, das dem Bestohlenen das Recht der Nacheile und daran anschließenden Haussuchung gewährte (s. *D. Werkmüller*, Anefang, HRG ^{2}I, Sp. 228 ff.).

Personen zu, die kraft dinglicher Berechtigung Abgaben oder Dienste aus dem Grundstück zogen (wirtschaftlicher Feudalismus). Diese *mehrfache Gewere* war je nach Rechtskreis (Lehnsrecht, Dienstrecht, Landrecht) verschiedenartig gestuft. Mit zunehmender Verfestigung der einzelnen Rechtspositionen löste sich die *volle Gewere* des Herrn von der *beschränkten Nutzungsgewere* anderer Berechtigter ab.

Eigengewere – beschränkte Gewere: Diese Aufsplitterung des einheitlichen Gewerebegriffs kündigte bereits im MA. die später vollzogene Gliederung der Sachenrechte in Eigentum und beschränkt dingliche Rechte an. Die Eigengewere entsprach der Vorstellung eines umfassenden Herrschaftsrechtes an der Sache, während die beschränkte Gewere lediglich auf einzelne dingliche Nutzungsrechte hinwies (Gewere zur rechten Vormundschaft; Leibzuchtgewere; Satzungsgewere; Leihegewere usw.).

Leibliche Gewere – ideelle Gewere: Im Liegenschaftsrecht wurde zwar die besitzlose (ideelle) Gewere anerkannt, doch musste wenigstens ihr Begründungsakt offenkundig sein. Derartige „Rechtsentstehungstatsachen" waren etwa der Tod des Erblassers für den unmittelbaren Erbanfall an den Erben („Der Tote erbt den Lebenden") oder der Rechtserwerb bzw. Rechtsverlust (Auflassung) an Liegenschaften durch gerichtliches Urteil.

Ruhende Gewere – anwartschaftliche Gewere: Beide sind Sonderfälle der ideellen Gewere. Die ruhende Gewere kam jenem dinglich Berechtigten zu, der wegen der ausschließlichen Nutzungsgewere eines anderen nicht einmal mittelbare Nutzungen aus seiner Sache zog. Bei Fortfall des fremden Nutzungsrechts lebte sie im vollen Umfang der Eigengewere wieder auf. Die anwartschaftliche Gewere wiederum verschaffte dem dinglich Berechtigten sofort die unmittelbare Sachherrschaft, wenn die Voraussetzungen des vollständigen Rechtserwerbs gegeben waren.

Rechtsgewere: Nicht nur an Liegenschaften selbst, sondern auch an an ihnen bestehenden Rechten sowie an allen sonstigen selbständigen liegenschaftlichen Gerechtigkeiten konnte eine Gewere begründet werden. Diese Rechtsgewere folgte den Grundsätzen der Sachgewere. Wo die Gewere eine Innehabung der Liegenschaft in sich schloss, wurde sie meist als Sachgewere qualifiziert, während man in den übrigen Fällen verdinglichter Rechte mit Vorliebe von einer Gewere an den Rechten selbst sprach (so bspw. bei Zins-, Renten-, Reallastberechtigungen, Grundgerechtigkeiten). Besondere Bedeutung hatte die Gewere an solchen Rechten, die Gegenstand der Belehnung sein konnten (nutzbare Regalien, Zwangs- und Bannrechte, Amtsgerechtigkeiten, privilegierter Gerichtsstand usw.).

Rechte Gewere: Sie entspricht der rechtlichen Überzeugung, dass die ungestörte Besitzausübung mit der Zeit die Mängel des Erwerbsaktes heilt. Ihr Objekt waren zunächst nur Liegenschaften, die zwar durch gerichtliche Auflassung, aber dennoch fehlerhaft erworben worden waren. Wurde die Liegenschaftsgewere eine bestimmte Zeit hindurch (meist Jahr und Tag) ohne gerichtliche Anfechtung ausgeübt, konnte ein materiell besser Berechtigter infolge *Verschweigung* seine Rechte an der Sache nicht mehr durchsetzen. Im Spätma. ließ man auch in anderen Fällen eines formellen Erwerbs durch Zeitablauf die rechte Gewere entstehen.

b) Neuzeitliche Rechtsentwicklung

Das rezipierte römische Recht hatte den Begriff der dinglichen Berechtigung bereits vom konkreten Sachnutzen gelöst. Es behandelte Liegenschaften und Fahrnis – von wenigen Ausnahmen abgesehen (Ersitzung, Besitzschutz) –

gleich. Wohl knüpfte es im Rahmen seiner Sacheinteilung an den natürlichen Gegensatz von beweglichen und unbeweglichen Sachen an, vermied aber Rechtsfolgendifferenzierungen, um die **Geschlossenheit des sachenrechtlichen Systems** nicht zu gefährden. Das führte in manchen Territorien zum Abbau traditioneller Sonderregelungen des Liegenschaftsrechts, vorerst jedoch nicht im österreichischen Rechtsraum. Hier wurde (wie in einem Großteil des norddeutschen Raumes, in Teilen Bayerns und der Schweiz) an der **Sonderstellung des Liegenschaftsrechts** grundsätzlich festgehalten. Die Bollwerke des Widerstands waren einerseits die Grundbücher, die sich im neuzeitlichen Wirtschafts- und Rechtsleben bewährten, andererseits das Institut der bäuerlichen Grundherrschaft, die das Sonderrecht für Liegenschaften brauchte und förderte[413]. Daneben bewahrte sich auch das Fahrnisrecht eine gewisse Eigenständigkeit gegenüber den gemeinrechtlichen Vereinheitlichungstendenzen. So wurde etwa der dem heimischen Recht eigene Erwerb vom Nichtberechtigten beibehalten und unter dem Gesichtspunkt weitergeführt, dass der „redliche Mobiliarverkehr“ zu schützen sei.

Insgesamt war der neuzeitliche Gesetzgeber eher bemüht, die ma. Grundsätze des Liegenschaftsrechts zu verbreitern, was sich etwa in der Darstellung des Liegenschaftsrechts in mehreren Grundbuch- und Landtafelpatenten des 18. Jhs. zeigt, doch endete diese Entwicklung mit dem Systemperfektionismus der Privatrechtskodifikationen. Im *ABGB 1811* blieben zwar einige Sonderbestimmungen für den Rechtserwerb an Liegenschaften (Intabulationsprinzip) bestehen, ansonsten aber wurde – einigermaßen mühsam, wie etwa die gekünstelte Konstruktion eines geteilten Eigentums an beweglichen Sachen beweist – die **Einheit des Sachenrechts** hergestellt. Man erreichte sie nicht zuletzt dadurch, dass die Verantwortung für eine gemeinschaftsbewusste Bodenordnung in das öffentliche Recht verlagert wurde. Das freilich war für diese Aufgabe nicht gerüstet.

Die praktischen Auswirkungen der Rechtsvereinheitlichung zeigten sich im Zeitalter des *Liberalismus*. Er sah in der Einebnung des Gegensatzes zwischen Liegenschaft- und Fahrnisrecht ein geeignetes Mittel zur Überwindung traditioneller Herrschaftsstrukturen. Die Mobilisierung des Grundeigentums sollte allen Bevölkerungsschichten – vor allem dem Bürgertum – den Erwerb von Liegenschaften ermöglichen. Den theoretischen Unterbau lieferte die Pandektistik mit der Wiederbelebung römischrechtlicher Ordnungsvorstellungen, die – im Zug der Zeit – letzte Reste eines eigenen Liegenschaftsrechts zu beseitigen drohten. Die Umkehr erfolgte durch Einfügung neuer Bestimmungen in das private Recht des Bodeneigentums[414], vor allem aber durch das neue **„öffentliche Bodenrecht“** des 19. und 20. Jhs. (Enteignungsrecht, Wasserrecht, Jagd- und Fischereirecht, Bergrecht, Anerbenrecht, Höferecht, Bo-

413 S. den Tractatus de juribus incorporalibus für Österreich unter der Enns, 1679.

414 Die III TN (§§ 11, 12) führte §§ 364 Abs. 2, 364a–c ABGB neu ein.

denteilungs- und Zersplitterungsverbote usw.). Die dadurch vollzogene Aufspaltung des Bodenrechts in ein „privates“ und ein „soziales“ ließ die traditionelle Teilung in Fahrnis- und Liegenschaftsrecht in den Hintergrund treten.

5. Das Grundbuch

Lit.: *H. Demelius*, Anmerkung der Rangordnung, 1927; *H. Demelius*, Österreichisches Grundbuchsrecht. Entwicklung und Eigenart, 1948; *A. Exner*, Das Institut der Pfandrechtspränotation in Österreich, 1868; *K. v. Grabmayr*, Verfachbuch oder Publica fides? Ein Beitrag zur Reform der öffentlichen Bücher in Tirol, 1893; *L. v. Haan*, Studien über das Landtafelwesen, 1866; *J. W. Hedemann*, Die Fortschritte des Zivilrechts im XIX. Jahrhundert II/2, 1935; *F. Hess*, Grundbuch, HRG ²II, Sp. 569 ff.; *H. Hofmeister*, Zur Entwicklung des Eigentumserwerbes an Grundstücken und des Grundkredits in Österreich unter besonderer Berücksichtigung des Einflusses der preußischen Gesetzgebung von 1872, Wissenschaft und Kodifikation des Privatrechts im 19. Jahrhundert III, 346 ff.; *H. Hofmeister*, Der Gutglaubensschutz im österreichischen Grundbuchsgesetz, Österreichische Notariatszeitung 1972, 97 ff.; *L. Johanny*, Geschichte und Reform der österreichischen Pfandrechts-Praenotation, 1870; *F. v. Maasburg*, Die Entwicklung des Institutes der öffentlichen Bücher in Böhmen, 1877; *H. Nehlsen*, Grundbuch, HRG I, Sp. 1817 ff.; *A. Randa*, Die geschichtliche Entwicklung des Instituts der öffentlichen Bücher in Österreich, Zeitschrift für das Privat- und öffentliche Recht der Gegenwart 6, 1879, 81 ff.; *Frhr. v. Schey*, Zur Frage der Tabularersitzung, Österreichische Notariatszeitung 1910, 107 ff.; *E. Weiss*, Zur Geschichte des Realfoliums und des Hauptbuchsystems in Österreich, FS ABGB II, 1911, 509 ff.

a) Entwicklung

Der Brauch, Grundstücksgeschäfte in einem jedermann zugänglichen Buch aufzuzeichnen, nahm seinen Anfang in den ma. *deutschen Städten*. Weit über das rheinische Gebiet hinaus vorbildlich wirkte das **Schreinswesen** der Stadt *Köln*, wo man nachweislich bereits um das Jahr 1135 Grundstücksgeschäfte auf Pergamentkarten verzeichnete und diese in einem Schrein aufbewahrte (Schreinskarten der Sondergemeinde St. Martin). Im 13. Jh. wurden dafür **Stadtbücher** eingerichtet, die meist getrennte Folien für Grundstücksübertragungen und Belastungen enthielten. Die Eintragungen dürften zunächst nur als Gedächtnisstütze gedient haben, während der Beweis im Streitfall durch Zeugen zu erbringen war. Allmählich gewannen sie jedoch eigenen Beweiswert und wurden schließlich sogar zum Perfektionsmittel für den Rechtserwerb (Konstitutivwirkung des Eintrags). Oft mussten allerdings Jahr und Tag vergehen, ehe die eingetragene Grundstücksübertragung unanfechtbar wurde.

Die Eintragungen in die öffentlichen Bücher erfolgten zunächst **chronologisch**, doch gingen manche Städte bereits im 15. Jh. zum **Realfoliensystem** über, das alle Eintragungen, die ein bestimmtes Grundstück betreffen, zusammenfasste. Andere bevorzugten das **Personalfoliensystem**, das die Eintragungen nach den Namen der einzelnen Bodeneigentümer ordnete.

Die Weiterentwicklung der deutschrechtlichen Stadtbücher wurde durch die Rezeption des gemeinen Rechts, das eine Übereignung durch formlose Übergabe sowie eine formlose Bestellung der Grundpfandrechte unter Verzicht auf jegliche Publizität kannte, aufgehalten. Es konnte sich zwar nicht durchsetzen, machte aber aus dem Grundbuch ein **„Pfandbuch"**, dessen einzige Aufgabe die Sicherung des Kreditverkehrs war[415]. Erst im 19. Jh. wurde das Eintragungsprinzip – **ohne Buchung kein dingliches Recht** – verwirklicht[416].

Die Entwicklung des **österreichischen Grundbuchsrechts** verlief insofern anders, als sie auch oder sogar in erster Linie das *flache Land* erfasste. Außerdem war man immer bemüht, alle dinglichen Berechtigungen in die öffentlichen Bücher einzutragen *(allgemeines Grundbuchsystem).* Neben den **Landtafeln** für landständische (adelige) Liegenschaften gab es grundherrschaftliche Register über bäuerliche Grundstücke **(Grundbücher im engeren Sinn)** und **Stadtbücher** für städtische Liegenschaften.

(1) **Landtafel:** Die Landtafeln waren die ersten systematisch angelegten Gerichtsbücher. Sie erfassten den „ständischen" (adeligen) Grundbesitz und nahmen im 13. Jh. ihren Ausgang von Böhmen, Mähren und Oberschlesien. In diese Bücher wurden nicht nur Privatrechtsverhältnisse an Liegenschaften, sondern auch die wichtigsten Aussagen verfassungsrechtlicher Urkunden eingetragen. Aus politischen Interessen unterlagen die Stände dem Eintragungszwang, woraus sich allmählich die Auffassung entwickelte, dass dingliche Rechte an landtäflichem Gut *nur* durch Eintragung erworben werden könnten *(Eintragungsgrundsatz).* Im 18. Jh. wurde das böhmische Landtafelwesen von den meisten österreichischen Ländern übernommen[417]. Bereits bestehende „adelige" Grundstückverzeichnisse gingen in den Landtafeln auf.

(2) **Grundbuch im engeren Sinn**: Streng getrennt vom landtäflichen Besitz wurde das „unterthänige Land" in Grundbüchern erfasst. Es galt als Pflicht des Grundherrn, für die Aufzeichnung des ihm untertänigen Landes zu sorgen[418]. Die Aufzeichnungen sollten die radizierten Lasten erfassen und Aufschluss über die Dienstpflichten der Grundholden vermitteln. In der Neuzeit machte sich auch hier die Vorstellung breit, dass jede Rechtsänderung am bäuerlichen Gutsbestand des Bucheintrags bedürfe. Die reiche Gesetzgebung über die Anlegung von Grundbüchern für den nicht landtäflichen Besitz im 18. Jh. war bereits vom Grundsatz beherrscht, dass dingliche Rechte erst mit der „Fürmerkung" in den Grundbüchern erworben werden.

(3) **Stadtbuch**: Nach ersten Zeugnissen aus dem Spätma.[419] waren die Stadtbücher schriftliche Verzeichnisse über (meist öffentlich vor Zeugen vorgenommene) Veräußerungen und Verpfändungen von Stadtgründen. Da Stadtgründe nur vor dem Bürger-

415 Preußische Hypothekenordnung von 1783; ALR I, 10, §§ 1 ff.; Bayrisches Hypothekengesetz von 1822.

416 Gesetz für das Königreich Sachsen von 1843; Preußisches Gesetz über die Eigentumsübertragung und dingliche Belastung von Grundstücken von 1872; Reichs-Grundbuchsordnung von 1897, nunmehr BGB.

417 1730 Einrichtung einer Landtafel für Steiermark; 1746 für Kärnten; 1754 für Oberösterreich; 1758 für Niederösterreich. Den Abschluss bildete die durch das Landtafelpatent von 1794 angeordnete Neuordnung der Landtafel in Böhmen und Mähren, die als subsidiäre Rechtsquelle für das Recht der öffentlichen Bücher auch in Österreich zur Anwendung kam.

418 So der Tractatus de juribus incorporalibus von 1679, 4. Tit. „Grundobrigkeit".

419 Etwa in Wien Bücher über Liegenschaftsverkäufe seit 1368 und über Pfandrechtsbestellungen seit 1373. Vgl. hiezu *H. M. Schuster*, Wiener Stadtrecht- oder Weichbildbuch, 1873; *J. A. Tomaschek*, Rechte und Freiheiten der Stadt Wien, 1877.

meister und dem Stadtrat veräußert werden durften, sind sie vorerst als Sammlung schriftlicher Gerichtszeugnisse zu charakterisieren, doch gingen auch sie in der Neuzeit den Weg, dass ihren Eintragungen zunehmend rechtsbegründende Bedeutung zukam.

Während die Landtafeln erhalten blieben, wurden Grund- und Stadtbücher durch die Gesetzgebung des 18. Jhs. weitgehend vereinheitlicht. Das *ABGB 1811* hielt an der Einrichtung der Landtafeln und Grundbücher fest (§ 446) und ordnete nur das materielle Recht der Intabulation[420]. Am 25. Juli 1871 erging das **Allgemeine Grundbuchsgesetz**, ein Rahmengesetz (die innere Einrichtung der öffentlichen Bücher fiel nach der Verfassung 1867 in die Kompetenz der Kronländer), dem die Länder in ihren *Anlegungsgesetzen* entsprachen.

Die letzten Grundbuchsanlegungsgesetze waren die für Tirol[421] (1897) und für Vorarlberg (1900). Burgenland wurde dann 1927 (BG vom 21.3.1927, BGBl. 119) in die Entwicklung einbezogen.

Das **allgemeine Grundbuch** sollte alle im Buchbezirk gelegenen Grundstücke aufnehmen (Einheitsgrundsatz). Diese Regel wurde jedoch dadurch durchbrochen, dass die landtäflichen Güter in einem besonderen Hauptbuch zusammengefasst wurden, weil im Verfassungsstaat des 19. Jhs. politische Vorrechte mit dem landtäflichen Grundbesitz verknüpft waren. Es gibt die *Landtafel* im GrundbuchsanlegungsG heute noch, die Bestimmungen sind jedoch gegenstandslos. Außerdem wurden die im 18. Jh. angelegten *Bergbücher* für die dem Bergbau gewidmeten Grundstücke weitergeführt, *Eisenbahnbücher* 1874[422] neu geschaffen und für die *geschlossenen Höfe* in Tirol eigene Bücher als Sonderabteilungen der Hauptbücher eingerichtet[423].

Das heute geltende Recht des allgemeinen Grundbuchs ist zu einem kleinen Teil im ABGB, zum Großteil aber in Sondergesetzen, etwa dem Allgemeinen GrundbuchsanlegungsG 1930, dem Liegenschaftsteilungsgesetz 1930, dem Allgemeinen Grund-

---

420 Die Neuordnung des formellen Grundbuchsrechts sollte der reformierten „allgemeinen Gerichtsordnung“ vorbehalten bleiben, doch war dieser Gesamtplan so mühsam zu verwirklichen, dass sich die Kodifikationsarbeiten zum formellen Grundbuchsrecht verselbständigten. Zwei Ereignisse trieben sie voran: die Neuanlegung von Grundbüchern in Ungarn und seinen Nebenländern nach einer eigenen Grundbuchsordnung aus dem Jahr 1855 sowie die Aufhebung der Untertänigkeit in Österreich. Die dadurch bewirkte Verstaatlichung der herrschaftlichen Grundbücher stärkte das Bedürfnis nach einem für alle öffentlichen Bücher geltenden Gesetz.

421 In Tirol hatte man seit dem 15. Jh. *Verfachbücher*. Dingliche Verträge wurden in einem Gerichtsprotokoll mit Namensregister chronologisch aufgezeichnet. Bis ins 19. Jh. verweigerte man jede Änderung des Systems wegen der hohen Kosten für die Erfassung des extrem zersplitterten Bodenbesitzes und wegen der Gefahren, die den stark verschuldeten Eigentümern aus der Aufdeckung ihrer Schulden durch das Buch drohten (vgl. *A. Randa*, Das Eigenthumsrecht nach österreichischem Rechte mit Berücksichtigung des gemeinen Rechtes und der neueren Gesetzbücher I, [2]1893, 431 f.).

422 RGBl. Nr. 70/1874.

423 § 69 Allg. Grundbuchsanlegungsgesetz (BGBl. 1930/2 i. d. F. 1968).

buchsgesetz 1955, dem Vermessungsgesetz 1968 und dem Grundbuchsumstellungsgesetz 1980 geregelt.

b) Einrichtung des Grundbuchs

Die innere Einrichtung der Grundbücher (aller drei Gruppen) folgte bis ins 18. Jh. dem sog. **Dreibuchsystem**. Das **Dienst-** oder **Grundbuch** enthielt die Bezeichnung des Gutes (Benennung und Lage, auch die zu entrichtenden Grundzinse), das **Gewährbuch** (Gewerebuch) die Abschriften aller Urkunden, die den Eigentumserwerbstitel bezeugten, und das **Satzbuch** die Abschriften aller das Gut dinglich belastender Rechtsgeschäfte. Die Ausrichtung entspricht dem Realfoliensystem.

Hauptmangel dieses Systems war die Unübersichtlichkeit des Lastenstandes, den jeder Interessent aus dem weitläufigen Inhalt des Satzbuches selbst klarstellen musste. Gesetzgeberisches Ziel im 18. Jh. war es daher, alle Eintragungen gedrängt in einem einzigen Buch darzustellen. Ein erster Schritt war die amtswegige Ersichtlichmachung des jeweiligen Eigentümers im ersten Buch. Ebenfalls im ersten Buch erfolgte dann die gedrängte Darstellung des Lastenstandes. Es wurde damit zum **Hauptbuch**, dem die beiden anderen Bücher als Belegsammlungen zur Seite standen **(Urkundenbuch)**. Für das Hauptbuch waren demnach drei Rubriken vorgesehen: Die erste für die Bezeichnung der Liegenschaft, die zweite für die Benennung des Eigentümers und die dritte zur Eintragung der Lasten. Es ist dies bereits das moderne Grundbuchsystem.

Die n.ö. Landtafel von 1758 hat das einheitliche Hauptbuch zum ersten Mal verwirklicht. Es wurde schrittweise in andere Landtafeln und Grundbücher übernommen. § 1 des böhmischen Patents von 1794 bestimmt bereits, „dieses Hauptbuch macht künftig die Grundfeste der Landtafel aus, indem das sächliche Recht nur durch die Vorschreibung in das Hauptbuch erwirkt wird“. Völlig fallengelassen wurde der Brauch der „Ingrossierung“, d. h. das vollständige Abschreiben der eingegangenen Gesuche nebst den dazugehörigen Urkunden, erst im 19. Jh.[424]

Die Anlegung des Hauptbuches für jeweils eine Katastralgemeinde wurde bereits von der Landtafelgesetzgebung des 18. Jhs. vorweggenommen und schließlich durch die Steuergesetzgebung in der 2. Hälfte des 19. Jhs. verbindlich festgesetzt[425].

c) Prinzipien des Grundbuchsrechts

aa) Eintragungsgrundsatz

Die Rechtsregel, dass dingliche Rechte an Liegenschaften erst mit der Verbücherung **(Einverleibung, Intabulation)** entstehen, setzte sich im 18. Jh. mit

424 S. VO vom 16. März 1851, RGBl. Nr. 67; Allg. Grundbuchsgesetz vom 25. Juli 1871; Allg. Grundbuchsanlegungsgesetz 1930, BGBl. 2.

425 Insbes. Gesetz vom 23. Mai 1883, RGBl. Nr. 83.

der Einführung der Landtafeln durch[426]. Für Rechtsänderungen war seither die Kontinuität der Eintragungen erforderlich, d. h. es musste auch das Recht des Vormannes eingetragen werden, wenn dieses noch nicht verbüchert war **(Prinzip des bücherlichen Vormannes)**[427]. Letzte Zweifel und Widerstände beseitigte das ABGB, das nur den Eingetragenen als Berechtigten behandelte, sofern nicht ein im Gesetz oder in gefestigter Praxis anerkannter Ausnahmefall (z. B. Erbgang, Ersitzung, Zuschlag bei der Zwangsversteigerung) vorlag.

Eingetragen wurde der, der einen gültigen Titel vorweisen konnte **(Prinzip der Rechtsgrundabhängigkeit)**. Darin setzte sich die alte Übung fort, Eigentumsübertragungen und Pfandbestellungen durch die Einschreibung von Kaufverträgen und Schuldscheinen zu verbüchern. Gestützt wurde sie von den Vertretern der titulus-modus-Lehre, die die Kausalität der sachenrechtlichen Verfügung betonten. Gemäß einem Vorschlag *Zeillers* wurde als weitere gesetzliche Voraussetzung des Eigentumserwerbes die ausdrückliche Einverleibungsbewilligung des Vormannes (Aufsandung) verankert[428] und im Allg. GBG 1871 auf jede Einverleibung erweitert (§ 32).

bb) Vertrauensgrundsatz (materielles Publizitätsprinzip)

Der Grundsatz, dass sich der gutgläubige Erwerber eines dinglichen Rechts auf das, was im Buche steht, verlassen darf, ist erst im 19. Jh. in dieser Schärfe formuliert worden, geht jedoch auf alte Rechtsüberzeugungen, nicht zuletzt auf die Rechtsscheinwirkung der Gewere zurück.

Die ersten Hinweise in den österreichischen Landtafelpatenten des 18. Jhs. auf den Schutz des „treuherzigen Creditors" oder dessen, der „sich auf die Vormerckungs-Bücher" verlässt („qui publicam tabularum fidem secutus est") sind allerdings als Erläuterungen zum Eintragungsgrundsatz zu verstehen. Nicht verbücherte Rechtsgeschäfte sollten gegenüber dem eingetragenen Dritten keinen Bestand haben.

In erster Linie wollte man „so genannte verschwiegende gesätzmäßige Pfandschaften und übrige gewissen Darleihen beygelegte Vorzüglichkeiten, oder so genannte tacitae et legales Hypothecae, und Credita privilegiata zu des fürgemerkten Gläubigers vollständiger Sicherheit gänzlich aufheben" (o. ö. Patent von 1754). Den „treuherzigen Gläubigern" gestand man jedoch zu, ihre Pfandrechte binnen einem Jahr und 6 Wochen eintragen zu lassen, um dadurch ihre Priorität zu wahren[429].

Effektives Vertrauen auf die Legitimationswirkung des Grundbuchs wurde dadurch geschaffen, dass der eingetragene Rechtserwerb durch **Verschweigung** (Versäumung der Löschungsklage) unangreifbar wurde.

426 „... soll keiner das Eigentum, oder sichern Besitz als mittelst der Landtafel bekommen", n.ö. Patent von 1758.

427 So § 5 des Patents für Böhmen von 1794.

428 § 435 alt – §§ 432, 433 i. d. F. durch die III TN zum ABGB.

429 Vgl. *J. W. Hedemann*, Die Fortschritte des Zivilrechts im XIX. Jahrhundert II/2, 289 ff.

Gegen die Richtigkeit einer Grundbuchseintragung konnte der in seinen Rechten Verletzte binnen der böhmisch-landrechtlichen Verschweigungsfrist von drei Jahren und 18 Wochen seinen Widerspruch (Odport) anbringen. Er wurde bei der betreffenden Eintragung angemerkt und musste sofort oder beim nächsten Landrecht durch Klage geltend gemacht werden. Die Versäumung des Widerspruchs oder der Klage kam nicht nur gutgläubigen Dritten, sondern auch dem Eingetragenen und dessen „bösgläubigen" Rechtsnachfolgern zugute.

Die Novellen und Deklarationen zum böhmisch-mährischen Landtafelrecht machten daraus die **Tabularersitzung** binnen drei Jahren und achtzehn Wochen, die allerdings – den allgemeinen Ersitzungserfordernissen entsprechend – nur mehr dem redlichen Buchbesitzer zugute kam. Sie fand in geringfügig modifizierter Form (dreijährige Ersitzung) Eingang in das *ABGB 1811* (§ 1467 a. F.).

Die Bestreitung anfänglich ungültiger Einträge wurde dabei übergangen. *Zeiller* rechnete solche Bestimmungen nicht zum materiellen Recht und gedachte mit der Tabularersitzung auszukommen[430]. Die Lücke schloss ein Hofdekret 1818[431], das eine „binnen der gesetzlichen Verjährungsfrist" zu überreichende ordentliche Klage auf Löschung ungültiger Urkunden „gegen die Theilnehmenden" ausdrücklich normierte.

Die **rechtserzeugende Kraft der Grundbuchseintragung**, also der Vertrauensgrundsatz, wurde im *ABGB 1811* nur mit der **nachträglichen** außerbücherlichen Rechtsänderung in Verbindung gebracht. Das aus der Ersitzung oder Verjährung erworbene Recht sollte demjenigen, welcher im Vertrauen auf die öffentlichen Bücher noch vor der Einverleibung desselben eine Sache oder ein Recht an sich gebracht hatte, nicht zum Nachteil gereichen (§ 1500). Der gutgläubige Dritte erlangte in diesem Fall sein Recht mit der Eintragung. Versuche, diesen Gutglaubensschutz auch auf die Fälle der **anfänglich** fehlerhaften Grundbuchseintragung auszudehnen (etwa auf den Fall der Ungültigkeit des Erwerbstitels) drangen nicht durch.

Die weitere Entwicklung ging nicht mehr im Bereich des bürgerlichen Rechts, sondern in der allgemeinen Grundbuchsordnung voran. 1871 wurde im Allg. GBG der Vertrauensgrundsatz auf die von Anfang an unrichtigen Grundbuchseintragungen erweitert, durch die Bestimmungen über die *Löschungsklage* (§§ 61 ff.) allerdings auf ein System **„maßvollen" Vertrauensschutzes** gebracht. Die *III TN* beseitigte die damit überflüssig gewordene Tabularersitzung.

Gegenüber dem unmittelbaren Nachmann und bösgläubigen Dritten kann die Ungültigkeit einer Eintragung innerhalb der gewöhnlichen Verjährungsfrist geltend gemacht werden. Gutgläubigen Dritten gegenüber nur unter der Voraussetzung, dass die Streitanmerkung innerhalb der Rekursfrist erwirkt und die Löschungsklage binnen

430 *J. Ofner*, Der Urentwurf und die Berathungs-Protokolle des Oesterreichischen Allgemeinen bürgerlichen Gesetzbuches I, 1889, Neudr. 1976, 284.

431 HfD v. 29.8.1818, JGS Nr. 1488. Zur Vorgeschichte s. *H. Hofmeister*, Die Grundsätze des Liegenschaftserwerbes in der österreichischen Privatrechtsentwicklung seit dem 18. Jahrhundert, 1977, 112 ff.

weiterer 60 Tage überreicht wird. Wenn der in seinen bücherlichen Rechten Verletzte von der ungültigen Eintragung nicht ordnungsgemäß verständigt wird, kann er binnen 3 Jahren ab Eintragung die Löschung erzwingen.

cc) Prioritätsprinzip

Hinter diesem Grundsatz steht, dass **„der zeitlich Frühere auch der rechtlich Stärkere"** sein soll *(„prior tempore potior iure")*. Bei konkurrierenden Ansuchen um die Einräumung des gleichen dinglichen Rechts geht der zeitlich frühere Antrag (Einlangen bei Gericht maßgebend) dem späteren vor.

Schon die Vorschriften über die „Präsentierung" der Eintragungsgesuche im Landtafelrecht des 18. Jhs. folgten dem älteren Gewohnheitsrecht, dass Eintragungsgesuche in der Reihenfolge ihres Einlangens beim Landtafelamt zu erledigen seien. Daran knüpften die Landtafelpatente den materiellen Rang einer einzutragenden Hypothek, weil der für maßgebend erklärte Zeitpunkt der Eintragung von Rechts wegen mit dem des Gesucheinlangens übereinstimmen musste. Mit der „gemeinen Regel, daß jeder Gläubiger das Vorrecht in ordine der Vormerkung *a die presentati*" erhalten solle, wurde dann in der theresianischen Grundbuchsgesetzgebung auch formell der Zeitpunkt des Gesucheinlangens für die Rangordnung bestimmend, doch hielten sich Rechtsauffassungen, die im Streitfall den Tag der Eintragung entscheiden ließen. Bei den Vorarbeiten zum ABGB traten diese Gegensätze beim Problem der Doppelveräußerung auf. Sie wurden endgültig dadurch beseitigt, dass allein die Zeit des Gesucheinlangens den Rang bestimmte. Das galt gleichermaßen für die Hypothek wie für den Erwerb des Eigentums. Das Allg. GBG machte daraus eine allgemeine „Rangordnung der Eintragung" für alle Eintragungsgesuche und alle ihre Rechtswirkungen.

Um den Schutz des gutgläubigen Eintragungswerbers zu verbessern, wurde die „Bleistiftmarke" eingeführt, die für jedermann sichtbar die kommende Eintragung im Grundbuch ankündigte.

Um für den Rang eines bücherlichen Rechts nicht allein das Zuvorkommen mit dem Verbücherungsantrag entscheiden zu lassen, wurde im 19. Jh. den praktischen Kreditbedürfnissen entsprechend die **Anmerkung der Rangordnung** erarbeitet. Ausgehend von der gesetzlichen Regelung der Ranganmerkung für ein künftiges Pfandrecht[432] wurde die Anmerkung der Rangordnung – nach dem Vorbild der ungarischen Grundbuchordnung 1859 – im Allg. GBG 1871 auch für die beabsichtigte Veräußerung der Liegenschaft, für die Abtretung und für die Löschung des Pfandrechts zugelassen.

Grundgedanke der Anmerkung der Rangordnung ist die vorläufige Sicherung eines bücherlichen Ranges, um über ein beabsichtigtes Rechtsgeschäft auf der Grundlage eines festen Grundbuchstandes verhandeln und abschließen zu können. Sucht bspw. der Eigentümer Geld, kann er – zeitlich befristet – eine Hypothek mit bestimmtem

432 VO vom 12. August 1851, RGBl. Nr. 184, für OÖ, NÖ und Salzburg.

Rang anbieten. Ein solcher Rang hatte nach der Fassung 1871 Gültigkeit für sechzig Tage. Dadurch sollte insbes. das Auszahlungsverfahren bei der Hypothek erleichtert werden. Im Zuge der Novellierung des ABGB verlängerte man die Geltungsfrist dieser Anmerkung auf ein Jahr[433], um die Pfandanmerkung zum tauglichen Ersatz für die abgelehnte Eigentümergrundschuld des BGB zu machen.

Die Grundbuchs-Novelle 2008[434] hat die ursprüngliche Strenge des Rangordnungsprinzips aus Praktikabilitätsgründen (bspw. zur Verbesserung von Formgebrechen) partiell gelockert. Seit 2012[435] besteht die Möglichkeit einer sogen. Namensrangordnung, d. h. die Anmerkung einer namentlich genannten Person, die ohne Vorlage des Rangordnungsbeschlusses mittels Erklärung ihre Berechtigung geltend machen kann.

dd) Andere Prinzipien

Auch die übrigen Prinzipien des modernen Grundbuchsrechts (**Spezialitätsprinzip**: bücherliche Rechte können nur an bestimmten Grundbuchskörpern begründet werden; **Legalitätsprinzip**: die Voraussetzungen für die Gültigkeit einer bücherlichen Eintragung sind vom Grundbuchsorgan umfassend zu prüfen; **Antragsprinzip**: Eintragungen erfolgen in der Regel nicht von Amts wegen) haben Vorläufer in punktuellen Bestimmungen der Grundbuchsgesetze des 18. Jhs. Zum Teil setzte sie das ABGB voraus (etwa den das ganze Sachenrecht durchziehenden Grundsatz der Spezialität); eine allgemeine Regelung fanden sie erst im Allg. GBG von 1871[436].

d) Bücherliche Eintragungen

Die Aufgliederung der Grundbuchseintragungen in *Einverleibungen* (sie bewirken den unbedingten Rechtserwerb oder Rechtsverlust), *Vormerkungen* (bedingte Einverleibungen) und *Anmerkungen* (sie dienen entweder der Ersichtlichmachung rechtserheblicher Umstände oder begründen in besonders geregelten Fällen gesetzlich vorherbestimmte Rechtswirkungen) geht auf das Allg. GBG 1871 zurück.

Bis ins 18. Jh. dominierte die **Einverleibung** als eigentliche Einschreibung der Geschäftsurkunden (des Kaufvertrages oder des Darlehensschuldscheines) in die öffentlichen Bücher. Ihrer Bedeutung entsprechend wurde sie zur rechtserzeugenden Eintragung im Hauptbuch. Die **Vormerkung** (der Sprachgebrauch der Landtafel- und Grundbuchsgesetze des 18. Jhs. bediente sich dieses Begriffs noch für die Einverleibung), die erst nach Erbringung der für die Einverleibung noch fehlenden Nachweise (Rechtfertigung der Vormer-

433 III TN § 44.

434 BGBl. I. 2008/100.

435 Grundbuchs-Novelle 2012, BGBl. I 30.

436 Zum Legalisierungszwang für die Urkunden, die als Unterlage für die beantragte Eintragung im Grundbuch in Frage kommen, s. *J. W. Hedemann*, Die Fortschritte des Zivilrechts im XIX. Jahrhundert II/2, 1935, 308 f.; zur Bildung des Grundbuchskörpers und zur Grundbuchsberichtigung s. *H. Demelius*, Österreichisches Grundbuchsrecht, 1948, 17 ff., 97 ff.

kung) die Rechtsänderung bewirkt, hat über den *Entwurf Martini*[437] als Sonderform des bedingten Pfandrechtserwerbs Eingang in das *ABGB 1811* gefunden und wurde 1871 zu einer allgemeinen Eintragung erweitert. Das Allg. GBG stellte auch klar, dass es bei jeder Vormerkung des Nachweises des Rechtsgrundes für die einzutragende Rechtsänderung bedürfe.

Die *Pränotation* alten Rechts[438] pflegte aufgrund jeder Urkunde bewilligt zu werden, die einen Hinweis auf das behauptete Recht enthielt. Diese Praxis hatte die unberechtigte Vormerkung ausufern lassen und wurde im 19. Jh. als „eigenmächtiges Pfändungsrecht des Gläubigers" heftig kritisiert[439].

Die **Anmerkung** zur Ersichtlichmachung rechtserheblicher Umstände geht auf die historischen Grundbücher zurück, in die nach allgemeiner Auffassung all das eingetragen werden sollte, was für den Liegenschaftsverkehr zu wissen wichtig sei[440]. Jene anderen zulässigen Anmerkungen, die besonders geregelte Rechtswirkungen auslösen, etwa die Begründung eines Ranges (Ranganmerkung) oder die erweiterte Rechtskraft eines Urteils (Streitanmerkung), wurden erst durch die Gesetzgebung in der zweiten Hälfte des 19. Jhs. umfassend geregelt.

6. Kausalität der sachenrechtlichen Verfügung

Lit.: *A. Exner*, Die Lehre vom Rechtserwerb durch Tradition nach österreichischem und gemeinem Recht, 1867; *F. Hofmann*, Die Lehre vom titulus und modus adquirendi und von der iusta causa traditionis, 1873; *H. Hofmeister*, Die Grundsätze des Liegenschaftserwerbes in der österreichischen Privatrechtsentwicklung seit dem 18. Jahrhundert, 1977; *H. Krasnopolsky*, Zur Lehre von der Giltigkeit des Titels als Erfordernis wirksamer Eigentumsübertragung, 1891; *P. Landau*, Zum Ursprung des „ius ad rem" in der Kanonistik, Mon. iur. can., Ser. C: Subsidiar, Vol. 4, 1971; *Th. Mayer-Maly*, Kauf und Eigentumsübergang im österreichischen Recht, ZNR 1990, 164 ff.; *W. Ogris*, Jus ad rem, HRG II, Sp. 490 ff., ²II, Sp. 1459 f.; *A. Rappaport*, Über die Bedeutung des Titels für die Gültigkeit der Eigentumsübergabe nach dem allgemeinen bürgerlichen Gesetzbuch, FS ABGB II, 1911, 399 ff.; *F. C. v. Savigny*, Das Recht des Besitzes, ⁷1865; *K. Spielbüchler*, Der Dritte im Schuldverhältnis, 1973; *E. Strohal*, Die Gültigkeit des Titels als Erfordernis wirksamer Eigenthumsübertragung, 1891; *E. Till*, Versuch einer Rechtfertigung der Theorie vom titulus und modus acquirendi, FS ABGB II, 1911, 383 ff.

a) Älteres Recht

Dem ma. Rechtsdenken war die Fragestellung nach kausalem oder abstraktem Rechtserwerb fremd, da Verpflichtungs- und Verfügungsgeschäft typischerweise zusammenfielen (Bargeschäfte; einaktige Übereignung auf der

437 II, 8, § 16.

438 NÖ Landtafelpatent 1758; §§ 453, 438 ABGB.

439 *L. Johanny*, Geschichte und Reform der österreichischen Pfandrechts-Pränotation, 1870; *A. Exner*, Das Institut der Pfandrechtspränotation in Österreich, 1868.

440 So kannte bereits das böhmische Landtafelpatent von 1794 die Anmerkung der Beschränkung oder des Fehlens der Handlungsfähigkeit des Eigentümers.

Liegenschaft selbst). „Fehler" des Erwerbsaktes wurden mit strafrechtlichen Mitteln behoben.

Erste Ansätze, das Verhältnis von rechtlichem Erwerbsgrund und sachenrechtlicher Verfügung auszuloten, gingen von der feudalistischen Lehre des 13. Jhs. aus. Das langobardische Lehensrecht unterschied bei der Investitur (Zuordnung der Gewere) zwischen Mitbesitzübertragung *(investitura propria)* und einer symbolischen Investitur ohne körperliche Besitzübertragung *(investitura abusiva)*. Volles dingliches Recht des Lehensmannes ließ es erst mit der Einräumung des Besitzes entstehen. Bei bloß symbolischer Investitur konnte er zwar vom Lehensherrn die Übergabe des Lehens verlangen, diesen Anspruch vorerst aber nicht durchsetzen. Die Lehre *(Jaques de Revigny)* entwickelte daraus ein Recht auf Besitzerlangung, das notfalls im Wege der Selbsthilfe durchgesetzt werden sollte, ein **ius ad rem**. Es war kein volles Sachenrecht, also kein **ius in re**, aber immerhin mit der Befugnis ausgestattet, das Lehensgut an sich zu ziehen. Dieses Recht der Realexekution wurde zunächst nur gegenüber dem Lehensherrn, später auch gegenüber Dritten anerkannt. Hatte ein Dritter das Lehen in seiner Gewalt, ging die ältere ideelle Gewere der jüngeren leiblichen Gewere vor, solange der Zweitbelehnte (durch Fristablauf) noch nicht die rechte Gewere erlangt hatte.

b) Neuzeitliche Rechtsentwicklung

Die neuzeitliche Privatrechtswissenschaft versuchte, aus dem ius ad rem den allgemein anwendbaren Grundsatz abzuleiten, dass der dingliche Erwerber einer Sache dem älteren schuldrechtlichen Anwärter weichen müsse, wenn er dessen Anspruch gekannt hatte.

Für die neuere Rechtsentwicklung vorbildlich wurde jedoch die von den Rezeptionsjuristen entwickelte Lehre von **titulus et modus adquirendi dominii**, als dessen Begründer der Humanist *Johannes Apel* gelten kann[441]. Er vollzog die klare Trennung zwischen schuldrechtlichem Titel **und** sachenrechtlichem Erwerb, verlangte allerdings zur Übereignung gültigen Titel **und** Erwerbsmodus (Übergabe, symbolische Übergabe). Der modus traditio wurde dabei als **factum**, nicht als dinglicher Vertrag aufgefasst. Dadurch schienen die Voraussetzungen des dinglichen Rechtserwerbs für lange Zeit geklärt. Selbst für den ursprünglichen Eigentumserwerb (etwa durch Aneignung) forderte man schließlich einen „titulus iustus"[442].

441 1486–1536; Professor in Wittenberg, dann Ratskonsulent in Mühlberg. Im Mittelpunkt seiner Lehre stand der Erwerb des Eigentumsrechts, dessen Grundsätze auch für die übrigen dinglichen Rechte gelten sollten. Ähnliche Gedanken finden sich auch bei *Zasius*, 2. Buch singularium responsorum, Caput 20, 6; ed: Lyon 1550 (zit. nach *Mayer-Maly*, Kauf und Eigentumsübergang im österreichischen Recht, ZNR 1990, 164, FN 3).

442 „Wenn man sich ein dingliches Recht erwerben will, so sind zwei Stücke nötig: ein rechtmäßiger Titel und ein modus adquirendi ..." (*L. J. F. Höpfner*, Theoretisch-prac-

Das *ABGB 1811* folgte dieser Konzeption: „Ohne Titel und ohne rechtliche Erwerbungsart kann kein Eigentum erlangt werden." (§ 380). Im Falle der Aneignung freistehender Sachen „besteht der Titel in der angebornen Freyheit, sie in Besitz zu nehmen" (§ 381). Damit war die **kausale Tradition** festgeschrieben.

Erst die Rechtswissenschaft des 19. Jhs. *(Savigny)* ließ das Eigentum durch ein dingliches Rechtsgeschäft, das von seinem Rechtsgrund „abstrahiert" war, übergehen („nuda traditio"). Die traditio wurde aber nicht mehr als bloß tatsächliches Hingeben und Annehmen einer Sache verstanden, sondern zu einem Vertrag umgedeutet. Aus der traditio wurde die *abstrakte Einigung der Parteien*. Zur tatsächlichen Sachverschaffung trat der Vertrag, bei dem ein Teil erklärt, das Eigentum übertragen, und der andere Teil, es erwerben zu wollen. Das BGB formuliert daher: „Zur Übertragung des Eigentums an einer beweglichen Sache ist erforderlich, daß der Eigentümer die Sache dem Erwerber übergibt und beide darüber einig sind, daß das Eigentum übergehen soll …" **(Prinzip der abstrakten Tradition)**[443].

In Anlehnung an dieses Konzept fordert die Lehre auch für die rechtliche Übergabe und Übernahme den Übereignungswillen der Parteien.

II. Erscheinungsformen des Sachenrechts

A. Eigentumsrecht

1. Eigentumsverständnis im modernen Recht

Das Eigentum ist das umfassendste Recht an einer Sache, das unsere Rechtsordnung kennt. Man verbindet damit die Vorstellung einer besonderen **Zugehörigkeit** („*Alles, was jemandem zugehört, alle seine körperlichen und unkörperlichen Sachen, heißen sein Eigentum.*" § 353 ABGB), die dem Eigentümer grenzenlose **Herrschaftsbefugnisse** über „seine" Sache gibt („*Eigentum ist die Befugnis, mit der Substanz und den Nutzungen einer Sache nach Willkür zu schalten und jeden anderen davon auszuschließen.*" § 354 ABGB), doch wäre es kein Recht, wenn der Willkür keine **Schranken** gesetzt wären. Die Definition des Eigentums als „Vollrecht" in Gegenüberstellung zu den beschränkt dinglichen Rechten ist daher ein Kunstgriff des Gesetzgebers, der sich des Denkschemas von Regel und Ausnahme bedient, um dem Grundsatz der Freiheit des Eigentümers sogleich Beschränkungen anzufügen, die sich aus Rücksichten auf die *Allgemeinheit* oder aus dem *Nachbarrecht* ergeben.

Das Eigentum ist also kein rein privates Recht. Es gewährt die Befugnis, in den bestehenden Grenzen der Rechtsordnung über eine individuell zugeord-

---

tischer Commentar über die Heineccischen Institutionen nach deren neuesten Ausgabe, [8]1833, § 295).

443 Zur Entstehung des Dogmas vom abstrakten Eigentumsübertragungsvertrag vgl. *S. Buchholz*, Abstraktionsprinzip und Immobiliarrecht. Zur Geschichte der Auflassung und der Grundschuld, 1978.

nete Sache privatnützig zu verfügen. Jede normative Aussage über seinen Inhalt ist zugleich eine Entscheidung über die Wirtschaftsordnung eines Staates, letztlich über sein gesamtes Sozialgefüge, weil die ökonomischen Lebensbedingungen immer auch Bedingungen individueller Freiheit oder Abhängigkeit des Rechts und seiner Durchsetzbarkeit sind. Damit rührt die Ausgestaltung des Eigentumsrechts an der rechtlichen Grundordnung eines Gemeinwesens; keine Verfassung kommt um eine Stellungnahme zum Eigentum herum.

Die **österreichische Verfassung** bekennt sich zum Privateigentum. Art. 5 StGG 1867, „Das Eigentum ist unverletzlich", garantiert den Bestand des Rechtsinstituts und schützt den einzelnen Eigentümer vor Eingriffen in seine Rechtsposition. „Eine Enteignung gegen den Willen des Eigentümers kann nur in den Fällen und in der Art eintreten, welche das Gesetz bestimmt." Voraussetzungen hiefür sind ein höherwertiges öffentliches Interesse und angemessene Schadloshaltung.

2. Eigentumsbegriff im historischen Wandel

Lit.: *H. Eichler*, Wandlungen des Eigentumsbegriffes in der deutschen Rechtsauffassung und Gesetzgebung, 1938; *U. Floßmann*, Eigentumsbegriff und Bodenordnung im historischen Wandel, 1976, 31 ff.; *U. Floßmann*, Der Eigentumsschutz im sozialen Rechtsstaat, 1979; *H.-R. Hagemann*, Eigentum, HRG I, Sp. 882 ff., ²I, Sp. 1271 ff.; *J. W. Hedemann*, Die Fortschritte des Zivilrechts im XIX. Jahrhundert II/1, 1930; *P. C. Klemm*, Eigentum und Eigentumsbeschränkungen in der Doktrin des usus modernus pandectarum, 1984; *G. Köbler*, Eigen und Eigentum, ZRG GA 1978, 1 ff.; *G. Kocher*; Höchstgerichtsbarkeit und Privatrechtskodifikation, 1979, 130 ff.; *Th. Mayer-Maly*, Das Eigentumsverständnis der Gegenwart und die Rechtsgeschichte, FS H. Hübner, 1984, 145 ff.; *Th. Mayer-Maly*, Eigentum und Verfügungsrechte in der neueren deutschen Rechtsgeschichte. Ansprüche, Eigentums- und Verfügungsrechte, Schriften des Vereins für Socialpolitik, hg. v. *M. Neumann*, 1984, 25 ff.; A. *Menger*, Das Bürgerliche Recht und die besitzlosen Volksklassen, ⁴1908; *W. Ogris*, Übereignung, HRG V, Sp. 399 ff.; *E. Pagenstecher*, Die römische Lehre vom Eigentum in ihrer modernen Anwendbarkeit, 1857; *J. W. Pichler*, Die ältere ländliche Salzburger Eigentumsordnung, 1979; *A. Randa*, Das Eigenthumsrecht nach österreichischem Rechte mit Berücksichtigung des gemeinen Rechtes und der neueren Gesetzbücher, 1. Hälfte, ²1893; *K. Renner*, Die Rechtsinstitute des Privatrechts und ihre soziale Funktion, 1929; *L. Raiser*, Das Eigentum als Rechtsbegriff in den Rechten West- und Osteuropas, Rabels Zeitschrift für ausländisches und internationales Privatrecht 26, 1961, 230 ff.; *E. Swoboda*, Die Neugestaltung der Grundbegriffe unseres bürgerlichen Rechts, 1929; *A. Tautscher*, Der Wandel im Eigentumsrecht, FS W. Wilburg, 1965, 205 ff.; *F. Wieacker*, Das Sozialmodell der klassischen Privatrechtsgesetzbücher und die Entwicklung der modernen Gesellschaft, 1953; *F. Wieacker*, Wandlungen der Eigentumsverfassung, 1935; *D. Willoweit*, Dominium und Proprietas. Zur Entwicklung des Eigentumsbegriffs in der mittelalterlichen und neuzeitlichen Rechtswissenschaft, Histor. Jb. d. Görres-Ges. 94/1974, 131 ff.; *B. Windscheid/Th. Kipp*, Lehrbuch des Pandektenrechts I, ⁹1963, 856 ff.; *F. v. Zeiller*, Commentar über das allgemeine bürgerliche Gesetzbuch II/1, 1812.

a) Älteres Recht

Zwei besondere Merkmale prägten die Eigentumsordnung des MA. Das eine liegt in der durchgehenden Unterscheidung des Fahrniseigentums von den vielgestaltigen Nutzungsrechten an Grund und Boden; das andere in der starken Sozialbindung des Bodeneigentums. Das ältere Recht hatte daher keinen einheitlichen, scharf abgegrenzten Eigentumsbegriff.

Als *Eigen* bezeichnete die ma. Rechtssprache sowohl den einer Person dinglich zugeordneten Gegenstand als auch das konkrete dingliche Recht. Erst seit dem 13. Jh. bildeten sich für das Recht an der Sache abstrakte Begriffe wie „Eigenschaft" und „Eigentum" (gebräuchlich erst im 14. Jh.) aus. Der Begriff *Eigen* stand daher bis ins hohe MA. für jede, auch die partielle dingliche Herrschafts- oder Nutzungsbefugnis. Die Sachherrschaft an einem Gegenstand konnte auf eine Mehrheit unterschiedlich berechtigter „Eigentümer" aufgeteilt sein[444].

Die tatsächliche Vielfalt der Sach- (insbes. Boden-) Nutzung ließ ebenso viele Rechtsbegriffe entstehen und verschloss sich einer abstrakten, vom jeweiligen Nutzungsobjekt losgelösten Bestimmung des Eigentumsrechts **(funktionales Eigentumsverständnis)**. Während sich das Fahrniseigentum wenigstens an der Vorstellung einer umfassenden Verfügungsmacht des Inhabers orientieren konnte, nahm das Bodeneigentum alle Möglichkeiten einer sich wandelnden und unterschiedlich intensiven Bodennutzung in sich auf. Die Bodenherrschaft konnte mehreren Berechtigten in Über-, Unter- oder Nebenordnung zustehen. Geteiltes, befristetes, anwartschaftliches Eigentum als Formen eines **Mindereigentums** erhöhten die funktionelle Spaltbarkeit des Grundeigentums, da sie unter demselben Nutzbesitzschutz standen, wie das **volle Eigentumsrecht**.

Charakteristisch für das ma. Bodeneigentum ist daneben die **Fülle sozialer Pflichtbindungen** des Eigentümers. Sie lassen vermuten, dass ursprünglich der gesamte nutzbare Boden in gemeinschaftlichem Eigentum stand. Auch später hatte der einzelne Eigentümer keine absolute Herrschaftsgewalt über seine Sachen, sondern war in mannigfacher Weise durch Pflichten gegenüber seiner Familie, seinen Nachbarn, der Genossenschaft oder der Allgemeinheit gebunden. Die ma. Bodenrechtsordnung offenbart sich daher in einer „Doppelgestalt von Gemeinschaftseigentum und Sondereigentum".

b) Gemeines Recht

Die altrömische Rechtsordnung kannte zwar das funktionale Eigentum, doch wurde in der besonderen Machtfülle des Eigentümers sehr bald ein Ansatzpunkt zur Abstraktion des Eigentums aus der Vielfalt dinglicher Berechtigungen erkannt. Der Gegensatz zwischen den umfassenden Eigentümerbefugnissen und den iura in re aliena, die erst durch das Eigentum hindurch Zugang zur Sachnutzung verschafften, ließ das Eigentum zum Inbegriff des **Vollrechts** werden. Die dem römischen Recht eigene begriffliche Schärfe tat

444 Zum Bedeutungsgehalt der aus dem spätröm. Recht übernommenen Begriffe *dominium* und *proprietas* in früh- und hochma. Quellen, die überwiegend in lat. Sprache gehalten waren, *H.-R. Hagemann*, Eigentum, HRG ^{2}I, Sp. 1272 f.

ein Übriges, dass das Eigentumsrecht nur mehr durch die ausschließliche Zugehörigkeit einer körperlichen Sache zu einer Person bestimmt wurde, ohne auf die jeweilige Beschaffenheit der Sache zu achten. Wichtiger war, dass nur eine Person, der Eigentümer, den Herrschafts- und Ausschließlichkeitsanspruch verwirklichen konnte (rei vindicatio; actio negatoria).

Dieser absolute, abstrakte, den übrigen beschränkt dinglichen Rechten wesensfremde Eigentumsbegriff wurde in seinen Grundzügen von der gemeinrechtlichen Theorie übernommen. *„Dominium est ius de re corporali perfecte disponendi, nisi lex prohibeat"*, lautet die Definition von *Bartolus*, die als Maßstab an die Eigentumsordnung des heimischen Partikularrechts angelegt wurde, aber eines weitgehenden Anpassungsprozesses bedurfte, um den vielgestaltigen Organisationsformen des Bodenrechts nutzbar gemacht werden zu können.

Vor allem die Erscheinungsformen der mehrfachen Gewere verschlossen sich der gemeinrechtlichen Eigentumsauffassung. Es bedurfte der Konstruktion eines *„geteilten"* Eigentums, um der ma. Vorstellung eines mehrgestaltigen Eigentums gerecht zu werden. Weiterhin gewahrt blieben auf diese Weise die grundsätzliche Trennung von Liegenschafts- und Fahrniseigentum, die Anerkennung weitreichender sozialer Bindungen des Eigentums, die Fülle dinglicher Rechte neben dem Eigentum und vor allem die Erweiterung des Eigentumsbegriffes auf Rechte.

Das gemeinrechtliche Eigentumsverständnis wirkte zwar nachhaltig auf die neuzeitliche Sachenrechtsordnung ein, wo es etwa um die Herauslösung des Bodeneigentums aus seinen öffentlichrechtlichen Funktionen (Abbau der Feudal-Patrimonialordnungen) ging, blieb aber insgesamt an der Oberfläche, weil es die tiefeingewurzelten lehnsrechtlichen, grundherrlichen und familienrechtlichen Bindungen des Grundeigentums nicht beseitigen konnte.

c) Naturrechtliche Eigentumsauffassung

Die gemeinrechtliche Eigentumsauffassung von der ausschließlichen Zuordnung umfassender Verfügungsmacht an eine Person kam dem Individualismus des Naturrechts entgegen. **Freies Privateigentum** sollte nicht nur Existenzbedürfnisse befriedigen, sondern auch die freie Persönlichkeitsentfaltung des einzelnen fördern. Man erklärte es zum **natürlichen** und **unveräußerlichen Menschenrecht**, das bestimmt war, die in Abhängigkeitsverhältnissen erstarrte Bodenordnung aufzubrechen. Jeder Bürger sollte Zugang zum vollen Eigentum an Grund und Boden haben.

Das Recht auf *freien Eigentumsgebrauch* gehörte deshalb ebenso zum Gedankengut der naturrechtlichen Freiheitsbewegung wie die *Freizügigkeit des Grundverkehrs.*

Der naturrechtliche Eigentumsbegriff verlieh dieser Freiheitsidee dadurch Ausdruck, dass dem Eigentümer das Recht zugestanden wurde, „mit der Substanz und mit den Nutzungen der Sache nach Willkür zu schalten oder zu erklären, was er wolle, dass mit derselben geschehen oder nicht geschehen solle"[445]. Um ihm erhöhte Bestandsgarantie zu geben, sollte es im System der Privatrechte festgeschrieben und im Katalog der Grundrechte verankert werden.

Am Beginn dieser Entwicklung stand die „Erklärung der Menschen- und Bürgerrechte" durch die verfassunggebende Nationalversammlung in Frankreich des Jahres 1789. Sie zählte das Eigentum ausdrücklich zu den natürlichen und unveräußerlichen Rechten des Menschen und stattete es mit denselben Verfassungsgarantien aus wie die Rechte auf Freiheit und Sicherheit. Freiheit des Eigentums bedeutete aber in der naturrechtlichen Doktrin keineswegs eine Absage an Belange des öffentlichen Wohls oder an die Rechte Dritter[446].

d) Liberale Eigentumsauffassung

Die Zivilrechtswissenschaft des 19. Jhs. (Pandektenwissenschaft) befreite das Eigentum von allen „unjuristischen" Sozialbindungen, worunter sie auch Beschränkungen des öffentlichen Rechts verstand. Sie definierte das Eigentum als **Fülle des Rechts an einer Sache** und lieferte damit das theoretische Fundament für die bürgerlich-liberale Eigentumsverfassung, von der man sich erhoffte, dass sie einen Rückfall in die alten Bindungen verhindern werde. Ein Nutzeffekt des wissenschaftlich abgeklärten, reinen Eigentumsverständnisses war es, dass es die Rechtsanwendung vereinfachte. Sozialbindungen des Eigentums wurden nicht geleugnet („... es verträgt Beschränkungen"), doch sollten sie aus dem systematischen Rechtsbegriff herausgehalten werden[447].

e) Soziale Eigentumsauffassung

Seit der Mitte des 19. Jhs. zeigte sich, dass eine funktionierende Bodenordnung allein durch die Liberalisierung des Eigentums nicht zu verwirklichen war. Zudem sah sich die bürgerliche Eigentumsverfassung mit den großen Umwälzungen der industriellen Revolution konfrontiert. Das sog. *kapitalistische Eigentum* wurde erneut zu einem Faktor der Macht über Menschen. Die „Krise des Eigentums" führte zur Rückbesinnung auf Werte des Gemeinschaftsbewusstseins, auf die „deutschrechtliche" Anschauung[448], dass das Pri-

---

445 *K. A. v. Martini*, Lehrbegriff des Naturrechts, 1799, Neudr. 1970, 161.

446 Vgl. § 364 a. F. ABGB. Dass die auch dem naturrechtlichen Denken vertraute Beschränkbarkeit des individuellen Eigentümerbeliebens keine entsprechende dogmatische Ausprägung gefunden hat, ist durch den logischen Rationalismus des jüngeren Vernunftrechts zu erklären. Bei der lückenlosen Deduktion aller Naturrechtssätze von den obersten Axiomen bis zum geringsten Detail blieben alle induktiven Elemente ausgesperrt.

447 Zum Einbruch des Öffentlichen in das Privatrecht, dem modernen liberalen Eigentumsverständnis sowie der abermaligen Dekonstruktion von Privateigentum vgl. *M. Auer*, Der privatrechtliche Diskurs der Moderne, 2014.

448 Die Herleitung der These einer generell sozial geprägten „germanischen" Bodenordnung durch den germanistischen Zweig der Historischen Rechtsschule (insbes. durch

vateigentum wesenhafte Sozialbindungen in sich trage (**„Eigentum verpflichtet“**). Vor allem die öffentlichrechtliche Reglementierung der Bodenordnung ließ neues funktionales Eigentum entstehen.

Zu einer krassen Verzerrung der sozialen Eigentumsauffassung kam es in der Periode des Nationalsozialismus. Die sozialen Bindungen des Eigentümers wurden aus der Sicht der NS-Gemeinschaftsideologie („Gemeinnutz geht vor Eigennutz“, „Du bist nichts, dein Volk ist alles“) neu definiert. Das Eigentumsrecht sollte auf der Anerkennung der Rechtsperson durch die Gemeinschaft und in der Gemeinschaft beruhen und den Eigentümer zu bestimmten Aufgaben in der Volksgemeinschaft verpflichten. Der Eigentümer erschien als eine Art Treuhänder der ihm anvertrauten Sachgüter; er hatte sich im Einklang mit den Belangen der nationalen Arbeits- und Wirtschaftsordnung durch „sachgerechten“ und förderlichen Einsatz zu bewähren[449].

Diese Eigentumsauffassung floss mit einem der „großen Leitgesetze“[450] des Nationalsozialismus, dem Reichserbhofgesetz vom 29.9.1933[451], in den Normenbestand ein und führte zu drastischen Beschränkungen des bäuerlichen Eigentümers. Nach den wirtschafts-, bevölkerungs- und rassepolitischen Zielsetzungen dieses Gesetzes durfte Bauer nur sein, wer deutscher Staatsbürger, deutschen oder stammesgleichen Blutes und ehrbar war. Darüber hinaus konnten Erbhöfe grundsätzlich nicht veräußert oder belastet werden; der Bauer durfte über sie selbst von Todes wegen oder durch Übergabsvertrag nur zugunsten eines Anerbenberechtigten, dessen Auswahl ihm in der Regel nicht frei stand, verfügen. Außerdem bestand die Möglichkeit, dem Bauern bei mangelnder Ehrbarkeit das Eigentum oder die Wirtschaftsführung zu entziehen[452]. Besonders schlecht war die Rechtsstellung der Frauen, da eine einheiratende Gattin beim Erbhof nicht „mitangeschrieben“ werden konnte, Witwen nicht anerbenberechtigt waren und Töchter sowie andere weibliche Verwandte erst nach den männlichen Deszendenten, dem Vater und den Brüdern des Erblassers, als Anerben in Betracht kamen[453]. Mit diesem neuen Typus des Liegenschaftseigentums sollte der Dualismus

Otto von Gierke) wird heute mangels ausreichender Quellen in Frage gestellt (*H.-R. Hagemann*, Eigentum, HRG [2]I, Sp. 1276).

449 Zur interpretativen und gesetzgeberischen Umbildung des Eigentumsrechts nach 1933 s. *W. Weber/F. Wieacker*, Eigentum und Enteignung, 1935; *F. Wieacker*, Wandlungen der Eigentumsverfassung, 1935. Dazu auch *K. Kroeschell*, Die nationalsozialistische Eigentumslehre, in Rechtsgeschichte im Nationalsozialismus, hg. v. *M. Stolleis/D. Simon*, 1989, 43 ff.; *B. Rüthers*, Die unbegrenzte Auslegung, Zum Wandel der Privatrechtsordnung im Nationalsozialismus, [8]2017, 351 ff.; *J. Weitzel*, Sonderprivatrecht und konkretes Ordnungsdenken: Reichserbhofrecht und allgemeines Privatrecht 1933–1945, ZNR 1992, 55 ff.

450 *F. Wieacker*, Eigentum und Eigen, Deutsches Recht 1935, 496 ff., 498.

451 DRGBl. I, 685. Das Reichserbhofgesetz wurde durch Verordnung vom 27.7.1938, DRGBl. I, 935 im Land Österreich eingeführt.

452 S. dazu *K. Kroeschell*, Die nationalsozialistische Eigentumslehre, in Rechtsgeschichte im Nationalsozialismus, hg. v. *M. Stolleis/D. Simon*, 1989, 51f.

453 Die heftige Kritik der Bauern am Reichserbhofgesetz, insbesondere an der ungünstigen erbrechtlichen Stellung der Töchter und Witwen, führte 1943 zur Erbhoffortbildungsverordnung (DRGBl. I, 549), die eine Verbesserung der Rechtsstellung der Frauen brachte. Dazu *H. Hofmeister*, Privatrechtsgesetzgebung in Österreich im Nationalsozialismus, in Nationalsozialismus und Recht, Rechtssetzung und Rechtswissenschaft in Österreich unter der Herrschaft des Nationalsozialismus, hg. v. *U. Davy/H. Fuchs/H. Hofmeister/J. Marte/I. Reiter*, 1990, 146 ff.

von privatem Grundstücksrecht und öffentlichem Bodenrecht überwunden und zu einem einheitlichen System der Rechte an Grund und Boden zurückgekehrt werden[454].

3. Eigentumsbeschränkungen

Lit.: *Ch. Becker*, Näherrecht, HRG ²III, Sp. 1753 ff.; *H. Hattenhauer*, Die Entdeckung der Verfügungsmacht, 1969; *K. Koehler/E. Heinemann*, Das Erlöschen der Familienfideikommisse und sonstigen gebundenen Vermögens, 1940; *G. Kocher*, Höchstgerichtsbarkeit und Privatrechtskodifikation, 1979, 130 ff.; *P. Liver*, Gesetzliche Eigentumsbeschränkungen und Dienstbarkeiten in der Gesetzgebung und Lehre Frankreichs, Deutschlands, der Schweiz und Italiens, FS M. Gutzwiller, 1977, 749 ff.; *K. Luig*, Überfall, Überhang, HRG V, Sp. 404 ff.; *J. Ofner*, Der soziale Charakter des allgemeinen bürgerlichen Gesetzbuches, FS ABGB I, 1911, 441 ff.; *R. Ogorek*, Actio negatoria und industrielle Beeinträchtigung des Grundeigentums, Wissenschaft und Kodifikation des Privatrechts im 19. Jahrhundert IV, 1979, 40 ff.; *W. Ogris*, Nachbarrechte, HRG III, Sp. 815 ff; *Ch. Schmetterer*, Nachbarrecht, HRG ²III, Sp. 1739 ff.

Rechtliche Konturen erhält das Eigentum durch seine **(gesetzlichen) Beschränkungen**. Sie sind nur zum Teil dem Privatrecht zuzuordnen, weil sich politische Machtstrukturen in der Eigentumsordnung verfestigten. Während sich das Fahrniseigentum in privatrechtliche Kategorien fassen lässt, wurden (und werden) die Befugnisse des Liegenschaftseigentümers weitgehend vom öffentlichen Recht bestimmt[455]. Für die Vergangenheit sind die öffentliche und private Ordnung des Liegenschaftseigentums schwer zu trennen; heute sind im Privatrecht nur mehr die nachbarrechtlichen Eigentumsbeschränkungen geregelt.

Daneben gibt es **gewillkürte Eigentumsbeschränkungen**, vor allem jene beschränkt dinglichen Rechte, die unter den Erscheinungsformen des Sachenrechts gesondert behandelt werden. Praktische Bedeutung kommt sonst nur noch den Veräußerungs- und Belastungsverboten zu.

a) Verbands- und Herrschaftsrechte

Das reichste Bild rechtlicher Schranken erlaubten Sachgebrauchs an Grund und Boden bietet das MA. Er war als gemeinsame Lebensgrundlage der Rechtsgenossen nicht frei verfügbar. Die **Bindung** an die Hausgemeinschaft äußerte sich etwa im dinglich wirkenden **Wartrecht** der Erben, ohne deren Einwilligung *(Erbenlaub)* der Erblasser (Muntwalt) über Liegenschaften nicht verfügen konnte. Mitwirkungsrechte bei Verfügungsgeschäften über Grund und Boden hatte aber auch der nachbarschaftliche Verband **(ma. Nachbarrechte)**. **Losungs-**, **Retrakt-** und **Näherrechte** der Mitglieder von Gemeinderschaften und Genossenschaften gaben der Vorstellung einer einzelpersönlichen Verfügungsmacht wenig Raum. Zahlreiche Eigentumsbe-

454 Vgl. dazu *H. Hofmeister*, Liegenschaftsrecht, HRG II, Sp. 2019 ff; *A. Thier*, Liegenschaftsrecht, HRG ²III, Sp. 985 ff.

455 Das deutsche Liegenschaftseigentum nahm ungeschieden Bindungen des privaten und des öffentlichen Rechts in sich auf. Im Institut der *Regalität* kommt dies besonders deutlich zum Ausdruck, da Regalien als nutzbare Rechte kraft öffentlichen Rechts ausschließlich dem Staat zustanden, ihr Inhalt aber als privatrechtliche Befugnis galt.

schränkungen ergaben sich schließlich noch aus den vielgestaltigen **Leiheverhältnissen** sowie den familiengebundenen **Stammgütern** und **Fideikommissen**, die der Teilbarkeit der Eigentümerbefugnisse Ausdruck verliehen und in den einzelnen Rechtskreisen verschiedenste Formen eines abgestuften Eigentums entstehen ließen.

Erste Ansätze, das alte „Eigen" in ein freies Liegenschaftseigentum zu verwandeln, zeigten sich in den Städten. Ihre frühkapitalistische Wirtschaftsverfassung hatte bald die typischen Eigentumsbindungen anderer Rechtskreise abgestreift und bereitete das System einer ausschließlichen Sachzuordnung auch im Bodenrecht vor (ma. städtische Grundentlastung; freie Verfügbarkeit über Kaufgut). Diese Entwicklung griff aber nicht auf das flache Land über. Der Gegensatz zwischen der (gebundenen) ländlichen Besitz- und Eigentumsordnung und der (freien) städtischen Eigentumsordnung wurde erst seit dem 18. Jh. durch die Bauernbefreiungsbewegung beseitigt. Die **Befreiung des Eigentums** aus seinen traditionellen Beschränkungen wurde damit zur politischen Angelegenheit. Der Kampf gegen die ständisch-feudale Bodenordnung wurde dabei an mehreren Fronten ausgetragen: grundherrliches Obereigentum, Familienstammgüter, Fideikommisse und die Lehnsoberhoheit sollten einem prinzipiell unbeschränkten Recht des (Unter-)Eigentümers weichen. Verwirklicht wurde das Ziel durch die „politische Gesetzgebung" des 19. Jhs. Die neue Eigentumsordnung wurde auch dem Schutz der Verfassung unterstellt[456].

Im Mittelpunkt der Reformgesetzgebung stand die *bäuerliche Grundentlastung* durch das Patent vom 7. September 1848 (dazu unten). „Grund und Boden ist zu entlasten" richtete sich aber auch gegen die feudalen Besitzgarantien. Das Gesetz vom 17. Dezember 1862 (RGBl. Nr. 103), ordnete die Auflösung des Lehnsbandes gegen Entschädigung an und untersagte die Errichtung neuer Lehn. Die gänzliche *Aufhebung des Lehnsrechts* erfolgte dann in den Jahren 1867–1869, und zwar nunmehr unter Berufung auf Art. 7 des StGG über die allgemeinen Rechte der Staatsbürger: „Jeder Untertänigkeits- und Hörigkeitsverband ist für immer aufgehoben. Jede aus dem Titel des geteilten Eigentums auf Liegenschaften haftende Schuldigkeit oder Leistung ist ablösbar, und es darf in Zukunft keine Liegenschaft mit einer derartigen unablösbaren Leistung belastet werden." Die *Familiengüter* (Stammgüter und Familienfideikommisse), in denen sich die adeligen Vorrechte verdinglichten, wurden schrittweise beseitigt. Die Redaktoren des ABGB bekannten sich noch zum Institut des Fideikommisses und gaben ihm die Rechtsform des geteilten Eigentums. Die bestehenden Fideikommisse sollten nicht angetastet, aber für die Zukunft auch „in keiner Art erweitert" werden[457]. Während des ganzen 19. Jhs. stand das Rechtsinstitut im Widerstreit der Meinungen. Die Gesetzgebung des 20. Jhs. beseitigte schließlich mit Wirkung vom 1. Jänner 1939 alle noch bestehenden Familienfideikommisse und alle Anwartschafts- und Anfallsrechte ohne gesetzlichen Entschädigungsanspruch[458].

---

456 Art. 5, 6, 7 StGG über die allgemeinen Rechte der Staatsbürger von 1867.

457 Debatte vom 4. Dezember 1809. Jede Neuerrichtung bedurfte der Einwilligung des Gesetzgebers.

458 Gesetz über das Erlöschen der Familienfideikommisse und sonstiger Vermögen vom 6.7.1938, DRGBl. I, 825.

b) Nachbarrechte

Das Nachbarrecht umfasst jene Normen, die zwischen den konkurrierenden Nutzungsbefugnissen der Eigentümer benachbarter Grundstücke vermitteln sollen. Sie beschränken das Grundeigentum durch Duldungs- und Unterlassungspflichten (daher spricht man auch von *Legalservituten*), erweitern und sichern aber im Gegenzug auch die Nutzungsbefugnisse.

Nachbarrechtliche Bestimmungen wurden im MA. besonders seit dem Zerfall markgenossenschaftlicher Organisationsformen notwendig. Es kam zu einer Vielzahl von Eigentumsbeschränkungen, etwa dem Flurzwang, dem Trittrecht[459], Notwegerecht usw. Diese **Vielfalt nachbarrechtlicher Sonderbestimmungen** überstand alle Systematisierungsversuche der Rezeptionsjuristen, die aus einzelnen nachbarlichen Gerechtigkeiten des römischen Rechts den Typus der Legalservitut zu formen versuchten. Im ABGB wurden letztlich nur einige der wichtigsten Nachbarrechte, teils in Anlehnung an romanistische Vorbilder, teils einheimischen Rechtsgewohnheiten folgend, geregelt.

Hervorzuheben sind das Recht, zur Erreichung eines öffentlichen Weges fremden Grund und Boden zu betreten oder zu befahren; das Recht, vom Nachbargrundstück herüberhängende Äste, Zweige und Wurzeln zu beseitigen; das Recht, das Nachbargrundstück zu betreten, um Reparaturen am eigenen Bauwerk vorzunehmen; das Recht, sowohl streitige, als auch unstreitige Grenzen zu markieren; weiters die aus dem römisch-gemeinen Recht stammenden Bestimmungen, das eigene Grundstück nicht so zu vertiefen, dass das Nachbargrundstück seinen Halt und seine Stütze verliert; die Befugnis, vom Einsturz eines Gebäudes auf dem Nachbargrundstück drohenden Schaden abzuwehren oder entsprechende Sicherstellung zu verlangen; und das Recht, die Bauführung des Nachbarn vorläufig zu untersagen, wenn durch diese der eigene Besitz gefährdet wird.

In der Gegenwart sind viele der alten nachbarrechtlichen Institute durch Sondergesetze (insbes. Bauordnungen), Grundregulierungen, Grenzberichtigungen usw. bedeutungslos geworden. Dagegen hat die Industrialisierung eine Fülle von neuen Problemen der **Immissionsabwehr** aufgeworfen. Da sich der gewerberechtliche Schutz als unzulänglich erwies, brauchte man privatrechtliche Normen, um die von einem Grundstück ausgehenden mittelbaren physischen Einwirkungen durch unwägbare Stoffe (z. B. Rauch, Gas, Ruß, Dampf, Geruch) oder Wellen (Schall, Licht, Erschütterungen, Strahlen) untersagen zu können. Erste Ansätze einer Lösung fand die Privatrechtswissenschaft im römischen Recht, das jedem Eigentümer die Beeinträchtigung fremder Rechte untersagte, die Abwehrbefugnisse des Verletzten allerdings auf Eingriffe von einiger Erheblichkeit beschränkte. Das Rechtsmittel war die **Unterlassungsklage**. Seit dem 19. Jh. wurde sie mehr und mehr zu einem auf Geld gerichteten Ausgleichsanspruch. Die *III TN* (§§ 11, 12) aus dem Jahr 1916 übernahm diesen Grundgedanken (§ 364 Abs. 2, 364a ABGB).

459 *W. Ogris*, Anwenderecht, HRG ²I, Sp. 264 f.

Der Grundstückseigentümer hat die von einem Nachbargrundstück ausgehenden Immissionen dann zu dulden, wenn sie die Benützung des Grundstückes nur unwesentlich beeinträchtigen. Übersteigen die Immissionen das ortsübliche Maß und ist die ortsübliche Benutzung des Grundstücks wesentlich beeinträchtigt, kann der Eigentümer grundsätzlich Unterlassung begehren, die behördliche Genehmigung einer umweltbeeinträchtigenden Anlage wirkt jedoch wie eine Enteignung. Dem betroffenen Grundeigentümer steht nur mehr ein Anspruch auf Entschädigung zu. Die unmittelbare Zuleitung von Schadstoffen ist immer unzulässig.

Durch das Zivilrechts-Änderungsgesetz 2004[460] wird dem Eigentümer eines Grundstücks die Möglichkeit eingeräumt, einem Nachbarn die von dessen Bäumen oder anderen Pflanzen ausgehenden Einwirkungen zu untersagen, wenn sie das nach den örtlichen Verhältnissen gewöhnliche Maß überschreiten und zu einer unzumutbaren Beeinträchtigung des Grundstücks führen (§ 364 Abs. 3 ABGB). Streitigkeiten wegen dieses „Rechts auf Licht und Luft“ werden primär auf den außergerichtlichen Weg verwiesen. Die Anrufung der Gerichte steht nur dann offen, wenn nicht binnen drei Monaten eine gütliche Einigung herbeigeführt werden kann.

c) Veräußerungs- und Belastungsverbot

Dinglich wirkende Veräußerungsbeschränkungen i.w.S., die auch der Einräumung eines beschränkt dinglichen Rechts an einzelnen Sachen oder ganzen Vermögensmassen entgegenstanden, waren dem **älteren Recht** selbstverständlich. Sie entstammten dem Gewohnheitsrecht, wurden aber in großer Zahl auch rechtsgeschäftlich begründet, um die Vermögens- und Rechtskontinuität innerhalb einer Gemeinschaft zu wahren. Das *neuzeitliche Recht* behielt sie vorerst bei. Erst die naturrechtliche Forderung nach **Freiheit des Eigentumserwerbs** baute im Zuge der Kodifikationsarbeiten die gesetzlichen Veräußerungsverbote – von wenigen Ausnahmen abgesehen – ab und legte den freiwilligen Veräußerungsverboten die Annahme zugrunde, dass der Privatwille *an sich* nicht die Kraft haben könne, einer Sache den Stempel der Unveräußerlichkeit aufzudrücken. Ausnahmsweise wurden gewillkürte Verbote in den engen gesetzlichen Schranken der Nacherbschaft (fideikommissarischen Substitution, §§ 608, 610–613 ABGB) anerkannt; vertragsmäßig begründete Verbote sollten nur schuldrechtliche Wirkung haben und nicht durch Eintragung im Grundbuch verdinglicht werden können[461]. Diese starke Einengung gewillkürter Veräußerungs- und Belastungsverbote stand praktischen Bedürfnissen entgegen und wurde im 19. Jh. mit dem Hinweis auf die „volksthümliche Anschauung“ scharf kritisiert. Die Spruchpraxis ließ die Verbücherung derartiger Verbote in weitem Umfang zu und bewog schließlich den Gesetzgeber zu einer vorsichtigen Kehrtwendung: Wo ein Veräußerungs- und Belastungsverbot schutzwürdigen Interessen diente, sollte es mit dinglicher Wirkung begründet werden können, allerdings nicht auf unbe-

460 BG vom 28.1.2003, BGBl. I 91 (Zivilrechts-Änderungsgesetz 2004 – ZivRÄG 2004), in Kraft getreten mit 1.7.2004.

461 Noch § 9 Allg. GBG 1871 zählt Veräußerungs- und Belastungsverbote nicht unter den eintragungsfähigen Rechten auf.

schränkte Zeit[462]. Die *III TN* fasste dieses Anliegen in § 364c zusammen: Ein vertragsmäßiges oder letztwilliges Veräußerungs- und Belastungsverbot verpflichtet nur den ersten Eigentümer, nicht aber seine Erben oder sonstigen Rechtsnachfolger. Gegen Dritte wirkt es dann, wenn es zwischen Ehegatten, eingetragenen Partnern, Eltern und Kindern, Wahl- oder Pflegekindern, Stiefkindern oder deren Ehegatten bzw. eingetragenen Partnern begründet und im öffentlichen Buch eingetragen wurde.

4. Eigentumsarten

Der Artenreichtum des Eigentumsrechts charakterisiert geradezu das ältere Eigentumsverständnis (s. Eigentumsbegriff). Das gemeine Recht und ihm folgend das ABGB unternahmen den Versuch, alle Erscheinungsformen des Eigentums in einen Begriff zu fassen. Einige Einzelbestimmungen zeigen, dass dennoch verschiedene Spielarten des Eigentums erhalten geblieben sind: So ist im Anschluss an die Grundsatzerklärung nur mehr von körperlichen Sachen die Rede, und auch hier wird ein rechtswirksamer Unterschied gemacht, wenn Sonderprobleme des Bodeneigentums zu bewältigen sind (s. Eigentumserwerb, Eigentumsbeschränkungen). Das gemeinschaftliche Eigentum, das Treuhandeigentum und die im ABGB noch umfassend normierte historische Erscheinungsform des geteilten Eigentums sind weitere Belege für eine differenzierte Eigentumsauffassung.

a) Gemeinschaftliches Eigentum

Lit.: *G. Buchda*, Gesamthand, gesamte Hand, HRG I, Sp. 1587 ff.; *W. Bungenslock*, Anwachsung, HRG I, Sp. 181 f.; *O. v. Gierke*, Das deutsche Genossenschaftsrecht II, 1873, Nachdr. 1954, 923 ff.; *O. v. Gierke*, Die Genossenschaftstheorie und die deutsche Rechtsprechung, 1887, 339 ff.; *D. Heirbaut*, Mutschierung, HRG ²III, Sp. 1723 f.; *S. Lepsius*, Gesamthand, gesamte Hand, HRG ²II, Sp. 264 ff.; *W. Ogris*, Gemeinderschaft, HRG I, Sp. 1496 ff., ²II, Sp. 54 f.; *P. Putzer*, Totteilung, HRG V, Sp. 284 f.; *A. Randa*, Das Eigenthumsrecht, 1. Hälfte, ²1893.

aa) Älteres Recht

Anknüpfungspunkt für zahlreiche Formen gemeinschaftlichen Eigentums war die Hausgemeinschaft. Familiengemeinschaften in Gestalt von Brüdergemeinschaften, bäuerlichen Gemeinderschaften, ritterlichen Ganerbschaften, ehelichen Gütergemeinschaften und spätma. Handelsgesellschaften sind uns als **Gesamthandgemeinschaften** überliefert. Die Gemeinder konnten Verfügungen über das Gemeinschaftsgut nur mit *gesamter Hand*, d. h. alle zusammen, vornehmen. Dem einzelnen stand eine Disposition über seinen Teil bzw. seine Teilhaberschaft nicht zu. Schied er durch Tod aus, kam es zur *Akkres-*

462 *A. Randa*, Das Eigenthumsrecht nach österreichischem Rechte mit Berücksichtigung des gemeinen Rechtes und der neueren Gesetzbücher, 1. Hälfte, ²1893, 197 f.

zenz (Anwachsung) seines Anteils an die anderen Gesamthänder, jedenfalls dann, wenn er keine Kinder hinterließ.

Die Gesamthandgemeinschaften eigneten sich nur für kleinere Personenverbände. Sie beruhten auf der Vorstellung, dass in einem *gemeinsamen Haushalt* auf gemeinsamen Gedeih und Verderb gewirtschaftet wird (daher Vermögen, Mitgläubigerschaft und Mitschuldnerschaft zur gesamten Hand). Abschwächungs- und Verformungstendenzen des Gesamthandprinzips zeigten sich im MA. überall dort, wo die häusliche Gemeinschaft aufgegeben war (Kaufmannsgesellschaften) oder nicht im Vordergrund stand (Erbengemeinschaften). Dort und in mitgliederstärkeren Verbänden, die eine praktikablere Organisationsform brauchten, ging man zur größeren Dispositionsfreiheit des einzelnen Gemeinschaftsmitglieds über. Das **spätma. Miteigentum** befand sich daher in einer formenreichen Übergangsphase.

Im Innenverhältnis sind die Teilung von Verwaltung und Nutzung des Gesamtgutes (Mutschierung), gelegentlich sogar die Teilung der Substanz (Totteilung, Watschar) ebenso belegt wie Ansätze zu korporativen Organisationsformen nach außen. Die einzelnen Gesellschafter gewannen schrittweise an Selbständigkeit, sodass schließlich jeder allein die Gesellschaft vertreten konnte (so in der Offenen Handelsgesellschaft). Eigentumsgemeinschaften bahnten sich an, bei denen der einzelne über seinen Anteil durch Verkauf, Belastung usw. selbständig, wenn auch eingeschränkt durch Näherrechte der anderen, verfügen konnte. Mancherorts kannte man sogar ein Miteigentum mit frei verfügbaren Anteilen (Miteigentum nach Quoten). Neue Formen genossenschaftlichen Miteigentums, die zwar an der gesamthändigen Verfügung über das gemeinschaftliche Gut festhielten, aber den einzelnen Genossen Sondernutzungsrechte zugestanden, sind reich belegt. Bei der ehelichen Gütergemeinschaft wiederum verhinderte die Muntgewalt des Mannes ein gesamthänderisches Mitwirken der Frau bei der Verwaltung des Gesamtgutes und in beschränktem Umfange auch bei Verfügungen darüber.

Ebenso uneinheitlich war die Auflösung ma. Gemeinderschaften geregelt. Auf „ewige Zeiten“ eingerichtete Miteigentumsverhältnisse (z. B. ritterliche Gemeinderschaften) konnten – wenn überhaupt – nur mit Zustimmung aller Miteigentümer aufgelöst werden, während bei anderen eine Kündigungsmöglichkeit für jedes Mitglied vorgesehen war (so bei bäuerlichen Gemeinschaften). Vielgestaltige Teilungsregeln vervollständigten die Rechtszersplitterung.

bb) Neuzeitliche Rechtsentwicklung

Das Bemühen der Rechtswissenschaft, die vielen Eigentumsgemeinschaften systematisch zu erfassen, stand bis ins 18. Jh. im Bann des römisch-gemeinen Rechts, das neben dem Alleineigentum einer juristischen Person nur das **Miteigentum zu ideellen Anteilen** (condominium pro partibus indivisis) kannte. Jeder Miteigentümer konnte nicht nur unabhängig von den anderen über seinen Anteil verfügen, sondern auch mit der Teilungsklage die Aufhebung der Gemeinschaft erzwingen. Diesem Vorbild folgend versuchte man, die ma. Vermögensgemeinschaften entweder den Regeln der vertraglich begründeten *societas* oder der außervertraglich entstandenen *communio* zu unterstellen, in allen Fällen also das Miteigentum nach Quoten zu verfestigen. Den deutschrechtlichen Eigenheiten glaubte man mit einigen Modifikationen beikommen zu können.

Daneben gab es seit dem Ende des 17. Jhs. wissenschaftliche Versuche, die „überlebenden“ deutschrechtlichen Eigentumsgemeinschaften in feste Rechtsformen zu gießen. Ein Ergebnis dieser Bemühungen war das **dominium plurium in solidum (Gesamteigentum)**, das als deutschrechtliches Gegenstück (condominium germanicum) zum römischen condominium pro partibus indivisis verstanden wurde. Die Vermögensverhältnisse bei ehelicher Gütergemeinschaft (hier entstand die erste Begriffsbildung des Gesamteigentums durch den pseudonymen *Justus Veracius* 1681), Gesamtbelehnung, Ganerbschaft und Markgenossenschaft wurden als spezifisches Gesamteigentumsverhältnis begriffen, das den einzelnen Miteigentümern zwar Sondernutzungsrechte einräumte, der Gesamtheit („persona moralis“) aber das Verfügungsrecht über die gemeinschaftliche Sache vorbehielt.

Eine Neuausrichtung erhielt die Lehre vom Gesamteigentum durch die Genossenschaftstheorie des 19. Jhs. *(Beseler, Gierke)*, die das *Eigentum zu gesamter Hand* und *genossenschaftliches* bzw. *körperschaftliches Gesamteigentum* als zwei voneinander verschiedene Typen gemeinschaftlichen Eigentums herausstellte. Das Gesamteigentum wurde so charakterisiert, dass ein Teil der im Eigentum enthaltenen Befugnisse bei der Gesamtheit der Miteigentümer, der andere Teil dem einzelnen Mitglied der Gemeinschaft überlassen sei. Nach ihrer jeweiligen Organisationsform wurde zwischen genossenschaftlichem und körperschaftlichem Gesamteigentum unterschieden. Augenfälligsten Einfluss fand diese Theorie auf das Schweizer ZGB, das dem Miteigentum nach Bruchteilen ein Gesamteigentum (Art. 652 ff.) als Gattungsbegriff gegenüberstellte.

Der österreichischen Kodifikationsgeschichte blieb der Begriff des Gesamteigentums zwar nicht fremd, bestimmend aber wurde das **Miteigentum nach Quoten** *(condominium, communio pro indiviso)*. Das Eigentum einer reell ungeteilten Sache sollte mehreren Personen in der Art gemeinschaftlich zukommen, dass die Anteile der einzelnen bloß ideell vorhanden waren und jeder über seinen Anteil die Eigentumsrechte ausüben konnte, *„in so weit es unbeschadet des Ganzen und der Mitgenossen geschehen kann“*[463, 464].

---

463 *F. v. Zeiller*, Commentar über das allgemeine bürgerliche Gesetzbuch II/1, 1812, 121. Dass darin Elemente des Gesamteigentums anklingen, zeigt die anschließende Kommentierung des § 361 ABGB: „… Das Ganze gehört allen Theilnehmern zusammengenommen; über das Ganze können sie nur gemeinschaftlich, als eine moralische *Person* betrachtet, verfügen.“

464 Eigenständige Miteigentumsformen sind im Tractatus de juribus incorporalibus von 1679 zu entdecken. Eine Miteigentumsvariante hat Ähnlichkeit mit dem gemeinrechtlichen Quoteneigentum, unterscheidet sich von diesem aber dadurch, dass bei Verfügungen unter Lebenden (nicht bei Verfügungen von Todes wegen) die, unter Umständen erzwingbare, Zustimmung des anderen Miteigentümers eingeholt werden musste und bei Tod eines Miteigentümers ein Aufgriffsrecht gegen die Erben (außer gegen die Kinder des Verstorbenen) vom überlebenden Miteigentümer ausgeübt werden konnte. Bei der Miteigentumsform „auf gesamte Hand“ war den Miteigentümern eine Verfü-

Erst die österreichische Pandektistik hat in der zweiten Hälfte des 19. Jhs. die dem § 361 („*In Beziehung auf das Ganze werden die Miteigentümer für eine einzige Person angesehen*") entnommene Auffassung zurückgewiesen, einige Eigentumsgemeinschaften (z. B. Allmenden, Bergwerke, Reedereien) seien gesamthänderisch organisiert. Allein das gemeinrechtliche Miteigentum nach Quoten wurde anerkannt.

Dieser Ausschließungsanspruch besteht heute nicht mehr. Versuche, aus den Vorschriften über die Gesellschaft bürgerlichen Rechts eine österreichische Lehre von der Gesamthand zu entwickeln, sowie Ansätze eines Gesamthandeigentums in modernen Sondergesetzen haben dazu beigetragen. Es ist inzwischen herrschende Auffassung geworden, dass das dem gemeinsamen Zweck gewidmete Vermögen einer Offenen Gesellschaft nach § 105 UGB (früher OHG, KG, OEG) oder KG im Gesamthandeigentum der Gesellschafter steht. Bei der ehelichen Gütergemeinschaft ist man immerhin bereit, obligatorisch wirkende Verfügungsbeschränkungen anzuerkennen. Im Übrigen ist dem Problem des schlichten Miteigentums zwischen nahen Angehörigen durch die Möglichkeit, ein dinglich wirkendes Belastungs- und Veräußerungsverbot zu vereinbaren, die Spitze genommen.

Die **Aufhebung der Eigentumsgemeinschaft** durch Realteilung oder gerichtliche Feilbietung der gemeinsamen Sache kann grundsätzlich von jedem Teilhaber verlangt werden. Er muss sich nur insoweit einen angemessenen, nicht wohl vermeidlichen Aufschub gefallen lassen, als die Teilung unzeitig oder zum Nachteil der übrigen wäre. Selbst die rechtsgeschäftliche Verpflichtung zur Fortsetzung der Gemeinschaft bindet nur den augenblicklichen Teilhaber, nicht dessen Erben. Eine Verbindlichkeit zu einer immerwährenden Gemeinschaft kann nicht bestehen.

b) Treuhandeigentum

Lit.: *G. Frotz*, Aktuelle Probleme des Kreditsicherungsrechts, 1970, 104 ff.; *W. Kastner*, Die Treuhand im österreichischen Recht, JBl 1948, 305, JBl 1949, 90, 420, 537; *W. Kastner*, Die Treuhand im österreichischen Recht, FS H. Hämmerle, 1972, 166 ff.; *H. Lentze*, Unabhängige Treuhänderstiftung im mittelalterlichen Wien, Jahrbuch des Vereins für die Geschichte der Stadt Wien, 1959/60, 29 ff.; *W. Siebert*, Das rechtsgeschäftliche Treuhandverhältnis, 1933.

Die rechtliche Konstruktion, einem Treuhänder Rechte derart zu übertragen, dass er sie wie eigene ausüben kann, aber aufgrund einer besonderen vertraglichen Vereinbarung mit dem Treugeber nur in einer bestimmten Weise ausüben soll **(Zweckbindung)**, gehört zum ältesten Bestand des Privatrechts.

gung über ihre Quote unter Lebenden verwehrt, da bei Tod eines Miteigentümers dem Überlebenden am Anteil des Verstorbenen – der an die Erben fiel – ein Fruchtgenussrecht zustand. Bei der dritten Miteigentumsform, „auf Überleben", gab es keinerlei freie Verfügung über die Quote, da bei Tod eines Miteigentümers sachenrechtliche Akkreszenz stattfand, der Überlebende also Alleineigentümer wurde. S. dazu *W. Brauneder*, Grundbuch und Miteigentum im „Tractatus de Iuribus Incorporalibus", ZRG GA 94, 1977, 218 ff.

aa) Älteres Recht

Das ma. Recht anerkannte zweckgebundenes Treuhandeigentum als eine der vielen Erscheinungsformen des Eigentumsrechts. Dem weiten Anwendungsbereich der Treuhandschaft (sei es im Erbrecht, Sachenrecht, Prozessrecht, Lehnsrecht) fehlten zwar einheitliche Rechtsregeln, doch war man sich bei **offenkundig begründeten Treuhandverhältnissen** darin einig, dass **treuwidrige Verfügungen** des Treuhänders dem Treugeber gegenüber **unwirksam** waren. Nur im Falle nachweislich gutgläubigen Erwerbes durch einen Dritten (was bei feierlicher Begründung des Treuhandeigentums schwierig zu beweisen war) konnte der Treugeber die Sache nicht rückrufen und war auf seine Ansprüche aus Treubruch beschränkt (Treuebruch machte ehrlos).

Der wohl älteste Anwendungsfall der Treuhand war die *Affatomie* (s. Erbrechtsgeschichte), außerdem wurden fromme Stiftungen an die Kirche üblicherweise einem Treuhänder übertragen. Dem ma. Institut des Testamentsvollstreckers lag ebenfalls die Vorstellung zugrunde, dass dieser ein treuhänderischer Erbe sei. In der Pfandrechtsgeschichte stellt sich die älteste Sicherungsübereignung als „*Treupfand* “ dar. Im Schuldrecht enthielt die *Auslobung* Elemente der Treuhand. Echter Treuhänder war der Salmann im städtischen Rechtskreis, der für den Nichtbürger Grundbesitz erwarb und ihn bis zur Einbürgerung des Treugebers verwaltete. Schließlich kannte das ma. Prozessrecht die Treuhandformen der *Streitverwahrung* und *Prozessführung im eigenen Namen um fremdes Gut* (etwa des Ehemanns um das Frauengut).

bb) Neuzeitliche Rechtsentwicklung

Die gemeine Rechtslehre bemühte sich, die ma. Treuhandformen pfandrechtlichen Vorstellungen unterzuordnen, oder ließ sie als „landsbrauchige“ Rudimente überhaupt außer Betracht.

Das römische Recht hatte die Treuhandschaft (**fiducia**) in zwei Formen gekannt: Als *fiducia cum amico contracta* und als *fiducia cum creditore contracta.* In beiden Fällen wurde das Treugut dem Treuhänder (Freund, Gläubiger) übereignet, der zusagte, es (zu einem bestimmten Termin oder nach Wegfall des Sicherungszweckes) wieder zurückzuübereignen. Der Treuhänder (Fiduziar) konnte kraft der abstrakten Natur des römischen Eigentums über das Treugut gültig verfügen (seine überschießende Rechtsmacht voll ausnützen), haftete jedoch dem Treugeber (Fiduzienten) für alle Verstöße gegen die *fides.* Die Verletzung der Treupflicht machte der Treugeber mit einer infamierenden actio fiduciae geltend. Die römischrechtliche Sicherungsübereignung war aber bereits im Zuge der justinianischen Gesetzgebung systematisch durch das Pfandrecht *(pignus)* ersetzt worden, da sie schon lange nicht mehr in Übung stand.

Das *ABGB 1811* regelt das Institut der Treuhand nicht ausdrücklich, stellt aber die Rechtmäßigkeit einer solchen Konstruktion auch nicht in Abrede. Sie fand als **Sicherungsübereignung** nach dem Vorbild der römischrechtlichen fiducia cum creditore contracta Aufnahme in die Lehre und schließlich auch in handels- und wirtschaftsrechtliche Gesetze des 20. Jhs.

Den unmittelbaren Anstoß hiefür gab die Unzufriedenheit mit dem Faustpfandprinzip, das strikt die Übergabe der Pfandsache zur Begründung des Pfandrechts forderte. Dem Kreditgeber sollte als Treuhandeigentümer ein dingliches Sicherungsrecht zukommen, ohne dem Kreditnehmer die Sache wegzunehmen, durch deren (meist maschinellen) Einsatz oft erst die Abstattung des Kredits ermöglicht wurde.

Charakterisiert wird das moderne Treuhandeigentum durch die volle Verfügungsmacht des Treuhänders. Der vereinbarten Treubindung kommt nur schuldrechtliche Wirkung zu. Nur die Schlechtgläubigkeit des Dritterwerbers macht die treuwidrige Verfügung ungültig.

In den zahlreichen Treuhandformen des modernen (insbes. deutschen) Rechts kehren im Wesentlichen drei Rechtskonstruktionen wieder: die **römischrechtliche fiducia**, die **deutschrechtliche Treuhand** in Gestalt eines auflösend bedingten Eigentums und die **Ermächtigungstreuhand** (nach ihr erwirbt der Treuhänder nicht Eigentum, sondern Verwaltungsrechte, die er im fremden Interesse geltend macht). Ist die Treuhand nach außen hin erkennbar, wird sie als *offene*, sonst als *stille* bezeichnet. Nach der Interessenslage wird – aus der Sicht des Treuhänders – zwischen *eigennütziger* und *uneigennütziger* Treuhand unterschieden; nach dem Zweck zwischen *Sicherungs-* und *Verwaltungstreuhand.* Neben der *einseitigen* Treuhand gibt es noch die *mehrseitige*, bei welcher der Treuhänder in mehreren Richtungen Interessen zu wahren hat. Treuhandverhältnisse können sich auf *gesetzliche* Bestimmungen stützen oder *rechtsgeschäftlich* vereinbart werden. Schließlich lassen sich die Treuhandverhältnisse in *privatrechtliche* und *öffentlich-rechtliche* einteilen; zu letzteren gehören vor allem jene, bei denen der Treuhänder eine Amtsstellung innehat.

c) Vollständiges – geteiltes Eigentum

Lit.: *H.-R. Hagemann*, Eigentum, HRG [2]I, Sp. 1274 ff.; *G. Kocher*, Höchstgerichtsbarkeit und Privatrechtskodifikation. Die Oberste Justizstelle und das allgemeine Privatrecht in Österreich von 1749–1811, 1979, 130 ff.; *F. M. Krauss*, Das geteilte Eigentum im 19. und 20. Jahrhundert. Eine Untersuchung zum Fortbestand des Teilungsgedankens, 1999; *K. Lautz*, Entwicklungsgeschichte des Dominium utile, 1916; *J. W. Pichler*, Das geteilte Eigentum im ABGB, ZNR 1986, 23 ff.; *A. Thibaut*, Über dominium directum und utile, 1798; *H. Wagner*, Das geteilte Eigentum im Naturrecht und Positivismus, 1938; *E. Weiss*, Institutionen des römischen Privatrechts, [2]1949.

Dem geteilten Eigentum lag die Vorstellung zugrunde, dass die Eigentümerbefugnisse an einer Sache vertikal auf mehrere Personen aufgeteilt werden können. Der **Obereigentümer** hatte nur ein Recht auf die Substanz der Sache, der **Untereigentümer** außerdem das ausschließliche Nutzungsrecht. Vollständig wurde das Eigentum, wenn sich alle Rechte in ein und derselben Person vereinigten.

Das geteilte Eigentum geht letztlich auf die ma. Grundbesitzverhältnisse zurück. Die Nutzungsrechte an Grund und Boden teilten sich in der Regel mehrere Personen, und zwar so, dass die einen dem Boden unmittelbar Früchte abrangen, während andere daraus mittelbare Nutzungen zogen. Diesem Zustand entsprach eine mehrfache Gewere an ein und demselben Grundstück (Obergewere – Untergewere; mittelbare Gewere – unmittelbare Gewere). Die Ausbildung erblicher Leiheformen verstärkte noch die Vorstellung eines zwischen dem Eigentümer und dem Nutzungsberechtigten funktionell geteilten Eigentums. Die ma. italienische Jurisprudenz hat dieser Vorstellung begriffliche Gestalt verliehen. Sie entwickelte die Lehre vom **dominium utile** und **dominium directum**.

Das römische Recht kannte zwar kein geteiltes Eigentum, enthielt aber Anhaltspunkte für qualitativ verschiedene Eigentumsrechte. Spuren ältester Unterscheidung zwischen dem quiritischen und dem bonitarischen Eigentum, die sich noch im Corpus

Juris vorfanden, wurden von der ma. italienischen Rechtswissenschaft derart harmonisiert, dass in Anlehnung an die dem einstigen bonitarischen Eigentümer gewährte *utilis rei vindicatio* der Begriff eines *dominium utile* als ein dem Eigentum analoges Recht geprägt wurde, dem das mit der *rei vindicatio directa* ausgestattete Eigentum als *dominium directum* gegenüberstand. In einer zweiten, schon mit den letzten Vertretern der Glossatorenschule einsetzenden Entwicklungsphase erfuhr der Begriff dominium utile die für seine Zukunft bestimmende Erweiterung. Er wurde (teils im Anschluss an römische Quellen, teils in Hinblick auf die Rechtsverhältnisse im ma. Italien) auch auf das Erbpachtrecht (Emphyteusis), Erbbaurecht (Superfizies), auf das Lehn, die kirchliche Prekarie sowie auf bäuerliche Leiherechte angewendet. Im Laufe des 13. Jhs. tauchten die Begriffe dominium directum und dominium utile bereits in Urkunden des deutschen Rechtsraumes auf. Sie gelangten insbes. auf Erbleih- und Lehensverhältnisse zur Anwendung. In der Folgezeit prägte man für das dominium directum den Namen *Obereigentum*, für das dominium utile den Namen *Untereigentum* (Mindereigentum, Nutzeigentum). Theorie und Praxis, Reichsgesetze und Partikularrechte machten von diesen Begriffen Gebrauch.

Im usus modernus entfernte man sich allmählich vom Boden der italienischen Lehre und entwickelte eigene Konstruktionen. So schrieb das ALR[465] dem Obereigentümer die Proprietät der Sache zu, dem Untereigentümer ein Miteigentum an der Proprietät und das alleinige Nutzungsrecht. Dieser Konzeption folgte auch das *ABGB 1811* (§ 357)[466]. Anwendungsfälle des unvollständigen Eigentums nach dem ABGB waren die Erbpacht- und Erbzinsgüter (bäuerliche Leiherechtsverhältnisse), welche systematisch den Miet- und Pachtverträgen zugeordnet wurden, die Lehngüter (deren Regelung dem Lehnrecht vorbehalten blieb), sowie die Familienfideikommisse (und sonstige gebundene Vermögen).

Das geteilte Eigentum war aber bereits im Zeitpunkt seiner Kodifizierung keine lebendige Eigentumsform mehr. Schon im MA. hatte, besonders in den Städten, die *„Aufzehrung des Obereigentums durch das Untereigentum"* (städtische Allodifikation) begonnen. Diese Entwicklung setzte sich in der Neuzeit fort und fand in der gesetzlichen Bodenreform des 19. Jhs. ihren Abschluss (Grundentlastung; Allodifikation; Ablösungsgesetzgebung). Die Aufhebung der Untertänigkeitsverhältnisse seit 1848 machte die gesetzlichen Bestimmungen über Erbpacht- und Erbzinsverträge obsolet; das verfassungsrechtliche Verbot des geteilten Eigentums[467] erzwang die Aufhebung der Lehnsverhältnisse, das Erlöschen der Familienfideikommisse und sonstigen gebundenen Vermögens und machte schließlich die Eigentumsform des unvollständigen Eigentums endgültig zu einer historischen.

d) Wohnungseigentum

Lit.: *D. Derbolav*, Das Recht des Modernen Wohnens. Gutachten, Verhandlungen des 6. Österreichischen Juristentages, II. Referate, I, 2. Teil, 1976; *Ch. Faistenberger/H. Barta/G. Call*, Kommentar zum Wohnungseigentumsgesetz 1975, 1976; *E. Feil*, Wohnungseigentum, [5]2002; *T. Hausmann/A. Vonkilch* (Hg.), Österreichisches Wohnrecht, 2002; *G. Kohl*,

465 I 8 § 19–20; I 18 § 1.

466 Zum politischen, sozialen und ökonomischen Hintergrund, der auf die Gestaltung des geteilten Eigentums im ABGB einwirkte, s. inbes. *J. W. Pichler*, Das geteilte Eigentum im ABGB, ZNR 1986, 27 ff., 37 ff.

467 Art. 7, Satz 2, StGG 1867 über die allgemeinen Rechte der Staatsbürger.

Stockwerkseigentum. Geschichte, Theorie und Praxis der materiellen Gebäudeteilung unter besonderer Berücksichtigung von Rechtstatsachen in Österreich, 2007; *A. Illedits/ K. Illedits-Lohr*, Das Wohnungseigentum. Mitwirkungsrechte und Gestaltungsmöglichkeiten, [2]2002; *H. Löcker*, Die Wohnungseigentümergemeinschaft. Eine Untersuchung auf der Grundlage des WEG 1975, 1997; *W. Meinhart*, Das Wohnungseigentumsgesetz 1975, 1976; *J. Mentschl*, Wohnungseigentum – Geschichte und Gegenwart, 2013; *F. Novak*, Das Stockwerkseigentum im Wiener Rechte des MA, ZRG GA 54, 1934, 89 ff.; *Ch. Prader*, WEG 2002, [6]2022; *P. Putzer*, Zur Rechtsgeschichte des Stockwerkseigentums, FS E. Hellbling, 1971, 581 ff.

Das moderne **Wohnungseigentum**[468] gibt dem Miteigentümer einer Liegenschaft das Recht, eine Wohnung, sonstige selbständige Räumlichkeit oder einen Kfz-Abstellplatz ausschließlich zu nutzen und allein darüber zu verfügen. Es verbindet also ideelles Bruchteilseigentum an der ganzen Liegenschaft mit einem dinglichen Nutzungs- und Verfügungsrecht an einem wohnungseigentumstauglichen Objekt, ohne dieses dem Wohnungseigentümer real zuzuordnen. Das Recht kann auch zwei beliebigen natürlichen Personen (einer Eigentümerpartnerschaft) gemeinsam zustehen. An Teilen der Liegenschaft, die der allgemeinen Benützung dienen oder deren Zweckbestimmung einer ausschließlichen Benützung entgegensteht, kann Wohnungseigentum nicht bestehen (§ 2 WEG 2002). Die WEG-Novelle 2022, BGBl. I 2012/222, sieht Regelungen vor, die dem Klimawandel entgegenwirken sollen, wie die Errichtung von Elektroladestationen, Photovoltaikanlagen und Begleitmaßnahmen zur Verbesserung der Energieeffizienz.

Funktionale Bezüge weist das Wohnungseigentum zur historischen Erscheinungsform des **Stockwerkseigentums** auf, das jedoch von der Vorstel-

468 Bundesgesetz über das Wohnungseigentum (Wohnungseigentumsgesetz 2002 – WEG 2002), BGBl. I 2002/70, in Kraft seit 1.7.2002. Mit 1.1.2005 wurden die verfahrensrechtlichen Vorschriften dieses Gesetzes dem neuen Außerstreitgesetz angepasst (Wohnrechtliches Außerstreitbegleitgesetz – WohnAußStrBeglG, BGBl. I 2003/113). Eine der wichtigsten Neuerungen gegenüber dem Wohnungseigentumsgesetz 1975, BGBl. 1975/417, bestand in der Erweiterung des früher nur Ehegatten möglichen gemeinsamen Wohnungseigentums auf die „Eigentümerpartnerschaft“ (§ 2 Abs. 10, §§ 13 ff. WEG 2002). Diese steht allen natürlichen Personen offen und beseitigte damit die Diskriminierung gleichgeschlechtlicher Lebenspartner. Von großer praktischer Bedeutung ist außerdem die Einbeziehung von nicht umbauten Kfz-Abstellplätzen in den Kreis wohnungseigentumstauglicher Objekte. Die Wohnrechtsnovelle 2006, BGBl. I 124, hat das Wohnungseigentumsrecht systemkonform nachgebessert. So wurden die Bestimmungen über das Schicksal der Eigentümerpartnerschaft bei Tod eines Partners einer durchgehenden Revision unterzogen. Hervorzuheben ist außerdem die Verbesserung des Rechtsschutzes bei der Durchsetzung individueller Unterlassungs- und Gewährleistungsansprüche durch Legalisierung der von der Judikatur vorgezeichneten Möglichkeit der Abtretung dieser Ansprüche an die Eigentümergemeinschaft. Die Grundbuchs-Novelle 2012, BGBl. I 30, schuf Erleichterungen bzgl. der Änderung und Berichtigung von Wohnungseigentumsanteilen. Die Wohnrechtsnovelle 2015, BGBl. I 2014/100, brachte eine Klarstellung hinsichtlich der Eigentumseintragung und -übertragung des Wohnungszubehörs.

lung einer Realteilung des Hauses getragen war. Die einzelnen Geschoße, Böden, Keller eines Hauses konnten im Sondereigentum verschiedener Personen stehen, die dazu in der Regel noch gemeinschaftliches Eigentum an der Grundfläche und an den gemeinsam benützten Gebäudeteilen hatten.

Stockwerkseigentum entstand meist durch Erbteilung, wurde aber im Spätma. auch rechtsgeschäftlich begründet. Auch im Rezeptionszeitalter blieb es sowohl in den Städten als auch auf dem flachen Land eine beliebte Form des Teileigentums. Da es dem gemeinrechtlichen Akzessionsprinzip widersprach, unterblieb freilich eine Regelung in den neuzeitlichen Landrechtsordnungen. Streitigkeiten der Teileigentümer konnten damit rechtens nicht gelöst werden („Streithäuser"). Das ABGB erwähnte das Stockwerkseigentum nicht, zog es aber auch nicht in Zweifel. Erst die Vertreter der Pandektenwissenschaft haben mit dem Hinweis *„superficies solo cedit"* den Nachweis zu erbringen versucht, dass das Stockwerkseigentum mit den positiven Normen des ABGB im Widerspruch stehe. Der Gesetzgeber folgte dieser Argumentation schrittweise und erließ ein Neubegründungsverbot (G vom 30.3.1879, RGBl. 50), um es auf „natürlichem" Weg aufzulösen. In den alten Zentren seines Vorkommens besteht es nach wie vor.

5. Erwerb des Eigentumsrechts

Das ABGB verlangt für jeden Eigentumserwerb Titel und Aneignungs-(Übereignungs-)Akt. Was ein Titel ist, wurde daher sehr weit gefasst. Er besteht beim **unmittelbaren** Rechtserwerb an freistehenden (herrenlosen) Sachen in der angeborenen Freiheit, sie in Besitz zu nehmen, beim **mittelbaren** Rechtserwerb in der Verpflichtung zur Übereignung, die wiederum auf einem Vertrag, auf einer letztwilligen Verfügung, auf richterlichem Ausspruch oder auf dem Gesetz beruhen kann.

Das rechtmäßig beanspruchte Eigentum entsteht mit dem **Erwerbsakt** (Erwerbungsart, modus). Nach überlieferten Rechtsanschauungen ist er ein Faktum, das ABGB spricht jedoch in diesem Zusammenhang von „Zueignung" (in der Absicht die Sache als die seinige zu behandeln; § 381) und von einer „rechtlichen" Übergabe und Übernahme (§ 423). Man wird daher für den Erwerbsakt Aneignungswillen oder rechtsgeschäftlichen Übereignungswillen voraussetzen müssen **(dingliches Verfügungsgeschäft)**.

Die Entstehungsursache des **unmittelbar** erworbenen Eigentums ist bei beweglichen wie unbeweglichen Sachen die **Besitznahme** (Zueignung; Okkupation), wenngleich sie bei unbeweglichen Sachen durch die lückenlose rechtliche Zuordnung der Liegenschaften jede praktische Bedeutung verloren hat. Dagegen ist die Entstehungsursache des **mittelbar** erworbenen Eigentums bei beweglichen und unbeweglichen Sachen verschieden. Bei beweglichen Sachen entsteht das Eigentum durch **Übergabe**, bei unbeweglichen Sachen durch **Einverleibung** im Grundbuch (Intabulation)[469].

469 Bei Liegenschaften, die in keinem Grundbuch eingetragen sind, durch Hinterlegung und Annahme einer einverleibungsfähigen Urkunde bei Gericht.

Besondere rechtliche Arten, das Eigentum entstehen zu lassen, sind (bei beweglichen wie unbeweglichen Sachen) behördliche Akte und die Ersitzung. Sie sind weder der unmittelbaren noch der mittelbaren Erwerbsart zuzurechnen, weil sie uno actu bestehendes Eigentum vernichten und neues schaffen. Schließlich anerkennt die Rechtsordnung den Erwerb vom Nichtberechtigten, der zwar eine rechtliche Erwerbsart (Übergabe, Intabulation) und einen objektiv gültigen Titel voraussetzt, nicht aber das Eigentum des Vormannes, weil dem redlichen Erwerber – nicht zuletzt im Interesse der Rechtssicherheit – besonderer Schutz zukommen soll.

Ein Überblick über die vielen Eigentumserwerbsarten ist daher am ehesten dadurch zu gewinnen, dass man – getrennt für Liegenschaften und Fahrnisse – untersucht, ob das Eigentum beim Erwerber neu entsteht **(ursprünglicher, originärer Eigentumserwerb)** oder unverändert von einem Subjekt auf das andere übergeht **(derivativer Eigentumserwerb)**. Daran schließen sich die **besonderen Eigentumserwerbsarten** bei Fahrnissen und Liegenschaften, die durchwegs das Eigentum neu begründen.

a) Eigentumserwerb an Liegenschaften

Lit.: *H. Hofmeister*, Zur Entwicklung des Eigentumserwerbs an Grundstücken und des Grundkredits in Österreich unter besonderer Berücksichtigung des Einflusses der preußischen Gesetzgebung von 1872, Wissenschaft und Kodifikation des Privatrechts im 19. Jahrhundert III, 1976, 346 ff.; *H. Hofmeister*, Die Grundsätze des Liegenschaftserwerbes in der österreichischen Privatrechtsentwicklung seit dem 18. Jahrhundert, 1977; *H. Hofmeister*, Liegenschaftsrecht, HRG II, Sp. 2008 ff.; *G. Köbler*, Die Regelung des Eigentumserwerbs an Grundstücken in Preußen vom ALR zum BGB, Wissenschaft und Kodifikation des Privatrechts im 19. Jahrhundert III, 1976, 201 ff.; *E. Strohal*, Zur Lehre vom Eigenthum an Immobilien, 1876; *W. Ogris*, Auflassung, HRG ²I, Sp. 339f.; *W. Ogris*, Übereignung, HRG V, Sp. 399 ff; *A. Thier*, Liegenschaftsrecht, HRG ²III, Sp. 985 ff.

aa) Ursprünglicher Erwerb

Die unmittelbare und daher auch ursprüngliche **Aneignung** herrenlosen oder eroberten Landes stellte sich in der Geschichte als älteste Erwerbsart von Grundeigentum dar. Dabei kam das erworbene Gebiet in das Gesamteigentum des Volkes oder kleinerer Verbände. Mit Erstarken der Gewalt des Königs in fränkischer Zeit erwarb dieser das Eigentum als Vertreter des Volkes. Daraus entwickelte sich der Rechtssatz, dass allein der König an herrenlosem Land ein Aneignungsrecht habe. Im MA. verfestigte sich dieses Recht zum (zunächst königlichen, dann auch landesfürstlichen) **Bodenregal**[470]. Die gemeinrechtliche Lehre vom **dominium eminens**, die den Landesherrn als Obereigentümer des ganzen Landes qualifizierte, entwickelte das landesherrliche Bodenregal weiter. Die Redaktoren des *ABGB 1811* rechneten es zu den

470 Auch in Gestalt des Allmendregals (*H. Wopfner*, Das Allmendregal des Tiroler Landesfürsten, 1906).

wirtschaftlichen Sondernutzungsrechten des Staates (regalia minora)[471]. Da solche Regalien übertragbar waren, gestand man indirekt auch dem einzelnen ein Okkupationsrecht zu. Mit der Aufgabe des Regalitätsverständnisses im 19. Jh. blieb das Aneignungsrecht des einzelnen zurück.

Als ursprüngliche Entstehungsursache für Liegenschaftseigentum ist daneben das **Bauen auf fremdem Grund** zu nennen.

Der redliche Bauführer erwirbt Eigentum am bebauten Grund, wenn der Grundeigentümer von der Bauführung wusste und sie nicht untersagte. Erfährt der Grundeigentümer von der Bauführung nichts, wächst ihm das Eigentum am Gebäude zu. Hier vermengen sich deutschrechtliche Elemente (Verschweigung) mit dem römischrechtlichen Grundsatz „superficies solo cedit". Deshalb lässt die Lehre auch dann Eigentum des Grundeigentümers am Gebäude entstehen, wenn er von der Bauführung wusste, der Bauführer jedoch unredlich handelte.

Schließlich enthält das ABGB noch Bestimmungen zum **Uferrecht**, das unter dem Gesichtspunkt des Zuwachses die Frage regelt, wer an Inseln, die in Flüssen entstanden sind, am verlassenen Bett von Gewässern und am angeschwemmten Land Eigentum erwirbt. Es ist (nicht zuletzt durch die Wasserrechtsgesetzgebung) praktisch bedeutungslos geworden.

bb) Abgeleiteter Erwerb

Die rechtsgeschäftliche Übereignung von Liegenschaften war stets an bestimmte Formen gebunden und vom Grundsatz der Öffentlichkeit beherrscht.

(1) Älteres Recht

In ältester Zeit wurde die Liegenschaftsübereignung unmittelbar auf dem Grundstück vollzogen. Sie zerfiel in zwei Teile: die **sala** war die Einigung über den Eigentumsübergang; die **investitura** (Einkleidung des Erwerbers in den Besitz) die Aufgabe der Gewere seitens des Veräußerers **(Realinvestitur)**.

Symbolische Handlungen verdeutlichten den Rechtsübergang: Die *Besitzräumung* des Veräußerers (Auflassung) geschah in rechtsförmlicher Weise durch feierliches Verlassen des Grundstückes (exitus, exire), Zaunsprung und andere, den Wechsel der Herrschaft bezeichnende Handlungen (Auslöschen und Neuanzünden des Herdfeuers; der Erwerber bewirtete Gäste oder setzte sich auf einen dreibeinigen Stuhl). Die *Besitzeinweisung* wiederum wurde durch die Übergabe von Grundstücksteilen (Scholle, Zweig, Glockenseil, Türpfosten usw.) oder Herrschaftssymbolen (Handschuh, Messer, Kesselhaken, Speer usw.) verdeutlicht. Meist waren diese Vorgänge von formelhaften Worten begleitet. Diese Auflassung mit „Halm und Mund" fand weiteste Verbreitung.

---

471 Vgl. dazu *J. v. Sonnenfels*, Grundsätze der Polizey, Handlung und Finanzwissenschaft, ³1777, III, 141, II, 173; *F. v. Zeiller*, Commentar über das allgemeine bürgerliche Gesetzbuch II/1, 1812, 4; Westgalizisches Gesetzbuch 1797, 2. Teil, §§ 102 ff.

Der zunehmende Grundstücksverkehr erforderte bereits in fränkischer Zeit das Abgehen vom Übereignungsakt auf dem Grundstück[472]. Die aus dem römischen Vulgarrecht übernommene **traditio per cartam** ersetzte die sala; die außerhalb des Grundstücks vollzogene **symbolische Investitur** den bisher auf dem Grundstück selbst vollzogenen körperlichen Besitzübergang. Die ihn versinnbildlichenden Handlungen und die förmliche Verzichtserklärung wurden beibehalten, nur eben entfernt vom Grundstück vorgenommen. Die feierliche Besitzräumung, **Auflassung**, gewann dabei auf Kosten der anderen Elemente immer mehr an rechtlicher Bedeutung. Der feierliche Besitzverzicht wurde zum wichtigsten Bestandteil des Grundstücksübereignungsaktes und gab spätestens seit dem 13. Jh. der Liegenschaftsübereignung den Namen *Auflassung*. Sie ist in ihrer ältesten Gestalt als **prozessuale Auflassung** überliefert. Die zur Besitzräumung verurteilte Partei erteilte dem Sieger im Rechtsstreit auf das Gerichtsurteil hin sofortige Auflassung und Investitur. Das Gericht stellte darüber eine „unscheltbare" (unanfechtbare) Königsurkunde aus. Die Beweisvorteile einer solchen Urkunde führten dazu, dass sie oft in einem Scheinprozess nach Art der römischen *in iure cessio* beschafft wurde. Mit der Eliminierung scheinprozessualer Elemente entstand die **gerichtliche Auflassung**. Auf Antrag des Erwerbers wurde ein Urteil über die Rechtmäßigkeit der Eigentumsübertragung gefällt, das ihm eine ideelle Gewere (Urteils- und Auflassungsgewere) an der Liegenschaft übertrug. Sie erstarkte nach Aufgebot an Besserberechtigte und Fristablauf (meist binnen Jahr und Tag) zur rechten Gewere.

Da die gerichtliche Auflassung eine Kontrolle über den Grundstücksverkehr ermöglichte, fand sie im MA. weite Verbreitung, nicht nur auf dem flachen Land, sondern auch in den Städten. Viele Gerichtsherren machten die gerichtliche Auflassung verpflichtend. Sie war seit dem 13. Jh. herrschende Form der Liegenschaftsübereignung.

Unabhängig davon entwickelte sich im ma. Bodenrecht eine neue Urkundenpraxis, die die Grundlage für die Entstehung des Grundbuchs abgab (s. Grundbuch).

(2) Neuzeitliche Rechtsentwicklung

Im Zuge der Rezeption bildeten sich aus römischen und deutschrechtlichen Grundlagen neben der Eintragung in öffentliche Bücher und der gerichtlichen Auflassung zahlreiche andere Übertragungsformen aus. Im österreichischen Rechtsraum bevorzugte man jedoch die Grundbuchseintragung und hielt an ihr als Gültigkeitsvoraussetzung einer Liegenschaftsübereignung beharrlich fest. Nur dort, wo es keine Grundbücher gab, oder ihnen noch keine besondere Bedeutung für den rechtsgeschäftlichen Liegenschaftsverkehr zukam (weil sie nur Liegenschafts- und Abgabenverzeichnisse waren), wurden

472 Die jüngere Erforschung lokaler Quellen erweckt zunehmend Zweifel an dieser zeitlichen und systematischen Einordnung (*W. Ogris*, Auflassung, HRG ²I, Sp. 339 ff.).

andere Rechtsförmlichkeiten bei der Liegenschaftsübereignung beachtet. Im Zuge der Neuordnung des Grundbuchswesens im 18. Jh. (Landtafelgesetzgebung) wurde der Eintragungsgrundsatz endgültig festgeschrieben und findet sich auch im *ABGB 1811* (s. Grundbuchsprinzipien).

b) Eigentumserwerb an Fahrnis

Lit.: *P. Apathy*, Das Recht des redlichen Besitzers an den Früchten, JBl 1978, 517 ff.; *A. Heusler*, Die Beschränkung der Eigenthumsverfolgung bei Fahrhabe und ihr Motiv im deutschen Rechte, 1871; *B. Kannowski*, Fundrecht, HRG ²I, Sp. 1875 f.; *H. Kreller*, Römisches Recht, II Grundlehren des Gemeinen Rechts, 1950, 190 ff.; *H. Lück*, Bergregal, HRG ²I, Sp. 527 ff.; *W. Ogris*, Fahrnis, Fahrhabe, HRG I, Sp. 1049 ff., ²I, Sp. 1474 ff.; *W. Ogris*, Früchte HRG I, Sp. 1315 ff., ²I, Sp. 1864 ff.; *W. Ogris*, Fund, HRG I, Sp. 1331 ff.; *W. Ogris*, Übereignung, HRG V, Sp. 399 ff.; *R. Palme*, Rechts-, Wirtschafts- und Sozialgeschichte der inneralpinen Salzwerke bis zu deren Monopolisierung, 1983; *P. Putzer*, Salzregal, HRG IV, Sp. 1291 ff.; *K. Spielbüchler*, Eigentumsvorbehalt und Verarbeitung, JBl 1968, 589 ff.; *O. Stobbe*, Zur Lehre von den Verwendungen auf eine fremde Sache und dem Erwerb der Früchte, 1865; *A. Wacke*, Das Besitzkonstitut als Übergabesurrogat in Rechtsgeschichte und Rechtsdogmatik, 1974.

aa) Ursprünglicher Erwerb

(1) Zueignung

Objekte der Zueignung sind herrenlose (ursprünglich freistehende oder derelinquierte) Sachen[473]. Sie verschafft Eigentum praktisch durch Besitzergreifung, da das ABGB als Titel „die angeborene Freiheit“ des Menschen genügen lässt.

Das Zueignungsrecht kann allerdings auf bestimmte Personen beschränkt sein, etwa auf den Jagd- und Fischereiberechtigten bei Tieren oder den Bergberechtigten bei Bodenschätzen („ansprüchige Sachen“). Deren Aneignungsrechte wirken absolut (gegen jedermann).

Im älteren Recht war zunächst jedermann berechtigt, sich eine herrenlose Sache anzueignen (Prinzip der **Aneignungsfreiheit**). Das deutsche Recht entwickelte jedoch – im Gegensatz zum römischen Recht – eine Vielzahl besonderer Aneignungsrechte, die man als **Regalien** nur Hoheitsträgern (vor allem dem König, in späterer Folge dem Landesherrn sowie den Stadt- und Grundherrn) zuordnete. Mit der Rezeption des langobardischen Lehnrechts, das einen umfassenden Katalog von Regalien enthielt, gelangte diese Auffassung ins gemeine Recht.

Gegenstände der Regalität bildeten erblose und eingezogene Güter, Fischerei, Jagd, Strand, Flüsse, Straßen, gefundene Schätze, Salinen, Bergwerke, aber auch Münze, Zoll, Märkte und Burgen, Geleit und Schutz, bestimmte

473 Dazu zählen grundsätzlich wilde Tiere oder gezähmte Tiere, wenn sie nicht mehr an ihren Bestimmungsort zurückkehren; Bienenschwärme, die der Eigentümer nicht verfolgt oder deren Verfolgung er aufgegeben hat; „Früchte des Meeres“; Bodenschätze.

Gewerbe, Heerbann und Gerichtshoheit. Die begriffliche Gliederung der Regalien in *regalia maiora* (eigentliche Staatshoheitsrechte) und *regalia minora* (andere, übertragbare Finanzrechte) nahm bereits die spätere Trennung in öffentlichrechtliche und privatrechtliche Befugnisse des Staates vorweg. In weiterer Folge schieden staatliche Hoheitsrechte überhaupt aus dem Begriff der Regalität aus. Sie verengte sich auf Vorrechte des Staates zur Ausübung bestimmter wirtschaftlicher Tätigkeiten, insbes. zur Aneignung gewisser Sachen.

Auch die Redaktoren des *ABGB 1811* waren noch in dieser Vorstellung befangen. Die §§ 382, 385 und 387 verweisen auf die „politischen" Gesetze, die in Aufrechterhaltung hoheitlicher Regalrechte (bspw. des Jagd-, Fischerei- und Bergregals) die Aneignung entweder einschränkten, sie nur bestimmten Personen vorbehielten oder überhaupt ausschlossen. Im Zuge der Aufhebung aller noch bestehenden Regalien im 19. Jh. wurde dann gefordert, die Zueignung herrenloser Sachen nur dem Grundeigentümer zuzugestehen[474]. Heute ist das Aneignungsrecht fast zur Gänze eine Angelegenheit öffentlichrechtlicher Sondergesetze geworden[475].

Besonders geregelt ist das Aneignungsrecht an *herrenlosen Bienenschwärmen*. Es war im älteren Recht allgemein anerkannt (ausgenommen bei Waldbienenschwärmen in herrschaftlichen oder privaten Forsten). Das römisch-gemeine Recht gewährte dem Eigentümer ein Verfolgungsrecht. Er durfte seinen Bienenschwarm auch auf fremdem Grundstück wieder einfangen. Der Schwarm wurde jedoch herrenlos, wenn der Eigentümer ihn nicht unverzüglich verfolgte. Manche Partikularrechte gestatteten die Verfolgung noch über längere Zeit, in der Regel zwei oder drei Tage. Das ABGB schloss an diese Vorstellungen an (§ 384)[476].

Die historisch bedeutsamen Sonderformen des *Beute-* und *Strandrechts* weisen heute kaum mehr Bezüge zum Privatrecht auf[477].

(2) Fund und Schatzfund

Unter Finden versteht man das Ansichnehmen einer verlorenen oder vergessenen Sache (§ 389 Abs. 1). Die Sache steht noch im Eigentum des Verlierers (*vergessene* Sachen befinden sich weiterhin unter der Aufsicht einer anderen Person) und kann daher nicht vom Finder okkupiert werden. Der Finder muss den Fund unverzüglich anzeigen, damit der Eigentümer in der Lage ist, sein Recht zu wahren. Dafür hat der Finder Anspruch auf Auslagenersatz

474 Vgl. bspw. das Patent vom 7.3.1849, RGBl. Nr. 154, das die Jagdrechte auf fremdem Grund aufhob.

475 Das Jagd- und Fischereirecht ist durch Landesgesetze geregelt, die Aneignung mineralischer Rohstoffe im MineralrohstoffG 1999 (BG vom 19.1.1999, BGBl. I 38, zuletzt geändert durch BGBl. I 2022/60).

476 Vgl. *A. Erler/R. Schmidt-Wilgand*, Bienen, HRG ²I, Sp. 574 ff.

477 S. § 402 ABGB. Vgl. *A. Cordes*, Grundruhr, HRG ²II, Sp. 603 ff.; *H. Lieberich*, Grundruhr, HRG I, Sp. 1856; *K. H. Ziegler*, Beute, HRG ²I, Sp. 557 f.; *H. P. Glöckner*, Strandrecht, Strandregal, HRG V, Sp. 19 ff.

und auf Finderlohn. Meldet sich der Verlustträger nicht innerhalb eines Jahres, erlangt der Finder Eigentum (§ 395 AGBG).

Schon das ältere Recht begründete für den Finder nicht nur Rechte (bis hin zum Eigentumsrecht), sondern vor allem Pflichten: Es verlangte vom Finder, dass er die Sache verwahrt und öffentlich seine Herausgabebereitschaft erklärt, um sich so vom Diebstahlsverdacht zu reinigen. Diese **Verklarung** hatte eine vom Finder selbst oder nach Anzeige bzw. Ablieferung des Fundes von der Obrigkeit kundzumachende Aufforderung an den Eigentümer zu enthalten, seine Ansprüche innerhalb einer bestimmten Frist geltend zu machen. Meldete sich der Verlierer innerhalb der Aufgebotsfrist (von 6 Wochen bis zu 3 Jahren), musste der Finder die Sache zurückgeben, hatte aber Anspruch auf Ersatz der für die Fundsache gemachten (notwendigen) Aufwendungen. Vereinzelt sind in ma. Rechtsquellen Bestimmungen über einen Finderlohn enthalten, dessen Höhe vom Wert der gefundenen Sache abhing. Verstrich die Aufgebotsfrist, ohne dass sich der Verlierer meldete, verlor er sein Recht an der Fundsache durch **Verschweigung**. Die Sache fiel entweder an den Finder oder an die Obrigkeit oder wurde zwischen beiden geteilt (wobei allerdings dem Finder die entstandenen Kosten zu ersetzen waren).

Das Fundrecht der neueren Kodifikationen baut im Wesentlichen auf deutschrechtlichen Grundsätzen auf. Die gemeinrechtliche Lehre begründete zwar den Eigentumserwerb des Finders durch *Ersitzung oder Aneignung*[478], doch blieben in den Partikularrechten Bezüge zur deutschrechtlichen Verschweigung erhalten. Gleichfalls erhalten blieb das Aufgebot, meist in Form einer gerichtlichen oder polizeilichen Bekanntmachung des Fundes oder Bekanntmachung durch den Finder. Dem folgte auch das *ABGB 1811*. Anteilsrechte der Obrigkeit am gewöhnlichen Fund waren damals bereits erloschen. Mit In-Kraft-Treten der Sicherheitspolizeigesetznovelle 2002[479] am 1.2.2003 erhielt das Fundrecht des ABGB seine heutige Gestalt.

Beim **Schatzfund**, das ist der Fund von Wertsachen (Geld, Schmuck, andere Kostbarkeiten), die so lange im Verborgenen gelegen haben, dass ihr Eigentümer nicht mehr festgestellt werden kann, war dagegen noch im Kodifikationszeitalter die Vorstellung obrigkeitlicher Ansprüche auf den Schatz oder einen Anteil an ihm lebendig. § 399 ABGB 1811 sah einen Anspruch des Staatsvermögens auf ein Drittel des Schatzes vor; den Rest teilten sich der (die) Grundeigentümer und der Finder. Das HfKD vom 15.6.1846[480] beseitigte den Einziehungsanspruch des Staates, sodass ab diesem Zeitpunkt je die Hälfte des Schatzes an den Grundeigentümer und den Finder fiel[481]. Die Auf-

478 Das römische Recht gestand dem Finder grundsätzlich kein Eigentum zu.

479 BG vom 16.7.2002, BGBl. I 2002/104.

480 JGS Nr. 970.

481 Zur wechselvollen Kodifikationsgeschichte des Schatzfundes s. *Th. Mayer-Maly*, Aus den rechtshistorischen Grundlagen der Regelung des Schatzfundes im österreichi-

hebung des HfKD durch das 1. Bundesrechtsbereinigungsgesetz[482] ließ für eine kurze Phase offenkundig das Schatzregal wieder in Wirksamkeit treten. Mit der Sicherheitspolizeigesetznovelle 2002[483] stellte der Gesetzgeber jedoch klar, dass dem Finder und dem Grundeigentümer je die Hälfte des Schatzes zustehen.

(3) Zuwachs

Das ABGB begreift unter Zuwachs alles, was aus einer Sache entsteht oder neu zu derselben hinzukommt, ohne dass es dem Eigentümer von jemand anderem übergeben worden ist. Es meint damit den **natürlichen** Zuwachs an Bodenfrüchten und Tierjungen, den **künstlichen** Zuwachs durch Verarbeitung fremder Sachen oder Vereinigung, Vermischung und Vermengung der Sachen verschiedener Eigentümer, und den **vermischten** Zuwachs durch Bebauung eines Feldes mit fremden Samen und Pflanzen. Jene Früchte, die der Eigentümer aus seiner Sache durch eigenen Aufwand und durch eigene Mühe gewinnt, fallen ihm so selbstverständlich zu, dass sie nicht einmal erwähnt werden.

Über Titel und Erwerbungsart sagt das Gesetz nichts. Am ehesten wird man das Nutzungsrecht an der Hauptsache als Rechtsgrund und die Besitznahme durch Abtrennung, Verarbeitung oder Vereinigung als Erwerbsakt annehmen können. Den Ausgleich für fehlendes Recht schaffen die Grundsätze des Gutglaubensschutzes.

Natürlicher Zuwachs und vermischter Zuwachs: Obwohl das ABGB nur von natürlichen Früchten spricht, gelten die Regeln des Fruchterwerbs für alle wiederkehrenden Erträgnisse einer Sache, die bestimmungsgemäß und ohne wesentliche Veränderung der Muttersache aus dieser gewonnen werden. Auch im MA. hat man unter Früchten in der Regel nur die *fructus naturales* verstanden, ohne allerdings für den Erwerb anderer Sacherträgnisse (die Nutzungen genannt wurden) eigene Rechtsregeln zu entwickeln. Für den Fruchterwerb war das **Produktionsprinzip**: „Wer sät, der mäht“[484] entscheidend. Voraussetzung für den Fruchterwerb des Produzenten war aber, dass er in

schen Privatrecht, FS N. Grass, 1986, 317 ff., der zwei gegensätzliche historische Ordnungsmodelle herausarbeitet. Auf der einen Seite stand das der Regalität verhaftete obrigkeitliche Lösungsmodell, das dem Fiskus ein Zugriffsrecht auf den Schatz eröffnen sollte, zumindest in Gestalt der Drittelung (so schon festgelegt im *Tractatus de juribus incorporalibus* von 1679); auf der anderen Seite die ausschließlich an den Interessen des Finders und Grundstückseigentümers orientierte „hadrianische“ Hälfteteilung zwischen Finder und Bodeneigentümer (Inst. Just. 2,1, 39 u. Hist. Aug. Hadrian 18, 6), zu dem das Hofkanzlei-Dekret von 1846 zurückkehrte. (*Ders.* zu den bes. Komponenten der Regelung des Schatzfundes im Schwabenspiegel, FS H. Lange, 1992, 185 ff.)

482 1. BRBG, BGBl. I 1999/191.

483 BGBl. I 2002/104.

484 *W. Ogris*, Früchte, HRG ²I, Sp. 1864 ff.

Ausübung eines Nutzungsrechtes oder zumindest im guten Glauben an den Bestand eines solchen tätig geworden war. Andernfalls wurde ihm der Fruchterwerb versagt und oft sogar eine Bußleistung abverlangt. Außerdem mussten die Bestellungsarbeiten zum Abschluss gekommen sein. Erst mit diesem Zeitpunkt galten die Früchte als *verdientes* Gut. Lagen diese Voraussetzungen vor, hatten die Eigentums- und Nutzungsverhältnisse an der Hauptsache zur Zeit der Trennung der Früchte keine Bedeutung mehr.

Offensichtlich waren die noch nicht abgesonderten Früchte sonderrechtsfähig. Der Besteller hatte ein unentziehbares dingliches Anwartschaftsrecht auf die Früchte, das mit der Trennung oder Besitzergreifung zum Eigentumsrecht erstarkte.

Diese Grundsätze wurden auch auf Leihezinse, Zehnten, Miet- und Pachtzinse angewendet. Sie galten ebenfalls als verdient, sobald ein bestimmter Termin (Zeit der Reife oder Ernte, Fälligkeit) herangekommen war.

Im Zuge der Rezeption drangen die römischrechtlichen Vorstellungen über den Fruchterwerb in den österreichischen Rechtsraum ein. Die Früchte blieben bis zur Trennung von der Muttersache sonderrechtsunfähig und auch nach der Separation wurde ihr sachenrechtliches Schicksal grundsätzlich durch die an der Muttersache bestehenden Rechtsverhältnisse bestimmt. Dieses gemeinrechtliche **Substantialprinzip**, das die Früchte im Augenblick der **Separation** dem Eigentümer der Muttersache, unabhängig davon, wer die Frucht gesät oder die Trennung vollzogen hatte, zuordnete, kannte allerdings Ausnahmen: Erbpächter und gutgläubiger Besitzer erwarben durch Absonderung Eigentum an den Früchten, Nießbraucher und Pächter durch den besonderen Zueignungsakt der **Perzeption** (Besitzergreifung), aber nur während des Bestandes ihres Nutzungsrechtes. Erlosch dieses vor der Ernte, so hatten sie nur einen Anspruch auf Aufwandersatz. Das *ABGB 1811* folgte grundsätzlich den gemeinrechtlichen Regeln[485].

Künstlicher Zuwachs: Ebenfalls gemeinrechtlich ausgerichtet sind die Bestimmungen des ABGB über die **Verarbeitung** (Spezifikation), die eine Sache so umgestaltet, dass eine neue Sache entsteht, und die **Verbindung** als körperliche Zusammenfügung bisher selbständiger Sachen zu einer Sache. Im Falle der *Verarbeitung* war nach deutschem Recht eher das Stoffeigentum entscheidend, weil es wertvoller erschien; für das römisch-gemeine Recht galt bei Nichtrückführbarkeit der Sachbearbeitung das Okkupationsrecht des Produzenten, weil die Form (nicht der Produktionsfaktor Arbeit) entscheidend war. Auch bei der *Verbindung* ging das gemeine Recht im Fall der Rückführbarkeit davon aus, dass der vorige Zustand wieder hergestellt werden müsse. War dies nicht möglich, erstreckte sich in Anlehnung an das Akzessionsprinzip das Eigentum an der Hauptsache regelmäßig auch auf die verbundene Nebensache. Ansonsten wurde bei *Vermischung* (von flüssigen und gasförmigen Körpern) Miteigentum nach Wertanteilen, bei *Vermengung* (gleich-

485 Vgl. §§ 330, 420 ABGB.

artiger fester Sachen) Quanteneigentum und bei Geld bloß ein obligatorischer Anspruch begründet. Im deutschen Recht hatte man den Einfluss auf die dingliche Rechtslage gar nicht geprüft: Am Haus auf fremdem Grund bspw. blieb weiter Sondereigentum bestehen.

Das *ABGB* versuchte, die Rechtsfolgen der Verarbeitung und Verbindung zu vereinheitlichen[486]. Es verlangt grundsätzlich die Rückführung in den vorigen Stand; ist sie nicht möglich, lässt es bei wirtschaftlich gleichwertigen Beiträgen Miteigentum der Beteiligten (mit besonderen Teilungsregeln) entstehen, im anderen Fall dem Eigentümer der Hauptsache den erlangten Mehrwert (gegen Vergütung) zufallen. Im Falle der Vermengung von Sachen, die sich innerhalb der Gattung nicht unterscheiden lassen (wie Geld), wird der Besitzer dann Eigentümer, wenn er die Sache gutgläubig erworben hat oder die fremde Sache mit seiner ununterscheidbar vermischt wurde. Dem Verkürzten kommt in diesem Fall ein bereicherungsrechtlicher Anspruch zu.

bb) Abgeleiteter Eigentumserwerb an Fahrnis

Der abgeleitete Fahrniserwerb erforderte im älteren Recht die beiderseits gewollte und vollzogene Übertragung der leiblichen Gewere (**Traditionsprinzip**). Der bloße Veräußerungsvertrag reichte für den Erwerb des Eigentums nicht aus, auch nicht mit der Erklärung des Eigenbesitzers, nunmehr für den anderen besitzen zu wollen (Besitzkonstitut). Dazu bedurfte es einer sinnlich wahrnehmbaren Veränderung der Herrschaftslage. Ihr genügte allerdings bald die Übergabe von Symbolen oder – in Anknüpfung an die **traditio cartae** der fränkischen Zeit – die Übergabe von Wertpapieren, die das Recht auf Herausgabe der verzeichneten Waren verbrieften.

Die gemeinrechtliche Lehre knüpfte daran an und forderte grundsätzlich die wirkliche physische Besitzergreifung durch Berührung des Gegenstandes (**körperliche Übergabe**, *traditio vera*). In Anknüpfung an römische Quellen, die Besitz und Eigentum auch ohne physische Ergreifung übergehen ließen, wurden aber auch Fälle der **traditio impropria** anerkannt, und zwar die **Übergabe von Zeichen** anstelle der Sachen selbst *(traditio symbolica)* und die **Übergabe durch Erklärung** *(traditio ficta)*. In Fortführung dieser gemeinrechtlichen Theorie unterscheidet das *ABGB 1811* zwischen körperlicher Übergabe der Sache (Übergabe von Hand zu Hand) und Übergabe durch Zeichen bei solchen beweglichen Sachen, welche keine körperliche Übergabe zulassen; die Übergabe durch Erklärung umfasst die *Besitzauflassung* (das ist die Erklärung, dass der die Sache bereits innehabende Erwerber nunmehr Eigentümer sein soll) und die *Besitzauftragung* (constitutum possessorium; die Einigung der Parteien darüber, dass das Eigentum übergehen, die Sache aber beim Veräußerer bleiben soll, der sie künftig im Namen des Erwerbers innehat). Die *Besitzanweisung* ist ein zusätzlicher Übereignungsakt, den die Lehre als Anwendungsfall der Übergabe durch Zeichen oder in Analogie zur Übergabe durch Erklärung entwickelte. Der Dritte, bei dem sich die Sache

486 §§ 414 ff., s. aber auch § 371.

befindet, wird angewiesen, sie nicht mehr für den Veräußerer, sondern für den Erwerber innezuhaben.

Für *versendete Sachen* gibt es Sonderregeln: Die Sachen galten zunächst mit der Übergabe an den Transportführer als an den Erwerber übergeben, wenn dieser die Übersendungsart bestimmt hat oder damit einverstanden war; mit der Neufassung von § 429 ABGB[487] wird auf eine vereinbarte oder auch nur verkehrsübliche Übersendung abgestellt. Im anderen Fall gilt das Traditionsprinzip.

6. Besondere Eigentumserwerbsarten an Liegenschaften und Fahrnis

a) Ersitzung – Verschweigung

Lit.: *P. Apathy*, Die Ersitzung „pro herede" im österreichischen Recht, FS R. Strasser, 1983, 947 ff.; *P. Apathy*, Inaedificatio und usucapio, FS G. Wesener, 1992, 35 ff.; *P. Apathy*, Ausgewählte Fragen des Ersitzungsrechts, JBl 1999, 205 ff.; *S. Dusil*, Jahr und Tag, HRG ²II, Sp. 1348 ff.; *K. Gusenleitner*, Ersitzung als allgemeiner Rechtserwerbstatbestand, 2004; *W. Immerwahr*, Die Verschweigung im deutschen Recht, Untersuchungen zur deutschen Staats- und Rechtsgeschichte, 1895; *F. Klein-Bruckschwaiger*, Jahr und Tag, HRG II, Sp. 288 f.; *H. Kreller*, Römisches Recht, II Grundlehren des Gemeinen Rechts, 1950, 201 ff.; *P. Liver*, Rechte Gewere und Ersitzung, Archiv des Historischen Vereins Kanton Bern, Bd. 44, 1958, 439 ff.; *J. M. Mračzek*, Lehre über die Verjährung, 1801; *C. F. Roßhirt*, Dogmen-Geschichte des Civilrechts, 1853, 213 ff.; *H. Schmachtenberg*, Ersitzung, HRG I, Sp. 1006 ff.; *R. Sohm*, Institutionen, Geschichte und System des römischen Privatrechts, ¹⁷1931, 264 ff; *R. Sprung/B. Köllensperger*, Zur Intabulation des ersessenen Eigentums an verbücherten Liegenschaften (§ 1498 ABGB), FS W. H. Rechberger, 2005, 623 ff.

Die **Ersitzung** ist der Erwerb eines Rechts durch qualifizierten Besitz während einer gesetzlich bestimmten Zeit. Erworben wird das dem Besitz entsprechende dingliche Recht. Die Ersitzungsfrist beträgt bei der **eigentlichen Ersitzung** (die rechtmäßigen, redlichen und echten Besitz voraussetzt) 3 Jahre für bewegliche und 30 Jahre für unbewegliche Sachen, während die **uneigentliche Ersitzung** (die redlichen und echten Besitz genügen lässt) immer 30 Jahre dauert[488]. Die Redlichkeit des Besitzers wird in diesem Fall bis zum Beweis des Gegenteils vermutet (§ 1477 ABGB).

Rechtmäßig ist der Besitz, wenn er auf einem gültigen Titel, also auf einem zur Erwerbung tauglichen Rechtsgrund beruht. *Redlicher* Besitzer ist, wer aus wahrscheinlichen Gründen die Sache, die er besitzt, für die seinige hält. *Echt* ist der Besitz, wenn er weder gewaltsam erworben noch durch List oder Bittleihe heimlich erschlichen wurde.

Im ABGB sind Ersitzung und Verjährung zu einem einheitlichen Institut zusammengefasst, weil man der Auffassung war, dass der Rechtsverlust des einen den Rechtser-

487 Verbraucherrechte-Richtlinien-Umsetzungsgesetz, BGBl. I 2014/33.

488 In Ausnahmsfällen (Ersitzung gegen inländische juristische Personen des öffentlichen und privaten Rechts, lange Abwesenheit des Eigentümers, Erwerb einer beweglichen Sache vom unechten, unredlichen oder unbekannten Besitzer) verlängern sich diese Fristen auf 6 bzw. 40 Jahre (§ 1472 ABGB).

werb des anderen voraussetze. Tatsächlich unterscheiden sich die beiden Institute in mehrfacher Hinsicht, so z. B. dadurch, dass das Eigentum ersessen werden kann, aber nicht verjährt. Andererseits ist die Verjährung von Rechten möglich, die keiner Ersitzung fähig sind (sie beschränkt sich auf dingliche Rechte).

Die **Verschweigung** führt zum Rechtserwerb des Nichtberechtigten dadurch, dass der Berechtigte sein Recht nicht (rechtzeitig) ausübt. Sie verbindet Rechtsverlust des einen und Rechtserwerb des anderen in einem Akt und ist im modernen Recht nur vereinzelt, nicht aber als allgemeine Rechtseinrichtung geregelt.

Dem *älteren Recht* war die Ersitzung (wie auch die Verjährung) unbekannt. Allerdings erfüllte die **Verschweigung** eine ähnliche Funktion wie die Ersitzung. Bei Grundstücken gingen die Rechte anderer verloren, wenn sie nicht sofort bei der gerichtlichen Auflassung oder innerhalb einer Frist von Jahr und Tag der Übertragung des Grundstücks durch Klage gegen den Erwerber widersprachen. Die Versäumung der Frist, deren Ablauf nur durch echte Not gehemmt werden konnte, ließ die **rechte Gewere** entstehen. Bei beweglichen Sachen hatte die Verschweigung vor allem beim Fund Bedeutung. Im Zeitalter der *Rezeption* wurde die Verschweigung allmählich durch die gemeinrechtlichen Institute der **Ersitzung** (usucapio) und **Verjährung** (praescriptio) verdrängt.

Unter dem Oberbegriff der Verjährung wurden sowohl die *eigentliche Verjährung* (praescriptio extinctiva, Extinktivverjährung oder verlöschende Verjährung) als auch die *Ersitzung* (praescriptio aquisitiva, Akquisitivverjährung oder erwerbende Verjährung) zusammengefasst. Maßgebend war die im justinianischen Recht durch Verschmelzung der usucapio mit der longi temporis praescriptio ausgebildete Ersitzungsform, die zur Entstehung des Eigentums bei dreißigjährigem Besitz den Nachweis eines Titels nicht mehr erforderte. Es genügte vielmehr der gute Glaube am Beginn der Ersitzung. An diesem Begriff der Redlichkeit entzündeten sich gemeinrechtliche Erörterungen. Das Kirchenrecht forderte nämlich guten Glauben während der gesamten Ersitzungszeit. Dieser Standpunkt setzte sich schließlich durch und ist bis heute erhalten geblieben, wenngleich die Voraussetzungen der uneigentlichen Ersitzung durch die Vermutung der Redlichkeit des Besitzers gemildert wurden.

Die verschiedenen Partikularrechte übernahmen vorrangig das römisch-gemeine Recht, fügten jedoch meist ma. Verschweigungselemente in Verjährung und Ersitzung ein. Dieser Rechtszustand findet sich auch im *ABGB 1811*[489].

489 Zu den Sonderbestimmungen über die Verschweigung gehören der Erwerb des Finders (§ 395 ABGB, i. d. F. der Sicherheitspolizeigesetznovelle 2002, BG vom 16.7.2002, BGBl. I 104), ein Teil des Uferrechts (§ 412 ABGB) und jetzt auch der Erwerb des rechtswidrig im Grundbuch eingetragenen Eigentümers durch Verjährung der Löschungsklage (§§ 62–64 GBG). Ein weiteres Erinnerungsstück an die deutschrechtliche Verschweigung ist die Einrichtung des Aufgebotsverfahrens, z. B. bei der Kraftloserklärung von Wertpapieren. Neben den rechtshistorischen Grundlagen der Ersitzung findet sich auch ein aufschlussreicher Vergleich der Regelungsmodelle Deutschlands, der Schweiz, Italiens und Frankreichs bei *K. Gusenleitner*, Ersitzung als allgemeiner Rechtserwerbstatbestand, 2004, 37 ff., 67 ff.

Große Schwierigkeiten bereitete die Übereinstimmung des Ersitzungsrechtes mit den deutschrechtlichen Grundbuchsprinzipien. Das Festhalten an der Gültigkeit grundbücherlicher Eintragungen stand mit der gemeinrechtlichen Idee im Widerspruch, dass die dauernde Trennung des tatsächlichen Besitzes vom Eigentumsrecht im Interesse der Verkehrssicherheit nicht wünschenswert sei. Das österreichische Recht verhielt sich gegenüber der außerbücherlichen Ersitzung zunächst ablehnend. So war etwa im *Codex Theresianus* die außerbücherliche Ersitzung des Liegenschaftseigentums ausgeschlossen. Andere Rechte an Liegenschaften konnten zwar durch dreißigjährige ruhige und ungestörte Ausübung erworben werden, doch gab auch hier die Ersitzung nur einen Eintragungstitel; zur Erwerbung des dinglichen Rechts war noch die Eintragung nötig. Dabei blieb es im *Entwurf Horten*, doch gestattete der *Entwurf Martini* eine zehnjährige Eigentumsersitzung in jenen Gegenden, wo noch keine öffentlichen Bücher vorhanden waren, dazu die Tabularersitzung von Dienstbarkeiten und deren außerbücherliche Ersitzung mit persönlicher Wirkung. Die heutige Rechtslage wurde durch das *Grundbuchsgesetz* geschaffen, nach der durch die Erfüllung der Ersitzungsbedingungen Eigentum erworben wird und der Berechtigte die Eintragung ins Grundbuch verlangen kann.

b) Enteignung

Lit.: *U. Floßmann*, Eigentumsordnung und Bodenordnung im historischen Wandel, 1976; *U. Floßmann*, Der Eigentumsschutz im sozialen Rechtsstaat, 1979; *C. S. Grünhut*, Das Enteignungsrecht, 1873; *M. Layer*, Prinzipien des Enteignungsrechtes, 1902; *L. Menninger*, Die Inanspruchnahme Privater durch den Staat. Das Recht der Aufopferung und Enteignung im 18. und 19. Jahrhundert, 2014; *P. Rummel/J. Schlager*, Enteignungsentschädigung, 1981; *F. Wieacker*, Eigentum und Enteignung, 1935.

Unter Enteignung ist der gänzliche oder teilweise Entzug des Eigentumsrechts durch hoheitlichen Akt zu verstehen. Er setzt öffentliches Interesse und Entschädigung des Enteigneten voraus. Davon zu unterscheiden sind aus Gemeinsinn zumutbare Eigentumseingriffe (unwesentliche Eigentumsbeschränkungen), die der Eigentümer entschädigungslos hinnehmen muss.

Dem *älteren Recht* war die Enteignung fremd, da die weitgehenden sozialen Bindungen des Eigentums, insbes. des Grundeigentums, kein Bedürfnis für zusätzliche Eingriffe im Interesse des Gemeinwohls aufkommen ließen. Erst seit sich in den Städten die ausschließliche Verfügungsmacht des Eigentümers verfestigte und zugleich die Bewältigung neuer gemeinschaftlicher Aufgaben vordringlich wurde (Bau von Verteidigungsanlagen, Straßen und öffentlichen Gebäuden; Feuerverhütung und -bekämpfung) sind behördliche Zwangsmaßnahmen zur Abtretung von Grundeigentum gegen Entschädigung überliefert. Schon damals hat man also die klassischen Enteignungsvoraussetzungen beachtet und schließlich zur Rechtsregel werden lassen. Ähnliches galt für den Kirchenbau, für den Kanal- und Deichbau sowie bei der Anlage von Bergwerken. Es entwickelten sich partikuläre Enteignungsrechte.

Auch die *gemeinrechtliche Lehre* konnte nur an einzelne Regeln des römischen Rechts zur Eigentumsentziehung anknüpfen, die von den Glossatoren zur Grundlage einer theoretischen Erörterung des Enteignungsrechtes gemacht worden waren. Sie führte im 16. Jh. die Diskussion auf breiterer Basis weiter, wobei sich freilich die verschiedensten Gesichtspunkte des Staats-, Privat-, Völker- und Strafrechts vermengten. Bahnbrechend für die weitere Entwicklung war *Grotius*[490], der nachzuweisen versuchte, dass bei der Entstehung des Privateigentums aus kollektivem Eigentum die Rechte der Gemeinschaft nicht völlig beseitigt wurden; dem *ius vulgare* des einzelnen sei das *ius eminens* der Gesamtheit übergeordnet, weshalb Eigentumseingriffe im öffentlichen Interesse *(utilitas publica)*, allerdings gegen Entschädigung *(compensatio ex communi)* zulässig seien. Dieser Lehre folgend machte der absolute Staat das hoheitliche **ius eminens** zur Grundlage seines Enteignungsrechts[491]. Diskutiert wurde lediglich die Entschädigungspflicht, zu der sich letztlich das *ABGB 1811* ausdrücklich bekannte[492]. Damals sah man das Rechtsverhältnis zwischen dem Enteigner (Inhaber des gemeinnützigen Unternehmens) und dem Enteigneten noch überwiegend als privatrechtliches an. Meist wurde die Vorstellung eines Zwangskaufes oder einer besonderen Zustandsobligation bemüht, um zu begründen, warum der Enteignete verpflichtet sei, seine Sache gegen Entschädigung an den Enteigner abzutreten (derivativer Eigentumserwerb). Die Weiterentwicklung des Enteignungsrechtes vollzog sich dann im öffentlichen Recht und führte zur nahezu einhelligen Auffassung, dass der Enteigner originär erwirbt[493]. Selbst wenn der Enteignete gar nicht Eigentümer war, erhält er trotzdem Eigentum.

c) Eigentumserwerb vom Nichtberechtigten

Lit.: *U. v. Lübtow*, Hand wahre Hand, FS der Juristischen Fakultät der Freien Universität zum 41. Juristentag in Berlin, 1955, 119 ff.; *W. Ogris*, Hand wahre Hand, HRG I, Sp. 1928 ff., ²II, Sp. 698 ff.; *T. Repgen*, Guter Glaube, HRG ²II, Sp. 619 ff.; *H. E. Troje*, Guter Glaube, HRG I, Sp. 1866 ff., *M. Wellspacher*, Das Vertrauen auf äußere Tatbestände im bürgerlichen Rechte, 1906; s. auch Lit. zu Gewere.

Der aus dem römisch-gemeinen Recht übernommene Leitsatz „Niemand kann mehr Rechte übertragen, als er selber hat“, lässt den Eigentumserwerb vom Nichtberechtigten nur in Ausnahmefällen zu. Sie bedürfen besonderer Rechtfertigung durch schutzwürdige Interessen des Erwerbers und werden auch nur aus Gründen der allgemeinen Verkehrssicherheit gemacht. Das

490 *H. Grotius*, De iure belli ac pacis. Libri tres, 1625, Neudr. 1950, II, c. 2 § 2, I c. 1 § 6, II c. 14 §§ 7, 8.

491 Zum Streit um die Grundlage dieses hoheitlichen Wegnahmerechts vgl. *L. Menninger*, Die Inanspruchnahme Privater durch den Staat. Das Recht der Aufopferung und Enteignung im 18. und 19. Jahrhundert, 2014.

492 S. § 365; Näheres in *U. Floßmann*, Der Eigentumsschutz im sozialen Rechtsstaat, 1979, 90 ff.; *dies.*, Eigentumsbegriff und Bodenordnung im historischen Wandel, 1976, 113 ff.

493 *A. Randa*, Das Eigenthumsrecht nach österreichischem Rechte mit Berücksichtigung des gemeinen Rechtes und der neueren Gesetzbücher, 1. Hälfte, ²1893, 195f.; *K. Spielbüchler* in *P. Rummel*, Kommentar zum Allgemeinen Bürgerlichen Gesetzbuch I, ³2000, 564 f.

Hauptanwendungsgebiet des originären Erwerbs vom Nichtberechtigten liegt im **Fahrnisrecht**. Bei Liegenschaften ist überhaupt nur der Erwerb vom eingetragenen Scheinberechtigten im *Vertrauen auf den Grundbuchstand* und der Erwerb vom Scheinerben im *Vertrauen auf die Einantwortung* von Bedeutung. Ihre Besonderheit liegt darin, dass die besondere Rechtsscheinwirkung beim Veräußerer auch den unentgeltlichen Erwerb rechtfertigt.

Die Fahrnisverfolgung in dritte Hand war im *älteren Recht* nur bei **Gewerebruch** möglich, jede freiwillige Gewereaufgabe beschränkte den Eigentümer auf Ansprüche aus dem Treubruch[494] („Wo du dein Vertrauen gelassen hast, dort sollst du es suchen"). In den ma. Stadtrechten wurde das Recht der Sachverfolgung teils eingeschränkt (in den Fällen des Gewerebruchs), teils erweitert (bei freiwilliger Gewereaufgabe).

Die spätma. Rechtslage bei **Gewerebruch** lässt sich etwa wie folgt schildern: Einschränkung der Sachverfolgung auf die übliche Verschweigungsfrist (insbes. bei verlorenen und über See eingeführten Sachen), Ausschluss der Anefangsklage bei über See eingeführten und auf einer öffentlichen Feilbietung erworbenen Sachen; entgeltlich erworbene geraubte und gestohlene Sachen waren nur gegen Ersatz des Kaufpreises herauszugeben (*Hehlerprivileg* zugunsten der Juden und anderer Personengruppen; Lösungsrecht).

Im Fall **freiwilliger Gewereaufgabe** sind aus derselben Zeit folgende Einschränkungen der Hand-wahre-Hand-Regel überliefert: vermietete und einem Handwerker zur Reparatur übergebene Sachen konnten in dritte Hand verfolgt werden; das beim Vertrauensmann Gepfändete konnte herausverlangt werden; das vom Vertrauensmann beim Spiel an einen Dritten verlorene Gut musste herausgegeben werden; beim Vertrauensmann gestohlenes Gut konnte vom Eigentümer verfolgt werden, wenn der Vertrauensmann gestorben war oder sich weigerte, die Klage zu erheben; Anerkennung eines allgemeinen Herausgabeanspruchs gegen Bezahlung des Kaufpreises (Lösungsrecht).

Das *römisch-gemeine Recht* brachte das **Vindikationssystem** („ubi rem meam invenio, ibi vindico"), das der unbeschränkten Fahrnisverfolgung nur dadurch einen Riegel vorschob, dass die Ersitzungszeit relativ kurz war (in der Regel ein Jahr; die Ersitzung von gestohlenen Sachen war jedoch ausgeschlossen). Partikularrechtlich hielten sich ma. Auffassungen (vor allem die Verfolgungsbeschränkungen bei Kauf auf offenem Markt, Erwerb in einer Versteigerung oder vom Vertrauensmann des Eigentümers) als Ausnahmen von der Regel, ohne dass man damit die Vorstellung eines Eigentumserwerbs durch den Dritten verbunden hätte. Einigendes Prinzip der verschiedenen Rechtssysteme war, dass nicht so sehr die Art des Besitzverlustes, sondern die Art des Besitzerwerbs durch den Dritten entscheidend sei. Es wurde nunmehr untersucht, ob der Erwerb auf *rechtmäßige* und *redliche* Weise erfolgte. Ein weiterer Leitgedanke war die Gewährleistung eines *sicheren Rechtsverkehrs*, indem man dem erkennbaren Eigentum zumindest beschränkten Schutz angedeihen ließ **(Schutz des redlichen Mobiliarverkehrs)**. So wurde in zahlrei-

494 S. Fahrnisgewere.

chen (meist prozessualen Bestimmungen) einerseits die Vindikation *unfreiwillig* begebener oder gestohlener Sachen zugunsten des redlichen und rechtmäßigen Besitzers eingeschränkt, andererseits bei *anvertrautem* Gut zugelassen, wenn sich der Besitzer nicht auf Gutgläubigkeit und Rechtmäßigkeit des Erwerbers berufen konnte.

Der erste Versuch einer Rechtsvereinheitlichung findet sich im *Codex Theresianus*[495], wo auch klar und allgemein ausgesprochen wurde, dass der redliche Besitzer Eigentum erwerben und dem vorigen Eigentümer nur das Recht auf Schadloshaltung bleiben soll[496]. Daneben entstand ein ganzes **System des Erwerbs Macht Rechtens**, das alle heute noch aktuellen Rechtfertigungsgründe verarbeitete.

„Es wird demnach das Eigenthum auch ohne Uebergabe auf *viererlei Art* aus Macht Rechtens übertragen, als: *Erstens*, wegen öffentlichen Trauen und Glaubens bei liegenden Gütern durch landtäfliche, stadt- oder grundbücherlichen Einlage der Uebertragungs- oder Veränderungsursache. *Zweitens*, aus dem vornehmsten Endzweck alles Rechts um jedermänniglich des seinige zu geben durch richterlichen Spruch und Urtheil. *Drittens*, wegen Sicherheit gemeinen Handels und Wandels bei fremden beweglichen Sachen durch deren mit guten Glauben aus entgeltlicher Ursache geschehene Erwerbung. *Viertens*, wegen Gewißheit und Verläßlichkeit des Eigenthums durch Verjährung einer mit gutem Glauben rechtmäßig an sich gebrachten sowohl beweglichen, als unbeweglichen fremden Sachen.“ (Cap. VIII. § I. 13–16.)

Im *Entwurf Martini*[497] wurde dieser allgemeine Grundsatz preisgegeben und der Eigentumserwerb kraft guten Glaubens auf **taxativ angeführte Fälle** beschränkt, die gelegentlich (insbes. als Anhang zur Eigentumsklage) eingeschoben wurden: öffentliche Feilbietung, Veräußerung von Handelsleuten, Veräußerung von anvertrauten Sachen, von Inhaberpapieren oder durch den legitimierten vermeintlichen Erben. Diese Normen fanden (mit einigen Änderungen) Eingang in das ABGB; eine weitere Bestimmung wurde ins HGB aufgenommen.

Das *ABGB 1811* kennt also **kein einheitliches Prinzip** des Eigentumserwerbs vom Nichtberechtigten. Die Voraussetzungen sind regelmäßig *Gutgläubigkeit* des Erwerbers und *Besitzeinräumung* durch den Inhaber der Sache; dazu müssen im Einzelfall noch verschiedene Wertungskriterien gegeben sein.

495 „Von Uebertragung des Eigenthums aus Macht Rechtens“ (Zweiter Theil. Von Sachen und dinglichen Rechten. Caput VIII. n. 1–70). „Zum Problem des gutgläubigen Erwerbes“ im kodifizierten Recht vgl. den gleichnamigen Aufsatz von *W. Wilburg*, FS H. Baltl, 1978, 557 ff.

496 „Der gute Glauben in Erwerbung einer fremden beweglichen Sache aus entgeltlicher Ursache übertraget deren Eigenthum an den Erwerber aus Macht Rechtens dergestalten, daß dieser Uebertragung weder die Unzulänglichkeit der Uebergabe wegen ermangelnden Eigenthums an Seiten des Uebergebenden in Wege stehen, noch auch an Seiten des Erwerbenden die Verjährung (m. a. W. Ersitzung) der Sache dazu erforderlich sein solle.“ § IV. 43.

497 II 3. Hpst. §§ 16. 20 ff., II. 18. Hpst. § 50.

Der Erwerber einer beweglichen Sache wurde bis zum 31.12.2006 dann als (originärer) Eigentümer geschützt, wenn der Erwerb auf einem objektiv gültigen Titel beruhte, entgeltlich war und in einer öffentlichen Versteigerung, von einem zur Veräußerung befugten Gewerbsmann oder von einem Vertrauensmann erfolgte (§ 367 a. F.). Im Handelsrecht reichte es für den Eigentumserwerb aus, wenn der Erwerber im guten Glauben war, der Eigentümer habe den Veräußerer zur Übereignung ermächtigt (§ 366 HGB). Mit dem neuen Unternehmensgesetzbuch, BGBl. I 2005/120, wurde diese Zweispurigkeit der handelsrechtlichen und der zivilrechtlichen Regelung beseitigt; ab 1.1.2007 gelten nur mehr die allgemeinen Regeln des AGBG in der novellierten Fassung[498]. Unverändert blieben die Sonderbestimmungen für den Eigentumserwerb von Geld und Inhaberpapieren (§ 371 ABGB) sowie vom gerichtlich eingeantworteten Scheinerben (§ 824 ABGB).

7. Eigentumsschutz

Lit.: *P. Apathy*, Die publizianische Klage, 1981; *W. Ogris*, Gewere, HRG I, Sp. 1658 ff., ^{2}II, Sp. 347 ff.; *Th. Olechowski*, Besitz, HRG ^{2}I, Sp. 547 ff.; *A. Randa*, Das Eigenthumsrecht nach österreichischem Rechte mit Berücksichtigung des gemeinen Rechtes und der neueren Gesetzbücher, 1. Hälfte, 1888, ^{2}1893; *D. Werkmüller*, Anefang, HRG ^{2}I, Sp. 228 ff.

Dem nicht besitzenden Eigentümer steht gegen jeden Sachinhaber die **„eigentliche Eigentumsklage“** zur Verfügung, die auf Herausgabe der Sache gerichtet ist. Daneben gibt die **Eigentumsfreiheitsklage** dem besitzenden Eigentümer die Möglichkeit, Störungen seines Eigentums durch andere abzuwehren.

In vielen Sondervorschriften werden dem Eigentümer weitere Klagen zugestanden, die aus seinem absoluten Recht folgen. Der Eigentümer kann alle ihm zustehenden **petitorischen Klagen** auch als **Klagen aus dem rechtlich vermuteten Eigentum** (actio Publiciana) geltend machen. Da der nicht besitzende Eigentümer als Kläger sein Eigentum (und daher die Kette aller vorhergehenden Eigentumsübertragungen bis zu einem originären Erwerb) nachzuweisen hat, bietet die an das *Recht zum Besitz* anknüpfende *actio Publiciana* die Möglichkeit, durch bloßen Nachweis der Rechtmäßigkeit und Echtheit des Besitzes gegen jede Person durchzudringen, die gar keinen oder nur einen schwächeren Titel hat.

Der moderne Eigentumsschutz hat sich im Wesentlichen aus gemeinrechtlichen Vorschriften entwickelt. Das ma. Recht kannte nämlich keine besonders ausgestalteten Eigentumsklagen. Da sich die Zugehörigkeit einer Sache vor allem in der Nutznießung äußerte, war der Schutz des Eigentums als Nutzbesitzschutz in der Gestalt der Gewere institutionalisiert. Dieser Schutz gab dem ma. Eigentumsrecht einen relativen Charakter, da jeder Prozess um Gut ein Streit um die **bessere Gewere** war. Das Eigentum verkörperte sich in einer von vielen möglichen Erscheinungsformen der Gewere; eine außerordentli-

498 So wird nicht mehr auf den redlichen Erwerb von einem „befugten Gewerbsmann“ abgestellt, sondern auf die Veräußerung durch einen „Unternehmer im gewöhnlichen Betrieb seines Unternehmens“. Näheres dazu bei *E. Karner*, Gutgläubiger Mobiliarerwerb und HGB-Reform, RdW 3/2004, 137 ff. und *M. Schauer*, Handelsrechtsreform: Die Neuerungen im Vierten und Fünften Buch, ÖJZ 2006/2, 64 (76 f.).

che Rechtsmacht, die nur einer Person zustehen konnte und besonderen Rechtsschutz brauchte, wurde in ihm nicht gesehen.

Eine besonders ausgestaltete Gewere-Klage war (neben der *Anefangsklage* im Fahrnisrecht, dazu oben) die *„Klage um liegendes Gut"* im Liegenschaftsrecht. Mit ihr konnten unbefugte Eingriffe in jede Art Eigengewere abgewehrt werden. Erst mit der spätma. Erkenntnis des Gegensatzes zwischen begrenzt dinglichen Rechten und dem Eigentum zerfiel auch die Gewere ihrem Inhalt nach in die *Eigengewere* und die *beschränkte Gewere*, die lediglich Ausdruck eines beschränkten dinglichen Nutzungsrechtes war. Der Gewereschutz begann sich dieser Gliederung anzupassen, ohne aber einen besonders ausgestalteten Eigentumsschutz zu entwickeln.

Erst das römisch-gemeine Recht bot dem Eigentümer zur Wahrung seines Rechts eigene Klagen an: die **rei vindicatio**, als Sachverfolgungsklage, die **actio negatoria** zur Abwehr von Eingriffen in sein Eigentum und die **actio Publiciana** zum Schutz des Ersitzungsbesitzes, die ihm auch ohne vollen Eigentumsnachweis die Wiedererlangung seiner Sache ermöglichte. Vor allem auf dieser Klage ruhte wegen ihrer Vergleichsmöglichkeit zu den ma. Gewere-Klagen der Eigentumsschutz im gemeinen Recht. Das ABGB hat alle diese Klagen übernommen[499].

B. Die beschränkt dinglichen Rechte

1. Das Pfandrecht

a) Grundzüge des modernen Pfandrechts

Das **Pfandrecht** ist das einem Gläubiger zukommende Recht, sich bei Nichterfüllung seiner Forderung durch Verwertung einer bestimmten Sache vorzugsweise (vor anderen Gläubigern) Befriedigung zu verschaffen. Es ist ein dingliches Recht, weil es die Sache selbst erfasst, und wirkt gegen jedermann. Da das Pfandrecht bloße **Sicherungsfunktion** hat, ist es vom Entstehen und Bestand des zu sichernden Rechts abhängig **(Prinzip der Akzessorietät)**. Es kann nur an bestimmten Sachen (nicht am gesamten Vermögen einer Person) bestehen **(Spezialitätsgrundsatz)**, erfasst das Pfand bis zur vollständigen Befriedigung der gesicherten Forderung **(Grundsatz der ungeteilten Pfandhaftung)** und verschafft bei Mehrfachverpfändung einen Befriedigungsrang, der sich nach dem Zeitpunkt der Pfandrechtsbegründung richtet **(Prioritätsgrundsatz)**. Weitere Grundsätze sind, dass das Pfandrecht i. d. R. nur an fremder Sache (die allerdings nicht dem persönlich haftenden Schuldner gehören muss) begründet werden kann, dass dem bloßen Pfandgläubiger kein Nutzungsrecht an der Pfandsache zusteht und dass sie ihm auch bei Fälligkeit der Forderung nicht zufallen darf **(Ausschluss des Nutzungs- und Verfallspfandes)**.

499 §§ 366, 372, 523 (die Negatorienklage richtet sich gegen die Anmaßung einer Servitut, wird aber kraft Größenschlusses als umfassende Eigentumsfreiheitsklage angesehen).

Einige Abweichungen von diesen Prinzipien, die vor allem darin begründet sind, dem Liegenschaftseigentümer die Erlangung eines Realkredits möglichst zu erleichtern, sowie die unterschiedlichen Erwerbsarten des Pfandrechts an beweglichen und unbeweglichen Sachen haben zwei Rechtsbereiche entstehen lassen: dem **Pfandrecht im engeren Sinn** an beweglichen Sachen steht das **Hypothekenrecht** an unbeweglichen Sachen gegenüber. Das Fahrnispfandrecht wird durch Übergabe der Sache an den Gläubiger begründet (**Faustpfandprinzip, Handpfandprinzip**); das Grundpfandrecht durch Eintragung im Grundbuch (**Eintragungsprinzip, Intabulationsprinzip**). Dem Besitzpfand im Fahrnisrecht steht somit das besitzlose Pfand (**Hypothek**) im Liegenschaftsrecht gegenüber. Eine Besonderheit des Grundpfands ist überdies, dass der Pfandgläubiger bei Erlöschen eines bevorrangten Pfandrechts vorrückt (**Vorrückungsprinzip**), soferne nicht der Liegenschaftseigentümer über den frei gewordenen Pfandrang selbst verfügt (Eigentümerhypothek, Rangvorbehalt, bedingte Pfandrechtseintragung).

Lehre und Rechtsprechung haben weitere Sicherungsgeschäfte entwickelt, die dem modernen Kreditbedürfnis entgegenkommen, weil sie dem Gläubiger eine leicht realisierbare dingliche oder quasidingliche Sicherheit verschaffen: Neben der *Sicherungsübereignung* (s. Treuhandeigentum), die *Sicherungsabtretung* (diese Forderungsabtretung berechtigt den Gläubiger nur im Falle des Zahlungsverzugs seines Schuldners, die Forderung einzuziehen) und den *Eigentumsvorbehalt*[500] (der darin besteht, dass sich der Verkäufer bis zur vollständigen Bezahlung des Kaufpreises das Eigentumsrecht an der Sache vorbehält).

b) Das Pfandrecht in der rechtshistorischen Entwicklung

Lit.: *W. Brauneder*, Die „stillschweigenden Hypotheken" und der österreichische Landsbrauch, Bericht über den 11. Österreichischen Historikertag, 1972, 226 ff.; *H. Coing*, Europäisches Privatrecht 1500–1800 I, 1985, 319 ff.; *E. Demelius*, Das Pfandrecht an beweglichen Sachen nach österreichischem bürgerlichen Recht. Mit besonderer Berücksichtigung des bürgerlichen Gesetzbuches für das deutsche Reich, 1. Abtheilung, 1897; *R. Exner*, Das Österreichische Hypothekenrecht I, 1876, II, 1881, neu bearbeitet von *E. Feil*, Österreichisches Hypothekarrecht, ³2012; *A. Exner*, Das Publizitätsprinzip, 1870; *G. Frotz*, Aktuelle Probleme des Kreditsicherungsrechts, 1970; *Ph. Hellwege*, Mortgage, HRG ²III, Sp. 1635 ff.; *H. Hofmeister*, Zur Entwicklung des Eigentumserwerbs an Grundstücken und des Grundkredits in Österreich unter besonderer Berücksichtigung des Einflusses der preußischen Gesetzgebung von 1872, Wissenschaft und Kodifikation des Privatrechts im 19. Jahrhundert III, 1976, 346 ff.; *H. Hofmeister*, Vormärzliche Lehren über das Schicksal der Hypothek nach Erlöschen der Schuld, FS H. Demelius, 1973, 95 ff.; *H. Hofmeister*, Die österreichische „Eigentümerhypothek" als dogmatisches und rechtspolitisches Problem, FS E. C. Hellbling, 1981, 567 ff.; *P. Jabornegg*, Zurückbehaltungsrecht und Einrede des nicht erfüllten Vertrages, 1982; *Ch. Neschwara*, Pfandrecht, HRG ²IV, Sp. 529 ff; *E. v. Schwind*, Wesen und Inhalt des Pfandrechts – eine rechtsgeschichtliche und dogmatische Studie, 1899; *W. Sellert*, Pfändung, Pfandnahme, Pfändungsklausel, Pfandverfall als Strafe, HRG III, Sp. 1693 ff., ²IV, Sp. 544 ff; *E. Weiß*, Pfandrechtliche Untersuchungen, II. Abtei-

500 *A. Cohen*, Die geschichtliche Entwicklung des Eigenthumsvorbehaltes, Zeitschr. f. d. Privat- und öffentliche Recht der Gegenwart 21, 1894, 689 ff.

lung, 1910; *G. Wesener*, Zur Entwicklung des Pfandrechts in den altösterreichischen Ländern, FS H. Demelius, 1973, 257 ff.; *W. Wiegand*, Zur Entwicklung der Pfandrechtstheorien im 19. Jahrhundert, ZNR 1981, 1 ff.

Die Pfandnahme war bereits in ältester Zeit bekannt, ursprünglich wohl in Form des zwangsweise begründeten sog. *genommenen Pfandes* im Rahmen von Fehdehandlungen. Das Pfand war Rache- und nicht Befriedigungsobjekt, das Recht des Gläubigers daher zunächst nur ein *Zurückbehaltungsrecht*. Bei den ersten Formen vertraglicher Pfandrechtsbegründung standen bereits die Nutzungs- und Verwertungsmöglichkeiten des Pfandes im Vordergrund. Sie bewirkten eine Spaltung in Liegenschaftspfandrecht und Fahrnispfandrecht.

Der Begriff des Pfandrechts dürfte im Fahrnisrecht entstanden und erst von dort auf das Liegenschaftsrecht übertragen worden sein. Das erklärt sich aus der früheren Ausbildung des Fahrniseigentums, das erste Formen einer Sicherungsübereignung ermöglichte.

aa) Das Liegenschaftspfandrecht

(1) Älteres Recht

Die Sachhaftung einer Liegenschaft wurde ursprünglich dadurch erreicht, dass der Schuldner dem Gläubiger das Eigentum an ihr übertrug (sog. **Sicherungsübereignung**). Schuldrechtlich stellte sich dieses Rechtsgeschäft als Verkauf der Liegenschaft unter Vorbehalt des Wiederkaufs dar.

Ältere Satzung: Seit der fränkischen Zeit begann sich die Idee der Sicherungsübereignung abzuschwächen. Es wurde üblich, dass der Schuldner das Eigentum behielt und dem Gläubiger nur eine *pfandliche* oder **Satzungsgewere** an der Liegenschaft verschaffte. Diese **ältere Satzung** beließ dem Schuldner (Pfandbesteller) eine ruhende Eigengewere, räumte aber dem Gläubiger die unmittelbare Sachherrschaft über das verpfändete Grundstück ein. Begründet wurde die Satzungsgewere in rechtsförmlicher Weise vor Gericht oder Stadtrat mit Zustimmung der wartberechtigten Erben (Erbenlaub). Die Pfandhaftung war **reine Sachhaftung**. Im Falle einer Verschlechterung oder des Untergangs des versetzten Grundstücks konnte der Satzungsgläubiger nicht auf das übrige Vermögen des Schuldners greifen. Vorbehaltlich einer anderen Abmachung hatte jedoch der Gläubiger das Recht, die Früchte des verpfändeten Grundstücks zu seinem Vorteil zu ziehen, gleichsam als Ersatz für die ihm entgehenden Zinsen am verliehenen Geld **(Nutzungspfand)**.

Nach ältester Rechtsauffassung sollte das Nutzungsrecht des Gläubigers bis zur Rückzahlung der Pfandsumme „ewig" dauern (**Ewigsatzung**, Zinssatzung; im französischen Recht wurde diese Satzungsform *mortgage* bezeichnet, weil das Pfand für den Schuldner tot war). Der Gläubiger war allerdings auf sein Nutzungsrecht beschränkt, er durfte die Substanz des verpfändeten Grundstücks nicht angreifen und hatte kein Recht, die Einlösung des Pfands zu fordern oder es zu veräußern. Umgekehrt durfte der Schuldner versetzte Grundstücke veräußern. Die weite Verbreitung der Ewigsatzung geht nicht zuletzt auf das kanonische Zinsverbot zurück. Sie bot die (rechtlich erlaubte) Möglichkeit, Entgelt für die leihweise Hingabe von Geld zu erhalten. Seit dem 12. Jh. und verstärkt im Spätma. unter dem Einfluss kanonischer Wucherverbote kam allmählich die **Totsatzung** auf. Der Pfandgläubiger hatte sich den gezogenen Nutzen auf das Schuldkapital anrechnen zu lassen, der die Schuld amortisierte (aus der Sicht des Schuldners lebte das Pfand, weshalb diese Satzung im französischen Recht als *vifgage* bezeichnet wurde). Sie verbreitete sich nur sehr zögernd im deutschen Rechtsraum, so dass in den spätma. Rechtsquellen Ewigsatzung und Totsatzung nebeneinander und miteinander vorkommen.

Milderungen der Ewigsatzung durch Abreden, dass der Schuldner, insbes. bei einem Missverhältnis zwischen der Höhe der Schuld und dem Wert der Nutzungen des verpfändeten Grundstücks dem Eigentümer einen Zins zu zahlen habe (Nutzungszins oder Rekognitionszins), oder dass der Gläubiger dem Eigentümer eine Gewere zu treuen Händen am Pfande einräumte, ließen im Spätma. die Vorstellung aufkommen, der Gläubiger könne auch ohne Anspruch auf Besitz und Nutzungen der Pfandsache ein gültiges Pfandrecht haben. Damit war der Boden für die Ausbildung des besitzlosen Pfandes (neuere Satzung) bereitet.

Aufgelöst wurde das Pfandrechtsverhältnis allein durch die Rückzahlung der geliehenen Summe. Nur die Totsatzung konnte durch Selbsteinlösung enden. Die Vereinbarung, dass das nicht eingelöste Pfand dem Gläubiger bei Fälligkeit der gesicherten Forderung ohne weiteres zufallen sollte, war möglich **(Verfallspfand)**. Diese Pfandform war für den Schuldner gefährlich, weil er den allfälligen Mehrwert des Grundstücks verlor. Seit dem 14. Jh. entwickelte sich daher in manchen Rechten das **Verkaufspfand**, bei welchem der Gläubiger gerichtlich ermächtigt werden konnte, das Pfand zu verkaufen und den erzielten Erlös zu seiner Befriedigung zu verwenden. Ein allfälliger Mehrerlös war dem Schuldner herauszugeben.

Im Falle eines Mindererlöses bedurfte es zunächst noch einer besonderen Vereinbarung, um dem Gläubiger ein Zugriffsrecht auf das übrige Vermögen des Schuldners zu verschaffen.

Allmählich wurde es aus dem Schuldvertrag und der damit verbundenen persönlichen Haftung des Schuldners mit seinem ganzen Vermögen abgeleitet. Der Übergang vom *Prinzip der reinen Sachhaftung* zum *Prinzip der Vermögenshaftung* begann sich abzuzeichnen.

Jüngere Satzung: Seit dem 13. Jh. bildete sich auf der Grundlage der Geldwirtschaft vor allem in den Städten eine neue Form des Pfandrechts aus.

Der erhöhte Kapitalbedarf des Handels bedingte die Verpfändung von Wohn- und Geschäftshäusern, deren Besitz nicht aufgegeben werden konnte, andererseits hatte der Kapitalgeber selbst kein Interesse mehr an der Pfandnutzung; ihm war einfach daran gelegen, sein Kapital zinsbringend und sicher anlegen zu können. Wo diese Voraussetzungen zutrafen, verbreiteten sich die neuen Formen des Pfandrechts auch auf dem Land. Daneben blieb vorerst das Nutzungspfand bestehen.

Die **jüngere Satzung** beließ dem Schuldner Besitz und Nutzung des versetzten Grundstücks und gewährte dem Pfandgläubiger lediglich ein bedingtes, bei Nichteinlösung des Pfandes wirksam werdendes Zugriffsrecht, das in einer **anwartschaftlichen Zinsgewere** erschien. Um die notwendige Publizität des Pfandrechtsverhältnisses sicherzustellen, wurde ein **förmlicher Pfand-**

vertrag mit Erbenlaub vor Gericht oder Rat geschlossen und die Satzung in ein öffentliches Verzeichnis **(Grundbuch)** eingetragen.

Auch die jüngere Satzung führte zunächst zum *Pfandverfall.* Nach Ablauf einer Einlösungsfrist (meist Jahr und Tag) wurde der Pfandgläubiger in den Besitz des Pfandgrundstücks eingewiesen (Nutzungsgewere) und ihm nach einer weiteren Frist das Eigentum zugesprochen (Eigengewere). Dieses Verfahren vereinfachte sich, wenn dem Vertrag eine Verfallsklausel beigefügt war, die zur Umschreibung des Eigentumsrechts auf den Gläubiger bei Pfandreife führte. Doch setzte sich auch bei der jüngeren Satzung allmählich der *Pfandverkauf* durch. Dazu bedurfte es der leiblichen Gewere des Gläubigers, also der vorherigen gerichtlichen Besitzeinweisung.

Die jüngere Satzung bot erstmals die Möglichkeit einer **Mehrfachverpfändung.** Erfasste das erste Pfandrecht nicht den ganzen Grundstückswert, konnte der Eigentümer die verbliebenen Wertparzellen, den Mehrwert, weiterverpfänden. Fiel das vorhergehende Pfand weg, rückten die nachstehenden Gläubiger nicht vor, denn jedem haftete nur der ihm zugewiesene Wertteil. Es entstanden Freistellen, über die der Eigentümer verfügen konnte *(Prinzip der Wertparzellen).*

(2) Neuzeitliche Rechtsentwicklung

Mit der Rezeption gelangte die **Hypothek** in den österreichischen Rechtsraum.

Dieses römischrechtliche Institut (mit griechischer Bezeichnung) war eine häufig *besitzlose* Art des Pfandes (pignus), das nicht ausschließlich auf Liegenschaften bezogen wurde. Die Hypothek entstand entweder durch formfreien Vertrag (Vertragspfandrecht) oder unmittelbar kraft gesetzlicher Anordnung (gesetzliches Pfandrecht) oder durch richterliche Verfügung (Pfändungspfandrecht) und konnte an einzelnen Sachen und Forderungen, aber auch am ganzen Vermögen bestehen (Generalhypothek)[501]. Die Hypothek war immer akzessorisch, d. h. an die Existenz einer zu sichernden Forderung gebunden. Bei Mehrfachverpfändung richtete sich der Rang der einzelnen Pfandrechte grundsätzlich nach der Regel *prior tempore potior iure*, doch wurde diese rein am Zeitpunkt der Entstehung des Pfandrechts ausgerichtete Rangfolge durch zahlreiche (gesetzliche wie vertragliche) Rangprivilegien durchbrochen.

Bei der Anpassung an spätma. Verhältnisse musste sich das gemeine Hypothekarrecht wegen seines offenbaren Nachteils für die Sicherheit des Grundkredits zahlreiche Modifikationen gefallen lassen.

Sie betrafen vor allem den Begründungsakt. Ein besitzloses Pfand kam nur für Liegenschaften und liegenschaftliche Gerechtigkeiten in Betracht, während für bewegliche Sachen in der Regel das deutschrechtliche Faustpfandprinzip weiter galt. Die sprach-

501 Das vom Richter begründete Pfandrecht *(pignus in causa iudicati captum)* beruhte auf spätklassischem Kaiserrecht. Echte gesetzliche Pfandrechte entwickelten sich zum Teil aus Vorzugsrechten für bestimmte Gläubiger (z. B. Vorzugsrecht des Fiskus). Ansonsten entstanden sie erst in nachrömischer Zeit aus der stillschweigenden Verpfändung *(pignus tacitum).*

liche und sachliche Abgrenzung von *pignus* (Faustpfand an beweglichen Sachen) und *Hypothek* (besitzloses Pfand an Liegenschaften) im 17. Jh. schloss diese Entwicklung ab.

Das gemeinrechtliche *Konsensualprinzip* konnte sich nicht durchsetzen. Zumindest die *Drittwirkung* einer Hypothek blieb an bestimmte Formen der Begründung gebunden: In der Regel war ein *„ordentlicher Satzbrief"* zu errichten, der bei städtischen und bäuerlichen Liegenschaften auszugsweise in ein Grundbuch (Satzbuch) eingetragen wurde. Selbst dort, wo formlos bestellte Hypotheken gültig waren, hatten formell bestellte Hypotheken ein Vorzugsrecht, das sogar gegenüber älteren gesetzlichen Pfandrechten belegt ist. Angeführt von den Ländern Österreichs ob und unter der Enns kam es dann im Laufe des 17. u. 18. Jhs. zur allgemeinen Verankerung des Eintragungsgrundsatzes. Die Verwertung des Pfandrechts erfolgte im Gegensatz zum gemeinen Recht stets in einem förmlichen Verfahren unter gerichtlicher (obrigkeitlicher) Mitwirkung. Bereits im 16. Jh. wurde dem Gläubiger das Recht zur eigenmächtigen Pfandnahme abgesprochen und die Weisung erteilt, sich nach den Vorschriften der *Exekutionsordnung* zu richten. Die Vereinbarung des Pfandverfalls war entgegen dem gemeinrechtlichen Verbot der *lex commissoria* weiterhin rechtswirksam, nur musste eine Abrechnung aufgrund einer Schätzung des Pfandgutes erfolgen.

Weitgehend erhalten blieb das gemeinrechtliche Konzept im Bereich des rein materiellen Pfandrechts. Übernommen wurde das **Vorrückungsprinzip** beim Erlöschen eines vorrangigen Pfandrechts, das **Einlösungsrecht** (ius offerendi) nachfolgender Gläubiger vor Feilbietung des Gutes ohne Zustimmung des betreibenden Gläubigers und des Schuldners und das **Afterpfand** als Pfandrecht am Pfandrecht. Vor allem aber wurden die Möglichkeiten einer Verpfändung ganzer Vermögensmassen durch allgemeine Anerkennung der **Generalhypothek** erweitert (das Pfandrecht kann durch den Schuldner „auf allen seinen Haab und Güettern oder nur auf einen sondern Stück beschechen"; 16. Jh.).

Ansätze dazu waren bereits im Mittelalter vorhanden. Vor allem in den Stadtrechten des ausgehenden 12. Jhs. sind Verpfändungen des ganzen Vermögens (*„Geloben zu allem Gut"*) belegt. Sie erfolgten durch Eintragung in öffentliche Bücher oder das Anlegen eines urkundlichen Verzeichnisses, bewirkten aber zunächst nur Verfügungsbeschränkungen des Schuldners, ohne dass ein dingliches Recht des Gläubigers begründet worden wäre. Der Bruch mit der heimischen Rechtstradition (Abkehr von den Prinzipien der Publizität und Spezialität) wurde erst dort deutlich, wo ohne ausdrückliche Pfandabrede das ganze Vermögen des Schuldners als verhaftet galt. Diese *„stillschweigende (General-)Hypothek"* (hypotheca tacita; pignus legale; tacitum legale pignus), die sich sowohl vom ausdrücklich vereinbarten *„Conventionalpfand"* als auch vom gesetzlichen (stillschweigenden) Pfandrecht an abgegrenzten Vermögensteilen eines Schuldners abhob, beschäftigte nicht nur die Rechtswissenschaft des 16. und 17. Jhs., sondern gelangte auch zu großer praktischer Bedeutung für die Ehegattin und das Mündel[502].

Die Preisgabe der Prinzipien der Spezialität und Publizität durch gesetzliche Generalpfandrechte und stillschweigende Hypotheken mit den ihnen zukommenden Rangprivilegien beeinträchtigte das Kreditwesen so stark, dass

502 Eine gesetzliche Generalhypothek zu Gunsten des Mündels fand sogar Aufnahme in die Gerhabschaftsordnung für Österreich unter der Enns 1669.

sich der Gesetzgeber seit dem 18. Jh. zur Umgestaltung des Hypothekarrechts gezwungen sah. Hand in Hand mit der Neuordnung des Grundbuchwesens in den Landtafelpatenten erfolgte eine **Neuregelung des Hypothekenrechts** nach den Prinzipien der **Publizität, Spezialität** und **Priorität**[503]. Die Aussagen des *ABGB 1811* zum materiellen Grundpfandrecht beschränkten sich daher auf Grundsätze, deren Ausführung weiterhin den Landtafelpatenten überlassen wurde. Mit dem *Grundbuchgesetz* des Jahres 1871 gelangte dann die Entwicklung in Österreich zu einem vorläufigen Abschluss[504].

Die tiefgreifende Fortbildung des Grundpfandrechts im deutschen Rechtsraum in der 2. Hälfte des 19. Jhs. (preußisches Gesetz von 1872; BGB) beeinflusste jedoch auch das österreichische Recht. Es ging vor allem darum, ob die strikte Akzessorietät des österreichischen Pfandrechts zugunsten einer forderungslosen Hypothek **(Eigentümerhypothek)** preisgegeben werden sollte, um das Vorrücken nachrangiger Gläubiger in freie Pfandstellen *(Vorrückungsprinzip)* zu verhindern und dem Eigentümer die Verfügung hierüber offenzuhalten. Er sollte bestehende Lasten durch weniger drückende ersetzen können *(Hypothekenkonvertierung)*.

Das BGB bot eine ganze Palette von Grundpfandrechten an, neben der traditionellen *Sicherungshypothek* (streng akzessorisch) die *Verkehrshypothek* (auf Umlauf berechnet, daher verbriefbar und von der Forderung lösbar) sowie die unabhängig von einer persönlichen Forderung ent- und bestehende *Grund- und Renten*schuld. Damit beherrschten das deutsche Grundpfandrecht im Wesentlichen die Prinzipien der Selbständigkeit und Verkehrsfähigkeit. Konsequenterweise hat das BGB eine *Eigentümerhypothek* und eine *Eigentümergrundschuld* anerkannt. Erlischt die gesicherte Forderung, geht die Hypothek nicht unter, sondern auf den Eigentümer (meist als Grundschuld) über, der damit sogar bei der Zwangsversteigerung berücksichtigt werden kann.

Das *ABGB 1811* bot zwei Ansatzpunkte für eine Verfügung des Eigentümers über eine fremdgläubigerlose Hypothek: Einerseits blieb das Hypothekargut nach Tilgung der Hypothekarschuld bis zur bücherlichen Löschung weiter verhaftet (§ 469), andererseits hob die Vereinigung von Hypothekarrecht und Eigentum in einer Hand das Hypothekarrecht nicht auf (§ 1446). Das verhinderte das automatische Vorrücken nachfolgender Hypothekare, gab aber dem Eigentümer noch kein Verfügungsrecht über die freie Pfandstelle. Bis zur III TN behalf sich die österreichische Lehre mit der

503 Gesetzliche Grundpfandrechte mit Rangprivileg gibt es heute zugunsten zahlreicher öffentlicher Lasten (z. B. der Grundsteuer und Grunderwerbsteuer).

504 Erstmals geregelt wurden auch die *Simultanhypotheken*, welche der Rechtsanwendung nicht geringe Schwierigkeiten bereitet hatten (vgl. *F. J. Kopezky*, Ueber Gesammt- oder Simultan-Hypotheken nach den Prinzipien der österreichischen Gesetzgebung, (Wagner's) Zeitschrift für österreichische Rechtsgelehrsamkeit 1836, I, 106 ff., 245 ff. und 1837, I, 341 ff.). Nach dem Vorbild der ungarischen Grundbuchsordnung (§ 106) entschied man sich für die ungeteilte Haftung der für ein und dieselbe Forderung bestellten Pfandobjekte (vgl. *R. Exner*, Das Oesterreichische Hypothekenrecht, 2. Abtlg., 1881, 289 ff.). Ergänzende Bestimmungen über die Realisierung der Pfandhaftung finden sich in der Exekutionsordnung (Gesetz vom 27. Mai 1896 über das Exekutions- und Sicherungsverfahren, RGBl. Nr. 79).

Vorstellung einer Forderungsabtretung in zwei Varianten: Hatte der Eigentümer bereits einen neuen Geldgeber in Aussicht, so zahlte er an den bisherigen Gläubiger und trat seine – in Wirklichkeit bereits erloschene – Forderung an den neuen Gläubiger ab. Wollte der Eigentümer mit der neuerlichen Geldaufnahme noch warten oder fand sich kein geeigneter Geldgeber, so ließ er die erloschene, aber als ruhend angenommene Forderung an sich selbst zedieren und gab sie dann bei entsprechender Gelegenheit samt der Hypothek an den neuen Gläubiger weiter. Diese Notlösungen befriedigten nicht. Bereits in der 2. Hälfte des 19. Jhs. wurde der Versuch unternommen, dem Verfügungsrecht des Eigentümers eine gesetzliche Basis zu schaffen (Regierungsvorlage zum Grundbuchsgesetz von 1869). Meinungsgegensätze ließen dieses Projekt jedoch scheitern.

Die *III TN* brachte schließlich die gesetzliche Regelung des Eigentümerverfügungsrechts. Zur Auswahl stehen nunmehr drei Institute: Der **Rangvorbehalt**, der dem Eigentümer die Möglichkeit einräumt, anlässlich der Löschung der Hypothek den freigewordenen Rang für 3 Jahre zu blockieren und zur freien Verfügung zu halten; die **bedingte Pfandrechtseintragung**, die dem neuen Gläubiger den vorbehaltenen Pfandrang verschafft, wenn die alte Hypothek binnen Jahresfrist gelöscht wird; und die „österreichische" **Eigentümerhypothek**, die nach dem Untergang der gesicherten Forderung das Pfandrecht bis zur Einverleibung der Löschung bestehen lässt (sie ist forderungsbekleidet im Fall der Vereinigung von Schuldner- und Gläubigereigenschaft, forderungsentkleidet im Fall der Schuldtilgung). Während die beiden ersten Institute der Hypothekenerneuerung zuzuordnen sind, verfügt der Eigentümer im letzten Fall über ein echtes Hypothekarrecht. Er konnte allerdings nach der alten Fassung des § 469a ABGB einem nachfolgenden Hypothekargläubiger gegenüber auf dieses Verfügungsrecht verzichten (Anmerkung der Löschungsverpflichtung). Seit der Änderung des § 469a Satz 2 ABGB durch die Grundbuchsnovelle 1997[505] kann der Verzicht nicht gleichzeitig mit der Pfandbestellung erfolgen und kommt dem Eigentümer das Verfügungsrecht nicht mehr automatisch zu, sondern nur dann, wenn er es sich gegenüber den Buchberechtigten, die über ein gleichrangiges oder im Rang nachfolgendes Recht verfügen, vertraglich vorbehalten hat und dieser Vorbehalt im Grundbuch angemerkt ist (Beschränkung des Verfügungsrechts, § 469a Satz 2 ABGB). Der Vorbehalt wirkt jedoch nur gegen den Partner der Vereinbarung; die anderen Buchberechtigten rücken nach.

Relativ jung ist auch die Fortbildung des Hypothekarrechts[506] zum Sicherungsmittel für **Teilschuldverschreibungen**. Es sind dies Wertpapiere über Teilforderungen aus einer Darlehensgewährung, die durch ein Grundpfandrecht gesichert werden können, darunter vor allem die **Pfandbriefe** gesetzlich autorisierter Hypothekenbanken. Die Bank gewährt das Darlehen aus Geldmitteln der Pfandbriefkäufer, verschafft sich dafür eine Hypothek und lässt diese dingliche Sicherstellung über das Kautionsband ihren eigenen Pfandbriefgläubigern zugute kommen. Ob das Recht, das den Pfandbrief-

505 BG vom 27.3.1997, BGBl. I 30.

506 Vgl. die Anpassungen an gesamteuropäische Entwicklungen durch BGBl. I 2004/45, BGBl. I 2005/32 und BGBl. I 2017/107.

besitzern an der Deckung zusteht, ein Pfandrecht (genau genommen ein Afterpfandrecht) oder nur ein Vorzugsrecht im Konkurs (Insolvenzverfahren) der Hypothekenbank ist, ist umstritten.

bb) Das Fahrnispfandrecht

(1) Älteres Recht

In ältester Zeit mag dem Gläubiger, der Sicherheit für eine Forderung suchte, eine bewegliche Sache übertragen worden sein, ohne dass geklärt wurde, welches Recht er daran erwarb. Wahrscheinlich erhielt er auf einer späteren Stufe ein Eigentumsrecht – möglicherweise im Gewand eines Kaufs auf Wiederkauf – und erst mit fortschreitender Entwicklung ein besonderes Pfandrecht.

Die Begründung des Pfandrechts vollzog sich durch Übertragung der **leiblichen Gewere** an der Sache. Die Pfandgegenstände, sowohl leblose Sachen (Kistenpfand oder Schreinspfand, weil sie der Pfandgläubiger in einer Kiste verwahren konnte) als auch Tiere („essende", „zehrende" Pfänder) mussten in den Besitz des Pfandgläubigers gelangen **(Faustpfandprinzip)**.

Das Faustpfand entstand durch **vertragsmäßige Pfandbestellung** (Satzung), welche als „*Wette*" bezeichnet wurde, oder durch **Privatpfändung**. Das eigenmächtig genommene Pfand wurde als pant, pfant bezeichnet (es war als Druckmittel gegen den zahlungsunwilligen Schuldner eher ein Zurückbehaltungsrecht des Gläubigers). Die Privatpfändung wurde jedoch schrittweise durch die gerichtliche Pfändung verdrängt.

Die ursprüngliche Funktion des Fahrnispfandes war die einer provisorischen Barzahlung. Dem Schuldner blieb zwar das Lösungsrecht, eine Lösungspflicht hatte er aber nicht. Der Pfandgläubiger trug als Inhaber der Gewere die Gefahr der Verschlechterung und des Untergangs der Pfandsache (zunächst auch bei Zufall) und hatte sie bei rechtzeitiger Einlösung durch den Schuldner herauszugeben. Wurde das Pfand nicht rechtzeitig eingelöst, fiel es endgültig dem Gläubiger an Zahlungs Statt zu **(Verfallspfand)**.

Seit dem 13. Jh. wurde es üblich, mit der Satzung von Fahrnis ein **Geloben zum Pfande** zu verbinden: Der Schuldner setzte auch sein übriges Vermögen dem Zugriff des Gläubigers aus. Nunmehr konnte sich der Gläubiger für einen durch Untergang oder Wertminderung der Pfandsache erlittenen Verlust am übrigen Vermögen des Schuldners schadlos halten. Dafür musste er aber auch umgekehrt den Mehrerlös aus der Pfandverwertung an den Schuldner herausgeben oder die verspätete Einlösung zulassen. Damit verwandelte sich das Verfallspfand in ein **Verkaufspfand**.

Der Verkauf des Pfandes konnte durch den Gläubiger erfolgen, wenn ihm ausdrücklich ein privates Verkaufsrecht eingeräumt worden war, sonst wurde er gerichtlich vorgenommen.

In der zweiten Hälfte des 13. Jhs. finden sich im deutschen Rechtsraum außerdem Spuren eines besitzlosen Fahrnispfandrechts, das durch Übertragung einer ideellen (Zins-)Gewere oder sogar ohne jede Gewereübertragung begründet werden konnte. Für diese **jüngere Satzung** genügte aber der formlose Konsens der Parteien nicht, sie mussten sie vielmehr vor einer Behörde vornehmen. Der Tatbestand wurde in der Regel zu Beweiszwecken in Stadtbücher eingetragen, bis diese Eintragung das Pfandrecht selbst begründete.

(2) Neuzeitliche Rechtsentwicklung

Erst die Rezeption ließ den Gedanken aufkommen, dass ein Pfandrecht ohne jede Förmlichkeit durch bloße Willensübereinstimmung begründet werden könne. Es machten allerdings nur wenige Rechte von der **gemeinrechtlichen Mobiliarhypothek** vorbehaltlos Gebrauch. Die meisten verlangten weiter irgendwelche Formalakte, etwa die Zuziehung von Zeugen, die Ausstellung von Urkunden, die Mitwirkung von Behörden oder die Eintragung in Bücher. Vielfach war die Mobiliarhypothek minderen Rechts, da sie dem Gläubiger keine Verfolgungsklage gegen den Dritthandbesitzer einräumte. Das Faustpfand blieb überall als Wahlmöglichkeit erhalten, doch konnte die tatsächliche Hingabe gelegentlich durch erklärten Besitzauftrag ersetzt werden.

Am einschneidendsten wirkte sich aber auch im Fahrnispfandrecht die Übernahme der gesetzlichen und stillschweigenden sowie der Generalhypotheken des römischen Rechts mit ihren Rangprivilegien aus. Durch diese Pfandrechte, insbes. die privilegierten Generalhypotheken, entstand eine Rechtsunsicherheit, die das gesamte Pfandwesen in Misskredit brachte.

Im 18. Jh. festigte sich die Überzeugung, dass die Mobiliarhypothek in allen ihren Spielarten das denkbar unglücklichste Sicherungsmittel sei. Es wurde der Ruf nach dem „guten alten“ Faustpfandrecht laut. Begleitet und unterstützt wurde diese Forderung von der sprachlich wie sachlich sauberen Trennung von **pignus** (Faustpfand an beweglichen Sachen) und **Hypothek** (besitzloses Pfand an Liegenschaften). Sie ist im *ABGB 1811* voll verwirklicht[507].

Die Begriffsabgrenzung zwischen *Hand-* und *Grundpfand* ist im Codex Theresianus besonders deutlich[508]. „... ein Pfand kann nur an beweglichen Dingen mittelst deren wirklicher Uebergab, eine Hypothek hingegen insgemein nur an unbeweglichen Gütern, und lediglich in gewissen unten berührenden Fällen (gemeint sind Generalhypotheken an beweglichen und unbeweglichen Vermögen) auch an fahrenden Habschaften mittelst gerichtlicher Verschreibung bestellet werden, obschon beide einerlei Absicht und Wirkung haben“ (III 7 § 1 n. 5). Sie gelangte über den Entwurf Horten (II 26 § 1 und III 7 §§ 6 ff., 19 ff.) und den Entwurf Martini (II 8 §§ 8, 9; III 15 §§ 30 ff.) ins

507 *J. Saxl*, Eine alte Quelle des ABGB, Zs. für das Privat- und öffentliche Recht der Gegenwart 24, 1897, 425 ff.; *Ph. Harras Ritter v. Harrasowsky*, Geschichte der Codification des österr. Zivilrechts, 1868, 110 ff.

508 Sie ist erstmals belegt bei *Hugo Grotius* (Florum sparsio ad Ius Iustinaneum, 1643) und wurde vom württembergischen Juristen *Wolfgang Adam Lauterbach* (gest. 1678) übernommen, der in seinem Collegium theoretico-practicum Pandectarum intensiv auf die Vorarbeiten zum *Codex Theresianus* einwirkte. Die Unterscheidung findet sich auch in *F. J. Grenecks* Theatrum iurisdictionis Austriacae, 1752.

ABGB: „Um das Pfandrecht wirklich zu erwerben, muß der mit einem Titel versehene Gläubiger die verpfändete Sache, wenn sie beweglich ist, in Verwahrung nehmen …" (§ 451). Mit der Generalhypothek wurden auch alle Ausnahmen von diesem Grundsatz beseitigt. Das *constitutum possessorium* genügt nach h. L. zum Pfandrechtserwerb nicht.

An gesetzlichen Pfandrechten blieben im ABGB nur die des Vermieters und Verpächters zur Sicherung ihrer Bestandzinsforderungen bestehen (§ 1101). Neu hinzu kamen die gesetzlichen Pfandrechte des Kommissionärs, Spediteurs, Lagerhalters und Frachtführers[509] durch die Rezeption des deutschen Handelsrechts und das in der RAO verankerte gesetzliche Pfandrecht des Rechtsanwalts an der Prozesskostenforderung seines Mandanten[510].

cc) Pfandrecht an Rechten

Die **Verpfändung von Rechten**, insbesondere von Forderungsrechten, wurde weder in der ma. Rechtsordnung noch im römisch-gemeinen Recht als begrifflicher Gegensatz zum Sachenpfandrecht gesehen. Die zunächst wohl vereinzelten Fälle der Rechtsverpfändung ordnete man im MA. je nach dem mittelbar betroffenen Haftungsobjekt dem Fahrnis- oder Liegenschaftspfandrecht zu, im gemeinen Recht wurde das bereits gebräuchliche Forderungspfandrecht (pignus nominis) als Abtretung der Forderung zum Zweck pfandrechtlicher Befriedigung behandelt. Dabei blieb es. Auch das *ABGB 1811* erwähnt nur die Verpfändung des Pfandes (Afterpfand; §§ 454, 455), die zwar das Pfandrecht selbst ergreift, aber in die Schablone des Sachpfandes gepresst wurde (Übergabe der Pfandsache; Intabulation). Die Verpfändung von Forderungen ist gar nicht geregelt. Erst die Theorie des 19. Jhs. entwickelte ein eigenes Pfandrecht an Rechten und grenzte es von Pfandrechten an Sachen ab. Damit drohte die Spaltung des Pfandrechtsbegriffs. Ihr wurde dadurch begegnet, dass das Pfandrecht an Rechten als Sachenpfandrecht oder umgekehrt das Sachenpfandrecht als Pfandrecht am Eigentumsrecht konstruiert wurde. Eingedenk des weiten Sachbegriffs im ABGB verlagerte sich schließlich die theoretische Auseinandersetzung auf die Frage, welcher Modus anzuwenden sei. Da Forderungen als bewegliche Sachen gelten (§ 298 ABGB), andererseits aber eine körperliche Übergabe von Hand zu Hand nicht zulassen[511], einigte man sich auf die Verpfändung durch „Zeichen"[512].

dd) Zurückbehaltungsrecht (Retentionsrecht)

Eine geschichtliche Vorstufe des Pfandrechts war die **faktische Herausgabeverweigerung** bei der eigenmächtigen Pfandnahme. Ihre konditionale Ver-

509 §§ 397, 410, 421, 440 HGB (mit BGBl. I 2005/120 in Unternehmensgesetzbuch [UGB] umbenannt).

510 §§ 19 Abs. 4, 19a RAO.

511 Ausgenommen Forderungen aus Inhaber- und Orderpapieren.

512 *G. Frotz*, Aktuelle Probleme des Kreditsicherungsrechts, 1970, 225 ff.

knüpfung mit dem Rechtsbestand einer Forderung des Pfandnehmers ließ die Vorstellung entstehen, dass damit ein besonderes Haftungsobjekt für die persönliche Erfüllungsverbindlichkeit des Schuldners gefunden sei. Der Ausbau dieser Vermögenshaftung zur echten Realexekution und zunehmende Vorkehrungen gegen den Missbrauch des Selbsthilferechts engten den Anwendungsbereich der bloßen Zurückbehaltung immer mehr ein. Wo ma. Rechtsquellen von einem Zurückbehaltungsrecht sprechen, meinen sie oft ein **dingliches Befriedigungsrecht** des Gläubigers, dem es gestattet sein müsse, die in seinen Händen befindlichen Vermögensstücke des Schuldners wie ein Pfand zu behandeln. Dennoch blieben Fälle eines **echten Zurückbehaltungsrechts** bestehen, mögen auch Drittwirkung und Befriedigungstauglichkeit nur deshalb untergegangen sein, weil die Sicherungsfunktion der erlaubten Herausgabeverweigerung vollauf genügte. In die Rechtfertigung der Herausgabeverweigerung flossen Billigkeitserwägungen ebenso ein wie Gedanken der Vermögenshaftung.

Ein Zurückbehaltungsrecht wurde etwa dem Finder zur Sicherung seines Anspruchs auf Aufwandersatz und Finderlohn, dem Handwerker am Werkstück bis zur Zahlung des Lohnes oder dem Wirt am eingebrachten Gut des Gastes wegen des Kostgeldes zugestanden. Daneben hielten sich einige Sonderformen der eigenmächtigen Pfandnahme alten Rechts, insbes. in Gestalt der Viehpfändung *(Schüttung)*, die dem Grundbesitzer wegen Feldschadens an den schadenstiftenden Tieren zustand. Auch sie verschaffte wohl nur ein Zurückbehaltungsrecht, da der wirtschaftliche Druck gegenüber dem Eigentümer im Vordergrund stand. Zahlreiche ländliche Weistümer belegen, dass der Pfändende die Tiere nicht zu warten und zu füttern hatte, sondern ihnen „Steine im Troge" vorsetzen sollte.

Die *gemeinrechtliche Lehre* hat das Zurückbehaltungsrecht zu einem **allgemeinen Rechtsinstitut** gemacht, das dem Grundsatz von Treu und Glauben Ausdruck verlieh, weil derjenige arglistig handle, der fordere, ohne selbst zur Erfüllung seiner konnexen Pflichten bereit zu sein. Diese Konzeption liegt auch der *modernen Auffassung* vom Zurückbehaltungsrecht zugrunde, das der bloßen Sicherung fälliger Forderungen aus einem Aufwand auf die Sache oder Schaden durch die Sache dient, und seit der *III TN* durch Sicherheitsleistung abgewendet werden kann (§ 471). Eigenmächtig oder listig entzogene, entlehnte, in Verwahrung oder in Bestand genommene Stücke sind kein Gegenstand der Zurückbehaltung (§ 1440). Nur im Handelsrecht hat sich das deutschrechtliche Zurückbehaltungsrecht erhalten, wo die alte Rechtsauffassung von der Vermögenshaftung des Schuldners mit freiwillig überlassenen Fahrnissen insoweit nachwirkt, als das Zurückbehaltungsrecht auch zugunsten nicht konnexer Forderungen bestehen und zur Befriedigung des Gläubigers führen kann (§§ 369–372 HGB, jetzt UGB). Im Insolvenzverfahren wird das Zurückbehaltungsrecht wie ein Pfandrecht behandelt (§ 10 Abs. 2 IO). Dennoch wird es von der herrschenden Lehre nicht zu den dinglichen Rechten gezählt.

2. Die Dienstbarkeiten

a) Grundzüge des modernen Rechts

Dienstbarkeiten *sind begrenzt dingliche Nutzungsrechte an einer fremden Sache*. Der Eigentümer ist verpflichtet, zum Vorteil eines anderen etwas zu *dulden* oder zu *unterlassen*.

Es gibt Grunddienstbarkeiten und persönliche Dienstbarkeiten. Bei den **Grunddienstbarkeiten** (Realservituten, Prädialservituten) steht das Nutzungsrecht am *dienenden* Grundstück dem jeweiligen Eigentümer des *herrschenden* Grundstücks derart zu, dass es vorteilhafter oder bequemer genützt werden kann; die **persönlichen Dienstbarkeiten** (Personalservituten) berechtigen eine bestimmte Person ohne Bezug auf ein herrschendes Grundstück. Zur letzteren Gruppe zählt das ABGB nur den *Fruchtgenuss* (Nießbrauch, Fruchtnießung), das *Recht des Gebrauchs* (usus) und das *Recht der Wohnung* (habitatio). Neben diesen typisierten persönlichen Dienstbarkeiten stehen die **unregelmäßigen Dienstbarkeiten**, die, obgleich inhaltlich Grunddienstbarkeiten, eine bestimmte Person berechtigen.

Das moderne Recht der Dienstbarkeiten ist von eigentümlichen Grundsätzen beherrscht: der Besitzer der dienstbaren Sache ist in der Regel nicht verpflichtet, etwas zu tun, Servituten dürfen nicht eigenmächtig erweitert, und sie müssen schonend ausgeübt werden; keine Servitut kann ohne Zustimmung des Berechtigten von der dienenden Sache abgesondert, übertragen oder geteilt werden; bei Vereinigung der Eigentumsrechte an der herrschenden und dienenden Sache erlischt die Dienstbarkeit (nach grundbuchsrechtlichen Vorschriften allerdings erst nach der Löschung, sodass es „ruhende" Dienstbarkeiten gibt).

b) Die Dienstbarkeiten in der rechtshistorischen Entwicklung

Lit.: *W. Brauneder*, Leibzucht, HRG II, Sp. 1805 ff., ²III, Sp. 800 ff.; *N. Grass*, Beiträge zur Rechtsgeschichte der Alpwirtschaft, 1948, 82 ff.; *A. Koban*, Eigentümerdienstbarkeit und exekutiver Servitutenerwerb, FS ABGB II, 1911, 569 ff.; *G. Kohl*, Reallasten, HRG ²IV, Sp. 1065 ff.; *J. Ofner*, Der Servitutenbegriff nach römischem und österreichischem Recht, 1884, Nachdr. 1970; *W. Ogris*, Servitut, HRG IV, Sp. 1645 ff.; *F. Ritter v. Zoll*, Ein Beitrag zur Lehre von den sogenannten irregulären Servituten, FS ABGB II, 1911, 551 ff.

Die eigenständige Entwicklung der persönlichen Dienstbarkeiten, insbes. in Gestalt eines umfassenden Nutznießungsrechts an einer fremden Sache (usus fructus im römischen Recht; Leibzucht/Leibgedinge im deutschen Recht; Fruchtgenuss im modernen Recht) lässt ihre Zusammenfassung mit den Grunddienstbarkeiten unter einem gemeinsamen Oberbegriff verfehlt erscheinen. Unterschiedliche Entwicklungsansätze, Funktionen und rechtliche Grundsätze spalten das Recht der Dienstbarkeiten in eine besondere Ordnung der Grunddienstbarkeiten und der persönlichen Dienstbarkeiten.

aa) Grunddienstbarkeiten

(1) Älteres Recht

Dem älteren Recht waren Grunddienstbarkeiten zunächst unbekannt. Zahlreiche Leiherechte und die Eigentumsbeschränkungen aus dem ursprünglich genossenschaftlichen Eigentum ließen das Bedürfnis nach anderen beschränkten Nutzungsrechten an Grund und Boden gar nicht aufkommen. Das änderte sich mit dem Abbau der genossenschaftlichen Eigentumsidee im Verband der Grundherrschaften und Markgenossenschaften. Erst jetzt konnten Nutzungsbefugnisse, die sich bisher als Ausfluss genossenschaftlichen Miteigentums oder herrschaftlicher Nutzungsrechte darstellten, als Nutzungsrechte an fremder Sache eines (früheren) Genossen gedeutet werden. Noch klarer wurde das, als einzelne Grundstücksnutzungen durch *Rechtsgeschäfte* zum Gegenstand selbständiger dinglicher Rechte an fremden Grundstücken gemacht wurden. Ihre Bestellung erfolgte vor Gericht, in den Städten trat die Eintragung in städtische Bücher hinzu.

Diese ländlichen und städtischen **Gerechtigkeiten** (Weide-, Wald-, Wege-, Wasser- und Gebäudegerechtigkeiten) waren inhaltlich dem jeweiligen wirtschaftlichen Bedürfnis entsprechend so verschiedenartig ausgestaltet, dass sie sich in der ma. Rechtswelt einer klaren Typisierung und Abgrenzung von anderen Rechten der Bodennutzung entzogen. Ihre Gemeinsamkeit war am ehesten darin zu erkennen, dass sie dem jeweiligen Eigentümer eines herrschenden Grundstücks zustanden.

(2) Neuzeitliche Rechtsentwicklung

Die gemeinrechtliche Lehre machte sich das systematisch erarbeitete römische Recht der **Prädialservituten** zunutze und dogmatisierte dessen Grundsätze: Servituten können nur ein Dulden oder Unterlassen des Grundstückseigentümers zum Inhalt haben *(servitus in faciendo consistere nequit)*; sie müssen dem herrschenden Grundstück nützlich sein *(Utilitätsprinzip)*; das dienende Grundstück muss dem herrschenden benachbart sein *(Vicinitätsprinzip)*; die Servitutsausübung muss auf unbegrenzte Dauer möglich sein *(perpetua causa)*; die Ausübung der Servitut soll für den Belasteten möglichst wenig beschwerlich sein *(servitus civiliter exercenda est)*; Vereinigung des Eigentums an beiden Grundstücken führt zum Erlöschen der Servitut *(nemini res sua servit)*. Bei der Anwendung auf die ma. Nutzungsrechte musste die Einheitlichkeit und Geschlossenheit des römischen Servitutenbegriffs allerdings aufgegeben werden. Im Bemühen, auch andere Nutzungsrechte (wie Reallasten), für die das römische Recht kein Vorbild bot, dogmatisch zu erfassen, wurde das Lehrgebäude einer sog. **servitus iuris germanici** errichtet.

Jede beliebige Grundstücksnutzung, auch wenn sie für das herrschende Grundstück keinen Vorteil brachte, konnte inhaltlich eine Grunddienstbarkeit bilden; die Zuordnung der Nutzungsrechte der Dorfgenossen an der Allmende sowie des Grundherrn am Bauernland zu den Dienstbarkeiten brach mit dem Satz: nemini res sua servit; die Anerkennung der Eigentümerdienstbarkeit ließ auch bei Konfusion des Eigentums an beiden Grundstücken das Nutzungsrecht bestehen; die Bestätigung positiver Leistungspflichten des Eigentümers der dienstbaren Sache führte zur Aufgabe des Grundsatzes: servitus in faciendo consistere nequit; die rechtsgeschäftliche Begründung durch formlosen Vertrag wurde durch Eintragung in öffentliche Bücher oder gerichtliche Fertigung modifiziert; die Voraussetzungen der römischrechtlichen Servitutenersitzung (in gutem Glauben ausgeübter fehlerfreier ununterbrochener Rechtsbesitz während 10/20jähriger Ersitzungszeit) wurden umgestaltet.

Außerdem hat man die Regeln des Dienstbarkeitsrechts auf die im heimischen Rechtsbrauch erhalten gebliebenen nachbarrechtlichen Eigentumsbeschränkungen übertragen. Diesen „Legalservituten" fehlte es oft an einer bestimmten berechtigten Person oder an einem bestimmten berechtigten Grundstück; auch wurden neben privaten Interessen öffentliche verfolgt.

Im 17. Jh. machte sich in der gemeinen Rechtswissenschaft eine romanistische Gegenströmung breit. Der Abbau der ma. (markgenossenschaftlichen und grundherrschaftlichen) Grunddienstbarkeiten durch Ablösungsgesetze und Gemeinheitsteilungsordnungen sowie die damit verbundene Aufhebung ma. Reallasten boten den Anlass, das gemeine Servitutsrecht nach römischrechtlichen Grundsätzen auszurichten **(servitus iuris Romani)**. Auch das Servitutenrecht im *ABGB 1811* ist daher – von gelegentlichen Abweichungen abgesehen – romanistisch geprägt.

Je nachdem, ob das herrschende Grundstück zur Landwirtschaft oder zu einem anderen Gebrauch bestimmt ist, unterscheidet das ABGB *Feld-* und *Haus-Servituten.* Zu den Haus-Servituten zählt es bspw. das Recht, einen Balken in eine fremde Mauer einzufügen, ein Dach oder einen Erker über das nachbarliche Grundstück zu bauen, die Dachtraufe auf fremden Grund zu leiten, dem herrschenden Gebäude Licht, Luft oder Aussicht nicht zu benehmen usw.; zu den Feld-Servituten das Recht, einen Fußsteig, Viehtrieb oder Fahrweg auf fremdem Grund zu halten, Wasser zu schöpfen oder abzuleiten, Vieh zu hüten und zu weiden, Holz zu fällen, Sand zu graben usw.

bb) Persönliche Dienstbarkeiten

(1) Älteres Recht

Ansätze zur Ausbildung persönlicher Dienstbarkeiten finden sich in der ma. Rechtswelt überall dort, wo die Rechte aus Grunddienstbarkeiten einer bestimmten Person zugeordnet wurden. Nachhaltigsten Einfluss auf die spätere Entwicklung hatte das Institut der **Leibzucht (Leibgedinge)**[513], das dem heutigen Begriff des Fruchtgenussrechts schon sehr nahe kam. Der Leibzüchter konnte eine fremde Sache *„innehaben, nutzen und niessen"*, wobei keine Minderung oder Verschlechterung der Substanz eintreten durfte. Als ein mit dem *„leib"* verbundenes Recht erlosch es mit dem Tod des Berechtigten. Die Leibzucht war damit unvererbbar, allerdings – mit Ausnahme im Ehegüterrecht – doch nicht höchstpersönlich, da sie veräußert und belastet werden konnte.

Die Leibzucht war im ma. Rechtsleben weit verbreitet, weil sie verschiedensten Zwecken dienstbar gemacht werden konnte. Sie war eine Form der bäuerlichen Leihe, ein Institut des Ehegüterrechts und erfüllte im Stadtrecht Funktionen der Altersversorgung, ja sogar der Wertanlage.

Eine besondere Rolle spielte sie im Ehegüterrecht, wo sie der Versorgung der Witwe diente und ihr fehlendes Erbrecht substituierte. Die regelmäßige Form war, dass der Mann seiner Frau an Grundstücken unter der aufschiebenden Bedingung seines Vor-

513 Die Bezeichnung *Leibzucht* ist im MA. eher in norddeutschen Quellen zu finden, *Leibgedinge* hingegen ist im süddeutschen Raum gebräuchlich. In der Neuzeit begegnen uns die lat. Begriffe *vitalitium* und *dotalitium.*

todes ein lebenslängliches Nutzungsrecht bestellte. Seinem Zweck nach war es meist höchstpersönlich, daher unübertragbar und unvererblich.

In Ergänzung dazu gab es Versorgungsinstitute in Gestalt eines gewohnheitsrechtlichen Fruchtgenussrechts, etwa die Nutznießung des Familienoberhauptes am Frauen- und Kindesgut oder des Vormunds am Mündelvermögen[514], die nur vom Prinzip der Substanzerhaltung eingeschränkt war (Frauen-, Mündel-, Kindesvermögen waren „eisern Gut").

(2) Neuzeitliche Rechtsentwicklung

Mit der Rezeption gewann das römische Recht der **Personalservituten** allmählich beherrschenden Einfluss. Zu den *servitutes personae* wurden **usus fructus** (eine fremde Sache unter Schonung der Substanz zu gebrauchen und von ihr Früchte zu ziehen), **usus** (Gebrauchsrecht mit Fruchtziehung für den eigenen Bedarf) und **habitatio** (Wohnrecht für den eigenen Bedarf) als *„servitutes regulares, ordinariae"* (im römischrechtlichen Sinn) gezählt; zur Aufarbeitung der ma. Nutzungsrechte entwickelte die gemeinrechtliche Lehre dazu noch den Begriff der *„servitutes irregulares, extraordinariae"* für Grunddienstbarkeiten, die einer bestimmten Person bestellt wurden. Der (römischrechtliche) numerus clausus war damit gebrochen.

In Anlehnung an diese Lehre enthielt der *Codex Theresianus* den allgem. Grundsatz, dass alle Grunddienstbarkeiten auch persönlich sein können, wenn sie zum Nutzen der Person und nicht eines Grundstücks bestellt werden[515]. Er wurde in die weiteren Kodifikationsentwürfe übernommen und schließlich im § 479 ABGB festgelegt, der von „unregelmäßigen" Servituten spricht.

Kernstück der gemeinrechtlichen Personalservituten war der **usus fructus**, ein höchstpersönliches Recht, das zwar die schuldrechtliche Übertragung der Ausübung an einen anderen zuließ, nicht aber die sachenrechtliche. Der Nießbrauch erlosch mit dem Tod des Usufruktuars.

Neben dem Nießbrauch an unverbrauchbaren Sachen gab es den uneigentlichen Nießbrauch (usus fructus irregularis) an verbrauchbaren. Er begründete ein Kreditverhältnis.

Die ma. Fruchtnießungsformen wurden generell den Regeln des usus fructus unterstellt. Für den Anwendungsbereich der **rechtsgeschäftlich begründeten Leibzucht** war das leicht verständlich, da nur die Unveräußerlichkeit und Unvererblichkeit des Nutzungsrechts verallgemeinert werden musste. Die Rezeptionsjuristen haben aber auch die **gesetzlichen Fruchtgenussrechte** unter dem Sammelbegriff **„usus fructus iuris germanici"** dem Sachenrecht zugeordnet. Erst die Naturrechtkodifikationen haben diese Nießbrauchsfälle – soweit sie nicht überhaupt beseitigt wurden – aus dem Sachenrecht ins Familienrecht transponiert, wo sie sich bis zur Familienrechtsreform des 20. Jhs.

---

514 S. zur väterlichen Munt sowie zum Leibgedinge im Ehegüterrecht.

515 Codex Theresianus, II, Cap. XXVII Nr. 10.

als Relikte erhielten. Die Leibzucht behielt ihre gemeinrechtliche Ausprägung; und auch die ursprünglich römischrechtlichen Institute des Gebrauchs- und Wohnungsrechts finden sich im *ABGB 1811* (§§ 504, 509, 521).

Der besondere Rechtsschutz des Eigentümers (er kann bei sich äußernder Gefahr die Sicherung der Substanz verlangen; § 520) und das Klagerecht des Dienstbarkeitsberechtigten (§ 523) sind dem römisch-gemeinen Recht entnommen, hatten aber auch die heimische Rechtsüberzeugung für sich.

3. Die Reallasten

a) Grundzüge des modernen Rechts

Unter **Reallast** versteht man die dinglich wirkende Belastung eines Grundstücks mit der Haftung für bestimmte, in der Regel wiederkehrende Leistungen des jeweiligen Grundeigentümers. Die Person des Leistungspflichtigen (Reallastverpflichteten) wird durch das Eigentumsrecht am Grundstück bestimmt. Wesentlich ist die sachliche Haftung: Die Reallast ist also eine **verdinglichte Leistungspflicht**.

Der Eigentümer des belasteten Grundstücks haftet grundsätzlich auch persönlich für die während seiner Besitzzeit fällig gewordenen Einzelleistungen. Für überfällige Leistungsansprüche gilt jedoch eine 3jährige Verjährungsfrist (§ 1480 ABGB), die sich auch auf die reine Sachhaftung erstreckt[516] (ein neuer Eigentümer haftet daher sachlich für 3jährige Rückstände und darüber hinaus persönlich für die nach dem Besitzwechsel fällig werdenden Leistungen).

Die Reallastverpflichtung kann verschiedener Art sein: Dienstleistungen, Abgaben von Produkten des belasteten Grundstücks, Geldrenten usw. Die wirtschaftliche Beschaffenheit des belasteten Grundes und die zu erbringenden Leistungen müssen jedoch in einem gewissen Zusammenhang stehen; es ist nicht möglich, Verpflichtungen beliebigen Inhalts auf ein Grundstück zu legen.

Je nachdem, ob die Berechtigung mit dem Eigentum eines Grundstücks verknüpft ist oder nur einer bestimmten Person zusteht, werden Prädial-Reallasten und Personal-Reallasten unterschieden. Eine andere Einteilung ist jene in öffentlichrechtliche und privatrechtliche Reallasten. Erstere beruhen auf öffentlichrechtlichen Titeln und unterliegen nicht dem Eintragungszwang in das Grundbuch.

Im österreichischen Recht fehlt eine geschlossene gesetzliche Regelung der Reallasten. Im Kodifikationszeitalter stand der größte Teil der („öffentlichrechtlichen") Reallasten vor seiner Aufhebung[517], sodass nur wenige Gesetzesstellen auf das Bestehen von Reallasten hinweisen. Das ABGB erwähnt überhaupt nur die beständigen jährlichen Renten (§ 530), nachdem schon im Entwurf Martini der gesamte Bereich der grundherrlichen Reallasten den politischen Gesetzen überantwortet werden sollte (§ 38 I 9).

516 § 216 Abs. 2 EO; SZ 20/231.
517 S. unten zur Grundherrschaft und bäuerlichen Leihe.

Aus § 12 Grundbuchsgesetz, aus dem Flurverfassungs-Grundsatzgesetz (§ 6) und aus verschiedenen Bestimmungen der Exekutionsordnung (§§ 144, 150, 211, 216, 225–227) ist abzuleiten, dass der Gesetzgeber die Möglichkeit der Begründung von Reallasten privatrechtlicher Natur anerkennt. Übereinstimmung besteht darin, dass nur solche Reallasten begründet werden können, die entweder ihren Grund in Bestimmungen des öffentlichen Rechts haben oder, wie dies bei der Reallast des Ausgedinges oder bei ähnlichen Verpflichtungen der Fall ist, aus dem wirtschaftlichen Ertrag des Gutes zu leisten sind und seit jeher im Gebiet des Privatrechts als wirksam und rechtsbeständig anerkannt wurden. Einem Wiederaufleben jener historischen Reallasten, die als Grundlasten das Untertänigkeitsverhältnis absicherten, stehen eindeutige Verfassungsbestimmungen entgegen[518]. Sie engen auch die Privatautonomie im Recht der Reallast ein, da keinerlei unablösbare Rechte begründet werden dürfen. Wichtigster privatrechtlicher Anwendungsfall ist heute das **Ausgedinge**, eine Mischform zwischen Forderungsrechten, persönlichen Dienstbarkeiten und Reallasten. Die verdinglichten Leistungsansprüche des Altbauern (z. B. auf Taschengeld, Beistellung gewisser Nahrungsmittel, Brennholz, Pflege bei Krankheit, Fuhrwerk zur Kirche) werden als Reallastberechtigungen behandelt.

b) Die Reallasten in der rechtshistorischen Entwicklung

Lit.: *I. Czeguhn*, Grundrente, HRG ²II, Sp. 599 ff.; *H. Hofmeister*, Reallasten, HRG IV, Sp. 203 ff.; *R. Hübner*, Grundzüge des deutschen Privatrechts, ⁵1930, Neudr. 1969, 384 ff.; *F. Lütge*, Deutsche Sozial- und Wirtschaftsgeschichte, ³1966; *W. Ogris*, Der mittelalterliche Leibrentenvertrag, 1961; *W. Ogris*, Grundrente, HRG I, Sp. 1852 ff.; *W. Ogris*, Wiederkauf, HRG V, Sp. 1368 ff.; *W. Trusen*, Spätmittelalterliche Jurisprudenz u. Wirtschaftsethik, dargestellt an Wiener Gutachten des 14. Jhs., Beiheft 43 z. Vierteljahrschrift für Sozial- und Wirtschaftsgeschichte, 1961; *W. Trusen*, Zum Recht im SpätMA, FS H. Heimpel II, 1972, 140 ff.; *A. Winiarz*, Erbleihe und Rentenkauf in Österreich ob und unter der Enns im Mittelalter, 1906; *H. Wopfner*, Beiträge zur Geschichte der freien Erbleihe in Deutschtirol im Mittelalter, 1903.

aa) Älteres Recht

Der Reichtum an Reallasten im ma. Recht war durch die gesellschaftlichen, wirtschaftlichen und politischen Zustände bedingt. Neben den älteren **„obrigkeitlichen" Reallasten**, die in der äußeren Form des *Grundzinses* auftraten und durch eine eigentümliche Verknüpfung von herrschaftlichen und wirtschaftlichen Abhängigkeitsverhältnissen gekennzeichnet waren, gab es seit dem hohen MA. **„privatrechtliche" Reallasten**, die kein Abhängigkeitsverhältnis voraussetzten. Die **ältere Reallast** entzog dem (eigenen und geliehenen) Grund und Boden ständig wiederkehrende Abgaben, die der jeweilige Gewereinhaber an weltliche und geistliche Träger von Hoheitsgewalt zu entrichten hatte (Gerichts- und Heeresabgaben, daneben verschiedenste Natural-, Geld- und Dienstleistungen an Grund- und Schutzherren).

Die Entwicklung der mehr „privatrechtlich" strukturierten **neueren Reallast** entsprach einem besonderen Kredit- und Versorgungsbedürfnis und eröffnete in Gestalt der *Grundrente* Teile des Ertragswertes einer Liegen-

518 Art. 7 StGG über die allg. Rechte der Staatsbürger 1867.

schaft dem rechtsgeschäftlichen Verkehr. Begründet wurde sie durch dingliche Einigung der Vertragspartner vor Gericht und (oder) durch Eintragung in die öffentlichen Bücher. Der jeweilige Eigentümer der Liegenschaft (Reallastverpflichtete), der nicht nur über ihren natürlichen Ertrag, sondern auch über die vorhandenen Arbeitskräfte verfügte, hatte je nach dem Inhalt der Vereinbarung ständig wiederkehrende Natural-, Dienst- und Geldleistungen an den Rentenkäufer zu erbringen. Tat er es nicht, haftete er mit der Liegenschaft, nicht jedoch mit seiner Person oder mit seinem übrigen Vermögen **(reine Sachhaftung)**. Die Befriedigung aus dem belasteten Grundstück und den darauf befindlichen Fahrnisgegenständen erfolgte im hoch-ma. Recht zumeist durch eigenmächtige Pfändung, im ausgehenden MA. wurde aber bereits gerichtliche Pfändung verlangt.

bb) Neuzeitliche Rechtsentwicklung

Das römische Recht kannte keine Reallasten. Das Bemühen der Rezeptionsjuristen ging daher in die Richtung, die ma. Reallasten in Anlehnung an Kategorien des gemeinen Rechts dogmatisch zu erfassen. Sie schieden zunächst die dem grundherrlichen Verhältnis entspringenden Reallasten von den „privatrechtlichen" Rentenverpflichtungen. Letztere wurden in zahlreichen Konstruktionsversuchen entweder als bloße Forderungsrechte, als dingliche Rechte oder als Mischrechte von teils schuld-, teils sachenrechtlichem Charakter dargestellt.

Die **sachenrechtlichen Theorien** legten den Schwerpunkt auf das dingliche Recht am Grundstück und betrachteten die persönliche Verpflichtung des Besitzers als „akzessorisches Element". Für die bäuerlichen Lasten bot sich wegen ihres Naheverhältnisses zur Bodenleihe die Konstruktion des geteilten Eigentums an, wobei die gemeinrechtliche Figur der *Emphyteusis* (Erbzinsrecht) Verwendung fand. Es war aber auch die Auffassung weit verbreitet, dass die Reallasten eine besondere Art von Servituten seien, eine sog. deutschrechtliche Servitut *(servitus iuris germanici)*. Sie wurde als eine *servitus in faciendo*, als eine mit positiver Leistungspflicht verbundene Dienstbarkeit, gedacht. In Weiterentwicklung dieses Gedankens stellte man sich ein „eigenartiges dingliches Recht auf wiederkehrende Leistungen" vor und leitete die Dinglichkeit aus einem ursprünglich vorhandenen umfassenderen Herrschaftsrecht am Grundstück ab. Schließlich versuchte man (in Anlehnung an ma. bildhafte Ausdrücke) das Grundstück selbst zum Rechtssubjekt zu machen und wie einen Schuldner zu behandeln.

Die bereits im 17. Jh. vertretene **obligationenrechtliche Auffassung** sah in den Reallasten gewöhnliche Schuldrechtsverhältnisse, zu denen eine pfandähnliche Haftung der Sache hinzutrat, also hypothekarisch gesicherte Forderungen. Dabei wurde übersehen, dass der römischrechtliche Begriff der Obligation ohne einen persönlichen Schuldner nicht denkbar war. Man konnte nicht erklären, warum die angeblich persönliche Schuld mit dem Wechsel des Grundbesitzes auch ihr Subjekt wechselte.

Die **Mischtheorien**, die von gemeinrechtlichen Begriffen mit festem Inhalt ausgingen, blieben ebenfalls eine klare und widerspruchsfreie Darstellung des Rechts der Reallasten schuldig. Der erste anerkannte dogmatische Einordnungsversuch gelang der neueren deutschrechtlichen Theorie des 19. Jhs. Sie bot die Konstruktion der *dinglichen Schuld* an. Bei ihr sei die durch das Eigentum an einem belasteten Grundstück bestimmte Person leistungspflichtig und haftbar. Die dingliche Beziehung zum belasteten Grundstück mache den jeweiligen Eigentümer zum Schuldner. Deshalb könne die Leistung nicht durch eine gegen den Schuldner gerichtete persönliche Klage erzwungen werden, sondern nur aufgrund des dem Gläubiger zustehenden dinglichen Rechts am Grundstück. Deckung sollte diese Theorie nicht zuletzt in der ma. Redeweise finden, dass *die Hufe zinse* oder *ein Gut zinsfällig sei.*

Für die **Entstehung** der rechtsgeschäftlichen Reallast sollte nach gemeinrechtlicher Vorstellung ein bloßer Vertrag oder eine letztwillige Verfügung genügen, doch blieb das österreichische Recht beim Erfordernis der **Grundbucheintragung.** Bei den **Erlöschungsgründen** hielt man am Untergang der belasteten Sache fest und ließ für die Konfusion die servitutsrechtliche Regelung gelten, dass die Reallastberechtigung erst mit der grundbücherlichen Löschung untergeht. Die Ablösbarkeit der Sachhaftung wurde erst im 19. Jh. durchgesetzt. Das **Haftungsproblem** glaubte das gemeine Recht dadurch zu lösen, dass nach einem gewissen Zeitraum die „dingliche Schuld" zu einer „persönlichen Schuld" des Grundstückinhabers werde. Dieser Gedanke wirkt in der österreichischen Rechtspraxis fort[519], doch bejaht man die Möglichkeit eines Ausschlusses der persönlichen Haftung.

cc) Einzelne Reallasten

(1) Fronden und Dienste: Fronden und Dienste entsprangen teils alten Hörigkeitsverhältnissen, teils aber auch Herrschaftsbefugnissen des öffentlichen Rechts. Die schuldigen Dienste umfassten Naturalabgaben, Geldabgaben und Dienstleistungen, die zwar nicht persönlich, aber unentgeltlich erbracht werden mussten. Betroffen waren vor allem Bauern, deren Lage sich dort immer mehr verschlechterte, wo ungemessene Dienste zum Inhalt der Reallast wurden. Ihr Leistungsumfang konnte vom Reallastberechtigten willkürlich festgesetzt werden. Die starke soziale Abhängigkeit durch Dienste und Fronden erzwang ihre Beseitigung durch die Agrargesetzgebung des 19. Jhs., deren Hauptproblem die Regulierung der Ablösen war.

(2) Grundzinsen (Zensus): Diese formen- und artenreichen Reallasten verpflichteten zu regelmäßig wiederkehrenden Sachleistungen, deren Umfang von vorneherein festgelegt war[520].

(3) Zehent (decima): Inhalt dieser Abgabenverpflichtung war eine bestimmte Quote (der zehnte, manchmal auch der elfte, zwanzigste oder sechzigste Teil) des jährlichen Ernteertrags. Sie trat als weltlicher Laienzehent und als kirchlicher Zehent auf.

(4) Rente und Rentenkauf: Besondere Bedeutung unter den rechtsgeschäftlichen Reallasten erlangten im Spätma. die Renten (reditus, annui, Gilden, Gelder, Weichbildrente im städt. Raum). Ihr Vorbild war der *Seelzins*, der auf ein Grundstück gelegt

519 S. oben. Nach schweizerischem Recht wird die einzelne Leistung mit Ablauf von drei Jahren nach Eintritt der Fälligkeit zur persönlichen Schuld, während die Haftung des Grundstücks wegfällt.

520 Die Abgaben bestanden in Feldfrüchten, aber auch in Geflügel, Wachs, Honig, Wein, Bier usw. In Hinblick auf das belastete Grundstück sprach man von Gartenhuhn, Rauchhuhn, Herdgeld, Wurtzins usw.; Benennungen wie Gatterzins, Fastnachtshühner, Ostereier, Pfingstlämmer, Martinsgänse, Brauthühner weisen auf Ort und Zeit der Leistung hin. Die Leistung von Geldzinsen ist meist jüngeren Datums.

wurde, um damit eine Seelenmesse am Todestag des Stifters zu finanzieren. Zu diesem Zwecke wurden an die Kirche Grundstücke geschenkt, wobei die darauf sitzenden Bauern den Zins für die Seelenmesse entrichten mussten. In anderen Fällen verkaufte der Eigentümer sein Gut, wobei er sich das Eigentums- und Zinsrecht vorbehielt und dieses der Kirche schenkte. Die Kirche verlieh das Gut dem Käufer weiter, der hinkünftig den Seelzins für die Meßstiftung zu zahlen hatte. Alle diese Fälle hatten die rechtliche Gestalt der *Bodenleihe*. In der weiteren Entwicklung wurde es möglich, einen jährlichen Zins auch ohne Eigentumsübertragung zu bestellen, indem sich jemand für sich und seine Nachfolger verpflichtete, aus einem bestimmten Grundstück eine jährliche *Abgabe* zu entrichten. Aus der ursprünglichen Kombination von Grundkauf und zinspflichtiger Weitergabe der Grundstücksnutzung entstand der **Rentenkauf**, bei dem ein Rentenkäufer durch die Hingabe von Kapital eine auf dem Grundstück des Rentenverkäufers als Reallast ruhende Rente erwarb. Das befriedigte das Anlage- und Versorgungsbedürfnis der kapitalkräftigen städtischen Oberschicht, aber auch den immer stärkeren Kreditbedarf der städtischen Grundbesitzer[521]. Das kanonische Zinsverbot tat ein Übriges, dass der Rentenkauf in kürzester Zeit große Verbreitung fand.

Reallasten, die ständig wiederkehrende Natural- oder Geldleistungen zum Inhalt hatten, konnten auch durch Schenkungen, Verfügung von Todes wegen oder im Zuge einer Erbteilung entstehen. Unentgeltliche Rentenbestellungen kamen zumeist als fromme Stiftungen vor. Eine gebräuchliche Form der entgeltlichen Grundrente war neben dem Rentenkauf die **reservierte Rente**, bei der sich der Verkäufer eines Grundstücks anlässlich der Übereignung nicht den Kaufpreis aushändigen, sondern eine dingliche Rentenberechtigung einräumen ließ[522].

Die **Bestellung einer Rente** unterlag wie alle Rechtsgeschäfte über Grundstücke den Vorschriften des Liegenschaftsrechts. Für die Begründung, Übertragung oder Verpfändung eines Rentenrechts waren somit Auflassung, regelmäßig auch Eintragung ins Grundbuch oder gerichtliche Beurkundung und ähnliches erforderlich[523].

In den meisten Fällen waren Renten als **Ewigrenten** ausgestaltet, die alle zukünftigen Rechtsnachfolger im Eigentum des belasteten Grundstücks zu entrichten hatten. Daneben gab es **Leibrenten**, die an das Leben einer bestimmten Person, nicht unbedingt des Rentners, gebunden waren. Im 12. Jh. überwogen noch eindeutig die Naturalrenten, doch setzten sich im 14. Jh. immer mehr die **Geldrenten** durch, wobei in beiden Fällen die Höhe der Rente der freien Vereinbarung unterlag[524].

---

521 Eine nicht auf städtischem Boden entstandene Abart der Grundrente war das ma. „*Lehen auf Bede*". Adelige, meist Landstände, zahlten Landesherren einen Kapitalbetrag und erhielten dafür den Ertrag von Steuern, die Beden genannt wurden. Da die Steuern dinglich gesichert waren, hatten die Lehen auf Bede einen rentenähnlichen Charakter.

522 Sie wurde auch zur Regelung nachbarlicher Streitfragen benutzt. So kam es vor, dass die Benützung fremder Wasserläufe oder fremder Wasserwehren mit einer jährlichen Rente erkauft wurde, die in das nachbarliche Grundstück zu entrichten war. Damit ergab sich die eigentümliche Konstruktion, dass ein Grundstück verpflichtet und eines berechtigt war, der Reallast also ein Realrecht entsprach.

523 Manche Städte (etwa Wien) gingen dazu über, den Rentenkauf unter die Kontrolle des Rates zu stellen, nachdem es üblich geworden war, auf ein Objekt gleich mehrere Renten zu legen.

524 Bei Ewigrenten betrug der Rentfuß anfangs etwa 10%, manchmal sogar 15%. Unter kirchlichem Einfluss sank der Rentfuß seit dem späten MA. generell auf 5% der Kaufsumme, was bspw. in den Reichspolizeiordnungen von 1530 und 1577 seinen Niederschlag fand. Bei Leibrenten erreichte der Rentfuß anfänglich bis zu 20% des Kapitals, pendelte sich aber am Ende des MA. bei etwa 10–12% ein.

Die **dingliche Rentenverpflichtung** begründete kein personenrechtliches Abhängigkeitsverhältnis. Wollte der Rentenverpflichtete das belastete Grundstück verkaufen, war er allerdings nach vielen Rechten an die Zustimmung des Rentengläubigers gebunden. Im späten MA. wurde dem Gläubiger sogar ein Näherrecht eingeräumt. Um die wirtschaftliche Grundlage der Rente zu sichern, hatte der Grundeigentümer dafür Sorge zu tragen, dass sich der Zustand des Grundstücks und der darauf befindlichen Bauwerke nicht verschlechterte. Sollte das Grundstück mit einer zweiten Rente belastet werden, musste wie bei der Veräußerung die Zustimmung des ersten Rentenberechtigten eingeholt werden, die erst entbehrlich wurde, als der Vorrang der älteren Rente vor der jüngeren durch Gesetz gesichert wurde.

Die **Rentenberechtigung** verschaffte ihrem Inhaber eine mittelbare, der beschränkten Sachnutzung entsprechende Gewere, die aber, da das Rentenrecht als unkörperliche Sache *selbständiges Objekt des Rechtsverkehrs* sein konnte, gegen Ende des MA. als selbständige Rechtsgewere aufgefasst wurde. Der Rentengläubiger bekam jährlich oder aufgeteilt in zwei bis drei Raten einen festgesetzten Betrag. Der Vertrag sah zumeist Säumnisfolgen vor, z. B., dass das Haus des Schuldners abgesperrt werde, die Rente sich in bestimmten Perioden verdopple (sog. „Zwispilde") oder das Gut dem Gläubiger verfalle.

Da sich die Renten aus dem Grundzins entwickelt hatten, waren sie ursprünglich **unablösbar**. Der häufige Vorbehalt des **Wiederkaufs** schwächte jedoch diesen Grundsatz ab. Fehlte eine Vereinbarung über die Ablöse, wurde sie gegen Rückzahlung des Kapitals als zulässig angesehen, wenn der Rentenberechtigte zustimmte. Einige Stadtrechte gewährten den Rentenpflichtigen bereits in der 2. Hälfte des 13. Jhs. und im 14. Jh. das Recht, die Renten auch ohne Zustimmung des Rentenempfängers abzulösen[525]. Seit Beginn der Neuzeit wurde den Rentenschuldnern schließlich kraft Gesetzes (z. B. durch die Reichspolizeiordnungen von 1548 und 1577) die Möglichkeit der **Ablöse gegen Zahlung des Kaufpreises** eingeräumt.

In der Neuzeit wandelte sich das Institut der Rente unter dem Einfluss der Rezeption und unter dem Druck geänderter wirtschaftlicher Verhältnisse von Grund auf. Einerseits übernahm der Schuldner oft eine subsidiäre persönliche Haftung, andererseits wurden seit dem 17. Jh. Vereinbarungen über einen Anspruch des Gläubigers auf Rückzahlung des Kapitals üblich. Damit näherte sich die Rente immer mehr dem hypothekarisch gesicherten **verzinslichen Darlehen**. Mit dem Fortfall des kanonischen Zinsverbotes bestand überdies keine Notwendigkeit mehr, an der Grundrente festzuhalten. Sie blieb nur partikularrechtlich, etwa in der Schweiz oder in München, von Bedeutung. Noch bestehende ewige Renten wurden im Zuge der Grundentlastung im 19. Jh. abgeschafft.

4. Das Baurecht

a) Grundzüge des modernen Rechts

Die Rechtsgrundlage des heute gültigen Baurechts ist das Baurechtsgesetz aus dem Jahr 1912, das 1990 novelliert wurde. *Das* **Baurecht** *ist das veräußerliche und vererbliche Recht, auf oder unter der Bodenfläche eines fremden Grund-*

525 Eine der wichtigsten österreichischen Regelungen war ein Gesetz Rudolfs IV. des Stifters vom 2.8.1360, nach dem nicht nur Renten, sondern auch Leiheabgaben, die auf Wiener Anwesen lasteten, um das achtfache der ursprünglichen Kapitalsumme für ablösbar erklärt wurden. Dieses Privileg wurde 1360 und 1363 auf andere Städte erweitert, galt jedoch nicht auf dem freien Land.

stücks ein Bauwerk zu haben. Es gilt als unbewegliche Sache, das errichtete Bauwerk als sein Zugehör (Verliegenschaftung). Dem Bauberechtigten kommen am Bauwerk die Rechte eines Eigentümers und am belasteten Grundstück die Rechte eines Nutznießers zu. Am Bauwerk kann auch Wohnungseigentum begründet werden, worauf dann das Wohnungseigentumsgesetz[526] anzuwenden ist. Das Baurecht entsteht durch Einverleibung im Lastenblatt der betroffenen Liegenschaft, weitere Verfügungen hierüber sind in eine eigene Baurechtseinlage einzutragen. Es kann nicht auf weniger als 10 Jahre und nicht auf mehr als 100 Jahre bestellt werden. Beim Erlöschen des Baurechts fällt das Bauwerk gegen Entschädigungsleistung an den Grundstückseigentümer.

b) Das Baurecht in der rechtshistorischen Entwicklung

Lit.: *W. Brauneder*, Erbbaurecht, HRG ^{2}I, Sp. 1357 f.; *K. Forchheimer*, Das Baurecht. Zur Einführung des Erbbaurechtes in die österreichische Praxis, 1913; *H. Klang*, Kommentar zum ABGB V, ^{2}1954, 139 ff.; *J. Kühne*, Bodenreform im Zivilrecht, 1978; *W. Ogris*, Erbbaurecht, HRG I, Sp. 950 ff.

Das ma. Recht kannte ein **Erbbaurecht** in Gestalt der freien städtischen Grundstücksleihe, wobei der Beliehene für die Grundstücksnutzung einen geringfügigen Zins zu zahlen hatte, dafür aber am selbst errichteten Gebäude dinglich berechtigt war. Daraus wurde im Laufe der Entwicklung meist Eigentumsrecht am Gebäude und am verbauten Grundstück (sog. städtische Grundentlastung), womit sich das Zinsbezugsrecht des ehemaligen Leiheherrn in eine Reallastberechtigung verwandelte. Manchmal entstanden auch Miet- oder Pachtverhältnisse.

Ende des MA. hatte das Erbbaurecht kaum noch Bedeutung. Wo es sich erhalten hatte, wurde es meist mit den Leiherechten in Zusammenhang gebracht. Die neuzeitliche Entwicklung knüpfte daher nicht an die mittelalterlich-städtische Erbleihe an, sondern an die römischrechtliche **Superfizies**, die allerdings deutschrechtliches Gedankengut in sich aufnahm.

Im römischen Recht wurde Privaten schon früh das vererbliche, zunächst aber nicht veräußerliche Recht eingeräumt, auf städtischem Boden gegen Bezahlung eines Bodenzinses ein Gebäude zu halten. Die Rechtsbeziehung galt als öffentliche Pacht. Noch in klassischer Zeit wurden solche Gebäuderechte auch auf Privatland begründet, wobei man das Gebäude als *Superfizies* bezeichnete. Der Superfiziar war zwar nicht Interdiktenbesitzer, hatte aber zu seinem Schutz ein besonderes interdictum de superficiebus. In der *nachklassischen Zeit* wurde derjenige, der auf öffentlichem Grund gebaut hatte und Zins bezahlte, vulgarrechtlich als Eigentümer behandelt. Wer auf Privatland mit Erlaubnis des Grundeigentümers baute, konnte nach westlichem Vulgarrecht ebenfalls Eigentümer des Gebäudes sein, doch hielt Justinian an der klassischen Regel „superficies solo cedit" fest. Er definierte das Recht am Gebäude einmal

526 Wohnungseigentumsgesetz 2002 – WEG 2002, BGBl. I 2002/70, welches die teilweise Berücksichtigung von Vereinbarungen nach WEG 1975, BGBl. Nr. 417, in Übergangsbestimmungen vorsieht.

als Recht von eigener Art, dann wieder als Servitut und manchmal auch als erbpachtähnliche Emphyteusis. Das Recht war veräußerlich, vererblich und belastbar und mit einer eigenen actio in rem geschützt.

Diese ohnehin verworrene Rechtslage wurde durch die Auseinandersetzung mit dem heimischen Recht der Bodenleihe nur noch komplizierter. Vor allem gelangte man zu keiner klaren Abgrenzung der Superfizies (manchmal auch Grund- oder Platzrecht genannt) vom Erbzinsrecht, das in Anlehnung an die römischrechtliche Emphyteusis mittlerweile als ein Fall von Ober- und Untereigentum angesehen wurde.

Auch die Redaktoren des *ABGB* konnten sich zu keiner klaren Entscheidung durchringen und regelten *Superfizies, Bestand-*, *Erbpacht-* und *Erbzinsverträge* **gemeinsam** im 25. Hauptstück (§§ 1090–1150), letztere als Anwendungsfall des geteilten Eigentums. Im Zuge der **Grundentlastung** beseitigte man mit dem geteilten Eigentum auch das Recht, ein Gebäude auf fremdem Grund zu halten. Es blieben nur in einzelnen Gegenden Sonderformen bestehen, etwa die Kellerrechte in den Weinbaugebieten. Ende des 19. Jhs. wurde dann die Vorstellung des Erbbaurechts (Baurecht, droit de superficie) wiederbelebt, weil man sich davon die Vergrößerung des Baulandangebotes aus öffentlicher Hand erwartete[527].

Als Folge dieser Überlegungen entstand das **Gesetz über das Baurecht** vom 26. April 1912 (RGBl. Nr. 86), das allerdings in wesentlichen Punkten von der gemeinrechtlichen Superfizies abrückt. Es behandelt das Recht als Liegenschaft *(Verliegenschaftung)* und machte es *grundbuchsfähig*.

Seine praktische Bedeutung hielt sich allerdings in Grenzen, nicht zuletzt wegen seiner Beschränkung auf Grundstücke der öffentlichen Hand (ausnahmsweise auch Grundstücke der Kirche) und Bestellungsdauer (wenigstens 30, höchstens aber 80 Jahre)[528]. Seit der Baurechtsnovelle 1990[529] kann nun das Baurecht von jedem Grundeigentümer eingeräumt werden, und zwar für die Baurechtsdauer von 10 bis 100 Jahren; ebenso wurden Wertsicherungsvereinbarungen für zulässig erklärt und das Baurechts-Wohnungseigentum eingeführt.

527 Der erste Antrag auf Einführung des Erbbaurechts wurde 1901 im niederösterreichischen Landtag gestellt und kurz darauf im Reichsrat, blieb aber erfolglos. In der 1907 vorgelegten Novelle zum ABGB war dem nun Baurecht genannten Institut im 9. Titel (§§ 93–105) ausführlich Raum gegeben. In der weiteren Folge entschloss man sich jedoch, hierüber ein Sondergesetz ergehen zu lassen.

528 Eingehend dazu *H. Hofmeister*, Das Baurechtsgesetz 1912 aus rechtsgeschichtlicher und aktueller Sicht, FS H. Baltl, 1988, 289 ff., der neue Einblicke in die Entstehungsgeschichte des Baurechtsgesetzes 1912 und seine geringe praktische Verbreitung vermittelt.

529 BG v. 25.4.1990, BGBl. 258.

5. Historische Sonderformen

a) Leiherechte

Lit.: *O. Auge*, Allod, Allodifikation, HRG ²I, Sp. 180 ff.; *K. S. Bader*, Rechtsformen und Schichten der Liegenschaftsnutzung im mittelalterlichen Dorf, 1973; *W. Brauneder*, Erbbaurecht, HRG ²I, Sp. 1357 f.; *W. Brauneder*, Erbleihe, HRG ²I, Sp. 1368 ff.; *I. Czeguhn*, Grundrente, HRG ²II, Sp. 599 ff.; *B. Diestelkamp*, Gründerleihe, HRG I, Sp. 1821 ff., ²II, Sp. 575 ff.; *A. Erler*, Ablösungsgesetzgebung, HRG ²I, Sp. 21 ff.; *F. Klein-Bruckschwaiger*, Erbleihe, HRG I, Sp. 968 ff.; *W. Langhammer*, Kolonat, Kolone, HRG II, Sp. 945 ff.; *D. Liebs*, Kolonat, Kolone, HRG ²II, Sp. 1957 ff.; *F. Lütge*, Geschichte der deutschen Agrarverfassung vom frühen Mittelalter bis zum 19. Jahrhundert, ²1967; *F. Lütge*, Deutsche Sozial- und Wirtschaftsgeschichte, ³1966; *E. Mischler/J. Ulbrich*, Österreichisches Staatswörterbuch I, ²1905, Artikel „Agrarverfassung“, 33 ff.; *W. Ogris*, Anerkennungszins, HRG ²I, Sp. 235 f.; *W. Ogris*, Erbbaurecht, HRG I, Sp. 950 ff.; *W. Ogris*, Grundrente, HRG I, Sp. 1852 ff.; *W. Ogris*, Leihe (i. S. deutschrechtl. Bodenleihe), HRG II, Sp. 1820 ff., ²III, Sp. 813 ff.; *W. Ogris*, Leihebrief, HRG II, Sp. 1825 f., ²III, Sp. 819 ff; *W. Rösener*, Grundherrschaft, HRG ²II, Sp. 581 ff.; *H. K. Schulze*, Grundherrschaft, HRG I, Sp. 1824 ff.; *A. Tautscher*, Wirtschaftsgeschichte Österreichs auf der Grundlage abendländischer Kulturgeschichte, 1974; *H. Winterberg*, Bauernbefreiung, HRG ²I, Sp. 466 ff.; *H. Wopfner*, Beiträge zur Geschichte der freien bäuerlichen Erbleihe Deutschtirols im Mittelalter, 1903.

Die **Bodenleihe**, *die dem Beliehenen gegen Entgelt (Geld-, Natural- und Dienstleistungen; Heerfahrts-, Hoffahrtspflichten) umfassende Nutzungsrechte an fremdem Grund und Boden verschaffte*, gestaltete über einen Zeitraum von mehr als einem Jahrtausend das wirtschaftliche, soziale und politische Leben im deutschen Rechtsraum entscheidend mit. Sie war bis ins 19. Jh. die Rechtsgrundlage der feudalistischen Agrarverfassung und prägte im MA. auch die Bodenordnung in den Städten. Ihre Bedeutung verlor sie mit der **Allodifikation**, der Schaffung ungeteilten, freien Eigentums in der Hand dessen, der den Boden bearbeitete (Bauernbefreiung, Grundentlastung, Lehnsaufhebung).

aa) Allgemeine Entstehungsgeschichte

Eine der Wurzeln der ma. Bodenleihe war das römischrechtliche **Prekarium**, das in spätrömischer Zeit (bes. im kirchlichen Bereich) weit verbreitet war.

Das Prekarium (Bittleihe) wurde ursprünglich nicht als Vertrag, sondern als faktische Überlassung des Gebrauchs einer Sache verstanden. Es entstand aus Herrengunst, war jederzeit widerruflich und gab dem Beliehenen keinerlei Recht. In spätrömischer Zeit wurde es aus wirtschaftlichen Gründen – wegen der Landflucht und der damit verbundenen Verödung ganzer Landstriche – zu einer Art usus fructus umgestaltet. Der Beliehene hatte damit ein zeitlich begrenztes Nutzungsrecht. Als Gegengabe musste er dafür dem Verleiher verschiedene Abgaben leisten. Geriet er mit diesen Abgaben in Verzug, wurde das Leiheverhältnis vorzeitig durch Verfall beendet. Die Verleihung erfolgte regelmäßig aufgrund einer schriftlichen Bitte des Prekaristen um Überlassung des Landes, der *„epistola precaria“*.

Diese Form der Bodenleihe fand Aufnahme ins fränkische Recht, wobei die Bitturkunden den traditionellen Publizitätserfordernissen entgegenkamen.

Als Prekarien wurden letztlich alle durch eine Bittschrift bewirkten Leihen verstanden, obwohl es darunter inhaltlich sehr verschiedene Leihen gab.

Etwa die Leihe auf *Widerruf* oder auf *Zeit*, die Leihe auf *Lebenszeit* des Beliehenen oder auf *drei Generationen* („Leihe auf drei Leiber"). Manchmal war sie sogar unbeschränkt vererblich *(Erbleihe)*. Man sprach von *precaria data*, wenn das Leihegrundstück dem Grundbesitz des Leiheherren entnommen war, von *precaria oblata*, wenn ein dem Leiheherrn (z. B. der Kirche) geschenktes Grundstück übertragen wurde, und von *precaria remuneratoria*, wenn zusätzlich zum übereigneten Grundstück oder an dessen Stelle ein anderes geliehen wurde. In den meisten Fällen war die Leihe mit einer Gegengabe verbunden, etwa Fronden und Diensten und/oder Natural- und Geldabgaben. Leihen ohne Gegenleistung stellten Ausnahmen dar.

In wirtschaftlicher Hinsicht konnte ein Leihegut entweder **selbständig** oder in eine **Grundherrschaft** eingegliedert sein. Letzteres hatte zunächst keinerlei Einfluss auf den personenrechtlichen Status des Beliehenen. In der weiteren Entwicklung führte aber die wirtschaftliche, ja sogar existenzielle Abhängigkeit von den Entscheidungen des Grundherrn zur persönlichen Freiheitsminderung des Beliehenen. Behielt er seine Freiheit, unterlag er also nicht dem Hofrecht und brauchte auch keine persönlichen Abgaben, sondern nur Leistungen aus dem Leihegut zu entrichten, handelte es sich um eine **freie Leihe**. Meist war sie erblich **(freie Erbleihe)** . War hingegen die wirtschaftliche Eingliederung des Beliehenen in den Fronhofsverband bis zur Unterwerfung unter das Hofrecht gediehen, und hatte er ungemessene Abgaben, Fronden und Dienste aus persönlicher Abhängigkeit zu erbringen, lag eine **unfreie Leihe** vor. Nach den verschiedenen Funktionen des Leiherechts und dem jeweiligen Personenkreis der Leiheberechtigten lassen sich die ma. Leiherechtsverhältnisse in drei Gruppen einteilen, die zwar gemeinsame rechtliche Wurzeln haben, aber eine unterschiedliche Ausgestaltung erfuhren: die **bäuerliche Leihe**, die **städtische Leihe** und die **ritterliche Leihe.**

bb) Die bäuerliche Leihe

Die ma. Rechtswelt kannte bäuerliche Leihen in vielfältigsten Formen und Abstufungen. Dem grundsätzlich umfassenden Gebrauchs- und Nutzungsrecht des beliehenen Bauern (Nutzungsgewere, leibliche Gewere, Untergewere, Untereigentum) stand das mittelbare Nutzungsrecht des Grundherrn mit dem Anspruch auf Natural-, Geld- und Dienstleistungen gegenüber (Eigengewere, mittelbare Gewere, Obergewere, Obereigentum). Entscheidend für die Rechtsstellung des Bauern war die (meist) mit dem Leiherecht verbundene Eingliederung in den obrigkeitlichen (öffentlichrechtlichen) Verband des Grundherrn. Die **Grundherrschaft** als „Staat im Staat" umschloss je nach ihrer Organisationsform freie und unfreie Leihen, darunter jeweils Bitt-, Zeit- und Erbleihen, insbes. unfreie Zeitleihen. Daraus ergaben sich Abstufungen der Abhängigkeit des Bauern vom Grundherrn. Er konnte frei, aber auch hörig (Grundhold, Leibeigener) sein. Seine Rechtsposition war maßgeblich davon bestimmt, ob seine Nutzungsrechte vererbbar waren (so in der Regel bei freien Leihen) oder nicht.

Allgemein kann gesagt werden, dass sich die Rechtsstellung des beliehenen Bauern im MA. stetig verbesserte. Nach dem Vorbild der freien Erbleiherechtsverhältnisse in den Besiedlungsgebieten des Ostens und der freien städtischen Leihe verfestigten sich seine Rechte am Leihegut durch zunehmende Vererblichkeit *(Erbleihe)*.

Die günstigste Leiheform für die Bauern war jene Erbpacht, die aus der Verschmelzung der fränkischen Prekarie mit Elementen der spätrömischen *Emphyteuse* entstanden war. Der Erbpächter hatte am fremden Grundstück das vollständige Nutzungs- und sogar Verfügungsrecht; er durfte es nur nicht verschlechtern und musste es kulturerhaltend bebauen. Weiters hatte er für die Lasten des Grundstücks selbst aufzukommen und dem Grundstückeigentümer eine jährliche Abgabe zu zahlen[530]. Die spätma. Rechtsentwicklung uniformierte jedoch das vererbliche Leiherecht zu einer Erbleihe, deren Wesensgehalt nicht mehr das umfassende Nutzungsrecht des Bauern, sondern die bloße Vererblichkeit des Grundstücks war.

Am Ende des MA. und zu Beginn der Neuzeit kam es zur Trendumkehr: Unter dem Druck der wirtschaftlichen Verhältnisse verschlechterten sich die Leihebedingungen für die Bauern, sie verloren weithin ihre vererblichen dinglichen Nutzungsrechte und wurden vom Grundherrn persönlich abhängig („*Landluft macht unfrei*"). Das Maß ihrer Abhängigkeit war allerdings regional stark verschieden[531].

In den österreichischen Ländern mussten neben persönlichen Diensten vor allem hohe sachliche Abgaben geleistet werden. Sie beruhten auf Leiherechtsverhältnissen, die sich in ihrer Vielfalt kaum fassen lassen. Im Vordergrund standen Formen der Erbleihe, gleich daneben auch zeitlich befristete Leiheformen. War in den erstgenannten Fällen der **Erbzins** zu leisten, der gleich einer unablösbaren ewigen Reallast auf dem Leihegut lag, zog der Grundherr aus dem zeitlich oder lebenslänglich verliehenen Grundbesitz veränderbare Gebühren *(Laudemien)*[532].

---

530 Vor allem in ma. Tiroler Leiheurkunden lassen sich Rechtsbedingungen beobachten, die der spätrömischen Emphyteuse entsprechen. Vgl. dazu *H. Wopfner*, Beiträge zur Geschichte der freien bäuerlichen Erbleihe Deutschtirols im Mittelalter, 1903.

531 Vor allem die Grundherrschaften in Schlesien, Böhmen und Mähren entwickelten ein System drückendster Abgaben- und Dienstpflichten erbuntertäniger, schollengebundener Bauern.

532 *H.-J. Becker*, Laudemium, HRG II, Sp. 1643 ff, ^{2}III, Sp. 665 f.
Bäuerliche Eigengüter, die aus der Zeit der Rodungen des hohen MA. herrührten, blieben im österreichischen Rechtsraum vereinzelt bestehen. Sie waren *freies Eigen*, über das der Bauer ohne Beschränkungen verfügen konnte. Für Rechtsgeschäfte, die ein solches Gut betrafen, war keine Grundherrschaft zuständig, sondern das Landrecht und damit der Landrichter. *F. Schmidt*, Die freien bäuerlichen Eigengüter in Oberösterreich, 1941, 31 ff., 87 ff. Für Tirol *H. Wopfner*, Beiträge zur Geschichte der freien bäuerlichen Erbleihe Deutschtirols im Mittelalter, 1903, insbes. 165; *ders.*, Tiroler Bau-

Die Rezeption römischrechtlicher Begriffe von der möglichen Nutzungsteilung an Grund und Boden brachte kaum inhaltliche Veränderungen. Die gemeinrechtliche Lehre versuchte, die vielfältigen Leiherechtsverhältnisse, die – soweit sie vererblich waren – am ehesten dem Vorbild der *Emphyteusis* entsprachen, in das Schema von Ober- und Untereigentum (dominium directum – dominium utile) zu bringen und prägte damit auch die Rechtssprache der neuzeitlichen Gesetzgebung, drang aber nicht gestaltend in die bäuerliche Bodenordnung ein. Auch das *ABGB 1811* blieb eher an der Oberfläche begrifflicher Einordnungsversuche der **bäuerlichen Erbpacht-** und **Erbzinsrechtsverhältnisse**.

Waren für die Nutzungsüberlassung Abgaben in Geld oder Früchten in einem bestimmten Verhältnis zum Jahresertrag oder auch in verhältnismäßigen Diensten zu leisten, sprach man von *Erbpacht* (§ 1122). Geringe Abgaben, die nur der Anerkennung des Grundeigentums dienten, galten als *Erbzinsverhältnis* (§ 1123). Ihre Zuordnung zum Schuldrecht beruht auf römischrechtlichem Einfluss und sollte zum Ausdruck bringen, dass die beiden Rechte eigentlich als obligatorische Verhältnisse anzusehen seien und eine dingliche Klage nicht als Folge eines sachenrechtlichen Verhältnisses, sondern als besondere Begünstigung gewährt werde[533].

Maßnahmen der Rechtspolitik galten unter naturrechtlichem Einfluss vor allem der Beseitigung der Hörigkeit. Es sollten vorerst jene Dienst- und Abgabenverpflichtungen abgebaut werden, die nicht auf einem Privatrechtstitel, sondern auf persönlicher Abhängigkeit beruhten. Verwirklicht wurde die **Grundentlastung** erst im 19. Jh., wobei der Grundsatz galt, die der Hörigkeit zuzuschreibenden Dienst- und Abgabepflichten entschädigungslos zu beseitigen, die anderen dagegen abzulösen.

Schon *Maria Theresia* schuf Einrichtungen, die Übergriffe des Grundherrn verhindern sollten und von einer zumindest theoretischen staatsbürgerlichen Gleichheit ausgingen. Im Besonderen versuchte man, die bäuerlichen Dienste und Abgaben unter Kontrolle zu bringen. Zwei Patente *Josephs II.* vom 1. September 1781 gaben dem Verfahren bei Streitigkeiten zwischen Bauern und Grundherrn feste Regeln und gewährten einen Rechtszug an staatliche Instanzen (vor allem Kreisämter). Gleichfalls josephinische „Steuer- und Urbarregulierungen" sicherten den Bauern einen ausreichenden Anteil am Ertrag ihrer Arbeit (etwa 70%). Außerdem wurden solche Verträge zwischen Bauern und Grundherrn erleichtert, die die Regulierung von Dienstleistungen, ihre Umwandlung oder Abgeltung oder den Liegenschaftserwerb durch den Bauern zum Gegenstand hatten. Nach dem Tod Josephs II. verlangsamte sich allerdings diese Entwicklung und kam erst im 19. Jh. wieder in Fluss. Durch das kaiserliche

---

er und Tiroler Landesfreiheit, 1947. Für die anderen Länder vgl. die Übersicht bei *H. Ebner*, Das freie Eigen, 1969, 106 ff.
Einen frühen Versuch, auf legislativer Grundlage das Verhältnis zwischen Grundherrn und Grundholden zu regeln, stellt der Tractatus de juribus incorporalibus von 1679 für das Land unter der Enns dar. Er schreibt den Grundherren die Führung von Grundbüchern vor, enthält Bestimmungen über den Robot und gewährt den Bauern bei Zivilklagen eine Appellation an die nö. Regierung.

533 Vgl. *J. Ofner*, Der Servitutenbegriff nach römischem und österreichischem Recht, 1884, 40.

Patent vom 4. März 1849 (RGBl. Nr. 152; vorhergegangen war die programmatische Ankündigung „Grund und Boden ist zu entlasten“ im Patent vom 7.9.1848 JGS Nr. 1180) **(Grundentlastungspatent)** wurde die Möglichkeit geschaffen, gegen Zahlung eines bestimmten Betrages das freie Eigentum an Grund und Boden zu erwerben (Schlüsselzahl war das Zwanzigfache der jährlichen Abgabe: ein Drittel davon wurde als abgegolten angesehen, das zweite Drittel war vom Land und das letzte vom befreiten Bauern zu tragen. Der hiefür notwendige Geldaufwand führte aber in vielen Fällen zu drückender Verschuldung und neuer Abhängigkeit von den Geldgebern). Weitere einfachgesetzliche und verfassungsrechtliche Bestimmungen (Durchführungsverordnungen für die einzelnen Kronländer; Gesetz vom 17. Dezember 1862, Art. 7 StGG vom 21.12.1867) beseitigten endgültig alle Erbpacht- und Erbzinsrechtsverhältnisse.[534]

cc) Die städtische Leihe

In der ma. Stadt trat die Leihe zuerst als sog. **Gründerleihe** auf. Bei der Stadtgründung teilte der Stadtherr das Gründungsland in möglichst gleich große Hofstätten, legte in einem einheitlichen Ansiedlungsprivileg die Leihebedingungen fest und hob für die Benützung der Grundstücke (Hufe) einen meist für alle gleichen *Arreal-*, *Wurt-* oder *Hufzins* ein. Der beliehene Stadtbewohner konnte die Liegenschaft umfassend nutzen, insbes. ein Bauwerk errichten, ohne dass dieses in das Eigentum des Stadtherrn fiel. Die mit der Gründerleihe verbundenen öffentlichrechtlichen Wirkungen, wie die Unterwerfung unter die Gerichtsbarkeit des Stadt- oder Dorfrichters, entsprachen dem rechtlichen Naheverhältnis zur bäuerlich-ländlichen Leihe, doch nahm die städtische Leihe insofern eine andere Entwicklung, als sie früh vererblich wurde und keinerlei persönliche Abhängigkeit des Beliehenen nach sich zog (Prototyp der **freien Erbleihe**). Neben diesen eher **„obrigkeitlichen“** Leiherechtsverhältnissen entwickelten sich rein **„privatrechtliche“ Leiherechtsverhältnisse**, die ebenfalls dem vorgestellten Grundmuster folgten („Stadtluft macht frei“). Bald wurden nicht nur Bauplätze, sondern auch Bauwerke, Häuser, Badestuben, ja sogar Gärten in Erbleihe vergeben. In diesen Fällen traf den Beliehenen regelmäßig die Pflicht, das Leiheobjekt in gutem Zustand zu erhalten und allen Schaden daran aus eigenen Mitteln zu beheben.

Die spätma. Entwicklung der städtischen Leiherechte ging verschiedene Wege. Teils verfestigten sie sich zum **Eigentumsrecht des Beliehenen** (städtische Grundentlastung; ma. Allodifikation), wobei ein allenfalls zu entrichtender Zins als dauernde dinglich wirkende Belastung des jeweiligen Grundstückseigentümers (Reallast) begriffen wurde; teils schwächten sie sich zu **Miet- und Pachtrechtsverhältnissen** ab, denen allerdings noch immer dingliche Wirkungen zukamen. Die verschiedenen Leiheformen gingen oft ineinander über, sodass rechtliche Abgrenzungen schwer möglich waren. Erst von der Rezeption gingen dann die entscheidenden Impulse aus, die Nutzungsmöglichkeiten an städtischen Liegenschaften rechtlich zu ordnen. Die Neu-

534 Die §§ 1122–1150 ABGB wurden mit BGBl. I 2006/113 aufgehoben.

zeit brachte im Wesentlichen die Scheidung in freies Eigentum und obligatorische Sachnutzungsrechte.

dd) Die ritterliche Leihe (Lehn)

Die ritterliche Leihe[535] ist das privatrechtliche Element des ma. Lehnsrechts. Der Lehnsherr (Kaiser, Landesherr) verlieh Grund und Boden (daneben auch selbständig nutzbare Hoheitsrechte) an Vasallen, die damit das Herrschaftsrecht im verliehenen Land erwarben, ihm dafür aber zur Heerfahrt (militärischen Unterstützung) und Hoffahrt (politischen Beratung) verpflichtet waren.

Am Beginn der lehnsrechtlichen Entwicklung stand eine für den Beliehenen besonders vorteilhafte Form der fränkischen Bodenleihe. Sie verlangte von ihm keine Arbeitsleistungen und (wenn überhaupt) nur niedrigen Zins. Diese als **Benefizium** bezeichnete Leihe wurde zunächst noch in Form eines Prekarie-Vertrags an beliebige verdiente Personen vergeben. Spätestens im 8. Jh. waren Benefizien jedoch den Vasallen (Reiterkriegern) vorbehalten, um damit ihren Unterhalt zu sichern und sie in die Lage zu versetzen, ihren (meist) militärischen Beistandspflichten nachzukommen. Als Gegengabe schuldete der Leihenehmer zwar einen geringfügigen Zins, doch stand die *Treuebindung* des Vasallen gegenüber dem Lehnsherrn im Vordergrund. Diese wesenhafte Verknüpfung von (sachenrechtlichem) Benefizium und (personenrechtlichem) Treueverhältnis hob das Lehnsrecht bereits in fränkischer Zeit von den übrigen Leiherechtsverhältnissen ab[536]. Seine eigenständige „öffentlichrechtliche" Weiterentwicklung (Lehnsrecht – Lehnsverfassung – Lehnsstaat) gehört in die Geschichte des öffentlichen Rechts.

b) Näherrechte

Lit.: *Ch. Becker*, Näherrecht, HRG ²III, Sp. 1753 ff.; *L. Carlen*, Näherrecht, HRG III, Sp. 827 ff.; *G. Kocher*, Höchstgerichtsbarkeit und Privatrechtskodifikation, 1979, 153 ff.; *H. E. Troje*, Gemeines Recht und Landsbrauch in B. Walthers Traktat „De iure protomiseos", Studien zur europäischen Rechtsgeschichte, 1972, 151 ff.; *G. Wesener*, Vorkaufs- und Einstandsrecht der „gesippten Freunde" (ius retractus consanguinitatis) im Recht der altösterreichischen Länder, GS R. Schmidt, 1966, 535 ff.

Näherrechte *sind dingliche Erwerbsrechte, die einem Besserberechtigten die Befugnis geben, eine veräußerte Sache (meist Liegenschaft) binnen einer bestimmten Frist vom Minderberechtigten „an sich zu ziehen"*. Ihr Zweck war

535 S. dazu die einschlägigen Art. im HRG mit weiterführenden Literaturangaben.

536 *S. Reynolds*, Fiefs and Vassals, 1994, hat die Verknüpfung von Beneficium und Vasallität vor dem 12./13. Jh. grundsätzlich abgelehnt und die herrschende Entstehungsgeschichte in Frage gestellt. Ihre These wird jedoch bestritten und bedarf noch weiterer Untersuchungen; *J. Dendorfer/R. Deutinger* (Hg.), Das Lehenswesen im Hochmittelalter. Forschungskonstrukte – Quellenbefunde – Deutungsrelevanz, 2010.

es, das Familien- und Genossenschaftsvermögen zusammenzuhalten, Fremde vom Gütererwerb auszuschließen und bestehende Herrschaftsverhältnisse abzusichern.

aa) Älteres Recht

Grundlage der ältesten Näherrechte war das Sippeneigentum an Grund und Boden, das jedem Sippegenossen ein dingliches Anwartschaftsrecht am Gute des anderen einräumte. Zu diesen **Beispruchsrechten** gehörten die auf den engeren Kreis der Hauserben beschränkten **Erbenwartrechte**. Jede Veräußerung liegenden Gutes bedurfte also im älteren Recht zumindest der Zustimmung der nächsten Erben **(Erbenlaub, Erbenlob)**. Wurden sie übergangen, konnten die Näherberechtigten (ursprünglich wohl alle Sippegenossen, später die Mitglieder der Hausgemeinschaft) das veräußerte Gut binnen einer bestimmten Frist (meist binnen Jahr und Tag) von jedem Dritten ohne Gegenleistung herausverlangen **(Revokationsrecht)**. Begründet wurde dieses Revokationsrecht damit, dass durch die unberechtigte Veräußerung das Eigentumsrecht des Veräußerers weggefallen und den nächsten Erben zugewachsen sei. Eine Ausnahme galt nur für Verfügungen in *echter Not*. Doch auch in diesem Fall musste der Veräußerer das Gut den Erben zum Kauf anbieten und konnte es nur dann frei veräußern, wenn diese vom Angebot keinen Gebrauch machten. Gegen Ende des MA. schwächten sich die Beispruchs- und Wartrechte weithin zu **drittwirksamen Vorkaufs- und Einstandsrechten-** der nächsten Blutsverwandten ab. Ansatzpunkte dieser Entwicklung waren die soeben erwähnten Veräußerungsbefugnisse in Fällen echter Not, die Anerkennung des Freiteilsrechts (s. Erbrecht) und die zunehmende Beschränkung der Näherrechte auf Liegenschaften, die zu einem Erbgut (und nicht zu einem Gewinngut) gehörten. Diese **jüngeren Näherrechte** machten die Sachverfolgung des Besserberechtigten davon abhängig, dass er dem Minderberechtigten den Kaufpreis und die aufgelaufenen Kosten erstattete. Ihr Anwendungsbereich beschränkte sich im Spätma. und in der Neuzeit nicht nur auf den Kreis der Blutsverwandten; sie hatten vielmehr als Instrument der ma. Bodenpolitik allgemeine Bedeutung.

In den zahlreichen Quellen sind folgende Arten der Näherrechte (Retraktrechte, Einstandsrechte, Zugrechte, Losungsrechte, Lösungsrechte) belegt: *Erblosung* hieß das Einstandsrecht der Blutsverwandten („gesippten Freunde“), eine unzulässig verkaufte (zum Erbgut gehörende) Liegenschaft binnen Jahr und Tag gegen Ersatz des Kaufschillings einzulösen. Als *Marklosung* bezeichnete man Näherrechte der Mark-, Dorf- und Hofgenossen. Eine erweiterte Marklosung stellte die *Landlosung* (Territorialretrakt) in der Neuzeit dar, die den Erwerb von Grundstücken durch Landesfremde verhindern sollte. Damit vergleichbar waren Retrakte, die Grundstücksverkäufe von Adeligen an Nichtadelige und von Christen an Juden verhindern sollten. Die *Nachbarlosung* bevorzugte wiederum den Nachbarn bei der Veräußerung eines Grundstücks und die *Teillosung* war das Näherrecht des Miteigentümers oder Mitbesitzers einer ursprünglich einheitlichen, dann geteilten Liegenschaft. *Näherrechte des Grund-*

und Lehnsherrn sollten deren wirtschaftliche und militärische Stellung absichern; *Näherrechte aus Enteignung* verschafften dem früheren Eigentümer das Recht, sein Grundstück bei Wegfall des Enteignungszwecks wieder an sich zu ziehen.

In Ergänzung zu diesen in der Regel gewohnheitsrechtlich entstandenen Näherrechten waren vertraglich begründete Näherrechte mit dinglicher Wirkung (Vorkaufsrechte) bekannt.

bb) Neuzeitliche Rechtsentwicklung

Die ma. Näherrechte überstanden die Rezeption, obwohl sie dem römischen Recht fremd waren. Man stützte sich auf eine von der italienischen ma. Jurisprudenz entwickelte Lehre der Retraktrechte, die von der neuzeitlichen Gesetzgebung zunächst willig aufgenommen wurde[537].

Wohl finden sich seit dem 16. Jh. Strafbestimmungen gegen Missbräuche des Einstandsrechts, der Kampf gegen die „eigentumsfeindlichen" Näherrechte begann aber erst im 18. Jh. Noch der *Codex Theresianus* behandelte ausführlich den „rechtlichen Einstand oder Nähergeltung", d. i. das „aus Anordnung des Gesetzes herrührende Einstandsrecht"[538], doch ließ der *Entwurf Martini* nur mehr ein vereinbartes Vorkaufs-, Näher- oder Einstandsrecht gelten[539]. Mit Hofdekret vom 8. März 1787 (JGS Nr. 649) wurden *alle* Gattungen des Einstandsrechts, die auf *Gesetz* oder *Gewohnheit* beruhten, aufgehoben. Nur die vereinbarten Einstandsrechte blieben bestehen. Das *ABGB 1811* kennt nur mehr vertraglich begründete Näherrechte, so das verbücherungsfähige **Vorkaufsrecht**, das aber unvererblich und nicht veräußerlich ist. Es verpflichtet den Käufer, dem Verkäufer die Sache beim Weiterverkauf zur Einlösung anzubieten.

Daneben behandelt das ABGB das **Wiederkaufsrecht** (§§ 1068–1070), das dem Verkäufer das Recht einräumt, die verkaufte Sache zu einem bestimmten Preis wieder zurückzukaufen, und das **Rückverkaufsrecht** (§ 1071), das dem Käufer das Recht einräumt, vom Verkäufer den Rückkauf der Sache zu einem bestimmten Preis zu verlangen. Sie sind ebenfalls unvererblich und nicht übertragbar; das Wiederkaufsrecht kann durch Eintragung ins Grundbuch verdinglicht werden.

537 „Ius retractus oder Einstand gilt auß allgemeiner Gewohnheit deß Teutsch Lands, fast an allen Örtern ..." (Gail, Obs. pract. II obs. 19 nt. 1).

538 III. Theil cap. IX § XVIII no. 289.

539 III. T., 6. Hpst. § 33.

Vierter Teil: Schuldrecht

I. Allgemeines

A. Grundzüge des modernen Schuldrechts

Das Schuldrecht nimmt im Wirtschaftsleben eine herausragende Stellung ein. Täglich gehen wir zahlreiche Schuldverhältnisse ein, oft ohne uns dessen bewusst zu werden. Sie geben den Rechtsgrund (Titel) für den Erwerb von Sachgütern (z. B. Kauf, Tausch, Schenkung) und dinglichen Rechten ab (z. B. Verpfändung, Servitutsvertrag), haben einzelne Sachnutzungen (z. B. Miete, Pacht, Leihe) oder Dienstleistungen zum Gegenstand (z. B. Beförderungsvertrag, Verwahrungsvertrag), ordnen dauernde wirtschaftliche und soziale Beziehungen (z. B. Arbeitsvertrag, Gesellschaftsvertrag) und regeln den Schadensausgleich. Eine solche Vielfalt von möglichen Schuldinhalten entzieht sich einer umfassenden und endgültigen Festlegung. Die notwendige Sicherung und Erleichterung der Wirtschaftsabläufe hat allerdings – bereits im internationalen Maßstab – zur Standardisierung der häufigsten Schuldverhältnisse geführt.

Das ABGB stellt die Schuldrechte als **„persönliche Sachenrechte"** den dinglichen Rechten gegenüber. Es versteht darunter jene Rechte, *„vermöge welcher eine Person einer anderen zu einer Leistung verbunden ist"* (§ 859). Eine solche Verpflichtung (Obligation) entsteht entweder durch **Rechtsgeschäft** (gemäß dem Parteiwillen) oder durch **Gesetz** (als Folge einer Handlung oder Unterlassung; aber auch als reine Tatbestandswirkung).

Darauf gründet sich auch die Systematik des modernen Schuldrechts, das im „Besonderen Teil" die „Vertraglichen Schuldverhältnisse" von den „Gesetzlichen Schuldverhältnissen" abgrenzt.

Als **Schuldner** wird jene Person bezeichnet, die zur Leistung verpflichtet ist; der **Gläubiger** kann die Leistung fordern. Daher wird der Schuldinhalt aus der Sicht des Schuldners **Verbindlichkeit** genannt, aus der Sicht des Gläubigers **Forderung** oder **Anspruch**. Sie entsprechen einander vollkommen, und die Forderung des Gläubigers richtet sich auch nur gegen den Schuldner. Die Rechtsverfolgung gegen Dritte sieht das Schuldrecht nicht vor. Aus diesem Grund sprechen wir bei den Schuldrechten von **relativen Rechten**. Der

Schuldinhalt, die Verpflichtung, besteht in einem Tun oder Unterlassen. Ein Verschaffungsanspruch vermittelt daher kein direktes Recht an der Sache, sondern nur das Recht, den Schuldner zur Leistung zu zwingen. Das Schuldverhältnis muss grundsätzlich *kausal* sein, d. h. es muss daraus ein Zweck hervorgehen, der es wirtschaftlich erklärt.

Das moderne Recht der vertraglichen Schuldverhältnisse bekennt sich grundsätzlich zur **Privatautonomie**, d. h. der Gesetzgeber überlässt es den Vertragsparteien zu entscheiden, mit wem, worüber und in welcher Form sie ein Schuldverhältnis eingehen wollen **(Vertragsfreiheit)**. Es ist daher kennzeichnend für das Vertragsrecht, dass die Gesetzesbestimmungen weitgehend dispositiven Charakter haben und durch Übereinkunft der Vertragsparteien abgeändert werden können. Soweit das Gesetz einzelne schuldrechtliche Rechtsinstitute regelt, sind Vorschläge und Aushilfsregelungen gemeint, an die die Vertragsparteien nicht gebunden sind **(kein Typenzwang)**. Sie können Rechtsinstitute kombinieren oder neue Schuldverhältnisse entwickeln.

Die Vertragsfreiheit führt dort zu unerwünschten Ergebnissen, wo ein wirtschaftlich überlegener Vertragsteil dem anderen seine Bedingungen diktieren kann. In Teilbereichen des Schuldrechts ist daher seit Jahrzehnten die Entwicklung zu beobachten, dass man sich zum Schutz des wirtschaftlich Schwächeren um eine Einschränkung der Privatautonomie bemüht. Deutlich zeigt sich dies etwa im Mietrecht, Arbeitsrecht und Konsumentenrecht, im Kontrahierungszwang bestimmter Betriebe (Versorgung mit Elektrizität, Gas, Wasser usw.) und in der zunehmenden autoritativen Einflussnahme auf den Inhalt allgemeiner Geschäftsbedingungen für Massenverträge. Auch der unionsrechtliche Diskriminierungsschutz beim Zugang zu Gütern und Dienstleistungen schränkt die Privatautonomie insofern ein, als keine diskriminierenden Leistungsverweigerungen bzw. -ungleichbehandlungen oder Belästigungen im Zuge der Geschäftsabwicklung erfolgen dürfen.

Bei der Verpflichtung des Schuldners müssen zwei Komponenten unterschieden werden: Das **Schulden** und das **Haften**. Mit Schulden ist das Leistensollen, mit der Haftung das Einstehenmüssen für eine Schuld gemeint. Schuld und Haftung fallen regelmäßig zusammen: Wer schuldet, haftet auch, und zwar mit seinem ganzen Vermögen **(persönliche Haftung, Vermögenshaftung)**.

Das ABGB kennt nur wenige Fälle, in denen der Schuldner nicht haftet. Dieses Leistensollen ohne Einstehenmüssen wird als *Naturalobligation* bezeichnet. Von einer Nichtschuld unterscheidet sie sich im Wesentlichen dadurch, dass der Schuldner die Leistung nicht mehr zurückverlangen kann, die er seinem Gläubiger erbrachte, während die grundlose Leistung zurückerstattet werden muss. Beispiele für Naturalobligationen sind verjährte oder formungültig begründete Schulden sowie Schulden aus Spiel und Wette.

Das Schuldverhältnis endet in der Regel durch Leistung des Geschuldeten. Darin erschöpft es sich jedoch nicht. Um das Schuldverhältnis seinem Endzweck, dem gerechten Leistungsaustausch bei entgeltlichen Rechtsgeschäften oder der Wiedergutmachung eines Schadens zuzuführen, normiert das Gesetz besondere *Treuepflichten* und hält Bestimmungen für den Fall bereit, dass die

Leistung schlecht, zu spät oder überhaupt nicht erfolgt, also **Leistungsstörungen** vorliegen.

B. Strukturen der rechtshistorischen Entwicklung

1. Entstehung und Ausbildung des Schuldrechts

Lit.: *O. v. Gierke*, Deutsches Privatrecht III, 1917; *V. Hasenöhrl*, Das österreichische Obligationenrecht in systematischer Darstellung mit Einschluß der handels- und wechselrechtlichen Lehre I, 1881, [2]1892, II, 1890, [2]1899; *H. Hattenhauer*, Grundbegriffe des bürgerlichen Rechts, 1982, 58 ff.; *R. Hübner*, Grundzüge des deutschen Privatrechts, [5]1930, Neudr. 1969, 489 ff.; *A. Kaiser*, Zum Verhältnis von Vertragsfreiheit und Gesellschaftsordnung während des 19. Jahrhunderts, 1972; *H. Kreller*, Römisches Recht, II Grundlehren des Gemeinen Rechts, 1950, 265 ff.; *K.-P. Nanz*, Die Entstehung des allgemeinen Vertragsbegriffs im 16. bis 18. Jahrhundert, Beiträge zur Neueren Privatrechtsgeschichte 9, 1985; *W. Ogris*, Forderung, HRG I, Sp. 1154 ff., [2]I, Sp. 1615 f.; *L. Pfaff*, Die Clausel: Rebus sic stantibus in der Doctrin und der österreichischen Gesetzgebung, FS J. Unger, 1898, 221 ff.; *R. Pohlhausen*, Zum Recht der allgemeinen Geschäftsbedingungen im 19. Jahrhundert, 1978; *F. C. v. Savigny*, Das Obligationenrecht als Teil des neueren römischen Rechts, 2 Bde., 1851–1853; *E. Schwind*, Deutsches Privatrecht II, 1921, 338 ff.; J. *Unger*, System des österreichischen allgemeinen Privatrechts II, [3]1868, 40 ff.; *B. Wahnitz*, Der Vorvertrag in rechtsgeschichtlicher und rechtsvergleichender Betrachtung, 1962; *G. Wesenberg/G. Wesener*, Neuere deutsche Privatrechtsgeschichte, [4]1985, 46 ff., 128 ff., 149 ff.; *G. Wesener*, Naturrechtliche und römisch-gemeinrechtliche Elemente im Vertragsrecht des ABGB, ZNR 1984, 113 ff.; *G. Wesener*, Das Scheingeschäft in der spätmittelalterlichen Jurisprudenz, im Usus modernus und im Naturrecht, FS H. Hübner, 1984, 337 ff.; *F. Wieacker*, Contractus und obligatio im Naturrecht zwischen Spätscholastik und Aufklärung, Scholastica, 1973, 223 ff.

a) Älteres Recht

Das ältere Schuldrecht weist deutliche Bezüge zum Strafrecht auf, aus dem es sich zum eigenständigen Rechtsbereich entwickelte. Daneben aber gab es immer schon einen Kernbereich von rechtsgeschäftlich begründeten Verpflichtungen, denen die Vorstellung zugrunde lag, dass das Versprochene auch geschuldet werde, dass die Leistung den Rechtsfrieden zwischen den Parteien herstelle. Derartige Schuldverhältnisse waren zwar nicht für den Waren- und Leistungsaustausch typisch, der sich Zug um Zug in der Rechtsform des Bargeschäfts vollzog, haben aber z. B. der Rückgabeverpflichtung aus der nachbarschaftlichen Leihe oder Verwahrung Rückhalt verliehen. Für sie war sogar bezeichnend, dass sie nicht auf den absoluten Sachverfolgungsanspruch des dinglich Berechtigten, sondern auf das Versprechen der Vertragstreue gestützt wurde. Was vorerst fehlte, war die Vermögenshaftung. Die Erzwingbarkeit eines Versprechens wurde – wenn überhaupt – allein durch das Strafrecht gewährleistet, das dem in seinen Rechten Verletzten durch die Buße des treulosen Schuldners Genugtuung verschaffte. Ein eigener Schuldprozess fehlte, und es sind auch viele der heute dem Schuldrecht zugewiesenen Tatbestände als reine Strafsachen verstanden worden **(Bußschulden)**.

Für die fränkische Zeit kann bereits das Bestehen eines eigenen Schuldrechts angenommen werden, wenngleich es seine entwicklungsgeschichtlich bedingte Nähe zum Strafrecht beibehielt. Der wesentlichste Fortschritt war, dass das Versprechen, künftig etwas zu leisten, als schuldbegründend anerkannt wurde. Anknüpfungspunkte für derartige **Verkehrsschulden** waren in erster Linie Austauschverträge, bei denen Leistung und Gegenleistung zeitlich auseinanderfielen, und Schulden aus Gemeinschaftsverhältnissen, etwa die Zusage genossenschaftlichen Beistands. Jede Vereinbarung eines gegenseitigen Leistungsaustausches wurde als **Kauf** angesehen, der damit zum **„Normalvertrag“** wurde. Die Verbindung zum Strafrecht blieb dadurch erhalten, dass Verkehrsschulden vielfach durch Mahnung zu Bußschulden verstärkt werden konnten.

b) Ma. Stadtrecht

Das auf die Bedürfnisse einer Agrargesellschaft zugeschnittene frühma. Schuldrecht konnte den erhöhten Anforderungen des städtischen Wirtschaftslebens nicht genügen. Handel, Gewerbe und Dienstleistungsbetriebe als neue Zweige einer arbeitsteiligen Wirtschaft gaben dem Schuldrecht kräftige Impulse und entwickelten es zu einem echten **Güterverkehrsrecht**. Traditionelle Rechtsinstitute wurden verfeinert, durch neue Schuldinhalte angereichert, nach Funktionen und Rechtsfolgen differenziert und sogar um echte Neuschöpfungen erweitert. Dazu lockerten sich die personenrechtlichen Bindungen des Arbeitsverhältnisses, die (sachenrechtliche) Leihe ließ (schuldrechtliche) Miet-, Pacht- und Darlehensrechtsverhältnisse entstehen, und die Anerkennung der Übertragbarkeit von Forderungen vervielfachte die Erscheinungsformen schuldrechtlicher Beziehungen. Wichtige Begleiterscheinungen dieser Entwicklung waren die Herauslösung des Schuldrechts aus dem Strafrecht, die Wandlung der Buße zum Schadenersatz, die Ausbildung eines eigenen Schuldprozesses und die Gewährung obrigkeitlichen Beistands bei der Vollstreckung rechtens festgestellter Forderungen.

Der Standard des städtischen Schuldrechts war beachtlich. Es litt allerdings an großer, aus eigener Kraft offenbar unüberwindlicher Rechtszersplitterung. Jede Stadt besaß ihr eigenes Recht, verteidigte es gegen Nivellierungstendenzen und behinderte damit eine überregionale (moderne) Handels- und Wirtschaftsentwicklung.

c) Neuzeitliche Rechtsentwicklung

aa) Gemeines Recht

In keinem anderen Rechtsgebiet hat die Rezeption so tiefe Spuren hinterlassen wie im Schuldrecht. Das römisch-gemeine Recht hatte den großen Vorteil der Einheitlichkeit, war systematisch erfasst und wissenschaftlich bearbeitet.

Die oberitalienischen Rechtsschulen hatten es zu einem paraten Instrumentarium des neuzeitlichen Wirtschaftsverkehrs gemacht und boten den Anreiz schriftlicher Quellen, wo Teile des heimischen Rechts noch immer im Zustand alter Gewohnheiten verharrten.

Die Ausbreitung des **gemeinen Schuldrechts** wurde durch den Handelsverkehr, und hier insbes. durch die Messen, gefördert. Nur dort, wo es von den Warenströmen des Handels nicht hingetragen wurde, konnte sich das heimische Güterverkehrsrecht eigenständig weiterentwickeln, etwa im norddeutschen Raum, aber auch in den österreichischen Ländern. Außerdem stieß die Rezeption römisch-gemeiner Rechtsauffassungen auf Grenzen, die von der Wirtschaftsverfassung gezogen waren. So konnte die gemeine Schuldrechtsdogmatik nicht umhin, den Einfluss der Zünfte und der obrigkeitlichen Lenkungsmaßnahmen auf das Wirtschaftsleben in den Städten anzuerkennen. In jenen Bereichen, in denen die spätma. Wirtschaftsstrukturen wesentlich vom römischen Vorbild abwichen, etwa auf dem Gebiet des Arbeitsrechts, im Genossenschaftswesen, im See- und Handelsrecht, im Wechsel- und Wertpapierrecht sowie im Versicherungsrecht blieben bewährte heimische Rechtseinrichtungen erhalten. Als besonders tragfähig stellte sich der eigenständig entwickelte und stetig ausgebaute **Handelsbrauch** heraus, aus dem das „neue“ Handelsrecht geformt wurde. Von den Errungenschaften des römisch-gemeinen Schuldrechts setzten sich am nachhaltigsten und mit der größten Breitenwirkung die allgemeinen Lehren zum Schuldverhältnis sowie die Institutionalisierung der wichtigsten Vertragstypen durch, wenngleich die Erarbeitung einer rundum überzeugenden Theorie des verpflichtenden Rechtsgeschäfts nicht gelang.

bb) Naturrecht

Der große Aufbruch zur Dogmatik des allgemeinen Schuldrechts setzte im Zeitalter des Naturrechts ein. *Grotius* machte die **Willenserklärung** zum zentralen Begriff des Schuldrechts und vermochte überzeugend zu begründen, dass bereits dem einseitigen Versprechen bindende Kraft innewohnt. Zum Zustandekommen eines Vertrags musste es jedoch angenommen werden, womit die heute noch gültigen Prinzipien von **Antrag** und **Annahme** formuliert waren. Darauf baute das nunmehr beherrschende **Konsensualprinzip**, das die Geltung vereinbarten Rechts erklärt. Das Gebot absoluter Vertragstreue (pacta sunt servanda), auch dann, wenn Versprechen und Annahme formlos erfolgten, wurde als Grundbedingung menschlichen Zusammenlebens erkannt und zur Maxime des Rechts erhoben[540].

540 Während das römische Recht unter der obligatio eine Fessel verstand, mit der der Gläubiger den Schuldner halten konnte, sah *Kant* in der obligatio das Mittel, womit jemand einen kleinen Teil seiner Freiheit einem anderen zur Verfügung überließ.

Es folgte eine Neueinteilung der vertraglichen Schuldverhältnisse, bei der nicht mehr die Entstehungsgründe ex contractu und quasi ex contractu innerhalb eines bestehenden Typenkatalogs maßgeblich waren, sondern die unterschiedlichen Zweckbestimmungen frei gestalteter Verträge (etwa freigiebig, belastend, gemischt). Besonderes Augenmerk wurde der **Vertragsgerechtigkeit** geschenkt, die nur durch ein ausgewogenes Leistungsverhältnis hergestellt werden könne. Daher verlangte man den Parteien gegenseitige Rücksichts- und Aufklärungspflichten ab, räumte dem Irrtum große Beachtung ein und baute alle jene Rechtsinstitute aus, die eine Störung des Leistungsgleichgewichts zu verhindern oder auszugleichen vermögen (Gewährleistung, Rücktritt vom Vertrag, Vertragsergänzung, Schadenersatz wegen Verletzung vorvertraglicher Pflichten). Das Recht des Schadenersatzes wich ebenfalls einer Festlegung auf bestimmte Deliktstypen aus. Unter dem beherrschenden Einfluss dieser Lehre kam es schließlich zur **Kodifikation** des Schuldrechts[541].

Der *Codex Theresianus* behandelte das Schuldrecht in einem eigenen 3. Teil unter der Überschrift „Von persönlichen Verbindungen“. Dabei blieb es in den folgenden Umarbeitungen, und sogar noch der Urentwurf des ABGB behielt diese Einteilung. Das *ABGB 1811* verließ jedoch diese Systematik und regelte das Schuldrecht als Teil des Sachenrechts unter der Abteilung „persönliche Sachenrechte“. Die aus der heutigen Sicht eher spärlichen Bestimmungen zum allgemeinen Schuldrecht sind im 17. Hauptstück der 2. Abteilung des 2. Teils („Von Verträgen und Rechtsgeschäften überhaupt“) den einzelnen Rechtsinstituten vorangestellt. Weitere Normen, die wir heute dem allgemeinen Teil des Schuldrechts zuordnen, finden sich im 3. Teil des ABGB („Von den gemeinschaftlichen Bestimmungen der Personen- und Sachenrechte“, als da sind Befestigung, Umänderung und Aufhebung der Rechte und Verbindlichkeiten, Verjährung und Ersitzung).

cc) Pandektistik

Stand im Naturrecht die Willenserklärung im Zentrum des Interesses, so ist es das Verdienst der Pandektenwissenschaft (insbes. *Savignys*), die **Lehre vom Rechtsgeschäft** entwickelt zu haben und damit zu den Grundbegriffen des Schuldrechts vorgedrungen zu sein. Im **Rechtsgeschäft** vollzieht sich das rechtlich erlaubte Handeln zur privatautonomen Rechtsetzung. Seine Grundlage ist der Wille der beteiligten Personen, der sich jedoch nicht (wie früher angenommen) souverän Geltung verschafft, sondern im Rahmen der Rechts-

541 Das große Maß an persönlicher Freiheit des einzelnen im Schuldrecht war vor allem dem aufgeklärten Geist jener Juristen zu danken, die führend an der Redaktion des ABGB mitarbeiteten *(Martini, Zeiller)*, daneben aber auch der staatlichen Wirtschaftspolitik dieser Zeit. Sie war (wenn auch mit Rückschlägen) auf größere Gewerbefreiheit gerichtet, um die Industrialisierung Österreichs zu fördern und so dem drohenden Staatsbankrott 1811/12 zu entgehen. Vor diesem Hintergrund lässt sich der Widerspruch zwischen dem verhältnismäßig hohen Maß an persönlicher Freiheit im *ABGB 1811* und der drückenden Repression im Bereich der politischen Gesetzgebung Österreichs erklären. S. dazu *G. Wesener*, Zeillers Lehre „Von Verträgen überhaupt“, in Forschungsband Franz v. Zeiller, hg. v. *W. Selb/H. Hofmeister*, 1980, 248 ff.

ordnung bewegen muss, um Rechtswirkungen zu entfalten. Die Willenserklärung erhält ihre normative Kraft überhaupt nur daraus, dass sie ihren Geltungsgrund in der Rechtsordnung hat[542].

Mit der Erkenntnis, dass jede zwischenpersönliche Rechtsbeziehung ihren Geltungsgrund in der Rechtsordnung hat, die dem individuellen Willen ein Gebiet zuweist, in welchem er unabhängig von jedem fremden Willen zu herrschen vermag[543], war der entscheidende Schritt von den sozialen und wirtschaftlichen Entwicklungsursachen der Obligation zum abstrakten Schuldrechtsverhältnis getan. Der Ausbau des allgemeinen Teils des Schuldrechts, der „Hierarchie von Begriffen", konnte in Angriff genommen werden[544].

Die **pandektistische Rechtsgeschäftslehre** ist noch heute vorbildlich. Sie nennt als „Hauptgattungen" *einseitige* Rechtsgeschäfte, deren Existenz und Inhalt Ausfluss eines Willens ist; *zwei- oder mehrseitige* Rechtsgeschäfte, zu deren Entstehung die Übereinstimmung zweier oder mehrerer Willen erforderlich ist (Verträge); *entgeltliche* Rechtsgeschäfte, bei denen eine Leistung für eine Gegenleistung hingegeben wird; *unentgeltliche* Rechtsgeschäfte, durch welche man eine Zuwendung erhält, ohne dafür eine Gegenleistung (Äquivalent) erbringen zu müssen; *Verpflichtungsgeschäfte*, die auf zukünftige Leistungen gerichtet sind; *Verfügungsgeschäfte*, die unmittelbar eine Rechtsänderung herbeiführen; Rechtsgeschäfte *von Todes wegen*, durch die jemand Anordnungen (insbes. über sein Vermögen) trifft, die erst mit seinem Tod wirksam werden sollen; und Rechtsgeschäfte *unter Lebenden* (im Vergleich zu den vorstehenden alle übrigen).

Eine besondere Stellung innerhalb der Rechtsgeschäftstypen nimmt wegen seines großen Anwendungsbereichs der **Vertrag** ein. Es gibt obligatorische Verträge, dingliche Verträge, Familienrechtsverträge und erbrechtliche Verträge; als Vorstufen den **Vorvertrag**, der zum Abschluss eines bestimmten Hauptvertrags verpflichtet, und die **Punktation**, die vorläufige, mit der Unterfertigung aber bereits verbindliche Aufzeichnung der Hauptpunkte einer später noch zu errichtenden formellen Vertragsurkunde. An **Schuldverträgen** kennt man *einseitig verpflichtende*, die nur für einen Teil eine Leistungs- oder Unterlassungspflicht begründen, und *zweiseitige* (Austauschverträge), unter diesen wiederum *gegenseitige* Verträge (synallagmatische Verträge), bei denen die Leistungspflicht des einen von der Leistungspflicht des anderen gewollt abhängig ist (funktionelle Abhängigkeit des Schuldinhalts).

Jedes Rechtsgeschäft hat **wesentliche Bestandteile**, die notwendigerweise vorhanden sein müssen, damit die gewollten Rechtswirkungen eintreten (beim Kaufvertrag etwa die Willenseinigung über Gegenstand und Preis); **unwesentliche Bestandteile**, die einerseits keiner besonderen Vereinbarung bedürfen, weil sie kraft dispositiven Rechts vorhanden sind, andererseits durch Parteiwillkür abgeändert werden können; und **zufällige Bestandteile**, die nur kraft Parteienvereinbarung Geltung erlangen (Nebenabreden).

542 In den Motiven zum BGB (I, 126) wird dies folgendermaßen ausgedrückt: „Rechtsgeschäft … ist eine Privatwillenserklärung, gerichtet auf die Hervorbringung eines rechtlichen Erfolges, welcher nach der Rechtsordnung deswegen eintritt, weil er gewollt ist."

543 *F. C. v. Savigny*, System des heutigen Römischen Rechts I, 1840, § 52, 331 ff.

544 Begleitet wurde dieser Verwissenschaftlichungsprozess von einem ungeheuren Aufschwung der privatautonomen Rechtsetzung in der bürgerlich-liberalen Gesellschaft des 19. Jhs.

Allgemeine Erfordernisse eines gültigen Rechtsgeschäfts sind die *Fähigkeit* der handelnden Personen (Rechts- und Handlungsfähigkeit), die *rechtliche Möglichkeit* und *Zulässigkeit* des Gewollten (der Rechtsgeschäftsinhalt darf weder physisch noch juristisch unmöglich sein) sowie die *gehörige Erklärung* des *Willens* der handelnden Personen (Willenserklärung). Die **Willenserklärung** muss **ernst** gemeint sein und frei von **Irrtum** und **Zwang** erfolgen. Der Erklärende darf also nicht unter dem Eindruck einer entscheidungsrelevanten Fehlvorstellung von der Wirklichkeit, einer bewussten Täuschung oder zufolge ungerechter und gegründeter Furcht gehandelt haben. Weicht die Erklärung vom tatsächlichen Willen ab, sei es *absichtlich* (z. B. bei einem Scheingeschäft) oder *unabsichtlich* (im Falle des Irrtums), hängt die Gültigkeit (Anfechtbarkeit) des Rechtsgeschäfts davon ab, inwieweit schutzwürdige Interessen des Erklärungsempfängers oder eines auf die Wirksamkeit der Erklärung vertrauenden Dritten zu wahren sind. Die **Mentalreservation** (also der in Täuschungsabsicht gemachte heimliche Vorbehalt eines anderen Willens bei der Erklärung) ist unbeachtlich, dagegen können aus der **Scherzerklärung** prinzipiell keine Rechtsfolgen abgeleitet werden. Die **Ungültigkeit** eines Rechtsgeschäfts ist entweder eine Tatsache, die gar keine Rechtswirkungen entstehen lässt **(absolute Nichtigkeit)** oder ein **Anfechtungsgrund** für die betreffende Partei.

Die Wirksamkeit der Willenserklärung kann in der Regel beschränkt, d. h. an eine **Bedingung** oder **Befristung**, bei letztwilligen Verfügungen und unentgeltlichen Rechtsgeschäften überdies an die Erfüllung einer **Auflage** gebunden werden. Bedingung und Befristung haben gemeinsam, dass ein vorherbestimmtes künftiges Ereignis die Wirkungen eines Rechtsgeschäfts entweder entstehen (aufschiebende Bedingung) oder enden lässt (auflösende Bedingung). Der Unterschied liegt allein darin, ob der Eintritt des rechtserheblichen Ereignisses gewiss ist (Befristung) oder nicht (Bedingung). Die Auflage schiebt den Rechtserwerb des Bedachten zwar nicht auf, schreibt ihm aber bei sonstigem Rechtsverlust ein bestimmtes Verhalten vor (z. B. Grabpflege).

Die **Erklärung** des Geschäftswillens hat deutlich zu sein, doch sind grundsätzlich weder eine bestimmte Art noch eine bestimmte Form vorgeschrieben. Sie kann **ausdrücklich** (unmittelbar), also durch solche Handlungen erfolgen, die nur die Willenskundmachung bezwecken, sie kann aber auch eine **stillschweigende** (schlüssige, mittelbare) sein, wenn sie durch Handlungen geschieht, aus denen auf die Existenz des Willens geschlossen werden darf (darunter fallen Handlungen, die gar keine andere Deutung zulassen; aber auch **vermutete, fingierte** oder **gesetzliche** Willenserklärungen, bei denen das Gesetz ausdrücklich oder sinngemäß anordnet, dass sie unter bestimmten Voraussetzungen als abgegeben gelten). Die Parteien können vereinbaren, sich nur durch eine *förmliche* (ausdrückliche) Willenserklärung binden zu wollen (gewillkürte Form), sofern nicht ohnehin eine gesetzliche Form der Willenserklärung vorgeschrieben ist (z. B. einfache Schriftform oder öffentliche Schriftform, die der Mitwirkung des Gerichts oder Notars bedarf; Zuziehung von Zeugen).

dd) Weiterentwicklung im 20. Jh. und 21. Jh.

Der von der Pandektistik ausgehende Druck zur „Modernisierung“ des *ABGB 1811*, insbes. des Schuldrechts, verstärkte sich mit dem In-Kraft-Treten des BGB (1900). Die *III TN* entsprach diesem Anliegen nicht zuletzt deshalb, um zu einer größeren Rechtseinheit im deutschen Sprachraum beizutragen (zu den einzelnen Reformen s. die Institutionengeschichte). Es hatte aber auch die wirtschaftliche Entwicklung seit dem ausgehenden 19. Jh. eine Gegenströmung zur „kodifizierten“ Privatautonomie in Gang gesetzt. Normen zum Schutz des sozial Schwächeren und staatliche Maßnahmen der Daseinsfürsorge, die oft in Sondergesetzen ihren Niederschlag fanden (z. B. Mietengesetz), korrigierten manche Auswüchse der Vertragsfreiheit. Das Arbeitsrecht hat sich überhaupt vom privaten Schuldrecht abgespalten und auch sonst musste die privatautonome Rechtsetzungsbefugnis fühlbare Beschränkungen im Interesse des sozialen Ausgleichs und zur Aufrechterhaltung eines funktionierenden Marktes hinnehmen. Diese Entwicklung hält nach wie vor an, hat sich jedoch mehr auf die Bewältigung der Probleme des Massengeschäfts verlagert (Konsumentenschutzgesetz). Neue Begriffe wie „Kontrahierungszwang", „diktierte Verträge", „allgemeine Geschäftsbedingungen" und „faktische Vertragsverhältnisse"[545] sind entstanden, um die Erscheinungsformen des modernen Gütertransfers unter rechtlicher Kontrolle zu halten. Auch die Herausforderungen der zunehmenden Digitalisierung haben zur umfänglichen Weiterentwicklung der Regelungen des Vertragsschlusses geführt (E-Commerce-Gesetz).

2. Schuld und Haftung

Lit.: *B. Diestelkamp*, Die Lehre von Schuld und Haftung, Wissenschaft und Kodifikation des Privatrechts im 19. Jahrhundert VI, 21 ff.; *I. Ebert*, Haftung, HRG ²II, Sp. 658 ff.; *O. v. Gierke*, Schuld und Haftung im älteren deutschen Recht, 1910, Neudr. 1969; *H.-R. Hagemann*, Wette, FS H. Liermann, 1964, 60 ff.; *M. Immenhauser*, Das Dogma von Vertrag und Delikt, 2006; *R. Loening*, Der Vertragsbruch im deutschen Recht, 1876; *H. Meyer*, Zum Ursprung der Vermögenshaftung im deutschen Recht, FS O. Gierke, 1911, 97 ff.; *P. Oertmann*, Schuld, Handwörterbuch der Rechtswiss. V, 355 ff.; *W. Ogris*, Die persönlichen Sicherheiten im Spätmittelalter, ZRG GA 82, 1965, 140 ff.; *W. Ogris*, Haftung, HRG I, Sp. 1901 ff.; *W. Ogris*, Schuld und Haftung, HRG IV, Sp. 1505 ff.; *O. Schreiber*, Haftung, Handwörterbuch der Rechtswiss. III, 97 ff; *G. Schulze*, Die Naturalobligation. Rechtsfigur und Instrument des Rechtsverkehrs einst und heute – zugleich Grundlegung einer Forderungslehre im Zivilrecht, 2008.

Die **Schuld** bedeutet ein *Leisten- und Haltensollen*. In ihr liegt die Erinnerung an das gegebene Wort, die ständige Mahnung zur Leistungsbereitschaft und die Anweisung, durch Erfüllung des Geschuldeten den rechtmäßigen Zustand herzustellen. Leistet der Schuldner freiwillig, kann er die Leistung nicht mehr zurückfordern, es kann aber auch der Gläubiger das Schuldverhältnis durch Zurückgabe der Leistung nicht wieder aufleben lassen. Dagegen bedeutet die **Haftung** das *Einstehenmüssen für die Schuld*. Durch sie wird der Schuldner dem rechtmäßigen Zwang des Gläubigers ausgesetzt, die Erfüllung des Geschuldeten kann durch eine rechtlich geordnete Vollstreckung in das gesamte *Vermögen* des Schuldners erzwungen werden (das

545 Dahinter verbirgt sich die Ansicht, dass bei Vorliegen eines bestimmten sozialtypischen Verhaltens (z. B. Inanspruchnahme einer Leistung) ein Vertrag auch ohne Willensübereinkunft der Parteien entstehe. Diese Lehre wird in Österreich unter Hinweis auf die Privatautonomie überwiegend abgelehnt.

Bestehen der **persönlichen Haftung** wird oft durch die Worte Gebunden-, Verpflichtet-, Verstricktsein umschrieben). Die uns heute vertraute Verbindung von Schuld und Haftung wurde erst nach einem langen Entwicklungsgang hergestellt.

a) Älteres Recht

Im älteren Recht konnte ein Leistungsversprechen grundsätzlich durch ein besonderes **Haftungsgeschäft** erzwingbar gemacht werden. Lag ein solches nicht vor und leistete der Schuldner nach Mahnung nicht, hatte er sich strafrechtlich zu verantworten **(Deliktshaftung)**.

aa) Haftungsbegründung

(1) Haftung aus Delikt

Wer den Rechtsfrieden störte, machte sich strafbar und musste **Buße** zahlen. Ein solcher Friedensbruch lag nicht nur bei einem Verbrechen, sondern auch dann vor, wenn jemand ein gegebenes Leistungsversprechen zur Zeit der Fälligkeit, bzw. nach ein- oder mehrmaliger Mahnung nicht erfüllte. Der säumige Schuldner wurde wie ein Dieb behandelt, setzte sich also strafrechtlichen Sanktionen aus.

Da eine wirksame öffentliche Gewalt fehlte, konnte sich der Gläubiger zur Durchsetzung seiner Forderung keiner obrigkeitlichen Vollstreckung bedienen. Er musste versuchen, den Schuldner im Wege der **Fehde** (Ausübung rechtmäßiger Rache) zur Leistung zu zwingen. Sie erlaubte ihm den Zugriff auf Leib und Vermögen des Schuldners. Als weitere Zwangsmaßnahme stand dem Gläubiger die gerichtliche **Klage auf Bußzahlung** zur Verfügung, die den Schuldner nötigte, ein Erfüllungsversprechen abzugeben. Im Falle prozessualen Ungehorsams musste er Buße zahlen und verfiel in den Zustand der Friedlosigkeit, d. h. jedermann durfte ihn töten und sein Vermögen verwüsten. Dazu kam die strafrechtliche Behandlung des Schadenersatzanspruchs. Auch dann, wenn eine fremde Sache oder eine fremde Person beschädigt oder verletzt wurde, musste der Schädiger Buße zahlen. Die **Bußschuld** war daher die erzwingbare Leistungsverpflichtung schlechthin. Aus den uns überlieferten Bußschuldkatalogen ergibt sich, dass manche Bußen wegen ihrer Höhe nicht sofort entrichtet werden konnten, dass es sich also um Schuldverhältnisse mit hinausgeschobener Leistungspflicht handelte.

(2) Rechtsgeschäftliche Haftung

Das ältere Recht kannte auch **besondere Haftungsverträge**, die ausdrücklich eine Person oder einen Gegenstand der Haftung unterwarfen. Diese Haftung beschränkte sich auf das konkrete Haftungsobjekt. Sie eignete sich daher nicht nur zur Sanktionierung eines Versprechens oder zur zusätzlichen Absicherung des Gläubigers (Sachhaftung, s. dazu unten), sondern auch zum Schutz des Schuldners, nämlich dort, wo er bereits aus einem anderen (strafrechtlichen) Haftungsgrund zur Leistung gezwungen werden konnte. Der Schuldner vermied damit den Zugriff auf seinen Körper und sein ganzes Vermögen und lenkte die Haftung auf ein bestimmtes Objekt **(Haftungseinschränkung)**.

bb) Haftungsformen

Meist erfasste die Haftung Leib und Leben des Schuldners, seine Freiheit und sein bewegliches Vermögen, also die Existenzgrundlagen seiner Person *(persönliche, leibliche Haftung)*. Daneben gab es aber auch die auf bestimmte Vermögensobjekte beschränkte, *reine Sachhaftung*.

(1) Persönliche (leibliche) Haftung

Haftung bedeutete zunächst den Zugriff auf die **Person** des Schuldners. Der Gläubiger konnte sich mit Billigung der Rechtsgenossen des Schuldners bemächtigen, ihn töten, verstümmeln oder verknechten. Es stand ihm auch frei, durch die Person hindurch auf das bewegliche Vermögen des Schuldners zu greifen und es zu verwüsten (Liegenschaften wurden erst in die persönliche Haftung einbezogen, als sie individuellen Verfügungen zugänglich wurden).

Normalerweise haftete der Schuldner selbst, es stand ihm jedoch frei, eine **Geisel**[546] zu stellen. Das war in der Regel ein Gewaltunterworfener, in Fällen der Not kam es aber auch vor, dass der Familienvater seine Frau oder seine Kinder als Geiseln hingab (in der Regel durch Haftungsvertrag). Die Geisel blieb bis zur Fälligkeit der Schuld Gefangene des Gläubigers, ihm stand bis zu diesem Zeitpunkt kein Befriedigungsrecht und daher auch kein Nutzungsrecht (str.) zu. Zahlte der Schuldner nicht, konnte der Gläubiger vollkommen unbeschränkt über die Geisel verfügen. Später schwächte sich die Geiselschaft zur Schuldknechtschaft ab, sie wurde ablösbar und abarbeitbar. Dem hohen MA. ist der privatrechtliche Geiselvertrag nicht mehr vertraut.

(2) Reine Sachhaftung

Die Sachhaftung an bestimmten Gegenständen wurde immer durch Haftungsvertrag begründet. Ihr wesentliches Element war die Übertragung der Sachherrschaft (Gewere) an den Gläubiger noch vor Fälligkeit der Schuld. Wurde der Schuldner säumig, ging die verhaftete Sache in das unbedingte Eigentum des Gläubigers über, das sich jedoch im Laufe der Entwicklung zu einem besonderen Verwertungsrecht abschwächte (s. Pfandrecht).

b) Ma. Stadtrecht

In den hochma. Städten vollzog sich endgültig die Trennung von Schuld- und Strafrecht. Es kam zur Herausbildung eines eigenen **Schuldprozesses**, womit die Haftung ihren strafrechtlichen Charakter verlor. Außerdem setzte sich die Ansicht durch, dass, wer schuldet, ohne weiteres auch haftet. Der Anknüp-

546 Zur Geisel als „Menschenpfand“ vgl. *W. Ogris*, Geisel, HRG ^{2}I, Sp. 2006 ff.

fung an den strafbaren Vertragsbruch bedurfte es nicht mehr. Eine Zwischenstufe in dieser Entwicklung bestand darin, dass man die Haftung zwar nicht mit der Begründung der Schuld, aber zu dem Zeitpunkt entstehen ließ, in dem sich herausstellte, dass der Schuldner trotz Mahnung nicht leistet. Der Zugriff auf die Person des Schuldners durfte nur mehr in Form der **Schuldknechtschaft** erfolgen, die sich in weiterer Folge sogar zur bloßen **Schuldhaft** abschwächte, die anfangs beim Gläubiger, später in öffentlichen Gefängnissen abgesessen werden musste. Damit entfiel die Möglichkeit für den Gläubiger, aus erzwungener Arbeit des gefangenen Schuldners Nutzen zu ziehen; die Personalexekution diente nur mehr als Druckmittel. An ihre Stelle trat immer mehr die **Vermögenshaftung** des Schuldners, die schließlich zum Inbegriff der Vollstreckbarkeit einer Schuld wurde.

War der Gläubiger eines persönlich haftenden Schuldners ursprünglich noch vor die Wahl gestellt, auf dessen Person oder Vermögen zu greifen, musste er später vergeblich die Vermögensexekution versucht haben, ehe er das Mittel der Schuldknechtschaft oder Schuldhaft anwenden durfte[547].

Den weiterhin in Übung stehenden Haftungsverträgen blieb die Funktion der **Haftungsverstärkung**. Setzte der Schuldner ein Pfand, befreite ihn diese Handlung nicht mehr wie früher von weiterer Haftung.

Durch Haftungsverträge konnten im Hoch- und Spätma. weiterhin Leib und Leben als Haftungsobjekt eingesetzt werden. Auch die Verpfändung der Ehre mit dem Druckmittel der öffentlichen Ehrenschelte war möglich. Die Geiselschaft jedoch verschwand.

c) Neuzeitliche Rechtsentwicklung

Das römische Recht hatte in ältester Zeit ähnliche Entwicklungsphasen durchlaufen wie das deutsche. In der klassischen Jurisprudenz waren jedoch Schuld und Haftung bereits in der **Obligation** verbunden (wer schuldet, haftet auch). **Naturalobligationen**, d. h. Schulden ohne Haftung, galten als unvollständige Obligationen und wurden als Ausnahmen betrachtet. Den formfreien Vereinbarungen, die nicht als zivilrechtliche Kontrakte erschienen **(pacta)**, wurde ebenfalls zum Teil Vollstreckungssicherheit gewährt. Da auch das heimische Partikularrecht bereits zur Verbindung von Schuld und Haftung gelangt war, gab es in der Rezeption keine Schwierigkeiten, die römischrechtliche Obligation zum Schuldbegriff des gemeinen Rechts zu ma-

547 Art. 9 des Wiener Stadtrechtsbuches weist einen interessanten Weg zur Durchsetzung einer vollstreckbaren Forderung. Der Gläubiger war angehalten, zunächst auf das Vermögen des Schuldners zu greifen; konnte er sich daraus nicht befriedigen, hatte er die Möglichkeit, mit Hilfe des Gerichts den Schuldner gefangensetzen zu lassen. Nach 14 Tagen Gefangenschaft wurde der Schuldner vor Gericht gerufen und vor die Wahl gestellt, entweder weiter Gefangener zu bleiben oder zu schwören, ein Drittel seines zukünftigen Erwerbs bis zur Schuldtilgung an den Gläubiger zu leisten. Diese Regelung diente dem Gläubiger, schützte aber auch den Schuldner und seine Familie.

chen. Ihm wurden nach und nach auch die nichttypisierten „pacta“ unterstellt, womit sich der Weg zum modernen Konsensualprinzip auftat.

Die Argumentation gegen den römischrechtlichen Formalismus im Vertragsrecht wurde von den Kanonisten begonnen. Sie stellten dem römisch-gemeinrechtlichen Grundsatz, ein formloses Versprechen *(nudum pactum)* lasse keine Verpflichtung entstehen und sei daher nicht klagbar, die Betrachtung entgegen, dass der Bruch eines gegebenen Wortes als Lüge, als sittliches und moralisches Vergehen anzusehen sei. Daher sollte jedes Versprechen – unabhängig von seiner Form – gültig sein. Den Schwierigkeiten bei der Klagbarkeit begegnete man durch eine „condictio ex canone“, Schwierigkeiten bei der Beweisführung durch die Aufnahme der *causa* (vernünftiger Grund) in die Gültigkeitsvoraussetzungen eines Versprechens.

Die Naturrechtslehre beseitigte dann endgültig die noch erhalten gebliebenen Unterschiede zwischen den Formal- und Konsensualverträgen, Nominatkontrakten und den pacta nuda des römisch-gemeinen Rechts. Sie fand definitiv zur Regel **„solus consensus obligat“** und ließ für die Klagbarkeit einer Vereinbarung die formlose Willensübereinstimmung der Parteien genügen. Bereits im *Codex Theresianus* wurde die Verbindung von Schuld und Haftung als allgemeiner Grundsatz des Vertragsrechts angeführt[548] und von dort ins *ABGB 1811* übernommen. Die Schuld ohne Haftung (Naturalobligation) stellt die Ausnahme dar.

3. Verjährung

Lit.: *S. Dusil*, Jahr und Tag, HRG ²II, Sp. 1348 ff.; *W. Immerwahr*, Die Verschweigung im deutschen Recht, 1895; *F. Klein-Bruckschwaiger*, Jahr und Tag, HRG II, Sp. 288 ff.; *J. M. Mračzek*, Lehre über die Verjährung, 1801; *Th. Pachmann*, Die Verjährung nach dem allgemeinen bürgerlichen Rechte in Österreich, 1833; *C. F. Roßhirt*, Dogmen-Geschichte des Civilrechts, 1853, 213 ff.; *J. Winiwarter*, Die Verjährung nach dem Österreichischen bürgerlichen Rechte, in Materialien für Gesetzkunde und Rechtspflege in den Österreichischen Staaten VIII, hg. v. *C. J. Frhr. v. Pratobevera*, 1824, 1 ff.

Unter **Verjährung** versteht man die *Entkräftung eines Anspruchs durch Zeitablauf*. Die Leistungsverpflichtung des Schuldners besteht zwar weiter, kann jedoch nicht erzwungen werden, weil die Haftung erloschen ist.

Die Bedeutung der Verjährung erstreckt sich nicht allein auf das Schuldrecht, obwohl vor allem Forderungen der normativen Kraft der Zeit unterliegen (Hoheitsrechte, Personen- und Familienrechte oder das Eigentumsrecht verjähren z. B. nicht). Es sind daher an dieser Stelle die Ausführungen zu anderen Rechtsbereichen teils wiederzugeben, teils einzubeziehen.

Das *ältere Recht* kannte keine allgemeine Anspruchsverjährung (also den Rechtsverlust durch bloßen Zeitablauf), wohl aber die vom Berechtigten be-

548 3. Teil, Kap., II, Nr. 170: „Demnach ist Jedermann Dasjenige zu halten und zu erfüllen schuldig, zu was er sich durch einen rechtmäßigen Vertrag verbunden, und stehet dem anderen Theil das Recht zu, im Weigerungsfall denselben hierum gerichtlich zu belangen, deme sofort alles Dasjenige, was ihme aus dem Vertrag zu gebühren erwiesen werden kann, nebst allen verursachten Schäden und Unkosten zuzusprechen ist.“

einflussbare **Verschweigung**. Ein bestehender Zustand wurde unanfechtbar und zum Recht, wenn es der in seinen Rechten Verletzte dabei bewenden ließ und von seiner befristeten Anfechtungsmöglichkeit keinen Gebrauch machte. Manche Rechte mussten, um sie zu erhalten, sofort (stante pede) geltend gemacht werden, etwa durch Urteilsschelte, manche innerhalb einer bestimmten Frist (häufig Jahr und Tag) und manche auf ein Aufgebot hin (z. B. Kraftloserklärung von Urkunden).

Die *gemeinrechtliche* Lehre knüpfte an das spätrömische Recht an, das aus ursprünglichen Elementen der Verschweigung eine besondere **Aktionenverfristung** entwickelt hatte.

In verschiedenen, nicht dem ius civile entspringenden Fällen gewährte der Praetor eigene, zumeist befristete Klagen (actiones honorariae), etwa zur Durchsetzung von Bußzahlungen, der Wandlung oder Minderung des Kaufpreises. Hier schloss die Klagebefristung eine Rechtsbefristung mit ein. Durch kaiserliches Edikt wurde dann im Jahre 424 die allgemeine Regel geschaffen, dass alle Klagen mit Ablauf der Verschweigungsfrist (30 bzw. 40 Jahre) verjähren. Dadurch ergab sich, dass Rechtsverfristung (actiones honorariae) und bloße Klagsverfristung (actiones civiles) nebeneinander bestanden. Im spätrömischen Recht verschmolzen diese Institute schließlich zu einer einheitlichen Klagenverjährung, die zwar die Klagbarkeit beseitigte, den Rechtsanspruch jedoch als naturalis obligatio bestehen ließ.

Die Weiterentwicklung dieser Rechtseinrichtungen führte zu einem **umfassenden Verjährungsbegriff**, der sowohl die **erwerbende Verjährung** (Ersitzung) als auch die **eigentliche Verjährung**, den Rechtsverlust durch Zeitablauf, in sich aufnahm. Einig war man sich darin, dass die Verjährung *nicht von Amts wegen beachtet* werden sollte, wenngleich man sich nicht zur endgültigen Klarstellung durchringen konnte, ob die Verjährung eine *Naturalobligation* zurücklässt. Auch im **österreichischen Landsbrauch** verfestigte sich die Überzeugung, „der Zeiten-Lauf hebet von sich selbsten alle Gerichts Händel auf, es möchten solche gleich Persohnen oder Sachen betreffen". Es blieben allerdings deutschrechtliche Elemente der Verschweigung erhalten, die sich darin äußerten, dass einem echten Rechtsverlust, nicht nur dem Verlust der Klagbarkeit das Wort geredet wurde.

Insgesamt war der Landsbrauch durch kasuistische Einzelregelungen gekennzeichnet, vor allem auch durch unterschiedliche Verjährungsfristen (meist 20 Jahre für Schuldforderungen, 32 Jahre für andere Rechte)[549].

Das *ABGB 1811* lehnte sich an die gemeinrechtliche Lehre an und regelte **Verjährung und Ersitzung gemeinsam**. Auf sie ist ohne Einwendung der Parteien, also von Amts wegen, kein Bedacht zu nehmen. Ausdrücklich klargestellt wurde auch, dass die schuldrechtliche Verjährung eine **Naturalobligation** bestehen lässt. Andererseits bekannte man sich unter deutschrechtlichem Einfluss, und wohl auch als ausdrückliche Abkehr vom Aktionenver-

549 *J. B. Suttinger*, Consuetudines Austriacae, ^{2}1718, 831 ff.; *F. J. Greneck*, Theatrum Jurisdictionis Austriacae, 1752, 163 ff.

ständnis, zum Prinzip der **Rechtsverjährung**. Bei der Gestaltung der **Fristen** hielt man sich an das gemeinrechtliche Vorbild einer 30jährigen Verjährung, schuf jedoch zahlreiche Ausnahmebestimmungen, etwa die 3-Jahres-Frist für die Verjährung von Forderungen aus Rechtsgeschäften des täglichen Lebens.

Die Historische Schule des 19. Jhs. vollzog in einer Wiederbesinnung auf Grundsätze des römischen Rechts die strikte Trennung von Verjährung und Ersitzung, die allerdings im ABGB bis heute nicht durchgeführt ist.

4. Typenvielfalt

Lit.: *H. Charmatz*, Zur Geschichte und Konstruktion der Vertragstypen im Schuldrecht, 1937, Neudr. 1968; *H. Dilcher*, Der Typenzwang im mittelalterlichen Vertragsrecht, ZRG RA 77, 1960, 270 ff.; *G. Dolezalek*, Pacta sunt servanda, HRG III, Sp. 1400 ff.; *H. Kreller*, Römisches Recht, II Grundlehren des Gemeinen Rechts, 1950, 99 ff.; *P. Landau*, Pacta sunt servanda, HRG ^{2}IV, Sp. 301 ff.; *Th. Mayer-Maly*, Vertragsfreiheit, HRG V, Sp. 855 ff.; *W. Scherrer*, Die geschichtliche Entwicklung des Prinzips der Vertragsfreiheit, 1948; *A. Söllner*, Die causa im Kodifikationen- und Vertragsrecht des Mittelalters bei den Glossatoren, Kommentatoren und Kanonisten, ZRG RA 77, 1960, 212 ff.; *B. Windscheid*, Die actio des römischen Zivilrechts vom Standpunkt des heutigen Rechts, 1855; *U. Wolter*, Ius canonicum in iure civili, 1975, 100 ff.

Das moderne Schuldrecht ist vom Grundsatz der **Vertragsfreiheit** beherrscht. Sie äußert sich darin, dass die Parteien frei entscheiden können, ob, mit wem[550] und in welcher Form sie einen Vertrag schließen, vor allem aber auch in der privatautonomen Gestaltung des Vertragsinhalts. Das ABGB stellt zwar einige Vertragstypen vor (z. B. Schenkung, Kauf, Leihe usw.), gibt jedoch den Parteien die Möglichkeit, auch andere, gemischte oder überhaupt neue Verträge einzugehen. Es besteht kein Typenzwang.

a) Älteres Recht

Auch das ältere deutsche Recht gewährte den Vertragschließenden ein großes Maß an **Gestaltungsfreiheit**. Das Fehlen eines Typenzwangs im Schuldrecht war allerdings ein Faktum und kein Strukturprinzip dieses Rechtsbereichs. Die Vielfalt an Vertragsinhalten ergab sich aus der geringen rechtsdogmatischen Erfassung und institutionellen Verfestigung der einzelnen Schuldverhältnisse von selbst. Erst allmählich erfolgte eine Auffächerung in einzelne Vertragstypen, und auch da nur in groben Umrissen. Der „Normalvertrag des germanischen Rechts" war der *Kauf*, der alle Rechtsformen des Leistungsaustausches in sich aufnahm und lange Zeit der Inbegriff des entgeltlichen Rechtsgeschäfts blieb. Was die Parteien in ihn hineinlegten, ließ dann neue typische Schuldinhalte, andere gegenseitige Verträge entstehen.

550 Das europäische Gleichbehandlungsrecht verbietet allerdings einen diskriminierenden Auschluss von Personen aus dem Güter- und Dienstleistungsverkehr.

b) Neuzeitliche Rechtsentwicklung

Im Gegensatz dazu waren im römischen Recht die Vertragsparteien an bestimmte **Kontraktstypen** gebunden. Dem lag die Vorstellung zugrunde, dass Forderungsrechte nur in festgelegten Riten oder zur Verwirklichung rechtlich anerkannter typischer Geschäftszwecke begründet werden können. Der Kreis rechtsgültiger Verpflichtungsgründe wurde zwar durch die (nachklassische) Konstruktion der sog. unbenannten (Innominat-)Kontrakte stark erweitert, doch öffnete sich das römische Obligationenrecht nicht dem Prinzip der Vertragsfreiheit.

Das aktionenrechtliche Denken (jeder obligatio war eine bestimmte actio, d. h. Klage, zugeordnet; bei den Klagen galt numerus clausus) tat ein Übriges, dass am Typenzwang festgehalten wurde.

Erst im Zuge der Rezeption legte das römische Schuldvertragsrecht den Typenzwang ab. Das *gemeine Recht* bediente sich zwar seiner präzise gefassten Rechtsinstitute, übernahm jedoch aus dem heimischen Rechtsbrauch den Grundsatz der freien Vertragsgestaltung, sodass sich das Schuldrecht auf neuer dogmatischer Grundlage, aber doch im Geiste bodenständiger Rechtsauffassungen weiterentwickeln konnte.

Das gemeine Recht bekannte sich zwar formell zum römischen Aktionensystem, ließ es aber letztlich „gelehrter Zierrat" bleiben, indem es schrittweise die Klagbarkeit formloser Vereinbarungen anerkannte und den **prozessrechtlichen Begriff** der **actio** (Recht, etwas, das man bekommen soll, durch einen Prozess zu verfolgen) zum **materiellrechtlichen Begriff** des **Anspruchs** (Recht, von einem anderen ein Tun oder Unterlassen zu verlangen) umzuformen begann. Abgeschlossen wurde dieser wissenschaftliche Fortbildungsprozess im Pandektenrecht des 19. Jhs.[551].

5. Systematik des Schuldrechts

Lit.: *R. Hochstein*, Obligationes quasi ex delicto, 1971; *Th. Mayer-Maly*, Studien zum Vertrag I, FS H. C. Nipperdey I, 1965, 509 ff, II, FS W. Wilburg, 1965, 129 ff., III, Revue internationale des droits de l'antiquité, 1965, 437 ff.

Die Einteilung der Schuldverhältnisse nach ihren Entstehungsgründen ist eine Errungenschaft der gemeinen Rechtslehre, die ihrerseits auf weitgehend ausgereifte Erkenntnisse der römischen Jurisprudenz zurückgreifen konnte. Die römischen Juristen hatten das Schuldrecht in ein System von **Obligationen ex contractu** und **Obligationen ex delicto** zu bringen versucht und waren dabei auf Tatbestände gestoßen, die sich keiner dieser Kategorien zuordnen ließen. Für sie entwickelte man die Begriffe **Quasikontrakte** und **Quasidelikte**, doch gelang es nicht, die jeweils verbindenden Wesensmerkmale herauszuarbeiten. Während die Anerkennung deliktsähnlicher Schuldverhältnis-

551 *B. Windscheid*, Die actio des römischen Zivilrechts vom Standpunkt des heutigen Rechts, 1855. Vgl. *H. Kreller*, Römisches Recht II, Grundlehren des Gemeinen Rechts, 1950, 99 ff.

se im Grunde auf eine Erweiterung des Deliktstypenkatalogs durch verschuldensunabhängige Haftungstatbestände hinauslief (Haftung des Wohnungsinhabers für Schäden durch herabfallende Gegenstände, des Gastwirtes oder Schiffers für den von ihren Dienstpersonen angerichteten Schaden, aber auch des Richters für Schäden aus missbräuchlicher Amtsführung), also im Rahmen des Schadenersatzrechts blieb, zählte man zu den Quasikontrakten so unterschiedliche Verpflichtungsgründe wie Geschäftsführung ohne Auftrag, ungerechtfertigte Bereicherung und Gemeinschaft. Dieses Systematisierungsproblem blieb lange Zeit ungelöst. Noch der *Codex Theresianus* widmete den Quasikontrakten die eigene Überschrift „Von den Handlungen, welche denen Contracten gleichkommen", wogegen sie das *ABGB 1811* auf das Familien-, Sachen- und Schuldrecht aufteilte und bei verwandten Rechtsinstituten mitbehandelte, z. B. die Geschäftsführung ohne Auftrag in Verbindung mit dem Bevollmächtigungsvertrag. Dort findet sich auch die Klarstellung, dass sich Schuldverhältnisse entweder unmittelbar auf das **Gesetz** oder auf ein **Rechtsgeschäft** oder auf eine **erlittene Beschädigung** gründen (§ 859). Die moderne Systematik hat die Schadenersatzpflicht als Fall gesetzlicher Haftung erkannt. Den **rechtsgeschäftlichen** Schuldverhältnissen stehen also die **gesetzlichen** Schuldverhältnisse (Schadenersatz, Bereicherung, Geschäftsführung ohne Auftrag) gegenüber.

II. Schuldverhältnisse

A. Einseitiges Rechtsgeschäft

Lit.: *K. Dreiocker*, Zur Dogmengeschichte der Auslobung, 1969; *O. v. Gierke*, Deutsches Privatrecht III, 1917, 318 ff.

Zu den wenigen Fällen, in denen eine Verpflichtung durch Willenserklärung einer Partei entsteht, gehört die **Auslobung.** Darunter versteht man die nicht an bestimmte Personen gerichtete Zusage einer Belohnung für eine Leistung oder einen Erfolg, die durch öffentliche Bekanntmachung verbindlich wird.

Nach der **Vertragstheorie** wäre die Auslobung nur ein Vertragsangebot, das durch die Erbringung der Leistung konkludent angenommen wird. Die Verbindlichkeit für den Auslobenden träte also erst in diesem Zeitpunkt ein. Das moderne Recht steht auf dem Boden der **Versprechenstheorie.** Daher hat der Erbringer der Leistung auch dann einen Anspruch auf den ausgelobten Lohn, wenn er von der Auslobung nichts wusste. Praktische Anwendungsfälle der Auslobung sind z. B. das Aussetzen einer Belohnung für das Wiederbringen einer verlorenen Sache oder das Preisausschreiben. Letzteres ist nur gültig, wenn in der Bekanntmachung eine Frist für die Bewerbung bestimmt ist.

1. Älteres Recht

Die Einstellung des älteren Rechts zum einseitigen **Versprechen** begünstigte das Entstehen einer echten Verbindlichkeit. Zum Erwerb einer Forderung musste es zwar angenommen werden, doch war der Versprechende bereits durch seine Erklärung gebunden, wenn er sie in rechtsförmlicher Weise abgegeben hatte. Für die Annahme waren dagegen keinerlei Förmlichkeiten vorgeschrieben. Sie konnte auch durch die Erbringung der ausbedungenen Leistung erfolgen.

Unsere Kenntnisse über die ma. Auslobung stützen sich vor allem auf mittelbare Rechtsquellen. Die germanischen und ma. Sagen und Märchen enthalten zahlreiche Beispiele für Auslobungen (etwa die Aussetzung einer Belohnung für die Wiedererbringung eines entführten Kindes oder die Tötung eines Feindes).

2. Neuzeitliche Rechtsentwicklung

Das römisch-gemeine Recht hielt sich an den Grundsatz, dass *einseitige Versprechen* **keine** Verpflichtung bewirken können. Die rechtswissenschaftliche Behandlung der Auslobung musste daher an vereinzelte Fälle eines Belohnungsversprechens in den Quellen des römischen Rechts anknüpfen.

Ansätze für die Anerkennung der Verpflichtungskraft auch einseitiger Versprechen boten die *pollicitatio* (formlose Zusage einer Werkleistung an die Heimatgemeinde) und das *votum* (eidliches Gelübde an eine Gottheit)[552]. Ein weiterer Fall war das Belohnungsversprechen für die Wiedererbringung eines entlaufenen Sklaven[553].

Es gelang nicht, den unterschiedlich motivierten Belohnungsversprechen eine eigene Rechtsform zu geben, vielmehr wurden spezielle Institute, wie die Wettkampfbelohnung oder die Kriegsauslobung herausgearbeitet. Es blieb bei der ablehnenden Grundhaltung gegenüber der einseitig verbindlichen Willenserklärung, die sich etwa darin äußerte, dass das ALR der Auslobung keine verpflichtende Kraft beilegte. Das *ABGB 1811* überging sie mit Stillschweigen.

Trotzdem wurde die Auslobung von Lehre und Rechtsprechung am Leben erhalten, deren verbindliche Wirkung nach mehrheitlicher Auffassung darauf zurückgeführt wurde, dass mit der Leistung des Bedungenen ein Vertrag zustande komme. Im Sinne dieser älteren **Vertragstheorie** konnte der Auslober seine Vertragsofferte nicht mehr einseitig rückgängig machen, andererseits hatte aber der Erbringer der Leistung keinen Anspruch auf die ausgesetzte Belohnung, wenn er die Leistung in Unkenntnis der Auslobung erbrachte. Dem Verlangen nach gesetzlicher Regelung der Auslobung trug schließlich die *III TN* Rechnung (§§ 860–860b ABGB). Sie folgte der jüngeren **Versprechenstheorie**, verzichtete also auf die Empfangsbedürftigkeit der Willenserklärung, doch kann der Auslober sein Versprechen durch contrarius actus bis zur Erbringung der Leistung zurücknehmen. Die Bindung an die

---

552 S. dazu *M. Kaser*, Das römische Privatrecht I, ²1971, 604.

553 Vgl. *K. Dreiocker*, Zur Dogmengeschichte der Auslobung, 1969, 52 ff.

Auslobung besteht in diesem Fall nur bei unverschuldeter Unkenntnis des Leistenden vom Widerruf weiter[554].

B. Der Vertrag

Ein Vertrag kommt durch die ausdrücklich oder schlüssig erklärte **Willensübereinkunft** zweier Personen im Rahmen privatautonomer Rechtsetzungsbefugnis zustande. Die Erklärungen der beiden Personen nennt man **Angebot** und **Annahme**, wobei für letztere die faktische Herbeiführung des gewollten Zustandes genügt, wenn eine ausdrückliche Erklärung der Annahme nach der Natur des Geschäfts oder der Verkehrssitte nicht zu erwarten ist.

1. Allgemeines Vertragsrecht

a) Schuldbegründung

Lit.: *W. Decock*, Theologians and Contract Law. The Moral Transformation of the Ius Commune (ca. 1500–1650), 2013; *A. Erler*, Handschlag, HRG I, Sp. 1974 f.; *O. v. Gierke*, Schuld und Haftung nach älterem deutschen Recht, 1910, 117 ff.; *H.-R. Hagemann*, Draufgabe, HRG I, Sp. 782 ff.; *C. Karsten*, Die Lehre vom Vertrage bei den italienischen Juristen des Mittelalters, 1882; *E. Kaufmann*, Formstrenge, HRG I, Sp. 1163 ff.; *H. Kreller*, Römisches Recht, II Grundlehren des Gemeinen Rechts, 1950, 314 ff.; *S. Lohsse*, Realvertrag, HRG ²IV, Sp. 1074 ff.; *Th. Mayer-Maly*, Die Bedeutung des Konsenses in privatrechtsgeschichtlicher Sicht, in Rechtsgeltung und Konsens, hg. v. *G. Jakobs*, 1976, 91 ff.; *K.-P. Nanz*, Die Entstehung des allgemeinen Vertragsbegriffs im 16.–18. Jahrhundert, Beiträge zur Neueren Privatrechtsgeschichte 9, 1985; *P. Oestmann*, Formstrenge, HRG ²I, Sp. 1626 ff.; *W. Ogris*, Achtklausel in Schuldverträgen, HRG ²I, Sp. 66 ff.; *W. Ogris*, Festuca, HRG I, Sp. 1111, ²I, Sp. 1550 ff.; *W. Ogris*, Rechtsgeschäft (Form), HRG IV, Sp. 294 ff.; *Th. Olechowski*, Arrha, HRG ²I, Sp. 309 ff.; *H. Schempf*, Handschlag, HRG ²II, Sp. 748 f.; *M. Schickmair*, Kontrahierungszwang, 2020, 22 ff.; *A. L. Seuffert*, Die Geschichte der obligatorischen Verträge, 1881; *A. Wacke*, „Errantis voluntas nulla est." Grenzen der Konkludenz stillschweigender Willenserklärungen, Index, Quaderni camerti di studi romanistici 1994, 267 ff.

Das ABGB hat die **Formfreiheit** zur Regel erhoben. Bei fast allen Verträgen ist es daher unerheblich, in welcher Form sie zustande kommen. Sie können mündlich, schriftlich, vor Gericht, mit oder ohne Zeugen abgeschlossen werden (§ 883). Nur ausnahmsweise gelten bestimmte Formvorschriften **(Formalverträge)**, und zwar vor allem dann, wenn Übereilungsschutz geboten ist oder Nachteile aus der mangelnden Publizität eines Geschäfts drohen (z. B. Bürgschaftserklärungen, Schenkungsversprechen, Abzahlungsgeschäfte, Ehepakte). Ein großer Teil der Verträge kommt bereits durch die Willensübereinstimmung zustande **(Konsensualverträge)**, u. a. Kauf, Tausch, Miete, Pacht. Es gibt jedoch auch **Realverträge**, bei denen zur Willensübereinkunft

554 Vgl. das Gesetz über die Gewährung von Hilfeleistungen an Opfer von Verbrechen, BGBl. 1972/288, das sich des Rechtsinstituts der Auslobung bedient.

noch zusätzlich die Erbringung der Leistung einer Seite erforderlich ist, etwa Leihe, Trödel- und Verwahrungsvertrag.

aa) Älteres Recht

In ältester Zeit konnten Verträge vor allem in Gestalt von Formalverträgen oder Realverträgen abgeschlossen werden[555].

(1) Formalverträge

Ihr wesentliches Element war die Hör- und Sichtbarkeit der Abgabe (Annahme) des Versprechens. Daher war es für die Gültigkeit des Vertrags von Bedeutung, dass die Willenseinigung vom Aufsagen bestimmter ritualisierter Formeln und der Vollführung bestimmter Gebärden begleitet wurde. Mit Formalverträgen konnten sowohl Schuld- als auch Haftungsverhältnisse begründet werden. Sie waren entweder Treuegelübde oder Wettvertrag.

Das **Treuegelöbnis** (Schwur, Eid) wurde mit „Finger und Zunge“ oder „Hand und Mund“ geleistet. Es war ein feierliches Versprechen, die Schuld zu halten. Kam der Schuldner seiner Verpflichtung nicht nach, machte er sich strafrechtlich schuldig.

Der **Wettvertrag** (Wadiation) kam dadurch zustande, dass der Schuldner dem Gläubiger in förmlicher Weise einen Stab (festuca, wadia) überreichte. Dieser Stab trug mitunter die Haussymbole des Schuldners. Durch Vorzeigen des Stabes konnte der Gläubiger den Schuldner zur Erfüllung seiner Pflicht auffordern bzw. mahnen. Schon im Frühma. wurde es üblich, den Stab durch eine Urkunde zu ersetzen, wobei allerdings nicht die Unterzeichnung der Urkunde, sondern deren Übergabe (Urkundenbegebung) den Vertrag begründete.

(2) Realvertrag – Arrhalvertrag

Die Austauschgeschäfte waren in ältester Zeit oftmals Bargeschäfte, d. h. die Leistung musste Zug um Zug erfolgen. Erst beim Kauf auf Kredit fielen die Leistungszeitpunkte auseinander, woraus sich Haftungsprobleme ergaben. Sie wurden im Sinn unmittelbarer Leistungsbeziehungen gelöst. Nicht die Willensübereinstimmung der Parteien allein begründete den Vertrag, sondern die Leistung eines Vertragsteiles **(Realvertrag)**. Viele Rechtsgeschäfte, die im geltenden Recht Konsensualverträge sind, waren früher Realverträge, so z. B. Tausch, Kauf, Miete, Pacht.

Aus dem Realvertrag entwickelte sich bereits in fränkischer Zeit der **Arrhalvertrag.** Er stellte ein Mittelding zwischen Real- und Formalvertrag dar[556]. Zur Gültigkeit dieses Vertrags war nicht mehr die vollständige Vorleistung

555 Die neuere rechtshistorische Forschung übt Zurückhaltung gegenüber schematischen Bewertungen von Vertragstypen und verweist auf die lange Zeit fehlende klare Unterscheidbarkeit von materiellem und Prozessrecht als Grundvoraussetzung dafür (so auch *K. O. Scherner*, Kauf, HRG ²II, Sp. 1666).

556 Zu den Rechtswirkungen der arrha nach neuerer Interpretation frühma. Rechtsquellen s. *Th. Olechowski*, Arrha, HRG ²I, Sp. 309 f.

einer Seite notwendig, es genügte vielmehr eine Anzahlung, die schuldbegründende Wirkung hatte. Die **Arrha** war anfangs noch ein Teil der Leistung, der auf die Gesamtleistung angerechnet wurde (**Dran-, Drauf-, Haft-, Handgeld**), verkümmerte aber im Laufe der Zeit zur **symbolischen Scheinleistung** von unbedeutendem wirtschaftlichen Wert.

Solange es sich bei der Arrha noch um wirtschaftlich bedeutsame Beträge handelte, konnte sie zum **Reugeld** umfunktioniert werden[557]. Eine solche Vereinbarung hatte zur Folge, dass der vertragsbrüchige Empfänger der Arrha das doppelte Handgeld zurückgeben musste, während für den Geber die Arrha verloren war, wenn er den Vertrag nicht halten wollte.

bb) Ma. Stadtrecht

In den Städten erlangte zunehmenddas formlos abgegebene Leistungsversprechen schuld- und haftungsbegründende Wirkung. Diese Entwicklung zur **Formfreiheit** wurde vom kanonischen Recht gefördert, das alle Versprechen klagbar sehen wollte. Nach außen hin hielt man oft noch die alten Formen der Schuldbegründung ein, sie besaßen aber nur mehr deklaratorischen Charakter, da das Schuldverhältnis bereits durch die Willensübereinstimmung (Konsens) entstanden war.

Oft anzutreffende Formalitäten der Schuldbegründung waren *Gottespfennig* und *Weinkauf*. Sie hatten im Spätma. bereits ihre vertragsbegründende Wirkung verloren und wurden nur mehr als Zeichen der Schuldbefestigung, des Beweises oder als Reugeld eingesetzt. Typisch für Gottespfennig und Weinkauf war, dass die Vertragsparteien den Einsatz, in der Regel eine Münze, nicht selbst behielten, sondern vertranken, den Armen oder der Kirche spendeten oder an den Fiskus abführen mussten (so in manchen Teilen Deutschlands noch bis zum Beginn des 20. Jhs.). Dieser Brauch hielt sich vor allem beim Grundstücksverkauf. Die Höhe der „Scheinleistung" bzw. des „Zeugengeldes" konnte variieren. In manchen Gegenden scheinen so große Beträge üblich gewesen zu sein, dass gesetzliche Bestimmungen den Wert von Gottespfennig und Weinkauf auf höchstens ein Zehntel der Kaufsumme begrenzten.

cc) Neuzeitliche Rechtsentwicklung

Im gemeinen Recht verschmolzen die heimischen Entwicklungsansätze des Konsensualprinzips mit römischrechtlichen Vorstellungen. Kauf, Miete, Auftrag, Gesellschaft wurden nach römischem Vorbild als reine Konsensualverträge ausgebildet. Ebenfalls am römischen Vorbild orientiert war die Konstruktion des Realvertrags für Darlehen, Leihe, Verwahrung und Verpfändung. Dagegen konnte sich die Stipulation mit ihren rituellen Wortformeln nicht durchsetzen. Kanonische Einflüsse **(pacta sunt servanda)** und später auch die weiterführenden Gedanken des Naturrechts **(Vertragsfreiheit)** machten vielmehr die **Formfreiheit** zur Regel. Verträge, die zu ihrer Gültig-

557 Diese Entwicklung wird nach neuerer Forschung erst der Neuzeit zugeordnet (*Th. Olechowski*, Arrha, HRG ^{2}I, Sp. 310).

keit der Erbringung einer Leistung oder der Einhaltung einer Form bedurften, wurden zur Ausnahme.

Das *ABGB 1811* stellte den „normalen" Konsensualverträgen nur einige wenige (dem römisch-gemeinrechtlichen Katalog entsprechende) Realverträge zur Seite.

Angeld und Reugeld wurden als weiterentwickelte Sonderformen der Arrha geregelt. Das *Angeld* begründet den Vertrag nicht, sondern dient als „Zeichen der Abschließung" oder als „Sicherstellung für die Erfüllung"[558]. Demgegenüber hat das *Reugeld* vertragsabschwächende Wirkung. Es bietet dem Versprechenden die Wahl zwischen Erfüllung oder Bezahlung des Einsatzes, insofern also eine Rücktrittsmöglichkeit bis zum Zeitpunkt der Erfüllung.

Das hohe Ausmaß an Formfreiheit im *ABGB 1811* wurde allerdings in der weiteren Entwicklung wieder zurückgenommen. Die Gründe hiefür (Übereilungsschutz, Wahrnehmung von Gläubigerinteressen u. a.) wurden bereits genannt[559]. Die neuen oder verschärften Formvorschriften galten etwa dem Bürgschafts- und Schenkungsversprechen, den Ratengeschäften oder Vermögensverschiebungen zwischen Ehegatten. Als besonderes Gültigkeitserfordernis für taxativ aufgezählte Rechtsgeschäfte, bei denen der Schuldner- oder Gläubigerschutz vordringlich schien, wurde der *Notariatsakt* eingeführt[560].

b) Mangelhafte Willensbildung

Lit.: *M. Disselhorst*, Die Lehre des Hugo Grotius vom Versprechen, 1959; *P. Haupt*, Die Entwicklung der Lehre vom Irrtum beim Rechtsgeschäft seit der Rezeption, 1941; *K. Luig*, Savignys Irrtumslehre, Ius commune VIII, 1979; *K. Luig*, Franz v. Zeiller und die Irrtumsregelung des ABGB, in Forschungsband Franz v. Zeiller, hg. v. *W. Selb*/*H. Hofmeister*, 1980, 153 ff.; *Th. Mayer-Maly*, Res integra, FS G. Wesener, 1992, 303 ff.; *R. Ryck*, Der Irrtum bei Rechtsgeschäften, FS G. Beseler, 1885 117 ff., Neudr. 1979; *F. C. v. Savigny*, System des heutigen römischen Rechts III, 1840, § 52, §§ 135 ff.; *J. Unger*, System des österreichischen allgemeinen Privatrechts II, ³1868, 44 ff.; *G. Wesener*, Zeillers Lehre „von Verträgen überhaupt", in Forschungsband Franz v. Zeiller, hg. v. *W. Selb*/*H. Hofmeister*, 1980, 248 ff.; *F. Wieacker*, Privatrechtsgeschichte der Neuzeit, ²1967, 295 ff.; *B. Windscheid*/*Th. Kipp*, Lehrbuch des Pandektenrechts I, ⁹1906, 402 ff.; *F. v. Zeiller*, Das natürliche Privat-Recht, ²1808, §§ 99f.

Oft herrscht zwischen dem, was jemand erklären will, und dem, was als Äußerung nach außen dringt, eine Diskrepanz. Das daraus entstehende Geltungsproblem kann nach der jeweiligen Ausgangsposition so gelöst werden, dass entweder allein der Wille **(Willenstheorie)** oder allein die Erklärung **(Erklärungstheorie)** rechtserheblich sein soll. Das ABGB nimmt einen vermittelnden Standpunkt ein. Es stellt an sich auf die Bedeutung des Erklärten ab,

558 Nur im österreichischen Gesinderecht des 19. Jhs. erhielt sich die Konstitutivwirkung des Angelds/Drangelds (z. B. in der Gesindeordnung für die Stadt Wien, 1810).

559 S. oben.

560 Notariatszwangsgesetz 1871, RGBl. Nr. 76. Durch das 1. Euro-Umstellungsgesetz (BG vom 7.8.2001, BGBl. I 2001/98) wurde der Titel des Gesetzes in „Notariatsaktsgesetz" geändert.

berücksichtigt aber dann den Willen des Erklärenden, wenn der Vertragspartner auf die anderslautende Erklärung nicht vertraut hat oder nicht schutzwürdig ist. Die häufigste Ursache mangelhafter Willensbildung ist der **Irrtum**; eine Sonderstellung nehmen darüber hinaus die Fälle der Willensbeugung durch **Zwang** oder **arglistige Täuschung** ein, wobei letzterer die bewusste Ausnützung eines vorhandenen Irrtums gleichgehalten wird.

Einem **Irrtum** unterliegt, wer eine *falsche, unvollständige oder gar keine Vorstellung von der Wirklichkeit* hat[561]. Die Lehre unterscheidet zwischen **Erklärungsirrtum** (der Erklärende erklärt etwas anderes, als er wirklich meint), **Geschäftsirrtum** (der Erklärende irrt über die Natur des Geschäfts, seinen Inhalt oder über die Person des Vertragspartners) und **Motivirrtum** (ein dem Vertragsabschluss vorgelagertes Motiv, eine innere Vorbedingung erweist sich als unrichtig). Während der Motivirrtum regelmäßig nur dann zur Anfechtung des Vertrags berechtigt, wenn das Motiv des Vertragschließenden eine ausdrücklich bedungene oder selbstverständliche (typische) Geschäftsgrundlage darstellt[562], ist der Erklärungs- und Geschäftsirrtum darüber hinaus unter folgenden Bedingungen beachtlich: Er Muss vom anderen veranlasst worden oder diesem aus den Umständen offenbar aufgefallen oder noch rechtzeitig aufgeklärt worden sein (§ 871 ABGB) oder (so die Lehre) beiden Parteien gemeinsam unterlaufen sein. War der Irrtum **wesentlich** (betraf er einen Hauptpunkt des Rechtsgeschäfts und hat die Willensbildung entscheidend beeinflusst), kann der Irrende das Geschäft anfechten; war er **unwesentlich** (betraf er einen Nebenumstand des Geschäfts, das bei Kenntnis der richtigen Sachlage nur anders abgeschlossen worden wäre), kann der Irrende Anpassung verlangen. Der Irrtum bewirkt also keine Nichtigkeit des Vertrages, sondern ist (durch Klage oder Einrede) **gerichtlich** geltend zu machen.

Ebenfalls anfechtbar ist ein Rechtsgeschäft, wenn es durch Arglist (**„zivilrechtlicher Betrug“**) oder **„ungerechte und gegründete Furcht“** veranlasst wurde. In diesen Fällen kommt es nicht darauf an, ob der Willensmangel einen Hauptpunkt oder Nebenumstände des Geschäfts betrifft. Auch die arglistige Herbeiführung oder Ausnützung eines fehlerhaften Abschlussmotivs ist ohne weitere Voraussetzung beachtlich.

aa) Älteres Recht

Das ältere Recht berücksichtigte den **Irrtum** in keiner Weise **(ein Mann, ein Wort)**. Nur erzwungene Erklärungen waren nichtig. Durch den ausgeprägten Formalismus bei der Vertragsschließung (Wortformeln, rituelle Handlungen) war allerdings dem Erklärungs- und Geschäftsirrtum ein einigermaßen wirk-

561 Zur Behandlung des Rechtsirrtums in der Geschichte, dem eine unzutreffende Vorstellung über die Rechtslage eigen ist, vgl. *Th. Mayer-Maly*, Rechtsirrtum, HRG IV, Sp. 307 ff. (und die dort zit. Lit.).

562 S. aber die Sonderregelung in § 3a KSchG.

samer Riegel vorgeschoben. In der heutigen Terminologie würden wir sagen, das ältere deutsche Recht stand auf dem Boden der Erklärungstheorie.

bb) Neuzeitliche Rechtsentwicklung

Das römische Recht hatte den Irrtum wie den Dissens behandelt, sodass bei einem error in corpore oder error in persona der Vertrag nicht zustande gekommen ist. Beim error in materia wurden unterschiedliche Ergebnisse erzielt. Eine Irrtumsanfechtung war den Römern fremd, da sie einen Standpunkt einnahmen, den wir heute (mit einigen Vorbehalten) der „Willenstheorie" zuordnen würden. In diesem Sinn unterschied die gemeinrechtliche Lehre zwischen dem Irrtum über den Inhalt einer Erklärung und dem Motivirrtum. Der **Inhaltsirrtum** (über den rechtlichen Sinn, den Gegenstand, die Person eines Erklärungsziels) machte das Rechtsgeschäft nichtig, wenn er für den Geschäftsabschluss kausal und vom Irrenden nicht selbst gröblich verschuldet worden war. Daneben wurde dem error in materia (etwa wenn Bronze für Gold gehalten wurde) fallweise eine eigenständige Bedeutung zuerkannt. Dagegen war der **Motivirrtum** grundsätzlich unbeachtlich. Die Ausnahmen von dieser Regel (z. B. die irrtümliche Annahme einer Rechtspflicht zum Handeln, extreme Fälle des Irrtums über den Wert einer gekauften Sache, die Beachtlichkeit der clausula rebus sic stantibus) kamen dem heutigen Verständnis des Geschäftsirrtums oder der Anerkennung typischer Geschäftsgrundlagen nahe. Daneben wurden die festgefügten Prinzipien über die Nichtigkeit bzw. Entkräftung einer erzwungenen oder listig herausgelockten Willenserklärung weitergeführt. In Summe ergab sich ein **numerus clausus rechtserheblicher Willensmängel**, dem jedoch ein klares System fehlte. Ob ein Irrtum beachtlich war, wurde von der gemeinrechtlichen Lehre in kasuistischer Weise danach entschieden, über welche Art von Umständen der Erklärende geirrt hatte.

Neue Impulse für die Weiterentwicklung der Irrtumslehre gingen von den Erkenntnissen der *vernunftrechtlichen Theorie* aus, die zwischen den Interessen des Irrenden und jenen des Erklärungsempfängers zu vermitteln versuchte. Schutzwürdig sei vor allem der Irrende, doch wurden dabei – vor allem in der Frage des Motivirrtums – sehr unterschiedliche Standpunkte eingenommen.

Grotius sah im Versprechen eine Selbstgesetzgebung, die folgerichtig dann keine Wirkung entfalte, wenn sie auf unzutreffenden Voraussetzungen aufbaue. Ein unter irriger Annahme geschlossener Vertrag sei ungültig, denn Verträge würden unter der Bedingung geschlossen, dass sich niemand irrt. Ein schuldhaft herbeigeführter Irrtum mache darüber hinaus schadenersatzpflichtig. Bei einseitig begünstigenden Rechtsgeschäften müsse davon ausgegangen werden, dass das Motiv eine Bedingung des Versprechens sei. In diesem Fall komme ohne weiteres auch dem Motivirrtum Rechtserheblichkeit zu. *Pufendorf* führte diesen Gedanken weiter und sah den *Motivirrtum* immer schon dann als beachtlich an, wenn der Vertragspartner noch nicht im Vertrauen auf die Gültigkeit der Erklärung mit seiner Leistung begonnen hatte (res-integra-Lehre). Die Meinungen hierüber waren geteilt und blieben es auch. Bei den meisten Vertretern der Naturrechtslehre setzte sich die Überzeugung fest, dass der Irrtum über den Vertragsinhalt nach dem Maß der Schutzwürdigkeit von Parteieninteressen zu behandeln sei und dass aus eben diesem Grunde dem Motivirrtum des Erklärenden bei einseitig begünstigenden Geschäften größere Beachtung zukommen müsse, als bei gegenseitigen Leistungszusagen. Es wurde aber auch der Standpunkt vertreten, dass der Irrtum überhaupt nur in Ausnahmsfällen beachtlich sei, dass nur in eindeutigen Fällen mangelnder Schutzwürdigkeit des Erklärungsempfängers zugunsten des Irrenden entschieden werden könne. In die Kodifikationsarbeiten wurden daher Lehrmeinungen eingebracht, die von den großzügigen Fallentscheidungen des gemeinen Rechts bis zur nahezu lückenlos verwirklichten Erklärungstheorie reichten.

Die Irrtumsregeln des *Codex Theresianus* (auch des ALR) entstanden unter dem Einfluss der gemeinen Rechtslehre und der ihr in diesem Punkt nahestehenden Vertreter des Naturrechts. Diese Regeln gewährten dem Irrtum in sehr weitem Rahmen Beachtung, insbes. stellten sie nicht darauf ab, wer den Irrtum verursachte. Die Einwilligung in einen Vertrag sollte grundsätzlich nichtig sein, wenn ein Irrtum in der *Person*, in der *Sache* oder der *„Gattung der Handlung"* vorlag. Für den Irrtum in der Person war maßgeblich, ob der Irrende mit niemand anderem als mit der Person kontrahiert hätte, für die er sein Gegenüber gehalten hatte. Lag diese Voraussetzung vor, war der Vertrag ungültig. Beim Sachirrtum wurden die Rechtsfolgen davon abhängig gemacht, ob er nur ein „Nebending" betraf (der Vertrag blieb gültig, allenfalls entstand ein Entschädigungsanspruch) oder die Beschaffenheit des Geschäftsobjektes (ein entgeltliches Geschäft war nichtig, ein unentgeltliches blieb aufrecht) oder ob es sich überhaupt um eine andere Sache handelte (was in jedem Fall Nichtigkeit des Vertrags bewirkte). Betraf der Irrtum die Gattung der Handlung (z. B. Darlehen statt Schenkung), war das Rechtsgeschäft gleichfalls nichtig. Dagegen sollte der Motivirrtum nur dort beachtlich sein, wo er Bedingung der Vertragseinwilligung wurde.

Während der *Entwurf Horten* im Wesentlichen dem *Codex Theresianus* folgte, nahm *Martini* in seinem „Lehrbegriff des Naturrechts" eine wesentlich andere Haltung ein. Er gestand dem Irrtum nur in einem sehr engen Bereich zu, die Nichtigkeit des Vertrags zu bewirken, nämlich dann, wenn der Erklärungsempfänger den Irrtum veranlasst hatte. Ansonsten gelte der Grundsatz, dass den „zufälligen" Irrtum immer der Irrende zu vertreten habe und vermutet werde, dass er das wirklich gewollt habe, was er zu wollen erklärte[563]. *Zeiller* differenzierte genauer nach der Art des Irrtums und machte seine Rechtsfolgen davon abhängig, ob er den Gegenstand des Vertrages oder den Beweggrund betraf. Den Motivirrtum hielt er nur dann für beachtlich, wenn dies im Vertrag ausbedungen war. Beim Irrtum über den Gegenstand unterschied er zwischen dem Nebenirrtum (unwesentlichen Irrtum), der die Gültigkeit des Vertrages nicht berührte, und dem Hauptirrtum (über das Wesen oder die wesentliche Beschaffenheit des Gegenstandes), der den Vertrag ungültig machte[564].

Das Irrtumsrecht im *ABGB 1811* zeigt deutlich den Einfluss von *Martini* und *Zeiller*. Danach machte ein Irrtum den Vertrag nur dann ungültig (nach der Rechtsfolgenregelung im § 877 aufhebbar), wenn es sich um einen **Hauptirrtum** handelte, der entweder vom Erklärungsempfänger verursacht wurde oder diesem offenbar aus den Umständen hätte auffallen müssen. Der **Motivirrtum** wurde bei unentgeltlichen Verträgen den übrigen Irrtumsarten gleichgestellt, fand bei entgeltlichen Verträgen jedoch nur Beachtung, wenn die Parteien den Bewegungsgrund oder den Endzweck ihrer Einwilligung ausdrücklich zur Bedingung gemacht hatten.

563 *K. A. v. Martini*, Lehrbegriff des Naturrechts, ²1799, Neudr. 1970, § 458.
564 *F. v. Zeiller*, Das natürliche Privat-Recht, ²1808, §§ 99 f.

Die Irrtumslehre blieb jedoch auch im 19. Jh. zentrales Thema der rechtswissenschaftlichen Diskussion. Es ging bei dieser Auseinandersetzung um die Grundsatzentscheidung für die Willens- oder Erklärungstheorie. Unter dem Eindruck der **pandektistischen Irrtumslehre**[565], die nicht auf die Frage abstellte, ob der Irrtum entschuldbar war bzw. von wem er verursacht wurde, wurde eine Neuregelung der Irrtumsproblematik gefordert[566]. Die *III TN* brachte zwar keine grundsätzliche Neuorientierung, wohl aber eine deutlichere Fassung der Irrtumsregeln und Verbesserungen in Teilbereichen. Prinzipiell wurde an der **Vertrauens-** bzw. **Erklärungstheorie** festgehalten. Als neuer Umstand, der den Irrtum beachtlich werden lässt, ist nun in § 871 (letzter Fall) die Bestimmung enthalten, dass der Vertrag angefochten werden kann, wenn der Irrtum noch rechtzeitig aufgeklärt wurde. Lehre und (ein Teil der) Rechtsprechung haben dem hinzugefügt, dass auch der gemeinsame Irrtum beider Parteien zur Vertragsanfechtung berechtigt.

Durch das Konsumentenschutzgesetz wurde klargestellt, dass ein Irrtum eines Teils über einen Umstand, über den ihn der andere nach geltenden Rechtsvorschriften aufzuklären gehabt hätte, immer als Irrtum über den Inhalt des Vertrags und nicht bloß als solcher über den Beweggrund oder Endzweck gilt. Als Irrtum in der Person gilt jedenfalls der Irrtum über das Vorhandensein einer erforderlichen verwaltungsrechtlichen Befugnis zur Erbringung der Leistung.

Weitaus weniger Anlass zur Diskussion boten die Willensmängel des **Zwangs** und der **arglistigen Täuschung**. Dass die erzwungene Willenserklärung keine Rechtswirkungen hervorbringt (zumindest zur Anfechtung des Rechtsgeschäftes berechtigt), lässt sich in einer ungebrochenen Entwicklungslinie auf ältestes Recht zurückführen. Auch die listige Irreführung wurde zumindest seit der Rezeption als beachtlicher Willensmangel anerkannt, wenngleich er nicht immer vom Irrtum und dessen Rechtserheblichkeitsvoraussetzungen geschieden wurde. So auch das *ABGB 1811*. Diesem Mangel wurde durch die *III TN* abgeholfen, die den „zivilrechtlichen Betrug" der Willensbeugung durch Zwang gleichsetzte[567].

c) Leistungsstörungen

Von Leistungsstörungen spricht man dann, wenn ein Schuldverhältnis zwar gültig entstanden ist, bei seiner Erfüllung jedoch Komplikationen eintreten.

565 Ihr hervorragendster Vertreter war *K. F. v. Savigny*, System des heutigen römischen Rechts, III, 1840, §§ 135 ff.

566 Vgl. *J. Unger*, System des österreichischen allgemeinen Privatrechts II, ³1868, § 89. Vorbildlich wirkte das BGB, das der Anfechtung einer Willenserklärung wegen Irrtums weiten Raum ließ.
§ 19 (1) BGB: „Wer bei der Abgabe einer Willenserklärung über deren Inhalt in Irrtume war oder eine Erklärung dieses Inhalts überhaupt nicht abgeben wollte, kann die Erklärung anfechten, wenn anzunehmen ist, daß er sie bei Kenntnis der Sachlage und bei verständiger Würdigung des Falles nicht abgegeben haben würde."

567 S. *Ungers* Hinweise auf die Schwäche des ABGB, System II, ³1868, §§ 81, 55.

Die Leistungsstörungen sind im ABGB sehr weit verstreut behandelt, da sie erst von der Zivilrechtswissenschaft des 19. Jhs. systematisch zusammengefasst wurden. Die wichtigsten (rechtshistorisch interessanten) Fälle sind (nachträgliches) Unmöglichwerden der Leistung, Verzug, Leistung einer mangelhaften Sache (Rechtsfolge: Gewährleistung) sowie die Verkürzung über die Hälfte (laesio enormis).

Im Folgenden werden **Unmöglichkeit** und **Verzug** behandelt, während **Gewährleistung** und **laesio enormis** im Zusammenhang mit Tausch und Kauf vorgestellt werden. Die Erweiterung der entsprechenden Rechtsregel auf entgeltliche/zweiseitig verbindliche Geschäfte mit Sonderbestimmungen über die Gewährleistung beim Werkvertrag[568], beim Bestandvertrag und bei der Zession erklärt sich daraus, dass der historische Kaufvertrag das entgeltliche Rechtsgeschäft schlechthin war.

aa) Nachträgliche Unmöglichkeit der Leistung

Lit.: *H. Dilcher*, Die Theorie der Leistungsstörungen bei Glossatoren, Kommentatoren und Kanonisten, 1960; *U. Hüffer*, Leistungsstörungen durch Gläubigerhandeln, 1976; *H. H. Jakobs*, Unmöglichkeit und Nichterfüllung, 1969; *H. Kreller*, Römisches Recht, II Grundlehren des Gemeinen Rechts, 1950, 299 ff.; *E. Rabel*, Zur Lehre von der Unmöglichkeit der Leistung nach österreichischem Recht, FS ABGB II, 1911, 821 ff.; *C. Wollschläger*, Die Entstehung der Unmöglichkeitslehre, 1970.

Die Unmöglichkeit einer Leistung kann schon zum Zeitpunkt des Geschäftsabschlusses bestehen. Diese **ursprüngliche Unmöglichkeit** ist systematisch den Entstehungsbedingungen des Rechtsgeschäftes zuzuordnen. Von ihr spricht man dann, wenn eine Leistung von vorneherein „geradezu unmöglich" (rechtlich undurchführbar oder faktisch absurd) ist, sie kann aber auch nur „schlicht unmöglich" sein (hierher gehören die Fälle subjektiven Unvermögens). Das Versprechen des geradezu Unmöglichen lässt keine Leistungspflicht entstehen. Bei schlichter Unmöglichkeit der Leistung kommt jedoch ein Rechtsgeschäft zustande, der Schuldner muss nach besten Kräften versuchen, den geschuldeten Erfolg herbeizuführen. Ein Nachlassen in seinen Bemühungen macht ihn schadenersatzpflichtig (str.).

Zu den Leistungsstörungen gehört nur die **nachträgliche Unmöglichkeit** der Leistung. Sie ist begrifflich nur bei **Speziesschulden** (d. h. geschuldet wird eine ganz bestimmte Sache, ein ganz bestimmtes Tun oder Unterlassen), und bei konkretisierten Gattungsschulden (d. h. geschuldet wird eine bestimmte Sorte/Art von Sachen) denkbar, weil nach dem Grundsatz **„die Gattung geht nicht unter"** die Erfüllung einer unspezifischen Gattungsschuld nie unmöglich werden kann. Mit Unmöglichkeit ist darüber hinaus ein **dauerndes** Hindernis gemeint, während andernfalls Verzug eintritt. Der Schuldner hat ein Unmöglichwerden zu vertreten, wenn er es **schuldhaft** herbeiführt, oder

568 Mit 1.1.2002 beseitigte das Gewährleistungsrechts-Änderungsgesetz, BGBl. I 2001/48, die für Werkverträge geltenden Sondergewährleistungsvorschriften. Seit diesem Zeitpunkt sind ausschließlich die allgemeinen Gewährleistungsbestimmungen der §§ 922 ff. anzuwenden.

wenn die Rechtsordnung bestimmt, dass er ein **zufälliges** Unmöglichwerden zu vertreten hat (etwa den zufälligen Untergang der Sache im Stadium des Verzugs). In diesen Fällen kann der Gläubiger vom Vertrag zurücktreten und Schadenersatz wegen Nichterfüllung verlangen. Die vom Schuldner nicht zu vertretende Unmöglichkeit der Leistung hebt seine Verbindlichkeit auf. Er hat allerdings das dem seinerseits erfüllungsbereiten Gläubiger herauszugeben, was ihm nur durch das Unmöglichwerden der Leistung zugekommen ist (*stellvertretendes commodum*, z. B. Versicherungssumme).

Daneben gibt es noch den Fall, dass der Gläubiger das Unmöglichwerden der Leistung zu vertreten (das vereinbarte Entgelt zu zahlen) hat, wenn er z. B. in Annahmeverzug gerät oder selbst die Leistung unmöglich macht.

(1) Älteres Recht

Die Rechtsfolge der Nichterfüllung war im älteren Recht die strafrechtliche **Erfolgshaftung.** Ob der Schuldner die Unmöglichkeit der Leistung verschuldet hatte oder nicht, war unerheblich. Er haftete also auch für den **zufälligen** Untergang der geschuldeten Sache. Eine weitere Folge dieser strengen Haftung war, dass unmittelbar der Schuldner belangt wurde, wenn er sich zur Erfüllung einer dritten Person bediente und diese die Unmöglichkeit der Leistung herbeiführte. Der Hausherr haftete für die Mitglieder des Hauses, der Grundherr für seine Hintersassen.

Dieses Erfolgshaftungsprinzip wurde bald durch einige Ausnahmen durchbrochen. Sie betrafen einige wenige typische Unglücksfälle, die sog. **„echten Notfälle“**.

Ihnen liegt die Unterscheidung in äußeren und inneren Zufall zugrunde. Zum **äußeren Zufall** zählten Plünderung, Brand, Überschwemmung, Misswuchs, Hauseinsturz, Tod von Tieren, Seuchen, Lawinen, Hagelschlag und Eisgang. Diese Umstände wurden zunächst bei jenen Verträgen berücksichtigt, die mit einer Rückgabepflicht verbunden waren. Sie führten meist zum Erlöschen der Leistungspflicht. Dagegen ließ der **innere Zufall** die Leistungspflicht unberührt. Dazu gehörten etwa Diebstahl, Sachbeschädigung und Krankheit des Schuldners. Oft spielte es auch eine Rolle, wessen Interesse das Geschäft primär diente. So trat keine Haftungsbefreiung ein, wenn die Sache beim Pfandgläubiger, (unentgeltlichen) Leihenehmer oder (entgeltlichen) Verwahrer unterging. Mitunter wurde darauf abgestellt, ob der Schuldner die nötige Sorgfalt angewendet hatte. Ihr Maßstab war, dass man die geschuldete Sache so behandeln musste, als ob es die eigene wäre. Daher wurde der Schuldner von der Haftung befreit, wenn seine eigenen Sachen zusammen mit der geschuldeten Sache untergingen, während er weiterhin haftete, wenn nur die geschuldete Sache zerstört wurde. Auch in Fällen anerkannter Leistungsunmöglichkeit musste der Schuldner oft das herausgeben, was von der Sache übriggeblieben war (etwa das Fell des toten Tieres).

(2) Neuzeitliche Rechtsentwicklung

Das gemeine Recht ließ den Schuldner bei Unmöglichkeit der Leistung grundsätzlich nur für **Verschulden** haften. Das Leistungshindernis musste dem Schuldner zum Vorwurf gemacht werden können, wofür das römische

Recht eine Abstufung nach Verschuldensgraden entwickelt hatte. Man unterschied *Vorsatz* (dolus) und *Fahrlässigkeit* (culpa), die wiederum in verschiedene Grade unterteilt wurde (lata, levis, levissima). Für dolus wurde immer gehaftet, dagegen konnte sich für die fahrlässig herbeigeführte Leistungsunmöglichkeit kein einheitliches Haftungsprinzip durchsetzen. Als Entscheidungshilfe wurde zumeist das **Utilitätsprinzip** *(Nützlichkeitsprinzip)* herangezogen. Überwog im Rechtsgeschäft der Schuldnervorteil, dann haftete dieser auch für leichte Fahrlässigkeit, überwog der Gläubigervorteil, dann haftete der Schuldner nur für grobe Fahrlässigkeit. Fallweise wurde vom Schuldner auch verlangt, dass er die *Sorgfalt wie in eigenen Angelegenheiten* anzuwenden habe, so z. B. bei der Gesellschaft. Welcher Grad des Verschuldens für das Unmöglichwerden der Leistung den Schuldner darüber hinaus haftbar machte, war heftig umstritten. Allgemein anerkannt wurde jedoch, dass sich der Schuldner nicht mehr auf die Haftungsbefreiung durch zufälligen Untergang des Leistungsobjektes berufen könne, wenn er in Verzug geraten war.

Ausnahmsweise akzeptierte man die *Zufallshaftung*, so z. B. bei Transportverträgen und in Fällen der Gastaufnahme oder Einstellung von Tieren. In einer sowohl auf deutsch- wie auch auf römischrechtliche Wurzeln zurückgehenden Unterscheidung trennte man den gemeinen Zufall von der höheren Gewalt (diese war unabwendbar, unüberwindbar oder unwiderstehlich). Aus den vorgenannten Verträgen hafteten die Transportunternehmer, Gast- und Stallwirte für gemeinen Zufall. Eine Haftung für Dritte war dem gemeinen Recht ansonsten nur aufgrund eines Auswahlverschuldens (culpa in eligendo) bekannt.

Die Lehre des *Naturrechts* zur nachträglichen Unmöglichkeit der Leistung wurde stark von der Vorstellung beeinflusst, dass die (schuldlose) Unmöglichkeit als Unterfall der Veränderung persönlicher oder geschäftlicher Umstände anzusehen sei und daher die Schuld erlöschen lasse. Zufall sei (so *Pufendorf*) haftungsbefreiend, während bei arglistiger oder sonst verschuldeter Leistungsvereitelung (ohne dass die Fahrlässigkeit weiter unterschieden worden wäre) der Vertrag gültig bleibe.

Diesen Anschauungen folgte der *Codex Theresianus*. Ein Vertrag sei zunächst gültig zustande gekommen, wenn die Erfüllung im Zeitpunkt des Abschlusses möglich schien. Wurde die Leistung später aus dem Verschulden des Schuldners unmöglich, blieb er weiterhin verpflichtet und musste darüber hinaus Schadenersatz leisten. Ging jedoch eine Speziessache ohne „Zuthat, Verwahrlosung und Saumsal des Schuldners" unter, beendete dies seine Verpflichtung. Im *Entwurf Martini* wurde an der haftungsbefreienden Wirkung des zufälligen Untergangs der geschuldeten Sache festgehalten. Eine Erweiterung erfuhr dieses Prinzip dadurch, dass die Schuld auch aufhöre, wenn „die Erfüllung der Verbindlichkeit oder die Zahlung, oder der Abtrag der Schuldpost auf andere Wege unmöglich gemacht wird"[569].

569 *Entwurf Martini*, III, 17. Hauptstück, § 24; *K. A. v.* Martini, Lehrbegriff des Naturrechts, ^{2}1799, Neudr. 1970, § 462. Darin wird der Versuch *Martinis* gesehen, die Unmöglichkeitslehre auch auf die Geldschuld anzuwenden und „vernunftethische Milde gegenüber dem schuldlos Armen" zu verwirklichen (s. dazu: *C. Wollschläger*, Die Ent-

Das *ABGB 1811* ging nur auf die zufällige (nachträgliche) Unmöglichkeit der Leistung näher ein. Dem zufälligen Untergang der Sache wurde dabei die Unmöglichkeit aus anderem Zufall gleichgestellt und mit der Rechtsfolge verknüpft, dass die Vertragspflichten für beide Teile aufhören. Ausdrücklich erwähnt wurde in diesem Zusammenhang auch, dass der Schuldner alles, was er vom anderen Teil empfangen hatte, zurückstellen müsse. Hat der Schuldner die Unmöglichkeit selbst verschuldet, bleibt das Rechtsgeschäft aufrecht, und es treten die allgemeinen Schadenersatzpflichten ein[570]. Durch die *III TN* wurde schließlich für die vom Schuldner verschuldete Unmöglichkeit eine Spezialnorm geschaffen, in der sich die eingangs wiedergegebene Rechtslage findet (Rücktrittsrecht des Gläubigers, Schadenersatzpflicht des Schuldners. Macht der Gläubiger von seinem Rücktrittsrecht nicht Gebrauch, geht sein Anspruch auf das Surrogat des vollen Erfüllungsinteresses).

bb) Verzug

Lit.: *P. Apathy*, Schadenersatz und Rücktritt bei Annahmeverzug, JBl 1982, 561 ff.; *P. Apathy*, Mora accipiendi und Schadenersatz, ZRG RA 101, 1984, 190 ff; *V. Hasenöhrl*, Das österreichische Obligationenrecht in systematischer Darstellung mit Einfluß der handels- und wechselrechtlichen Lehre II, 1890, § 83; *P. Heuer*, Der Annahmeverzug im älteren deutschen Privatrecht, 1911; *E. Heymann*, Das Verschulden beim Erfüllungsverzug, 1913; *W. Ogris*, Dies interpellat pro homine, HRG I, Sp. 740 f., ²I, Sp. 1059; *G. Wesener*, Verzug, Verzugszinsen, HRG V, Sp. 895 ff.

S. auch Lit.: Nachträgliche Unmöglichkeit der Leistung.

Erbringt der Schuldner die geforderte Leistung nicht zur gehörigen Zeit, am gehörigen Ort, oder in der bedungenen Weise, gerät er in Verzug (**Schuldnerverzug**). Rechtsfolgen hat bereits der **unverschuldete (obj.) Verzug**. Der Gläubiger kann weiter auf Erfüllung bestehen, aber auch unter Setzung einer Nachfrist vom Vertrag zurücktreten. Der Schuldner trägt die Preisgefahr (d. h. ihn trifft der wirtschaftliche Nachteil des zufälligen Untergangs), und er hat für Geldschulden Verzugszinsen zu entrichten. Bei **verschuldetem (subj.) Verzug** muss er überdies dem Gläubiger Schadenersatz leisten (den Verspätungsschaden, wenn der Gläubiger am Vertrag festhält, das Erfüllungsinteresse, wenn er vom Vertrag zurücktritt). Die Höhe des Schadenersatzes können die Parteien von vorneherein mit einem Pauschalbetrag festsetzen (**Vertragsstrafe, Konventionalstrafe, Vergütungsbetrag**), der allerdings der richterli-

---

stehung der Unmöglichkeitslehre, 1970, 117). Die herrschende Lehre lässt heute unverschuldete Mittellosigkeit nicht als Anwendungsfall der nachträglichen Unmöglichkeit gelten.

570 S. dazu *V. Hasenöhrl*, Das österreichische Obligationenrecht in systematischer Darstellung mit Einfluß der handels- und wechselrechtlichen Lehre II, 1890, § 85 und § 100; *F. v. Zeiller*, Commentar über das allgemeine bürgerliche Gesetzbuch für die gesamten Deutschen Erblande der Österreichischen Monarchie IV, 1813, FN 7 zu § 1447.

chen Mäßigung unterliegt. Eine solche Vereinbarung erspart den Nachweis eines Schadens und kann sogar für den Fall des obj. Verzugs getroffen werden.

Ein Sonderfall ist das *Fixgeschäft*. Dabei ist die pünktliche Erfüllung des Vertrages für den Gläubiger von so großer Bedeutung, dass mit dem Verzug sein Rücktritt angenommen wird, weil ihn die spätere Erfüllung nicht interessiert. Ein Fixgeschäft muss vertraglich vereinbart werden, sofern es sich nicht aus der Natur des Geschäftes ergibt.

Der Gläubiger ist an sich nicht verpflichtet, die Leistung anzunehmen, verweigert er jedoch die Annahme des ordnungsgemäßen Leistungsangebotes, treten auch für ihn bestimmte Rechtswirkungen ein **(Gläubigerverzug)**. Die Preisgefahr geht auf ihn über; der Schuldner haftet nur mehr für grobe Fahrlässigkeit und kann sich durch Hinterlegung von seiner Leistungspflicht befreien.

(1) Älteres Recht

Die Verzugsfolgen des älteren Rechts waren – so wie alle Sanktionen der Leistungsstörung – strafrechtlicher Natur. Um sie eintreten zu lassen, war erforderlich, dass der Gläubiger den Schuldner mahnte. Erst durch die **Mahnung** wurde der Schuldner ins Unrecht gesetzt und **deliktisch** haftbar gemacht. Befolgte er die Aufforderung zur Zahlung nicht, musste er Buße leisten (mehrmaliges Mahnen und damit verbunden ein Ansteigen der Buße war möglich) und setzte sich erlaubten Selbsthilfemaßnahmen des Gläubigers (außergerichtlicher Pfändung) aus. Ob der Schuldner den Verzug verschuldet hatte oder nicht, war unerheblich. Die Verzugsfolgen traten in jedem Fall in Kraft.

Im fortschreitenden MA. verlor der Verzug seine deliktische Komponente. Damit verschwanden auch die gesetzlichen Verzugsfolgen, und es trat der Zustand ein, dass die Leistungsverzögerung für den Schuldner zeitweise keine negativen Folgen hatte. In solchen Fällen behalfen sich die Gläubiger oft mit **vertraglichen Strafklauseln**.

Üblich waren Achtklausel, vertragliches Pfändungsrecht, Rutscherzins (der Schuldner musste am ersten Tag des Verzugs das Doppelte der Leistung erbringen), aber auch Vorbehalt des Rücktrittsrechts. Andere Nebenabreden liefen auf eine Pauschalierung des dem Gläubiger zustehenden Schadenersatzes hinaus, etwa der „Schadenbund", der den Gläubiger zur Festsetzung der Höhe seines Schadens berechtigte, ohne dass es weiterer Beweise bedurfte, die Überwälzung von Darlehenskosten oder die Vereinbarung von Verzugszinsen.

Die Mahnung war nur mehr als Voraussetzung für die außerprozessuale Pfändung von Bedeutung und wurde zunehmend durch die vertragliche Vorausbestimmung eines Leistungstermins ersetzt, den der Schuldner von sich aus wahrzunehmen hatte. Die Verzugsfolgen setzten ein Verschulden des Schuldners weiterhin nicht voraus **(obj. Verzug)**, doch wurden – wie bei Leistungsunmöglichkeit – Fälle „echter Not" anerkannt. Geriet der Gläubiger in Verzug, hatte der Schuldner das Recht, sich durch Scheinerfüllung von der Schuld zu befreien. Das konnte z. B. durch Liegenlassen der Sache am Übergabeort, Freilassen des Tieres, oder Stehenlassen des Korns am Feld geschehen. Später wurde die öffentliche Hinterlegung der geschuldeten Sache üblich.

(2) Neuzeitliche Rechtsentwicklung

Nach dem römisch-gemeinen Recht traten Verzugsfolgen für den Schuldner nur im Fall **verschuldeter** Leistungsverzögerung ein (subj. Verzug, allerdings umstr.). Die Mahnung war kein Verzugserfordernis, wurde jedoch dann, wenn dem Schuldner kein vorherbestimmter Leistungstermin gesetzt war, zur Fälligstellung der Schuld verwendet. Bei Terminschulden galt der Grundsatz: *dies interpellat pro homine* (der Termin mahnt für den Menschen). Die gravierendste Wirkung des Verzugs bestand darin, dass der Schuldner von nun an auch für zufällige Unmöglichkeit der Leistung haftete. Das gemeine Recht kannte darüber hinaus gesetzliche Verzugszinsen (die z. B. der Reichsdeputationsabschied von 1600 mit 5% für Darlehensschulden festsetzte). Geriet der Gläubiger in **Annahmeverzug**, haftete der Schuldner jedenfalls bei der Speziesschuld nur mehr für dolus und konnte geschuldetes Geld öffentlich hinterlegen.

Das Fehlen einer geschlossenen Lehre von den Wirkungen des Verzugs machte sich in einer teilweise unzureichenden Regelung im *ABGB 1811* bemerkbar.

§ 919 a. F. verwies den Gläubiger eines säumigen Schuldners auf Schadenersatzansprüche, gewährte ihm aber nicht das Recht, vom Vertrag zurückzutreten. Als Folgen des obj. Schuldnerverzugs sahen §§ 1333 ff. lediglich bei Geldschulden den pauschalierten Schadenersatz durch Verzugszinsen (§ 995 a. F.) vor. Allerdings ließ die gesetzlich vorgesehene Möglichkeit, den Schuldner vertraglich zur pauschalen Vergütung des Verzögerungs- oder Nichterfüllungsschadens zu verpflichten, und zwar auch für den Fall des obj. Verzugs (Vergütungsvertrag; § 1336), über manche Unzulänglichkeit der gesetzlichen Verzugsfolgen hinwegsehen. Gleichermaßen dürftig wurde der *Gläubigerverzug* in § 1419 geregelt: „Hat der Gläubiger gezögert, die Zahlung anzunehmen; so fallen die widrigen Folgen auf ihn." Sie liegen in der Entlastung des Schuldners von der Gefahr des zufälligen Untergangs; außerdem kann er sich durch gerichtliche Hinterlegung von seiner Verpflichtung befreien.

Ergänzende Richtlinien für die Behandlung des Verzugs gewann die Lehre aus dem Schadenersatzrecht (Verschuldensvermutung bei Zahlungssäumnis), den Vorschriften über die Fälligkeit einer Schuld (Verzug tritt mit Ablauf der vereinbarten Leistungsfrist, ansonsten mit der Mahnung ein) und der Regelung des nachträglichen Leistungshindernisses (Haftung des Schuldners für den zufälligen Untergang der Sache)[571].

Die Vorschriften des *ABGB 1811* über den Schuldnerverzug wurden insbes. deshalb als unbefriedigend empfunden, weil der Gläubiger an den säumigen Schuldner gebunden blieb. Durch die *III TN* (Neufassung des § 918) erhielt

571 *V. Hasenöhrl*, Das österreichische Obligationenrecht in systematischer Darstellung mit Einfluß der handels- und wechselrechtlichen Lehre II, 1890, § 83.

er das Recht zum Vertragsrücktritt, das nicht von einem Verschulden des Schuldners an der Leistungsverzögerung abhängig ist.

d) Erlöschen der Schuld

Lit.: *H. Dernburg*, Geschichte und Theorie der Compensation nach römischem und neuerem Rechte, ²1868, Neudr. 1965; *C. Faistenberger*, Selbsttätige Aufrechnung oder Erfordernis einer Aufrechnungserklärung, FS F. Gschnitzer, 1969, 129 ff.; *M. Harder*, Die Leistung an Erfüllungs Statt (datio in solutum), 1976; *W. Immerwahr*, Die Kündigung, historisch und systematisch dargestellt, 1898; *E. Molitor*, Zur Entwicklung des Kündigungsrechts, FS E. Heymann, 1931, 349 ff.; *W. Ogris*, Holschuld(en), HRG II, Sp. 219 ff., ²II, Sp. 1107 f; *Th. Olechowski*, Aufrechnung (Kompensation), HRG ²I, Sp. 342 f.; *O. Prausnitz*, Die Geschichte der Forderungsverrechnung, 1928; *W. Sellert*, Hinterlegung, HRG II, Sp. 158 ff., ²II, Sp. 1037 ff; *K. O. Scherner*, Rücktrittsrecht wegen Nichterfüllung, 1965; *O. Stobbe*, Zur Geschichte des deutschen Vertragsrechts, 1895, Nachdr. 1969, 196 ff., 280 ff.; *G. Wesenberg*, Zur Dogmengeschichte der schuldrechtlichen confusio, Symbolae Taubenschlag I, 1956, 553 ff.

Der Normalfall des Erlöschens einer Schuld ist die **Erfüllung**. An **weiteren Endigungsgründen** kennt das ABGB (außer den bereits erörterten Sonderfällen der nachträglichen Unmöglichkeit der Leistung und des Rücktritts vom Vertrag) noch die Hinterlegung, Leistung an Zahlungs Statt, Aufrechnung, Vereinigung, Verzicht, den Zeitablauf, die Kündigung/Auflösungserklärung und fallweise den Tod. Nicht die Schuld, wohl aber die Haftung endet durch Verjährung. Hier sollen nur die rechtshistorisch interessanten Fälle erörtert werden.

aa) Erfüllung

Der Schuldner hat die Schuld in der bedungenen Weise, zum bedungenen Zeitpunkt und am bedungenen Ort zu leisten. Der erfüllende Schuldner hat Anspruch auf Ausstellung einer Quittung (Rückgabe des Schuldscheins).

Wurde der *Leistungszeitpunkt* nicht von den Parteien vereinbart und ergibt er sich auch nicht aus der Natur des Rechtsgeschäfts, kann der Gläubiger die Sache sofort fordern. Zur Fälligstellung ist jedoch noch die Mahnung erforderlich. Der *Leistungsort* kann vertraglich bestimmt sein oder sich aus der Natur des Geschäfts ergeben; ist das nicht der Fall, gilt der Wohnsitz des Schuldners zur Zeit des Vertragsabschlusses als Erfüllungsort *(Holschuld)*. Für Geldschulden bestehen allerdings Sonderbestimmungen. Der Schuldner hat den geschuldeten Betrag an den Gläubiger zu schicken und trägt während des Transportes die Gefahr des Verlustes.

(1) Leistungszeit

In ältester Zeit hatte der Schuldner nach der außergerichtlichen Leistungsaufforderung oder gerichtlichen Feststellung des Vertragsbruches eine bestimmte Frist (2–6 Wochen), in der er die Leistung erbringen sollte. Erst nach Verstreichen dieser Frist traten die strafrechtlichen Folgen ein, bei Missachtung der Mahnung die Bußpflicht, bei Nichtbefolgen des Urteils die Friedlosigkeit.

Die weitere Entwicklung zum heute geläufigen Rechtsbegriff der **Fälligkeit** vollzog sich im Gleichklang mit der Rechtsfolgenregelung beim Verzug (s. dort). Die Festsetzung der Leistungszeit wurde zur üblichen Nebenabrede; wo sie fehlte, wurde die Leistung mit der Mahnung fällig.

(2) Leistungsort

Der maßgebliche Erfüllungsort war in älterer Zeit das Haus des Schuldners. Der Gläubiger musste also die geschuldete Sache/Leistung/Zahlung vom Schuldner holen **(Holschuld)**. Das ergab sich einerseits aus dem agrarwirtschaftlichen Charakter der damaligen Gesellschaft, andererseits aus der Notwendigkeit, den Schuldner zur Leistung zu mahnen. Im Laufe des MA. setzte sich weitgehend die **Bringschuld** durch, vor allem im Handelsverkehr der Städte und in der Grundherrschaft für den Zins der unfreien Hintersassen.

Holschulden blieben der Zins aus freier Leihe und die Zahlungspflichten aus Präsentationspapieren („Der Wechsel muß das Geld suchen").

Das *ABGB 1811* bestimmte dispositiv, dass unbewegliche Sachen an dem Ort, wo sie liegen, und bewegliche Sachen an dem Ort, wo das Versprechen gemacht wurde, zu übergeben sind. Die geltende Rechtslage wurde durch die *III TN* geschaffen.

bb) Hinterlegung

Wenn eine Schuld nicht beglichen werden kann, weil der Gläubiger unbekannt, abwesend oder mit dem Angebotenen unzufrieden ist, oder aus anderen wichtigen Gründen (z. B. Gläubigermehrheit; § 307 EO), kann der Schuldner die abzutragende Sache bei Gericht hinterlegen. Durch die (gerechtfertigte) Hinterlegung, die dem Gläubiger, soweit möglich, angezeigt werden muss, erfüllt der Schuldner seine Leistungspflicht und wird von der Haftung für den zufälligen Untergang der Sache frei.

Einen Vorläufer des Hinterlegungsrechts kann man im historischen **Preisgaberecht des Schuldners** im Fall des Gläubigerverzugs sehen[572]. Der Schuldner war in älterer Zeit berechtigt, die nicht angenommene Sache schuldbefreiend preiszugeben und damit u. U. sogar der Vernichtung auszusetzen. Im Laufe des MA. entwickelte sich daraus die **Hinterlegung bei Gericht**. Sie durfte vorgenommen werden, wenn der Gläubiger die Annahme der angebotenen Leistung verweigerte, unbekannt war oder Uneinigkeit über die Höhe der Schuld herrschte. Die Kosten der Hinterlegung hatte regelmäßig der Gläubiger zu tragen.

Das *römisch-gemeine* Recht brachte keine entscheidende Änderung, weil es bei der Rezeption der Regeln über den Gläubigerverzug auf die bereits vorhandene Rechtsüberzeugung zurückgreifen konnte, dass die Hinterle-

572 Dazu oben.

gung der geschuldeten Sache an einem öffentlichen Ort die unmittelbare Befreiung des Schuldners bewirkt. Der *Codex Theresianus* übernahm daraus die Hinterlegung für den (alleinigen) Fall des Gläubigerverzugs und trug auch Vorschriften über die Bewältigung technischer Probleme der Hinterlegung zusammen. Demnach konnten nur leicht und gefahrlos hinterlegbare Sachen dem Gericht zur Aufbewahrung übergeben werden. Liegenschaften wurden beschlagnahmt und in gerichtliche Verwaltung genommen; nicht zur Hinterlegung geeignete bewegliche Sachen mussten öffentlich verkauft oder versteigert werden, um dann ihren Erlös bei Gericht zu erlegen. Das *ABGB 1811* erweiterte den Anwendungsbereich der Hinterlegung, strich jedoch die Möglichkeit des Selbsthilfeverkaufs durch den Schuldner und sicherte für den Fall technischer Hinterlegungshindernisse nur die Verwahrung unter gerichtlicher Aufsicht zu (§ 1425).

Anders im Handelsrecht. Nach § 373 HGB (seit 1.1.2007 UGB) kann der Verkäufer die Ware auf Gefahr und Kosten des säumigen Käufers in einem öffentlichen Lagerhaus oder sonst in sicherer Weise hinterlegen, sie (in der Regel nach vorgängiger Androhung) sogar öffentlich versteigern oder aus freier Hand verkaufen lassen.

cc) Leistung an Zahlungs/Erfüllungs Statt

Mit Zustimmung des Gläubigers kann der Schuldner auch eine andere als die bedungene Leistung erbringen.

Davon zu unterscheiden ist die *Wahlschuld*, die in sich bereits ein Wahlrecht des Schuldners (oder Gläubigers) zwischen mehreren Erfüllungsmöglichkeiten schließt. Er schuldet von vorneherein die eine oder die andere Leistung. Ist der Schuldner ausnahmsweise ohne Zutun des Gläubigers berechtigt, anstelle der geschuldeten Leistung eine andere (nicht geschuldete) zu erbringen, spricht man von *Ersetzungsbefugnis* (facultas alternativa).

Im älteren Recht war es vor allem aus Mangel an gemünztem Geld üblich, dass der Gläubiger auch andere Gegenstände als die geschuldete Geldsumme an Erfüllungs Statt annehmen musste. Das gemeine Recht folgte allerdings dem römischen Vorbild und machte das *beneficium dationis in solutum* von der Zustimmung des Gläubigers abhängig. So auch der *Codex Theresianus*, der jedoch Sonderbestimmungen betreffs der verschiedenen Münz- und Geldsorten enthält. Auf § 1414 *ABGB 1811* basiert die geltende Rechtslage, die einen (entgeltlichen) Realvertrag für Leistung an Zahlungs Statt voraussetzt. Reste der Möglichkeit, im Wege der Zwangsvollstreckung auf eine andere als die geschuldete (unauffindbare) Sache zu greifen, sind verlorengegangen.

dd) Kompensation

Die Kompensation (Aufrechnung) ist die Aufhebung einer Forderung durch eine Gegenforderung. Sie setzt voraus, dass der Gläubiger der einen Forderung zugleich Schuldner des Gläubigers der Gegenforderung ist und umgekehrt.

Die Kompensation kann **einverständlich** oder durch **einseitige Aufrechnungserklärung** erfolgen. Bei der einvernehmlichen Kompensation spielen die Schuldinhalte keine

Rolle. Die einseitige Kompensation ist dagegen nur möglich, wenn die beiden Forderungen fällig, gültig (jene des Aufrechnenden sogar klagbar) und gleichartig (von gattungsgleichem Schuldinhalt) sind. Die Aufrechnungserklärung lässt beide Verbindlichkeiten rückwirkend mit jenem Zeitpunkt untergehen, zu dem die Aufrechnungsvoraussetzungen erstmals vorlagen. Eigenmächtig oder listig entzogene, entlehnte, in Verwahrung oder in Bestand genommene Sachen sind kein Gegenstand der Kompensation.

Die ältesten Zeugnisse der Kompensation betreffen die Bereinigung gegenseitiger Bußschulden aus Kampfhandlungen im Rahmen eines Friedensschlusses. Ein Vertrag beendete die Sippenfehde und rechnete die beiderseitigen Straftaten gegeneinander auf. Der endgültige Ausgleich wurde durch Bußzahlungen hergestellt[573]. Im ausgehenden MA. war vor allem die Kompensation wechselseitiger Forderungen aus Miet- und Pachtverhältnissen gebräuchlich (es wurden etwa Aufwendungen des Bestandnehmers für den Bestandgeber gegen die Entgeltforderung aus dem Bestandvertrag aufgerechnet). Grundsätzlich verlangte man **Konnexität** der beiden Forderungen, d. h. sie mussten aus demselben Rechtsgrund entstanden sein. Darauf wurde nur ausnahmsweise verzichtet, z. B. bei der Kompensation von Steuerschulden mit Ansprüchen aus Leibrenten. Im Handelsrecht kam es auch zur Ausbildung von Kontokorrentverhältnissen, wo Kaufleute in längerdauernden Geschäftsbeziehungen standen und übereinkamen, nur zu gewissen Zeiten den Saldo gegenseitiger Forderungen auszugleichen.

Der Entwicklung des **gemeinen Kompensationsrechts** bot sich als Vorbild eine aus dem richterlichen Ausgleichsrecht hervorgegangene prozessuale Aufrechnung an. Das gemeine Recht behielt jedoch den rechtsgeschäftlichen Charakter der Kompensation bei und präzisierte lediglich ihre Voraussetzungen. Es verlangte die **Gleichartigkeit, Gegenseitigkeit** und fallweise auch die **Liquidität** (leichte Beweisbarkeit) der Forderungen, verzichtete aber auf ihre Konnexität. In der Frage, ob die Aufrechnung **ipso iure** erfolge oder ob es einer ausdrücklichen Aufrechnungserklärung bedürfe, wurde von den Rezeptionsjuristen mehrheitlich die Ansicht der Selbsttilgung vertreten.

Das *ABGB 1811* übernahm die gemeinrechtliche Kompensation als praktisch fertiges Rechtsinstitut und folgte auch der Ansicht von der Selbsttilgung, indem es formulierte (§ 1438): „*... so entsteht, insoweit die Forderungen sich gegen einander ausgleichen, eine gegenseitige Aufhebung der Verbindlichkeiten (Compensation), welche schon für sich die gegenseitige Zahlung bewirkt*“[574]. Im Laufe des 19. Jhs. übernahm jedoch die österreichische Lehre

573 Vor allem aus dem nordgermanischen Raum sind uns derartige Dokumente erhalten geblieben. Wurden etwa bei einer Sippenfehde auf der einen Seite 2 Männer getötet und 4 verwundet, während auf der anderen Seite 5 starben und nur einer verletzt zurückblieb, dann hatte die eine Sippe für 3 Erschlagene, die andere für 3 Verletzte Buße zu zahlen.

574 *F. v. Zeiller*, Commentar über das allgemeine bürgerliche Gesetzbuch für die gesammten Deutschen Erbländer der Österreichischen Monarchie IV, 1813, 167, Nr. 5 zu

unter dem Einfluss der deutschen Pandektistik[575] die Auffassung von der Notwendigkeit einer ausdrücklichen **Aufrechnungserklärung**[576]. Die Aussage des § 1438 wurde darauf reduziert, dass die Erklärung auf den Zeitpunkt der erstmaligen Aufrechenbarkeit zurückwirkt.

e) Umänderung der Rechte und Verbindlichkeiten

Lit.: *R. Fränkel*, Zur Zessionslehre der Glossatoren und Postglossatoren, Zeitschrift für das gesamte Handelsrecht 66, 1910, 305 ff., 67, 1910, 67 ff.; *E. Hruza*, Die Lehre von der Novation nach österreichischem und gemeinem Recht, 1881; *K. Luig*, Zur Geschichte der Zessionslehre, 1966; *K. Luig*, Zession und Abstraktionsprinzip, Wissenschaft und Kodifikation des Privatrechts im 19. Jahrhundert II, 1977, 112 ff.; *G. H. Maier*, Zur Geschichte der Zession, FS E. Rabel II, 1954, 205 ff.; *K. F. Rietsch*, Zur Entstehung und Erklärung des § 1385 ABGB, FS ABGB II, 1911, 965 ff.; *G. Wesener*, Zession und Schuldübernahme im Codex Theresianus, FS B. Huwiler, 2007, 693 ff.

Ein Schuldverhältnis ist durch die Parteien, das Objekt der Schuld und ihren Rechtsgrund bestimmt. Jede Änderung bedarf einer neuen Vereinbarung der Parteien, sofern sie nicht nur in einem Hinzutreten neuer Personen besteht. Das ABGB stellt hiefür verschiedene Rechtsinstitute zur Verfügung. Die Umänderung des Rechtsgrundes eines Schuldverhältnisses (etwa Schenkung statt Kauf) oder seines Hauptgegenstandes (etwa Auto statt Motorrad) nennt man **Novation**. Von einem **Vergleich** spricht man dann, wenn die Parteien streitige oder zweifelhafte Rechte durch beiderseitiges Nachgeben neu festsetzen. Zu einem Personenwechsel oder dem Hinzutreten eines neuen Gläubigers/Schuldners führen **Forderungsabtretung** (Gläubigerwechsel, Zession), **Anweisung** (Assignation) und **Schuldübernahme**. Dadurch wird das Schuldverhältnis zu einem Objekt des Rechtsverkehrs.

aa) Novation

Die Novation ersetzt das alte Schuldverhältnis durch ein neues. Die alte Verbindlichkeit erlischt und mit ihr die dem Gläubiger bestellte Sicherheit (Bürgschaft, Pfandrecht).

Die Regelung der Novation beruht im Wesentlichen auf Erkenntnissen der *gemeinen Rechtslehre*, die unter naturrechtlichem Einfluss weiterentwickelt

---

§ 1438: „Die Wirkung einer rechtlichen Compensation ist die nämliche, als die Wirkung einer rechtmäßigen Zahlung (N. 1); sie hebt, soweit sie reicht (N. 4), die Hauptverbindlichkeit samt den Nebenverbindlichkeiten auf (§ 1412), und zwar schon *für sich selbst*, kraft des Gesetzes (ipso iure), ohne daß es einer vorläufigen Erklärung des compensirenden Schuldners, oder einer Einwilligung, oder nur eines Vorwissens des Gläubigers bedarf."; s. dazu auch: *Ch. Faistenberger*, Selbsttätige Aufrechnung oder Erfordernis einer Aufrechnungserklärung, FS F. Gschnitzer, 1969, 129 ff.

575 S. dazu *B. Windscheid/T. Kipp*, Lehrbuch des Pandektenrechts II, [9]1963, § 349.

576 S. dazu etwa *V. Hasenöhrl*, Das österreichische Obligationenrecht in systematischer Darstellung mit Einfluß der handels- und wechselrechtlichen Lehre II, 1890, § 97, insbes. 548.

wurden. Das ma.-deutsche Recht hatte zwar novationsähnliche Rechtsgebilde gekannt (etwa in Verbindung mit dem Rentenkauf, der oftmals der Änderung einer bestehenden Leistungspflicht diente), war jedoch nicht zur Institutionalisierung eines eigenen Änderungsvertrages vorgedrungen. Das römische Novationsrecht – einst als Surrogat für die schwer vorstellbare Änderung eines Schuldverhältnisses geschaffen – erschloss also erstmals rechtliche Dimensionen für die objekt- *oder* personenbezogene Umänderung von Rechten und Verbindlichkeiten. Es wurde auch in dieser **umfassenden Funktion** genützt.

Im Mittelpunkt der gemeinrechtlichen Erörterung stand die nie mit völliger Klarheit beantwortete Frage, ob die Novation des *animus novandi*, des besonderen Erneuerungswillens, der Parteien bedarf.

Mit zunehmender Anerkennung der Vertragsfreiheit unter dem Einfluss der Naturrechtsdogmatik wollte man die *Novation* nur mehr als **Extremfall der Schuldabänderung** begreifen. Ein besonderes Anliegen war die Herauslösung des Gläubiger- und Schuldnerwechsels aus dem gemeinrechtlichen Neuerungsvertrag, der das alte Forderungsrecht kompromisslos untergehen ließ. Die Novation wurde daher auf die Änderung des Rechtsgrundes oder des Hauptgegenstandes beschränkt, der Eintritt einer dritten Person in das Schuldverhältnis (auf Gläubiger- oder Schuldnerseite) sollte dagegen den Inhalt der alten Forderung unberührt lassen. In diesem Sinn unterschied bereits der *Codex Theresianus* die Novation im eigentlichen Sinn von der Novation mit Personenwechsel. Der *Entwurf Horten* machte Zession und Schuldübernahme (worunter auch die Assignation verstanden wurde) zu selbständigen Rechtsinstituten. Die Regelung des *ABGB 1811* (die auf das *Westgalizische Gesetzbuch* zurückgeht) wahrt zwar den systematischen Zusammenhang von Novation, Vergleich, Zession, Anweisung und Schuldübernahme, hebt aber doch institutionelle Eigenheiten dieser „Umänderungen der Rechte und Verbindlichkeiten" hervor.

bb) Vergleich

Der Vergleich ist ein Feststellungsvertrag, der bestehende Unsicherheiten über den Inhalt eines Schuldverhältnisses endgültig bereinigen soll. Er wird als entgeltliches Rechtsgeschäft behandelt und unterliegt – seinem Zweck entsprechend – nur in sehr beschränktem Umfang der Anfechtung (s. §§ 1380 ff. ABGB).

Eine im ABGB nicht erwähnte Spielart des Vergleichs ist das **Anerkenntnis** eines strittigen oder zweifelhaften Rechts. Es ist als unentgeltlicher Feststellungsvertrag anzusehen und wirkt rechtsbegründend (konstitutiv), wenn der Anerkennende seinen Verpflichtungswillen erklärt, dagegen nur beweiserleichternd (deklaratorisch), wenn er sein Wissen von der Schuld bestätigt.

Auch der Vergleich ist im Wesentlichen auf römisch-gemeinrechtlicher Grundlage erbaut, obgleich er dem heimischen Recht keineswegs fremd war.

Im *älteren Recht* waren Vergleichsverhandlungen über die Abfindung strafrechtlicher Folgen eines Rechtsbruches selbstverständlich. Die Beilegung der Fehde im Interesse der allgemeinen Friedensordnung bedurfte des (oft obrigkeitlich erzwungenen) Vergleichs. Sein Wesenselement, nämlich die Streitbereinigung durch gegenseitiges Nachgeben, war privaten Sühneverträgen ebenso zueigen wie gerichtlich auferlegten Sühneleistungen, da dem (obsiegenden) Verletzten üblicherweise der Eid abverlangt wurde, im umgekehrten Fall auch eine Sühneleistung (Buße) zu erbringen. Dennoch hat das ma. Recht in diesen Streitbeilegungen **keinen rechtsgeschäftlichen Typus** erkannt und sie auch nicht systematisch zu bearbeiten versucht.

Erst das *gemeine Recht* entwickelte **eigene Vergleichsgrundsätze**. Sie sind teils dem römischen Recht (Anerkennung eines selbständigen Verpflichtungsgrundes), teils der kirchlichen Gerichtspraxis (Betonung der Entgeltlichkeit und Endgültigkeit) entnommen. In diesem Sinn fand der Vergleich Aufnahme in das *ABGB 1811*.

Beispielsweise hat die Nichterstreckung des Vergleichs auf Ansprüche, an welche die sich vergleichenden Parteien nicht denken konnten, ein vollständiges Vorbild im gemeinen Recht (vgl. § 1389 ABGB).

cc) Zession

Durch die Zession geht die Forderung vom Altgläubiger (Zedenten) auf den Neugläubiger (Zessionar) über. Der Zustimmung des Schuldners (debitor zessus) bedarf es nicht. Wer eine fremde Schuld bezahlt, für die er persönlich oder mit bestimmten Vermögensstücken haftet, tritt kraft Gesetzes in die Rechte des Gläubigers. Es gibt also neben der **vertraglichen** auch die **gesetzliche** Zession, ja sogar die **gerichtliche** Überweisung einer Forderung im Zuge des Exekutionsverfahrens[577].

Da Rechtsgeschäfte grundsätzlich kausal sein müssen (einen gültigen Rechtsgrund brauchen), stellt die Zession nur den *modus* für ein besonderes Grundgeschäft (etwa Kauf oder Schenkung) dar. Die Verständigung des Schuldners von der Zession hat die Wirkung, dass er ab diesem Zeitpunkt nur mehr an den Neugläubiger schuldbefreiend leisten kann. Dessen Rechte sind (auch hinsichtlich der Sicherungsmittel) dieselben, die der Altgläubiger besaß. Umgekehrt behält der Schuldner alle Einwendungen, die ihm gegen den Altgläubiger zustanden. Besondere Gewährleistungsvorschriften, die auf das Grundgeschäft abstellen (bei entgeltlicher Abtretung haftet der Zedent dem Zessionar für die Richtigkeit und Einbringlichkeit der Forderung bis zur Höhe des Entgelts) ergänzen die Vorschriften über die Zession.

(1) Älteres Recht

Der strafrechtliche Charakter des Schuldrechts, seine ursprüngliche Fixierung auf ein Bußsystem und das Prinzip der Formstrenge ließen die Forde-

577 § 1358 ABGB; s. auch § 67 Versicherungsvertragsgesetz. Besondere Bedeutung hat heute die gesetzliche Zession von Schadenersatzansprüchen auf den Sozialversicherungsträger.

rungsabtretung im älteren Recht (wenn überhaupt) nur ausnahmsweise in Erscheinung treten; am ehesten noch dort, wo ein Recht mit dem Gegenstand, an den es gebunden war, übertragen werden konnte. Im MA. war die Forderungsabtretung bereits häufiger. Sie setzte die **Zustimmung des Schuldners** voraus, sei es dadurch, dass er die Schuld dem Neugläubiger eigens gelobte, oder dass er dem Altgläubiger in einem Ermächtigungsvertrag zugestand, die Forderung einem anderen abzutreten. Ohne seine Zustimmung hatte der Schuldner nur dem Altgläubiger zu leisten. Im Lauf der Zeit schwächte sich allerdings das Zustimmungserfordernis für die Wirksamkeit der Forderungsabtretung zur bloßen Benachrichtigungspflicht gegenüber dem Schuldner ab, bis es im Spätma. schließlich ganz wegfiel.

Die Zustimmung des Schuldners zur Forderungsabtretung wurde vor allem auch dort entbehrlich, wo es sich um Forderungen handelte, die mit einem Grundstück verbunden oder bereits durch ein Urteil abgesichert waren. In solchen Fällen genügte ein Vertrag zwischen Altgläubiger und Neugläubiger, der allerdings in der Regel vor Gericht geschlossen und in die Gerichtsbücher (bzw. Stadtbücher) eingetragen werden musste. Für bestimmte Forderungen bestand Zessionsverbot (z. B. für Mietzinsforderungen), es konnte aber auch die Glaubensverschiedenheit ein Hindernis für die Zession sein (so durften keine Forderungen von Juden an Christen abgetreten werden). Auf der anderen Seite kannte man bereits den gesetzlichen Übergang von Forderungen. Wenn etwa eine Stadt ihren Verpflichtungen nicht nachkam, konnten sich ihre Gläubiger an die Steuerforderungen halten, die sie gegenüber den Bürgern hatte. Eine der Forderungsabtretung ähnliche Wirkung konnte durch die im MA. mögliche Stellvertretung des Gläubigers im Prozess gegen den Schuldner herbeigeführt werden.

(2) Neuzeitliche Rechtsentwicklung

Die Rezeption brachte einen tiefen Einbruch in die Entwicklung der Zession. Das römische Recht sah in der Obligation ein persönliches Verhältnis zwischen den Parteien (vinculum iuris), das nicht auf andere Personen übergehen konnte (*nomina ossibus inhaerent*, Forderungen hängen an den Knochen). Man kannte zwar Möglichkeiten, diese Klippe zu umgehen (so den Abschluss eines neuen Vertrages zwischen den beteiligten Personen oder das Inkassomandat des Gläubigers an einen Prozessvertreter), doch entsprachen sie keineswegs den Bedürfnissen des Rechtsverkehrs (die Prozessvertretung ließ bspw. das eigene Klagerecht des Gläubigers unberührt). Gemessen am Stand der spätma. Zessionslehre war das römisch-gemeine Recht daher ein Rückschritt. Es baute vor allem auf der **Prozessstellvertretung** auf und präsentierte den „procurator in rem suam“. Auch bei ihm blieb die Frage ungeklärt, ob er ein fremdes oder ein eigenes Klagerecht ausübt. Um die anstehenden Probleme lösen zu können, begann sich ab dem 17. Jh. die Meinung durchzusetzen, dass auf dem Gebiet der Zession das römische Recht nicht rezipiert worden sei, vielmehr habe sich ein eigener **deutscher gemeiner Rechtsbrauch** entwickelt.

Nach dieser Ansicht wurde der Erwerber einer Forderung nun tatsächlich Gläubiger. Man verlangte zwar bis zum 17. Jh. wieder eine Verständigung des Schuldners, doch konnte auch sie sich nicht behaupten und fiel mit der neueren (vor allem von *Schilter* vertretenen) Lehre endgültig weg. Ihre Funktion bestand nur noch darin, dass der Schuldner durch die Benachrichtigung von der Zession die Möglichkeit verlor, sich durch Zahlung an den Altgläubiger von seiner Schuld zu befreien.

Die letzten gemeinrechtlichen Vorbehalte gegen die Zession wurden von der **Naturrechtslehre** überwunden. Mit der Erweiterung des Eigentumsbegriffs auf Forderungen wurde es selbstverständlich, dass sie – wie alle anderen Sachen – übertragen werden können, und zwar durch Willenserklärung ohne der Zustimmung oder auch nur Verständigung des Schuldners zu bedürfen. Dieses Verständnis liegt auch dem geltenden Zessionsrecht zugrunde.

Bereits im *Codex Theresianus* war die Zession als Rechtshandlung konzipiert, die ohne Wissen und ohne Willen des Schuldners wirkt und das zedierte Recht der Substanz nach überträgt[578]. Allerdings müssen bestimmte Formvorschriften (schriftliche Zessionsurkunde oder Zessionserklärung vor zwei Zeugen) beachtet werden, um nicht nur den Alt- und Neugläubiger, sondern auch (im Außenverhältnis) den Schuldner an die Übertragung zu binden. Der Neugläubiger konnte vom Altgläubiger immer nur so viel erwerben, wie dieser selbst besaß. Zu haften hatte der Altgläubiger grundsätzlich nur für die Richtigkeit (d. h. für das Bestehen) der Forderung, nur bei Arglist oder ausdrücklicher vertraglicher Vereinbarung auch für die Einbringlichkeit. Das *ABGB 1811* hielt sich weitgehend an dieses Vorbild, übernahm jedoch die Formvorschriften nicht und änderte auch die Haftung des Zedenten.

Während für Österreich mit dem ABGB die Streitfrage entschieden war, ob nur das Klagsrecht oder die gesamte Forderung übertragen werden kann, ging die Auseinandersetzung im Übrigen deutschen Rechtsraum weiter. Mit der zweiten Hochblüte des römischen Rechts im 19. Jh. gewann die Ansicht wieder an Boden, dass die Übertragung einer Forderung an sich nicht möglich sei. Diese „Ausführungstheorie" beherrschte für mehrere Jahrzehnte die deutsche Rechtswissenschaft, konnte sich im BGB jedoch letztlich nicht durchsetzen und blieb auch in Österreich ohne Wirkung (die Bestimmungen über die Zession wurden im Zuge der Teilnovellierung des ABGB nicht reformiert).

dd) Anweisung (Assignation)

Durch die Anweisung bindet der Schuldner einen Dritten in die Leistungspflicht ein. Er weist ihn an, für ihn und auf seine Rechnung die geschuldete Leistung an den Gläubiger zu erbringen. Erklärt sich der Angewiesene (Assignat) dazu bereit, wird er dem Gläubiger (Anweisungsempfänger, Assignatar) gegenüber unmittelbar leistungspflichtig und haftet dem Anweisenden (Assignant) für die Erfüllung. In der rechtshistorischen Entwicklung stellt sich die Anweisung als Fall der **Schuldübernahme** dar. Die regelmäßige finanzielle Deckung des Angewiesenen durch den anweisenden Schuldner ließ diesen Rechtsgrund der Fremdleistungspflicht sogar besonders plausibel erscheinen. Dies war auch der Standpunkt des *ABGB 1811*, das die Wirkungen der befreienden Schuldübernahme mit der „vollständigen" (allseits gebilligten) Assig-

578 *G. Wesener*, Zession und Schuldübernahme im Codex Theresianus, FS B. Huwiler, 2007, 693 ff.

nation eintreten ließ. Eine Änderung der Verbindlichkeit wurde aber schon allein darin erblickt, dass „der Schuldner an seine Stelle einen Dritten als Zahler stellet, und den Gläubiger an ihn anweiset" (§ 1400 a. F.). Erst die *III TN* trennte die eigentliche Anweisung von der Schuldübernahme und stellte die spezifischen Rechtsfolgen klar.

ee) Schuldübernahme

Die dem Schuldner oder Gläubiger von einem Dritten erklärte **Schuldübernahme** kann den alten Schuldner aus seiner Verbindlichkeit entlassen, wenn der Gläubiger zustimmt (befreiende, privative Schuldübernahme; **Schuldeintritt**), sie kann aber auch dem Gläubiger einen zusätzlichen Schuldner verschaffen, was sein Einverständnis nicht voraussetzt (kumulative Schuldübernahme; **Schuldbeitritt**). Davon zu unterscheiden ist die **Erfüllungsübernahme**. Sie beruht auf einem nur dem Schuldner gegebenen Versprechen und verschafft dem Gläubiger kein unmittelbares Recht gegen den Dritten (wohl aber muss der Gläubiger die ihm vom Erfüllungsübernehmer angebotene Leistung annehmen).

An die Übernahme eines Vermögens oder eines Unternehmens knüpft bereits das Gesetz die Wirkungen des Schuldbeitritts. Die Haftung des Übernehmers ist jedoch auf den Wert des übernommenen Vermögens oder Unternehmens beschränkt (§ 1409 ABGB; vgl. auch § 38 UGB).

Eine echte Schuldübernahme war in *ältester Zeit* wegen der persönlichen Deliktshaftung des Schuldners nicht möglich. Man konnte sich nur dadurch behelfen, dass der Neuschuldner dem Gläubiger die Erfüllung der fremden Schuld gelobte, wodurch die Schuld neu entstand. Eine Schuldübernahme wird am ehesten dort anzunehmen sein, wo ein Besitzwechsel der geschuldeten Sache im allseitigen Einvernehmen die Leistungspflicht des neuen Schuldners dokumentierte. Im späten MA., als Schuld und Forderung zu verkehrsfähigen Vermögenswerten wurden, setzte sich die Übertragbarkeit von Schulden durch; sie war jedoch an die Zustimmung des Gläubigers gebunden.

Im spätma. Kaufmannsrecht entwickelte sich auch die Haftung des Erwerbers eines Vermögens für die dazugehörigen Schulden. Sie war jedoch auf das übernommene Vermögen beschränkt.

Das *römisch-gemeine* Recht trug aus den bei der Zession dargelegten Gründen kaum etwas zur Entwicklung der Schuldübernahme bei. Es bestand darauf, das Schuldverhältnis zwischen Gläubiger und Neuschuldner neu zu begründen. Die Kodifikation des Rechts der Schuldübernahme griff daher auf deutschrechtliche Auffassungen zurück.

Nach dem *Codex Theresianus* konnte die Schuldübernahme entweder durch einen Vertrag zwischen dem Altschuldner und dem Neuschuldner plus Einwilligung des Gläubigers oder durch Vertrag zwischen dem Gläubiger und dem Neuschuldner entstehen, der der Zustimmung des Altschuldners nicht bedurfte.

Das *ABGB 1811* übernahm diese Regeln in die Darstellung der Assignation (s. dort), ließ jedoch die Frage offen, ob die befreiende Schuldübernahme auch ohne Zustimmung des Schuldners zustande kommen könne. Die *III TN* löste mit der Institutionalisierung des Begriffs der Schuldübernahme neben der Anweisung auch dieses Problem und stellte klar, dass die Vereinbarung des Schuldeintritts zwischen Gläubiger und Neuschuldner auch ohne Zustimmung des alten Schuldners zustande kommt. Besondere Formvorschriften gelten für die Schuldübernahme nicht.

f) Befestigung der Rechte und Verbindlichkeiten

Lit.: *S. Breßler*, Einlager, HRG ²I, Sp. 1298 f.; *R. Feenstra*, Die Bürgschaft im römischen Recht und ihr Einfluß auf die mittelalterliche und spätere Rechtslehre, Recueils de la Société Jean Bodin 28, 1974, 295 ff.; *Ch. Hattenhauer*, Bürgschaft, HRG ²I, Sp. 770 ff.; *H. Kellenbenz*, Einlager, HRG I, Sp. 901 ff.; *W. Ogris*, Geisel, HRG I, Sp. 1445 ff., ²I, Sp. 2006 ff.; *W. Ogris*, Die persönlichen Sicherheiten des Spätmittelalters. Versuch eines Überblicks, ZRG GA 82, 1965, 140 ff.; *O. Peterka*, Zur deutschen Bürgschaft im Rezeptionszeitalter, FS A. Zycha, 1941, 337 ff.; *K. Reimer*, Treuhandbürgschaft und Sicherungsbürgschaft, ZRG GA 85, 1968, 194 ff.; *M. Rintelen*, Bernhard Walthers privatrechtliche Traktate aus dem 16. Jahrhundert, 1937, 132 ff.; *G. Wesener*, Die Entwicklung des Bürgschaftsrechts in den altösterreichischen Ländern, Recueils de la Société Jean Bodin 19, 1971, 673 ff.; zum Pfandbestellungsvertrag s. Lit. Pfandrecht.

Die rechtlichen Arten der Sicherstellung einer Verbindlichkeit und der Befestigung eines Rechts sind die Verpflichtung eines Dritten für den Schuldner und die Verpfändung. Die Fälle, dass ein Dritter die Schuld zur Alleinzahlung übernimmt oder der Verbindlichkeit als Mitschuldner beitritt, sind der Schuldübernahme zuzuordnen. Wenn der Dritte die Befriedigung des Gläubigers für den Fall verspricht, dass der erste Schuldner die Verbindlichkeit nicht erfüllt, entsteht eine Bürgschaft.

aa) Bürgschaftsvertrag

Den Bürgschaftsvertrag schließen Gläubiger und Bürge. Das ABGB verlangt hiefür eine schriftliche Verpflichtungserklärung. Aus dem Sicherungszweck der Bürgschaft folgt, dass sie vom Bestehen der Hauptschuld abhängig ist (**Akzessorietät** der Bürgschaft), doch kann eine nur vermöge der persönlichen Eigenschaft des Schuldners ungültige Verbindlichkeit verbürgt werden. Der Bürge haftet in der Regel **subsidiär**, d. h. der Gläubiger muss zunächst den Schuldner zur Leistung auffordern (mahnen); nach den Grundsätzen der Vertragsfreiheit kann jedoch auch die völlig gleichrangige Haftung (**Solidarbürgschaft, Verpflichtung als Bürge und Zahler**) oder die Haftung für den uneinbringlichen Ausfall (**Ausfallsbürgschaft, Schadlosbürgschaft**) vereinbart werden. Leistet der Bürge, geht die Forderung des Gläubigers auf ihn über, und er kann beim Schuldner Regress nehmen.

(1) Älteres Recht

Der säumige Schuldner verfiel in ältester Zeit mit Leib und Leben dem Gläubiger, er war das Objekt erlaubter Rachehandlungen. Davor schützte ihn nur die Beistandspflicht der Sippegenossen. Hier liegt die Wurzel der Bürgschaft. Die Sippe (Familie) „birgt" den Schuldner vor dem sofortigen Zugriff des Gläubigers. Die älteste Form der Bürgschaft war die **Gestellungsbürgschaft**. Der Gestellungsbürge erhielt vom Gläubiger den Schuldner zu treuen Handen ausgeliefert, der ihn nicht aus seiner Gewahrsame entlassen durfte und zur Leistung anzuhalten hatte. Blieb die Leistung des Schuldners (oder seiner Verwandten) dennoch aus, musste ihn der Gestellungsbürge dem Gläubiger ausliefern. Wie er haftete, wenn er die Gestellung des Schuldners verweigerte oder nicht zuwege brachte, ist den Quellen nicht zu entnehmen.

Aus der Sicht des Schuldners besaß diese Form der Bürgschaft den Vorteil, dass sie ihm die Festnahme durch den Gläubiger ersparte; umgekehrt musste sich der Gläubiger nicht den Mühen und Gefahren unterziehen, den Schuldner festzunehmen, um ihn oder seine Verwandten zur Leistung anzuhalten.

Auf einer zweiten Entwicklungsstufe wurde die Gestellungsbürgschaft zur **Exekutionsbürgschaft**. Sie verpflichtete den Bürgen, die Exekution in das Schuldnervermögen zu betreiben. Blieb diese erfolglos, konnte er sich noch durch Gestellung des Schuldners befreien. Der nächste Schritt führte dann zur **exekutorischen Zahlungsbürgschaft**. Der Bürge konnte sich seiner Pflicht nicht mehr durch Auslieferung des Schuldners an den Gläubiger entledigen, er haftete vielmehr selbst für die Verbindlichkeit, wenn es ihm nicht gelang, den Schuldner zur Zahlung zu bewegen oder in der erforderlichen Höhe auszupfänden (gestaffelte Vermögenshaftung). Das Risiko erfolgloser Exekution blieb damit beim Bürgen hängen. In logischer Fortsetzung dieser Entwicklungslinie wandelte sich schließlich das Gutstehen des Bürgen zur **reinen Zahlungsbürgschaft**. Das Exekutionsrecht des Bürgen wich dem staatlichen Vollstreckungsmonopol. Er haftete primär, oder es lag in der Willkür des Gläubigers, die Forderung beim Schuldner oder beim Bürgen einzutreiben. Der Bürge konnte nur durch Rückgriff Befriedigung bei seinem Schuldner suchen[579].

Die strenge Haftung des Bürgen wurde bereits im Spätma. als unbefriedigend empfunden. Interne Absprachen zwischen Bürgen und Schuldner (die allerdings gegenüber dem Gläubiger keine Wirkung besaßen), etwa die Setzung eines Pfandes für den Rückgriffsanspruch des Bürgen, verbesserten seine Rechtsposition, setzten ihn aber weiter (sogar ausschließlich) dem unmit-

579 Diese von *F. Beyerle* (Der Ursprung der Bürgschaft, 1927) auf dürftiger Quellenlage entwickelten Grundtypen werden in neueren Untersuchungen durch neue Bürgschaftsformen vor allem im Spätma. bereichert. Eine generelle Überprüfung der herrschenden Lehre steht noch aus, andere Entwicklungslinien könnten das Ergebnis sein (*Ch. Hattenhauer*, Bürgschaft, HRG ²I, Sp. 771 f).

telbaren Zugriff des Gläubigers aus. Da war das Wahlrecht des Gläubigers, die geschuldete Leistung vom Schuldner oder vom Bürgen einzufordern, schon ein Fortschritt. Zum Ausgang des MA. setzte sich mancherorts bereits die subsidiäre Haftung des Bürgen durch. Die Bürgschaftsbegründung erfolgte durchgängig in der Rechtsform des Treuegelöbnisses.

(2) Neuzeitliche Rechtsentwicklung

Im gemeinen Recht war die Bürgschaft streng **akzessorisch**. Der Bürge haftete **subsidiär** nach dem Schuldner, anfangs nur im Innenverhältnis, später auch im Verhältnis zum Gläubiger. Der zur Leistung angehaltene Bürge konnte sich am Schuldner schadlos halten[580]. Die Bürgschaft von **Frauen** war nur beschränkt oder überhaupt nicht gültig (S. C. Velleianum). Durch die Rezeption wurde also eine Entwicklung zum Abschluss gebracht, die sich ausgangs des MA. bereits auf rein deutschrechtlicher Basis abgezeichnet hatte. Neben der gemeinrechtlichen Bürgschaft blieben aber Formen der deutschrechtlichen Bürgschaft weiter bestehen.

Dem **Landsbrauch** waren sowohl die Zahlungsbürgschaft als auch die Gestellungsbürgschaft bekannt. Die Begründung der Bürgschaft erfolgte in der Regel formfrei, doch verlangten einzelne Gesetze Meldung an die Obrigkeit bzw. deren Genehmigung (so die Landtafel für Österreich ob der Enns). Die Frage, ob primär der Bürge oder der Schuldner haftet, war nicht einheitlich gelöst. Es kam vor, dass der Gläubiger den Bürgen erst dann zur Leistung heranziehen konnte, wenn er den Hauptschuldner geklagt und gegen diesen vergeblich vollstreckt hatte (beneficium excussionis sive ordinis), daneben gab es Gesetzesentwürfe, die dem Gläubiger ein Wahlrecht ließen, und wiederum andere Gesetze verlangten vom Gläubiger, dass er zuerst den Bürgen belange. Ersthaftung des Bürgen bedeutete, dass der Schuldner von seiner Verbindlichkeit befreit wurde, sowie sich der Gläubiger an den Bürgen hielt. Es konnte aber auch die subsidiäre Haftung des Bürgen für den Ausfall beim Vollstreckungsversuch gegen den Hauptschuldner vereinbart werden (Schadlosbürgschaft). Um dem Bürgen die Möglichkeit des Rückgriffs zu eröffnen, brauchte ihm der Gläubiger seine Forderung nicht abzutreten. Der Schuldner musste vielmehr „von Rechts wegen" den Bürgen schadlos halten (Schadlosbrief). Zu den sonst üblichen Erlöschungsgründen der Bürgschaft zählte nach Landsbrauch auch, dass der Gläubiger dem Schuldner Zahlungsaufschub gewährte, ohne das Einverständnis des Bürgen einzuholen. Außerdem konnte der Bürge die Aufhebung seiner Verbindlichkeit verlangen, wenn der Schuldner sein Vermögen verschleuderte. Frauen waren in der Regel zur Bürgschaft unfähig, konnten allerdings auf dieses Privileg verzichten.

Der *Codex Theresianus* kannte die außergerichtliche (eigentliche) Bürgschaft in den drei Erscheinungsformen der Hauptbürgschaft, Rückbürgschaft (zur Sicherung des Hauptbürgen) und Schadlosbürgschaft. Formvorschriften für die Verpflichtungserklärung des Bürgen waren nicht vorgesehen. Er haftete

580 Im römischen Recht waren die Prinzipien der Akzessorietät und Subsidiarität nicht von vornherein verwirklicht. Zu ihrer Entwicklungsgeschichte vgl. *W. Flume*, Studien zur Akzessorietät der römischen Bürgschaftsstipulationen, 1932; *R. Feenstra*, Die Bürgschaft im römischen Recht und ihr Einfluß auf die mittelalterliche und spätere Rechtslehre, Recueils de la Société Jean Bodin 28, 1974, 295 ff.

grundsätzlich primär (ausgenommen im Fall der Schadlosbürgschaft), konnte allerdings nach den Regeln des Auftrags oder der Geschäftsführung ohne Auftrag beim Schuldner Rückgriff nehmen (eine gesetzliche Forderungsabtretung an den Bürgen war nicht vorgesehen). Frauen konnten Bürgschaften nur abschließen, wenn sie sich nach vorhergehender gerichtlicher Belehrung ausdrücklich ihrer „weiblichen Gerechtigkeit“ begeben hatten. Das *ABGB 1811* behielt diese Bürgschaftsprinzipien im Wesentlichen bei, stellte aber die Frauen den Männern völlig gleich. Aus dem *Entwurf Martini* wurde der Vorschlag übernommen, dass der Gläubiger den Schuldner erst mahnen müsse, bevor er auf den Bürgen greifen kann (eine Ausnahme von diesem Grundsatz sollte dann bestehen, wenn sich der Dritte als „Bürge und Zahler“ verpflichtete). Eine wesentliche Rechtsvereinfachung brachte schließlich die Bestimmung, dass die Forderung des Gläubigers kraft Gesetzes auf den zur Zahlung herangezogenen Bürgen übergeht. Die **Schriftform** für die Verpflichtungserklärung des Bürgen wurde erst durch die *III TN* eingeführt.

Begründet wurde dies damit, dass der lange Zeitraum zwischen Bürgschaftserklärung und Effektuierung der Leistungspflicht die Gefahr unüberlegter Erklärungen heraufbeschwöre.

Eine interessante Neuerung vollzog sich 1985 auf dem Gebiet des Eherechts. Damals sind Bestimmungen zum Schutz des für einen Kredit mithaftenden Ehegatten getroffen worden (§ 98 EheG)[581]. Sie ermöglichen es, von einer ursprünglich gewählten Bürgschaftsform abzugehen oder bei Gesamtschuldverhältnissen einem Schuldner die günstigere Position eines Ausfallsbürgen zu verschaffen, beides ohne Zustimmung des Gläubigers.

Ehegatten können im Rahmen der Scheidung bzw. Aufhebung oder Nichtigerklärung einer Ehe vereinbaren, wer von ihnen zur Zahlung von Kreditverbindlichkeiten, für die beide haften, verpflichtet ist. Diese Entscheidung kann auch das Gericht treffen[582]. Auf Antrag hat nun das Gericht mit Wirkung für den Gläubiger auszusprechen, dass derjenige Ehegatte, der im Innenverhältnis zur Zahlung verpflichtet ist, Hauptschuldner, der andere Ausfallsbürge wird.

Diese geschlechtsneutral formulierte Bestimmung bezweckt, den allzu leichten Zugriff des Gläubigers auf den wirtschaftlich Schwächeren – in der Regel die Frau, die aufgrund der Kinderbetreuung ortsgebunden ist und sich der Inanspruchnahme durch den Gläubiger nicht so leicht entziehen kann – zu verhindern.

bb) Pfandbestellungsvertrag (Pfandversprechen)

Der Pfandbestellungsvertrag ist das schuldrechtliche Verpflichtungsgeschäft (Titel) für den rechtsgeschäftlichen Pfandrechtserwerb und beinhaltet die Einigung der Parteien, eine Sache als Pfand zur Sicherung eigener oder fremder Schuld übergeben zu wollen (obligatorischer Verpfändungsvertrag). Er gilt

581 BG v. 24.10.1985, BGBl. 481.

582 Beide Möglichkeiten dieses internen Ausgleichs bestanden auch nach der alten Rechtslage.

regelmäßig im Rahmen des dinglichen Pfandvertrages (Näheres dazu beim Pfandrecht) als stillschweigend mitvereinbart.

g) Gemeinschaftliche Schuldverhältnisse

Lit.: *G. Buchda*, Gesamthand, gesamte Hand, HRG I, Sp. 1587 ff.; *H. Ehmann*, Die Gesamtschuld. Versuch einer begrifflichen Erfassung in drei Typen, 1972; *S. Lepsius*, Gesamthand, gesamte Hand, HRG ²II, Sp. 264 ff.; *S. Meier*, Gesamtschulden. Entstehung und Regress in historischer und vergleichender Perspektive, 2010; *C. F. Roßhirt*, Dogmen-Geschichte des Civilrechts, 1853, 307 ff.

Nicht nur aus der Umänderung oder Befestigung von Rechten und Verbindlichkeiten können schuldrechtliche Gemeinschaften entstehen (z. B. durch Schuldbeitritt oder Bürgschaftsvertrag), sondern auch durch das Versprechen einer Leistung von mehreren Schuldnern oder an mehrere Gläubiger. Es begründet ein **Teilschuldverhältnis** (geteiltes Schuldverhältnis), wenn jeder der mehreren Schuldner/Gläubiger nur einen Teil des Bedungenen leisten muss/fordern kann, eine **Gesamtschuld** (Solidarschuld/Gesamtforderung), wenn jeder einzelne (mit Wirkung für alle anderen) die gesamte Leistung zu erbringen hat/zu fordern berechtigt ist oder eine **Gesamthandschuld/Gesamthandforderung**, wenn alle Schuldner/Gläubiger gemeinsam die Leistung/Einforderung bewirken müssen.

Welcher dieser drei Gruppen ein Schuldverhältnis im Einzelnen zuzuordnen ist, ergibt sich aus der konkreten Vereinbarung bzw. aus dem Gesetz. Wurde nichts anderes vereinbart, folgt aus der Teilbarkeit der Leistung, dass ein Teilschuldverhältnis vorliegt, aus der Unteilbarkeit das Gesamtschuldverhältnis. Letzteres kann allerdings auch gesetzlich angeordnet sein (z. B. im Fall der kumulativen Schuldübernahme oder bei Bürgschaftsleistung durch mehrere Personen). Gesamthandschuldverhältnisse können ebenfalls aus der Natur des Leistungsgegenstandes entstehen (etwa beim Auftritt einer Gesangsgruppe). Das Gesamtschuldverhältnis trägt Ausgleichspflichten in sich. Der Schuldner, der geleistet hat, kann bei den übrigen Schuldnern in der Höhe des Betrags, der seinen Anteil an der Gesamtschuld übersteigt, Rückgriff nehmen; der Gläubiger, der die gesamte Leistung erhalten hat, ist den anderen Gläubigern gegenüber zur anteiligen Herausgabe verpflichtet.

aa) Älteres Recht

Dem älteren Recht war die Personenmehrheit im Schuldrechtsverhältnis durchaus vertraut. Von großer Bedeutung war die für das alte Recht geradezu typische **Gesamthand** auf Schuldner- und Gläubigerseite. Sie trat in der Regel dort auf, wo Gemeinschaftsvermögen (Gesamthandvermögen) in den Rechtsverkehr einbezogen wurde, und erhielt sich vor allem bei kleineren Personengemeinschaften lebendig (s. die Ausführungen zur Genossenschaft). Ansonsten galt aber auch der Grundsatz, dass die Teilbarkeit der Leistung im Zweifel zur Teilschuldnerschaft bzw. Teilgläubigerschaft führt (das war z. B. für Geldschulden aus Buße oder Vertrag von Bedeutung). Es sind jedoch auch zahlreiche Anwendungsfälle der Gesamtschuld belegt.

Sie erfuhr im späteren MA. eine spezielle Abwandlung: Der Gläubiger konnte von jedem einzelnen Gesamtschuldner nur mehr die auf ihn entfallende Quote der Schuld einfordern, war aber insofern abgesichert, als ihm die übrigen Schuldner für den Ausfall hafteten.

bb) Neuzeitliche Rechtsentwicklung

Im gemeinen Recht wollte man die überreichen Gesamthandverhältnisse durch die dem römischen Recht geläufige **Solidarschuld/Gesamtgläubigerschaft** ersetzen, war jedoch nicht überall erfolgreich. Dort, wo sich das gemeine Recht weniger praktisch als der heimische Rechtsbrauch erwies (so z. B. im ehelichen Güterrecht und im Genossenschaftswesen), drangen immer wieder deutschrechtliche Grundsätze durch. Dennoch fanden bereits in den *Codex Theresianus* nur noch das **Teilschuldverhältnis** und das **Gesamtschuldverhältnis** Aufnahme. Das Gesamtschuldverhältnis wurde dabei durch Worte wie „einer für alle und alle für einen, sammt und sonders, unverschieden, unzertheilt, mit ungeschiedener und gesamter Hand" charakterisiert. Es sollte auch eintreten, wenn mehrere gemeinsam vorsätzlich ein Verbrechen verübten. War dem Rechtsgeschäft keines der vorangestellten Attribute beigefügt oder wurde ein Verbrechen von mehreren Personen nur fahrlässig begangen, entstand ein Teilschuldverhältnis. Das *ABGB 1811* regelt ebenfalls nur das Teilschuldverhältnis und (unter dem Oberbegriff *Korrealität*) die Gesamtschuld/Gesamtgläubigerschaft; doch finden sich Anklänge an die Gesamthand bei der Miteigentumsgemeinschaft und dort, wo eine unteilbare Sache mehreren Gläubigern geschuldet wird. Die gesetzliche Solidarhaftung für einen widerrechtlich zugefügten Schaden wurde auf den Fall erweitert, dass sich die Anteile der einzelnen Täter an der Beschädigung nicht bestimmen lassen.

2. Vertragstypen im rechtshistorischen Vergleich

a) Schenkungsvertrag

Lit.: *D. Fruscione*, Launegild, HRG ²III, Sp. 666 f.; *R. Hübner*, Die donationes post obitum und die Schenkungen mit Vorbehalt des Nießbrauchs im älteren deutschen Recht, 1888, Nachdr. 1970; *H. H. Kaminsky*, Launegild, HRG II, Sp. 1647 f.; *Th. Kohl*, Landschenkung, HRG ²III, Sp. 583 ff.; *I. Meinig*, Die Entwicklung der Lehre von der Handschenkung, 1972; *W. Ogris*, Schenkung, HRG IV, Sp. 1382 ff.; *M. Pappenheim*, Über die Rechtsnatur der altgermanischen Schenkung, ZRG GA 53, 1933, 35 ff.; *D. Werkmüller*, Landschenkung, HRG II, Sp. 1559 ff.

Die Schenkung ist ein *unentgeltlicher Veräußerungsvertrag* und bedarf als solcher der Annahme. Sie gehört zu den wenigen Rechtsinstituten des Schuldrechts, für die bereits das *ABGB 1811* spezielle Formvorschriften aufstellte. Die nicht schriftlich vereinbarte, seit 1871[583] nicht einem förmlichen Notari-

583 Notariatszwangsgesetz, RGBl. Nr. 76. Das 1. Euro-Umstellungsgesetz (BG vom 7.8.2001, BGBl. I 2001/98) änderte den Titel des Gesetzes in „Notariatsaktsgesetz".

atsakt genügende oder nicht sofort durch wirkliche Übergabe vollzogene Schenkung lässt lediglich eine Naturalobligation entstehen. Der Geschenkgeber kann die Schenkung wegen groben Undanks des Beschenkten und (mit Einschränkungen), wenn er selbst in Dürftigkeit verfällt, widerrufen.

aa) Älteres Recht

Die Schenkung war im älteren Recht zunächst kein unentgeltliches Rechtsgeschäft. Der Beschenkte musste eine, wenn auch im Wertverhältnis niedrigere **Gegenleistung** erbringen. Solange er dies nicht getan hatte, konnte der Geschenkgeber die Sache beliebig zurückfordern.

Im langobardischen Recht hatte diese vermögenswerte Gegenleistung den Namen „launegild". Auch Dienste wurden als Entgelt anerkannt, so insbes. militärische und politische Beistandsleistungen bei den häufig belegten frühma. Landschenkungen. Bei Schenkungen an die Kirche oder kirchliche Einrichtungen galt das „Seelenheil" als Gegenleistung.

Entsprechend dem ma. Eigentumsbegriff musste das Recht, das der Beschenkte erhielt, im Schenkungsvertrag konkretisiert werden. Häufig erwarb er nur beschränktes, d. h. unveräußerliches und unvererbliches Eigentum, das nach seinem Tod oder im Fall des Treuebruchs an den Schenker zurückfiel. Außerdem konnte der Geschenkgeber die Schenkung widerrufen, wenn er selbst in Not geriet. Im Spätma. trat dann die Verpflichtung zur Gegenleistung in den Hintergrund, und es wurde anerkannt, dass der Beschenkte veräußerliches und (oder) vererbliches Eigentum erwarb.

Eine gegenüber der Kirche geübte Sonderform war die *bedingte Schenkung* (donatio post obitum). Erst mit dem Tod des Schenkers erwarb die Kirche volles Recht; bis dahin kam ihr ein Anwartschaftsrecht zu (s. Vergabungen von Todes wegen).

bb) Neuzeitliche Rechtsentwicklung

Das gemeine Recht folgte insofern römischrechtlichen Grundsätzen, als es für Schenkungen von höherem Wert einen **förmlichen Vertrag** (Beurkundung) verlangte und die Geltung überlieferter **Schenkungsverbote** breit erörterte, insbes. das Verbot der Schenkung unter Ehegatten, das bereits auf die Zeit vor der augusteischen Ehegesetzgebung zurückgeht[584]. Einhelligkeit bestand darüber, dass auch das Schenkungsversprechen gültig sei, allerdings erst mit der Annahme, da die Glossatoren in der Schenkung ein zweiseitiges Rechtsgeschäft erkannt hatten. Die Schenkung von Todes wegen wurde dem Vermächtnisrecht zugeordnet.

In der frühneuzeitlichen Gesetzgebung flossen gemeinrechtliche und deutschrechtliche Elemente der Schenkung zu **vielfältigen Sonderregelun-**

584 S. dazu *H. Holzhauer*, Schenkungen unter Ehegatten in der europäischen Privatrechtsgeschichte und im heutigen deutschen Recht I, Familie und Recht 3/1995, 177 ff. und II, Familie und Recht 4/1995, 268 ff.

gen zusammen. Mitunter waren zur Gültigkeit der Schenkung Zeugen erforderlich, bestimmte Vermögensmassen konnten entweder überhaupt nicht oder nicht an bestimmte Personen verschenkt werden, und die Widerrufsrechte des Schenkers uferten zu einem unübersichtlichen Fallrecht aus. Als rechtlich verbindlich wurde neben der Handschenkung immer auch das Schenkungsversprechen angesehen.

Von der *Naturrechtslehre* wurde die Schenkung unter dem Aspekt der Eigentumsfreiheit gesehen. Ihrem Vertragscharakter zufolge sollte sie frei widerrufen werden können, solange das Schenkungsversprechen noch nicht angenommen war, ansonsten aber von ihren traditionellen Bindungen befreit werden. Man forderte den weitgehenden Abbau der Formvorschriften und der Widerrufsrechte des Schenkers, doch ist die Gesetzgebung diesen Zielsetzungen nur zum Teil gefolgt.

Der *Codex Theresianus* unterschied „Schankungen" und „Zusagen". Während die Schankung durch Übergabe Eigentum des Beschenkten entstehen ließ, war die Zusage ein (klagbares) Versprechen, etwas zu geben oder zu tun. Beide waren annahmebedürftig, soferne es sich nicht um eine Zusage an Gott handelte. In Anlehnung an gemeinrechtliche Vorbilder waren strenge Formvorschriften vorgesehen, etwa die Anmeldung bei Gericht, wenn es um unbewegliche Sachen oder um Fahrnis im Wert von mehr als 500 Gulden ging (das Gericht konnte im Interesse der Gläubiger die Schenkung untersagen). Schenkungsbeschränkungen bestanden für Ehegatten (Übermaßverbot), weiters waren Schenkungen an Richter und Obrigkeiten untersagt. Dürftigkeit, Undank, Verletzung des Pflichtteils und der Nachweis einer übereilten Schenkungszusage berechtigten den Schenker zum Widerruf.

Das *ABGB 1811* verlangte für alle Schenkungen, bei denen die Sache nicht sofort übergeben wurde, die Schriftform. Seit dem Notariatszwangsgesetz 1871 (RGBl. Nr. 76)[585] ist für die Gültigkeit der Schenkung ohne wirkliche Übergabe die Errichtung eines Notariatsaktes notwendig.

b) Verwahrungsvertrag

Lit.: *F. Beyerle*, Die Treuhand im Grundriß des deutschen Privatrechts, 1932; *J. Frhr. v. Schey*, Die Obligationsverhältnisse I/2, 1895, 281 ff.; *O. Stobbe*, Zur Geschichte des deutschen Vertragsrechts, 1855, Nachdr. 1969, 215 ff.; *G. Wesener*, Verwahrungsvertrag, HRG V, Sp. 861 ff.

Ein Verwahrungsvertrag entsteht, wenn *jemand eine fremde Sache in seine Obsorge übernimmt*. Der Übernehmer wird nur Inhaber, nicht Besitzer. Er hat die Pflicht, die anvertraute Sache sorgfältig aufzubewahren und sie nach Ablauf der bedungenen Zeit, sonst nach beliebiger Aufkündigung mit allen Zuwächsen herauszugeben. Der Verwahrer haftet für den durch Unterlassung der pflichtmäßigen Obsorge verursachten Schaden, nicht jedoch für Zufall, sofern er ihn nicht widerrechtlich veranlasst hat (casus mixtus). Demgegenüber hat der Hinterleger das eventuell vereinbarte Entgelt für die Verwah-

585 Durch das 1. Euro-Umstellungsgesetz (BG vom 7.8.2001, BGBl. I 2001/98) wurde der Titel des „Notariatszwangsgesetzes" in „Notariatsaktsgesetz" geändert.

rung zu entrichten und die zur Erhaltung der verwahrten Sache aufgelaufenen Kosten zu ersetzen. Sonderbestimmungen gelten für Gastwirte, die Fremde beherbergen, für Unternehmer, die Stallungen und Aufbewahrungsräume (Garagen) haben, und Besitzer von Badeanstalten. Sie haften für die Gefahr des „offenen Hauses", für die Beschädigung oder den Verlust eingebrachter Sachen also schon dann, wenn sie nicht beweisen, dass der Schaden weder durch sie oder einen ihrer Leute verschuldet noch durch fremde, in dem Haus aus- und eingehende Personen verursacht worden ist.

aa) Älteres Recht

Wie viele andere Rechtsinstitute hat sich auch der Verwahrungsvertrag aus der ma. Leihe entwickelt. Man kannte den Verwahrungsvertrag als entgeltliches wie auch als unentgeltliches Rechtsgeschäft. Bei diesem als **Realvertrag** konzipierten Rechtsinstitut besaß der Hinterleger die ruhende, der Verwahrer die leibliche Gewere. Es war eine unmittelbare Folge der Sachhingabe, dass der Hinterleger auch wieder die Rückgabe verlangen konnte. Zunächst machte dieser Rückgabeanspruch noch das Wesen des Schuldvertrages schlechthin aus. Mit zunehmender Herausbildung institutioneller Eigenheiten rückte jedoch die Aufbewahrung bzw. Obsorge in den Mittelpunkt des Schuldverhältnisses. Der Verwahrungsvertrag wurde so zur „Quelle eines dauernden Schuldverhältnisses", das durch die Rückgabe nicht erfüllt, sondern beendet wurde.

Die Abgrenzung zu anderen Schuldverhältnissen zeigte sich vor allem in der Behandlung des **Haftungsproblems**. Bereits die Stammesrechte (z. B. Lex Baiuvariorum) hatten jene Fälle, in denen der Verwahrer entgeltlos haftete, eng begrenzt. Aus der Überlegung, dass die Verwahrung primär im Interesse des Hinterlegers lag, haftete der Verwahrer nur für eigenes Verschulden und den Verlust der Sache durch Diebstahl. Anderer zufälliger Untergang belastete den Hinterleger. Einige hochma. Rechte stellten den Verwahrer sogar noch günstiger, indem sie ihn von der Haftung für schuldlos abhanden gekommene Sachen (auch im Fall des Diebstahls) befreiten. Als Maßstab für die Obsorge verlangte man vom Verwahrer, dass er die Sache wie die eigenen behandle[586]. Bei den entgeltlichen Verwahrungsverträgen, insbes. im Zusammenhang mit Beherbergungsverträgen, war die Haftung des Übernehmers (Wirtes) in der Regel strenger. Um sie zu verwirklichen, wurde der Wirt oft von Gesetzes wegen verpflichtet, die von seinen Gästen eingebrachten Sachen zur Aufbewahrung und Beaufsichtigung zu übernehmen[587].

bb) Neuzeitliche Rechtsentwicklung

Auch im römischen Recht war die Verwahrung (depositum) ein Realvertrag, allerdings immer mit dem Merkmal der Unentgeltlichkeit. Der Verwahrer

586 Einen anderen Haftungsmaßstab legte der Schwabenspiegel an, der vom Verwahrer verlangte, dass er fremde Sachen besser bewahre als seine eigenen, und mit dieser Vorstellung auf das gemeine Recht einwirkte.

587 So z. B. das Wr. Stadtrecht, das den Wirt auch für jeden Diebstahlsverlust haften ließ.

galt als bloßer Inhaber und haftete für schuldhaftes Verhalten, nicht für Zufall.

Einen besonderen Fall der Verwahrung stellte die *Sequestration* (Streitverwahrung) dar. Dabei wurde eine Sache, um die im Prozess gestritten wurde, bei einem unbeteiligten Dritten solange hinterlegt, bis der Prozess entschieden war. Der Sequester genoss Besitzschutz und durfte die Sache nur an den Sieger des Prozesses herausgeben.

Das gemeine Recht baute auf diesen Grundsätzen auf, hielt also auch an der prinzipiellen **Unentgeltlichkeit** des Verwahrungsvertrages fest, ließ jedoch entgegenstehende Parteienvereinbarungen zu. Diese gemeinrechtliche Gestalt ist im Wesentlichen bis heute erhalten geblieben.

Der *Codex Theresianus* sah in der Entgeltlichkeit des Verwahrungsvertrages eine Ausnahme. Daher haftete der Übernehmer regelmäßig nur für eigenes Verschulden, die Zahlung eines Entgelts löste allerdings die Haftung für den zufälligen Untergang der Sache aus. Dem treulosen Verwahrer drohte eine harte Strafe: Er konnte durch richterliches Urteil aller seiner bürgerlichen Rechte und Freiheiten verlustig gehen. Das *ABGB 1811* unterschied bei der Haftung nicht mehr zwischen entgeltlicher und unentgeltlicher Verwahrung. Wirte, Schiffer und Fuhrleute hatten „als Verwahrer" zu haften. Die *III TN* gestaltete diese Bestimmung jedoch grundlegend um. Gastwirte, Garagierungsunternehmer und Besitzer von Badeanstalten tragen seither die Gefahr des offenen Hauses, haben dafür aber ein Zurückbehaltungsrecht an den eingebrachten Sachen ihrer Gäste zur Sicherung konnexer Forderungen. Die reine Gefährdungshaftung wurde später – allerdings mit Ausnahmen – betraglich beschränkt (§ 970a ABGB, BGBl. 1921/638 i. d. g. F. BGBl. I 2001/98).

c) Leihevertrag

Lit.: *H. Kreller*, Römisches Recht, II Grundlehren des Gemeinen Rechts, 1950, 314 ff.; *W. Ogris*, Leihe (als unentgeltliche Gebrauchsüberlassung), HRG II, Sp. 1824 f., ^{2}III, Sp. 818 f.

Heute verstehen wir unter Leihe die *unentgeltliche Gebrauchsüberlassung an einer unverbrauchbaren Sache*. Sie gehört zu den Realverträgen, kommt also durch die Übergabe des Leihstücks zustande. Der Entlehner erwirbt Rechtsbesitz und hat die geliehene Sache erst nach Ablauf der vereinbarten bzw. aus Natur und Zweck des Vertrages erschließbaren Leihefrist zurückzustellen. Im Falle der Bittleihe (Prekarium) kann der Verleiher die Sache jederzeit zurückfordern.

aa) Älteres Recht

Die Leihe war *eines der zentralen Rechtsinstitute* des Mittelalters und der beginnenden Neuzeit. In ihr vereinigten sich umfassende Herrschafts-, Unterordnungs- und Aneignungsverhältnisse zu einem eigenartigen Rechtsgebilde. Derartige Leiheverhältnisse gaben dem Bodenrecht, aber auch der politischen Ordnung das Gepräge (s. dingliche Bodenleihe). Es gab aber auch Ansätze, aus denen sich die Leihe in ihrer heutigen Gestalt entwickelte.

Die Leihe war ursprünglich ein **Realvertrag** mit dinglicher Wirkung, ohne deutliche Unterscheidung zum Treuhandeigentum und Darlehen („Lenet

Gut ist egen Gut"). Der Leihenehmer besaß die **Gewere** an der Sache und musste ein **Entgelt** entrichten. Daneben gab es schon immer, etwa im Bereich der nachbarschaftlichen Verhältnisse, die Möglichkeit, die Sachen **unentgeltlich** "auszuborgen", ohne dass darüber vom rechtlichen Standpunkt her gesehen Genaueres vereinbart wurde. Mit zunehmender Differenzierung der Rechtsordnung spaltete sich die **unentgeltliche Gebrauchsüberlassung** von den übrigen Nutzungsrechten an fremden Sachen, auch von der zu dieser Zeit entstandenen entgeltlichen Miete ab und verlor in der Folge ihren dinglichen Charakter. Nach allgemeiner Rechtsauffassung traf den Entlehner wie jeden anderen Nutzungsberechtigten die Haftung bei zufälligem Untergang der Sache.

bb) Neuzeitliche Rechtsentwicklung

Am Ende des MA. entsprach die deutschrechtliche unentgeltliche Leihe schon weitgehend dem gemeinrechtlichen Konzept. Im Gefolge der Rezeption wurde sie entweder als commodatum oder als precarium interpretiert. Beim *commodatum*, das als Realkontrakt ausgestaltet war, hatte der Entleiher nur die Rechtsstellung eines Inhabers (also keinen Besitzschutz), doch konnte der Eigentümer die Sache vor Ablauf der Leihezeit nicht zurückfordern. Im Unterschied dazu gewährte die Rechtsordnung dem *Prekaristen* Besitzschutz gegen Dritte, während dem Eigentümer das Recht zum jederzeitigen *Widerruf* zugestanden wurde (man begründete dies damit, dass das Prekarium kein Vertrag, sondern nur die faktische Überlassung einer Sache sei). Nachdem sich diese beiden Rechtsinstitute, die beide unentgeltlich waren, im gemeinen Recht durchgesetzt hatten, verschwand auch die Haftung des Leihenehmers für den zufälligen Untergang der Sache.

Das *ABGB 1811* gestaltete den Leihevertrag im gemeinrechtlichen Sinn. Es übernahm sowohl die Unterscheidung zwischen Leihe und Prekarium, als auch die Haftungsbefreiung des Entlehners für den zufälligen Untergang der Sache. Das Problem des Besitzschutzes wurde allerdings (ohne ausdrückliche Festlegung) so gelöst, dass Entlehner und Prekarist Rechtsbesitzer sind und damit Eingriffe in ihre Gebrauchsrechte abwehren können[588]. Die Haftungsregelung wiederum enthält die Klarstellung, dass der Entlehner nicht nur den zunächst durch sein Verschulden verursachten, sondern auch den zufälligen Schaden, den er durch eine widerrechtliche Handlung veranlasst hat, ersetzen muss (casus mixtus).

Die Vertreter des Naturrechts interessierten sich vor allem für die Haftung für den zufälligen Untergang des Leihstücks (*Zeiller* war gegen eine Haftung des Entlehners, *Kant*, *Pufendorf* und *Wolff* sprachen sich dafür aus) und das vorzeitige Rückforde-

588 Beim Prekaristen ist dies strittig. Die Judikatur gewährt ihm Besitzesschutz gegenüber Dritten, nicht jedoch gegenüber dem Geber des Prekariums (Mietrechtliche Entscheidungen 28025).

rungsrecht des Eigentümers wegen dringenden Eigenbedarfs (worüber auch keine Einigung erzielt werden konnte). Der *Codex Theresianus* wollte dem Leihegeber dann einen vorzeitigen Herausgabeanspruch zugestehen, wenn er durch „nicht vorgesehenen ungefähren Zufall der ausgeliehenen Sache selbst unumgänglich bedürfe". Ihn traf allerdings auch die Gefahr des zufälligen Untergangs. Das *ABGB 1811* hielt wohl an letzterem fest, lehnte aber die vorzeitige Zurückforderung wegen Unentbehrlichkeit der Sache ausdrücklich ab.

d) Darlehensvertrag

Lit.: *W. Endemann*, Die Bedeutung der Wucherlehre, 1866; *F. N. Funk*, Geschichte des kirchlichen Zinsverbotes, 1876; *E. Genzmer*, Die antiken Grundlagen der Lehre vom gerechten Preis und der laesio enormis, Zeitschrift für ausländisches und internationales Privatrecht 11, 1937, 25 ff.; *E. Koch*, Gerechter Preis, HRG ²II, Sp. 123 ff.; *U. v. Lübtow*, Die Entwicklung des Darlehensbegriffs im römischen und im geltenden Recht mit Beiträgen zur Delegation und Novation, 1965; *Ch. Neschwara*, Darlehen, HRG ²I, Sp. 930 ff.; *G. K. Schmelzeisen*, Polizeiordnungen und Privatrecht, Forschungen zur Neueren Privatrechtsgeschichte 3, 1955, 461 ff.; *W. Trusen*, Spätmittelalterliche Jurisprudenz und Wirtschaftsethik, dargestellt an Wiener Gutachten des 14. Jahrhunderts, Vierteljahresschrift für Sozial- und Wirtschaftsgeschichte, Beiheft 43, 1961; *V. Urfus*, Die Wuchergesetzgebung in Österreich zwischen Josephinismus und Liberalismus, FS H. Lentze, 1969, 575 ff.; *H. J. Wallraff*, Iustum pretium, HRG II, 504 ff.; *U. Wolter*, Ius canonicum in iure civili, 1975, 104 ff.

Das Darlehen ist seit In-Kraft-Treten des DaKRÄG[589] nicht länger als Real-, sondern nunmehr als Konsensualvertrag anzusehen. Sein Wesen liegt in der *Übereignung von Geld oder anderen vertretbaren Sachen mit der Abrede, dass nach Ablauf einer gewissen Zeit eben so viel von derselben Gattung und Güte zurückgegeben werden soll.* Der Darlehensgeber kann sich hiefür ein Entgelt (Zinsen) ausbedingen; nur das unentgeltliche Darlehen bedarf der Schriftform, wenn die Sachen nicht sofort übergeben werden. Der Kreditvertrag (§§ 988 ff. ABGB) als entgeltlicher Darlehensvertrag über Geld stellt eine Unterform des Darlehens dar. Der sog. Verbraucherkredit wird im VKrG[590] gesondert geregelt und enthält für bestimmte Darlehen zwingende Schutzvorschriften zu Gunsten von Verbrauchern i. S. d. KSchG[591].

aa) Älteres Recht

Im Zeitalter der Naturalwirtschaft kam das Darlehen nur sehr selten – allenfalls beim Umgang mit Saatgut und Lebensmitteln – vor. Es hatte sich noch nicht zum eigenen Rechtsinstitut entwickelt, sondern figurierte als **Unterfall der Leihe.** Größere Bedeutung und eine spezifische Ausformung erlangte es

589 Darlehens- und Kreditsrechts-Änderungsgesetz, BGBl. I 2010/28.

590 Verbraucherkreditgesetz, BGBl. I 2010/28, als Art. 2 des DaKRÄG kundgemacht, in Umsetzung der EU-Verbraucherkreditrichtlinie 2000/48/EG.

591 Die bisherigen kreditbezogenen Normen in KSchG und Bankwesengesetz wurden aufgehoben und sind im VKrG aufgegangen.

erst mit dem Aufblühen der ma. Städte und dem Durchbruch der Geldwirtschaft.

Das (meist) entgeltliche Darlehen, insbes. in seiner Hauptform des **zinsbaren Gelddarlehens**, stieß sehr bald auf heftige Kritik der Kirche. Ihre Haltung erklärt sich daraus, dass sie es als Christenpflicht ansah, dem in Not Geratenen ein Darlehen zu geben, ohne dafür Zinsen zu verlangen. **Kirchliche „Zinsverbote"**, die sich zunächst an die Geistlichen, später auch an die Laien richteten und von der weltlichen Rechtsordnung übernommen wurden (karolingische Gesetzgebung), sollten „wucherische" Naturaldarlehen, in weiterer Folge verzinsliche Gelddarlehen unterbinden. Wer gegen diese kirchlichen Normen verstieß, dem drohten Exkommunikation, Verweigerung des kirchlichen Begräbnisses, Ausweisung aus der Gemeinde und Versagung der Absolution[592]. Nur als besondere Risikoprämie durften Zinsen in bestimmter Höhe vereinbart werden (z. B. Verzugszinsen).

Um das in Handel und Gewerbe bestehende Bedürfnis nach Krediten zu decken, wurden zahlreiche Rechtskonstruktionen ersonnen, um das Zinsverbot zu umgehen. Eine besondere Rolle spielten **Zinsprivilegien**. An sich galt das kanonische Zinsverbot auch für Juden, wegen der Religionsverschiedenheit blieben jedoch die von der Kirche angedrohten Folgen ohne Wirkung. Als die weltlichen Herrscher im Hochma. das Zinsverbot für Juden aufhoben (in Österreich Herzog Friedrich II. 1244), geriet das Geldverleihgeschäft in ihre Hand. Begünstigt wurde diese Bewegung durch den Umstand, dass die Juden aus den Zünften ausgeschlossen waren und daher in den Städten kein Handwerk ausüben durften. Das Interesse der weltlichen Herrscher lag in der Schutzgebühr, die die Juden für dieses Privileg zu entrichten hatten. Die Verschuldung von Teilen der städtischen Bevölkerung bei jüdischen Bankiers war im MA. Mitursache für schwere Judenverfolgungen und Pogrome[593]. Später erhielten auch bestimmte privilegierte christliche Personen das Recht, Zinsen zu nehmen (Lombarden, Kaverschen, Leihhäuser, Bankiers).

bb) Neuzeitliche Rechtsentwicklung

Im gemeinen Recht wurde das Darlehen *(mutuum)* deutlich von der Leihe getrennt. Während kirchlicherseits das Zinsverbot aufrecht blieb, verschwand es im 16. und 17. Jh. aus den Partikularrechten. An seine Stelle trat nach justinianischem Vorbild eine **gesetzliche Zinsobergrenze** (5–8%), die nach römischrechtlichem Vorbild mit **Zinsbeschränkungen** verbunden wurde (Verbot der Zinseszinsen; Beendigung des Zinsenlaufs, sobald die rückständigen Zinsen den Betrag des Kapitals erreicht haben). Ergänzend dazu wurden dem Kreditverkehr nach polizeirechtlichen Gesichtspunkten Beschränkungen

592 Mit besonderer Schärfe ging Papst Leo III. auf dem Laterankonzil 1179 gegen den Zinswucher vor.

593 Zur historischen und aktuell-rechtlichen Kontextualisierung islamischer Zinsverbote bzw. der *Islamic Finance* und des *Islamic Banking* vgl. Was vom Wucher übrigbleibt. Zinsverbote im historischen und interkulturellen Vergleich, hg. v. *M. Casper/N. Oberauer/F. Wittreck*, 2013.

auferlegt. Dabei wurde besonders darauf Bedacht genommen, den Kreditnehmer gegen Ausbeutung, den Kreditgeber gegen den Verlust seines Geldes sowie das inländische Vermögen insgesamt zu schützen[594]. Seit dem 18. Jh. standen die Prinzipien der **Vertragsfreiheit** und des **Schuldnerschutzes durch Wucherverbote** gegeneinander. Sie bestimmten in wechselvoller Entwicklung das Rechtsinstitut des Darlehens.

In Fortführung der gemeinrechtlichen Tradition erlaubte der *Codex Theresianus* Darlehenszinsen bis zur Höhe von 6%, untersagte jedoch Zinseszinsen. Übertretungen sollten als Wucher mit dem Verfall des Darlehens an den Staat bestraft werden. Wohl unter dem Einfluss des aufkommenden Wirtschaftsliberalismus hob *Joseph II.* 1787 alle bestehenden Wuchergesetze auf (Patent vom 29. Jänner 1787). Die Höhe der Zinsen für ein Darlehen unterlag somit unbeschränkt der freien Vereinbarung der Parteien. Vor Gericht durchsetzbar waren allerdings nur Zinsen in der Höhe von 4 bzw. 5%, ein Hindernis, das leicht umgangen werden konnte (etwa dadurch, dass die Parteien übereinkamen, nur eine geringere Summe auszuzahlen, als im Darlehensvertrag angeführt wurde). Da die angestrebte Belebung der Kreditwirtschaft nicht eintrat, vielmehr durch wucherische Zinsforderungen schwere soziale und wirtschaftliche Schäden hervorgerufen wurden, erließ *Franz II.* 1803 das **Wucherpatent** (Patent vom 2.12.1803, JGS Nr. 640). Darin wurde die Zinsobergrenze mit 5 bzw. 6% festgesetzt, jede Überschreitung oder Umgehung als Wucher mit Geld- und Arreststrafen bzw. durch öffentliche Zurschaustellung geahndet. Wegen der unsicheren Wirtschaftslage (Österreich befand sich 1811 im Zustand des Staatsbankrotts) trat das *ABGB 1811* zunächst ohne die Bestimmungen der §§ 986–989 (Gelddarlehen in klingender Münze, oder Papiergeld) in Kraft. Die Zinsenhöchstgrenze betrug 5 bzw. 6%, Zinseszinsen waren verboten. Im Übrigen wurde auf das Wucherpatent verwiesen.

Nach dem politischen Durchbruch des Liberalismus in Österreich wurden alle Zinsbeschränkungen einschließlich des Wucherpatents aufgehoben (Gesetz vom 14. Juni 1868, RGBl. 62), womit vorübergehend völlige Vertragsfreiheit im Darlehensrecht einkehrte. Unberührt blieb lediglich die Bestimmung des § 1335, derzufolge *Verzugszinsen* ohne gerichtliche Einforderung nur bis zum Betrag der Hauptschuld anwachsen können. Bereits 1881 kehrte jedoch der Gesetzgeber zur **Strafbarkeit des Kreditwuchers** zurück und belegte den mit Arrest- und Geldstrafe, der den „Leichtsinn oder die ihm bekannte Nothlage, Verstandesschwäche, Unerfahrenheit oder Gemüthsaufregung des Creditnehmers" zur Erzielung von Vermögensvorteilen ausbeutet, „welche durch ihre Maßlosigkeit das wirtschaftliche Verderben des Creditnehmers herbeizuführen" in der Lage sind. Das wucherische Geschäft war vom Strafrichter für nichtig zu erklären[595]. Bewogen durch die Ereignisse während des Ersten Weltkriegs (Spekulation mit der Geldentwertung, Hortung von Waren) griff dann der Staat erneut durch zwingende Bestimmungen und Strafdrohungen in das Darlehensgeschäft ein. Die **Wucherverordnung** vom 12. Oktober 1914 (RGBl. Nr. 275; basierend auf dem kaiserlichen Notverordnungsrecht) er-

594 *G. K. Schmelzeisen*, Polizeiordnungen und Privatrecht, 1955, 462.

595 Gesetz vom 28. Mai 1881 betreffend die Abhilfe wider unredliche Vorgänge bei Creditgeschäften (RGBl. 47/1881).

klärte alle wucherischen Verträge für nichtig, egal, ob es sich um Kredit- oder Sachwucher handelte. Außerdem wurde jeder mit Geldstrafe bzw. Abschaffung (Ausweisung) bedroht, der bei Gewährung eines Kredits den *„Leichtsinn, die Zwangslage, Verstandesschwäche, Unerfahrenheit oder Gemütsaufregung eines anderen dadurch ausbeutet, daß er sich oder einem Dritten eine Gegenleistung versprechen oder gewähren läßt, deren Vermögenswert zu dem Werte seiner Leistung in auffallendem Mißverhältnisse steht"* (§ 2). Seither gilt ein allgemeines, flexibles Wucherverbot, das die subjektive Tatseite miteinbezieht. Es wurde durch die III TN als Nichtigkeitsgrund in das allgemeine Vertragsrecht übernommen (§ 879 Abs. 2 Z. 4; s. Möglichkeit und Erlaubtheit von Verträgen).

Das **Wuchergesetz** 1949 stellt nur eine Wiederverlautbarung der kaiserlichen Verordnung 1914 unter Berücksichtigung aller inzwischen eingetretenen rechtlichen Veränderungen dar.

e) Bevollmächtigungsvertrag

Lit.: *G. J. Albrecht*, Vollmacht und Auftrag, 1970; *H. Coing*, Europäisches Privatrecht 1500–1800 I, 1985, 423 ff.; *U. Müller*, Die Entwicklung der direkten Stellvertretung und des Vertrages zugunsten Dritter, 1969; *W. Müller-Freienfels*, Stellvertretungsregelungen in Einheit und Vielfalt, 1982; *Ch. Schmetterer*, Vom mandatum zum Bevollmächtigungsvertrag, BRGÖ 2023 (dzt. in Druck); *G. Wesenberg*, Verträge zugunsten Dritter, 1949; *F. v. Zeiller*, Commentar über das allgemeine bürgerliche Gesetzbuch III, 1812, 267 ff.

Durch den Bevollmächtigungsvertrag wird die *Pflicht, aber auch die Rechtsmacht einer Person* begründet, *im Namen (auf Rechnung) eines anderen ein aufgetragenes Geschäft zu besorgen.* Der Bevollmächtigungsvertrag umfasst also den **Auftrag** zur Geschäftsbesorgung und die **Vollmacht** zum Geschäftsabschluss.

Die moderne Rechtslehre hält Auftrag und Vollmacht streng auseinander. Der Auftrag begründet (im Innenverhältnis) die Verpflichtung des Beauftragten, für den Auftraggeber tätig zu werden. Hingegen betrifft die Vollmacht nur das Außenverhältnis zu Dritten, also die Frage, ob der Bevollmächtigte den Machtgeber unmittelbar berechtigen und verpflichten kann, wenn er in seinem Namen auftritt **(unmittelbare, direkte Stellvertretung)**. Ist der Beauftragte nicht bevollmächtigt, muss er das Geschäft mit dem Dritten im eigenen Namen schließen und dann durch ein weiteres Geschäft seinem Auftraggeber den Leistungserfolg zuwenden **(mittelbare, indirekte Stellvertretung)**. Handelt jemand in fremdem Namen, ohne bevollmächtigt zu sein, oder überschreitet er die Grenzen seiner Vertretungsmacht, so ist er ein **Scheinvertreter** (falsus procurator) und verpflichtet weder sich noch den angeblich Vertretenen aus dem abgeschlossenen Geschäft. Der unwirksam Vertretene kann das Geschäft mit dem Dritten allerdings in Kraft setzen, indem er den Vertretungsakt nachträglich *genehmigt*. Tut er es nicht, haftet der Scheinvertreter dem Dritten für Schadenersatz. Liegt bloß eine Überschreitung des Auftrags, nicht jedoch der Vollmacht vor, ist die Vertretungshandlung prinzipiell gültig, der Machtgeber also dem Dritten gegenüber berechtigt bzw. verpflichtet. Nun haftet ihm der ungetreue Machthaber für den Schaden.

Das ABGB behandelt die **Stellvertretung** als Wirkung des Auftragsverhältnisses. Sie wird heute als eigenes Rechtsinstitut angesehen, weil sie in allen ihren Funktionen und Erscheinungsformen gleichartige Rechtswirkungen erzeugt. Die Vertretung kann demnach mit verschiedenen Grundverhältnissen verbunden sein: mit einem Auftrag, Dienstvertrag, Werkvertrag oder anderen Verträgen im Rahmen der gewillkürten Stellvertretung; daneben mit der Organschaft einer juristischen Person oder im Rahmen der gesetzlichen Stellvertretung für nicht oder nur beschränkt geschäftsfähige Personen.

Vom Stellvertreter, der selbst eine Willenserklärung abgibt und damit Rechtswirkungen für den Vertretenen auslöst, ist der *Bote* als bloßer Überbringer einer fremden Willenserklärung zu unterscheiden.

aa) Älteres Recht

Dem älteren Recht war der Bevollmächtigungsvertrag nicht bekannt. Einerseits fehlte zur Erfassung einer gewillkürten Vertretung die Fähigkeit zur Abstraktion, andererseits konnte das geringe Bedürfnis nach derartigen Rechtsinstituten durch andere Einrichtungen völlig abgedeckt werden. Der Familien- und Sozialstruktur dieser Zeit entsprechend, genügte die sog. *„Statusvertretung"*. Geschäfte von Muntlingen mussten grundsätzlich vom Muntwalt durchgeführt werden (s. dazu die Entwicklung der Handlungsfähigkeit), um voll wirksam werden zu können. Der Muntwalt erfüllte so eine **gewisse „Stellvertreterfunktion"**. Umgekehrt wurden viele Handlungen und Erfolge der Muntlinge dem Muntwalt zugerechnet, ohne dass es dabei auf ein Handeln in dessen Namen oder mit seinem Wissen und Wollen ankam. Ähnliche Wirkungen konnten auch bei genossenschaftlichen Bindungen erzeugt werden, zumindest bei der **älteren Genossenschaft**. Mit zunehmender Ausbreitung des Handels im Hochma. genügten diese einfachen Formen der Stellvertretung nicht mehr. Da die gewillkürte Vertretung weiterhin nicht anerkannt war, versuchte man, sich mit umständlichen Konstruktionen zu behelfen, von denen besonders Treuhandverträge, Verträge auf Leistung an Dritte und Wertpapiere zu erwähnen sind.

bb) Neuzeitliche Rechtsentwicklung

Seit dem ausgehenden MA. verstärkte sich das Bedürfnis, eine Vertretung durch **gleichgeordnete** Personen zuzulassen. Die gemeine Rechtslehre trieb die theoretische Erfassung des Problems voran, eine Lösung sollte jedoch erst im Zeitalter des Naturrechts vorbereitet werden und schließlich der Rechtswissenschaft des 19. Jhs. gelingen.

Im *römischen Recht* galt das Prinzip *„alteri stipulari nemo potest"*. Die Höchstpersönlichkeit des zivilen Rechtsgeschäfts ließ weder eine unmittelbare Drittberechtigung noch eine unmittelbare Drittverpflichtung zu. Zwar gab es Ausnahmen (z. B. den Besitzerwerb durch eine direkt wirkende Besitzmittlung oder Besitzdienerschaft), im privatrechtsgeschäftlichen Bereich blieb jedoch die direkte gewillkürte Stellvertretung unbekannt und war wegen der weitreichenden Statusvertretung auch nicht erforderlich. Die Statusvertretung galt prinzipiell nur für den Erwerb von Rechten, die Verpflichtung des Gewalthabers durch seinen Gewaltunterworfenen war zunächst nur möglich, wenn der Gewalthaber erklärte, die Folgen des Geschäftes auf sich nehmen zu wollen. Das prätorische Recht ging dann darüber hinaus, indem es *adjektizische Klagen* gegen den Gewalthaber aus Verpflichtungen seines Gewaltunterworfenen zuließ. Wollte jedoch ein Gewaltfreier ein Geschäft für einen anderen besorgen, konnte er dies nur mit Eigenwirkung tun und musste durch ein weiteres Rechtsgeschäft den Erfolg dem Dritten zuwenden (mittelbare Stellvertretung). Die Rechtseinrichtungen hiefür waren das mandatum (Auftrag) und die procuratio (Verwaltung). In der spätrömischen Rechtspraxis zeigten diese beiden Institute über den Umweg des Prozessrechts erste unmittelbare Vertretungswirkungen. Die sog. *quasiadjektizischen Klagen* konnten in verschiedenen Fällen unmittelbar gegen den Dritten gerichtet werden, wenn ein Gewaltfreier für ihn tätig geworden war. Darin lag zwar ein wichtiger Schritt zur echten Vertretung, doch ist die Vertretung nur als Nebenwirkung des zugrundeliegenden Rechtsverhältnisses begriffen worden. Der Gedanke einer institutionellen direkten Stellvertretung blieb dem römischen Recht fremd.

Die Vertreter der Gemeinrechtswissenschaft hielten zwar formell am grundsätzlichen Ausschluss der rechtsgeschäftlichen Stellvertretung fest, waren aber aufgrund der geänderten wirtschaftlichen und sozialen Bedingungen gezwungen, die im römischen Recht ansatzweise vorhandenen Ausnahmen wesentlich zu erweitern und das Stellvertretungsproblem neu zu überlegen. Bereits die oberitalienischen Statutarrechte waren prinzipiell zur Anerkennung einer unmittelbaren Drittberechtigung gelangt[596].

Ende des 16. Jhs. hatte sich die **direkte gewillkürte Stellvertretung** als **Bestandteil von Auftragsverhältnissen** etabliert, wurde also mit der Geschäftsbesorgung in Zusammenhang gebracht. Als theoretische Begründung der Drittwirkung diente die (vor allem im kanonischen Recht) entwickelte *Fiktionstheorie*, wonach der Vertretene selbst wolle und handle und der Vertreter dies nur faktisch durchführe. Noch fehlten allerdings Denkmodelle für die Abgrenzung zwischen direkter und indirekter Stellvertretung sowie allgemein formulierte Rechtsbedingungen einer unmittelbaren Drittberechtigung und Drittverpflichtung. Der Vertreter blieb weiterhin Vertragspartei.

Ein entscheidender Fortschritt gelang den Vertretern des **Naturrechts**. Ihre kritische und traditionell ungebundene Auseinandersetzung mit dem gemeinrechtlichen Prinzip des „alteri stipulari nemo potest“ führte zur Erkenntnis, dass der Wille des Auftraggebers maßgeblich sei, daneben aber auch der Umstand, wie er dem Dritten erklärt werde.

Wenn ein Versprechen im Namen eines anderen abgegeben oder angenommen wurde, war nach *Grotius* zu untersuchen, ob der Erklärende einen diesbezüglichen Auftrag erhalten hatte. Lag ein solcher Auftrag vor, dann sollte nicht mehr wie im römischen Recht entscheidend sein, ob ein Gewaltunterworfener des Auftraggebers oder ein Träger eigener Willensmacht handelte, es erstreckten sich vielmehr in jedem Fall die Vertragsbeziehungen durch den Beauftragten hindurch unmittelbar auf den Dritten (den Auftraggeber). *Grotius* kam mit dieser Konstruktion eines offengelegten Mandats der

596 Dem *kanonischen Recht* war die Stellvertretungslehre dadurch vertraut, dass der Papst und der Kaiser als Stellvertreter Christi galten (Zweischwerter-Lehre). Darüber hinaus konnten besondere Würdenträger als freie Vertreter handeln. Inwieweit die seit 1298 vom kanonischen Recht anerkannte Stellvertretung beim Eheabschluss die Entwicklung der direkten Stellvertretung beeinflusste, ist umstr.

direkten Stellvertretung sehr nahe, unterschied jedoch noch nicht zwischen Innen- und Außenverhältnis, zwischen Auftrag und Vertretungsmacht. Die Lösung des Problems, was gelten sollte, wenn die augenscheinliche Vertretungsmacht des Handelnden vom erteilten Auftrag abwich, bereitete Schwierigkeiten. Fehlte der Auftrag, trat ein Schwebezustand ein, der erst durch die Erklärung (Ablehnung oder Genehmigung) des Vertretenen beendet wurde. Bis dorthin konnte das erklärte Versprechen weder zurückgenommen noch zurückgegeben werden.

Diese Ideen befruchteten die Kodifikationsarbeiten. In Österreich war es vor allem *Zeiller*, der die Entwicklung vorantrieb (er dürfte zum ersten Mal den Begriff Stellvertreter verwendet haben) und in den **Bevollmächtigungsvertrag** sowohl die Elemente des Auftrags (Innenverhältnis) als auch der Vollmacht (Außenverhältnis) hineinlegte, ohne allerdings die beiden Begriffe streng auseinanderzuhalten. Die Stellvertretung hat er noch nicht als eigenes, universelles Rechtsinstitut erkannt. Sein Vorschlag, die Abgabe oder Annahme eines Versprechens für einen Dritten „außer in den von den Gesetzen bestimmten Fällen" nicht zu beachten, folglich nur den Versprechenden für eine Verwendungszusage und die Zusage des Erfolgs haftbar zu machen (unechter Vertrag zugunsten Dritter), zeigt allerdings Ansätze eines allgemeinen Stellvertretungsrechts und sollte auch den vertraglichen Schuldverhältnissen vorangestellt werden.

Das *ABGB 1811* gibt den Stand dieser Erkenntnisse wieder (s. insbes. §§ 1009 und 1017 sowie § 881 a. F.). Erst die *Rechtswissenschaft des 19. Jhs.* trennte den Auftrag klar von der Vollmacht (die allein für die Rechtswirkungen gegenüber dem Dritten maßgeblich ist) und entwickelte ein **eigenes** (von der Geschäftsbesorgung losgelöstes) **Recht der Stellvertretung**[597].

Die Rechtsmacht, auf Rechnung eines anderen wirksam zu handeln, wurde als Phänomen des allgemeinen Privatrechts erkannt und nach der Art ihrer Begründung systematisiert (gesetzliche Vertretung – Bevollmächtigung – organmäßige Vertretung; notwendige Vertretung – gewillkürte Vertretung). Wie es zur unmittelbaren Drittwirkung (vor allem bei der rechtsgeschäftlich eingeräumten Vertretungsmacht) kommt, versuchte man durch verschiedene Theorien zu erklären. So wurde bspw. die von den Kanonisten des MA. entwickelte *Fiktionstheorie* weitergeführt. *Savigny* begründete die *Geschäftsherrntheorie*, die im Vertretenen den Wollenden und im Vertreter nur den Träger dieses Willens sah; die Vertreter der *Repräsentationstheorie* gingen davon aus, dass der Stellvertreter den Vertretenen vorstelle, der Vertreter also handle, die Wirkungen jedoch den Vertretenen treffen. Die *moderne Lehre* erklärt die Stellvertretung vorrangig aus dem Gedanken der Privatautonomie. Die Fähigkeit des Rechtssubjekts zur Selbstbestimmung erstrecke sich auch auf die Möglichkeit, einen anderen zu autorisieren, für den Vertretenen eine Regelung darüber zu treffen, was rechtlich gelten soll.

---

597 Ein erstes Produkt dieser Entwicklung war das Allgemeine Deutsche Handelsgesetzbuch 1862, in dem Vollmacht und Auftrag voneinander unabhängig dargestellt wurden. Darauf baute *P. Laband* seine theoretische Untersuchung „Die Stellvertretung bei dem Abschluß von Rechtsgeschäften nach dem ADHGB", Zeitschrift für das gesamte Handelsrecht und Wirtschaftsrecht 10, 1866, 183 ff., die großen Einfluss auf Lehre und Praxis der europäischen Länder hatte.

Ein weiteres Anliegen und letztlich auch Ergebnis der Rechtswissenschaft des 19. Jhs. war die Abgrenzung der Stellvertretung von den **Verträgen zugunsten Dritter** (der Schuldner verspricht dem Versprechensempfänger, seine Leistung an einen Dritten zu erbringen).

Verträge zugunsten Dritter waren ebenso wie die direkte Stellvertretung weder dem ma. noch dem römischen Recht bekannt. Ihre erste Behandlung erfolgte in Verbindung mit der direkten Stellvertretung im Rahmen von Geschäftsbesorgungsverhältnissen. Erst naturrechtliche Vorstellungen boten die Konstruktion an, dass durch die Annahme eines Versprechens im eigenen Namen für einen anderen der Annehmende das Recht erwarb, zu verlangen, dass an den Dritten geleistet werde. Der Dritte sollte aus diesem Vertrag nur dann ein unmittelbares Recht gegen den Versprechenden erwerben, wenn er seine Zustimmung erteilte. Aus der Zusage, die Leistung eines Dritten zu erwirken, haftete nur der Versprechende selbst. Das *ABGB 1811* regelte in diesem Sinn folgendes: *„Außer den von den Gesetzen bestimmten Fällen kann zwar niemand für einen andern ein Versprechen machen, oder annehmen. Hat aber jemand seine Verwendung bei einem Dritten versprochen, oder gar für den Erfolg gestanden; so muß er die eingegangene Verbindlichkeit nach Maß seines Versprechens erfüllen“* (§ 881 a. F.). Erst im 19. Jh. wurde diesem **unechten Vertrag zugunsten Dritter**, bei dem nur der Versprechensempfänger das Recht hat, die Leistung an den Dritten zu fordern, der **echte Vertrag zugunsten Dritter**, bei dem dieses Forderungsrecht dem Dritten allein oder zumindest gemeinsam mit dem Versprechensempfänger zusteht, zur Seite gestellt. Dazu war es erforderlich anzuerkennen, dass der Versprechensempfänger dem Begünstigten auch dann unmittelbar Rechte verschaffen kann, wenn er nicht in seinem Namen auftritt. Diese Trennung des Vertrags zugunsten Dritter vom Recht der Stellvertretung vollzog die *III TN* mit der Klarstellung, dass die unmittelbare Drittwirkung vereinbart werden kann und der Dritte im Zweifel dann unmittelbar das Recht erwirbt, wenn es hauptsächlich ihm zum Vorteil gereichen soll[598].

f) Tauschvertrag – Kaufvertrag

Lit.: *A. Bechmann*, Der Kauf nach gemeinem Recht, 1876–1908, Neudr. 1965; *H. Hausherr*, Wirtschaftsgeschichte der Neuzeit vom Ende des 14. bis zur Höhe des 19. Jahrhunderts, [5]1981; *H. Kalb*, Laesio enormis im gelehrten Recht, 1992; *E. Kelter*, Geschichte der obrigkeitlichen Preisregelung I, 1935, 11 ff.; *Th. Mayer-Maly*, Der gerechte Preis, FS H. Demelius, 1973, 139 ff.; *O. Peterka*, Der Kauf im Altstadt Prager und Brünner Recht, ZRG GA 58, 1938, 421 ff.; *O. Peterka*, Der Kauf in den niederösterreichischen Weistümern, FS O. Engländer, 1937, 157 ff.; *H. Pirenne*, Sozial- und Wirtschaftsgeschichte Europas im Mittelalter, [7]1994; *K. O. Scherner*, Kauf, HRG II, Sp. 675 ff., [2]II, Sp. 1665 ff.; *W. Schuhmacher*, Verbraucher und Recht in historischer Sicht, 1981; *W. G. Schulze*, Die laesio enormis in der deutschen Privatrechtsgeschichte, 1973; *K. Schurig*, Das Vorkaufsrecht im Privatrecht, 1975; *W. Sellert*, Makler, HRG III, 203 ff.; *A. Tautscher*, Wirtschaftsgeschichte Österreichs auf der Grundlage abendländischer Kulturgeschichte, 1974, 337 ff.; *J. Ulbricht*, Die Rezeption der laesio enormis in den Stadt- und Landrechten, 2022; *G. Wesener*, Der Kauf nach österreichischem Privatrecht des 16. und 17. Jahrhunderts, FS H. Hämmerle, 1972, 433 ff.; *F. v. Zeiller*, Commentar über das allgemeine bürgerliche Gesetzbuch III, 1812, 350 ff.

598 Zu den entsprechenden Regelungen des BGB und der sozialpolitischen Bedeutung der entwickelten Judikatur *Th. Lakenberg*, Kinder, Kranke, Küchenhilfen. Wie das Reichsgericht nach 1900 die Schutzwirkung von Verträgen zugunsten Dritter erweiterte, 2014, 259 ff.

Durch den *Tauschvertrag wird eine Sache gegen eine andere Sache überlassen*, durch den *Kaufvertrag gegen eine bestimmte Summe Geldes*. Beide sind Konsensualverträge und dienen dazu, Eigentum zu übertragen. Da die Willenseinigung der Parteien zwar die jeweilige Übereignungspflicht, aber noch nicht das Eigentum an der eingetauschten/gekauften Sache begründet, trägt der Besitzer bis zur (bedungenen) Übergabe die Preisgefahr. Wer auf die Übergabe dringen will, muss seine Verbindlichkeit erfüllt haben oder sie zu erfüllen bereit sein.

Von besonderer wirtschaftlicher Bedeutung ist der **Kauf**. Aus diesem Grund befasst sich das Gesetz in dispositiven Bestimmungen mit üblichen Nebenabreden (Vorbehalt des Wiederkaufs, des Rückkaufs, des Vorkaufs; Verkauf auf Probe; Verkauf mit Vorbehalt eines besseren Käufers; Verkaufsauftrag), es nimmt sich aber auch der Probleme des Konsumentenschutzes an und schreibt etwa besondere Formalitäten und Rechtsfolgen für den Ratenkauf zwingend vor. Aus rechtshistorischer Sicht verdient der Kaufvertrag deshalb erhöhte Aufmerksamkeit, weil sich an und mit ihm zahlreiche Institute des allgemeinen Vertragsrechtes entwickelt haben.

aa) Älteres Recht

Vor dem Hintergrund der Natural- und Subsistenzwirtschaft war der Umfang der Veräußerungsgeschäfte zunächst sehr bescheiden und beschränkte sich auf den „Zufallshandel“ sowie den Erwerb nicht selbst produzierbarer Güter. Dabei stand der Tausch als die ursprüngliche Form des Umsatzes von Ware gegen Ware am Anfang der Entwicklung. Aus ihm hat sich mit dem Aufkommen der Geldwirtschaft der Kauf herausgebildet, was die völlige Gleichbehandlung von Kauf und Tausch im älteren Recht erklärt. Beide konnten als **Bargeschäfte** abgeschlossen werden, d. h. die Vertragsteile mussten ihre Verpflichtungen sofort (Zug um Zug) erfüllen, aber auch in Gestalt von Formal- und Realverträgen, mitunter genügte auch bloßer Konsens[599].

An der Ausbildung frühma. Handelsbräuche auf den Schauplätzen des Warenverkehrs (vor allem lokale Märkte) ist nicht zu zweifeln, wenngleich gesicherte Überlieferungen fehlen. Immerhin hatte der Fernhandel bereits Tradition. Er kam jedoch mit den Eroberungszügen der Araber zum Erliegen.

599 Da wir unser Wissen in erster Linie auf erhalten gebliebene Vertragsurkunden stützen, die uns kaum etwas über die Geschäfte des täglichen Lebens sagen, will ein Teil der Lehre nur die Unterscheidung zwischen beurkundetem und nicht beurkundetem Kauf gelten lassen. Dem Beurkundungsvorgang sei so umfassende Bedeutung für die Rechtsänderung zugekommen, dass der beurkundete Kauf durch den Begriff des Simultanaktes charakterisiert werden könne. *E. Levy*, Weströmisches Vulgarrecht. Das Obligationenrecht, 1956, 206 ff. Demgegenüber zeichnet die neuere Lehre eine grundsätzliche Zurückhaltung gegenüber schematischen Bewertungen aus, auch was die traditionelle Entwicklungsgeschichte vom Realvertrag zum Konsensualvertrag anlangt. Schon die Periode der Leges sei von einem „vitalem Nebeneinander unterschiedlicher Rechtsvorstellungen“ *(Siems)* geprägt (*K. O. Scherner*, Kauf, HRG ^{2}II, Sp. 1666).

bb) Ma. Stadtrecht

Das Wirtschaftsleben der Städte gab dem Güterverkehr großen Auftrieb. Die Gründung von großen Handelsgesellschaften (Ravensburger Handelsgesellschaft; Diesbach-Watt-Gesellschaft; Fugger) im Gefolge der Wiederbelebung des Fernhandels durch die Kreuzzüge und die überall in Europa entlang der wichtigsten Handelsverkehrswege entstehenden Messen verhalfen Handel und Geldwirtschaft zum endgültigen Durchbruch. Das verdeutlicht sich in der reichen Überlieferung des **Kaufrechts.** Es war – vor allem in Bezug auf das Fahrnisgeschäft – **stark differenziert**, sowohl nach technischen Konditionen (Kreditgeschäfte, Lieferungsgeschäfte) und Geschäftszweck (Rentenkauf) als auch nach der sozialen Stellung der Vertragspartner (Bürger, Großkaufleute, Fremde, Juden, Krämer) und nach seiner institutionellen Einordnung (Marktkauf, Kauf auf Messen, Fernhandelskauf). Hort der Überlieferung ist das ma. **Stadtrecht**, zu dessen wichtigsten Anliegen die Regelung des Kaufvertragsrechts gehörte. Die städtische Markt- und Preispolitik, personelle Strukturprobleme innerhalb der Stadtbevölkerung und nicht zuletzt der große Einfluss des in Zünften organisierten Gewerbes setzten das Kaufrecht starken **obrigkeitlichen Zugriffen** aus. Die in Zünften zusammengeschlossenen Handwerksmeister bestimmten nicht nur, wer Mitglied einer Zunft werden und somit ein Gewerbe in der Stadt ausüben durfte, sondern kontrollierten auch den Wettbewerb ihrer Mitglieder durch die Ausübung eines „Warenbesichtigungsrechtes", Produktionslimitierungen, informelle Preisabsprachen usw. Die Stadtobrigkeit sah ihre Aufgabe darin, einerseits die Versorgung der Stadt sicherzustellen, andererseits die Maxime des „gerechten Preises" zu verwirklichen **(ma. Konsumentenschutz).** Zu diesem Zweck erließ sie zahlreiche Preisregelungsvorschriften sowie Vor- und Aufkaufverbote, bzw. die Kehrseite davon, den Marktzwang[600]. In der Kontrolle und Überwachung fremder Kaufleute mit dem Ziel, sie von Handel und Gewerbe der Stadt fernzuhalten, vereinigten sich die Interessen der Zünfte wie der Stadtobrigkeit.

Das allgemeine Schuldrecht blieb von dieser Entwicklung keineswegs unberührt. Die Wandlung des Kaufvertrags vom Realvertrag über den Arrhalvertrag zum **Konsensualvertrag** fällt in diese Zeit, stand allerdings nicht im Mittelpunkt rechtlicher Erörterungen. Vorrangig behandelt wurden Probleme der **Beweissicherung** und des **Übereilungsschutzes.** Die Systematik des Kaufvertragsrechts baute auf der Unterscheidung zwischen **Fahrnis-** und

600 Das *Vorkaufverbot* untersagte den Städtern bzw. Zwischenhändlern, direkt bei den Bauern bzw. von Bauern, die gerade auf dem Weg zur Stadt waren, zu kaufen. Verboten war es auch, die Ernte zu kaufen, solange sie noch auf dem Halm stand. *Marktzwang* bedeutete, dass die Bauern ihre Produkte nur auf dem Markt verkaufen durften. *Aufkaufverbote* sollten verhindern, dass jemand über seinen Bedarf hinaus Waren kauft, um mit ihnen zu spekulieren.

Grundstücksgeschäften sowie **sofort** und **nicht sofort** vollzogenen Geschäften auf. Bei beiderseits sofort vollzogenem Fahrniskauf bestand überhaupt kein Bedürfnis nach irgendeiner besonderen Dokumentierung des Rechtsübergangs nach außen, der **formfreie Marktkauf** wurde im Interesse der Verkehrssicherheit sogar mit besonders weitreichenden Wirkungen ausgestattet und ließ den Eigentumserwerb aus dritter Hand zu[601]. Erst bei ein- oder beidseitigem Aufschub des Vollzugs und in Fällen besonderer wirtschaftlicher Erheblichkeit wurden die verschiedenen Abschlussformen rechtlich bedeutsam, etwa die Erklärung vor Gericht, Hingabe des Gottespfennigs, Weinkauf oder die Hinzuziehung von Geschworenen. Am wichtigsten waren öffentlichkeitswirksame Formalakte bei Grundstückskäufen.

cc) Neuzeitliche Rechtsentwicklung

(1) Gemeines Recht

Mit der Rezeption der römischrechtlichen *emptio venditio* wurde das ma. Kaufvertragsrecht teilweise umgestaltet, meist aber in seinen Entwicklungsstrukturen weitergeführt. Der gemeinrechtlichen Lehre ist vor allem die wissenschaftliche Durchdringung des Kaufrechts und die Verallgemeinerung seiner Aussagen zu Grundsätzen des Schuldrechts zu danken.

Ein Beispiel ist die Verbreiterung der in Ansätzen bereits früher praktizierten kirchenrechtlichen Lehre vom gerechten Preis **(iustum pretium)**. Ihr lag die Vorstellung zugrunde, dass in jedem zweiseitigen Geschäft die Vertragsgerechtigkeit verwirklicht werden sollte. Die *aequalitas* (Gleichwertigkeit) zwischen den beiden Leistungen sei nicht nur dann gestört, wenn der Wert der Ware nicht einmal die Hälfte des Kaufpreises erreicht (oder umgekehrt), sondern auch dann, wenn die Abweichung geringer, aber auf übermäßiges Profitstreben oder auf die Ausnützung einer wirtschaftlichen Notsituation bzw. Monopolstellung zurückzuführen ist. Der römischrechtlichen **laesio enormis** wurden daher Bestimmungen über den Preiswucher (meist strafrechtlicher Art) zur Seite gestellt[602]. Außerdem erhielt die Vorstellung von Gewährleistungsansprüchen eine theoretische Grundlage.

Die gemeinrechtliche Qualifizierung des Kaufs als **Konsensualkontrakt** traf sich bereits mit der spätma. Überwindung der Arrhalverträge. Weinkauf und Gottespfennig blieben zwar in Übung, in der Regel jedoch nur als Kaufsitte mit der Bedeutung eines Beweismittels. Ihnen fehlte der schuld- und haf-

601 S. Anefangsklage und Erwerb vom Nichtberechtigten.

602 S. dazu *U. Wolter*, Ius canonicum in iure civili, 1975, 113 ff.; *H. G. Schachtschabel*, Der gerechte Preis. Geschichte einer wirtschaftlichen Idee, 1939. Zur spezifisch kanonistischen Sichtweise s. *H. Kalb*, Laesio enormis im gelehrten Recht, 1992. Mit Bezug zum Wuchertatbestand des § 138 Abs. 2 BGB *Ch. Becker*, Die Lehre von der laesio enormis in der Sicht der heutigen Wucherproblematik, 1993; *W. Decock*, Theologians and Contract Law. The Moral Transformation of the Ius Commune (ca. 1500–1650), 2013, 529 ff; *L. Klever*, Laesio enormis, 2019, 47 ff; *J. Ulbricht*, Die Rezeption der laesio enormis in den Stadt- und Landrechten, 2022.

tungsbegründende Charakter. Schwierigkeiten (vor allem beim Liegenschaftskauf) bereitete die dogmatische **Trennung des obligatorischen Grundgeschäftes von der Erfüllung**, die wohl übernommen wurde, aber nicht sofort Fuß fassen konnte. Zum Teil erhielten sich die gewohnten Vorstellungen von einem sofortigen Rechtsübergang. Mancherorts gelang die Umformung tradierter Sonderverträge (Wiederkauf, Fürkauf, Lieferungskauf) und Sicherungsabsprachen in gemeinrechtliche Institute nicht, sodass mitunter die alten Vertragsmuster neben neuen Instituten rein römischrechtlicher Herkunft *(addictio in diem, lex commissoria)* Bestand hatten[603].

Der Gegenüberstellung einzelner Stadtrechtsquellen vor und nach der Rezeption ist zu entnehmen, dass altes Rechtsgut weitgehend erhalten blieb und nur dort durch neue Bestimmungen ergänzt wurde, wo ihm eigenständige Regelungen fehlten. Dem gemeinen Kaufvertragsrecht ist daher neben der Erweiterung von Einzelfallregelungen im Wesentlichen nur die stärkere Betonung der Konsensnatur des Kaufvertrages und die grundsätzliche Neuordnung des Rechts der Gefahrtragung zwischen Willenseinigung und Übereignung zuzuschreiben[604].

Die *obrigkeitlichen Eingriffe* in die Bedingungen des Waren- und Güterverkehrs nahmen in den neuzeitlichen Rechtsordnungen eher noch zu. Die Preisauszeichnungs- und Kennzeichnungspflicht für Waren verschiedenster Art gehörten zum wesentlichen Inhalt zahlreicher Polizei- und Landesordnungen. Veräußerungsverbote für Liegenschaften, die zum Heiratsgut gehörten, oder für das Mündelvermögen wurden gang und gäbe. Amortisationsgesetze, die den Klerus verpflichteten, nur mit Zustimmung des Landesfürsten zu kaufen oder zu verkaufen, und Kaufbeschränkungen für Ausländer (insbes. im Liegenschaftsrecht) runden dieses Bild ab.

(2) Naturrecht

Die Vernunftrechtswissenschaft hatte sich die institutionelle Ausformung und systematische Einordnung des Kaufs zum Ziel gesetzt. Sie löste den Kaufvertrag aus seiner Vorreiterfunktion für allgemeine Schuldrechtsprinzipien und machte ihn zu einer von vielen Vertragstypen. Fast alle dem besonderen Vertragsrecht vorangestellten Bestimmungen („Von Verträgen und Rechtsgeschäften überhaupt“) sind ein Nebenprodukt dieser Bemühungen.

Inhaltlich wurde an das gemeine Recht angeknüpft, das sich in der Fortführung des **Konsensualprinzips** und der klärenden Feststellung ausdrückt, dass es sich beim Kauf (Tausch) lediglich um den **Titel zum Eigentumser-**

603 Die addictio in diem gewährte dem Verkäufer ein befristetes Rücktrittsrecht für den Fall, dass er einen besseren Käufer fand; die lex commissoria ein Rücktrittsrecht für den Fall, dass der Preis nicht rechtzeitig bezahlt wurde.

604 Vgl. *O. Peterka*, Der Kauf im Altstadt Prager und Brünner Recht, ZRG GA 58, 1938, 426 ff., der derartige Untersuchungen für das Recht der Stadt Brünn anstellte.

werb handelt[605]. Der Hinweis auf die zentrale Rolle der **Vertragstreue**[606] für das menschliche Zusammenleben eröffnete jedoch neue Einsichten in das Wesen des **gegenseitigen Vertrags**, aus dem ein allgemeines Rücktritts- und Leistungsverweigerungsrecht wegen Nichterfüllung des Vertragspartners gefolgert wurde. Das **Äquivalenzprinzip**, ursprünglich aus Überlegungen zum gerechten Preis hervorgegangen, wurde soweit verallgemeinert[607], dass sich an ihm ein einheitliches Gewährleistungsrecht aufrichten konnte, das auf breiter Basis die Probleme der Rechts- und Sachmängelhaftung löste[608]. Damit konnte mit der ma. und neuzeitlichen Tradition obrigkeitlicher Eingriffe ins Kaufrecht, insbes. in die Preisgestaltung gebrochen werden. Waren im *Codex Theresianus* noch zahlreiche Beschränkungen für den Abschluss und die Ausgestaltung von Kaufverträgen vorgesehen, die von den Ortsobrigkeiten jederzeit erweitert werden konnten, blieb im Zuge der Kodifikationsarbeiten zum ABGB nur mehr die Bestimmung des § 1059 bestehen: „*Wenn für Waren eine Taxe besteht, so ist der höhere Preis gesetzeswidrig, und der Käufer kann für jede noch so geringe Verletzung die Schadloshaltung bei der politischen Behörde fordern.*"[609] Hatten der *Codex Theresianus* und der *Entwurf Horten* noch verlangt, dass „das Kaufgeld billig sei und dem Wert der verkauften Sache gleichkomme"[610], blieb nach dem Vorschlag einer völligen Preisbildungsfreiheit im *Entwurf Martini* schließlich nur mehr die Möglichkeit der Vertragsan-

605 Sowohl der *Codex Theresianus* als auch der *Entwurf Horten* trugen eindeutig der Titulus-Modus-Lehre Rechnung. Die Annahme eines „abstrakten dinglichen Vertrages" im *Entwurf Martini* lässt sich nach den eingehenden Untersuchungen von *H. Hofmeister* (Die Grundsätze des Liegenschaftserwerbes in der österreichischen Privatrechtsentwicklung seit dem 18. Jahrhundert, 1977, 22 ff., 66f.) nicht halten. Weder der *Entwurf Martini* noch das *Westgalizische Gesetzbuch* haben den rechtsgrundunabhängigen Vertrag im Sinne der Lehren *Savignys* gekannt. Vgl. Art. 1583 *Code Civil*, der das Eigentum schon durch den Kaufkonsens übergehen lässt.

606 S. v. *Pufendorf*, De iure naturae et gentium, 1759, Neudr. 1967, lib. III c 4 § 2: Si quae autem inter homines ineuntur pacta, illa sancte observanda esse, sociabilis natura hominis requirit.

607 Sowohl *Martini* (Lehrbegriff des Naturrechts, ²1799, Neudr. 1970, §§ 513–533, hier § 530) als auch *Zeiller* (Das natürliche Privat-Recht, ²1799, §§ 127–131, hier §§ 128, 129) sahen als vornehmstes Ziel des Vertrages, die Gleichheit bzw. Gerechtigkeit in der Güterordnung herzustellen. Zwar könne jeder Eigentümer einer Sache deren Nutzen selbst bestimmen, doch sei beim Austausch darauf zu achten, dass auch der andere den Wert erhalte, den er der Sache beilegt. Vgl. *M. Winner*, Wert und Preis im Zivilrecht, 2008.

608 S. gleich unten.

609 Aufgehoben durch § 33 Konsumentenschutzgesetz vom 8.3.1979, BGBl. 140.

610 Codex Theresianus III, Cap. 9, § 57; Entwurf Horten III 9, 25. *Th. Mayer-Maly*, Der gerechte Preis, FS H. Demelius, 1973, 139 ff., weist aber darauf hin, dass diesem Äquivalenzgebot bereits im Codex Theresianus eine Sanktion ermangelte. Nur bei Verletzung über die Hälfte wurde Rechtshilfe gewährt, um eine Störung des Handels durch unzählige Streitigkeiten über die Preisgerechtigkeit hintanzuhalten (145).

fechtung wegen Verkürzung über die Hälfte *(laesio enormis)* bestehen (§ 934 ABGB).

Der Wirtschaftsliberalismus des 19. Jhs. brachte schließlich in späteren Gesetzeswerken auch die *laesio enormis* zum Verschwinden. Man zog sich auf das allgemeine **Wucherverbot** zurück. Das BGB und ihm folgend das HGB im praktisch wichtigsten Fall des Handelskaufs ließen (im Gegensatz zum ABGB) die Anfechtung eines Vertrages wegen Verkürzung über die Hälfte nicht mehr zu.

Die weitere Entwicklung des Kaufrechts vollzog sich außerhalb des ABGB; einerseits durch die schon Ende des 18. Jhs. eingeleitete Abspaltung des Handelskaufs (zunächst in der Lehre, dann in der Gesetzgebung), andererseits durch die Dynamik des Wirtschaftslebens, die immer wieder durch Sondergesetze zum Schutz des Verbrauchers eingefangen werden sollte (etwa durch das Ratengesetz 1961, das 1979 durch das umfassendere Konsumentenschutzgesetz abgelöst wurde, weiters das Fern- und Auswärtsgeschäfte-Gesetz aus dem Jahr 2014) und die internationale Entwicklung (UN-Kaufrecht[611]).

dd) Gewährleistung

Lit.: *R. Feenstra*, Zum Ursprung der Lösungsrechte beim Kauf gestohlener Sachen auf dem Markte, FS G. Kisch, 1955, 237 ff.; *W. J. Klempt*, Die Grundlagen der Sachmängelhaftung des Verkäufers im Vernunftrecht und usus modernus, 1967; *M. Klischies*, Die geschichtliche Entwicklung der Sachmängelhaftung beim Kauf beweglicher Sachen im deutschen Recht bis zum 19. Jahrhundert, 1965; *E. Rabel*, Die Haftung des Verkäufers wegen Mangels im Recht I, Geschichtliche Studien über den Haftungserfolg, 1902, Neudr. 1973; *K. O. Scherner*, Marktkauf, HRG III, Sp. 337 ff., ²III, Sp. 1321 ff.; *G. Wesener*, Der Kauf nach österreichischem Privatrecht des 16. und 17. Jahrhunderts, FS H. Hämmerle, 1972, 433 ff.; *G. Wesener*, Das innerösterreichische Landschrannenverfahren im 16. und 17. Jahrhundert, 1963, 75 ff.

Unter Gewährleistung versteht man das *Einstehenmüssen des Schuldners für Sach- und Rechtsmängel, welche die Leistung im Zeitpunkt ihrer Erbringung aufweist.* Sie ist – dem Gedanken des gerechten Leistungsaustausches entsprechend – vor allem beim entgeltlichen Geschäft gesetzlich angeordnet. Ihre systematische Regelung im ABGB (mit Sonderbestimmungen für den Werkvertrag[612], Bestandvertrag, beiderseitigen Handelskauf und die Zession) ist im Übrigen ein Ergebnis der naturrechtlichen Dogmatik, wenngleich die inhaltlichen Details der Rechts- und Sachmängelhaftung durch Landsbrauch und rezipiertes Recht weitgehend vorgeformt waren. Zunehmend wird versucht, das Gewährleistungsrecht international zu harmonisieren, um dem

611 BGBl. 1988/96. S. dazu *M. Karollus*, UN-Kaufrecht, 1991; *G. Wilhelm*, UN-Kaufrecht: Einführung und Gesetzestext, 1993.

612 Seit In-Kraft-Treten des GewRÄG am 1.1.2002 sind auf den Werkvertrag nur mehr die allgemeinen Gewährleistungsvorschriften für entgeltliche Verträge (§§ 922–933b ABGB) anzuwenden.

globalen Warenverkehr und insbesondere der Güterfreiheit der EU entsprechen zu können.[613]

Die Rechtsfolgen der Gewährleistung (Verbesserung bzw. Austausch, Preisminderung, Wandlung bzw. Aufhebung des Vertrages und Rückabwicklung des beiderseits Geleisteten) sind von einem Verschulden unabhängig, müssen jedoch innerhalb bestimmter Fristen geltend gemacht werden.

Von der mangelhaften Erfüllung ist die Anderslieferung zu unterscheiden. Sie löst die Rechtsfolgen des Verzugs aus.

(1) Sachmängelhaftung

(1.1) Älteres Recht

Das ältere Recht kannte noch keine spezifische Gewährleistung für Sachmängel. Der Käufer musste zwar eine mangelhafte Sache nicht annehmen, hatte er dies jedoch getan, konnte er den Mangel nachträglich nicht mehr geltend machen. Er war also verpflichtet, die Sache bei der Übergabe zu prüfen.

Regelfall war der „*Kauf vor Augen*". Der Gewährleistungsausschluss dokumentiert sich in den Rechtssprichwörtern: „*Augen auf, Kauf ist Kauf*", „Wer die Augen nicht auftut, tut den Beutel auf", „Wer närrisch kauft, muß weislich zahlen".

Ausnahmen von dieser Regelung gab es nur bei den sog. **Hauptmängeln**. Darunter verstand man Mängel, die arglistig verschwiegen wurden oder besonders gravierend waren. Dem Käufer stand in diesem Fall das Recht der **Wandlung** zu. Bei Arglist hatte er überdies Anspruch auf Schadenersatz[614].

Eine eigene Sachmängelhaftung entwickelte das deutsche Recht für den **Viehkauf**. Trat der Mangel innerhalb einer bestimmten Frist ein, galt eine *Beweislastumkehr*, d. h. der Verkäufer hatte zu beweisen, dass das Tier bei der Übergabe gesund war.

Zum Schutz des Käufers sahen die *Stadtrechte* des Hoch- und Spätmas. eine umfangreiche amtliche Warenprüfung vor. Die Kontrolle wurde sowohl von der Stadtobrigkeit als auch von den Zünften vorgenommen.

(1.2) Neuzeitliche Rechtsentwicklung

Das römisch-gemeine Recht war für den Käufer wesentlich günstiger, weil es ihm **reichhaltige Möglichkeiten zur Geltendmachung von Sachmängeln** bot. Bei arglistig verschwiegenen Mängeln, Fehlen zugesicherter Eigenschaften oder zugesicherter Fehlerfreiheit der Sache konnte er mit der *actio empti*

---

613 Vgl. das Gewährleistungsrechts-Änderungsgesetz (GewRÄG), BGBl. I 2001/48, und das Gewährleistungsrichtlinien-Umsetzungsgesetz (GRUG), BGBl. I 2021/175. Letzteres hat ein neues Verbrauchergewährleistungsgesetz (VGG) geschaffen und Regelungen des KSchG und ABGB geändert.

614 Für die Geltendmachung der Hauptmängel galt eine sehr kurze Frist. Die Lex Baiuvariorum sah dafür z. B. drei Tage vor.

Schadenersatz, Preisminderung oder Wandlung verlangen. Andere Klagen dienten demselben Zweck: Mit der *actio quanti minoris* wurde der Preisminderungsanspruch, mit der *actio redhibitoria* der Anspruch auf Rückerstattung des Geleisteten durchgesetzt. Die österreichischen Landesordnungsentwürfe rezipierten diese Bestimmungen nahezu unverändert und gaben dem Käufer dann ein Klagerecht auf Wandlung, wenn der Mangel so gravierend war, dass er bei dessen Kenntnis den Kauf nicht geschlossen hätte; bei geringeren Mängeln konnte der Käufer Preisminderung verlangen. Allerdings stand ihm – abweichend vom römischen Recht – kein Wahlrecht zwischen den beiden Klagen zu.

Die Orientierung am **„vernunftgemäßen" Äquivalenzprinzip** führte dann im Zeitalter des Naturrechts zu einem **umfassenden System der Sachmängelhaftung** (in das sogar die Rechtsmängelhaftung einbezogen wurde). Den Ansatz für die Behandlung des Sachmängelproblems lieferte die Vorstellung, dass zwei Personen eine Sache nur tauschen bzw. kaufen oder verkaufen wollen, wenn sie zur Ansicht gekommen sind, dass sie dabei, wenn auch nur subjektiv, gleichgroße Werte tauschen. Es sei Aufgabe der Rechtsordnung, dafür zu sorgen, dass dieses Gleichgewicht nicht gestört oder im Fall der Störung wiederhergestellt wird[615].

Der *Codex Theresianus* widmete der Gewährleistung für Sach- und Rechtsmängel noch getrennte (überaus kasuistische) Bestimmungen. Er sah für den Käufer einer mangelhaften Sache zwei Rechtsbehelfe vor, die Widerrufsklage und die Gering- oder Minderschätzungsklage, für die bei beweglichen Sachen eine Frist von acht Tagen ab Übergabe, bei unbeweglichen Sachen von einem Jahr vom Tage der Einverleibung gelten sollte. Erst das *ABGB 1811* machte aus der Gewährleistung ein allgemeines Prinzip des Vertragsrechtes und behandelte Sach- und Rechtsmängel grundsätzlich gleich. Je nach Art des bei der Erfüllung (Annahme) vorhandenen Mangels (wesentlicher – unwesentlicher; behebbarer – unbehebbarer) bot es in Anlehnung an gemeinrechtliche Rechtsbehelfe die **Wandlung, Preisminderung, Verbesserung** oder den **Nachtrag des Fehlenden** an. Nur bei der **Sachmängelhaftung für Vieh** wurde an die deutschrechtliche Tradition angeknüpft. Die Ansprüche mussten durch gerichtliche Klage oder Einrede geltend gemacht werden. Die fristgerechte (außergerichtliche) Anzeige des Mangels wahrte allerdings auch für die Zeit nachher die anspruchsvernichtende Einrede gegen die Klage auf Zahlung des Entgelts.

615 *Martini* fügte dem hinzu: „Nur darf nicht, was auf die Sache selbst Bezug hat, aus List oder Irrtum verschwiegen werden. Es ist eine vorausgesetzte, in dem Naturgesetz begründete Bedingung unter den Tauschenden, jeden verborgenen Mangel zu offenbaren, und dadurch der Ungleichheit vorzubeugen."

Da das Gewährleistungsrecht seit dem ABGB 1811 im Wesentlichen unverändert bestand[616] und die im Rechts- und Wirtschaftsleben auftretenden Bedürfnisse nicht mehr angemessen befriedigen konnte, wurde 2001 mit dem **Gewährleistungsrechts-Änderungsgesetz**[617] der gesamte Rechtsbereich anlässlich der Umsetzung der Verbrauchsgüterkauf-Richtlinie der EU[618] neu geregelt. Ziel der Reform war es, die eingelebten Begriffe des ABGB so weit wie möglich zu erhalten und durch eine bloß punktuelle Änderung ein klares, einfaches und einheitliches Gewährleistungsrecht zu erreichen. Als wesentliche Neuerung sah die Novelle eine Vermutung der ursprünglichen Mangelhaftigkeit[619], die Ausdehnung der Gewährleistungsfrist bei beweglichen Sachen von 6 Monaten auf 2 Jahre (unverändert 6 Wochen bei Tieren sowie 3 Jahre bei unbeweglichen Sachen) sowie den Vorrang von Verbesserung oder Austausch der mangelhaften Sache gegenüber den übrigen Rechtsbehelfen vor.

Zunächst soll der Übernehmer nur Anspruch auf Verbesserung oder Austausch der Sache haben. Das Recht auf Preisminderung oder Wandlung steht ihm erst dann zu, wenn die Verbesserung und der Austausch für den Übergeber unmöglich oder mit einem unverhältnismäßigen Aufwand verbunden sind, wenn dieser seinen Verpflichtungen nicht nachkommt oder wenn die Verbesserung oder der Austausch für den Übernehmer erhebliche Unannehmlichkeiten bedeuten würde. Auch wenn dem Übernehmer die Verbesserung oder der Austausch aus in der Person des Übergebers liegenden triftigen Gründen unzumutbar wäre, kann er sofort Preisminderung oder Wandlung begehren. Zur Harmonisierung der Ansprüche aus Gewährleistung und Schadenersatz ist der Vorrang von Verbesserung bzw. Austausch nunmehr auch im Schadenersatzrecht normiert (§ 933a ABGB). Der Übernehmer kann wegen eines vom Übergeber verschuldeten Mangels Schadenersatz verlangen, doch soll der Schadenersatz zunächst nur in der Verbesserung oder im Austausch der mangelhaften Sache bestehen.

Neu eingeführt durch das GewRÄG wurde darüber hinaus ein besonderer Rückgriff des Letztverkäufers innerhalb der Vertriebskette: Hat ein Unternehmer einem Verbraucher Gewähr geleistet, so kommt ihm das Recht zu, seinen Vormann, sofern dieser ebenfalls Unternehmer ist, in Regress zu nehmen. Dieser besondere Rückgriff kann gegebenenfalls bis zum Hersteller zurückreichen. Die Rechtsstellung des Verbrauchers wurde durch das GewRÄG

616 Der Gesetzgeber versuchte zwar bereits mit der III TN 1916 einige Gesetzesmängel zu sanieren und später durch das Konsumentenschutzgesetz (BGBl. 1979/140) das Gewährleistungsrecht an die Anforderungen der modernen „Konsumgesellschaft" heranzuführen, dennoch blieben viele Fragen eines modernen Verbraucherschutzes unzureichend beantwortet.

617 GewRÄG vom 8.5.2001, BGBl. I 48.

618 RL 1999/44/EG über bestimmte Aspekte des Verbrauchsgüterkaufs und der Garantien für Verbraucher.

619 Widerlegbare Vermutung, dass bei Auftreten von Mängeln binnen 6 Monaten ab Übergabe die Sache schon bei der Übergabe mangelhaft war (außer wenn diese Vermutung mit der Art der Sache oder des Mangels unvereinbar ist).

ebenfalls gestärkt. Gewährleistungsansprüche des Verbrauchers können seit 1.1.2002 überhaupt nicht mehr vertraglich ausgeschlossen oder eingeschränkt werden[620].

Gleichgeblieben ist bspw., dass für Mängel, die in die Augen fallen, oder Lasten, die aus den öffentlichen Büchern zu ersehen sind, nur im Fall arglistigen Verschweigens oder bei ausdrücklicher Zusage der Mängelfreiheit gehaftet wird, doch hat der Veräußerer für Schulden und Rückstände, die auf der Sache lasten, immer einzustehen. Gänzlich ausgeschlossen ist die Sachmängelhaftung beim Erwerb in Pausch und Bogen.

Mit dem **Gewährleistungsrichtlinien-Umsetzungsgesetz (GRUG)**, welches ein neues **Verbrauchergewährleistungsgesetz (VGG)** geschaffen und Regelungen des KSchG und ABGB geändert hat[621], wurden die Gewährleistungsbestimmungen abermals geändert und der Verkauf von digitalen Gütern und Dienstleistungen miteinbezogen[622]. Die Geltendmachung von Verbrauchergewährleistungsansprüchen kann nunmehr formfrei erfolgen; es ist keine gerichtliche Klage mehr notwendig. Die Fristen wurden somit zu echten Gewährleistungsfristen mit zusätzlichen (kurzen, dreimonatigen) Klagefristen, wenn der Gewährleistungspflichtige diese verweigert. Der Begriff „Wandlung" ist aus dem ABGB verschwunden, es handelt sich nun um die „Vertragsauflösung". Die Regelung zum Rückgriff des Gewährleistenden auf einen Vormann bis allenfalls hin zum Produzenten wurde ausgebaut (§ 933b ABGB).

Das VGG (BGBl. I 2021/175) betrifft ausschließlich Verbrauchergeschäfte (mit Ausnahme jener nach § 7 VGG) – also einem Unternehmer als Verkäufer von Ware[623] bzw. als Bereitsteller einer „digitalen Leistung" (s. Begriffsbestimmungen in § 2 VGG). Bezüglich Letzterer sind die Besonderheiten hinsichtlich der neuesten verfügbaren Version und der notwendigen Aktualisierungen („Updates") des Produkts während des Bereitstellungszeitraums zu beachten. Der Unternehmer muss die jeweilige Aktualisierung zur Verfügung stellen, anderenfalls liegt ein Mangel und damit Gewährleistungsanspruch vor, obwohl die Leistung im Übergabezeitpunkt mangelfrei war. Die Vermutung der ursprünglichen Mangelhaftigkeit nimmt das VGG innerhalb eines Jahres nach Übergabe an. Wie schon bisher besteht eine Art Hierarchie der Gewährleistungsmöglichkeiten (Verbesserung oder Austausch vor Preisminderung und Vertragsauflösung mit den oben beschriebenen Ausnahmen).

620 Lediglich bei der Veräußerung gebrauchter beweglicher Sachen kann eine Verkürzung der Gewährleistungsfrist auf 1 Jahr vereinbart werden. Bei Kraftfahrzeugen ist die Verkürzung jedoch nur wirksam, wenn die Erstzulassung länger als 1 Jahr zurückliegt.

621 BGBl. I 2021/175.

622 Umsetzung der RL (EU) 2019/770 über bestimmte vertragsrechtliche Aspekte der Bereitstellung digitaler Inhalte und digitaler Dienstleistungen sowie der RL (EU) 2019/771 über bestimmte vertragsrechtliche Aspekte des Warenkaufs, welche die RL 1999/44/EG über bestimmte Aspekte des Verbrauchsgüterkaufs aufgehoben hat.

623 Der Kauf lebender Tiere ist nicht erfasst; es gelten wieder die Regelungen des ABGB, die Ausnahme gem. § 9 Abs 2 KSchG wurde aufgehoben.

(2) Rechtsmängelhaftung

(2.1) Älteres Recht

Der Verkäufer war nach älterem Recht verpflichtet, dem Käufer die **ungestörte Gewere**, nicht jedoch das Eigentum zu verschaffen. Diese Verpflichtung wurde im Prozess um die bessere Gewere dadurch aktuell, dass der Käufer den Verkäufer vor Gericht zitieren und zwingen konnte, für ihn den Rechtsstreit zu führen. Tat dies der Verkäufer nicht, wurde er als Dieb behandelt. Die Wirkung der Rechtsmängelhaftung lag also vorerst in der **strafrechtlichen Drohung** der Friedlosigkeit, wenn der Verkäufer nicht zum Prozesstermin erschien. Unterlag der Verkäufer im Prozess, musste er dem Besserberechtigten die Diebstahlsbuße und dem Käufer den Kaufpreis entrichten.

Praktische Fälle dieser *Währschafts-* oder *Gewährschaftspflicht* waren der Verkauf einer unredlich erworbenen Sache oder die Verfügung ohne Erbenlaub.

Allmählich wurden den Kaufvertragsurkunden eigene Klauseln beigefügt, die die **prozessuale Währschaftspflicht** zu einer *Nebenpflicht des Vertrages* machten. Auch diese nunmehr **vertragliche Gewährschaftspflicht** (ihre Häufigkeit verdeutlicht sich in dem Sprichwort: „Ein jeder Kauf trägt die Gewährschaft auf dem Buckel“) dauerte so lange, bis der Käufer durch Fristablauf die rechte Gewere, also eine unanfechtbare Rechtsstellung erlangte. War der Verkäufer zur **sofortigen Verschaffung der rechten Gewere** verbunden, steigerte sich die Gewährschaftspflicht zur **Rechtsverschaffungspflicht** (die bedungene Gewährleistung konnte bereits mit Feststellung des Rechtsmangels gefordert werden).

Besondere Bestimmungen galten für den *Marktkauf*. Wurde Fahrnis durch „Kauf auf offenem Markt“ erworben, war die Sachverfolgung durch einen etwaigen Besserberechtigten eingeschränkt. Der Käufer musste zwar die Sache herausgeben, konnte sich aber durch bloßen Reinigungseid vom Diebstahlsvorwurf befreien. Bisweilen wurde dem Besserberechtigten sogar nur mehr ein Lösungsrecht gewährt, d. h. er musste dem Käufer den Kaufpreis ersetzen, um die Sache zu bekommen (dazu oben Anefangsklage und Erwerb vom Nichtberechtigten).

(2.2) Neuzeitliche Rechtsentwicklung

Auch das römische Recht kannte keine Pflicht des Verkäufers, dem Käufer das Eigentum zu verschaffen. Letzterem war nur der **ungestörte Besitz** zu gewährleisten. Diese Haftung für den Verlust von Besitz und Nutzung **(Eviktionshaftung)** hatte zwei Wurzeln: Verlangte ein Dritter die Herausgabe einer durch Manzipation erworbenen Sache, konnte der Käufer den Verkäufer mit der *actio auctoritatis* zwingen, sie im Prozess zu verteidigen (Gewährschafts- oder Schirmpflicht). Für Veräußerungsgeschäfte, die nicht durch Manzipation abgewickelt wurden, bediente man sich einer eigenen Stipulation, mit der der Verkäufer Haftung bei Eviktion versprach. Dieses **Haftungsversprechen** ging in der Regel auf das Doppelte bzw. ein Mehrfaches des

Kaufpreises. Das gemeine Recht verband die deutsch- und römischrechtlichen Ansätze der Rechtsmängelhaftung dahingehend, dass der Verkäufer in erster Linie zur Verteidigung der Sache verpflichtet war und daneben – in zweiter Linie – dem Käufer den eingetretenen Schaden ersetzen musste. In manchen Teilen Österreichs, nämlich in Niederösterreich und Oberösterreich, nahm jedoch die weitere Entwicklung einen eigenen Weg. War es während der Rezeption allgemeine Anschauung, dass der Verkäufer ipso iure (kraft Gesetzes) für Rechtsmängel haftete, begann Ende des 16. Jhs. in besagten Ländern eine Gegenbewegung. Aus dem in der Geschäftspraxis üblichen **Verzicht auf Schirmung** (um die Sache selbst im Prozess verteidigen zu können) entstand die bis ins 18. Jh. gültige Rechtsansicht, dass die Haftung für Rechtsmängel ausdrücklich durch eine **„Schermbverschreibung"**, d. h. durch ein eigenes Versprechen, begründet werden müsse[624].

Der *Codex Theresianus* sah die Rechtsmängelhaftung nur bei *unbeweglichen* Sachen vor. Sie konnte aus einem Versprechen (Vertrag) oder aus der Natur der Veräußerungshandlung entstehen, womit die Entgeltlichkeit der Leistung gemeint war. An der gemeinrechtlichen Schirm- und Schadenersatzpflicht des Verkäufers wurde festgehalten. Er konnte so lange zur Gewährleistung herangezogen werden, bis der Käufer das Grundstück ersessen hatte. Gelang die Verteidigung der Sache im Prozess nicht, musste der Verkäufer dem Käufer den Wert der Sache, die Gerichtskosten und ein Achtel des Wertes der Sache als Entgelt für den entgangenen Nutzen leisten. Zur Geltendmachung dieses Anspruchs hatte der Käufer allerdings nur vierzehn Tage Zeit. Im geltenden Recht deutet nur mehr das Institut der Streitverkündung auf die ehemals prozessuale Gewährschaftspflicht des Verkäufers und ihren Vorrang gegenüber der Schadenersatzpflicht hin (§ 931 ABGB; vgl. auch §§ 22 ff. ZPO). Das *ABGB 1811* bürdet ihm die **Rechtsverschaffungspflicht** (Eigentumsverschaffungspflicht) auf. Sie berechtigt den Käufer, Gewährleistungsansprüche bereits bei Kenntnis der Berechtigung eines Dritten geltend zu machen; die Ansprüche verjähren bei beweglichen Sachen 2 bzw. bei unbeweglichen 3 Jahre nach Bekanntwerden des Mangels[625].

ee) Preisgefahr

Lit.: *W. Bungenstock*, Gefahrtragung, HRG I, Sp. 1430f., ^{2}I, Sp. 1985 f.; *F. Hofmann*, Über das Periculum beim Kaufe, 1870.

Wird eine verkaufte und bereits spezifizierte Sache zwischen Vertragsabschluss und Übergabe zufällig beschädigt oder vernichtet, stellt sich die Frage, wer den wirtschaftlichen Nachteil (das Risiko, die **Preisgefahr**) hat.

624 Der n.ö. Landesordnungsentwurf aus 1654 verlangte sie allerdings nur für unbewegliche Sachen.

625 Diese Logik wurde auch durch § 28 Abs 2 VGG, BGBl I 2021/175, beibehalten.

Das *ältere Recht* knüpfte an die Gewere an. Bei Fahrnis ging demnach die Preisgefahr mit der Übertragung der leiblichen Gewere, bei Grundstücken mit der Investitur auf den Käufer über. Die Stadtrechte halten dies ausdrücklich fest. Im späteren MA. befreite höhere Gewalt den Verkäufer von der Preisgefahr schon vor dem Übergang der Gewere. Das *römisch-gemeine Recht* ließ die Gefahr mit dem Kauf übergehen („periculum est emptoris"), sofern nicht Vertragsklauseln anderes bestimmten. Diese Auffassung konnte sich freilich nur zögernd durchsetzen und wurde erst im n.ö. Landesordnungsentwurf des Jahres 1654 klar ausgesprochen. Der *Codex Theresianus* kannte bereits zahlreiche Ausnahmen von dieser Regel. Das *ABGB 1811* lässt die Preisgefahr im Zeitpunkt der bedungenen Übergabe vom Verkäufer auf den Käufer übergehen. Haben die Parteien keine Zeit der Übergabe vereinbart, zählt die tatsächliche Übergabe. Beim Versendungsverkauf geht die Gefahr mit der Aushändigung an den Versender über, wenn die Art der Versendung vereinbart wurde oder verkehrsüblich ist[626].

g) Miet- und Pachtvertrag

Lit.: *W. Arnold*, Zur Geschichte des Eigentums in den deutschen Städten, 1861, Neudr. 1966; *J. Ehmer/P. Feldbauer*, Arbeiterwohnen im 19. Jahrhundert, Beiträge zur historischen Sozialkunde 9, 1979, 57 ff.; *E. Feil*, Bestandvertrag. Miete und Pacht, ⁴2002; *K. Genius*, Der Bestandschutz des Mietverhältnisses in seiner historischen Entwicklung bis zu den Naturrechtskodifikationen, 1972; *T. Hausmann/A. Vonkilch* (Hg.), Österreichisches Wohnrecht, 2002; *M. Havel/K. Fink/H. Barta*, Wohnungseigentum – Anspruch und Wirklichkeit, 1999; *B. Jüttner*, Zur Geschichte des Grundsatzes „Kauf bricht nicht Miete", 1960; *F. Kolb*, Bäuerliche Bestandsverträge aus dem 16. Jahrhundert, Schlern-Schriften 52, 1947, 157 ff.; *K. Korinek/H. Krejci*, Handbuch zum Mietrechtsgesetz, 1985; *H. Langer*, Mietzinsregelungen 1917–1994, 1995; *E. v. Philippovich*, Wiener Wohnungsverhältnisse, Archiv für soziale Gesetzgebung und Statistik 7, 1894, 215 ff.; *Ch. Prader* (Hg.), Mietrechtsgesetz, ⁵2017; *T. Repgen*, Miete, HRG ²III, Sp. 1496 ff.; *T. Repgen*, Pacht, HRG ²IV, Sp. 295 ff.; *R. Sandgruber*, Ländliche Wohnverhältnisse seit der frühen Neuzeit, Beiträge zur historischen Sozialkunde 9, 1979, 45 ff.; *K. O. Scherner*, Pacht, HRG III, Sp. 1396 ff.; *H. v. Spreckelsen*, Vom Mieterschutzrecht zum sozialen Mietrecht, Juristenjahrbuch IX, 1968/69, 165 ff.; *J. Stabentheiner* (Hg.), Mietrecht in Europa, 1996; *M. Stampfer*, Die Anfänge des Mieterschutzes in Österreich, 1995; *P. Trenk-Hinterberger*, Miete, HRG III, Sp. 536 ff.; *U. Wolter*, Mietrechtlicher Bestandsschutz. Historische Entwicklung seit 1800 und geltendes Wohnraum-Kündigungsschutzrecht, 1984; *H. Würth*, Die MRG-Novelle 1985, Ergänzungsheft zu *K. Korinek/H. Krejci*, Handbuch zum Mietrechtsgesetz, 1987; *H. Würth/M. Zingher/P. Kovanyi*, Miet- und Wohnrecht I, ^{23}2015, II, ^{23}2015.

Miete und Pacht werden im ABGB als **Bestandverträge** bezeichnet und gemeinsam mit den (heute nicht mehr aktuellen) Erbpacht- und Erbzinsverträgen geregelt. Typisch für alle diese Verträge ist die *Gebrauchsüberlassung gegen Entgelt*, der Pächter ist überdies zur Nutzung der Sache berechtigt, ihn trifft allerdings in der Regel auch die Bewirtschaftungs- oder Betriebspflicht.

626 §§ 429, 905 Abs. 3 ABGB i. d. F. BGBl. I 2014/33. § 429 a. F. stellte auf die tatsächliche Genehmigung der Versendung ab.

Miete und Pacht sind **Dauerschuldverhältnisse**, d. h. die wechselseitigen Verpflichtungen (Entrichtung des Zinses – Erhaltung der Sache in einem gebrauchsfähigen Zustand) erschöpfen sich nicht in einmaligen Leistungen. Sie enden durch Ablauf der bedungenen Zeit, Untergang des Bestandobjektes, frist- und termingebundene Kündigung oder durch sofortige Vertragsaufhebung aus besonders wichtigen Gründen (z. B. Nichtzahlung des Bestandzinses). Der Bestandnehmer ist zwar **Rechtsbesitzer**, hat aber nur gegenüber dem Bestandgeber ein Recht an der Sache. Im Falle der **Veräußerung des Bestandobjektes** endet der (durch Übergabe bereits perfektionierte) Bestandvertrag zwar nicht automatisch, doch kann er durch Kündigung des neuen Eigentümers auch dann aufgelöst werden, wenn sich der alte Eigentümer auf längere Zeit gebunden hatte. Zur Sicherung seiner Bestandzinsforderung hat der Bestandgeber einer unbeweglichen Sache ein **gesetzliches Pfand- und Zurückbehaltungsrecht** an den Einrichtungsstücken und Fahrnissen des Mieters (Vieh und Wirtschaftsgeräten des Pächters).

Miete und Landpacht haben im 20. Jh. durch **Sondergesetze** zum Schutz des Bestandnehmers einen tiefgreifenden Wandel mitgemacht. Vor allem das Recht der Wohnungs- und Geschäftsraummiete wurde durch Vorschriften über die Zinsbildung, eine weitgehende Typisierung der Gebrauchsbefugnisse und Erhaltungspflichten sowie Kündigungsbeschränkungen (ausschließlich gerichtliche Kündigung und nur aus wichtigen Gründen) und Möglichkeiten einer Abtretung des Mietrechts völlig neu gestaltet. Die Bestimmungen des ABGB finden somit heute im Wesentlichen nur mehr auf jene Mietrechtsverhältnisse Anwendung, die nicht dem Mietrechtsgesetz (MRG) unterliegen, bzw. gelten nur dann, wenn dieses keine Regelungen enthält[627].

aa) Miete

(1) Älteres Recht

Die Miete unbeweglicher Sachen war zunächst ein Fall der **(dinglichen) Leihe.** Als eigenständiges Institut der Gebrauchsüberlassung trat sie zuerst in

627 Das MRG normiert sog. Vollausnahmen sowie partielle Anwendungsbereiche. Es gilt u. a. nicht für Mietverhältnisse, die Hotelzimmer, Heimplätze, Dienst-, Natural- und Werkswohnungen zum Gegenstand haben, für die Vermietung von Wohnräumen durch karitative oder humanitäre Organisationen im Rahmen sozialpädagogisch betreuten Wohnens, für Häuser mit nicht mehr als zwei Mietobjekten, für Ferienwohnungen oder für längstens auf ein halbes Jahr gemietete Zweitwohnungen. Für manche Mietverhältnisse gelten wiederum nur bestimmte Vorschriften des MRG, etwa die Vorschriften über den Kündigungsschutz und den Eintritt von Todes wegen. Dazu zählen jene über Wohnungen und Geschäftsräume in nicht geförderten Neubauten (mit einer Baubewilligung nach dem 30.6.1953), über neu ausgebaute oder auszubauende Dachböden, über Zubauten (mit einer Baubewilligung nach dem 31.12.2001), über räumliche Wohnungseigentumsobjekte in einem nach dem 8.5.1945 errichteten Gebäude sowie über Wohnungen und Geschäftsräume in einem Wirtschaftspark.

den Städten auf, wo sie sich zwischen dem 12. und 14. Jh. aus der Gründerleihe entwickelte. Die Gründe hiefür waren: rasches Anwachsen der Bevölkerung, verbunden mit dem Bedürfnis nach größerer Mobilität; Verknappung des Baugrundes; Furcht des Eigentümers, durch die starke Stellung des Leihenehmers aus seiner rechtlichen Position verdrängt zu werden; Interesse des Eigentümers, am Wertzuwachs des Grundstückes durch einen steigenden Mietzins teilzuhaben (der bisherige Leihezins durfte nicht erhöht werden). Eine ähnliche Entwicklung zeigte sich später auf dem Land, wo Miete (und Pacht) aus der freien Zeitleihe hervorgingen.

Aus der nahen Verwandtschaft zur Leihe ist der Umstand zu erklären, dass der Mieter im älteren deutschen Recht eine sehr starke Rechtsposition besaß. Er war dinglich Berechtigter und hatte die **leibliche Gewere**. Daher galten (allerdings nicht im gesamten deutschen Rechtsraum) die Grundsätze **„Kauf bricht nicht Miete"** bzw. „Heuer geht vor Kauf". Der Erwerber des Mietobjektes musste den bestehenden Mietvertrag gegen sich gelten lassen.

Zur Verbreitung der Miete trug nicht zuletzt das Verlangen nach einer Verringerung persönlicher und rechtlicher Abhängigkeiten bei. Sie war daher anfangs in aller Regel zeitlich befristet und mit Rücktritts- bzw. Aufhebungsrechten (z. B. bei Eigenbedarf) versehen. Ihnen haftete eine „auffallende Zerbrechlichkeit" an *(Gierke)*. Wirtschaftliche Bedeutung hatte die Immobilienmiete vor allem in den Städten, wo sie an Häusern bzw. Wohnungen üblich wurde. Schon damals konnte sich der Vermieter an den vom Mieter eingebrachten Sachen ein Pfandrecht für seine Zinsforderung sichern.

Unabhängig von der Immobilienmiete entwickelte sich die Vermietung von beweglichen Sachen. Praktische Bedeutung besaß sie bei Transportfahrzeugen und Arbeitsgeräten. Ob auch die Fahrnismiete dingliche Wirkung entfaltete, ist nicht eindeutig geklärt.

(2) Neuzeitliche Rechtsentwicklung

Im gemeinen Recht erfuhr die rechtliche Stellung des Mieters eine deutliche Verschlechterung, da die römische locatio conductio überwiegend an den Interessen der kapitalkräftigen und einflussreichen Vermieterschicht orientiert war. Wo sich dieses Vorbild durchsetzen konnte, wurde die Miete zum rein **obligatorischen Rechtsverhältnis**, der Mieter zum bloßen **Detentor**. Die Auswirkungen zeigten sich vor allem darin, dass ein Dritter, der das Mietobjekt vom Eigentümer kaufte, nach dem Grundsatz **„Kauf bricht Miete"** nicht an den Mietvertrag gebunden war. In den Partikularrechten blieben allerdings die tradierten deutschrechtlichen Vorstellungen stärker erhalten, und es wurde versucht, die Stellung des Mieters zum neuen Eigentümer stärker zu schützen als im gemeinen Recht. Der Käufer war bei der Austreibung des Mieters an bestimmte Fristen und Termine gebunden, sofern in einzelnen Rechten nicht überhaupt der Grundsatz **„Kauf bricht nicht Miete"** erhalten blieb. Die Erweiterung des gemeinrechtlichen Besitzes auf Rechte, die dauernd ausgeübt werden konnten, wurde dazu genützt, dem Mieter (als Rechtsbesitzer) auch Besitzschutz zuzuerkennen[628].

Institutionell eng verbunden mit der Miete waren Pacht-, Dienst- und Werkvertrag, die sich alle der römischrechtlichen locatio conductio unterordnen ließen. Die Miete von Sachen und die Miete von Dienstleistungen (Dienstmiete) wurden also noch nicht getrennt.

Der Beitrag des *Vernunftrechts* zur Entwicklung der Sachmiete lag darin, dass dem Mieter im Hinblick auf die Gebrauchsüberlassung ein **dingliches ius utendi** zugebilligt wurde. Demnach wäre ihm auch der Rechtsschutz eines dinglich Berechtigten zugestanden. Die Auswirkungen dieser Lehre blieben allerdings gering.

Im *Codex Theresianus* wurden Sach- und Dienstmiete noch gemeinsam behandelt. Der Mietvertrag gehörte zum Schuldrecht, verschaffte also dem Bestandnehmer nur ein relatives Recht. Ausnahmen vom Grundsatz „Kauf bricht Miete" waren nur vereinzelt vorgesehen, etwa bei Gütern, die von der öffentlichen Hand vermietet wurden. Von den großen Kodifikationen gestand nur das *ALR* dem Mieter ein dingliches Recht zu. *Code Civil, ABGB* und *BGB* gestalteten die Miete als obligatorisches Recht, doch blieb die besondere Rechtsposition des Mieters in Einzelbestimmungen spürbar. Auf die eigenartige Konstruktion, dass der neue Eigentümer des Mietobjektes den bestehenden (also auf ihn übergegangenen) Mietvertrag kündigen kann, wurde bereits hingewiesen (das BGB bekennt sich überhaupt zum Prinzip „Kauf bricht nicht Miete"). Außerdem sieht das ABGB die Verdinglichung des Bestandvertrages durch Verbücherung vor. Schließlich hält die Rechtsprechung hartnäckig daran fest, dem besitzenden Bestandnehmer gegen Störungen von dritter Seite eine quasinegatorische Klage im Sinn des § 372 ABGB zuzugestehen[629].

Einzelne Bestimmungen des Mietrechts wurden durch die *III TN* geändert.

(3) Entwicklung des Mieterschutzes

Zu Beginn des 19. Jhs. wohnte bereits ein großer Teil der städtischen und ländlichen Bevölkerung nicht mehr in eigenen Häusern. Dennoch war die Mietwohnung kein Regelfall. Sehr oft enthielt der Dienstvertrag Bestimmungen über die Unterkunft, da der Bauer und der Handwerksmeister verpflichtet waren, Gesinde und Gesellen in ihrem Haus unterzubringen. Das änderte sich mit der Industriellen Revolution. In den städtischen Ballungszentren verstärkte sich der Trend zur Mietwohnung, einerseits durch die neuen Formen der Massenarbeit, andererseits durch den Zuzug vom Land. Die Folgen waren Wohnungsnot, Mietwucher und durch den Überbelag der Wohnungen verursachte hygienische und sanitäre Missstände. Die **„Wohnungsfrage"** verschärfte sich während des Ersten Weltkriegs, als kriegsbedingt der Wohnbau stark zurückging. Zum Schutz des Mieters wurden daher eine Reihe von

628 Zur hoheitlichen Steuerung des Mietrechts in Landes- und Polizeiordnungen der Neuzeit vgl. *G. K. Schmelzeisen*, Polizeiordnungen und Privatrecht, Forschungen zur Neueren Privatrechtsgeschichte Bd. 3, 1950, 264 ff.

629 Dazu s. *P. Apathy*, Die publizianische Klage, 1981, 35 ff., 62 ff.

Verordnungen und Gesetzen erlassen, von denen das **Mietengesetz** 1922[630] das bedeutendste war. Es brachte den Wohnungsmietern einen **Schutz vor Mietzinserhöhungen** („Friedenszins") und ließ **Kündigungen nur mehr aus wichtigen Gründen** zu (z. B. Nichtzahlung des Mietzinses, unleidliches Verhalten, erheblich nachteiliger Gebrauch, qualifizierter Eigenbedarf des Vermieters, fehlender Wohnbedarf naher Angehöriger des Mieters nach dessen Tod etc.). Da der Eigentümerwechsel nicht unter den Katalog der gesetzlichen Kündigungsgründe fiel, galt für geschützte Mietverhältnisse der Grundsatz „Kauf bricht *nicht* Miete". Das Mietengesetz wurde mehrfach novelliert und schließlich am 1.1.1982 durch das **Mietrechtsgesetz** ersetzt, ohne dass sich an den Grundsätzen des gebundenen Mietzinses für einen großen Teil des Wohnungsbestandes und den Kündigungsbeschränkungen wesentliches geändert hätte; auch vom Grundsatz *„Kauf bricht nicht Miete"* ist man nicht abgewichen. Das gesellschafts- und wirtschaftspolitisch höchst sensible Mietrecht unterliegt allerdings einem ständigen gesetzlichen Anpassungsprozess[631]. Zur gänzlichen Liberalisierung der Geschäftsraummiete fehlte dem Gesetzgeber bisher der Mut. Bei der Wohnraummiete steht die Politik vor dem ständigen Dilemma, einerseits den Markt durch zusätzliche Ausnahmen vom strikten Mieterschutz beleben zu wollen, ihn andererseits aber aus sozialen Gründen nicht dem freien Spiel von Angebot und Nachfrage überlassen zu können.

Die zulässigen Mietzinsobergrenzen bei Neuvermietungen orientieren sich nunmehr an der Wohnungsqualität. Bis Ende Februar 1994 waren dazu die Wohnungen in vier

630 Durch das Mietengesetz 1922 trat allerdings nur für jene Personen eine Besserung ein, die bereits eine Wohnung hatten. Um die Wohnungsnot (vor allem in Wien) zu lindern, wurden die Gemeinden durch das „Wohnungsanforderungsgesetz" 1922 ermächtigt, unterkunftslose Personen in vorhandene Häuser und Wohnungen einzuweisen. Dieses Gesetz galt bis zum Jahr 1925. Ein ähnliches Gesetz wurde 1945 für die Dauer von fünf Jahren erlassen.

631 Zu erwähnen sind aus jüngster Zeit die Wohnrechtsnovelle 2000, BGBl. I 2000/36, mit neuen, inzwischen wieder geänderten Befristungsregelungen, die Mietrechtsnovelle 2001, BGBl. I 2001/161, mit dem Schwerpunkt einer Privilegierung des Dachbodenausbaus, und das Wohnungseigentumsbegleitgesetz 2002, BGBl. I 2002/71, mit der Bereinigung von Problemen im Rechtsverhältnis zwischen dem Mieter und dem vermietenden Wohnungseigentumsbewerber. Spezielle verfahrensrechtliche Änderungen brachte mit 1.1.2005 das Wohnrechtliche Außerstreitbegleitgesetz, BGBl. I 2003/113. Aus der Wohnrechtsnovelle 2006, BGBl. I 124, sind für den Bereich des Mietrechts die Erweiterung des Ausnahmekatalogs (Zubauten), die Ausdehnung der Erhaltungspflicht des Vermieters zur Hintanhaltung erheblicher Gefahren für die Gesundheit der Bewohner, die Änderung der Befristungsmöglichkeiten und die Anerkennung der außergerichtlichen Kündigung des Mietvertrags durch den Mieter hervorzuheben. Die Wohnrechtsnovelle 2015, BGBl. I 2014/100, normierte Erhaltungspflichten des Vermieters bzgl. Heiz-, Wärme- und Warmwassergeräten im Inneren des Mietobjekts. Auf die zahlreichen Änderungen des Wohnungsgemeinnützigkeitsgesetzes, BGBl. 1979/139 sei hier nur hingewiesen.

Ausstattungskategorien (A, B, C, D) eingeteilt, deren fixe Mietzinsobergrenzen nur in Ausnahmefällen (und auch das nur „bis zum angemessenen Betrag") überschritten werden durften (etwa bei nach dem 8.5.1945 errichteten Objekten, Wohnungen der höchsten Ausstattungskategorie oder als „Belohnung" für Standardanhebungen); seit 1.3.1994 gilt der Kategoriemietzins nur mehr für Wohnungen der Ausstattungskategorie D (Substandardwohungen), für die übrigen (wiederum mit Ausnahmen) ein kompliziertes Richtwertsystem[632].

bb) Pacht

Die Pacht von Immobilien entwickelte sich aus der **freien Zeitleihe** (s. dort). Auch für sie gilt, dass sich der Pächter das ganze MA. hindurch die **dingliche** Rechtsposition bewahren konnte. Eine weitere Eigenheit des ma. Rechts war die Verpachtung von Rechten und beweglichen Sachen als Form der Kapitalanlage.

Besondere Rechtsinstitute bildeten sich für die **Verpachtung von Vieh** aus. Beim normalen *Viehverstellungsvertrag* hatte der Pächter, auch Einsteller genannt, die Tiere zu warten und zu füttern, die Gefahr des zufälligen Untergangs traf jedoch den Eigentümer (Versteller). *Halbpacht* bedeutete, dass der Pächter die Hälfte der erzielbaren Nutzungen, *Teilpacht*[633], dass er die vereinbarte Quote als Zins an den Verpächter abzuführen hatte. Besonders ungünstig war die Stellung des Pächters beim *„Eisern-Vieh-Vertrag"*, da die Haftung für zufälligen Untergang der Tiere ausschließlich bei ihm lag. Zu Beginn der Pacht wurde das Vieh nach Zahl und Qualität geschätzt, und der Pächter musste die Herde nach Ablauf der Pachtzeit in gleicher Zahl und Güte zurückgeben („Eisern Vieh stirbt nie", „Immerkuh").

Im gemeinen Recht war die Pacht ein Anwendungsfall der römischen *locatio conductio*, sodass auch der Pächter zum bloßen **Detentor** wurde. In die frühneuzeitlichen Gesetze gelangte sie als allgemeine Umschreibung zeitlich begrenzter Nutzungs- und Fruchtziehungsverhältnisse bei landwirtschaftlichen Grundstücken. Institutionell eng mit der Miete verbunden, teilte sie ihr rechtliches Schicksal. Auch im *ABGB 1811* sind Miet- und Pachtvertrag zum Bestandvertrag verschmolzen, was sich etwa in der Möglichkeit zur Verdinglichung, den Erhaltungs- und Ausbesserungspflichten oder in den Bedingungen der Vertragsauflösung äußert. Dennoch sind inhaltliche Unterschiede vorhanden (das ABGB spricht davon, dass der Pächter die Sache im Gegensatz zum Mieter nur durch Fleiß und Mühe benützen kann), die im Zuge der Mieterschutzgesetzgebung zu großer Bedeutung gelangten. Sondergesetze zugunsten des Pächters unbeweglicher Sachen bestehen seit dem Ersten Weltkrieg[634].

h) Dienstvertrag

Lit.: *M. Becker*, Gewerkschaften, HRG ²II, Sp. 355 ff.; *L. Carlen*, Gesinde, HRG I, Sp. 1627 ff.; *K. Ebert*, Die Anfänge des modernen Arbeitnehmerschutzes beim Bergbau in Österreich, FS H. Baltl, 1978, 135 ff.; *K. Ebert*, Der industrielle Arbeitsvertrag in der öster-

---

632 § 16 MRG i. d. F. WRN 2000 i.V. m. Richtwertgesetz, BGBl. 1993/800 i. d. F. der vom BMJ festgesetzten Richtwerte.

633 *K.-H. Spieß*, Teilpacht, HRG V, Sp. 141 ff. (mit weiteren Nachweisen).

634 Z. B. das spätere Landpachtgesetz 1969, BGBl. 451.

reichischen Gesetzgebung und Rechtswissenschaft des 19. Jahrhunderts, ZRG GA 92, 1975, 143 ff; *J. Eichinger*, Die Frau im Arbeitsrecht, 1991; *H. Floretta/ K. Spielbüchler/R. Strasser*, Arbeitsrecht I, [4]1998 und II, [4]2001; *O. v. Gierke*, Die Wurzeln des Dienstvertrages, FS H. Brunner, 1914, 37 ff.; *M. Gneiß*, Das Wiener Handwerksordnungsbuch (1364-1555). Edition und Kommentar, 2017; *H.-R. Hagemann*, Gedinge, HRG I, Sp. 1428 f., [2]I, Sp. 1980 ff.; *H. Hofmeister*, Ein Jahrhundert Sozialversicherung in Österreich, Schriftenreihe für Internationales und Vergleichendes Sozialrecht, Bd. 6b, 1981; *H. G. Isele*, Gewerkschaften, HRG I, Sp. 1669 ff.; *H. G. Isele*, Koalitionsfreiheit, HRG II, Sp. 906 ff.; *H. G. Isele*, Lehrlinge, Lehrvertrag, HRG II, Sp. 1758 ff.; *H. G. Isele*, Lohnvertrag, HRG III, Sp. 33 ff.; *P. Jabornegg*, Die Entwicklung des Arbeitsvertragrechts im ABGB, FS 200 Jahre ABGB I, 2011, 425 ff.; *T. Keiser*, Vertragszwang und Vertragsfreiheit im Recht der Arbeit von der frühen Neuzeit bis in die Moderne, 2013; *O. Lehner*, Grundprinzipien des nationalsozialistischen Arbeitsrechts, Zeitgeschichte 6, 1981, 215 ff.; *P. Lewisch*, Der Wandel von Arbeitsethos und Arbeitsrecht in der Zeit von Maria Theresia bis zum ABGB, 1988; *Th. Mayer-Maly*, Aus der Rechtsgeschichte des Lehrlingswesens, FS H. Schmitz I, 1967, 161 ff.; *Th. Mayer-Maly*, Römische Grundlagen des modernen Arbeitsrechts, Recht der Arbeit1967, 281 ff.; *Th. Mayer-Maly*, Österreichisches Arbeitsrecht, 1970; *Th. Mayer-Maly*, Die Entwicklung des österreichischen Arbeitsrechts, ZAS 1977, 3 ff.; *Th. Mayer-Maly*, Vom Kinderschutz zum Arbeitsrecht, FS G. K. Schmelzeisen, 1980, 227 ff.; *Th. Mayer-Maly*, Arbeitsrecht, Handbuch der Quellen und Literatur der neueren europäischen Privatrechtsgeschichte III/3, hg. v. *H. Coing*, 1986, insbes. das Kapitel über Österreich-Ungarn, 3716 ff.; *Th. Mayer-Maly/F. Marhold*, Österreichisches Arbeitsrecht, I: *Th. Mayer-Maly*, Individualarbeitsrecht, 1987; *G. Neusser*, Arbeitsrecht, HRG [2]I, Sp. 279 ff., *G. Neusser*, Dienstvertrag, HRG I, Sp. 738 ff., [2]I, Sp. 1056 ff.; *G. Neusser*, Koalitionsfreiheit, HRG [2]II, Sp. 1917 f.; *G. Neusser*, Lehrlinge, Lehrvertrag, HRG [2]III, Sp. 768 ff.; *Th. Pierson*, Das Gesinde und die Herausbildung moderner Privatrechtsprinzipien, 2016; *W. Ogris*, Geschichte des Arbeitsrechts vom Mittelalter bis in das 19. Jahrhundert, Recht der Arbeit 1967, 286 ff.; *G. Otruba/M. Lang/H.Steindl*, Österreichische Fabriksprivilegien vom 16. bis ins 18. Jahrhundert, 1981; *Th. Pierson*, Das Gesinde und die Herausbildung moderner Privatrechtsprinzipien, 2016; *G. K. Schmelzeisen*, Polizeiordnungen und Privatrecht, 1955, 314 ff.; *R. Schröder*, Zur Arbeitsverfassung des Spätmittelalters, 1984; *R. Schröder*, Gesinde, HRG [2]II, Sp. 319 ff.; *H. Steindl* (Hg.), Wege zur Arbeitsrechtsgeschichte, Ius Commune Sonderheft 20, 1984; *H. W. Strätz*, Bergmännisches Arbeitsrecht im 15. und 16. Jhd., insbes. nach Tiroler Quellen, FS N. Grass, 1974, 533 ff.; *H. Valentinitsch*, Die Bergrechtsentwicklung im Ostalpenraum in der frühen Neuzeit am Beispiel des Quecksilberbergwerks Idria, FS Hellbling, 1981, 731 ff.; *Th. Vormbaum*, Politik und Gesinderecht im 19. Jahrhundert, 1980.

Von einem Dienstvertrag (im *ABGB 1811* hieß er noch **Lohnvertrag**) spricht man, *wenn sich jemand einem anderen auf Zeit zu Arbeitsleistungen verpflichtet*. Der Dienstnehmer/Arbeitnehmer hat sie persönlich zu erbringen und ist an die Weisungen des Dienstgebers gebunden, schuldet jedoch keinen bestimmten Erfolg. Gegenseitige Fürsorge- und Treuepflichten machen personenrechtliche Elemente dieses Schuldverhältnisses sichtbar. Aus diesem Grund sind viele gesetzliche Bestimmungen des Dienstvertrages unabdingbar. Ist im Vertrag kein Entgelt bestimmt und auch nicht Unentgeltlichkeit vereinbart, gilt ein angemessenes Entgelt als bedungen.

Im Laufe der zweiten Hälfte des 19. Jhs. und dann verstärkt im 20. Jh. entwickelte sich das **Arbeitsrecht** zu einem selbständigen Rechtsgebiet. Zuvor wurden Arbeitsverhältnisse dem öffentlichen Recht oder dem bürgerlichen Recht (hier insbes. dem Familienrecht) zugeordnet. Die Regeln des ABGB über den Dienstvertrag erfassen nur noch wenige Arbeitsverhältnisse und haben sich nur dort Geltung bewahrt, wo in Sondergesetzen besondere Vorschriften fehlen. Die gegenseitigen Rechte und Pflichten aus dem Dienstverhältnis werden heute zumeist nicht durch den individuellen Arbeitsvertrag, sondern durch Kollektivverträge bestimmt, die zwischen Arbeitgeber- und Arbeitnehmerverbänden abgeschlossen werden.

aa) Älteres Recht

Die Arbeitsorganisation im älteren Recht mit der Eingliederung von Hörigen, Leibeigenen und Minderfreien in den Produktionsprozess sowie Dienstleistungspflichten aus personenrechtlichen Abhängigkeitsverhältnissen bietet wohl Vorformen arbeitsrechtlicher Beziehungen zwischen Dienstgeber und Dienstnehmer an, völlige Klarheit über Art und Bedeutung dieser Rechtsbeziehungen konnte allerdings noch nicht erzielt werden. Wichtige Impulse für das „ma. Arbeitsrecht" gingen vom (germanischen) **Treudienstvertrag** aus. Durch die Selbsthingabe in fremde Munt unter Vorbehalt der Freiheit gegen Zusage dauernden Schutzes und Unterhalts entstand eine umfassende Rechtsbeziehung, die mit den Worten „beiderseits geschuldete Treue" umschrieben werden kann. In diesem Bündel andauernder gegenseitiger Rechte und Pflichten war das Dienstverhältnis zunächst nur ein (unselbständiger) Bestandteil, dessen Inhalt durch Vereinbarung näher bestimmt und abgegrenzt werden konnte. In der weiteren Entwicklung wurde die **Dienstleistung** zum Wesenselement des Vertrages, der nunmehr die institutionelle Grundlage für höhere (militärische und höfische) Dienste abgab. Für die **„niederen" Dienste** kannte dagegen das MA. noch kein gemeinsames Rechtsinstitut. Soweit sie nicht durch unmittelbare und umfassende personenrechtliche Abhängigkeit erzwungen wurden, entstanden berufsspezifische Sonderregelungen und Vertragstypen. Entsprechend dem Wirtschaftsleben der damaligen Zeit waren die bedeutendsten die des Gesindes, des Handwerks, im Bergbau und in der Schifffahrt.

Die **Gesindeverträge** hatten einen stark personenrechtlichen Einschlag. Das Gesinde stand unter der Munt des Gesindeherrn und war in dessen Familie, in den Verband des „ganzen Hauses" eingegliedert. Der Dienstherr besaß begrenzte Strafgewalt. Das Gesinde bekam Lohn, Kost und Unterkunft. Während man auf dem Land sowohl freies als auch unfreies Gesinde antraf (Gesindezwang), war es in der Stadt gewöhnlich frei.

Auch für die **Handwerksverträge** war typisch, dass Lehrlinge und Gesellen in ein enges persönliches Verhältnis zum Handwerksmeister traten. Sie wurden regelmäßig in die Familie des Meisters aufgenommen, waren ihm zur Treue verpflichtet und arbeiteten für Lohn, Kost und Unterkunft. Für die Gesellen galt Wanderzwang. Erst im Spätma. gelang es ihnen, eine Begrenzung der Arbeitszeit durchzusetzen.

Das **bergrechtliche Gedinge** zwischen Bergarbeiter und Bergherrn war rein schuldrechtlicher Natur. Die Bergarbeiter waren persönlich frei, sozial geachtet und hatten eine relativ starke Rechtsposition. Das zeigt sich etwa in der Erlaubnis, Waffen zu tragen, und im Besonderen staatlichen Schutz. In einer Vorwegnahme industrieller Organisationsformen gelang es den Bergarbeitern, relativ günstige Arbeitsbedingungen durchzusetzen: begrenzte Arbeitszeit, Lohnschutzbestimmungen, Kündigungsschutz.

Heuerverhältnisse für einzelne Seefahrten waren ebenfalls schuldrechtlich ausgerichtet, allerdings standen die Matrosen unter der Kommandogewalt des Kapitäns. Ihr Lohn wurde üblicherweise in drei Raten ausgezahlt und war in seiner Höhe vom wirtschaftlichen Erfolg der Fahrt abhängig. Für bestimmte Seerouten bestanden zusätzlich feste gesetzliche Heuertarife.

bb) Neuzeitliche Rechtsentwicklung

Auch in der Neuzeit bestand der Dualismus zwischen freier Arbeit und Zwangsdiensten (vor allem in der Form von landwirtschaftlichen Hand- und Spanndiensten kraft grundherrlicher Abhängigkeit) fort. Es gelang auch nicht, die freien Arbeitsverhältnisse einem einheitlichen Arbeitsrecht zu unterstellen. Die gemeine Rechtslehre bot zwar das Institut der *locatio conductio operarum* an, doch konnte sich diese **Dienstmiete** in der Rechtspraxis nicht durchsetzen.

Die Ursachen lagen wohl in den gravierenden Unterschieden zwischen der römischen und der frühneuzeitlichen Gesellschaft. Im römischen Wirtschaftsleben wurde ein großer Prozentsatz der anfallenden Arbeiten durch vollkommen rechtlose Sklaven verrichtet, während ein Freier Arbeiten in der Regel nur in Form eines unentgeltlichen **Mandats** (als Beauftragter) übernahm. Rechtsinstitute, die sich mit den heute bekannten Arbeitsverträgen vergleichen ließen, waren nur in Ansätzen vorhanden.

Wie im MA. entwickelte sich das Arbeitsrecht im Wesentlichen in Sonderrechten weiter, in die kaum gemeines Recht einfloss. Die Arbeitsverträge wurden zwar als **Schuldverträge** gewertet, aber meist mit **personenrechtlichen Elementen** verbunden. Hatte es schon bisher partielle Einschränkungen der Vertragsfreiheit durch die Arbeitsmarktpolitik der Stadtherrn und Zünfte gegeben, so wurden sie nun um Eingriffe des Landesfürsten und des absoluten Staates erweitert. Das Arbeitsrecht blieb jedoch (bis zum 19., teilweise 20. Jh.) Stückwerk mit höchst unterschiedlichen Regelungen. Die **berufsständische Aufsplitterung der Vertragstypen** verstärkte sich eher noch (zu den bereits erwähnten Berufsgruppen kamen die Fabrikarbeiter).

Ab dem 16. Jh. entstanden Manufakturbetriebe, die die alten Handwerks- und Zunftstrukturen aufbrachen und einen neuen Typ des Arbeitsverhältnisses entstehen ließen. Die Konzentration einer großen Zahl von Arbeitern an einem Ort und die Trennung von Arbeits- und Wohnstätte drängte das personenrechtliche Verständnis des Arbeitsvertrages immer mehr zurück und brachte es praktisch zum Verschwinden. Das neue Recht des Fabrikarbeiters fand seinen Ausdruck in den (hoheitlichen) *Fabriksprivilegien*, die einzelne Unternehmer berechtigten, „unzünftige, akatholische und fremde Arbeiter" zu beschäftigen. Die Obrigkeit behielt sich dabei Kontrollrechte vor, die gestaltend auf den Inhalt des Arbeitsvertrages einwirkten.

Damit waren im Kodifikationszeitalter arbeitsrechtliche Bestimmungen zwar in großer Fülle vorhanden, gemeinsame Wesenszüge traten jedoch kaum hervor. Die Zeit für ein eigenes Arbeitsrecht war noch nicht reif. Man versuchte es entweder dem Personenrecht oder dem Schuldrecht zuzuordnen, teils als eigenes Kapitel, teils zusammen mit den Miet-, Pacht- und Bestandverträgen, was der Vorstellung einer zinsbaren Nutzung fremder Arbeitskraft entsprach. Das *ABGB 1811* behandelte den Arbeitsvertrag in einem eigenen Hauptstück des (persönlichen) Sachenrechts unter der Überschrift **„Von entgeldlichen Verträgen über Dienstleistungen"**. Darunter wurde sowohl der heutige **Arbeitsvertrag** als auch der **Werkvertrag** verstanden. Noch fehlten zwingende Bestimmungen (insbes. Schutzbestimmungen zugunsten des Dienstnehmers), da der Wirtschaftsliberalismus das Vorbild gleichberechtigter Vertragspartner präsentierte, die unabhängig von staatlicher Bevormundung die Bedingungen des Arbeitsvertrages aushandeln sollten.

Der Dienstleistungsvertrag des *ABGB 1811* hatte von vorneherein nur einen beschränkten Anwendungsbereich. Für das Gesinde, die Berg- und Seeleute galten weiterhin sonderrechtliche Bestimmungen, die Zunftordnungen für die Handwerker. Die ursprüngliche Absicht, im ABGB auch das Recht des Dienstgesindes generell festzulegen, wurde aufgegeben und stattdessen 1810 eine neue Gesindeordnung für Wien erlassen, an der sich in den folgenden Jahren die Gesindeordnungen der übrigen Länder orientierten.

Die **Vertragsfreiheit im Arbeitsrecht**, die der wirtschaftlichen Überlegenheit des Unternehmers auch rechtlich Vorschub leistete, war im 19. Jh. Mitursache für die zunehmende Verelendung großer Teile der arbeitenden Bevölkerung (**„soziale Frage"**). Das bedeutete nicht nur für die betroffenen Arbeiterfamilien ein Leben unter unmenschlichen Bedingungen in Elendsquartieren, bedroht von Hunger und Krankheit, sondern eine Gefährdung des Staates im Hinblick auf die Wehrfähigkeit der Staatsbürger, Seuchenherde und potentielle Unruhegefahr. Der Gesetzgeber musste neue rechtliche Grundlagen für das Verhältnis zwischen Arbeitgeber und Dienstnehmer schaffen.

Als erster Staat griff **England** zum Schutz der Arbeiter ein. Durch den *„moral and health act"* aus dem Jahre 1802 wurde die Kinderarbeit beschränkt. In **Österreich** sprach 1842 ein Hofkanzleidekret das Verbot der Fabriksarbeit von Kindern unter 9 Jahren aus. Für Jugendliche im Alter zwischen 9 und 12 Jahren war ein 10stündiger Maximalarbeitstag vorgeschrieben. 1870 wurden die strafrechtlichen Bestimmungen aufgehoben, die den Zusammenschluss der Arbeiter zur Durchsetzung besserer Arbeitsbedingungen verboten und bestraften (Ende des Koalitionsverbots). Die 2. Novelle zur Gewerbeordnung (1885) regelte die wichtigsten Bereiche des Arbeitsverhältnisses gewerblicher Hilfsarbeiter (Gehilfen, Fabriksarbeiter, Lehrlinge und Arbeitspersonen, welche untergeordnete Hilfsdienste im Gewerbe erfüllen) durch zwingende Rechtsvorschriften. Dazu gehörten ein 11stündiger Maximalarbeitstag, arbeitsfreie Tage, Bestimmungen über Entlohnung und Kündigung, Truckverbot, d. h. Verbot der Entlohnung in Naturalien, sowie Bestimmungen zur Erhaltung der Gesundheit von Arbeitnehmern.

1887/88 wurden die Kranken- und Unfallversicherungen für Arbeiter eingerichtet, als deren Vorläufer man die „Bruderladen", das waren freiwillige Selbsthilfe- und Unterstützungsvereine, ansehen kann.

An der Wende des 19. zum 20. Jh. begann sich das **Arbeitsrecht** als **eigenständiges Rechtsgebiet** zu etablieren. Die subsidiär zu den Sonderarbeitsrechten geltenden Bestimmungen des *ABGB 1811* über den Dienstvertrag wurden durch die *III TN* erweitert und durch Fürsorgepflichten des Dienstgebers, zwingende Kündigungsbestimmungen, Ansprüche bei vorzeitiger Auflösung des Dienstverhältnisses usw. den sozialen Erfordernissen der Zeit angepasst. Eine der wichtigsten Änderungen war der (allerdings abdingbare) Anspruch des Arbeitnehmers auf Lohnfortzahlung im Falle der Erkrankung für die Dauer von einer Woche. Die eigentliche Weiterentwicklung des Arbeitsrechts zum Instrument sozialen Interessenausgleichs erfolgte aber außerhalb des ABGB durch zahlreiche Sondergesetze (Einrichtung von Betriebsräten und Arbeiterkammern, Dienstnehmerschutzvorschriften, Begrenzung der täglichen Arbeitszeit, Kollektivvertragsrecht, Entgeltfortzahlung, Kündigungsschutz, Mutterschutz usw.). Das Arbeitsverfassungsgesetz 1973 stellte einen vorläufigen Höhepunkt arbeitsrechtlicher Kodifikationsbemühungen dar, dem bald mehrere Teilkodifikationen folgten (bspw. das UrlaubsG 1976 und das ArbeitsruheG 1983). Eine einschneidende Neuorganisation des Rechtsschutzes verwirklichte das Arbeits- und SozialgerichtsG 1985 mit dem dazugehörigen Anpassungsgesetz 1986, das Arbeitsrechtliche Begleitgesetz (BGBl. 1992/833), das Arbeitsvertragsrecht-Anpassungsgesetz (BGBl. 1993/459)[635] und das Arbeitsrechtsänderungsgesetz (BGBl. I 2000/44), das bspw. die Rechtsstellung der Arbeiter auf dem Gebiet der Entgeltfortzahlung im Krankheitsfall sowie bei Arbeitsverhinderung aus sonstigen wichtigen Gründen im Sinne einer sozialen Gerechtigkeit am Arbeitsplatz an die der Angestellten anglich. Zuletzt erfolgte die Angleichung der Kündigungsfristen von Arbeitern und Angestellten (BGBl. I 2020/131 bzw. BGBl. I 2021/121). Ein Entgeltfortzahlungsanspruch besteht mittlerweile auch bei einem, vom Arbeitgeber genehmigten, freiwilligen Rettungs- und Katastropheneinsatz (BGBl. I 2019/74). Von besonderer Bedeutung für Frauen sind das Gleichbehandlungsgesetz (BGBl. 1979/108) für die Privatwirtschaft (grundlegend novelliert und neu strukturiert BGBl. I 2004/65)[636] und das Bundes-Gleichbehandlungsgesetz (BGBl. 1993/100) für den öffentlichen Dienst (ebenfalls erweitert BGBl. I 2004/66)[637].

---

635 *P. Jabornegg*, Die Entwicklung des Arbeitsvertragrechts im ABGB, FS 200 Jahre ABGB I, 2011, 425 ff. kritisiert, dass mit diesem Gesetz die Neigung verstärkt wurde, allgemeine Vorschriften eher in Sondergesetze als in das ABGB einzubinden (436).

636 S. dazu *Th. Mayer-Maly*, Gleichbehandlungsgesetz und Gleichbehandlungsgrundsatz, FS G. Weißenberg, 1980, 323 ff.; *Th. Mayer-Maly*, Gleichbehandlungsgesetz, 1981; *I. Nikolay-Leitner*, Gleichbehandlung ist das Ziel? Das Gleichbehandlungsgesetz als juristisches Instrument und das Instrument der Bewußtseinsbildung, in Sozial- und wirtschaftswissenschaftliche Aspekte: Frauen im Erwerbsleben, hg. v. *Bundesministerium für Arbeit und Soziales*, 1993, 107 ff.; *C. Wolfsgruber*, Gleichbehandlung und Frauenförderung im Arbeitsleben. Eine rechtshistorisch fundierte Untersuchung, Linzer Schriften zur Frauenforschung 16, 2000; *J. Naderhirn*, Die Neuregelung der Gleichbehandlung, RFG 2004/50, 186 ff.

637 S. dazu *B. Trost*, Über die Notwendigkeit eines Gleichbehandlungsgesetzes für den Öffentlichen Dienst, in Offene Frauenfragen in Wissenschaft, Recht und Politik, hg. v.

i) Werkvertrag

Lit.: *H. Kreller*, Römisches Recht, II Grundlehren des Gemeinen Rechts, 1950, 361 ff.; *W. Ogris*, Werkvertrag, HRG V, Sp. 1271 ff.; *K. Rothenbücher*, Geschichte des Werkvertrags nach deutschem Rechte, 1906.

Durch den Werkvertrag verpflichtet sich eine Person (der Werkunternehmer, Hersteller) zur *Herstellung eines Werkes*, er sagt also nicht nur bestimmte Bemühungen, sondern die *Verwirklichung eines bestimmten Erfolges* zu. Der Unternehmer ist verpflichtet, das Werk persönlich auszuführen oder unter seiner persönlichen Verantwortung ausführen zu lassen. Er hat dafür (im Zweifel nach Vollendung des Werkes) Anspruch auf Entlohnung, sofern nicht ausdrücklich Unentgeltlichkeit vereinbart wurde. Besteht keine Entgeltvereinbarung (Kostenvoranschlag, Pauschalpreis), ist ein angemessener Werklohn zu zahlen. Bis zum 1.1.2002 galten die Gewährleistungsvorschriften des entgeltlichen Vertrags, allerdings mit dem Unterschied, dass bei wesentlichen Mängeln (auch wenn sie behebbar sind) immer auch Wandlung und Minderung bei allen Arten von Mängeln verlangt werden konnte. Danach beseitigte das Gewährleistungsrechts-Änderungsgesetz[638] die für Werkverträge geltenden Sondergewährleistungsvorschriften. Seither sind ausschließlich die allgemeinen Bestimmungen der §§ 922 ff. ABGB anzuwenden. Bei der Frage der Preisgefahr stellt man zunächst darauf ab, wem die Verhinderung der Werkausführung zuzurechnen ist. Liegt die Ursache weder in der Sphäre des Werkunternehmers noch des Werkbestellers, hat der Unternehmer keinen Anspruch auf Entlohnung, da er den Erfolg schuldet. Fallweise kann es

---

U. Floßmann, 1991, 145 ff. und *S. Siegmund-Ulrich*, Geschlechterdifferenz und Chancengleichheit – eine Bestandsaufnahme der Rechtsentwicklung in Österreich, in Frauen und Recht, hg. v. *Bundesministerin für Frauenangelegenheiten*, 1994, 63 ff.; *dies.*, Bundesgleichbehandlungsgesetz und Frauenförderung, in Frauenförderung als Konkretisierung des Gleichheitsgebots, hg. v. *U. Floßmann/H. Herda*, 1995, 71 ff. Zur EU-Rechtskonformität von Frauenquoten s. *A. Sporrer*, Frauenbevorzugende Quotenregelungen widersprechen EU-Recht?, Das Recht der Arbeit 1995, 442 ff.; *dies.*, „Automatische Frauenqoten" widersprechen EU-Recht, Das Recht der Arbeit 1996, 79 ff. und *S. Siegmund-Ulrich*, Kommentierung des EuGH-Urteils vom 17. Oktober 1995, Rs C-450/93 (Kalanke/Freie Hansestadt Bremen), Newsletter 1995, 203 ff.; zur Frauenförderung in der Europäischen Union s. *M. Knipp/A. Sporrer* (Hg.), Frauenförderung im öffentlichen Dienst der Mitgliedstaaten und Institutionen der Europäischen Union, 1998. Weiterführende einschlägige Artikel zum österreichischen Recht finden sich auch in den Sammelbänden: *U. Aichhorn* (Hg.), Frauen & Recht, 1997; *U. Floßmann* (Hg.), Recht, Geschlecht und Gerechtigkeit. Frauenforschung in der Rechtswissenschaft, 1997; *A. Deixler-Hübner* (Hg.), Die rechtliche Stellung der Frau, 1998; *B. Neuhold/R. Pirstner/S. Ulrich*, Menschenrechte, Frauenrechte, 2003. Zur aktuellen Rechtslage s. insbesondere *S. Ulrich*, Die unionsrechtlichen Grundlagen des Diskriminierungsschutzes seit dem Änderungsvertrag von Lissabon, in Diskriminierung – Grundrechtsverletzung oder Kavaliersdelikt?, hg. v. *Ph. Czech/U. Salinger*, 2011, 9 ff. sowie die weiteren Beiträge in diesem Band.

638 GewRÄG vom 8.5.2001, BGBl. I 48.

Schwierigkeiten bei der Abgrenzung zum Kaufvertrag geben, insbes. dann, wenn der Werkunternehmer auch das Rohmaterial beistellt.

aa) Älteres Recht

Obwohl der Werkvertrag im MA. von einiger Bedeutung war, kam es vorerst nicht zur Ausbildung eines eigenständigen Rechtsinstituts. Vertragspraxis und Rechtssitte bestimmten – keineswegs einheitlich – seinen Inhalt. Auf dem Land kam der Werkvertrag vor allem in Verbindung mit dem Handwerk des Müllers und des Schmieds vor, in den Städten hatten die Verträge mit Handwerkern und Störarbeitern, insbes. aber die Verträge im Bauwesen den typischen Inhalt der Erfolgsverbindlichkeit. Der Abschluss des Werkvertrages, auch *Einigung, Gedinge* oder *Übereinkommen* genannt, erfolgte entweder durch Übergabe des Werkstoffes, allenfalls eines Angeldes oder durch Treuegelöbnis. Die Annahme des Werkstoffes verpflichtete den Werkunternehmer zur Herstellung des Werkes **(Realvertrag)**; stellte er den Werkstoff selbst bei, bediente man sich des **Arrhalvertrags** (Gottespfennig, Weinkauf) oder des **Treuegelöbnisses**. Vertragsurkunden hatten allein den Zweck der Beweissicherung.

Die dem MA. eigene Beschränkung der Vertragsfreiheit galt auch für den Werkvertrag. Dem Einfluss der Zünfte ist es zuzuschreiben, dass in einzelnen Städten Werkverträge nur mit Angehörigen der Stadt bzw. ihrer Zünfte abgeschlossen werden durften. Zunftfremde Handwerker mussten heimlich arbeiten und wurden „Bönhasen“ genannt. Auf dem Land galt vor allem für Mühlen das Bannrecht, d. h. die Bauern umliegender Gebiete durften ihr Getreide nur dort mahlen lassen. Umgekehrt hatten die bevorzugten Unternehmer keine „Eingehungsfreiheit“, sie waren also von Gesetzes wegen verpflichtet, die Produkte der umliegenden Bauern zu verarbeiten (vgl. dazu die Handfeste von Herzog Albrecht von Österreich betreffend die Schneiderzunft in Wien).

Der Werkunternehmer schuldete das zugesagte Werk und musste es persönlich herstellen. Zur Durchsetzung dieser Verpflichtung gab es vor allem im Bauwesen zahlreiche Verbote, eine andere Arbeit anzunehmen. Weiters wurde bestimmt, dass der Unternehmer und die ihm durch einen Dienstvertrag unterstellten Arbeiter während der Ausführung des Werkes die Stadt bzw. die Gegend nicht verlassen dürfen. Bevorzugtes Zwangsmittel des Werkbestellers waren Einlager (als freiwilliger Arrest im MA.) und Zwangshaft. Weniger Wert wurde auf die Einhaltung der vereinbarten Termine gelegt. Überzog der Bauunternehmer die vereinbarte Frist, hatte das in der Regel keine nachteiligen rechtlichen Folgen. Der Unternehmer hatte jedoch das Werk entsprechend der Beschreibung im Vertrag zu vollenden und zu übergeben. War die Sache **mangelhaft**, musste dies vom Besteller bei der Abnahme **gerügt** werden, womit er sich einen Anspruch auf **Verbesserung** (Chör und Wandel), bzw. **Schadenersatz** sicherte. Fallweise kannte man daneben das Recht des Bestellers, das Entgelt herabzusetzen bzw. vom Vertrag zurückzutreten. Die Gewährleistung endete, sofern nichts anderes vertraglich bestimmt, mit dem Zeitpunkt der unbeanstandeten Annahme. Damit wurde regelmäßig auch der Lohn des Werkunternehmers fällig. Die **Entgeltlichkeit** war Wesensmerkmal des Werkvertrags. Der Lohn konnte in Geld oder in Naturalien geleistet werden und war mitunter an öffentliche Taxordnungen gebunden. Prozessuale Begünstigungen sowie ein Zurückbehaltungsrecht am Werk und an den vom Besteller zur Ausführung übergebenen Sachen sicherten den Entlohnungsanspruch des Unternehmers, der nach Stück oder Zeitaufwand bemessen wurde.

Die gegenseitigen Ansprüche von Werkunternehmer und Werkbesteller waren – wie auch sonst üblich – durch Strafbestimmungen abgestützt. Wer seiner Verpflichtung nicht nachkam, musste eine Buße an den Richter zahlen.

bb) Neuzeitliche Rechtsentwicklung

Im gemeinen Recht konnte sich die römischrechtliche Konstruktion der *locatio conductio operis*, die den Werkvertrag der Miete zuordnete, nicht durchsetzen. Bis ins 18. Jh. behielt das Gewohnheitsrecht für den Werkvertrag seine große Bedeutung. Der gemeinen Rechtslehre gelang es zwar, ihn zu einem **Konsensualvertrag** zu machen und in die Nähe der Miete zu stellen (der *Codex Theresianus* z. B. behandelte den Werkvertrag im Kapitel über den Miet-, Pacht-, Bestand- oder Dingungskontrakt), aber bereits das ALR ordnete ihn wieder zu den Verträgen über Handlungen. Die österreichischen Vertreter des Vernunftrechts betonten zumeist die Verwandtschaft mit dem Dienstvertrag und unterstellten beide dem Oberbegriff **Lohnvertrag**. Auch dem *ABGB 1811* lag diese Ordnungsvorstellung zugrunde.

Die mangelnde Unterscheidung zwischen den beiden Vertragsverhältnissen schadete dem Verständnis der ohnehin sehr knapp gehaltenen Bestimmungen. Für den eigentlichen Werkvertrag war bedeutsam, dass der Besteller vom Vertrag zurücktreten konnte, wenn die Sache mit einem wesentlichen Mangel behaftet war oder den ausdrücklichen Bedingungen zuwider lief. Bei unwesentlichen Mängeln war er auf Verbesserung, Preisminderung oder Schadenersatz beschränkt, was er wahlweise allerdings auch bei wesentlichen Mängeln verlangen konnte. Die Nichteinhaltung der bedungenen Lieferfrist wurde so geahndet, dass der Besteller die Sache nicht mehr annehmen musste. Der Werkunternehmer hatte Anspruch auf Entlohnung, wenn das Werk durch einen vom Besteller zu verantwortenden Zufall unterblieb.

Erst die *III TN* trennte den Dienst- vom Werkvertrag durch klare Begriffsdefinition und stellte die eingangs umrissene Rechtslage her. Im Handelsrecht haben sich einzelne Vertragstypen vom Werkvertrag gelöst und zu eigenen Rechtsinstituten entwickelt: Kommissions-, Speditions-, Frachtvertrag.

Im Zuge der vom Gewährleistungsrechts-Änderungsgesetz[639] angestrebten Vereinheitlichung und Vereinfachung des Gewährleistungsrechts sollte insbesondere die Gewährleistung für Kauf- und Werkverträge einheitlich geregelt werden. Daher sind seit 1.1.2002 auch auf Werkverträge nur mehr die

639 GewRÄG vom 8.5.2001, BGBl. I 48.

allgemeinen Gewährleistungsvorschriften für entgeltliche Verträge (§§ 922–933b ABGB) anzuwenden.

j) Gesellschaftsvertrag

Lit.: *W. Brauneder*, Gesellschaft – Gemeinschaft – Gütergemeinschaft, in Forschungsband F. v. Zeiller, hg. v. *W. Selb/H. Hofmeister*, 1980, 14 ff; *H. Kreller*, Römisches Recht, II Grundlehren des Gemeinen Rechts, 1950, 363 ff; *P. Apathy*, Deliktshaftung und Gesellschaft bürgerlichen Rechts, FS H. Krejci, 2001, 427 ff.

Durch einen Gesellschaftsvertrag *verbinden sich zwei oder mehrere Personen, um ihre Leistungen („Mühe oder auch ihre Sachen") dem gemeinschaftlichen Nutzen zu widmen.*

Die seit 1811 nahezu unveränderten Bestimmungen des *ABGB* über die **Erwerbsgesellschaft** galten ursprünglich auch für Handelsgesellschaften. Diese sind nunmehr in Sondergesetzen geregelt, sodass die Gesellschaft bürgerlichen Rechts (GesBR) einen wesentlichen Teil ihres Anwendungsbereichs verloren hat. Eine eigene Rechtspersönlichkeit kommt der Gesellschaft bürgerlichen Rechts nicht zu. Das Gesellschaftsvermögen steht im Miteigentum der Gesellschafter, soweit diese nicht reine Arbeitsgesellschafter sind. Die Rechte zwischen den Gesellschaftern sind dispositiv geregelt. Im modernen Wirtschaftsleben gewann die GesBR insofern wieder an Bedeutung, als sie *Arbeitsgemeinschaften* (ARGE, z. B. für große Bauprojekte), *Vorgesellschaften, Interessengemeinschaften* und *Kooperationen* ein rechtliches Gewand gibt. Eine grundlegende Novellierung des 27. Hpst. des ABGB erfolgte mit dem GesbR-Reformgesetz[640]. Es unterwirft grundlegende Aspekte (Innen- und Außenverhältnis, Nachfolge, Umwandlung, Auflösung) verbindlichen Regelungen.

Die wesentlichen Elemente der modernen bürgerlichen Erwerbsgesellschaft entstammen dem römischen Recht. Entwicklungsgeschichtlicher Ausgangspunkt dieses Rechtsinstituts war daher die **Rezeption**. Soweit deutschrechtliche Einflüsse im Gesellschaftsrecht fortwirken, werden sie bei der Geschichte des Genossenschaftswesens, der juristischen Person und im Ehegüterrecht behandelt. Das römisch-gemeine Recht bot als Rechtsformen privater Gemeinschaften die **universitas** (mit eigener Rechtspersönlichkeit) und die **societas** (als reines Vertragsverhältnis zwischen selbständig bleibenden Individuen) an. Letztere war der eigentliche Ausgangspunkt der heutigen Gesellschaft bürgerlichen Rechts.

Die **societas** des klassischen Rechts war ein vertraglicher Zusammenschluss von zwei oder mehreren Personen, um einen gemeinsamen Zweck mit gemeinsamen Mitteln zu fördern. Nach dem Vorbild des altrömischen *consortium*, bei dem mehrere Hauserben nach dem Tode des pater familias die Hausgemeinschaft fortsetzten, wurden zunächst Gesellschaften begründet, die ungeteilt und mit Wirkung nach außen das ganze Vermögen der Beteiligten erfassten *(ältere Form der Gesellschaft)*. Die *jüngere Gemeinschaft* (eigentliche societas) war dagegen ein bloß schuldrechtliches Verhältnis unter den Gesellschaftern und ließ auch nur Ansprüche der Gesellschafter gegeneinander entstehen. Formlos erklärtes Einverständnis genügte, als Beiträge hatten die Gesell-

640 Das GesbR-Reformgesetz, BGBl. I 2014/83, trat mit 1.1.2015 in Kraft, normierte jedoch für „Alt-GesbR" Übergangsfristen bis 1.7.2016 bzw. 1.1.2022.

schafter Vermögen oder auch Arbeitsleistungen zu erbringen. Dementsprechend wurden auch Gewinne und Verluste gleichmäßig verteilt, sofern nichts anderes vereinbart war. Schranken für die Ausgestaltung des Gesellschaftsverhältnisses boten lediglich die guten Sitten (Verbot der *societas leonina* mit bloßer Verlustbeteiligung); im Übrigen beschränkte sich das römische Recht darauf, Regeln für die Beendigung der Gesellschaft aufzustellen. Während zur älteren Gesellschaft notwendigerweise gemeinschaftliches Vermögen gehörte, galt dies für die Erwerbsgesellschaft zunächst nicht. Wo Gesellschaftsvermögen vorhanden war, wurde es nach den Grundsätzen der *communio* (Miteigentumsgemeinschaft) behandelt, soferne die Gesellschafter keine andere Vereinbarung getroffen hatten. Die communio selbst war eine sachenrechtliche Gemeinschaft, die jederzeit von jedem Beteiligten aufgehoben werden konnte. Ihr schuldrechtliches Element bestand in den Auseinandersetzungsansprüchen der Teilhaber.

Die Rezeption etikettierte alle jene Gemeinschaften, die nicht der universitas zugeordnet werden konnten, mit dem Begriff *societas*. Im Mittelpunkt des dogmatischen Interesses stand die Frage nach der rechtlichen Beschaffenheit des **Gesellschaftsvermögens**. Nach gemeinrechtlichen Vorstellungen sollte jeder Mitgenosse über seinen ideellen Anteil unbeschadet des Fortbestandes der Gemeinschaft verfügen können. Da jedoch dem Landsbrauch das ideelle Miteigentum ungewohnt war, wurden Gesellschaftsverträge meist weiterhin mit vermögensrechtlichen Absprachen im Sinne des gesamthänderisch gebundenen Miteigentums abgeschlossen. Die Lehre des gemeinen Rechts bot keine nennenswerten Vermittlungsvorschläge an. Es blieb den Bearbeitern der Privatrechtskodifikationen vorbehalten, endgültige Regelungen zu treffen. Im ABGB geschah dies mit starken Rückgriffen auf das gemeine Recht.

Die Gesellschaft bürgerlichen Rechts wurde dem Schuldrecht zugeordnet. Ihre Organisation ist auf gesamthänderischen Elementen aufgebaut, die Selbständigkeit der Teilrechte folgt jedoch dem gemeinrechtlichen Vorbild, das auch in den zahlreichen Verweisungen auf die Miteigentumsgemeinschaft zum Ausdruck kommt. Das *ABGB 1811* kennt allerdings im Gegensatz zum gemeinen Recht eine Reihe von Bestimmungen, die fehlende Vereinbarungen über die Rechtsverhältnisse zwischen den Gesellschaftern bei aufrechter Gemeinschaft substituieren, etwa das Mehrstimmigkeitsprinzip oder die Rechnungslegungspflicht. Die ehemals gemeinrechtlichen Auflösungsbestimmungen der Miteigentumsgemeinschaft wurden durch die *III TN* neu gestaltet.

k) Wette und Spiel

Lit.: *O. v. Gierke*, Schuld und Haftung im älteren deutschen Recht, 1910, Neudr. 1969, 328 ff.; *H.-R. Hagemann*, Wette, FS H. Liermann, 1964, 60 ff.; *H.-R. Hagemann*, Wette, HRG V, Sp. 1329 ff.; *R. Lieberwirth*, Glücksspiel, HRG I, Sp. 1713f., [2]II, Sp. 422 ff.

Die **Wette** ist ein *Leistungsversprechen für den Fall, dass sich eine Behauptung als unrichtig erweist*. Dazu zählt das ABGB auch jedes **Spiel**, bei dem die Leistungspflicht von einem *ungewissen zukünftigen Ereignis* abhängt, und jedes darauf abzielende **Los**. Redliche und sonst erlaubte (nicht verbotene) Wetten sind insoweit verbindlich, als der bedungene Preis nicht bloß versprochen, sondern wirklich entrichtet oder hinterlegt worden ist (Einsatz). Gerichtlich kann der Preis nicht gefordert werden (die erlaubte Wette erzeugt also eine **Naturalobligation**). Dagegen lässt die verbotene Wette keinerlei Schuld entstehen.

Wette, Spiel und Los gehören zu den **Glücksverträgen**, so wie alle Verträge „über gehoffte Rechte“, etwa der Hoffnungskauf (insbes. der Kauf einer Erbschaft), der Leibrentenvertrag, gesellschaftliche Versorgungsanstalten und Versicherungsverträge. Für Staatslotterien gelten nicht die Bestimmungen über die Glücksverträge, sondern eigene Sondergesetze (derzeit das Glücksspielgesetz, BGBl. 1989/620, und die Automatenglücksspielverordnung, BGBl. II 2012/69 i. d. g. F.).

aa) Älteres Recht

Spiel und Wette entwickelten sich aus verschiedenen Wurzeln und wurden zunächst auch unterschiedlich behandelt. Beide hatten allerdings ihren Ausgangspunkt im **Sachenrecht**.

Der Begriff **Wette** bzw. **Wettvertrag** umfasste im älteren Recht einen viel weiteren Bereich als heute (zur Wadiation s. oben). Der Wetteinsatz war ursprünglich ein Pfand, das an einen unbeteiligten Dritten gegeben wurde und an den Sieger fiel. Für die Begründung des Wettvertrages gab es mehrere Möglichkeiten. Der Wetteinsatz konnte als Bareinsatz hingegeben werden (Realvertrag), man kannte aber auch die Wette ohne Bareinsatz durch Weinkauf, Handschlag, Treuegelübde oder öffentliche Beurkundung. Bisweilen als „Verwillkürung“ bezeichnet, war die Wette rechtswirksam, vermittelte aber zunächst keine Klagebefugnis. Der Wettende hatte als Willkürer ja selbst die Rechtsfolge (Verlust der Wettsache) gesetzt. Mit der Entwicklung zum formlosen Schuldvertrag machten einzelne Rechte die Klagbarkeit des Leistungsversprechens davon abhängig, dass keine Arglist vorlag und sich die Wette nicht gegen Gott, gegen den Glauben, den Herrn, die Ehre, die staatlichen Gesetze oder die Gesundheit des Verlierers richtete. Als im Spätma. die Wettverträge überhand nahmen, sah sich die Obrigkeit zu **Restriktionsmaßnahmen** gezwungen. Moralische Verurteilungen (die Kirche hatte bereits in fränkischer Zeit den Geistlichen die Teilnahme an Glücksspielen verboten, konnte sich jedoch mit einem ähnlichen Verbot für Laien nicht durchsetzen), das strafrechtlich geahndete Verbot von „Überwetten“ und die zunehmende Versagung der Klagbarkeit zielten in diese Richtung.

Im Gegensatz zur Wette war das Leistungsversprechen im Zusammenhang mit einem **Spiel** klagbar. Die Klagbarkeit erstreckte sich jedoch nicht auf die Erben. Im Spätma. setzten zusätzliche Beschränkungen zur Zügelung gefährlicher Spielleidenschaften ein; zunächst privatrechtlich, indem für Spielschulden ein Pfändungsrecht versagt und die Haftung des Verlierers auf das beschränkt wurde, was er bei sich trug. Schließlich erklärte man Spielschulden generell für unklagbar, allerdings konnten bezahlte Spielschulden (auch beim später verbotenen Spiel) nicht mehr zurückgefordert werden. Strafrechtliche Verbote (z. B. Verbot des „Doppelspiels“, d. h. des Würfelspiels) schlossen diese Entwicklung ab.

bb) Neuzeitliche Rechtsentwicklung

Der spätma. Phase weitgehender rechtlicher Gleichstellung von Spiel und Wette folgten im gemeinen Recht erneut Versuche einer rechtlichen Trennung in **erlaubte** (Geschicklichkeits-, Kunstspiele) und **verbotene** (Glücksspiele) **Spiele**. Die erlaubten waren klagbar, die verbotenen unklagbar, das dennoch Gezahlte konnte zurückverlangt werden. Diese Unterscheidung drang allerdings in vielen Partikularrechten nicht durch, vielmehr blieb dort die absolute Unklagbarkeit der Spielschuld erhalten. Die **Wette** wiederum war im gemeinen Recht voll klagbar, wogegen ihr die Partikularrechte abermals nur ausnahmsweise die Klagbarkeit zuerkannten. Der *Codex Theresianus* erklärte kurz und bündig alle Wett- und Spielschulden sowie die dazugehörenden Verträge für unklagbar. Das *ABGB 1811* hielt an der Gleichsetzung von Wette und Spiel fest und bekannte sich zur Rechtsfolgenregelung der Naturalobligation (Spielschulden sind Ehrenschulden). Die Differenzierung in erlaubte und verbotene Wetten (Spiele) wurde den politischen Gesetzen überlassen.

Mit Strafdrohungen für verbotenes Spiel versuchte man dem „Untergange sowohl einzelner Menschen, als ganzer Familien vorzubauen, deren Wohlstand und Sittlichkeit nicht selten durch Spiele dieser Art (gemeint sind Glücksspiele oder Hassardspiele) zugrunde gerichtet worden sind" (HfD v. 16.10.1840, JGS Nr. 469). Das heute geltende StGB verbietet im § 168 das Veranstalten von Glücksspielen (bei dem Gewinn und Verlust nur vom Zufall abhängig sind), im § 168a jede Art der Durchführung und Verbreitung von Ketten- und Pyramidenspielen.

Nicht zuletzt aus finanziellen Überlegungen war der Staat bestrebt, das Glücksspiel unter seine Kontrolle zu bringen. Die heute geltenden Bestimmungen des Glücksspielgesetzes 1989 sichern dem Staat ein Glücksspielmonopol. Innerhalb bestimmter Grenzen kann der Staat privaten Personen die Bewilligung zur Durchführung von Glücksspielen gewähren[641].

l) Leibrentenvertrag

Lit.: *W. Ogris*, Der mittelalterliche Leibrentenvertrag, 1961; *W. Ogris*, Leibrente, HRG II, Sp. 1800 ff., ^{2}III, Sp. 793 ff.

Der Leibrentenvertrag gehört zu den Glücksverträgen im weitesten Sinn. Sein Wesen liegt darin, dass jemandem als Entgelt für eine bestimmte Leistung auf Lebensdauer einer gewissen Person eine wiederkehrende Entrichtung (Rente) versprochen wird (§ 1284).

Der Leibrentenvertrag wurzelt in den kirchlichen Vorbehaltsschenkungen und im Verpfründungsvertrag. Bei der kirchlichen **Vorbehaltsschenkung** übereignete eine Person ihr Vermögen (meistens Grundstücke) an eine kirchliche Einrichtung, behielt sich jedoch den lebenslänglichen Fruchtgenuss daran vor (Leibgedinge, Vitalleihe). Derartige Ansprüche waren sachenrechtli-

641 Zur Judikatur von OGH, VwGH und VfGH zum GSpG vgl. *Ch. Herbst/M. Weinhandl*, Das österreichische Glücksspielmonopol aus unions- und verfassungsrechtlicher Sicht, in Jahrbuch 2017 Öffentliches Recht, hg. v. *G. Baumgartner*, 2017, 121 ff.

cher Natur (s. daher die entsprechenden Ausführungen im Sachenrecht). Daneben gab es auch die Möglichkeit, dass sich der Schenker eine jährliche Rente auszahlen ließ, was seinem Anspruch schuldrechtlichen Charakter verlieh. In dem Maße, in dem schuldrechtliche Wirkungen in den Vordergrund traten, bildete sich die kirchliche Vorbehaltsschenkung zu einem Leibrentenvertrag um. Dagegen war der **Verpfründungsvertrag** von Anfang an rein schuldrechtlich konzipiert. Er bot die Möglichkeit, sich durch Eintritt in eine größere Gemeinschaft (Kirche, Kloster, Spital) bei gleichzeitiger Einbringung des gesamten Vermögens den lebenslangen Anspruch auf Unterhalt (Ernährung, Unterkunft, Bekleidung, Pflege) zu verschaffen. Daraus resultierten naturgemäß persönliche Abhängigkeitsverhältnisse, die sich in der Haus-, Leitungs- und Strafgewalt der Gemeinschaft äußerten. Die Fortbildung dieses Rechtsinstituts zu einem Leibrentenvertrag erfolgte insoweit, als die persönliche Abhängigkeit zunehmend zurücktrat und der Unterhalt, der zunächst nach subjektiven Maßstäben bemessen wurde, in vorausbestimmte Leistungen überging.

Ab dem 14. Jh. erhielt der Leibrentenvertrag dadurch ein völlig anderes Gesicht, dass er in die ganz anderen wirtschaftlichen Funktionen des **Leibrentenkaufs** gedrängt wurde. Der Leibrentenkauf fand deshalb so große Verbreitung, weil er auf erlaubte Weise (als Kauf unterlag er nicht dem Wucher- bzw. Zinsverbot) das Kapital- und Anlagebedürfnis (vor allem in der Aufbauphase der städtischen Wirtschaft und des Handelsverkehrs) befriedigte. Er diente der Übereignung von Kapital gegen eine feste Rente (anfangs 10% der Kapitalsumme, später stellte man auf das Lebensalter des Gläubigers ab). Diese Art der Leibrente hatte bereits rein schuldrechtlichen Charakter. Durch Radizierung konnte sie allerdings dinglich gesichert werden; damit wurde sie zur Reallast. Mit dem Ende des Zinsverbotes, dem Aufkommen öffentlicher Anleihen und der Einrichtung von Versorgungsanstalten verlor der Leibrentenvertrag immer mehr an Bedeutung.

Das *ABGB 1811* erwähnt ihn nur noch kurz unter den vertraglichen Schuldverhältnissen und hat ihn sowohl von der Reallast des Ausgedinges als vom Unterhaltsvertrag (der die Leistung an den Bedarf des Berechtigten bindet) getrennt. Wesentlich ist dem Leibrentenvertrag die genaue Vorausbestimmung des Leistungsinhalts.

m) Versicherungsvertrag

Lit.: *W. Ebel*, Die Hamburger Feuerkontrakte und die Anfänge des deutschen Feuerversicherungsrechts, 1936; *A. Ehrenzweig*, Deutsches (österreichisches) Versicherungsvertragsrecht, 1952; *H. Eichler*, Vom Zivilrecht zum Versicherungsrecht, FS H. Möller, 1972; *H. Eichler*, Versicherungsrecht, [2]1976; *L. Goldschmidt*, Handbuch des Handelsrechts, Universalgeschichte des Handelsrechts, I/1, [3]1891, Nachdr. 1957, 354 ff.; *P. Koch*, Ansätze zum Versicherungsgedanken in deutschrechtlichen Quellen bis zur Hamburgischen Assekuranz- und Havereiordnung von 1731, FS H. Eichler, 1977, 367 ff.; *P. Koch*, Versicherungswesen, HRG V, Sp. 815 ff.; *M. Leimdörfer*, Entwicklung und Organisation der Brandschadenversicherung in Österreich 1700–1848, Studien zur Sozial-, Wirtschafts- und Verwaltungsgeschichte I, 1905; *K. Nehlsen-von Stryk*, Die venezianische Seeversicherung im 15. Jahrhundert, 1986; *P. Perdikas*, Skizze einer Theorie über Geschichte und Begriff des Versicherungsvertrages, FS A. Donati I, 1970, 445 ff.; *H. Schmitt-Lermann*, Der Versicherungsgedanke im deutschen Geistesleben des Barock und der Aufklärung, 1954; *G. Schöpfer*, Sozialer Schutz im 16.–18. Jahrhundert, 1976.

Auch den Versicherungsvertrag rechnet das ABGB zu den Glücksverträgen. Er entsteht dadurch, dass jemand die Gefahr des Schadens, welcher einen anderen ohne dessen Verschulden treffen könnte, auf sich nimmt, und ihm gegen einen gewissen Preis den bedungenen Ersatz zu leisten verspricht (§ 1288). Den Versicherten trifft die Pflicht zur Prämienzahlung und zur Anzeige des Schadensfalles.

Ausdrücklich angeführt werden im ABGB die Transportversicherungen zu Wasser und zu Land sowie die Versicherung von Sachen gegen Feuer-, Wasser- und andere Gefahren. Die Seeversicherung ist dagegen von Anfang an den Seegesetzen vorbehalten worden. Heute hat sich das Versicherungsrecht verselbständigt (s. insbesondere das Versicherungsvertragsgesetz 1958, BGBl. 1959/2 und das Versicherungsaufsichtsgesetz 2016, BGBl. 2015/34 i. d. g. F.), den Bestimmungen des ABGB wurde materiell derogiert. Bemühungen um ein einheitliches europäisches Versicherungsrecht haben noch keinen Erfolg gezeigt.

In einem Naheverhältnis zum Versicherungsvertrag, aber auch zu geschichtlichen Erscheinungsformen des Leibrentenvertrags stehen die gesellschaftlichen Versorgungsanstalten (durch Einlagen gespeiste Versorgungsfonds für Mitglieder, ihre Gattinnen/Witwen und Waisen). Sie werden im ABGB nur kurz erwähnt.

Der Versicherungsvertrag hat zwei Wurzeln: eine **germanisch-deutschrechtliche**, die ins Recht der Genossenschaft führt, und eine **romanisch-mediterrane**, deren Nährboden die Seeversicherung war. Beide zusammen ließen in der Neuzeit das moderne Versicherungsrecht entstehen.

aa) Älteres Recht

Im *deutschen* Rechtsraum entwickelten Familie, Sippe und Dorfgemeinschaft erste Ansätze einer Risikoteilung. Sie waren als umfassende Lebensgemeinschaften organisiert, wozu auch die **gegenseitige** Unterstützung in Unglücksfällen gehörte. Das *römische* Recht besaß im Institut des **Seedarlehens** *(foenus nauticum)* eine Einrichtung, die wirtschaftlich betrachtet bereits risikostreuend wirkte. Bei diesem Geschäft streckte der Darlehensgeber das Kapital für einen Warentransport vor und erhielt es nebst ansehnlichen Zinsen nur dann zurück, wenn das Schiff heil am Bestimmungsort ankam[642]. Im Laufe des 14. Jhs. entwickelte sich aus diesem Darlehen die Prämienversicherung. Mit

642 Der Unterschied zum heutigen Versicherungsvertrag liegt auf der Hand: Die „Versicherungssumme“ (eigentlich das Darlehen) wird im Vorhinein gegeben und die „Prämie“ (eigentlich Zinsenertrag) vom Darlehensnehmer nur bei erfolgreicher Reise entrichtet.

ausschlaggebend dabei war das kanonische Zinsverbot, das für die entgeltliche Übernahme einer Gefahr nicht galt.

Die so entstehenden Versicherungsverträge waren noch keine Massenverträge, sondern trugen den Charakter einer „*Wettassecuranz*", d. h. es wurde nicht mit der Risikoteilung durch die große Zahl der Versicherungsnehmer gearbeitet. Im Gegensatz zu den germanischen Genossenschaften erhielten sie ein „spekulativ erwerbsmäßiges" Moment.

Die zunehmende wirtschaftliche Verflechtung führte die unterschiedlichen Vorstellungen über Zweck und Technik der Risikostreuung zusammen. Die Seeversicherung bildete sich zur Landtransportversicherung fort, mit erheblicher Verspätung kam es dann auch zur Personenversicherung[643]. In den Städten wurde die Entwicklung versicherungsähnlicher Einrichtungen von den Gilden, Zünften und Bruderschaften getragen. Umfassende Beistandspflichten aus existentieller Verbundenheit machten sie zu Risikogemeinschaften. Bereits aus dem 8. Jh. sind uns aber auch Aufnahmebedingungen bekannt, die Gildenmitglieder im Fall von Brand und Schiffbruch zur gegenseitigen Unterstützung verpflichteten. Man half einander im Krankheits- und Sterbefall sowie bei elementaren Schadensereignissen. Zünfte und Bruderschaften besaßen Verträge mit Spitälern und Armenhäusern, in denen sich diese verpflichteten, gegen einen bestimmten Pauschalbetrag, der aus der Zunftkassa geleistet wurde, Mitglieder der Zünfte und Bruderschaften zu versorgen. Im Bergbau entstanden Knappenkassen bzw. Bruderladen, die als entfernte Vorfahren der Sozialversicherung angesehen werden können. Im ländlichen Bereich bildeten sich auf der Grundlage nachbarschaftlicher Beziehungen sog. „Bauernassecuranzen", deren Aufgabe es war, Hilfestellung bei Brandschaden zu leisten.

Die Ansprüche auf genossenschaftlichen Beistand oder Nachbarschaftshilfe waren ursprünglich wohl im sittlichen Gemeinschaftsverhalten begründet, sehr bald jedoch konnte die übliche Natural- bzw. Geldhilfe auch klagsweise durchgesetzt werden.

bb) Neuzeitliche Rechtsentwicklung

Die zahlreichen Gefahren für den einzelnen (Kriege, wiederkehrende Seuchen, vor allem die Pest, Feuergefahr, Hagelschlag und Überschwemmung, Piraterie und Plünderungen) führten im 16. Jh. zur Ausbildung von **Versicherungsvereinen**, deren ausschließliche Aufgabe es war, den Mitgliedern Hilfe in bestimmten Schadensfällen zu gewähren. Ihr Schwachpunkt war die zu geringe Risikostreuung. Ein wichtiger Impuls für die Weiterentwicklung des Versicherungswesens ging daher von der Verwissenschaftlichung der Kalkulationsgrundlagen aus (Wahrscheinlichkeitsrechnung, Bevölkerungsstatistik).

---

643 Vor allem wohl deshalb, weil in Form von Leibrente, Ausgedinge und Wittum andere Versorgungsinstitute zur Verfügung standen.

Sie machte das Versicherungsgeschäft möglich und letztlich den Versicherungskontrakt zum reglementierten Massenvertrag.

Die frühest nachweisbare Konstituierung eines Versicherungsvereins erfolgte durch den sog. „Hamburger Feuerkontrakt", der hundert Hauseigentümer zur gegenseitigen Unterstützung im Brandfall zusammenschloss. Unter dem Eindruck großer Katastrophen (z. B. Brand von London 1666) entstand ein Bedürfnis nach Vereinigung von Versicherungsgesellschaften bzw. Rückversicherungen.

Als Rechtsgebiet blieb das Versicherungsrecht lange Zeit unzureichend ausgebildet. Der *Codex Theresianus* erwähnte unter den „Gewährungs- und Versicherungscontracten" lediglich die Transportversicherung. Über Betreiben *Martinis* wurde die Lebensversicherung („Von Glücks- und Wagverträgen"), deren rechtliche Zulässigkeit damals nicht unumstritten war, in die Entwürfe zum *ABGB* aufgenommen, wegen der Einwände von *Sonnenfels* letztendlich jedoch weggelassen. Gemessen an der gesellschaftlichen Bedeutung und dem wirtschaftlichen Umfang, den das Versicherungswesen im 19. und 20. Jh. erhalten sollte, waren und sind die Bestimmungen des *ABGB 1811* äußerst dürftig. Aus diesem Grund vollzog sich die weitere Entwicklung des Versicherungsrechts nicht auf dem Boden des ABGB, sondern durch eine Reihe von **Spezialgesetzen**. Die Sozialversicherung konnte sich überhaupt als eigenes Rechtsgebiet etablieren.

C. Gesetzliche Schuldverhältnisse

Ein Schuldverhältnis kann nicht nur durch privatautonome Rechtsetzung, sondern auch unmittelbar aufgrund des Gesetzes entstehen, so die Rechtsbeziehungen aus **Schadenersatz, Bereicherung** und **Geschäftsführung ohne Auftrag**. Auch Unterhaltsansprüche (die wir allerdings dem Familienrecht zuordnen) knüpfen unmittelbar an die Verwirklichung eines gesetzlichen Tatbestandes an.

Eine Sonderstellung nimmt in diesem Bereich das **vorvertragliche Schuldverhältnis** ein. Es legt den möglichen Geschäftspartnern schon bei ihrer Kontaktaufnahme gegenseitige Sorgfalts- und Treuepflichten auf und lässt sie für pflichtwidrig verschuldeten Schaden auch dann haften, wenn die Voraussetzungen der Deliktshaftung nicht vorliegen. Diese Haftung besteht unabhängig davon, ob der Vertrag (die Hauptverbindlichkeit) zustande kommt. Zwischen die Haftung aus Vertrag und unerlaubter Handlung tritt also – grundgelegt von *Rudolph v. Ihering*[644] – jene aus „Verschulden beim Vertragsschluß" *(„culpa in contrahendo")*. Gemessen an rechtshistorischen Dimensionen hat sie erst jüngst Anerkennung gefunden, als die Lehre aus vereinzelten

644 Iherings Jahrb. 4, 1861; dazu *K. Luig*, Von Savignys Irrtumslehre zu Iherings culpa in contrahendo, ZNR 1990, 68 ff; *J. Benedict*, Culpa in Contrahendo – Transformation des Zivilrechts I, 2018.

Bestimmungen über vorvertragliche Pflichten im ABGB allgemeine Grundsätze eines vertragsähnlichen Schuldverhältnisses entwickelte.

1. Schadenersatzrecht

Lit.: *P. Apathy*, Historisches und Dogmatisches zur Entschädigung für die Verhinderung des besseren Fortkommens (§ 1326 ABGB, § 13 Z 5 AtomHG, § 13 Z 5 EKHG), FS R. Strasser, 1993, 1 ff.; *R. Bartsch*, Grundfragen des Schadenersatzrechtes, FS ABGB I, 1911, 655 ff.; *W. G. Becker*, Das Recht der unerlaubten Handlung, 1976; *A. Deutsch/P. König* (Hg.), Das Tier in der Rechtsgeschichte, 2017; *I. Ebert*, Fahrlässigkeit, HRG ²I, Sp. 1470 ff.; *W. Engelmann*, Die Schuldlehre der Postglossatoren und ihre Fortentwicklung, ²1965; H. *Hattenhauer*, Grundbegriffe des Bürgerlichen Rechts, 1982, 97 ff.; *J. W. Hedemann*, Die Fortschritte des Zivilrechts im XIX. Jahrhundert I, 1910, 81 ff., Neudr. 1968; *R. Hochstein*, Obligationes quasi ex delicto, 1971; *H. J. Hoffmann*, Die Abstufung der Fahrlässigkeit in der Rechtsgeschichte. Unter besonderer Berücksichtigung der culpa levissima, 1968; *E. Kaufmann*, Erfolgshaftung, HRG I, Sp. 989 ff.; *E. Kaufmann*, Fahrlässigkeit, HRG I, Sp. 1045 ff.; *E. Kaufmann*, Das spätmittelalterliche deutsche Schadenersatzrecht und die Rezeption der „actio iniuriarum aestimatoria", ZRG GA 78, 1961, 93 ff.; *E. Kaufmann*, Sühne, Sühneverträge, HRG V, Sp. 71 ff.; *H. Kaufmann*, Rezeption und usus modernus der actio legis Aquiliae, 1958; *H. Kreller*, Römisches Recht, II Grundlehren des Gemeinen Rechts, 1950, 299 ff., 388 ff.; *H. Lange*, Bartolus' Einfluß auf die Entwicklung des Schadenersatzrechts, Bartolo II, 1962, 281 ff.; *H. Lange*, Schadenersatz und Privatstrafe in der mittelalterlichen Rechtstheorie, 1955; *R. Ogorek*, Untersuchungen zur Entwicklung der Gefährdungshaftung im 19. Jahrhundert, 1975; *W. Ogris*, Schaden(s)ersatz, HRG IV, Sp. 1335 ff.; *W. Ogris*, Unerlaubte Handlung, HRG V, Sp. 456 ff.; *W. Pennricht*, Der Inhalt des Schadenersatzes im Naturrecht des 17. und 18. Jahrhunderts, 1963; *L. Pfaff*, Gutachten zur Lehre von Schadenersatz und Genugtuung nach österr. Recht, 1880; *J. Pohl*, Die Entwicklung der Lehre von der Haftung des Schuldners für seine Hilfspersonen im 19. Jahrhundert, 1959; *A. Randa*, Die Schadenersatzpflicht nach österreichischem Rechte, 1907; *M. Rümelin*, Die Gründe der Schadenszurechnung, 1896; *E. Steinbach*, Die Grundsätze des heutigen Rechtes über den Ersatz von Vermögensschäden, 1888; *J. Unger*, I. Handeln auf eigene Gefahr, ³1904, II. Handeln auf fremde Gefahr, 1894; *J. Weitzel*, Erfolgshaftung, HRG ²I, Sp. 1395 ff.; *D. Werkmüller*, Tierhalterhaftung, HRG V, Sp. 231 ff.; *H. J. Wieling*, Interesse und Privatstrafe vom Mittelalter bis zum Bürgerlichen Gesetzbuch, 1970.

Unter **Schaden** versteht man jeden Nachteil aus der Verletzung eines geschützten Rechtsgutes, den Verlust an persönlicher oder sachlicher Integrität sowie die Beeinträchtigung des Vermögens (sei es auch nur durch Vernichtung einer Erwerbschance). Das **Schadenersatzrecht** regelt die Voraussetzungen, unter denen jemand seinen Schaden von einem anderen ersetzt verlangen kann, und sagt auch, wie Ersatz zu leisten ist (Wiederherstellung, Geldersatz, Schmerzengeld).

Grundsätzlich trifft ein Schaden denjenigen, in dessen Vermögen oder Person er sich ereignet. Damit ein anderer ersatzpflichtig wird, muss ihm die Ursache des Schadens zurechenbar sein. Sie ist es vor allem dann, wenn er den Schaden *rechtswidrig* (gegen eine Rechtsnorm oder die guten Sitten verstoßend) und *schuldhaft* (vorsätzlich oder fahrlässig) selbst herbeigeführt hat **(Verschuldenshaftung)**. In manchen Fällen genügt stattdessen ein juristisches Naheverhältnis zur Schadensursache **(Haftung ohne Verschulden)**. Dies kann etwa dadurch begründet werden, dass man sich zur Erfüllung eines bestehenden Schuldverhältnisses oder zur Besorgung seiner Angelegenheiten einer anderen Person bedient **(Gehilfenhaftung)**, eine gefährliche Sache z. B. ein Kraftfahrzeug benützt **(Gefährdungshaftung)**, eine fehlerhafte Sache erzeugt **(Produkthaftung)** oder durch indeterminiertes Handeln soziales Unrecht herbeiführt **(Ausgleichspflicht Verschuldensunfähiger)**. Eine Verschärfung der Verschuldenshaftung besteht dort, wo sich der Verursacher eines Schadens nur durch den Nachweis seiner Schuldlosigkeit von der Ersatzpflicht befreien kann. Wer vorgibt, dass er an der Erfüllung seiner vertragsmäßigen oder gesetzlichen Verbindlichkeit ohne sein Verschulden verhindert worden sei, dem liegt der Beweis ob **(Beweislastumkehr)**. Wenn der Schuldner auf Grund vertraglicher Vereinbarung nur für grobe Fahrlässigkeit haftet, muss er auch beweisen, dass es an dieser Voraussetzung fehlt. Auch für den Schaden, den ein Tier (oder Bauwerk) anrichtet, ist der Halter (Besitzer) verantwortlich, wenn er nicht beweist, dass er für die erforderliche Verwahrung oder Beaufsichtigung gesorgt (alle zur Abwendung der Gefahr erforderliche Sorgfalt angewendet) hatte.

Schadenersatz bedeutet primär die Rückversetzung in den vorigen Zustand **(Naturalrestitution)**. Ist dies nicht tunlich (unmöglich oder unwirtschaftlich), ist **Geldersatz** zu leisten. Der Umfang der Schadenersatzpflicht richtet sich nach dem Grad des Verschuldens, das der Ersatzpflichtige zu verantworten hat. Handelte der Schädiger **leicht fahrlässig** (d. h. so sorglos, wie sich auch ein durchschnittlich normbewusster Mensch zuweilen verhält), ist – nach objektiven Bewertungsmaßstäben – nur der **erlittene (positive) Schaden** (der Verlust an vorhandener Vermögenssubstanz) zu ersetzen, bei **Vorsatz** (bewusster und gewollter Schadensverwirklichung) oder **grober Fahrlässigkeit** (Außerachtlassung einer naheliegenden, leicht erkennbaren Gefahr) darüber hinaus der entgangene Gewinn. Diese **„volle Genugtuung“**, in der das Gesetz auch eine Tilgung der verursachten Beleidigung sieht, hat die subjektive Vermögenssituation des Geschädigten zu berücksichtigen und ihn so zu stellen, als ob das schädigende Ereignis gar nicht eingetreten wäre. Seit In-Kraft-Treten des Gewaltschutzgesetzes[645] im Jahr 1997 ist bei einem Eingriff in die geschlechtliche Selbstbestimmung einer Person neben dem erlittenen Schaden und entgangenen Gewinn nun auch der immaterielle Schaden zu ersetzen. Mit dem Zivilrechts-Änderungsgesetz 2004[646] erhielt die Privatsphäre eines Menschen Schutz durch das Schadenersatzrecht. Rechtswidrige und schuldhafte Eingriffe in die Privatsphäre sowie die rechtswidrige und schuld-

645 BG vom 30.12.1996, BGBl. 759.

646 BG vom 28.1.2003, BGBl. I 91. Die Bestimmungen des § 1328a ABGB sind mit 1.1.2004 in Kraft getreten. Sie sind nur auf Schäden anzuwenden, die nach diesem Zeitpunkt verursacht wurden.

hafte Offenbarung oder Verwertung von Umständen aus der Privatsphäre führen zur Ersatzpflicht für den dadurch entstandenen Schaden (§ 1328a). Bei erheblichen Verletzungen der Privatsphäre umfasst der Ersatzanspruch auch den immateriellen Schaden. § 1328a soll vor der Preisgabe geheimer persönlicher Daten schützen (z. B. bei Verstößen gegen die Amtsverschwiegenheit, Verletzungen des Brief- und Fernmeldegeheimnisses, Missbrauch von Tonaufnahmen und Abhöreinrichtungen)[647]. Die Überwachung auf Grund rechtlicher Befugnis oder bestimmter öffentlicher Plätze wird hingegen von § 1328a nicht erfasst.

a) Haftung für eigenes Handeln

aa) Älteres Recht

Die entstehungsgeschichtliche Verwandtschaft zwischen Schuld- und Strafrecht zeigt sich besonders deutlich in den Rechtsfolgen der unerlaubten Handlung (Missetat). Es wurde lange Zeit nicht zwischen der strafrechtlichen und privatrechtlichen Komponente eines Delikts unterschieden, und auch der Bruch einer vertraglichen Vereinbarung bot keine Handhabe, ihn anders zu beurteilen, als den strafbaren Friedensbruch. Eine mögliche Folge jeder strafbaren Handlung war die **Privatstrafe**, die zugleich mit der Bestrafung des Übeltäters auch die pauschale Wiedergutmachung des begangenen Unrechts übernahm. Sie bestand in der **Buße**[648], die dem Geschädigten (seinen Hinterbliebenen) zu leisten war. Nur ganz selten gab es neben der Privatstrafe auch eine öffentliche (peinliche) Strafe, doch war seit der fränk. Zeit ein Teil der (Gesamt-)Buße an die öffentliche Gewalt zu entrichten (Wette, Brüche, Friedensgeld, fredus).

Die Grundbuße für die Tötung eines freien Mannes war das *Wergeld*. Danach richtete sich auch die Buße für jede Art von Körperverletzung. Die Volksrechte kannten regelrecht Tarife, die nach Stand, Alter und Geschlecht das jeweilige Wergeld festsetzten, das der Familie des Getöteten (üblicherweise in einem Münzbetrag) zu leisten war. Die Körperverletzung musste mit einer Quote des Wergelds oder einem entsprechend niedrigeren Fixbetrag abgegolten werden. Ein darüber hinausgehendes Schmerzengeld war dem älteren Recht unbekannt.

---

647 Die Verletzung der Privatsphäre durch Medien unterliegt den Bestimmungen des Mediengesetzes, BGBl. I 1981/314; die Rahmenbedingungen für die elektronische Verarbeitung personenbezogener Daten schafft das Datenschutzgesetz, BGBl. I 1999/165, welches in Umsetzung der europäischen Datenschutzgrundverordnung durch BGBl. I 2017/120 grundlegend novelliert wurde.

648 Während die ältere Forschung von einem klar strukturierten umfassenden Bußenstrafrechtssystem ausgeht, kritisiert die neuere Forschung die strafrechtliche Zuordnung aller Sühneleistungen und will ein neues ma. „Unrechtsausgleichssystem" entwickeln. Tragende Fundamente für ein solches Gedankengebäude fehlen noch (informativ dazu *E. Schumann*, Kompositionensystem, HRG ²II, Sp. 2003 ff. mit weiterführenden Lit. hinweisen).

Jede widerrechtliche Handlung, die Schaden bewirkte, aber auch jede schadenskausale Unterlassung, die eine bestehende Handlungs(Beistands-)pflicht verletzte, löste die Bußpflicht (Schadenersatzpflicht) aus. Ein dem Schädiger vorwerfbares persönliches Fehlverhalten (Verschulden) wurde nicht verlangt: „Die Tat tötet den Mann"; „Der unwillig getan, muß willig zahlen" **(Verursachungsprinzip; Erfolgshaftung)**[649]. Da der bloße Kausalzusammenhang zwischen Tat und Erfolg genügte, konnten sich auch Willensunfähige durch die Herbeiführung eines Schadens haftbar machen (z. B. Kinder oder Geisteskranke).

Eine gewisse Berücksichtigung fand das Verschulden des Täters bereits in früher Zeit dadurch, dass man die Rechtsfolgen der Übeltat nicht immer gleich ansetzte. Bei Handlungen, die nach damaliger Erfahrung ohne Absicht des Täters einen Schaden herbeiführten und im Strafrecht als **Ungefährwerke** bezeichnet wurden, reduzierte sich die Buße auf ihre Wiedergutmachungsfunktion, sodass die vorsatzlose Tat faktisch nur mehr schadenersatzpflichtig machte. Das war etwa dann der Fall, wenn mehrere Personen einen Baum fällten und einer von ihnen dabei vom stürzenden Baum erschlagen wurde; wenn jemand Fallen zum Wildfang auslegte und eine Person in die Falle geriet; wenn bei der Jagd auf einen Vogel geschossen und dabei ein Mensch getroffen wurde; oder wenn ein Kind vor das Pferd eines Reiters lief und niedergestoßen wurde. Ähnlich war die Situation bei Notwehr.

Wer in Notwehr einen Menschen tötete oder verletzte, hatte keine Buße im engeren Sinn zu zahlen, wohl aber Wergeld als Schadenersatz zu entrichten.

Mit dem Erstarken der öffentlichen Strafgewalt im Hoch- und Spätma. verlor die dem Verletzten (Geschädigten) entrichtete Buße ihren Strafcharakter und wurde zum **privaten Schadenersatz**. Wer eine andere Person aus Arglist oder Fahrlässigkeit tötete, erhielt nunmehr eine **öffentliche Strafe**, die er – so sie in Geld zu entrichten war – nicht mehr an die Familie des Getöteten, sondern an das Gericht oder die Stadtkasse abzuführen hatte. Das traditionelle Wergeld musste nur noch dann gezahlt werden, wenn keine Strafe verhängt werden konnte, z. B. weil der Täter nicht zurechnungsfähig oder ein Kind war. Im Falle schuldhafter Körperverletzung erwartete den Übeltäter öffentliche Bestrafung, und er musste überdies dem Geschädigten Schadenersatz leisten. Ab dem 15. Jh. löste sich dann der private Schadenersatzanspruch überhaupt von der strafrechtlichen Verantwortung des Schädigers.

Auf die inhaltliche Weiterentwicklung des Schadenersatzrechts hatte nicht zuletzt die Kirche großen Einfluss, die versuchte, das Schadenersatzrecht an der christlichen Moral auszurichten. Der Rechtsbruch wurde mit der Sünde verglichen, zu deren Wesen die böse Gesinnung des Täters gehörte. Dieses Eingehen auf die subjektive Einstellung des Täters förderte die Loslösung von der Erfolgshaftung. Als Maß der Vorwerfbarkeit erkannte man die Zielrichtung des Willens und unterschied zwischen *Vorsatz* (dolus) sowie mehreren Abstufungen der *Fahrlässigkeit* (culpa). Jede schuldhafte Scha-

649 Vereinzelten Lehrmeinungen einer schon dem MA. vertrauten Verschuldenshaftung hält *J. Weitzel*, Erfolgshaftung, HRG ²I, Sp. 1395 ff., auf Grund seiner neueren Forschungen zum frühma. Unrechtsausgleich entgegen, dass der Schuldgedanke nicht als „leitende Idee" des frühma. Sanktionenrechts angesehen werden kann (Sp. 1401).

denszufügung hatte demnach innere Auswirkungen, die die Sünde mit sich brachte, und nach außen hin die Verpflichtung zum Schadenersatz bzw. die Verhängung einer Strafe.

bb) Neuzeitliche Rechtsentwicklung

Am Ende des MA. war das deutsche Recht bereits zu einem einheitlichen **Begriff der unerlaubten Handlung** vorgedrungen. Demnach wurde die Schadenersatzpflicht von jeder widerrechtlichen Verletzung eines fremden Rechtsgutes ausgelöst. Ein solcher Begriff fehlte dem römischen Recht, das nur für dolos verursachte Schäden eine allgemeine Ersatzpflicht entwickelt hatte. Im Übrigen behalf man sich mit kasuistisch gesetzten, immerzu vermehrten Einzeltatbeständen, den **privatrechtlichen Delikten**. Die systematische Bearbeitung dieser Bestimmungen durch die Glossatoren und Kommentatoren gab der Gemeinrechtswissenschaft zwar kein besonders fortschrittliches und schon gar kein allgemeines Schadenersatzrecht an die Hand, doch konnte immerhin der Buß- und Sühnecharakter der Deliktsfolgen abgebaut werden. Das gemeine Recht vermochte daher einzelne Schadenersatzansprüche in geläuterter Form anzubieten.

Dies auch in jenen Bereichen, in denen das römische Recht bis zuletzt Schadenersatz mit Strafe verquickt hatte. Die *lex Aquilia* z. B., die im Falle der Tötung fremder Sklaven oder vierfüßiger Herdentiere sowie beim Verbrennen, Zerbrechen, Zerreißen oder Verstümmeln fremder Vermögensgüter einen aus Bußelementen angereicherten Schadenersatzanspruch gewährte, wurde teilweise nicht rezipiert (fallengelassen wurde etwa die Verdoppelung des Schadenersatzes als Strafe für das Leugnen, aber auch die Schadensbemessung nach dem Höchstwert der beschädigten Sache im abgelaufenen Jahr).

Voll zum Durchbruch gelangte das (römischrechtliche) **Verschuldensprinzip**. Der Geschädigte hatte nunmehr zu beweisen, dass ihm der Schaden schuldhaft (vorsätzlich oder fahrlässig) zugefügt worden war. Gelang ihm dieser Beweis, konnte er vom Schädiger den konkreten Schaden ersetzt verlangen und war nicht auf fixe Taxen angewiesen (allerdings auch nicht berechtigt, sie zu fordern). Hierbei wirkte der von den Glossatoren entwickelte Begriff des „Interesses" (Schaden und entgangener Gewinn) auf die Bemessung ein. Der Anerkennung von Schmerzengeldansprüchen setzten die Rezeptionsjuristen wegen des vermeintlichen Bußcharakters Widerstand entgegen.

Die Weiterentwicklung des Schadenersatzrechts durch die Naturrechtslehre drückt sich im umfassenden Gebot **„neminem laedere"** (niemanden verletzen) aus. Wer vorsätzlich oder fahrlässig diesem Gebot zuwiderhandelte und dadurch irgendeinen Schaden an fremden Rechten verursachte, hatte ihn zu ersetzen. Diese Verpflichtung ergab sich aus dem vernünftigen Interessenausgleich und hatte mit Strafe nichts zu tun. Ein (nicht sofort durchsetzbares) Anliegen der Naturrechtslehre war es daher, das Schadenersatzrecht von allen Relikten der Buße zu befreien. Ob darunter auch das Schmerzengeld zu verstehen sei, war strittig.

Den ersten Versuch, gemeinrechtliche und naturrechtliche Erkenntnisse systematisch in einem allgemeinen und besonderen Teil des Schadenersatzrechts darzustellen, unternahm der *Codex Theresianus*. Er trennte den Schadenersatz aus Vertragsbruch vom Schadenersatz aus detailliert geregelten „Verbrechen" (die außer öffentlicher Bestrafung und genereller Schadenersatzpflicht manchmal noch Bußleistungen nach sich zogen), ließ aber in beiden Fällen den Schädiger (mit wenigen Ausnahmen) nur für vorsätzliches und fahrlässiges Handeln haften. Diesem Verschuldensprinzip getreu hatten Kinder, Blödsinnige, Wahnwitzige, Mondsüchtige und Schlafgänger nicht für die durch sie entstandenen Schäden einzustehen, es hafteten vielmehr die, denen eine Vernachlässigung der Obsorge zur Last fiel. Nicht schadenersatzpflichtig war auch, wer in Not handelte.

Das *ABGB 1811* knüpfte die Verbindlichkeit zum Schadenersatz fast ausschließlich an ein **Verschulden des Schädigers**, ging also davon aus, dass grundsätzlich nur für eigene Handlungen gehaftet werde (zu den Ausnahmen s. später). Dabei unterschied es nicht zwischen der Übertretung einer Vertragspflicht und anderen widerrechtlichen Beschädigungen. Die strikte Verwirklichung des Verschuldensprinzips zeigt sich darin, dass im Zweifel das Fehlen eines Verschuldens angenommen wurde (§ 1296) und nur bei Nichterfüllung einer vertraglichen oder gesetzlichen Verbindlichkeit eine Umkehr der Beweislast eintreten sollte (§ 1298). § 1306 bestimmte dazu noch ausdrücklich, dass für unverschuldete oder unwillkürliche Handlungen in der Regel nicht gehaftet werde. Lediglich Billigkeitserwägungen (letztlich anhand einer Gegenüberstellung der Möglichkeiten des Schädigers und des Geschädigten zum Schadensausgleich) konnten dazu führen, dass ein Verschuldensunfähiger (z. B. ein Kind) aus eigenem Handeln haftbar wurde (§ 1310). Schließlich hat man sogar – wie eingangs erwähnt – den Umfang der Ersatzpflicht vom Grad des Verschuldens abhängig gemacht. Die Bedenken gegen das Schmerzengeld, in dem nunmehr eine echte Schadenersatzleistung erkannt wurde, sind gefallen.

b) Haftung für fremde Personen

aa) Älteres Recht

In älterer Zeit haftete die gesamte Sippe für Delikte, die ein Mitglied beging. In gleicher Weise haftete der Hausvater für alle muntunterworfenen Hausmitglieder, insbes. auch für das Gesinde. Die Haftung entstand einerseits aus der Statusvertretung, andererseits aus der Rechtsüberzeugung, dass jeder, der einem „Rechtsbrecher" Unterkunft und Verpflegung gibt, diesen begünstige. Schon bald konnte man dieser Haftung durch die Preisgabe oder Auslieferung des Täters entgehen. Sie bedeutete ursprünglich volle Bußpflicht, wurde jedoch später der Ersatzpflicht bei Ungefährwerken angeglichen. Im MA. erweiterte sich der Anwendungsbereich der Haftung für fremde Handlungen dadurch, dass Handwerker für ihre Gesellen einzustehen hatten.

bb) Neuzeitliche Rechtsentwicklung

Das römisch-gemeine Recht kannte eine Haftung für andere nur bei Vorliegen von eigenem schuldhaften Handeln. Daher hatte der Geschäftsherr für Delikte seines Gehilfen nur einzustehen, wenn ihn ein **Auswahlverschulden** traf *(culpa in eligendo)*. Die wenigen Ausnahmen von diesem Grundsatz waren eher der Vermutung eines nicht nachweisbaren Verschuldens zuzuschreiben oder verstanden sich als Druckmittel zur Auslieferung des Schuldigen. So hafteten die „verruchten“ Gastwirte, Stallwirte und Schiffer für Handlungen ihrer Dienstleute, der Hausvater für die seiner Gewalt unterworfenen Personen (soferne er sich der Rache des Geschädigten in den Weg stellte). Die Rechtspraxis blieb dennoch in vielen Bereichen (etwa im Gesinderecht) den deutschrechtlichen Ansichten verbunden. Man wollte sie generell dadurch legalisieren, dass man sich bemühte, die gemeinrechtliche Gastwirthaftung auf alle Dienstherrn auszudehnen. Der Erfolg dieser Bestrebungen war vorerst gering, da sie das Verschuldensprinzip in Frage stellten.

Der *Codex Theresianus* sah die Haftung für Handlungen Gewaltunterworfener (Kinder, Ehefrau, Untertanen, Dienstboten) nur unter besonderen Voraussetzungen vor. Bei allen diesen Tatbeständen (mangelhafte Obsorge; wenn man sich wissentlich „böser Leute bediente“; wenn man dem Gewaltunterworfenen etwas befahl, was die Schädigung herbeiführte; wenn man die schädigende Handlung im Nachhinein guthieß) stand ein Verschulden des Hausherrn im Hintergrund.

Das *ABGB 1811* knüpfte die Haftung für fremde Handlungen ebenfalls an Verschuldenstatbestände. Nur dort, wo das römisch-gemeine Recht verschuldensunabhängige Haftungsgründe entwickelt hatte (Haftung der Wirte, Schiffer und Fuhrleute für ihre Leute; Haftung des Wohnungsinhabers für Personen, die jemanden durch Herauswerfen oder Herausgießen aus der Wohnung beschädigen), oder ein besonderes vertragliches Naheverhältnis zwischen dem Geschädigten und dem Ersatzpflichtigen bestand (Haftung des Bestandnehmers für den vom Unterbestandnehmer verschuldeten Schaden am Bestandobjekt), löste sich auch das ABGB vom Verschuldensprinzip. Die sonstigen Ausnahmen vom Grundsatz, dass für fremde, widerrechtliche Handlungen nicht gehaftet wird, griffen durchwegs auf ein Verschulden des Geschäfts- oder Hausherrn zurück. Es konnte darin gelegen sein, dass er die zufällige Beschädigung durch die Übertretung einer vertraglichen oder gesetzlichen Verpflichtung veranlasste (casus mixtus), sich ohne Not in fremde Geschäfte einmengte, die notwendige Aufsicht über eine ihm anvertraute oder unterstehende Person vernachlässigte oder seine Gehilfen zu wenig sorgfältig auswählte.

Daher haftete z. B. der Verwahrer für ein Verschulden desjenigen, dem er die hinterlegte Sache vertragswidrig weitergegeben hatte, der Werkunternehmer für die Substituten, der Aufseher für den Pflegling, wer eine Dienstperson ohne Zeugnis aufnahm, wer wissentlich eine durch ihre Leibes- oder Gemütsbeschaffenheit gefährliche Person behielt, wer einen bekannten Verbrecher beherbergte oder wer wissentlich eine gefährliche oder untüchtige Person zur Besorgung eigener Geschäfte bestellte.

c) Haftung für Sachen und Tiere

aa) Älteres Recht

Im älteren Recht bestand eine **strafrechtliche Haftung des Eigentümers** für das Unheil, das seine Knechte und Haustiere, ja sogar leblose Gegenstände seines Eigentums angerichtet hatten. Demnach war bußpflichtig, wem die von Hand hergestellte Sache (z. B. Waffe, Tierfalle, Brunnen, Grube, Balken oder Mühlrad) gehörte, durch die ein Mensch oder Haustier verunglückte. Bei Tieren stand zwar die Vorstellung eigener Verantwortlichkeit im Vordergrund (Tierprozesse, Tierstrafen)[650], doch wurde die Haftung des Halters dadurch hergestellt, dass das Tier bei ihm Zuflucht nahm, weil damit der Tatbestand der Begünstigung eines der Fehde ausgesetzten Täters verwirklicht war.

Seit alters her galten allerdings jene Unglücksfälle, die durch leblose Gegenstände veranlasst worden waren, als **Ungefährwerke**. Die Bußleistung des Eigentümers beschränkte sich daher darauf, Ersatz zu leisten, und selbst der wurde im Laufe der Zeit nur mehr mit einer Quote des Bußsatzes für die absichtslose Tat bemessen. Schließlich konnte sich der Eigentümer durch die **Preisgabe** (Auslieferung) der Sache überhaupt von jeder weiteren Ersatzpflicht befreien, was auf eine **reine Sachhaftung** hinauslief. Sie scheint sehr früh auch die eigentliche Konsequenz der Haftung für ein schadenstiftendes Tier gewesen zu sein, sofern dem Eigentümer nicht ein Verschulden zur Last fiel. Er befreite sich von diesem Vorwurf, indem er schwor, von der Gefährlichkeit des Tieres nichts gewusst zu haben **(Gefährdeeid)**. Der Halter eines bösartigen oder wilden Tieres hatte demnach für eigenes Verschulden zu büßen.

bb) Neuzeitliche Rechtsentwicklung

Die **Haftung für leblose Gegenstände** ist im MA. aus dem praktischen Rechtsleben zurückgetreten. Auch das römisch-gemeine Recht ließ sie nicht wieder auferstehen, wenngleich die *actio de deiectis vel effusis* den Gedanken einer Haftung für die eigenverantwortliche Benützung einer gefährlichen Sache anklingen lässt. Erst die Haftungsprobleme im Gefolge **zunehmender Betriebsgefahren** (Bergwerksanlagen, Eisenbahn) erforderten eine Rückbesinnung auf die **verschuldensunabhängige Haftung** des Unternehmers oder Besitzers einer schadengeneigten Sache.

Es ginge allerdings zu weit, in der urtümlichen Haftung für eigene Sachen und der im 19. Jh. entwickelten **Gefährdungshaftung** mehr als eine Ähnlichkeit einzelner Wesenszüge erkennen zu wollen. Die Rückkehr zur verschuldensunabhängigen Haftung wurde durch die Erkenntnis erzwungen, „daß die Fortschritte der Industrie Verhält-

650 Dazu etwa die Beiträge von *P. Dinzelbacher* und *St. Meder* in Das Tier in der Rechtsgeschichte, hg. v. *A. Deutsch/P. König*, 2017, 413 ff. u. 463 ff.

nisse geschaffen haben, denen gegenüber die allgemeinen Grundsätze über die Verpflichtung zum Schadenersatz nicht mehr für ausreichend erachtet werden können"[651].

Fortgeführt wurde dagegen die **Haftung des Tierhalters**, die in der römisch-gemeinrechtlichen *actio de pauperie* eine weitgehende Entsprechung fand. Demnach hatte der Herr des schadenstiftenden Tieres Ersatz zu leisten, außer es wurde von einem Dritten oder dem Geschädigten selbst dazu angetrieben oder verleitet. Von dieser Gefährdungshaftung konnte sich der Tierhalter in der Regel dadurch befreien, dass er das Tier dem Geschädigten auslieferte oder im Falle der Tötung oder Verletzung einer Person selbst tötete. Richteten Tiere einen Flur- oder Feldschaden an, konnte sie der Eigentümer des beschädigten Grundstückes zurückbehalten und verkaufen oder sich aneignen, falls ihm der Tierhalter den Schaden nicht binnen acht Tagen ersetzte (Viehschüttung; Tierpfändung[652]; so z. B. ausdrücklich der Tractatus de jur. incorp. 14. Tit. § 1).

Der missbräuchlichen Ausübung dieses Rechts wurde in der Regel dadurch begegnet, dass die Tiere nur gefangen genommen werden durften, solange sie sich auf dem fremden Grundstück befanden, dass der Geschädigte sofort herausgeben musste, was er nicht zur Deckung der zweifachen Schadenshöhe benötigte, und dass schließlich auch der den eigentlichen Schaden übersteigende Mehrerlös eines Verkaufs dem Tierhalter ausgefolgt werden musste.

In diesem Sinn fand die Tierhalterhaftung auch Aufnahme in den *Codex Theresianus* und von dort in das *ABGB 1811*. Die Redaktoren des ABGB reduzierten allerdings die verschuldensunabhängige Haftung auf den Anlassfall der Viehpfändung und beschränkten auch dieses Recht des Geschädigten auf so viele Stücke Vieh, als zu seiner Entschädigung hinreichten.

d) Weiterentwicklung des Schadenersatzrechts nach dem ABGB 1811

Die Probleme des Schadenersatzrechts waren mit dem In-Kraft-Treten des ABGB keineswegs ausgeräumt. War man sich in Teilbereichen (etwa das Gesinderecht oder die Haftung für Dienstleute in Gewerbebetrieben betreffend) von vorneherein klar, nicht ohne **sondergesetzliche Regelungen** auszukommen, wurden durch die stürmische industrielle Entwicklung und den Ausbau der Verkehrswege immer neue Anforderungen an das Haftpflichtrecht herangetragen. Es machten sich aber auch im gewohnten Umfeld alltäglicher Rechtskonflikte Unzulänglichkeiten einer rein am Verschuldensprinzip ausgerichteten Schadenersatzpflicht bemerkbar. Die **Reformvorhaben** zielten vor allem auf eine Haftung für Schäden beim Betrieb von Anlagen und Unternehmungen, die erkennbar mit einer außergewöhnlichen Gefährdung von

651 So der Motivenbericht zum Reichshaftpflichtgesetz, *J. W. Hedemann*, Die Fortschritte des Zivilrechts im XIX. Jahrhundert I, 1910, 99.

652 Vornehmlich nach Tiroler Quellen, dargestellt von *N. Grass*, Beiträge zur Rechtsgeschichte der Alpwirtschaft, 1948, 62 ff.

Menschen und Sachen verbunden sind (z. B. Eisenbahnen und Bergwerksanlagen), auf eine Erweiterung der Haftung für Dritte und Tiere und nicht zuletzt auf wirksame Maßnahmen gegen den Rechtsmissbrauch, nachdem sich die in § 1305 niedergeschriebene Überzeugung, wer nur sein Recht ausübt, schade dadurch niemandem, als eher unheilvoll herausgestellt hatte. Schließlich sollten die Möglichkeiten einer Gerichtsentscheidung nach billigem Ermessen erweitert werden, um den Umständen des konkreten Schadensfalles besser Rechnung tragen zu können.

Die ersten Ansätze einer Reform sind in jenen **Sondergesetzen** zu finden, deren Materie ausdrücklich (Haftung der öffentlichen Transportanstalten) oder stillschweigend (z. B. Gesinderecht) einer eigenen Regelung vorbehalten worden war. Bereits zwei Hofdekrete aus den Jahren 1816 und 1821 gingen jedoch davon unabhängig an eine *Neuregelung der Tierhalterhaftung* für „Hundswut" heran und versuchten einen Schadensausgleich nach Billigkeitserwägungen. Das *Eisenbahnhaftpflichtgesetz 1869* brachte insofern eine grundlegende Neuregelung, als bei der Verletzung oder Tötung von Menschen durch eine Ereignung im Verkehr ein Verschulden des Bahnunternehmers oder seiner Leute vermutet wurde, das nur durch den Nachweis eines unabwendbaren Zufalls (höhere Gewalt) entkräftet werden konnte. Schon bald zeigten sich Bestrebungen, dieses Gesetz auch auf den Betrieb gefährlicher Anlagen der Großindustrie und des Bergbaus anzuwenden. Ähnlich wurde dann im Jahr 1908 (RGBl. Nr. 162) die Haftung für den Halter eines Kraftfahrzeuges geregelt[653]. Ganz anders und dazu noch im Bereich des öffentlichen Rechts gestaltete sich die Schadensregulierung nach *Betriebsunfällen von Arbeitern*, denen 1887 (RGBl. 1/1888) ein vollkommen verschuldensunabhängiger Rentenanspruch gegen den Unfallversicherer zugestanden wurde, dem wiederum der Betriebsunternehmer bei Vorsatz oder grober Fahrlässigkeit kraft gesetzlichen Forderungsübergangs ersatzpflichtig war[654].

653 Das derzeit geltende Eisenbahn- und Kraftfahrzeughaftpflichtgesetz (EKHG 1959) bürdet den Haltern von Eisenbahnen (Seilbahnen, Schleppliften) und Kraftfahrzeugen eine verschuldensunabhängige Gefährdungshaftung bis zu bestimmten Höchstbeträgen auf. Durch den Nachweis, dass der Unfall durch ein unabwendbares Ereignis verursacht wurde, können sie sich aber von der Haftung befreien. Zur Gefährdungshaftung s. *P. Apathy*, Kommentar zum EKHG, 1992; *ders.*, Fragen der Haftung nach dem EKHG, JBl 1993, 69 ff. Zur Gefährdungshaftung für Luftfahrzeuge sowie zur Atomhaftung s. Österreichisches Haftpflichtrecht III, hg. v. *H. Koziol/P. Apathy/B. A. Koch*, 2014, 251 ff.

654 Von den Versuchen der Lehre, das Schadenersatzrecht den aktuellen Bedürfnissen des 19. Jhs. anzupassen, ist vor allem der Beitrag *Ungers* zu erwähnen. Er veröffentlichte zu diesem Thema zwei wichtige Monographien (Handeln auf eigene Gefahr, Handeln auf fremde Gefahr), in denen er anhand einiger Aussagen des ABGB nachweisen wollte, dass generell derjenige das Risiko eines Schadens tragen müsse, der zu seinem eigenen Vorteil handelt. Diese Ansicht wurde rege diskutiert, konnte sich aber damals nicht durchsetzen.

Das Schadenersatzrecht des *ABGB 1811* wurde schließlich durch die *III TN* grundlegend neu gestaltet. Das wichtigste Ergebnis dieser Reform war die Neugestaltung der **Gehilfenregelung**, wie sie nunmehr in § 1313a und § 1315 verankert ist. Man konnte sich zwar nicht dazu durchringen, den Geschäftsherrn generell für das Verschulden seines Gehilfen haften zu lassen, machte ihn aber für jene Person voll verantwortlich, deren er sich zur Erfüllung einer bestehenden Leistungsverpflichtung bedient **(Erfüllungsgehilfenhaftung)**, und stellte klar, dass ihn bereits die unwissentliche Verwendung eines untüchtigen Gehilfen zur Besorgung eigener Angelegenheiten für den von ihm verursachten Schaden haftbar macht **(Besorgungsgehilfenhaftung)**.

Die *Besorgungsgehilfenhaftung* ist in nachfolgenden Sondergesetzen wesentlich erweitert worden. Die geltenden Gesetze über Gefährdungshaftungen sehen in der Regel vor, dass der Inhaber der gefährlichen Sache dem Geschädigten für jedes (zumindest aber für grobes) Verschulden seines Gehilfen einzustehen hat (von besonderer Bedeutung ist in diesem Zusammenhang § 19 (2) EKHG). Der 1975 durch BGBl. 416 neu eingefügte § 1319a ABGB lässt den *Halter eines Weges* gegenüber jedermann für grobes Verschulden seiner Leute einstehen. Bestimmungen über die *Amtshaftung* (Amtshaftungsgesetz 1949) zwingen den Rechtsträger (etwa den Bund, das Land, die Gemeinde) zur Wiedergutmachung des Schadens, den richterliche oder verwaltungsbehördliche Organe in Ausübung der Hoheitsverwaltung schuldhaft herbeigeführt haben. Nicht zuletzt ist aber auch der Anwendungsbereich der *Erfüllungsgehilfenhaftung* durch die von der Lehre stetig vorangetriebene Einbeziehung vorvertraglicher Schuldverhältnisse wesentlich erweitert worden.

Der Kritik an der unzulänglichen Abwehr des Rechtsmissbrauchs wurde durch ein *allgemeines Schikaneverbot* Rechnung getragen, demzufolge derjenige schadenersatzpflichtig ist, der in einer gegen die guten Sitten verstoßenden Weise ein Recht ausübt, um den anderen zu schädigen (s. § 1295 Abs. 2). Auf eine Verbreiterung des Grundsatzes, bei unverschuldet herbeigeführten Schäden einen Interessenausgleich nach sozialen Gesichtspunkten zu suchen, läuft die neuformulierte *Notstandsregelung* hinaus (§ 1306a), die nunmehr der Schadensregulierung bei der Schadenszufügung durch einen Verschuldensunfähigen entspricht. Neu gefasst (im Sinn der ebenfalls reformierten vertraglichen Haftung) wurde darüber hinaus die *Haftung der Gastwirte und Fuhrleute* für deliktische Handlungen ihrer eigenen oder der von ihnen zugewiesenen Dienstpersonen. Die *Tierhalterhaftung* erfuhr durch die eingangs erwähnte Beweislastumkehr eine empfindliche Verschärfung. Schließlich ist dem Besitzer eines Gebäudes oder eines anderen auf einem Grundstück aufgeführten Werkes eine Verschuldenshaftung mit verschobener Beweislast für den Fall auferlegt worden, dass jemand wegen mangelhafter Sachbeschaffenheit durch *Einsturz oder Ablösung von Teilen des Gebäudes (Werkes)* zu Schaden kommt.

Durch das *Produkthaftungsgesetz* 1988[655] wurde die Haftung für fehlerhafte Produkte gesondert geregelt. Nach dem Vorbild der EG-Produkthaf-

---

655 BG v. 21.1.1988, BGBl. 99.

tungsrichtlinie 1985 wurde eine verschuldensunabhängige und gegenüber dem Letztverbraucher unabdingbare Haftung des Herstellers bzw. inländischen Importeurs[656] für Schäden, die jemand durch Fehler eines Produkts erleidet, eingeführt[657].

Mit der Neufassung des § 1328 ABGB durch das *Gewaltschutzgesetz*[658] wurde der Ersatz *immateriellen Schadens* weiter ausgebaut. Wer jemanden durch eine strafbare Handlung oder sonst durch Hinterlist, Drohung oder Ausnutzung eines Abhängigkeits- oder Autoritätsverhältnisses zur Beiwohnung oder anderen geschlechtlichen Handlungen missbraucht, muss ihm nicht nur den erlittenen Schaden und entgangenen Gewinn ersetzen, sondern auch eine angemessene Entschädigung für die erlittene Beeinträchtigung leisten. Ein spezieller Schutz der Privatsphäre wurde durch das Zivilrechts-Änderungsgesetz 2004[659] eingeführt (§ 1328a). Rechtswidrige und schuldhafte Eingriffe in die Privatsphäre machen ersatzpflichtig, bei erheblichen Verletzungen der Privatsphäre umfasst der Ersatzanspruch auch den immateriellen Schaden.

Ein 2005 vorgelegter Entwurf einer für eine weitgehende Reform des Schadenersatzrechts eingesetzten Arbeitsgruppe wurde zum Teil heftig kritisiert und brachte keine Neuregelung. Inhalt der Reformvorschläge waren die Gehilfenhaftung, die Vereinheitlichung des Schadensbegriffes, die Ausfüllung und Gewichtung des Sorgfaltsmaßstabs, die Systematisierung der Gefährdungshaftung und ein allgemein beweglicheres System im Schadenersatzrecht, das der Justiz „einzelfallbezogene" Lösungen erlauben würde[660].

Als wenig ergiebige Anlassgesetzgebung zur Tierhalterhaftung ist die Novellierung von § 1320 ABGB durch das HaftRÄG 2019 (BGBl. I 2019/69) zu sehen.[661]

---

656 Mit der Novelle 1993 wurde das Produkthaftungsgesetz an das EWR-Abkommen angepasst und der Kreis der haftpflichtigen Personen auf Unternehmer, die das Produkt in den Europäischen Wirtschaftsraum eingeführt und hier in den Verkehr gebracht haben, erweitert.

657 Näheres dazu bei *R. Welser*, Produkthaftungsgesetz, ^{2}2004; *ders.*, Das neue Produkthaftungsgesetz, Wirtschaftsrechtliche Blätter 1988, 165 ff.; *M. Preslmayr*, Handbuch des Produkthaftungsgesetzes, 1993; *R. Sack*, Probleme des Produkthaftungsgesetzes unter Berücksichtigung der Produkthaftungsrichtlinie der EG, JBl 1989, 615 und 695.

658 BG vom 30.12.1996, BGBl. 759.

659 BG vom 28.1.2003, BGBl. I 91.

660 Einen objektiven Überblick über die vorgeschlagenen Regelungen bietet *P. Apathy*, Die Reform des österreichischen Schadenersatzrechts, VR 2006, 187 ff.

661 Nach der tödlichen Attacke von Mutterkühen auf eine Wanderin mit Hund und einem interessenspolitisch intensiv kommentierten Schadenersatzprozess unterliegt die Alm- und Weidewirtschaft nunmehr einer Haftung, die sich an – gesetzlich nicht näher definierten – „anerkannten Standards der Tierhaltung" bzw. den Kriterien der Gefährlichkeit (der Tiere), der Zumutbarkeit (der Sicherungsmaßnahmen) sowie der erwartbaren Eigenverantwortung (der Geschädigten) orientieren soll.

2. Bereicherungsrecht

Lit.: *P. Apathy*, Der Verwendungsanspruch (§ 1041 ABGB), 1988; *A. Brandi*, Bereicherung aus fremdem Vertrag, 1966; *M. Disselhorst*, Die Natur der Sache als außergesetzliche Rechtsquelle, 1968; *R. Feenstra*, Die ungerechtfertigte Bereicherung in dogmengeschichtlicher Sicht, Ankara Üniversitesi Hukuk Fakültesi Dergisi 29, 1972, 289 ff.; *B. Kupisch*, Die Versionsklage, 1965; *B. Kupisch*, Ungerechtfertigte Bereicherung. Geschichtliche Entwicklungen, 1987; *R. Schmitt*, Die Subsidiarität der Bereicherungsansprüche, 1969; *G. Wesener*, Von der Lex Rhodia de iactu zum § 1043 ABGB, FS J. Bärmann, 1975, 31 ff.; *W. Wilburg*, Die Lehre von der ungerechtfertigten Bereicherung nach österreichischem und deutschem Recht, 1934.

Die Aufgabe des Bereicherungsrechts besteht darin, *rechtsgrundlose Vermögensverschiebungen rückgängig zu machen.* Dazu stellt das ABGB einzelne Leistungskondiktionen und Verwendungsansprüche zur Verfügung. **Leistungskondiktionen** setzen eine zweckbestimmte Leistung voraus, die beim Empfänger eine ungerechtfertigte Bereicherung bewirkt, weil die Zuwendung in irrtümlicher Annahme einer Schuld (auch als Folge einer Willensbeugung durch Betrug oder Zwang) gemacht wurde oder ihren Zweck verfehlte (nicht mehr erreichen kann). **Verwendungsansprüche** entstehen dadurch, dass jemand eine fremde Sache (darunter auch Rechte oder Arbeitsleistungen) ohne Rechtsgrund verwendet und daraus Nutzen zieht. Je nach dem, worin die ungerechtfertigte Bereicherung besteht, hat der Entreicherte einen Anspruch auf Herausgabe bzw. Rückgabe der Sache, Ersatz des Wertes der Sache oder ein Nutzungsentgelt.

Ähnlich behandelt wird der Fall, dass jemand für einen anderen einen Aufwand macht, den dieser nach dem Gesetz selbst hätte machen müssen (§ 1042) oder dass jemand in einem Notfall, um großen Schaden von sich und anderen abzuwenden, sein Eigentum aufopfert (§ 1043).

Die Eigenart des *älteren Rechts*, jeden für Wort und Tat einstehen zu lassen (vgl. etwa die Behandlung des Irrtums in früher Zeit) zwang zum Schluss, dass bereicherungsähnliche Ansprüche zunächst unbekannt waren bzw. abgelehnt wurden. Nur in Ausnahmsfällen anerkannte man Rückforderungsrechte, um einem Verbot mehr Nachdruck zu verleihen, z. B. bei unerlaubtem Spiel. Das *römische Recht* hatte dagegen eine Reihe von Tatbeständen ausgebildet, die unerlaubte, bzw. rechtsgrundlose Vermögensverschiebungen rückgängig machen sollten, die sog. **condictiones** (condictio indebiti, sine causa, causa finita, ob turpem vel iniustam causam, causa data – causa non secuta). Der ungerechtfertigt Bereicherte musste nicht nur die noch bestehende Bereicherung herausgeben, sondern auch Ersatz stellen, wenn die geleistete Sache durch sein Handeln verschlechtert oder vernichtet worden war. Die *gemeine Rechtslehre* führte diese Leistungskondiktionen weiter und versuchte aus ihnen den allgemeinen Rechtssatz zu gewinnen, dass jede Bereicherung „zum Schaden eines anderen“ hintanzuhalten sei. Sie befand sich damit im Einklang mit der *Naturrechtsdogmatik*, die einen allgemeinen Bereicherungsanspruch formulieren und wohl auch in die Kodifikationsarbeiten einbringen wollte. Die Praxis griff allerdings auf bewährte Formeln zurück. So wird im *ABGB 1811* der starke Einfluss des gemeinen Rechts spürbar, der bereits im *Codex Theresianus* dazu geführt hatte, einzelne Leistungskondiktionen und Verwendungsansprüche zu regeln. Die Lehre hat die wenigen Bereicherungstatbestände im ABGB weiterentwickelt, so z. B. die Rückforderung wegen Nichteintritts des erwarteten Erfolges in Analogie zur Rückforderung wegen nachträglichen Wegfalls des Leistungszwecks. Einen umfassenden Generaltatbestand beschreibt § 877. Danach muss derjenige, der die Aufhebung eines Vertrages wegen eines Willensmangels verlangt, selbst alles zurückgeben, was er aus diesem Vertrag zu seinem Vorteil erhalten hat.

3. Geschäftsführung ohne Auftrag

Lit.: *G. Deppenkemper*, Negotiorum gestio – Geschäftsführung ohne Auftrag. Zu Entstehung, Kontinuität und Wandel eines gemeineuropäischen Rechtsinstituts, I und II, 2014; *J. Frhr. v. Schey*, Die rechtliche Natur der Geschäftsführung ohne Auftrag nach dem österreichischen ABGB, FS E. Zitelmann, 1913, 1 ff.; *C. Wollschläger*, Die Geschäftsführung ohne Auftrag. Theorie und Rechtsprechung, 1976.

Geschäftsführung ohne Auftrag nennt man die *eigenmächtige Besorgung der Angelegenheiten eines anderen, um dessen Interessen zu fördern.* Dieser Eigenmacht steht das ABGB grundsätzlich ablehnend gegenüber, weil sie das Recht der Selbstbestimmung in eigenen Angelegenheiten verletzt. Gebilligt wird daher nur die Geschäftsführung im Notfall oder zum Nutzen des anderen, wenn dessen Einwilligung nicht rechtzeitig eingeholt werden kann.

Im **Notfall** handelt, wer einen bevorstehenden Schaden vom anderen abwendet. Ein solcher Geschäftsführer hat Anspruch auf Ersatz des notwendig und zweckmäßig gemachten Aufwandes, wenngleich seine Bemühung ohne sein Verschulden erfolglos geblieben ist[662]. Zum **Nutzen** des anderen handelt, wer (außer im Notfall) „bloß" im fremden Interesse handelt und dabei auch einen klaren und überwiegenden Vorteil für den anderen erwirkt. Ihm sind die darauf verwendeten Kosten zu ersetzen. Bei unnützer Geschäftsführung (die nicht zum klaren und überwiegenden Vorteil des Geschäftsherrn ausschlägt) oder gar gegen den Willen des anderen hat der Geschäftsführer nicht nur keinen Anspruch auf Ersatz seiner Aufwendungen, er muss vielmehr den vorigen Stand wieder herstellen und Schadenersatz leisten.

Im *älteren deutschen Recht* fand die Geschäftsführung ohne Auftrag keine ausdrückliche Regelung. Man stößt auf ihre Grundgedanken vor allem im Zusammenhang mit dem Finder- und Bergelohn. Die modernen Bestimmungen über die Geschäftsführung ohne Auftrag sind daher vom *römisch-gemeinen Recht* geprägt. Dort war die *negotiorum gestio* ein Fall der Quasikontrakte, entstehungsgeschichtlich verwandt mit dem Institut der Prozessvertre-

662 Für die Rettung einer beweglichen Sache vor dem unvermeidlichen Verlust oder Untergang steht ihm sogar eine verhältnismäßige Belohnung (höchstens 10%) zu.

tung. Der unberufene Geschäftsführer haftete dem Vertretenen für dolus und culpa, doch war seine Haftung eingeschränkt, wenn ein Notfall vorlag.

Diesen auf zahlreiche Fallentscheidungen gestützten und durch die Naturrechtslehre noch verbreiterten Meinungsstand gibt der *Codex Theresianus* wieder, der die Geschäftsführung ohne Auftrag zunächst einmal aus der Sicht des Besitzers oder Innehabers einer fremden Sache (z. B. des Bestandnehmers) behandelte. „Der Ersatz deren Auslagen gründet sich in der natürlichen Billigkeit, damit Niemand mit Schaden des Anderen bereichert werde“ (III, Cap. 17, Nr. 144). Notwendige und nützliche Aufwendungen musste der Eigentümer bei Rücknahme der Sache immer, „lustbringende“ nur insoweit ersetzen, als sie ihm tatsächlich einen Nutzen brachten. Es wurde aber auch der anderen Fälle einer Geschäftsführung ohne Auftrag gedacht und generell festgelegt, dass der unberufene Geschäftsführer wie bei einem Mandat, also auch für leichte Nachlässigkeit im Umgang mit den Sachen des anderen haftet. Eine Haftungserleichterung trat allerdings ein, wenn die Sache, um die er sich angenommen hatte, in großer Gefahr war, da er diesfalls nur für große Schuld (grobe Fahrlässigkeit) einzustehen hatte. Der Geschäftsführer konnte vom Geschäftsherrn die notwendigen und nützlichen Aufwendungen ersetzt verlangen, musste jedoch seinerseits alles herausgeben, was er in Durchführung der Geschäfte erhalten hatte. Handelt jemand gegen dessen ausdrücklichen Willen, gestand ihm der *Codex Theresianus* ausnahmsweise dennoch den Ersatz seiner Auslagen zu, wenn er den gesamtgesellschaftlichen Nutzen gefördert hatte (etwa durch das Begraben einer Leiche).

Das *ABGB 1811* stellte klar, dass es die Geschäftsführung ohne Auftrag nur in den eingangs erwähnten Fällen billigt und davon den Aufwandersatz abhängig macht, kennt aber in Fortführung der Regeln über den Ersatz des Sachaufwandes an den Besitzer (Inhaber) einer fremden Sache auch zahlreiche Fälle „angewandter“ Geschäftsführung, etwa im Verhältnis von Bestandgeber und Bestandnehmer.

Fünfter Teil: Erbrecht

I. Grundzüge des modernen Erbrechts

A. Begriff und Regelungsbereich

Es gibt eine Fülle von Rechtsvorschriften, die anordnen, was mit den Rechten und Pflichten eines Verstorbenen geschehen soll. Diese Vorschriften gehören verschiedenen Rechtsbereichen an; zum privaten Erbrecht zählen wir jene, die an den **Tod** eines **Menschen** anknüpfen und sich mit den Nachwirkungen seiner **vermögensrechtlichen Stellung** befassen. Die juristische Person kann nicht sterben, also auch nichts vererben. Was mit dem Vermögen einer aufgelösten juristischen Person zu geschehen hat, bestimmt in der Regel die Satzung oder ein satzungsgemäßer Beschluss ihrer Organe[663]. Das **Erbrecht im objektiven Sinn** sagt uns, *an wen und wie die vermögensrelevanten Rechte und Pflichten eines Verstorbenen übergehen.* Man nennt diese weiterbestehenden Rechte und Verbindlichkeiten eines Verstorbenen **Verlassenschaft** oder **Nachlass**[664].

Der Begriff Erbrecht wird aber auch für das *Recht des Erben* gebraucht, *die Verlassenschaft ganz oder anteilsweise zu erwerben* **(Erbrecht im subjektiven Sinn).** Mit diesem Begriff wird die Rechtsstellung des Erben umschrieben. Das Erbrecht im subj. Sinn ist persönlichkeitsbezogen, inhaltlich aber

---

663 Ansonsten gilt der allgemeine Grundsatz, dass das Vermögen einer juristischen Person möglichst dem bisherigen oder einem ähnlichen Zweck gewidmet bleiben soll. Bei Erwerbsvereinen fällt das Vermögen an die Mitglieder. Bei juristischen Personen wurde anstelle der Erbschaftsteuer bei Sachverhalten, die vor dem 31.12.1993 lagen, das sog. Erbschaftsteueräquivalent eingehoben (BGBl. 1960/286). Diese Steuer wurde durch eine nachträgliche Befristung des Gesetzes beseitigt (BGBl. 1993/818).

664 Das Erbrechts-Änderungsgesetz 2015 (ErbRÄG 2015, BGBl. I 2015/87) ersetzte durchgängig die Begriffe „Nachlass" und „Erbschaft" durch jenen der „Verlassenschaft". Es trat für Verstorbene nach dem 31.12.2016 mit 1.1.2017 in Kraft und stellt quasi eine Teilkodifikation des Erbrechts dar. Die Formvorschriften hinsichtlich letztwilliger Verfügungen gelten für die nach 31.12.2016 errichteten Verfügungen. Das ErbRÄG 2015 normierte neben der grundlegenden sprachlichen Neufassung aller Bestimmungen auch zahlreiche inhaltliche Änderungen; Ziel war die Modernisierung und bessere Verständlichkeit der Regelungen.

ein Vermögensrecht und als solches veräußerlich und vererblich. Der Erbe tritt in die Rechtsstellung des Verstorbenen[665]. Er wird mit der **Einantwortung** (Übergabe der Verlassenschaft durch Gerichtsbeschluss) Eigentümer der Nachlassgegenstände, Gläubiger der Nachlassschuldner und Schuldner der Nachlassgläubiger, ohne dass es singulärer Übertragungsakte bedürfte **(Gesamtrechtsnachfolge, Universalsukzession)**. Der Gefahr, Gesamtrechtsnachfolger eines überschuldeten Erblassers zu werden, kann der berufene Erbe dadurch begegnen, dass er erklärt, die Erbschaft entweder nur mit der Haftung bis zum Inventarwert (Vorbehalt der Rechtswohltat des Inventars, **bedingte Erbantrittserklärung**[666]) oder überhaupt nicht anzunehmen (**Ausschlagung**, negative Erbserklärung). Die **unbedingte Erbantrittserklärung** hat zur Folge, dass der Erbe für die Verbindlichkeiten der Verlassenschaft unbeschränkt haftet[667]. Ist der Nachlass offensichtlich überschuldet oder beinhaltet nur geringfügige Vermögenswerte, kommt es zu keinem Einantwortungsbeschluss, sondern zur Eröffnung des Insolvenzverfahrens bzw. zur Überlassung der Verlassenschaft an die Gläubiger oder zur „bloßen" Zuweisung der Aktiva auf Antrag des Berechtigten[668].

Im Gegensatz zum Erben ist der Vermächtnisnehmer (Legatar) **Einzelrechtsnachfolger (Singularsukzessor)**. Ihm verschafft die letztwillige Zuwendung einen schuldrechtlichen Anspruch gegen den Erben auf Herausgabe der vermachten Sache (Damnationslegat[669]). Zum Erwerb bedarf es eines besonderen Übertragungsaktes[670].

---

665 Vor der Neuformulierung durch ErbRÄG 2015 sprach das ABGB vom „Erblasser", der nunmehr als „Verstorbener" oder „letztwillig Verfügender" tituliert wird.

666 Durch das Familien- und Erbrechts-Änderungsgesetz 2004 (BG, mit dem familien- und erbrechtliche Bestimmungen des allgemeinen bürgerlichen Gesetzbuchs und des Bundesgesetzes über das internationale Privatrecht sowie das Gebührenanspruchsgesetz 1975 geändert werden; Familien- und Erbrechts-Änderungsgesetz 2004 – FamErbRÄG 2004, BGBl. I 2004/58) wurde der Begriff „Erbserklärung" durch die Bezeichnung „Erbantrittserklärung" ersetzt. Damit wurde das ABGB an die Terminologie des neuen Außerstreitgesetzes (Gesetz über das gerichtliche Verfahren in Rechtsangelegenheiten Außerstreitsachen vom 9.8.1854, RGBl. 208, aufgehoben durch das Gesetz über das gerichtliche Verfahren in Rechtsangelegenheiten außer Streitsachen vom 12.12.2003, BGBl. I 111, in Kraft mit 1.1.2005) angepasst.

667 Der Ausschluss jeglicher Haftungsbeschränkung des Erben war eine rechtsgeschichtliche Besonderheit; so die unbeschränkte Haftung des letztwillig freigelassenen und zum Erben eingesetzten Sklaven nach römischem Recht. Heute kann dem Erben die Rechtswohltat des Inventars nicht genommen werden (§ 803 ABGB).

668 Vgl. §§ 67 ff. IO u. §§ 153, 154 AußStrG.

669 So genannt nach dem Befehl des Erblassers an den Erben: „Heres meus damnas esto".

670 Beim Vindikationslegat wurde der Vermächtnisnehmer mit dem Anfall Eigentümer der vermachten Sache. Es fand sich im österreichischen Recht bisher nur beim Wohnungseigentum von Ehegatten. Der Anteil des Verstorbenen am Mindestanteil und gemeinsamen Wohnungseigentum wuchs dem überlebenden Gatten als gesetzliches Vermächtnis unmittelbar ins Eigentum zu, falls nicht ohnehin der normale Erbgang zu

In Ausnahmsfällen verschafft das Gesetz die Position des Vermächtnisnehmers. Nach § 745 ABGB gebühren dem Ehegatten und eingetragnen Partner, sofern sie nicht rechtmäßig enterbt worden sind, als **gesetzliches Vorausvermächtnis** das Recht, in der Ehewohnung bzw. partnerschaftlichen Wohnung weiter zu wohnen, und die zum Haushalt gehörenden beweglichen Sachen, soweit sie zur Fortführung entsprechend den bisherigen Lebensverhältnissen erforderlich sind. Mit ErbRÄG 2015 wurde neu ein sogenanntes **Pflegevermächtnis** geschaffen (§§ 677, 678 ABGB).

B. Das Erbrecht in der sozialen Ordnung

1. Die sozialpolitische Bedeutung des Erbrechts

Die sozialpolitische Bedeutung des Erbrechts ist der des Eigentums vergleichbar. Es verlängert gleichsam den privaten Besitzstand über den Tod des Eigentümers hinaus, verfestigt den Zustand der Vermögensanhäufung in der Hand einiger Familien und steht damit der Verwirklichung gesellschaftlicher Gleichheit im Wege. Auf der anderen Seite trägt das Erbrecht als ursprünglich familiäres Recht zur Vertiefung verwandtschaftlicher Bindungen bei und lässt die emotionale Zugehörigkeit im Wertsystem einer Gesellschaft bestehen. Man ist geneigt zu respektieren, dass jene Gegenstände, die zur „engsten Umwelt“ des Erblassers gehören, an seine Verwandten und Angehörigen gelangen sollen. Vor allem aber gehen gerade vom Erbrecht starke volkswirtschaftliche Impulse aus. Die Aussicht, nichts weitergeben zu können, würde in vielen Fällen lähmend auf die Initiative und Schaffensfreude des einzelnen wirken, da kein Anreiz bestünde, mehr als nur das für den eigenen Bedarf Notwendige zu erarbeiten. In diesem Sinn ist das private Erbrecht ein **Entsprechungsinstitut zum Eigentum**, es vervollständigt seine Nutzungsmöglichkeiten und stärkt mit der Anerkennung der Testierfreiheit die Eigentümerbefugnisse.

Angriffe gegen das Erbrecht gingen aus diesem Grund immer mit eigentumsfeindlichen Strömungen einher und waren durchwegs vorübergehender Natur[671].

---

diesem Ergebnis führte (§ 10 WEG). Das WEG 2002 (BGBl. I 70) schuf generell die Möglichkeit für zwei natürliche Personen, gemeinsames Wohnungseigentum zu erwerben. Verstirbt ein Partner, so wächst sein Anteil am Mindestanteil und gemeinsamen Wohnungseigentum dem Überlebenden als gesetzliches Vermächtnis unmittelbar zu (wohnungseigentumsrechtliche Anwachsung sui generis, §§ 13, 14 WEG 2002).

671 Gesellschaftsverändernde Strategien, wie sie bspw. im 19. und 20. Jh. von zahlreichen sozialistischen Theoretikern entwickelt wurden, setzen zwar primär bei der Umgestaltung, Neuverteilung und Überwindung des Individualeigentums (vor allem an Produktionsmitteln) an, verbinden aber damit in unterschiedlicher Weise Vorstellungen über eine Beschränkung bzw. Abschaffung des Erbrechts. Die Sonderstellung des Erbrechts drückt sich dabei in einer gewissen Zurückhaltung aus. Das *Kommunistische Manifest* fordert zwar neben der Aufhebung des Grundeigentums auch die Abschaffung des Erbrechts, doch sahen *Marx* und *Engels* darin eine Forderung, die erst in der

Heute geht die sozialpolitische Diskussion nicht mehr um die schrankenlose Bejahung oder völlige Ablehnung des Erbrechts, sondern um seine Ausgestaltung zum bestmöglichen Nutzen der Gesellschaft[672]. Der Rahmen der Gestaltungsmöglichkeiten ist ähnlich wie beim Eigentum einerseits durch die Anerkennung individueller Testierfreiheit, andererseits durch Pflichtbindungen zugunsten der Familie (naher Angehöriger) und der Gemeinschaft abgesteckt[673].

2. Das Erbrecht als verfassungsgesetzlich gewährleistetes Recht

Der grundrechtliche Schutz des Erbrechts fällt in Österreich unter den weiten Eigentumsbegriff des Art. 5 StGG, der generell alle privaten Vermögensrechte umfasst[674].

---

zu errichtenden sozialistischen Gesellschaft zu verwirklichen wäre. Besonders interessant war in diesem Zusammenhang die Erbrechtsentwicklung in der Sowjetunion, die von einer völligen Ablehnung des Erbrechts nach der Revolution („Dekret vom 25. April 1918 über die Abschaffung des Erbrechts") letztendlich wieder zur verfassungsmäßigen Garantie der Vererbbarkeit des gewöhnlichen Eigentums gefunden hatte. Die Gründe, die man für die Anerkennung des Erbrechts oder ähnlicher Einrichtungen ins Treffen geführt hat, sind besonders aufschlussreich: Wurde zu Beginn der Entwicklung die rudimentäre erbrechtliche Existenz mit dem Gedanken der Sozialfürsorge begründet, „entschuldigte" man die Wiederanerkennung des Erbrechts nach 1922 als „temporäre Erscheinung", die durch den „Übergang vom Kapitalismus zum Sozialismus" bedingt sei. Dann folgte als Argument für die Anerkennung des Erbrechts die Anhebung der „materiellen Interessiertheit", bis man schließlich zur traditionellen Anschauung zurückkehrte und „Familien- und Verwandtschaftsbindungen" als Rechtfertigungsgründe für das Erbrecht „neu" entdeckte (s. dazu O. *Lehner*, Sozialismus und Erbrecht, Demokratie und Recht 1983).

672 *J. Beckert*, Unverdientes Vermögen. Soziologie des Erbrechts, 2004, analysiert die Diskursgeschichte zu Testierfreiheit, Familienerbrecht, Fideikommiss und Erbschaftssteuerrecht in Deutschland, Frankreich und den USA und verbindet damit Zukunftsfragen über das Verhältnis von Individuum, Familie und Gesellschaft.

673 Zu den sich teilweise widersprechenden Aufgaben und Zwecken des Erbrechts vgl. die historischen Analysen von *A. Dutta*, Warum Erbrecht? Das Vermögensrecht des Generationenwechsels in funktionaler Betrachtung, 2014.

674 Vgl. dazu den ausdrücklichen Verfassungsschutz des privaten Erbrechts in Art. 14 (1) GG, der lautet: „Das Eigentum und das Erbrecht werden gewährleistet. Inhalt und Schranken werden durch die Gesetze bestimmt." Mit dieser Verfassungsnorm garantiert das Bonner Grundgesetz zweierlei: einmal den Bestand des Privaterbrechts als objektivrechtliche Einrichtung **(Institutsgarantie)** und dazu noch seine tragenden Grundprinzipien, nämlich die Privaterbfolge und die Testierfreiheit **(Wesensgehaltsgarantie)**. Verfassungswidrig wäre demnach ein Gesetz, durch das die Privaterbfolge zugunsten eines Staatserbrechts aufgehoben oder der Erwerb von Todes wegen naher Familienangehöriger mit einer erdrosselnden Erbschaftssteuer belegt würde. Zum anderen wird dem einzelnen ein **Grundrecht** auf Schutz seines Erbrechts vor staatlichen Eingriffen und dem Erblasser ein Grundrecht auf Testierfreiheit gewährt.

Ebenso wie beim Eigentum kann der Gesetzgeber auch beim Erbrecht Inhalt und Schranken näher bestimmen. Er muss allerdings die Wertentscheidung der Verfassung zugunsten des Privaterbrechts und alle übrigen relevanten Verfassungsaufträge beachten, etwa das Prinzip der Rechts- und Sozialstaatlichkeit sowie das Prinzip der Verhältnismäßigkeit.

Sozialgebundenes Erbrecht heißt daher nicht in erster Linie Anteil des Staates am Nachlass (etwa in Gestalt einer Erbschaftssteuer[675]), sondern bedeutet, dass der einfache Gesetzgeber die Möglichkeit erhält, das Erbrecht in der Form auszugestalten, dass ein ausgewogenes Gleichgewicht zwischen den Interessen der Allgemeinheit und des einzelnen zum beiderseitigen Nutzen entsteht. Diese Aufgabenstellung lässt Erörterungen über die Abschaffung oder weitgehende Einschränkung des Erbrechts erst gar nicht aufkommen. Bei der Grundrechtsdiskussion über das Erbrecht geht es vielmehr darum, den Bereich aufzuzeigen, in dem der einfache Gesetzgeber über das Erbrecht sozial gestaltend eingreifen kann. Das vorgegebene Ziel ist eine Gesellschaft, die auf der einen Seite die Grundbedürfnisse jedes Staatsbürgers sichert, darüber hinaus aber dort Vermögens- und Einkommensunterschiede garantiert, wo sie dem Prinzip der Leistungsgerechtigkeit entsprechen.

3. Das Erbrecht als privates Recht

Die Vielschichtigkeit des Erbrechts bereitet Schwierigkeiten bei der systematischen Einordnung. Es hat viel vom **Eigentumsrecht** an sich und kann als Fortsetzung der individuellen Herrschaftsbefugnisse über den Tod hinaus verstanden werden, ist aber auch stark von **familienrechtlichen Einflüssen** geprägt und hat Bezüge zum **Personenrecht**, wo es um die Berufung zur Erbfolge geht[676].

a) Erbrecht – Familienrecht

Die Wurzeln des Erbrechts liegen einerseits im *Familienrecht*, von dem ihm auch heute noch eine soziale Aufgabe gegeben ist. Es bringt die Teilhabe naher Angehöriger am Vermögen des Erblassers zum Ausdruck und bezweckt

675 In Österreich führten zwei Erkenntnisse des VfGH aus dem Jahr 2007 (G 54/06 ua, G 23/07 ua) betreffend die Gleichheitswidrigkeit der Bewertungsgrundlagen des Grundtatbestandes der Besteuerung des Erwerbs von Todes wegen im Erbschafts- und Schenkungssteuergesetz zur Beseitigung der Erbschaftssteuer. Durch das Schenkungsmeldegesetz 2008 (BGBl. I 85) wurde für Fälle ab 1.8.2008 die Nichterhebung der Steuern angeordnet.

676 Eine vertiefte Erörterung des Verhältnisses von Testierfreiheit und Familienerbrecht bieten bspw. *D. Klippel*, Familie versus Eigentum. Die naturrechtlich-rechtsphilosophischen Begründungen von Testierfreiheit und Familienerbrecht im 18. und 19. Jahrhundert, ZRG GA 101, 117 ff; *R. Schröder*, Abschaffung oder Reform des Erbrechts, 1981; *ders.*, Der Funktionsverlust des bürgerlichen Erbrechts, Studien zur europäischen Rechtsgeschichte 32, 1987, 281 ff.

ihre wirtschaftliche Sicherung. Wo der Gesetzgeber der Gestaltungsfreiheit des Erblassers Schranken setzt oder Vorsorge für den Fall trifft, dass der Erblasser von seiner Freiheit der letztwilligen Vermögensverteilung nicht Gebrauch macht, tut er dies im Interesse der Familie. Er begrenzt den Kreis der Erben durch das Erfordernis der familienrechtlichen Verbundenheit mit dem Erblasser. Die familienrechtlichen Strukturen einer Gesellschaft wirken also immer auf die erbrechtlichen Gestaltungsprinzipien ein. Das zeigt sich bei Reformen des Familienrechts, die in der Regel eine Neugestaltung des Erbrechts mit sich bringen[677].

b) Erbrecht – Eigentumsrecht

Das Erbrecht setzt andererseits eine festgefügte *Eigentumsordnung* voraus und ist mit dieser Eigentumsordnung gewachsen.[678] Es soll die Herrschaft des Eigentümers über seinen Tod hinaus sichern. Eigentum und Erbrecht stehen also in einem engen Verhältnis zueinander, wenngleich sie in unterschiedlichem Maß voneinander abhängig sind. Während Erbrecht ohne Eigentum mangels vererbbarer Güter sinnlos würde, wäre Eigentum ohne Erbrecht vorstellbar; es handelte sich eben in diesem Fall um ein bloß lebenslanges Nutzungs- und Verfügungsrecht. Dennoch verstehen wir das Erbrecht als bedeutungsvolles Konnexinstitut des Eigentums. Es sichert den Fortbestand der bestehenden Eigentumsordnung und damit die wirtschaftliche und gesellschaftliche Ordnung in einem Staat. Allerdings gewinnt das Eigentumsrecht durch die Anerkennung des Erbrechts auch eine wesentliche soziale Komponente. Der Fürsorgecharakter des Erbrechts weist uns auf die Pflichtgebundenheit des Eigentümers hin, seiner sozialen Verantwortung – im besonderen Fall der Familie gegenüber – gerecht zu werden.

c) Die Eingliederung des Erbrechts im Privatrechtssystem

Das ABGB hatte das Erbrecht als **dingliches Recht** aufgezählt (§ 308 ABGB i. d. F. vor ErbRÄG 2015), weil es gegen jeden, der sich der Verlassenschaft anmaßen will, wirksam ist. Nach heutigem Verständnis liegt darin nur ein Hinweis auf den **absoluten** Charakter des Erbrechts (§ 532 ABGB), weil es ja

677 Die „Große" Familienrechtsreform der 1970er Jahre brachte bspw. neben einer familienrechtlichen Besserstellung des unehelich geborenen Kindes die Neuordnung seiner erbrechtlichen Position, die mittlerweile – Tendenzen der gesellschaftlichen und insbesondere familienrechtlichen Entwicklung folgend – bis zur erbrechtlichen Gleichstellung mit ehelichen Kindern ausgebaut wurde. Die Neugestaltung der persönlichen und vermögensrechtlichen Wirkungen der Eheschließung führte zur erbrechtlichen Besserstellung des Ehegatten, insbes. zur Verankerung eines Pflichtteilsanspruches.

678 S. zum modernen Eigentumsbegriff *U. Floßmann*, Eigentumsbegriff und Bodenordnung im historischen Wandel, 1976; *dies.*, Eigentumsschutz im sozialen Rechtsstaat, 1979.

keine direkte Sachherrschaft gewährt, doch war der Vergleich des Erbrechts mit den Rechten über eine Sache, vor allem mit dem Eigentum, zweifellos gewollt. Das ABGB folgt damit vordergründig einem im 17. Jh. ausgebildeten Sprachgebrauch[679], es vollendet aber zugleich eine über Jahrhunderte dauernde *Zuordnungsentwicklung, in der sich das Erbrecht aus seiner rein familienrechtlichen Einbettung löste und vermögensrechtliche Strukturen gewann.* Aus der Aufgabe des Erbrechts, den Güterübergang von einer Generation auf die andere zu sichern, ergeben sich nämlich Bezüge sowohl zum Vermögensrecht als auch zum Familienrecht.

Im römischen Recht (Gajus II § 97 – III § 76; Just. Inst. II Tit. 10 – III Tit. 9 – „Institutionen-System“) war das Erbrecht als bes. Art des Erwerbes den adquisitiones rerum unterstellt. Auch die Eingliederung des Erbrechts im preußischen und französischen Rechtssystem erfolgte eindeutig unter dem Gesichtspunkt der Erwerbsart, wobei allerdings nicht so sehr römisch-rechtl. Gesichtspunkte im Vordergrund standen, sondern naturrechtliche Begründungsversuche. Im vernunftrechtlichen Schrifttum verknüpfte man seit *Grotius* die Erbfolge mit dem Eigentumsbegriff (*Grotius*, lib. II, cap. 7, sect. III, 198). Zum Wesen des Eigentums gehörte die Macht, es durch den Willen seines Inhabers auf einen anderen übertragen zu können. Ohne die Erbfolge würde es seinen Charakter als „unsterbliches“ Recht verlieren und zum bloßen Bruchstück eines lebenslangen Nießbrauchs von vorübergehendem Wert absinken. Im ALR wird die Doppelnatur des Erbrechts besonders deutlich. Die gewillkürte Erbfolge ist im 1. Teil unter den Vermögensrechten des einzelnen geregelt, und zwar nach den unmittelbaren und mittelbaren Erwerbungsarten des Eigentums als besondere Erwerbsart von Todes wegen (12. Titel. Von den Titeln zur Erwerbung des Eigenthums, welche aus Verordnungen von Todeswegen entstehen.); hingegen finden sich die Bestimmungen über die Familienerbfolge im 2. Teil des ALR, und zwar im Zusammenhang mit jenen Rechten, welche den Hausstand begründen (Familiengüterrecht).

Sedes materiae der gesetzlichen Regelung des Erbrechts im *Code Civil* sind die ersten beiden Titel des 3. Buches über den *Erwerb des Eigentums.* Titel I, des successions, befasst sich mit der gesetzlichen Erbfolge, während Titel II die Schenkungen unter Lebenden und von Todes wegen zusammenfasst und unter letzteren die letztwilligen Verfügungen begreift. Dies erklärt sich daraus, dass die Verfügungen von Todes wegen hauptsächlich unter dem Gesichtspunkt der Unentgeltlichkeit gesehen wurden.

Das BGB schließlich folgt dem Pandektensystem und regelt das Erbrecht im Wesentlichen im 5. Buch (§§ 1922–2385).

C. Gestaltungsmodelle des Erbrechts

Im Kräftefeld zwischen vermögensrechtlicher Privatautonomie und familienrechtlicher Zweckbindung bieten sich zahlreiche Möglichkeiten für die Ausgestaltung des Erbrechts an. Die Extrempositionen wären die völlige Gestaltungsfreiheit von Todes wegen (Erbrecht als „letzter Abschnitt“ des Vermögensrechtes) auf der einen und die rein gesetzliche Erbfolge durch den Ausschluss letztwilliger Verfügungen auf der anderen Seite. Soweit sie jemals

679 Vgl. *H. Hahn*, Dissertatio de jure rerum et iuris in re speciebus, 1639; Tractatus de jure rerum, 1647.

verwirklicht wurden[680], handelte es sich um Anfangs- oder revolutionäre Übergangsstadien der rechtsgeschichtlichen Entwicklung. Das moderne Recht hat mit nur mehr geringfügigen Akzentverschiebungen in den nationalen Rechtsordnungen zu einem Ausgleich zwischen den gegensätzlichen Standpunkten gefunden[681], indem es grundsätzlich die letztwillige Verfügung anerkennt **(gewillkürte Erbfolgeordnung)**, beim Fehlen eines letzten Willens die **gesetzliche Familienerbfolge** eintreten lässt und unerwünschte Auswüchse der gewillkürten Erbfolge durch ein **Pflichtteils-** oder **Noterbrecht** der nächsten Angehörigen des Erblassers verhindert. Hier macht die jüngere rechtsgeschichtliche Entwicklung gesellschaftliche Änderungen deutlich: Während dem Ehegatten ein Pflichtteilsrecht zuerkannt wurde, engt sich der Kreis der gesetzlich Erbberechtigten immer mehr ein[682].

1. Allgemeine Erbfähigkeit

Jedes Rechtssubjekt ist grundsätzlich zum Erwerb von Todes wegen befähigt. Das gilt für die Erbquote wie für den Pflichtteil und das Vermächtnis. Voraussetzung ist nur das Erleben des Erbanfalls, also das Überleben des Erblassers.

Ausnahmen von der allgemeinen Erbfähigkeit sind heute selten und werden kaum mehr als Instrument zur Gestaltung des Erbrechts gehandhabt. Das geltende Recht kennt die **absolute**, d. h. *gegenüber jedermann wirksame Erbunfähigkeit* nur für Ausländer, deren Heimatstaat österreichische Staatsbürger erbrechtlich schlechter stellt als die eigenen Staatsangehörigen (Anwendungsfall des sog. Retorsions- oder Vergeltungsrechts, s. § 33 ABGB). Der Ausschluss jener Personen vom Erbschaftserwerb, die dem Recht, etwas zu erwerben, „überhaupt entsagt" haben (§ 539 a. F. ABGB), war schon länger inhaltsleer geworden[683].

Praktisch bedeutsam ist nur mehr die **relative** *Erbunfähigkeit*. Sie besagt, dass eine Person von einem bestimmten Erblasser keine Erbschaft bzw. letztwillige Zuwendung erhalten kann und erfasst die Fälle der **Erbunwürdigkeit**,

680 Vgl. die unumschränkte Testierfreiheit des Erblassers nach älterem römischen Recht und die unumschränkte Verwandtenerbfolge nach älterem deutschen Recht.

681 Einen guten Überblick zu wichtigen erbrechtlichen Reformthemen seit dem ausgehenden 18. Jh. gibt *E. Holthöfer*, Fortschritte in der Erbrechtsgesetzgebung seit der Französischen Revolution, Studien zur Europäischen Rechtsgeschichte 32, 1987, 121 ff.

682 Näheres s. *H. Coing*, Empfiehlt es sich, das gesetzliche Erb- und Pflichtteilsrecht neu zu regeln?, Verh. d. 49. Deutschen Juristentages I, 1972, 12 ff.

683 Entsprechende öffentlichrechtliche Bestimmungen gab es nicht mehr; Ordenspersonen sind seit 1.1.2000 jedenfalls erbfähig, s. Erstes Bundesrechtsbereinigungsgesetz (1. BRBG), BGBl. I 1999/191. Vgl. auch *A. Kletečka*, Die Erbfähigkeit der Religiosen, NZ 1999, 283 ff. Die Bestimmung des § 539 a. F. ABGB wurde durch ErbRÄG 2015, BGBl. I 2015/87, aufgehoben.

historisch auch die **Inkapazität**[684]. Erbunwürdig ist, wer sich einer mit mehr als einjähriger Freiheitsstrafe bedrohten, nur vorsätzlich begehbaren gerichtlich strafbaren Handlung gegen den Verstorbenen oder dessen nahe Angehörigen schuldig gemacht oder diesen Personen schweres, seelisches Leid zugefügt hat. Erbunwürdig ist darüber hinaus auch jene Person, die ihre aus dem Rechtsverhältnis zwischen Eltern und Kindern sich ergebenden Pflichten dem Verstorbenen gegenüber gröblich vernachlässigt oder den Versuch unternommen hat, den wahren Willen des Erblassers zu beugen (§§ 539, 540, 541 ABGB). Damit soll dem vermuteten Willen des Erblassers Rechnung getragen werden. Verzeiht er dem Unwürdigen nicht, kann dieser nicht einmal den Pflichtteil fordern. Seine Deszendenten erben im Falle gesetzlicher Erbfolge kraft eigenen Eintrittsrechts.

2. Gewillkürte Erbfolgeordnung

Die Grundsatzentscheidung zugunsten der gewillkürten Erbfolgeordnung liegt in der Anerkennung der **Testierfreiheit**. Sie hat ihren Namen vom Testament, dem häufigsten Rechtsgeschäft von Todes wegen, bedeutet aber schlechthin, *Freiheit des Erblassers, über sein Vermögen letztwillig zu verfügen*. Diese Freiheit ist unentziehbar und geht so weit, dass selbst die ausnahmsweise rechtsgeschäftliche Bindung des Erblassers durch Erbvertrag nur einen Teil seines Vermögens erfassen kann[685].

Das ABGB sieht für rechtsgeschäftliche Verfügungen von Todes wegen das *Testament*, den *Erbvertrag* und das *Vermächtnis* vor. Für Erbeinsetzungen kommen nur die beiden Erstgenannten in Frage, das **Testament** als *einseitige, jederzeit widerrufliche Willenserklärung*, der **Erbvertrag** als *zweiseitig verbindliches und daher auch unwiderrufliches Rechtsgeschäft*, das allerdings nur von *Ehegatten, eingetragenen Partnern und Brautleuten* (unter der Bedingung späterer Heirat) geschlossen werden kann (§ 602 ABGB).

In beiden Fällen sind zur Beweiserleichterung und Solennisierung besondere Formvorschriften einzuhalten[686].

684 Die Inkapazität beseitigte nur den Berufungsgrund der letztwilligen Erklärung zwischen jenen Personen, die des Ehebruchs und der Blutschande gerichtlich geständig oder überwiesen sind (§ 543 a. F.). Die Bestimmung wurde durch FamRÄG 2009, BGBl. I 75 aufgehoben; sie galt seit langem als überholt.

685 Gem. § 1253 ABGB bleibt ein reines Viertel dem Erblasser zur freien letzten Anordnung vorbehalten. Hat der Erblasser darüber nicht verfügt, fällt dieses reine Viertel nicht dem Vertragserben zu (auch wenn ihm die ganze Verlassenschaft versprochen wurde), sondern dem gesetzlichen Erben.

686 Äußere Form der Erklärungen des letzten Willens: §§ 577 ff. ABGB. Der Erbvertrag erfordert Kraft seiner Doppelnatur sowohl die Form eines schriftlichen Testaments als auch eines Ehepakts, was die Mitwirkung von zwei Notaren und die Zuziehung zweier Zeugen voraussetzt: § 1249 ABGB, § 1 Abs. 1 lit. a Notariatsaktsgesetz, § 70 Notariatsordnung.

Außerdem werden an die Geschäftsfähigkeit des Erblassers (**Testierfähigkeit**) besondere Anforderungen gestellt[687].

Gleiches gilt für das Vermächtnis (Kodizill), das zwar keine Erbeinsetzung enthalten kann, als letztwillige Anordnung über das Vermögen (Legate) aber doch auch die Testierfreiheit des Erblassers dokumentiert[688].

3. Gesetzliche Erbfolgeordnung

Die gesetzliche Erbfolge tritt nur **subsidiär**, d. h. nur dann ein, wenn der Erblasser keine Erbeinsetzung verfügt oder nur zu einem Teil seines Nachlasses einen Erben berufen hat. Als reine Intestaterbfolge ist sie heute kein Instrument der Gesellschafts- und Wirtschaftspolitik mehr; ihre Bedeutung erschöpft sich darin, ein Modell für die Nachfolge in das Vermögen Verstorbener anzubieten, das der Gesetzgeber im Regelfall für gerecht hält. Die Akzeptanz einer solchen Erbfolgeordnung hängt davon ab, wie präzise sie den tatsächlichen Willen der Erblasser trifft. Sie hat daher Gefühlsbindungen zwischen nahen Angehörigen ebenso zu berücksichtigen wie das Streben nach Teilungsgerechtigkeit und vorsorglicher Hilfe im engsten gesellschaftlichen Verband. In diesem Bemühen ist die gesetzliche Erbfolgeordnung immer auch ein Abbild der aktuellen familienrechtlichen Vorstellungen. Sie wird daher regelmäßig als **Familienerbfolgeordnung** ausgestaltet, die zunächst Kinder (heute sowohl die ehelichen als auch die unehelichen) und Ehegatten und eingetragenen Partner[689] berücksichtigt, dann die entferntere Verwandtschaft. Dies entspricht der nach wie vor intakten Versorgungsfunktion der Familie; ein vom Gesetzgeber gewollter Nebeneffekt ist die werterhaltende Vermögenskontinuität. Die rechtsgeschichtliche Entwicklung dieser Erbfolgeordnung war keineswegs geradlinig. Noch immer wird gesetzestechnisch zwischen Verwandten- und Ehegattenerbfolge unterschieden; die systematische Zusammenführung in ein einheitliches gesetzliches Familien- oder Angehörigenerbrecht zeigt sich erst in Ansätzen[690].

a) Verwandtenerbfolge

Das ABGB folgt dem sog. **Parentelensystem**, d. h. von den Verwandten des Erblassers erben jeweils die Angehörigen der nächsten Parentel. Eine *Paren-*

---

687 Ursachen der Unfähigkeit zu testieren: §§ 566 ff. ABGB.

688 Die gesetzliche Anordnung, dass das spätere Testament ein früheres aufhebt (§ 713 ABGB), während mehrere Vermächtnisse nebeneinander bestehen können, soferne sie einander nicht widersprechen (§ 714 ABGB), lässt sich wohl damit erklären, dass neben der Freiheit der Erbeinsetzung die Rechtsklarheit gewahrt werden sollte.

689 Durch EPG (BGBl. I 2009/135) war § 537a a. F. ABGB in die erbrechtlichen Bestimmungen eingefügt worden. Alle für Ehegatten maßgebenden Regelungen des Erbrechts waren demnach sinngemäß für eingetragene Partner anzuwenden. Insofern lag hier tatsächliche Gleichbehandlung vor. Seit ErbRÄG 2015 (BGBl. I 2015/87) erfolgt die Nennung von Ehepartner und eingetragenem Partner nebeneinander.

690 § 730 Abs. 1 ABGB i. d. F. ErbRÄG 1989.

tel[691] wird von einem *Stammhaupt und seinen Nachkommen* oder einem *Stammelternpaar und seinen Nachkommen* gebildet. Die erste Parentel besteht aus den Deszendenten des Erblassers, die zweite Parentel aus den Eltern des Erblassers und ihren Nachkommen, die dritte Parentel aus den zwei Großelternpaaren und ihren Nachkommen, die vierte Parentel allerdings nur mehr aus den vier Urgroßelternpaaren ohne Nachkommen **(Erbrechtsgrenze)**. Innerhalb der Parentel werden der oder die gradnächsten Erben berufen. Fällt einem Erbberechtigten die Erbschaft nicht an, so gelangt sie innerhalb der ersten drei Parentelen an dessen Nachkommen, die den vorverstorbenen, erbunwürdigen oder enterbten Aszendenten „repräsentieren" (**formelles Eintrittsrecht** oder **Repräsentationsrecht**). Dadurch werden die übrigen Erbrechte nicht beeinflusst; es kommt also zu einer Erbfolge „nach Stämmen".

Die **uneheliche Verwandtschaft** hat **keine Sonderstellung** mehr. Durch das Erbrechtsänderungsgesetz 1989[692] wurden die unehelichen Kinder im Erbrecht den ehelichen vollkommen gleichgestellt. Den Anstoß dafür gaben Erkenntnisse des Europäischen Gerichtshofs für Menschenrechte, die klarstellten, dass eine unterschiedliche Behandlung ehelicher und nichtehelicher Kinder im Erbrecht Art 8 i.V. m. Art 14 MRK verletzen könne und nur sehr gewichtige Gründe eine Unterscheidung nach ehelicher und unehelicher Geburt rechtfertigen würden. Die Gesetzesmaterialien enthalten aber auch das ausdrückliche Bekenntnis des Gesetzgebers, sich dem internationalen Standard in Westeuropa sowie der gesellschaftlichen und rechtlichen Fortentwicklung in Österreich anpassen zu wollen[693].

Die gesetzliche Verwandtenerbfolge setzte ursprünglich voraus, dass die Abstammung zu Lebzeiten des Erblassers und der die Verwandtschaft vermittelnden Personen feststand oder zumindest gerichtlich geltend gemacht worden war (§ 730 Abs. 2 a. F. ABGB)[694]. Bei Ungeborenen genügte es, dass die Abstammung binnen Jahresfrist nach ihrer Geburt feststand oder gerichtlich geltend gemacht wurde (§ 730 Abs. 2 Satz 2 a. F. ABGB). Das Familien- und Erbrechts-Änderungsgesetz 2004 (BGBl. I 2004/58) hob § 730 Abs. 2 auf, da es nach heutigem Stand der Wissenschaft mit Hilfe von DNA möglich ist, die Abstammung von verstorbenen oder nicht greifbaren Personen nachzuweisen, sodass die Erbberechtigung nicht mehr an die zu Lebzeiten bzw.

691 Das ABGB spricht von „Linie", das BGB von „Ordnung".

692 BG v. 13.12.1989, BGBl. 656.

693 1158 BlgNR XVII. GP 1 f.

694 Die deutsche Regelung des § 1934c BGB, wonach einem nichtehelichen Kind ein gesetzliches Erbrecht nach seinem Vater nur zustand, wenn bei dessen Tod die Vaterschaft anerkannt, rechtskräftig festgestellt oder das Verfahren zur Feststellung der Vaterschaft anhängig war, wurde bereits 1986 vom Bundesverfassungsgericht wegen Unvereinbarkeit mit Art. 6 V GG (Konkretisierung des Gleichheitssatzes) für nichtig erklärt.

vor Ablauf einer bestimmten Frist erfolgte Feststellung der Abstammung geknüpft werden muss. Vielmehr soll dem Erbberechtigten unabhängig davon, wann die Abstammung festgestellt worden ist, ein gesetzliches Erbrecht zustehen.

b) Ehegattenerbrecht/Erbrecht eingetragener Partner

Die **Erbquote** jener Person, die mit dem Erblasser im Zeitpunkt seines Todes in gültiger Ehe oder Partnerschaft lebt[695], bestimmt sich danach, mit welchen Verwandten sie konkurriert. Neben der ersten Parentel erbt der Ehegatte/eingetragene Partner ein Drittel, neben Eltern zwei Drittel des Nachlasses. Ist ein Elternteil des Verstorbenen vorverstorben, so erhält der Ehegatte/eingetragene Partner auch diesen Teil. Er erbt den ganzen Nachlass, wenn keine der vorgenannten Erben vorhanden sind. Mangels anderer Anordnung des Erblassers muss auf den gesetzlichen Erbteil alles angerechnet werden, was aufgrund von Ehepakten oder aus einem Erbvertrag zusteht.

Unabhängig von jeder erbrechtlichen Berufung erhält der Ehegatte/eingetragene Partner das **gesetzliche Vorausvermächtnis**, das ihm vom Erblasser nur durch eine rechtmäßige Enterbung entzogen werden kann. Es verschafft ihm neben den zum ehelichen/partnerschaftlichen Haushalt gehörenden beweglichen Sachen, soweit sie zu dessen Fortführung entsprechend den bisherigen Lebensverhältnissen erforderlich sind, vor allem auch das Recht, in der gemeinsamen Wohnung weiter zu wohnen (§ 745 ABGB). Darüber hinaus besteht bis zu seiner Wiederverheiratung/-partnerung gegen die Erben einen **Anspruch auf Unterhalt** wie bei bestehender Ehe/eingetragener Partnerschaft. Der Anspruch besteht nur „bis zum Wert der Verlassenschaft". In den Anspruch ist alles einzurechnen, was der Ehegatte nach dem Erblasser an Vermögen erhält, ebenso sein eigenes Vermögen oder Einkünfte aus seiner (auch erwarteten) Erwerbstätigkeit (§ 747 ABGB).

c) Berücksichtigung des Lebensgefährten im Erbrecht

Der Lebensgefährte gilt erbrechtlich seit dem Erbrechts-Änderungsgesetz 2015[696] als **Angehöriger**. So kann ein Angriff auf nahe Angehörige eines Verstorbenen jemanden erbunwürdig machen, weiters sind Angehörige als Testamentszeugen befangen (vgl. §§ 541, 588 ABGB).

§ 748 ABGB gewährt Lebensgefährten ein **außerordentliches Erbrecht**, welches nach allen Verwandten und noch vor dem außerordentlichen Erb-

695 Gem. § 537a ABGB i. d. F. BGBl. I 2009/135 waren alle für Ehegatten geltenden Bestimmungen des 8. bis 15. Hpst. des ABGB sinngemäß auch für eingetragene Partner anzuwenden; vgl. auch Art 2 Eingetragene Partnerschaft-Gesetz (EPG, BGBl. I 2009/135). Entsprechendes galt für die Bestimmungen bezüglich Ehepakten, wechselseitigen Testamenten und Erbverträgen (28. Hpst. ABGB).

696 Erbrechts-Änderungsgesetz 2015 (ErbRÄG 2015) BGBl. I 2015/87.

recht der Vermächtnisnehmer und dem Aneignungsrecht des Bundes wirkt. Ein nicht letztwillig bedachter Lebensgefährte erbt somit erst nach allen anderen zum Zug kommenden Verwandten: Urgroßeltern (ohne Berücksichtigung deren Nachkommen), Großeltern, Eltern und Kinder des Verstorbenen sowie deren Nachkommen wie Enkelkinder, Geschwister, Cousinen etc. Lebensgemeinschaften werden angenommen, wenn über einen Zeitraum von drei Jahren ein gemeinsamer Haushalt besteht. Diesbezügliche Ausnahmen können berücksichtigt werden, wenn erhebliche, etwa gesundheitliche oder berufliche, Gründe dagegenstehen, aber dennoch die typischerweise mit der Lebensgemeinschaft einhergehende Verbundenheit vorliegt.

Gem. § 745 ABGB steht dem Lebensgefährten ein (eingeschränktes) **gesetzliches Vorausvermächtnis** (Nutzungs- und Wohnrecht für 1 Jahr) zu, sofern in den letzten 3 Jahren ein gemeinsamer Haushalt bestand und der Verstorbene nicht noch verheiratet oder verpartnert war.

4. Pflichtteilsrecht

Das Pflichtteilsrecht hindert den Erblasser daran, über sein ganzes Vermögen letztwillig zu verfügen, beschränkt also seine Testierfreiheit. Er kann einen Pflichtteilsberechtigten nur **enterben**, d. h. *ihm den Pflichtteil entziehen, wenn ein gesetzlicher Grund vorliegt*[697]. Pflichtteilsberechtigt sind nur die **Nachkommen** und der **Ehegatte/eingetragene Partner**, *falls für diese Personen das Recht und die Ordnung der gesetzlichen Erbfolge eintreten würde*. Sie können zwar nicht einen Anteil am Nachlass, wohl aber die Auszahlung des anteiligen Wertes fordern[698]. Die Nachkommen und der Ehegatte/eingetragene Partner erhalten als Pflichtteil die Hälfte dessen, was sie als gesetzliche Erben bekommen hätten. Er muss dem Pflichtteilsberechtigten ungeschmälert bleiben, doch sind letztwillige Zuwendungen und bestimmte Vorempfänge einzurechnen.

Das Erbrechtsänderungsgesetz 1989 hatte die Möglichkeit geschaffen, den Pflichtteil der Verwandten (nicht des Ehegatten/Partners!) auf die Hälfte herabzusetzen, falls zwischen einem Elternteil und seinem Kind zu keiner Zeit ein Naheverhältnis bestanden hat, wie es in einer Familie gewöhnlich besteht (§ 773a a. F. ABGB). Mit dem Familien- und Erbrechts-Änderungsgesetz

697 Darin liegt das Wesen des *materiellen Pflichtteilsrechts*. Es sichert dem Pflichtteilsberechtigten (Noterben) einen Anteil am Wert des Nachlasses. Dagegen hat das *formelle Noterbrecht* nichts mit einer Einschränkung der Testierfreiheit zu tun. Es sollte nur Auslegungsschwierigkeiten umgehen, indem es vom Testator forderte, bei sonstiger Ungültigkeit des Testamentes seine Noterben wenigstens zu erwähnen.

698 Nach endgültiger Klarstellung durch das HfD JGS 1844/781 kennt das österreichische Recht *kein Noterbrecht* (im Sinne eines verkleinerten Erbrechts), der Pflichtteilsberechtigte hat vielmehr die Stellung eines Erbengläubigers. Trotz Aufhebung des HfD durch das 1. BRBG, BGBl. I 1999/191, bleibt der Pflichtteilsanspruch ein bloßer Geldanspruch (OGH 6.12.2000, 7 Ob 202/00g).

2004[699] wurden die Begriffe „Elternteil“ und „Kind“ durch „Erblasser“ und „Pflichtteilsberechtigter“ ersetzt, um die Regelung einfacher und sachgerechter zu gestalten. Aktuell findet sich diese Regelung in § 776 ABGB und spricht vom „Verfügenden“ und „Pflichtteilsberechtigten“. Dem liegt der Gedanke zugrunde, dass die notwendige Beteiligung am Nachlass ihre Rechtfertigung in einer besonderen Nahebeziehung zum Erblasser findet. Die Pflichtteilsminderung kann von einem Elternteil bzw. seinen Vorfahren in gerader Linie (Testierfähigkeit vorausgesetzt) angeordnet werden und wirkt auch für die Eintrittsberechtigten. Sie setzt kein missbilligendes Verhalten des Pflichtteilsberechtigten voraus, ist also nicht als Enterbungsfall konstruiert. So wie bei der Enterbung trifft aber den Erben die Beweislast, selbst bei ausdrücklicher Anordnung der Pflichtteilsminderung. Der Pflichtteil darf nicht gemindert werden, wenn der Verstorbene die Ausübung des Rechts auf persönlichen Verkehr mit dem Pflichtteilsberechtigten grundlos abgelehnt hat[700]. Diese Regelung soll vorschnellen Ablehnungen des persönlichen Verkehrs durch den nicht betreuenden Elternteil bzw. durch das Kind vorbeugen[701]. Die Minderung des Pflichtteils eines Berechtigten vergrößert die Pflichtteile der übrigen Berechtigten nicht, sondern bewirkt eine Erweiterung der Testierfreiheit des Erblassers.

5. Aufsplitterung des Nachlasses in verschiedene Vermögensmassen

Die Differenzierung des Nachlassvermögens (Verlassenschaft) bietet zusätzliche Möglichkeiten rechtsgestaltender Eingriffe in die Erbfolge. Grundsätzlich sind alle vermögensrelevanten Rechte und Verbindlichkeiten vererblich[702]. Dem entspricht die Gleichbehandlung des gesamten Nachlassvermögens. Es gibt nur einen Nachlass, der nach einer einheitlichen Ordnung auf den oder die Erben übergeht **(Generalsukzession)**. Auch hier sind jedoch Differenzierungen zu erkennen. Das Regulativ der **Spezialsukzession** bedeutet, dass das Nachlassvermögen in verschiedene Vermögensmassen zerfällt, die nach spezifischen Erbfolgeordnungen auf die Erben übergehen. Diese Sukzessionsform ermöglicht eine Abweichung von der allgemeinen gesetzlichen Erbfolge und stellt sich im geltenden Recht als Ausnahme dar, die vor-

699 BGBl. I 2004/58.

700 § 773a Abs. 3 ABGB i. d. F. KindRÄG 2001, BGBl. I 2000/135; aktuell § 776 Abs. 2 ABGB.

701 EBRV 296 BlgNR 21. GP 81.

702 Das gilt vor allem für das private Recht, das generell nur jene Rechte und Pflichten von der Vererblichkeit ausnimmt, die „bloß in persönlichen Verhältnissen begründet sind“. Einzelgesetzliche Beschränkungen der Rechtsnachfolge von Todes wegen in private Vermögensrechte lassen vielfach rechtspolitische Zielsetzungen erkennen. So haben die nachteiligen Folgen gewillkürter Eigentumsbeschränkungen für die Freiheit des Eigentumserwerbs den Gesetzgeber dazu bewogen, Veräußerungs- und Belastungsverbote, aber auch Wiederkaufs- und Vorkaufsrechte mit dem Tod des Belasteten bzw. Berechtigten erlöschen zu lassen.

wiegend sozialpolitisch motiviert ist. So sieht z. B. das Anerbengesetz besondere Bestimmungen über die bäuerliche Erbteilung vor[703]. Auch das Eintrittsrecht nach dem Tod eines Mieters gestaltet sich nach Sonderregelungen[704].

D. Der Erbschaftserwerb

Der berufene Erbe darf sich nicht eigenmächtig in den Besitz der Erbschaft setzen. Das moderne Recht kennt ein gerichtliches Verlassenschaftsverfahren **(Verlassenschaftsabhandlung)**, das auf zwei Prinzipien aufgebaut ist: Der Nachlass soll genau festgestellt und nur dem wahren Erben ausgefolgt werden. Dazu bedarf es der **Todesfallaufnahme**, die erste Anhaltspunkte über den Nachlass und mögliche Erben geben soll, der **Erbantrittserklärung**[705] des berufenen Erben mit dem Beweis seines Rechts **(Erbrechtsausweis)**, der eidesstättigen **Angabe des Nachlassvermögens** (allenfalls Inventarisierung) und schließlich der gerichtlichen Besitzeinweisung des Erben in den Nachlass **(Einantwortung)**. Bis zu diesem Zeitpunkt ruht der Nachlass, doch kann den ausgewiesenen Erben schon vorher die Besorgung und Verwaltung der Erbschaft überlassen werden[706]. Bei widersprechenden Erbantrittserklärungen ist eine gerichtliche Feststellung des Erbrechts erforderlich. Mit dem neuen Außerstreitgesetz ist seit 1.1.2005 der Erbrechtsstreit aus dem streitigen Verfahren in das Außerstreitverfahren verlagert (§§ 145 ff., insbes. 160 ff. AußStrG)[707].

---

703 Bundesgesetz vom 21. Mai 1958 über besondere Vorschriften für die bäuerliche Erbteilung (Anerbengesetz), BGBl. 106, i. d. F. ErbRÄG 2015, § 3: „Sind bei der gesetzlichen Erbfolge nach dem Alleineigentümer eines Erbhofs mehrere Miterben berufen, so kann nur einer von ihnen, der Anerbe, Eigentümer des Erbhofs werden." Als Erbhöfe sind in § 1 jene mit einer Hofstelle versehenen land- und forstwirtschaftlichen Betriebe definiert, „die im Eigentum einer natürlichen Person, von Ehegatten oder eines Elternteiles und eines Kindes (§ 42 ABGB) stehen und mindestens einen zur angemessenen Erhaltung von zwei erwachsenen Person ausreichenden, jedoch das zwanzigfache dieses Ausmaßes nicht übersteigenden Durchschnittsertrag haben".

704 Nach § 14 MRG treten die nahen Angehörigen des verstorbenen Mieters, die mit ihm im gemeinsamen Haushalt gelebt haben, in dessen Mietvertrag ein und verdrängen die Erben. Der Angehörigenbegriff des MRG entspricht nicht jenem der erbrechtlichen Bestimmungen des ABGB.

705 Mit FamErbRÄG 2004 (BGBl. I 2003/111) wurde der ältere Begriff „Todfallsaufnahme" durch „Todesfallaufnahme" ersetzt, der Begriff „Erbserklärung" durch die Bezeichnung „Erbanstrittserklärung".

706 § 810 Abs. 1 i. d. F. FamErbRÄG 2004 bzw. ErbRÄG 2015 sieht vor, dass der Erbe, der bei Antretung der Erbschaft sein Erbrecht hinreichend ausweist, das Recht hat, das Verlassenschaftsvermögen zu benützen, zu verwalten und die Verlassenschaft zu vertreten. Nachteilige oder über den ordentlichen Wirtschaftsbetrieb hinausgehende Handlungen sind zu untersagen.

707 BG über das gerichtliche Verfahren in Rechtsangelegenheiten außer Streitsachen (Außerstreitgesetz – AußStrG) BGBl. I 2003/111.

II. Das Erbrecht in der rechtshistorischen Entwicklung

Lit.: *H. Hattenhauer*, Grundbegriffe des bürgerlichen Rechts, 1982, 183 ff.; *J. W. Hedemann*, Die Fortschritte des Zivilrechts im XIX. Jahrhundert II/1, 47 ff.; *R. Hübner*, Grundzüge des Deutschen Privatrechts, [5]1930, Neudr. 1969, 734 ff.; *H. Kreller*, Römisches Recht, II Grundlehren des Gemeinen Rechts, 1950, 234 ff.; *M Lanzinger* (Hg.), Vererben und Erben. Adelige, städtisch-bürgerliche und bäuerliche Kontexte, 2021; *Th. Olechowski*, Nachlass, HRG [2]III, Sp. 1743 ff.; *L. Pfaff/F. Hofmann*, Excurse über österreichisches allgemeines bürgerliches Recht. Beilagen zum Commentar von L. Pfaff/F. Hofmann II, 1878; *L. Schiffner*, Die Erbrechtsreform in der Novelle zum österreichischen allgemeinen bürgerlichen Gesetzbuche, 1908; *G. K. Schmelzeisen*, Polizeiordnungen und Privatrecht, 1955, 140 ff.; *W. Schubert* (Hg.), Das Familien- und Erbrecht unter dem Nationalsozialismus, 1993; *O. Stobbe*, Deutsches Privatrecht II/1, [3]1896; *J. Unger*, System des österreichischen allgemeinen Privatrechts, VI Das österreichische Erbrecht, [4]1894; *R. Welser*, Die Entwicklung des Erbrechts, FS 200 Jahre ABGB I, 2011, 713 ff.; *G. Wesenberg/G. Wesener*, Neuere deutsche Privatrechtsgeschichte im Rahmen der europäischen Rechtsentwicklung, [4]1985; *G. Wesener*, Geschichte des Erbrechts in Österreich seit der Rezeption, 1957; *U. Wolter*, Ius canonicum in iure civili. Studien zur Rechtsquellenlehre in der neueren Privatrechtsgeschichte, 1975; *F. v. Zeiller*, Commentar über das allgemeine bürgerliche Gesetzbuch II, 1812.

A. Einleitung

Eine verlässliche Aussage über die geschichtlichen Ansätze des deutschen und damit auch des österreichischen Erbrechts ist nach dem derzeitigen Forschungsstand nicht möglich. Wir stoßen immer nur auf Manifestationen bestimmter Rechtsideen, die wir heute als Strukturelemente des Erbrechts begreifen, und selbst da sind die Entwicklungslinien so verworren, dass sie kaum nachzuzeichnen sind.

Als gesichert kann gelten, dass im Rechtsaltertum alles Gut in der Hausgemeinschaft gebunden war und dass die Vorstellung eines Erbrechts mit der Ausbildung des Individualeigentums gereift ist. Eine Folge davon war die nur zäh dahinfließende Entwicklung von der Spezialsukzession zum einheitlichen Recht der Vermögensnachfolge von Todes wegen, es erklärt sich aber damit auch der innige Zusammenhang zwischen Erbrecht und Blutsverwandtschaft. Von diesem Prinzip der verwandtschaftlichen Zusammengehörigkeit war das Erbrecht bis zum Ausgang des MA. beherrscht. Die gewohnheitsrechtlichen Verteilungsordnungen sahen zunächst überhaupt nur „geborene" Erben vor. Selbst die in fränkischer Zeit aufgekommene „adoptio in hereditatem", eine Kindesannahme zur Verschaffung des Erbrechts, und die Zuwendung eines Sohnesanteils (Freiteils) an kirchliche Einrichtungen, entsprechen in ihrer Konstruktion dem Gedanken der Verwandtenerbfolge. Ihr soll der erste Teil des geschichtlichen Rückblicks gewidmet sein.

Letztwillige Verfügungen sind in stärkerem Maß erst seit dem ausgehenden Hochma. belegt. Auch für sie ist zunächst typisch, dass der Erblasser sein Vermögen nicht frei an „gekorene" Erben verteilt, sondern die vorgegebene

Verwandtenerbfolgeordnung nach eigenen Vorstellungen zu gestalten versucht. In diesen ma. „Verteilungstestamenten" wird in aller Regel nach Vermögensmassen und dem Grad der Verwandtschaft differenziert, vor allem aber wird der Ehegatte in die Verteilung des Nachlasses einbezogen. Zuwendungen an kirchliche Anstalten, Freunde und an das Gesinde deuten erst zaghaft eine Durchbrechung des geborenen Erbenkreises an. Die Behandlung des Ehegattenerbrechts nach dem Erbrecht der Verwandten folgt dieser Entwicklungslinie.

Eine grundlegende Umgestaltung des Erbrechts vollzieht sich erst unter dem Einfluss des rezipierten römisch-gemeinen Rechts. Diese Entwicklung erfasst im 16. Jh. die gewillkürte Erbfolgeordnung und führt im 18. Jh. zur Übernahme gemeinrechtlicher Regelungen in das Verwandtenerbrecht, das allerdings zur selben Zeit auch naturrechtlichen Reformbestrebungen ausgesetzt ist. Das Bestreben, überkommenes Gewohnheitsrecht durch neues Gesetzesrecht zu ersetzen, tut ein übriges, dass ein gewaltiger Schritt zu einem einheitlichen Erbrecht getan wird, das den ganzen Nachlass erfasst und ihn nicht mehr gegenständlich, sondern quotenmäßig auf die Erben verteilt. Testierfreiheit und Pflichtteilsrecht werden gängige Rechtsbegriffe; rudimentäre Vorstellungen von der Erbfähigkeit, vom Anfall, vom Erbschaftserwerb und von der Rechtsstellung des Erben erhalten die heute noch aktuelle Ausformung.

B. Erbfolge unter ehelichen Verwandten

Lit.: *W. Brauneder*, Die Entwicklung des bäuerlichen Erbrechtes, in Die Ehre Erbhof, hg. v. *A. Dworsky*, 1980, 55 ff.; *W. Brauneder*, Erbtochter, HRG ^{2}I, Sp. 1388; *W. Bungenstock*, Anwachsung, HRG I, Sp. 181f.; *W. Bungenstock*, Erbabfindung, HRG I, Sp. 949 f.; *W. Bungenstock*, Gerade, HRG I, Sp. 1527 ff.; *W. Bungenstock*, Heergerät (Heergewäte), HRG I, Sp. 29 f., ^{2}II, Sp. 858 f.; *A. Ehrenzweig*, Die österreichische Erbfolgeordnung, Zeitschrift für Notariat und freiwillige Gerichtsbarkeit in Österreich, 1903, Nr. 2, 9 ff., Nr. 3, 17 ff., 26 ff., 34 ff.; *A. Erler*, Erbtochter, HRG I, Sp. 980 f.; *G. Güldemund*, Das Erbrecht der Buch´schen Glosse, 2021, 49 ff.; *K. Gottschalk*, Gerade, HRG ^{2}II, Sp. 113 ff.; *H.-R. Hagemann*, Erbrecht, HRG I, Sp. 971 ff., ^{2}I, Sp. 1370 ff.; *H. Hofmeister*, Parentel, Parentelenordnung, HRG III, Sp. 1502 ff.; *H. Hofmeister/M. Lipp*, Parentel, Parentelenordnung, HRG ^{2}IV, Sp. 369 ff.; *E. Kaufmann*, Erbfolgeordnung (privatrechtlich), HRG I, Sp. 959 ff.; *M. Lipp*, Erbfolgeordnung, HRG ^{2}I, Sp. 1361 ff.; *W. Ogris*, Brüdergemeinschaft, HRG I, Sp. 520 f.; *W. Ogris*, Erbeinsetzung über die Bahre, über das Grab, HRG I, Sp. 952 f., ^{2}I, Sp. 1359 f.; *W. Ogris*, Erbengemeinschaft, HRG I, Sp. 953 f.; *W. Ogris*, Erbenlaub, HRG I, Sp. 956; *W. Ogris*, Erbenlosung, HRG I, Sp. 957 f.; *W. Ogris*, Erbenwartrecht, HRG I, Sp. 958 f.; *W. Ogris*, Erbgut, HRG I, Sp. 964 f.; *W. Ogris*, Ganerben, HRG I, Sp. 1380 ff., ^{2}I, Sp. 1928 ff.; *W. Ogris/Ch. Neschwara*, Erbenlaub, HRG ^{2}I, Sp. 1360 f.; *M. Rintelen*, Bernhard Walthers privatrechtliche Traktate aus dem 16. Jahrhundert, vornehmlich agrarrechtlichen, lehen- und erbrechtlichen Inhalts, 1937, 81 ff., 120 ff.; *G. Wesener*, Geschichte des Erbrechts in Österreich seit der Rezeption, 1957, 32 ff.; *G. Wesener*, Vorkaufs- und Einstandsrecht der gesippten Freunde (ius retractus consanguinitatis) im Recht der altösterreichischen Länder, Gedächtnisschrift R. Schmidt, 1966, 535 ff.

1. Älteres Recht

a) Prinzip der Anwachsung

Die gemeinsame Nutzung lebenswichtiger Güter durch die Hausgemeinschaft schließt für die germanische Zeit die Vorstellung eines Erbrechts aus. Da die alte Hausgemeinschaft vermutlich nach dem Gesamthandprinzip gestaltet war **(Gemeinderschaft)**, dürfte bei Ausscheiden eines Mitglieds das gemeinschaftliche Nachrücken der übriggebliebenen Teilhaber in dessen Rechtsposition die Regel gewesen sein **(Anwachsung)**. Zur Anwachsung bedurfte es keiner besonderen Übertragungshandlung oder vorherigen Auseinandersetzung. Die Hausgemeinschaft wurde von den Söhnen des Verstorbenen fortgesetzt (Brüdergemeinschaft), es konnte aber auch bei Ausscheiden eines Bruders Anwachsung zugunsten der Geschwister eintreten.

Für die Idee der gesamthänderischen Gebundenheit des Hausvermögens spricht die tiefe Verwurzelung dieses Organisationsprinzips im älteren Recht. Die Anwachsung kam in vielen Bereichen des Rechtslebens vor, so z. B. im Recht der Genossenschaften. Noch im MA., als das Anwachsungsrecht zunehmend vom Verwandtenerbrecht verdrängt wurde, hielt man bei Gesamtbelehnungen oder bei vertraglich begründeten Gesamthandgemeinschaften zwischen ritterbürtigen Personen *(Ganerbschaften)* an der Anwachsung fest.

Der gemeinschaftlichen Bindung dürften am frühesten die zum persönlichen Gebrauch bestimmten Gegenstände wie die **Gerade**[708] der Frau oder das **Heergerät** des Mannes entwachsen sein. Hinsichtlich dieser Gegenstände sind auch erste Ansätze einer Erbfolgeordnung belegt.

b) Gewohnheitsrechtliche Verteilungs- und Erbfolgeordnungen

Die Auflösung der Hausgemeinschaft und die Entstehung von Privateigentum an Gegenständen des persönlichen Gebrauchs gaben der Entstehung des Erbrechts in fränkischer Zeit die entscheidenden Impulse. Es wurde üblich, das Eigenvermögen, aber auch das Hausvermögen unter Lebenden zu verteilen, und zwar auf den Personenkreis der engeren Blutsverwandtschaft. Dies entsprach dem innigen Zusammenleben der engsten Familie „zu gemeinsamem Gedeihen und Verderben“ und sollte eine bessere Bewirtschaftung des Hausvermögens durch die jüngeren Familienmitglieder (Söhne) gewährleisten. Die Folge war die gewohnheitsrechtliche Ausbildung einer **Vielzahl von Verteilungsordnungen**, die sich schließlich zu **Erbfolgeordnungen** verdichteten.

Wegen ihrer Vielfalt entziehen sie sich einer systematischen Darstellung. Die dem MA. eigentümliche Aufsplitterung des objektiven Rechts nach örtlichen und persönlichen Gesichtspunkten brachte es mit sich, dass jeder Rechtskreis eine eigene Erbfolgeordnung hervorbrachte.

---

708 Interessante Einblicke in die wirtschaftliche Bedeutung der Gerade vermittelt *K. Gottschalk*, Eigentum, Geschlecht, Gerechtigkeit, 2003.

Im allgemeinen waren die Erbfolgeordnungen charakterisiert durch die differenzierte Behandlung verschiedener Vermögensmassen, durch die Bevorzugung des männlichen Geschlechts, durch den Ausschluss der Vorfahren von der Erbfolge und die zunehmende Verengung des Erbrechts auf Angehörige der Kleinfamilie. Diesem frühen Entwicklungsstadium des Erbrechts entspricht es, dass nur Verwandte des Erblassers erbberechtigt waren. Die Vorstellung einer Verfügungsfreiheit des Erblassers von Todes wegen konnte sich nur sehr zögernd und in beschränktem Umfang durchsetzen. Das Erbrecht blieb ein Teil des Familienrechts, es gab nur **„geborene"**, nicht *„gekorene"* **Erben.**

Wie sehr das Prinzip der Verwandtenerbfolge der Rechtsüberzeugung entsprach, ergibt sich vor allem daraus, dass die Rechtsquellen des MA. nur vereinzelt erbrechtliche Bestimmungen enthielten. Sie setzten offensichtlich die geltenden Erbfolgeordnungen als bekannt voraus und beschränkten sich auf die Behandlung strittiger Fragen.

aa) Spezialsukzession

Die *Aufsplitterung des Nachlasses in einzelne Vermögensmassen*, die nach verschiedenartigen Regeln vererbt wurden, prägte das Erbrecht sowohl der fränkischen Periode als auch des MA. In manchen Gebieten Österreichs bestimmte sie die Erbrechtsentwicklung bis ins 18. Jh. (Tirol). Der Kreis der Erbberechtigten änderte sich also je nach der Qualität des zu vererbenden Vermögensteiles. Weit zurück reicht die erbrechtliche Scheidung von Liegenschaften und Fahrnisvermögen. Auffallend für die fränkische Zeit ist die Sondererbfolge in Heergeräte (Kriegsausrüstung des Mannes) und Gerade (Kleidung, Schmuck und Haushaltsgegenstände der Frau). Im MA. verstärkte sich die erbrechtliche Aufspaltung des Nachlassvermögens weiter. Lehnsgüter, Allodialgüter, Stammgüter, Familienfideikommisse, Hofgüter, Erbgüter, Kaufgüter usw. haben im Erbgang verschiedene Schicksale. Die Unterscheidung zwischen **Erbgut** (ererbtes Vermögen) und **Kaufgut** (jenes Vermögen, das man selbst durch Kauf erworben hat) gab sogar den entscheidenden Anstoß zur Ausbildung der gewillkürten Erbfolgeordnung[709].

Erst im späten MA. kam es – vor allem im städtischen Bereich – zur allmählichen Verschmelzung der verschiedenen Sondervermögensmassen zu einem einheitlichen Nachlassvermögen. Erst damit konnte sich der gemeinrechtliche Grundsatz der *einheitlichen Vererbung des ganzen Nachlasses* **(Prinzip der Generalsukzession)** Anerkennung im Gesetzesrecht der Neuzeit verschaffen.

Eine eigene Entwicklung nahm die **bäuerliche Erbfolge**[710]. Das **Anerbenrecht** als besonderes Erbrecht an landwirtschaftlichen Höfen findet sich bereits im ma. Recht. Das

709 S. unten.

710 *W. Brauneder*, Die Entwicklung des bäuerlichen Erbrechtes, in Die Ehre Erbhof, hg. v. *A. Dworsky*, 1980, 55 ff.; *H. Feigl*, Bäuerliches Erbrecht und Erbgewohnheiten in

Bestreben, den Hof einem von mehreren Erben, eben dem *Anerben*, zu übergeben, um Teilungen im Erbgang zu vermeiden und die Wirtschaftlichkeit des Betriebes zu gewährleisten, führte zur *Anerbensitte*, durch Übergabsvertrag oder letztwillige Verfügung nur einen Hoferben zu bestellen. Dessen Berufung folgte verschiedenen Prinzipien wie Ältestenrecht oder Jüngstenrecht mit subsidiärem Töchteranerbenrecht.

Ein umfassendes gesetzliches Sondererbrecht für den Bauernstand *(älteres Anerbenrecht)* erließ *Joseph II.*, dessen Grundzüge auch vom *ABGB 1811* nicht angetastet wurden. Die grundsätzliche Unteilbarkeit des Bauerngutes von Todes wegen (Anerbenrecht) wurde durch die Unteilbarkeit unter Lebenden (Höferecht) ergänzt. Das gesetzliche Anerbenrecht konnte allerdings durch letztwillige Verfügung ausgeschlossen werden. Soweit davon Gebrauch gemacht wurde, hielt sich zumeist die Anerbensitte lebendig. Nach Rückschlägen im Zeitalter des Liberalismus, der das Anerbenrecht als Verstoß gegen das freie Erbrecht anprangerte und dessen Aufhebung durchsetzte, kam im 19. Jh. das sog. *neuere Anerbenrecht* auf. Es hielt grundsätzlich daran fest, dass der Bauer über seinen Hof letztwillig frei verfügen und selbst einen Hoferben auswählen konnte. Nur wenn er dies nicht tat, wurde nach Anerbenrecht verfahren (Reichsanerbengesetz 1889, RGBl. 52; Durchführungsgesetze nur in Tirol [1900] und Kärnten [1903]). Die Einführung des deutschen Reichserbhofgesetzes 1933 in Österreich (1938) brach mit der österreichischen Tradition, insbes. weil es zwingendes Recht war. Das Anerbengesetz 1958 folgte erneut den Grundprinzipien des Reichsanerbengesetzes 1889 (in Tirol und Kärnten blieben allerdings die bestehenden Anerbengesetze weiter in Geltung; in Vorarlberg herrschte weiterhin der Grundsatz der Realteilung)[711]. 1989 wurde dann das österreichische Anerbenrecht umfassend reformiert (BG v. 13.12.1989, mit dem das Gesetz betreffend die besonderen Rechtsverhältnisse geschlossener Höfe [in Tirol] geändert wird, BGBl. 657; BG v. 13.12.1989 über die bäuerliche Erbteilung in Kärnten [Kärntner Erbhöfegesetz 1990], BGBl. 658; BG v. 13.12.1989, mit dem das Anerbengesetz geändert wird, BGBl. 659). Nunmehr sind im gesamten Bundesgebiet bei bäuerlichen Erbteilungen anerbenrechtliche Vorschriften anzuwenden, auch in Vorarlberg[712]. Ziel der Reform war die Anpassung des Anerbenrechts an die in den letzten Jahren und Jahrzehnten geänderten ökonomischen und sozialen Verhältnisse in der Landwirtschaft, die Beseitigung der Diskriminierung weiblicher Miterben und die Gleichstellung unehelicher Kinder. Außerdem sollte die Stellung des Ehegatten des Erblassers, der weichenden Miterben und der Noterben im anerbenrechtlichen Verlassenschaftsverfahren verbessert werden.

bb) Erbrechtliche Benachteiligung der Frau

Belege für die Benachteiligung der Frauen im Erbrecht sind bereits in den fränkischen Volksrechten zu finden. Sie überliefern uns, dass Frauen aus dem Erbgut nichts, zumindest keine Liegenschaften erhielten, wenn erbberechtigte Männer vorhanden waren. Im späteren MA. wurde diese Schlechterstel-

NÖ, Jb. f. Landeskunde in NÖ, NF 37, 1961, 161 ff.; *A. Pikalo*, Römischrechtliche u. deutschrechtliche Elemente im landwirtschaftlichen Erbrecht, GS R. Schmidt, 1966, 507 ff.

711 Zum Schutze der „weichenden", d. h. vom Hofe abgeschichteten Familienmitglieder entwickelte sich besonders in Tirol gewohnheitsrechtlich das Heimatzuflucht-Recht (*N. Grass*, Heimatzuflucht, HRG II, Sp. 48f., *A. Amend-Traut*, Heimatzuflucht, HRG ²II, Sp. 894 f.).

712 § 21 Anerbengesetz i. d. F. Art I Z 14 BGBl. 1989/659.

lung zumeist nur noch gegenüber Männern des engeren Erbenkreises aufrechterhalten, im weiteren Verwandtenkreis waren sie *coheredes* und damit den männlichen Erben gleichgestellt.

Besonders ausgeprägt war die erbrechtliche Benachteiligung der Frau im Herrenstand und Adel, dem die Wahrung des Ansehens der Familie (splendor familiae) und die Erhaltung des Familiengutes im Mannesstamm ein besonderes Anliegen war. Töchter eines adeligen Erblassers waren nach Landrecht von der Erbfolge nach dem Vater ausgeschlossen, wenn Söhne vorhanden waren. Erst das Josephinische Erbfolgepatent vom 11. Mai 1786 hat „eine allgemeine, für alle Stände ohne Unterschied gleiche Ordnung der gesetzlichen Erbfolge des frei vererblichen Vermögens" gebracht[713].

cc) Ausschluss der Aszendenten von der Erbfolge

Die ma. Erbrechtsquellen übergehen die Aszendenten mit Stillschweigen. Nach den vorrangig zur Erbfolge berufenen **Deszendenten** des Erblassers, deren Wartrechte in großer Zahl verbrieft sind, werden die **„nächsten Erben"** berufen, ohne diesen Personenkreis näher zu umschreiben. Vieles deutet darauf hin, dass damit nur Seitenverwandte gemeint waren. Auch die Landesordnungen der frühen Neuzeit sowie die juristische Literatur dieser Zeit kennen ein Erbrecht der Aszendenten nicht. Da sie ihre Aussagen auf ältere Quellen stützen, scheint jedenfalls im österreichischen Rechtsraum der Ausschluss der Aszendenten von der Erbfolge gesichert zu sein. Erst im 18. Jh. wurden – gemeinrechtlichen Vorstellungen entsprechend – die Aszendenten in die Verwandtenerbfolgeordnung eingebaut[714].

dd) Herkunft des Vermögens als erbrechtliches Prinzip

Mit dem Ausschluss der Aszendenten von der Erbfolge, aber auch mit ihrem natürlichen Ausscheiden aus dem Kreis der Erbberechtigten stellte sich die Frage, wer das Erbe erhalten soll, wenn keine Nachkommen oder nur Töchter des Erblassers vorhanden sind. Das Problem einer Verengung des Erbenkreises war vor allem bei der Rechtsnachfolge in das unbewegliche Gut zu lösen. Hier galt der Grundsatz, dass das aus dem Mannesstamm herrührende unbewegliche Vermögen an die männliche Linie zurückfallen sollte, und zwar schon dann, wenn nur weibliche Nachkommen des Erblassers vorhanden waren. Bei unbeweglichem Gut aus der weiblichen Linie kam dieses **Fallrecht** *(ius recadentiae)* erst bei gänzlichem Fehlen von Nachkommen zur Anwendung: *paterna paternis, materna maternis*. Diese Sondererbfolge geht auf die alte Verwandtschaftsgliederung in agnatische und cognatische Sippe zurück.

713 Näheres bei *G. Wesener*, Geschichte des Erbrechts in Österreich seit der Rezeption, 1957, 84.

714 So *A. Chabert*, Bruchstück einer Staats- und Rechtsgeschichte der deutsch-österreichischen Länder, 1852; *A. Gál*, Der Ausschluß der Ascendenten von der Erbfolge und das Fallrecht, 1904, 110 ff.; *E. M. Meijers*, Le droit ligurien de succession en Europe occidentale I, 1928, 218 ff.

Sie war naturgemäß mit der Schwierigkeit des Herkunftsbeweises belastet, weshalb vereinfachende Regelungen gesucht und auch gefunden wurden[715].

Aus der Vielzahl der Rechtsquellen zum österreichischen Fallrecht ragt die ausdrückliche Bestimmung für die Stadt Wien in der *Constitutio Albertina* von 1383 heraus. Es handelt sich dabei um ein **einfaches**, aber **vollständig durchgeführtes** Fallrecht, das zudem alle Aszendenten in direkter Linie und auch in der Seitenlinie von der Erbfolge ausschloss. Einfaches Fallrecht heißt, dass die Erbgüter nur nach ihrer Herkunft von Vater und Mutter unterschieden werden, ohne weiter ihrem Ursprung nachzugehen. Die vollständige Durchführung dieses Fallrechtes besteht darin, dass nur solche Personen erbberechtigt sind, von deren Seite das Gut herrührt. Bei Fehlen erbberechtigter Personen treten die Rechtsfolgen der Erblosigkeit des Nachlassvermögens ein (Heimfall)[716].

ee) Ansätze eines Parentelenprinzips

In den ma. Verwandtenerbfolgeordnungen dokumentiert sich die Auflösung der Großfamilie. Eine der ältesten Erbfolgeordnungen im deutschen Rechtsraum war die Trennung in **engeren** Erbenkreis und **weiteren** Erbenkreis[717]. Der engere Erbenkreis umfasste die „sechs gesipptesten Hände" (Sohn–Tochter, Vater–Mutter, Bruder–Schwester), entsprach also der alten Hausgemeinschaft. Der weitere Erbenkreis umschloss alle anderen Blutsverwandten *(Magen)*. Mit der Anerkennung des **Repräsentationsrechts** der Kinder weitete sich der engere Erbenkreis aus und ließ allmählich eine **ma. Parentelenordnung** erkennen. Entscheidender Einfluss ging dabei von der Vorstellung aus, dass die jüngere Generation gegenüber der älteren erbrechtlich bevorzugt werden soll. Die Nachkommen des Erblassers (erste Parentel) nahmen das Erbe vor den übrigen Blutsverwandten (**„Das Gut rinnt wie das Blut"**).

Die bruchstückhafte Überlieferung dieser Parentelenordnung lässt zwar kein geschlossenes System erkennen, doch zeichnen sich immerhin deutliche

---

715 Vor allem in den französischen *Coutûmes* findet sich der einfache Weg der Teilung des gesamten Nachlasses zwischen Vater- und Muttermagen. *A. Gál*, Der Ausschluß der Ascendenten von der Erbfolge und das Fallrecht, 1904, insbes. 81 ff.

716 Im Gegensatz dazu wird beim unbeschränkt fortgesetzten Fallrecht der Herkunft des Gutes bis zum ersten Erwerber nachgegangen und ein Erbrecht daran nur den Blutsverwandten des ersten Erwerbers zuerkannt.

717 Andere Erbfolgeordnungen folgten z. B. dem *Dreiliniensystem*, das die Erben in drei Gruppen (Deszendenten, Aszendenten und Seitenverwandte) einteilte. Auch die Ordnung nach Stämmen oder nach Vetternschaften ist belegt. Das Erbfolgesystem des romanisch-französischen Rechtskreises differenzierte (nach systematischer Aufbereitung in der Neuzeit) zwischen Nachkommenschaft (1. Klasse), Eltern, Geschwistern und deren Nachkommen bzw. bei deren Fehlen Vorfahren eines verstorbenen Elternteiles (2. Klasse), übrigen Aszendenten (3. Klasse) und allen übrigen Seitenverwandten (4. Klasse).

Strukturen einer Ordnung ab, die die Nachkommenschaft des Erblassers (Stammhaupt) den übrigen Blutsverwandten vorreiht. Kennzeichnend für diese Erbfolgeordnung im österreichischen Rechtsraum war der bereits erwähnte Ausschluss der Aszendenten von der Erbfolge und eine breitere Anerkennung des Eintrittsrechts. Die mangelnde Erbberechtigung der Aszendenten ließ es nicht zu, das Parentelensystem auf Stammelternpaaren aufzubauen. Die Parentel wurde daher aus **Stammgeschwisterpaaren** und deren Nachkommen gebildet. Das Repräsentationsrecht wiederum konnte auch Seitenverwandten zuerkannt werden und erlangte damit eine größere Bedeutung als im römischen und deutschen Rechtsraum[718].

Im Gegensatz zur österreichischen Rechtsentwicklung setzte sich im deutschen Rechtsraum die Idee der Generationenfolge nur sehr zögernd durch. Otto der Große bspw. hatte über diese Streitfrage im Jahr 942 zu Stela ein Gottesurteil im Wege des gerichtlichen Zweikampfes herbeiführen lassen, bei dem der für das Eintrittsrecht der Enkel fechtende Kämpe siegte (Widukind, res gestae Saxonum II 10). Das Eintrittsrecht wurde aber nur im Umfang des zur Entscheidung stehenden Falles zugelassen, nämlich nur zugunsten von Sohneskindern neben Söhnen; auch der Sachsenspiegel kennt das Eintrittsrecht nur mit dieser Beschränkung (1. 5 § 1). Es ist daher nicht verwunderlich, dass in spätma. deutschen Rechtsquellen das Eintrittsrecht der Enkel durch gewillkürte Vorberufungen seitens der Großeltern abgesichert wird. Die Enkel werden durch sie in die „Fußstapfen" ihrer vorverstorbenen Eltern eingesetzt. Die Verfügungen von Todes wegen sprechen in diesem Zusammenhang von *uber die bare erben* (an irer kinde stat). Die Anerkennung des erweiterten Eintrittsrechtes wird erst dem gemeinen Recht zugeschrieben, insbes. dem Freiburger Reichstag des Jahres 1498[719].

c) Rechtsstellung der geborenen Erben

Den ma. Erbfolgeordnungen war der Gedanke einer Verfügungsfreiheit des Erblassers lange Zeit fremd. Das unbewegliche Vermögen (Erbgut) blieb sogar bis zum Beginn der Neuzeit der gewohnheitsrechtlichen Verwandtenerbfolge verfangen. Diese Bindung des Erbrechts wurde dadurch noch verstärkt, dass der Erblasser auch zu Lebzeiten über das Hausvermögen nicht verfügen konnte. Jede Veräußerung (vor allem des liegenden Gutes) bedurfte der Zustimmung der nächsten Erben **(Erbenlaub, Erbenlob)**. Diese Zustimmungsrechte (Näherrechte i.w.S.) treten als anwartschaftliche Gewere in Erschei-

718 Während die frühere rechtshistorische Forschung von einer vollausgebildeten ma. Parentelenordnung ausging, verdichten sich seit *H. Hofmeister*, Parentel, Parentelenordnung, HRG III, Sp. 1502 ff. (gestützt auf *H.-G. Mertens*, Überlegungen zur Herkunft des Parentelensystems, ZRG GA 90, 1973, 149 ff.) Zweifel an dieser Annahme. Die volle Ausformung des Parentelensystems ist der Naturrechtsschule des 18. Jh. zuzuschreiben, erstmals gesetzlich verankert im Erbfolgepatent Josephs II. 1786 (siehe unten).

719 Vgl. hierzu *A. Erler*, Eintrittsrecht, HRG I, Sp. 908f.; *ders.*, Die älteren Urteile des Ingelheimer Oberhofes, IV, 1963. Ebenfalls erst unter römischrechtlichem Einfluss, also verhältnismäßig spät, wurde das Repräsentationsrecht in Vorarlberg und im Bodenseeraum eingeführt: vgl. dazu *K. H. Burmeister*, FS H. Baltl, 1988, 85 ff.

nung und wurden als **Wartrechte** (der im Hausverband lebenden Verwandten) oder als **Beispruchsrechte** (entfernterer Sippegenossen) bezeichnet. Fehlte das Erbenlaub, so war das Verfügungsgeschäft – ausgenommen den Fall echter Not – ihnen gegenüber unwirksam[720]. Sie konnten das veräußerte Gut binnen Jahr und Tag von jedem Dritten ohne Gegenleistung herausverlangen. Den Wart- und Beispruchsrechten unterlagen sowohl entgeltliche Veräußerungen als auch Schenkungen, regelmäßig auch Belastungen. Dabei war es unerheblich, ob der Näherberechtigte durch die Verfügung geschädigt wurde oder nicht. Den Näherrechten lag nämlich die Vorstellung zugrunde, dass die unerlaubte Veräußerung und Verfügung das Eigentum des Erblassers beseitige, sodass die Näherberechtigten als nunmehrige Eigentümer die dinglich wirksame Klage auf Herausgabe des Gutes anstellen konnten[721].

2. Neuzeitliche Rechtsentwicklung

a) Weitergeltung des heimischen Gewohnheitsrechts

Die ma. Verwandtenerbfolgeordnungen widersetzten sich lange Zeit den Einflüssen des rezipierten gemeinen Rechts. Vor allem die österreichische Rechtspflege hielt an Besonderheiten des **Landsbrauchs** und der **Landesgewohnheiten**[722] fest. Die frühneuzeitlichen Kodifikationsversuche und die juristische Literatur dieser Zeit zeigen das deutlich. Erbrechtliche Streitigkeiten wurden „landsbräuchig" und nur vereinzelt nach den Regeln des gemeinen Rechts entschieden.

Das Eintrittsrecht, der Ausschluss der Aszendenten von der Erbfolge und die Erbfolge der Frauen im Adelsrecht geben hierfür treffende Beispiele. Kennzeichnend für den geringen Einfluss des gemeinen Rechts im 16. und 17. Jh. war aber auch die Weitergeltung der „Anerbensitte" bei der bäuerlichen Erbfolge[723].

---

720 *Echte Not* war ein in allen Bereichen des deutschen Rechts anerkannter Entschuldigungsgrund. Das Institut, das seine intensivste Ausgestaltung im Verfahrensrecht erfahren hat (vgl. dazu *W. Sellert*, Not, echte, HRG III, Sp. 1040 ff.), war auch dem Privatrecht im Sinne von *Leibesnot* bekannt und führte zur Durchbrechung von privatrechtlichen Grundsätzen. Echte Not konnte im gegenständlichen Fall nicht nur die Verfügungsfreiheit des Erblassers begründen, sondern ermöglichte auch dem Erben, der die Frist zur Geltendmachung seiner anwartschaftlichen Gewere versäumt hatte, die Wirkungen der Verschweigung aufzuheben. Sprichwörtlichen Ausdruck hat die echte Not in der bekannten Rechtsparömie „*Noth kennt kein Geboth*" gefunden.

721 Zum Einfluss der Freiteilslehre auf die Wart- und Beispruchsrechte s. *W. Ogris*, Beispruchsrecht, HRG I, Sp. 356 f.; *W. Ogris/Ch. Neschwara*, Erbenlaub, HRG ²I, Sp. 1360 f.

722 Deutlich belegt in den Consuetudinarienbüchern; zu dieser Rechtsquelle vgl. *E. Ellrichshausen*, Die Consuetudinarienbücher im oö. Landesarchiv, Jahrbuch des OÖ. Musealvereines 127/I, 107 ff.

723 S. oben.

aa) Repräsentationsrecht

Fragen zum Eintrittsrecht nehmen sowohl in der juristischen Literatur als auch in den Kompilationen einen breiten Raum ein. Obwohl das gemeine Recht die Anwendung des Repräsentationsprinzips nur bei Deszendenten unbeschränkt zuließ, blieb der heimische Rechtsbrauch lebendig, das Eintrittsrecht auch in der Seitenlinie anzuerkennen. Über die Grenzen des Eintrittsrechts war man sich allerdings nicht einig. Am Eintrittsrecht der Geschwisterkinder entzündete sich die Kontroverse, ob dem österreichischen Landsbrauch oder den Grundsätzen des gemeinen Rechts der Vorzug zu geben sei. Während das einheimische Recht von einem weitgehenden Repräsentationsrecht in der Seitenlinie ausging und demnach alle Nachkommen der Geschwister berücksichtigte, kannte das justinianische Klassenerbrecht nur ein Eintrittsrecht der Geschwisterkinder. In manchen Gebieten[724] konnte sich die justinianische Rechtsauffassung durchsetzen (Prinzip der Gradesnähe), in Oberösterreich dagegen hielt man am weitergehenden Eintrittsrecht der Seitenverwandten fest, weil dies dem uralten und überlieferten Landsbrauch entsprach[725]. Besonders interessant verlief die Entwicklung in Tirol. Während die Tiroler Landesordnung von 1532 unter gemeinrechtlichem Einfluss das Repräsentationsrecht in der Seitenlinie auf die Geschwisterkinder beschränkte, kehrte die Tiroler Landesordnung von 1573 zu dem alttirolischen Recht der Repräsentation in allen Seitenlinien ohne Beschränkung des Grades zurück[726].

Im Zusammenhang mit dem Eintrittsrecht bei ehelichen Deszendenten wurde die Frage diskutiert, ob die eintrittsberechtigten Deszendenten an die Stelle ihres vorverstorbenen vermittelnden Parens treten und die Teilung daher in stirpes, also nach **Stämmen** erfolgen solle, oder ob bei Vorliegen bestimmter Voraussetzungen auch ein Eintrittsrecht nach **Köpfen** (capita) anzuerkennen sei. Viele deutsche Partikularrechte hielten sich bei Vorhandensein von Eintrittsberechtigten, die mit dem Erblasser im selben Grad verwandt waren, an den Grundsatz *„soviel munt, soviel pfund"*, was eine Teilung nach Köpfen zur Folge hatte. Im österreichischen Recht ging man dagegen auch in diesem Fall von der Rechtsauffassung aus, dass Enkel und Urenkel *jure repraesentationis*, also nach Stämmen erben.

Eingehend erörtert wurde auch die Frage, ob die Eintrittsberechtigten aufgrund *eigenen Rechtes* erben oder nur das Erbrecht des Repräsentierten ausüben. Das dem römischen Recht eigene „succedere in locum parentis" war als bloßes Einrücken in die Rechtsstellung des Verstorbenen mit der Wirkung gedacht, dass die Repräsentanten vom Nachlass nicht mehr bekommen konnten als der Repräsentierte selbst erhalten hätte. Sie erbten aufgrund *eigenen Rechtes*. Erst die ma. Juristen zogen aus der Fiktion der Repräsentation weitergehende Konsequenzen und erklärten das Erbrecht des Repräsentanten mit dem des Repräsentierten für identisch. Dies hatte zur Folge, dass persönliche Eigenschaften des Repräsentierten wie Erbverzicht und Erbunfähigkeit auch gegen den Repräsentanten wirkten (**materielles** Eintrittsrecht). Bei den deutschen gemeinrechtlichen Juristen zeigte sich bereits eine Milderung dieser strengen Auffassung. Wer von der väterlichen Erbschaft ausgeschlossen gewesen wäre, weil er

724 So in Österreich unter der Enns und in den innerösterreichischen Ländern; s. *N. Beckmann*, Idea juris, ²1688, 469 sextus casus.

725 „... dabei es noch auch hinfüran verbleiben und in begebunden erbfällen also gehalten solle werden ..." Landtafel des Erzherzogtums Österreich ob der Enns 1609 (Sammlung Chorinsky, V 8 § 3).

726 Zu diesem Rezeptionsvorgang s. *T. Sartori-Montecroce*, Über die Reception der fremden Rechte in Tirol, 1895; vgl. allerdings *F. Kogler*, Die Aufnahme des römischen Repräsentationsrechtes in das Tiroler Landrecht, 1932, 165 ff.; *E. M. Meijers*, Le droit ligurien de succession en Europe occidentale I, 1928.

z. B. auf sie verzichtet hatte, wurde als nichtexistierend angesehen, sodass seine Söhne die großväterliche Erbschaft erhielten. Diese Entwicklung wurde von den österreichischen Juristen der frühen Neuzeit nicht mitgemacht. Die Eintrittsberechtigten erbten *nicht* kraft *eigenen Rechtes*, sondern übten das Erbrecht des Repräsentierten aus. Sogar die Redaktoren des ABGB hielten noch daran fest, dass der Repräsentant nicht sein eigenes Erbrecht, sondern das des Repräsentierten ausübt[727]. Erst die *III TN* vollzog den Übergang zum **„formellen“** Eintrittsrecht. Der Repräsentant leitet nur den Umfang des Erbteils von seinen Vorfahren her (vgl. §§ 541, 780 i. d. F. *III TN*, § 542 i. d. g. F.; aber § 551 ABGB).

bb) Ausschluss der Aszendenten und der Seitenverwandten in aufsteigender Linie von der Erbfolge

Diese festverwurzelte Rechtstradition hielt dem Argument, dass dieses Gewohnheitsrecht nicht Geltung haben könne, da es „contra jus divinum et jus naturae, naturalem equitatem et honestatem“ sei, lange Zeit stand[728]. Nicht einmal die in der juristischen Literatur angebotene vermittelnde Lösung, wenigstens das Fallrecht dem Erbrecht der Aszendenten hintanzustellen, wurde angenommen. Es wurde vielmehr der Erbrechtsausschluss der Seitenverwandten in aufsteigender Linie diskutiert.

Die spürbare Rechtsunsicherheit, ob sich der Ausschluss von der Erbfolge nur auf Aszendenten in direkter Linie oder auch in die Seitenlinie erstrecke, führte zu Anfragen der n.ö. Regierung an das landmarschallische Gericht in Österreich unter der Enns (1554) sowie an das landeshauptmannische Gericht in Österreich ob der Enns (1583), lässt sich aber auch aus den Entwürfen zu den Landesordnungen herauslesen. Obwohl in den eingeholten Gutachten und den Landtafelentwürfen die Seitenverwandten in aufsteigender Linie durch Seitenverwandte ausgeschlossen wurden, die in gleicher Linie mit dem Erblasser stehen oder einer jüngeren Generation angehören, versuchte die n.ö. Regierung dem gemeinrechtlichen Prinzip der Gradesnähe Anerkennung zu verschaffen. Sie wollte den Erbrechtsausschluss der Aszendenten auf die *linea directa* eingeschränkt wissen. In den Quellen des ausgehenden 16. Jhs. zeigt sich dann tatsächlich eine zunehmende Berücksichtigung der Seitenverwandten in aufsteigender Linie, was der römischrechtlichen Komputation entsprach[729].

cc) Das Erbrecht der Frauen im Herrenstand und Adel

In den Erbfolgeordnungen des Adels- und Herrenstandes hielt sich der Grundsatz, dass Töchter von der Intestaterbfolge ausgeschlossen sind, wenn sie mit männlichen Nachkommen des Erblassers konkurrieren, bis ins 18. Jh. Er wurde in der heimischen Rechtsliteratur beredt mit dem Argument verteidigt, dass die Erhaltung des Familiengutes im Mannesstamm dem Ansehen der Familie (splendor familiae) förderlich sei. Erreicht wurde dieses Ziel mit der Rechtsübung, dass Frauen bei ihrer Verehelichung einen Verzicht auf die väterliche Erbschaft abzugeben hatten und als Gegenleistung mit einem Heiratsgut abgefunden wurden. Es war dies ein **notwendiger** Verzicht; unter-

727 *J. Unger*, Österreichisches Erbrecht, ^{4}1894, § 33, Anm. 1 und 2, 136 ff.

728 *N. Beckmann*, Idea juris, ^{2}1688, 464 f., und Doctrina juris, 1676, 1002 f.

729 Einen Mittelweg versuchte das Stadtrecht von Wien einzuschlagen, das bei Konkurrenz von Vater–Bruder und Vater–Bruderkindern eine Teilung des Nachlassvermögens anordnete.

blieb er aus welchen Gründen immer, wurde er als geleistet fingiert (**„verzigne“** Töchter) . Vater und Brüder konnten allerdings den Erbverzicht erlassen. Die „unverzigne“ Tochter wurde als Erbtochter neben den Brüdern zur Erbschaft zugelassen[730].

Besondere Rechtsprobleme entstanden bei Tod des letzten männlichen Sprosses der Familie, des sog. **ultimus familiae.** Übereinstimmend wurde in diesem Fall das Aufleben des Erbrechts der „verzignen“ Töchter bejaht, womit man dem *ultimus familiae* die Testierfreiheit nahm. Dabei sollten nicht nur die nächsten weiblichen Verwandten des ultimus familiae, sondern grundsätzlich alle „verzigenen“ Frauen zum Zuge kommen, deren Verzicht dem ultimus familiae direkt oder indirekt genützt hat. Strittig war allerdings, ob diese Frauen den ultimus familiae *nach Stämmen* oder *nach Köpfen* beerben sollten. Zwischen den ererbten und selbst erworbenen Gütern des ultimus familiae wurde bis ins 18. Jh. hinein nicht unterschieden, sodass sein gesamtes Vermögen an die Erbberechtigten fiel. Erst die sog. *Neue Satz- und Ordnung* zu Beginn des 18. Jhs. teilte das Vermögen des ultimus familiae in *bona renuntiata* und *selbsterworbene Güter* und behielt die Sondererbfolgeordnung nur für das ererbte Vermögen bei.

b) Übernahme des gemeinen Rechts

Eine grundlegende Umgestaltung der heimischen Intestaterbfolge erfolgte erst im 18. Jh. Beginnend mit der Neuordnung der Intestaterbfolge in den n.ö. Ländern[731], kam es zur Übernahme des gemeinen Rechts **(Nachrezeption)**, wovon man sich eine Überwindung der Rechtszersplitterung erhoffte. Das bedeutete einen Bruch mit dem bis dahin geltenden Gewohnheitsrecht. Die neuen Erbfolgeordnungen rezipierten das gemeine Recht auf der Grundlage der justinianischen Novellen 118 und 127. Die jahrhundertealten Rechtsgrundsätze, dass Aszendenten von der Erbfolge ausgeschlossen sind und Liegenschaften nach dem Fallrecht vererbt werden, wichen damit der **römischrechtlichen Klassenerbfolgeordnung**. Lediglich beim Eintrittsrecht hielt man an überlieferten Rechtsüberzeugungen fest. Das Erbrecht der Geschwisterkindeskinder ging allen übrigen Seitenverwandten vor, womit sich der alte österreichische Landesbrauch vom erweiterten Eintrittsrecht Seitenverwandter weiterhin Geltung verschaffte[732].

---

730 Davon zu unterscheiden ist das Recht des Vaters, seine Tochter trotz Erbverzicht letztwillig als Erbin einzusetzen. *M. Rintelen*, Bernhard Walthers privatrechtliche Traktate aus dem 16. Jahrhundert, 1937, VIII, 19. Cap., 101 ff.

731 28. Mai 1720 Neue Satz- und Ordnung vom Erbrecht außer Testament und andern letzten Willen, auch was dene anhängig für das Erzherzogtum Österreich unter der Enns; 26. Jänner 1729 Neue Satz- und Ordnung vom Erbrecht außer Testament für Steiermark; 16. März 1729 Neue Satz- und Ordnung vom Erbrecht außer Testament für Österreich ob der Enns; 9. März 1737 und 28. Februar 1747 Neuordnung der Intestaterbfolge für Krain und Kärnten. Inhaltlich und systematisch gehen diese Erbfolgeordnungen auf das 4. Buch der Kompilation der vier Doktoren zurück. Die Vorarbeiten reichen also bis in die erste Hälfte des 17. Jhs.

732 Erst der *Codex Theresianus* eliminierte das Vorzugsrecht der Geschwisterkindeskinder und schloss sich der justinianischen Erbfolgeordnung zur Gänze an (Cod. Ther. II Cap. XX, Nr. 151 ff., Cap. XVIII, Nr. 147).

Die gemeinrechtliche Klassenerbfolgeordnung gliedert die Verwandtschaft in absteigende Linie, aufsteigende Linie und Seitenverwandte. In der **ersten Klasse** werden die ehelichen Deszendenten zur Erbfolge berufen. Das Repräsentationsrecht gilt unbeschränkt. In der **zweiten Klasse** erben die Aszendenten, die vollbürtigen Geschwister und die Kinder vorverstorbener vollbürtiger Geschwister. In der Linie der Aszendenten gibt es kein Repräsentationsrecht. Sind nur Aszendenten erbberechtigt, die im gleichen Grad zum Erblasser stehen, so teilen sie *in lineas*, d. h. die eine Hälfte der Erbschaft fällt den väterlichen, die andere Hälfte den mütterlichen Aszendenten zu. Auf die Herkunft des Gutes wird dabei keine Rücksicht genommen. Konkurrieren die Aszendenten mit vollbürtigen Geschwistern, wird die Erbschaft nach Köpfen geteilt. Kinder vorverstorbener vollbürtiger Geschwister erben in Konkurrenz mit Aszendenten oder mit vollbürtigen Geschwistern des Erblassers immer nach Stämmen. Nur wenn Geschwisterkinder allein vorhanden sind, erben sie *jure proprio* nach Köpfen. Sind weder vollbürtige Geschwister noch deren Kinder vorhanden, erben die *halbbürtigen Geschwister* (consanguinei und uterini) zu gleichen Teilen **(dritte Klasse)**. In dieser Klasse wird zwischen väterlichem und mütterlichem Gut nicht unterschieden. Kinder vorverstorbener halbbürtiger Geschwister erben neben halbbürtigen Geschwistern jure repraesentationis. Erst wenn keine Geschwister und auch keine Geschwisterkinder (Kindeskinder) vorhanden sind, fällt die Erbschaft an die gradnächsten Verwandten **(vierte Klasse)**.

c) Naturrecht

Erst das **Erbfolgepatent** *Josephs II.* von 1786 führte in den deutschen Erbländern eine **allgemeine** und **gleiche** Ordnung der gesetzlichen Erbfolge des frei vererblichen Vermögens ein und legte jenes **Parentelensystem** fest, das ins *ABGB 1811* übernommen wurde. **Sechs** auf einem Stammhaupt bzw. Stammelternpaaren aufgebaute Parentelen, wovon die jeweils nächste die entferntere ausschließt, sind in diesem Erbfolgesystem mit durchgreifender Repräsentation verbunden. Es wird auch als reines Linear-System bezeichnet und stellt eine rationalistische Umgestaltung der justinianischen Erbfolgeordnung dar.

Als systematisch geschlossenes Erbrechtssystem wurde die Parentelenordnung zum ersten Mal von *J. G. Darjes* in seinen *Institutiones Jurisprudentiae Universalis* (1740) und *Observationes* (1753) entwickelt. Ausgehend von der Liebespflicht der Eltern, das Wohl der Kinder zu fördern, gelangte er zur erbrechtlichen Ordnung nach Stammelternpaaren und deren Deszendenz. Dabei generalisierte *Darjes* jene römischrechtlichen Regeln, die bei vernunftgerechter Betrachtung überzeugten: das in der 1. justinianischen Erbklasse geltende unbegrenzte Eintrittsrecht sollte auch für alle folgenden Parentelen Gültigkeit haben. *K. A. Martini* hat diese Erbrechtsordnung in seine *Positiones* (De lege naturali positiones, 1772) übernommen und die Parentelenordnung als die naturrechtlich gebotene Erbfolgeordnung an der Wiener Universität vorgetragen. Über seine Vermittlung gelang es *B. Horten*, dem „Reformator des österreichischen gesetzlichen Erbrechts", die Parentelenordnung in das konkrete Projekt eines allgemeinen bürgerlichen Gesetzbuches einzubringen. Seine Gesetzesvorschläge wurden angenommen und fanden über das Josephinische Erbfolgepatent und das Westgalizische Gesetzbuch Aufnahme in das *ABGB 1811* (§§ 730 ff.)[733].

733 *A. Ehrenzweig*, Die österreichische Erbfolgeordnung, Zeitschrift für Notariat und freiwillige Gerichtsbarkeit in Österreich, 1903, 9 ff.; *H. Hofmeister*, Parentel, Parente-

Eine breit angelegte Diskussion über die gesetzliche Erbberechtigung weit entfernter Verwandter im 19. Jh. führte dann zur Neugestaltung des Verwandtenerbrechts aus ehelicher Abstammung durch die *I TN*[734]. Die gesetzliche Erbfolge wurde mit der **vierten Linie** ohne weiteres Repräsentationsrecht ihrer Nachkommen begrenzt. Dabei standen nicht so sehr juristisch-dogmatische Argumente im Vordergrund, sondern rechtspolitische Zielsetzungen. Die Anpassung der gesetzlichen Verwandtenerbfolge an das neue Familienbewusstsein (Auflösung der traditionellen Familienstrukturen) hatte den fiskalisch erwünschten Nebeneffekt eines früheren Heimfalls des Nachlassvermögens[735]. Gleichzeitig sollte allerdings eine Erweiterung des gesetzlichen Erbrechts unehelicher Kinder und des Ehegatten erreicht werden.

C. Erbfolge unter unehelichen Verwandten

Lit.: *U. Floßmann/H. Kalb*, „Illegitime“ Kinder im Recht des Landes ob der Enns, FS Zinnhobler, 2001, 23; *A. v. Großer*, Quaestiones et decisiones, FS ABGB I, 1911, 156 ff., bes. 161f.; *G. Wesener*, Geschichte des Erbrechts in Österreich seit der Rezeption, 1957, 52 ff., 114 ff.; *G. Wesener*, Die Rechtsstellung des unehelichen Kindes in Österreich, Recueils de la Société Jean Bodin 36, 1976, 493 ff.; *J. B. Winckler*, Tractatus theoretico practicus successione ab intestato, 1770, 105 ff.; *H. Zemen*, Die gesetzliche Erbfolge nach der Familienrechtsreform, 1981.

1. Älteres Recht

Ursprünglich hing die Rechtsstellung aller Kinder von der Aufnahme in den väterlichen Hausverband ab. Nahm der Vater sein unehelich geborenes Kind auf, genoss es alle Rechte und daher auch gleiches Erbrecht wie die anderen aufgenommenen Kinder. Die Verweigerung der Aufnahme schloss dagegen jede rechtliche Beziehung des Kindes zum Vater und seiner Verwandtschaft aus. Das Kind blieb einzig seiner Mutter und ihrer verwandtschaftlichen Schutzgenossenschaft überlassen.

Mit dem Übergang von der germanischen Mehrehe zur christlichen Einehe wurden alle nicht von der rechten Ehefrau geborenen „unehelichen“ Kinder von der familienrechtlichen Verbindung mit dem Vater und seiner Verwandtschaft ausgeschlossen. **Ohne Blutsverwandtschaft aber war ein Erbrecht unvorstellbar**. Lediglich gegenüber ihrer Mutter behielten unehelich

---

lenordnung, HRG III, Sp. 1502 ff; *H. Hofmeister/M. Lipp*, Parentel, Parentelenordnung, HRG ²IV, Sp. 369 ff.

734 Neufassung des § 731 durch § 60 I TN, RGBl. Nr. 276.

735 S. dazu *A. Menger*, Das bürgerliche Recht und die besitzlosen Volksklassen, ⁴1908, 216 ff. Da der Staat bzw. die öffentlichrechtlichen Verbände seit In-Kraft-Treten des ABGB im vermehrten Umfang Aufgaben übernommen hätten, die früher im Familienverband wahrgenommen wurden, sei es nur gerechtfertigt, jenes Vermögen, das in keinerlei Familienverbundenheit mehr steht, einzuziehen.

Geborene ein Erbrecht („*Kein Kind ist seiner Mutter Kebskind*"), in manchen Rechtskreisen versagte man ihnen sogar das („*Ein uneheliches Kind ist ein filius nullius*")[736]. Nur dort gestaltete sich ihre Rechtslage günstiger, wo sie durch nachfolgende Eheschließung legitimiert werden konnten[737].

2. Neuzeitliche Rechtsentwicklung

Die gemeinrechtliche Theorie versuchte die erbrechtliche Stellung unehelich Geborener danach zu beurteilen (und zu verallgemeinern), ob sie aus einer *besonders verwerflichen Verbindung* („welche aus Blutschande, Ehebruch und dergleichen in rechten verdammten Vermischungen" geboren sind; ex coitu damnato) stammten *oder nicht*. Hätten also die Eltern des Kindes gar nicht heiraten können, dann sollte den unehelich Geborenen überhaupt kein gesetzliches Erbrecht gegenüber ihren Eltern und deren Verwandten zukommen; sie sollten aber auch nicht von ihren Eltern oder Geschwistern beerbt werden. Mit dem Tod fiel ihr Vermögen als erbloses Gut dem Fiskus oder anderen Heimfallsberechtigten zu. Bestand zwischen den Eltern unehelich Geborener kein Ehehindernis, dann sollte ihnen zwar weiterhin kein Erbrecht gegenüber dem Vater und den väterlichen Verwandten (ebensowenig umgekehrt) zustehen, ein Erbrecht gegenüber der Mutter aber dann, wenn sie keine ehelichen Kinder hatte (und nicht dem Herren- und Ritterstand angehörte).

Die durch nachfolgende Eheschließung der Eltern legitimierten Kinder wurden grundsätzlich den ehelich geborenen gleichgestellt. Nur im Falle der Legitimation durch hoheitlichen Gnadenakt seitens des Landesherrn schlossen eheliche Kinder die legitimierten vom Erbrecht aus.

Der neuzeitliche Gesetzgeber übernahm zwar die Grundaussagen des gemeinen Rechts, insbes. die **Rechtsfolgendifferenzierung nach der Abstammung unehelich Geborener**, hielt aber in der Regel an den kasuistischen Sonderbestimmungen des ma. Unehelichenrechts fest. Meist wurde dem unehelich Geborenen nicht nur das gesetzliche Erbrecht (vor allem gegenüber dem Vater und seiner Verwandtschaft) versagt, sondern auch die Fähigkeit, von den leiblichen Eltern zum Erben (Legatar) berufen zu werden oder selbst

736 So bestimmte Art. 243 des Steiermärkischen Landrechtes, dass die unehelichen Kinder weder nach dem Vater, noch nach der Mutter erben (vgl. auch Kap. 37 des Schwabenspiegels; Kap. 69 Summa legum). Nach dem Recht der Weistümer wurden Uneheliche häufig Leibeigene des Herrn der Gemeinde, so insbes. nach Tiroler, Vorarlberger und Salzburger Quellen (z. B. Tiroler Weistum von Schlanders um 1400: „Alle Pankarte sind der Herrschaft, dessen Herren auch der Vater oder die Mutter sey.").

737 Bspw. sah Art. 92 des Wiener Stadtrechtsbuches die Legitimation unehelich geborener Kinder vor. Hier findet sich ausnahmsweise auch ein Erbrecht gegenüber dem Vater belegt, wenn dieser keine ehelichen Kinder, Geschwister oder Geschwisterkinder hinterließ. In diesem Fall ging die Hälfte des ganzen Nachlasses an die unehelichen Kinder, die andere Hälfte an den nächstberechtigten Erben (Art. 91).

über sein Vermögen (allenfalls einen Teil hievon) zugunsten seiner Eltern letztwillig zu verfügen.

Im 18. Jh. versuchte man zunächst eine Vereinheitlichung des Erbrechts unehelich Geborener nach gemeinrechtlichen Vorstellungen[738], darüber hinaus im *Josephinischen Gesetzbuch* aber auch eine **Angleichung an die Rechtsstellung der ehelich Geborenen.** Jene unehelichen Kinder, die nicht in einem „verbothenen Beyschlafe erzeugt wurden“ (von zwei unverehelichten Personen oder von Eltern, zwischen denen bloß ein behebbares Ehehindernis bestand)[739], erhielten gleich den ehelichen Kindern ein volles Erbrecht gegenüber der väterlichen und mütterlichen Seite (sowie umgekehrt). Allerdings sollte ihnen das Erbrecht (überhaupt ihre familienrechtliche Stellung) dann wieder entzogen werden, wenn Vater oder Mutter eine andere Person ehelichten[740].

Im Gegensatz dazu blieb den „wahrhaft unehelichen“ Kindern ein Erbrecht sowohl gegenüber dem Vater als auch gegenüber der Mutter versagt.

Das Erbrecht unehelich Geborener gegenüber dem Vater und seinen Verwandten war nur von kurzer Dauer. Bereits 1791 wurde es ihnen wieder entzogen und dazu auch das Erbrecht nach den Verwandten der Mutter. Ins *ABGB 1811* gelangte nur das **gesetzliche Erbrecht unehelich Geborener gegenüber ihrer Mutter**[741].

Erst die *I TN* erweiterte das gesetzliche Erbrecht unehelich Geborener auf die **Verwandten der Mutter**. Im Zuge der Neuordnung der Rechtsstellung unehelicher Kinder 1970 wurde ihnen dann auch unter bestimmten Voraussetzungen ein **Erbrecht gegenüber dem Vater** zuerkannt. Sie beerbten den festgestellten Vater wie ein eheliches Kind, wenn er weder eheliche Nachkommenschaft noch eine Witwe hinterließ. Eheliche Nachkommen schlossen die unehelichen vom gesetzlichen Erbrecht aus. Neben der Witwe konnte das uneheliche Kind zwar erben, doch war der gesetzliche Erbteil der Witwe so auszumessen, als ob es „gar nicht vorhanden wäre“. Zum Nachlass der Verwandten des Vaters stand einem unehelichen Kind kein gesetzliches Erbrecht zu. Die völlige **Gleichstellung von ehelichen und unehelichen Kindern** bei der gesetzlichen Erbfolge brachte erst das Erbrechtsänderungsgesetz 1989 (siehe dazu bereits oben zum aktuellen Recht).

738 Z. B. „Neue Satz- und Ordnung vom Erbrecht außer Testament“ 1720.

739 Vgl. 4. Hpst. § 16.

740 4. Hpst. § 17. Die Eltern waren allerdings verpflichtet, ein „gütliches“ Abkommen über die Personen- und Vermögenssorge für ihr uneheliches Kind zu treffen. Wo eine solche Einigung vor der Gerichtsbehörde unterblieb, wurden „dem Kinde seine Gerechtsame vorbehalten“.

741 § 754 a. F. „In Rücksicht auf die Mutter haben uneheliche Kinder bey der gesetzlichen Erbfolge in das frey vererbliche Vermögen gleiche Rechte mit den ehelichen. Zu dem Nachlasse des Vaters und der väterlichen Verwandten, dann der Aeltern, Großältern und übrigen Verwandten der Mutter gebührt den unehelichen Kindern keine gesetzliche Erbfolge.“

Auch die Verwandtschaft unehelicher Kinder nahm bei der gesetzlichen Erbfolge bis ins 20. Jh. eine Sonderstellung ein. Waren zum Nachlass eines unehelich Geborenen seit der *I TN* zum ABGB neben der Mutter auch deren Verwandte als gesetzliche Erben berufen, blieb dem Vater und dessen Verwandten ein gesetzliches Erbrecht weiterhin versagt. 1970 erhielt der festgestellte Vater ein gesetzliches Erbrecht „vorbehaltlich der Bestimmungen über das gesetzliche Erbrecht des Ehegatten"; er konnte demnach den Erbteil des Ehegatten nicht schmälern. Das Erbrechtsänderungsgesetz 1989 beseitigte auch diese Sonderregelungen. Es normiert, dass alle Verwandten nach einem unehelichen Kind wie nach einem ehelichen erben.

D. Ehegattenerbrecht

Lit.: *W. Brauneder*, Die Entwicklung des Ehegüterrechts in Österreich, 1973; *A. v. Großer*, Quaestiones et decisiones, FS ABGB I, 1911, 150 ff.; *G. Hanausek*, Das gesetzliche Erbrecht und Pflichtteilsrecht des Ehegatten, 1910; *W. Ogris*, Beisitz der Witwe, HRG ²I, Sp. 510 ff.; *W. Ogris*, Dreißigster, HRG I, Sp. 785 ff., ²I, Sp. 1150; *L. Pfaff/F. Hofmann*, Commentar zum österreichischen allgemeinen bürgerlichen Gesetzbuche II, 1877, 738 ff.; *M. Rintelen*, Bernhard Walthers privatrechtliche Traktate aus dem 16. Jahrhundert, 1937, 59 ff., 77 ff.; *L. Schiffner*, Die Erbrechtsreform in der Novelle zum österreichischen allgemeinen bürgerlichen Gesetzbuch, 1908, 26 ff., 50 ff.; *J. v. Würth*, Über das gesetzliche Erbrecht des überlebenden Ehegatten in den Fällen des § 757 des allgemeinen bürgerlichen Gesetzbuches, Allgemeine österreichische Gerichts-Zeitung V, 1854, Nr. 133–136.

1. Ehegüterrecht als funktionelles Ehegattenerbrecht

Dem heimischen Gewohnheitsrecht war ein Erbrecht des Ehegatten **unbekannt**. Dazu fehlte es an einem rechtlichen Anknüpfungspunkt, weil durch die Eheschließung *kein Verwandtschaftsverhältnis* begründet wurde. Im österreichischen Rechtsraum war überdies das *Fallrecht* einer allgemeinen Ausbildung des Ehegattenerbrechts hinderlich. Da das Erbgut nach österreichischem Landesbrauch an den Fiskus fiel, wenn Verwandte, von deren Seite es herrührte, nicht vorhanden waren (was einen Ausschluss der Verwandten von der anderen Seite voraussetzte), musste umsomehr der Ehegatte von der Erbfolge ausgeschlossen sein. Schließlich fehlte das Bedürfnis nach Ausgestaltung eines allgemeinen gesetzlichen Ehegattenerbrechts. Das ma. und frühneuzeitliche Ehegüterrecht bot vielfältige Möglichkeiten einer finanziellen Absicherung des überlebenden Ehegatten. Erst im 18. Jh. wurde dieser Rechtszustand überwunden.

a) Beisitz der Witwe

Als ältestes Institut der Witwenversorgung ist der gewohnheitsrechtliche Beisitz überliefert. Nach dem Tod des Mannes setzte die Witwe mit den Kindern die Haus- und Vermögensgemeinschaft fort. Dadurch wurde nicht nur die

Trennung der Kinder von der Mutter vermieden, sondern auch die Existenzsicherung der Witwe erreicht, da sie das Kindesvermögen verwalten und nutzen konnte. Beendet wurde der Beisitz mit Wiederverheiratung der Witwe oder durch Auflösung der Hausgemeinschaft (Abschichtung), die von der Witwe jederzeit, von den Kindern dagegen nur aus wichtigen Gründen verlangt werden konnte. Mit Zunahme rechtsgeschäftlich begründeter Güterstände begegnen wir dem Beisitz auch in Verträgen und Testamenten, zugleich wurde aber seine Bedeutung auf partikuläre Erscheinungsformen zurückgedrängt (s. Ehegüterrecht)[742].

b) Rechtsgeschäftlich begründete Vermögensgemeinschaft

Primäre Aufgabe des ma. und frühneuzeitlichen Ehegüterrechts war die *vermögensrechtliche Absicherung der Witwe durch* **Ehepakte**. Auf diese Weise konnte das Frauengut dem Zugriff des Mannes entzogen werden, dem manche Güterrechtssysteme weitgehende Verwaltungs- und Verfügungsbefugnisse einräumten. Vertragliche, aber auch gesetzlich begründete Anwartschaften der Witwe auf bestimmte Vermögensmassen wurden zur Regel, um ihre Existenz zu sichern.

Dem Vorbild des ma. Verwandtenerbrechtes folgend, deutete man vielfach das Anwartschaftsrecht der Witwe, vor allem ihr Anwachsungsrecht bei vereinbarter Gütergemeinschaft, in ein Alleinerbrecht um. Nur bei Vorhandensein von Kindern war die Witwe durch deren Verfangenschaftsrecht auf ein bloßes Nutzungsrecht beschränkt. Daneben gab es fortgesetzte Gütergemeinschaften und Gütergemeinschaften von Todes wegen. Bei Gütertrennung erhielt der überlebende Ehegatte – hier wieder vor allem die Witwe – eine **portio statutaria**[743], sofern sie nicht durch Ehepakt oder Erbvertrag sichergestellt war, z. B. durch die besonders gebräuchliche Einräumung eines lebenslänglichen Nießbrauchs am Mannesvermögen.

c) Leibzucht (Leibgedinge)

Aus dem Bündel rechtsgeschäftlicher oder gewohnheitsrechtlicher Versorgungseinrichtungen zugunsten der überlebenden Ehefrau ragt als besonders gebräuchliches und anpassungsfähiges Rechtsinstitut die **Leibzucht** (Leibgedinge) hervor. Sie ist typisch für die ma. Rechtskultur und stellt sich als

742 *W. Ogris*, Beisitz der Witwe, HRG ²I, Sp. 510f.; *H. Lentze*, Das Wiener Testamentsrecht des Mittelalters, II. Teil, ZRG GA 70, 1953, 159 ff., 166, 167.

743 Der Begriff wurde im Zeitalter der Rezeption geprägt. Er umschrieb – im Gegensatz zum gemeinen Recht – die vielgestaltigen gewohnheitsrechtlich ausgebildeten ma. Versorgungsmaßnahmen zugunsten der unversorgten Witwe. (Vgl. etwa den Nachweis bei *N. Beckmann*, Idea juris statutarii et consuetudinarii Stiriaci et Austriaci cum jure Romano collati, 1688, dass der Witwe vom Nachlass ihres Mannes eine „*portio virilis* " gemäß der Anzahl der Erben zukomme.).

rechtsgeschäftlich begründetes Nutzungsrecht an einer fremden Sache dar. Im Gegensatz zum umfassenden Eigentumsrecht gewährte es dem Berechtigten nur einzelne Befugnisse und beschränkte sie auf dessen Lebenszeit. Die Leibzucht ist an sich ein Institut des Sachenrechts, nahm aber im Ehegüterrecht eine besondere Rolle ein und trat dort auch unter anderen Bezeichnungen (vor allem Morgengabe und Wittum) auf[744]. Ihr Zweck war die Versorgung des überlebenden Ehegatten, in der Regel der Witwe, weshalb sie häufig unter der aufschiebenden Bedingung des Vortodes des Mannes zugesagt wurde.

Das ma. Wiener Stadtrecht kannte z. B. ein Leibzuchtrecht des überlebenden Ehegatten an Immobiliarvermögen des Verstorbenen mit Verfangenschaft zugunsten der Kinder oder sonstiger Erben. Auch am gemeinsam erworbenen und daher gesamthändigen Kaufgut behielt der überlebende Teil ein Leibzuchtrecht. Erst nach dessen Tod wurde diese Vermögensmasse je zur Hälfte an die beiderseitigen Erben verteilt.

Die gemeinrechtliche Lehre stellte den Leibzuchtberechtigten dem *usufructuarius* gleich. Soweit sie noch in die Gesetzgebung der Neuzeit Eingang fand, wurde die Leibzucht entweder als Institut des Ehegüterrechts oder des bäuerlichen Sondererbrechts behandelt. Den erstgenannten Weg ging das *ABGB 1811*, das unter Leibgedinge die ehegüterrechtliche „Fruchtnießung auf den Todesfall" (§§ 1255 ff. a. F.) begriff[745].

d) Gewohnheitsrechtliches Vermächtnis der Fahrhabe

In den ma. Rechtsquellen finden sich sehr häufig Belege für eine gewohnheitsrechtliche Mobiliargemeinschaft der Ehegatten, zumindest auf den Todesfall. Sie führte bei Tod eines Ehegatten dazu, dass die gesamte Fahrnis dem überlebenden Ehegatten anfiel[746]. Zur Weiterentwicklung dieses Rechtsbrauchs kam es vor allem im Herrenstand und Adel, wo sich unter gemeinrechtlichem Einfluss das Prinzip der Gütertrennung auch für das bewegliche Gut durchgesetzt hatte. Dem überlebenden Ehegatten wurde ein Anspruch auf eine Quote des Fahrnisvermögens des Verstorbenen gegeben.

744 Vgl. die eigentümliche Verbindung der Leibzucht mit einer „Morgengabe" genannten Leistung in den allgemeinen ma. Rechtsaufzeichnungen (dazu *W. Brauneder*, Leibzucht, HRG II, Sp. 1805 ff.).

745 Diese als überholt eingeschätzten Ehepakte wurden durch das FamRÄG 2009, BGBl. I 75, aufgehoben.

746 Bereits der Sachsenspiegel sah nach Auflösung der Ehe eine Zweiteilung des Ehevermögens vor. War der Ehemann gestorben, konnten dessen Erben das von ihm in die Ehe eingebrachte Vermögen herausverlangen. Davon ausgenommen war die *Witwengerade*, also der bewegliche Hausrat, der ohne Rücksicht auf seine Herkunft von der Mannes- oder Frauenseite an die Witwe fiel. Die Speisevorräte *(Musteil)* waren jedoch zwischen der Witwe und den Erben des Mannes zu teilen, wobei als Stichtag der *Dreißigste*, d. h. der dreißigste Tag nach dem Tode des Mannes galt. S. *A. Erler*, Musteil, HRG III, Sp. 798 f.; *A. Schmidt-Recla*, Musteil, HRG ²III, Sp. 1719 ff.

Noch im 16. Jh. wurde mancherorts der alte Landesbrauch geübt, bei Fehlen einer ehegüterrechtlichen Vereinbarung die gesamte Fahrhabe der Witwe zufallen zu lassen, gleichgültig ob Kinder vorhanden waren oder nicht. Eine Modifizierung dieser Regelung findet sich in den Traktaten *Bernhard Walthers*[747], wo der Witwe, je nachdem, ob sie mit Kindern aus erster Ehe konkurriert oder nicht, ein Drittel bzw. die Hälfte der Fahrhabe des Verstorbenen zugesprochen wird. Dieselben Ansprüche bezüglich der Fahrhabe der Witwe wurden in anderen Rechtsordnungen auch dem überlebenden Ehemann gewährt. In allen diesen Fällen bildet schon nicht mehr die gesamte Fahrnis beider Ehegatten, sondern nur mehr die Fahrhabe des Verstorbenen den Gegenstand der Auseinandersetzung.

Der Überlebende erwarb die auf ihn entfallende Quote des beweglichen Nachlasses seines verstorbenen Gatten, ohne dass ihn eine Haftung für Nachlassschulden getroffen hätte. Seine Rechtsstellung ist daher der eines Vermächtnisnehmers vergleichbar. Die Besonderheit liegt darin, dass das rechtsgeschichtliche Fahrnisvermächtnis nicht auf dem Willen des Erblassers, sondern auf Gewohnheitsrecht beruhte und eine Nachlaßquote zum Gegenstand hatte[748].

2. Ansätze zur Ausgestaltung eines Ehegattenerbrechts

Erste Ansätze eines Ehegattenerbrechts sind in der zunehmenden Verfestigung ehegüterrechtlicher Ansprüche zu finden. Diese Ansprüche wurden mehr und mehr mit der Vorstellung eines Erbrechts verbunden. Sie konnte sich zwar im allgemeinen Landrecht nicht durchsetzen, war aber weithin rechtens bekannt[749]. Diese **Entwicklung vom Ehegüterrecht zum Ehegattenerbrecht** war im Bürger- und Bauernstand besonders deutlich, wo sich die Errungenschaftsgemeinschaft zum Gewohnheitsrecht verbreitet hatte. Bei Tod eines Ehegatten war es üblich, dass dem überlebenden Ehegatten die eine Hälfte der Errungenschaft zufiel, die andere Hälfte den Verwandten des Verstorbenen. Diese Vermögenskontinuität wurde zunehmend unter erbrechtlichen Aspekten betrachtet[750].

747 *M. Rintelen*, Bernhard Walthers privatrechtliche Traktate aus dem 16. Jahrhundert, 1937, V, 19. Cap., 73 f.

748 Vgl. damit das gesetzliche Vorausvermächtnis gem. § 745 ABGB. Auch dieses Vermächtnis hat eine Vermögensmasse zum Gegenstand.

749 Eindeutig belegt ist das Ehegattenerbrecht für Aschau seit dem Jahre 1461 (zit. nach *G. Wesener*, Geschichte des Erbrechtes in Österreich seit der Rezeption, 1957, 100): „Heulachen. Es ist auch recht und von alters herkomen, wenn zwei menschen sich verheulacht haben nach der pfarr recht, wann die decken ob inen zusamen schlecht, so erben sie ainander, es sei ligendes oder farendes." Auch in der frühneuzeitlichen Literatur ist davon die Rede, dass der Witwe vom Nachlass ihres Mannes eine „portio virilis" zukomme (*N. Beckmann*, Idea juris, 1688, 561, bezeugt, dass im Herzogtum Krain die Witwe die Hälfte der liegenden und fahrenden Habe des Mannes erhielt).

750 Zum bäuerlichen Witwenerbrecht im 16. Jh. vgl. *F. Kolb*, Vermögens- und Erbrecht in der Wipptaler Bauernfamilie, Tiroler Heimat XXI, 1957, 63 ff., insbes. 74 ff.

Ein weiterer Ansatzpunkt für die Ausbildung eines Ehegattenerbrechts war dort gegeben, wo die **Witwe** mangels ehegüterrechtlicher Vereinbarungen beim Tod des Ehemannes **unversorgt** zurückblieb. Hier wurde der Witwe bei bekindeter Ehe in der Regel ein Kindesteil vom gewonnenen Gut zugesprochen. Bei Fehlen von Nachkommen steigerte sich die Quote auf die Hälfte des gewonnenen Gutes. Das ererbte Gut fiel weiterhin an die Blutsverwandten[751].

3. Rezeption des gemeinen Ehegattenerbrechts im 18. Jh.

Noch im 16. und 17. Jh. blieb der gemeinrechtlichen Auffassung von einem Erbrecht der Ehegatten in der Klasse *unde vir et uxor* (Cod. Just. 6, 18) und vom Fruchtgenuss der unbemittelten Witwe *(vidua inops)* an einer Quart bzw. einem Kopfteil des Vermögens ihres verstorbenen Gatten (Nov. 53 und 117) die Anerkennung versagt. Erst durch die **Neuordnung der Intestaterbfolge** zu Beginn des 18. Jhs. wurde diese Erbfolgeordnung rezipiert **(Nachrezeption)** und dem überlebenden Ehegatten in der Klasse *unde vir et uxor* (also nach allen Verwandten) ein Erbrecht zugestanden. Für den Fall einer ehegüterrechtlichen Vereinbarung hatte der überlebende Ehegatte das Wahlrecht, entweder seine Ansprüche aus dem Ehepakt geltend zu machen oder die Verlassenschaft des Verstorbenen als Erbe anzutreten. Danach richtete sich die Haftung für die Nachlassverbindlichkeit.

Eine Sonderstellung nahm der überlebende **unbemittelte Gatte** (Witwe oder Witwer) ein[752]. War er gänzlich unversorgt, obwohl sein verstorbener Gatte Vermögen hinterlassen hatte, wurde folgende Regelung getroffen: Neben Aszendenten, neben Verwandten der Seitenlinie oder neben drei oder weniger Kindern des Erblassers erhielt der überlebende Ehegatte *ein Viertel* des Nachlasses. Waren vier oder mehr Kinder vorhanden, erhielt der überlebende Ehegatte einen *Kindeskopfteil.* An dieser Erbquote erwarb er Eigentum neben Verwandten und Kindern aus Vorehen des Erblassers, bloßes *Fruchtgenussrecht* neben Kindern aus der gemeinsamen Ehe.

Die Grundsätze des gemeinen Ehegattenerbrechts haben auch die Kodifikationsgeschichte des ABGB geprägt. Entscheidende Vorarbeit wurde dabei mit dem *Josephinischen Erbfolgepatent* des Jahres 1786 (JGS Nr. 548) geleis-

751 Diese Regelung war insbes. für vermögenslose Ehepartner gedacht, „wie mehrmals sonderlich under handwerchs- und andern gemainen leüten geschicht". (Entwurf *Strein-Linsmayer*, IV, 12, § 4). Auch im Hausruck- und Traunviertel erhielt der überlebende Ehegatte nach altem Herkommen, sofern keine Heiratsabreden, Ehepakte oder ein letztwilliges Vermächtnis vorhanden waren, die Hälfte des Vermögens unter Abzug der Schulden. Die andere Hälfte fiel an die ehelichen Kinder oder in deren Ermangelung an die nächsten Verwandten des Verstorbenen.

752 Nach der herrschenden gemeinrechtlichen Lehre hatte im Gegensatz zum justinianischen Recht nicht nur die arme *Witwe*, sondern auch der arme *Witwer* Anspruch auf eine Quart bzw. einen Kopfteil des Nachlassvermögens.

tet. Es ordnete an, dass der Ehegatte zur Erbfolge berufen wird, wenn **kein** *Verwandter des Erblassers in den sechs Linien des damaligen Parentelensystems vorhanden ist, und gestand ihm* **zusätzlich** – ob er Vermögen besitzt oder nicht – bis zu seiner Wiederverehelichung das **Fruchtgenussrecht** an höchstens einem Viertel des hinterlassenen Vermögens zu (§§ 23, 24).

Das Ehegattenerbrecht des *ABGB 1811* knüpfte an diese Bestimmungen an[753], erweiterte aber den Nießbrauch des überlebenden Ehegatten zu **unbeschränktem Eigentum** am vierten Teil der Verlassenschaft für den Fall, dass **kein Kind**, wohl aber ein anderer gesetzlicher Erbe vorhanden ist[754]. Die ganze Erbschaft fiel dem Ehegatten unverändert nur dann zu, wenn weder Verwandte des Erblassers aus den sechs Linien, noch erbberechtigte legitimierte Kinder, erbberechtigte Kinder aus einer Putativehe, erbberechtigte uneheliche Kinder und erbberechtigte Wahlkinder vorhanden waren (§ 759 a. F.). Die damit verknüpfte Frage einer Anrechnung von Zuwendungen *(Kollation)* war umfassend geregelt. Der überlebende Ehegatte musste sich alle Zuwendungen aus Ehepakt, Erbvertrag und aus letztwilligen Anordnungen des Erblassers in seinen Erbteil einrechnen lassen (§ 758 a. F.)[755]. Ein Pflichtteilsrecht hatte der überlebende Ehegatte nach dem *ABGB 1811* nicht, wohl aber wurde ihm unter gewissen Voraussetzungen der *„mangelnde anständige Unterhalt"* gewährt (§ 796 a. F.).

Die Konstruktion des gesetzlichen Ehegattenerbrechts im *ABGB 1811* wurde bereits im 19. Jh. als „gänzlich verfehlt" kritisiert[756]. Sie wurde daher durch die *I TN* nach dem Vorbild des BGB grundlegend geändert[757]. Erklärtes Ziel der Reform war neben der stärkeren Berücksichtigung des individuell gewählten Lebenspartners gegenüber der Blutsverwandtschaft der Schritt vom **bisherigen Erbnießbrauch** des Ehegatten zum **vollen Erbrecht**. Es wurde durch eine **Abstufung des ehelichen Erbteils** nach der Qualität der Miterben erreicht, und zwar in der Weise, dass der überlebende Ehegatte neben Kindern ein Viertel, neben anderen Erben eine Hälfte erhielt, schließlich sogar die ganze Verlassenschaft, wenn weder Verwandte der zwei ersten Linien noch Großeltern vorhanden waren. Zum Entschluss, dem überlebenden Ehegatten auch ein Pflichtteilsrecht zuzusprechen, wie dies das BGB tat,

753 *G. Hanausek*, Das gesetzliche Erbrecht und Pflichtteilsrecht des Ehegatten, 1910.

754 „... ein anderer aus den in den Paragraphen 752–756 berufenen Erben" (§ 759).

755 Die I TN 1914 beseitigte die Einrechnung von Zuwendungen aus letztwilligen Anordnungen (§ 757 i. d. F. 1914).

756 *L. Pfaff/F. Hofmann*, Excurse über österreichisches allgemeines bürgerliches Recht. Beilagen zum Commentar von L. Pfaff/F. Hofmann II, 1878, 733 f., 741f.; *J. Unger*, System des österreichischen allgemeinen Privatrechts, VI Das österreichische Erbrecht, ^{4}1894, § 35.

757 *J. Frhr. v. Schey*, Das österreichische ABGB nach den Teilnovellen, 1917, 53. Kurze jüngere Zusammenfassung: *B. Dölemeyer*, Die Revision des ABGB durch die drei Teilnovellen von 1914, 1915 und 1916, Ius Commune Vl, 1977, 274 ff.

konnte man sich nicht durchringen[758]. Neu geschaffen wurde jedoch das **gesetzliche Vorausvermächtnis** als Recht des überlebenden Ehegatten auf die zum ehelichen Haushalt gehörenden beweglichen Sachen. Maßgebend sollte der Bedarf des Berechtigten sein. Der Voraus erfasste neben erbberechtigten Kindern das nach den bisherigen Lebensverhältnissen Nötige und erweiterte sich auf den gesamten beweglichen Hausrat im Falle der Erbrechtskonkurrenz mit sonstigen Verwandten des Verstorbenen. Damit sollte u. a. den Härten entgegengetreten werden, die sich aus der Rechtsvermutung ergaben, dass der Erwerb vom Mann herrührt[759]. Das derzeitige Ehegattenerbrecht fußt auf der *Großen Familienrechtsreform*. Sie brachte eine Anhebung des gesetzlichen Erbteils[760], vor allem aber die Verankerung eines **Pflichtteilsanspruches**[761]. Außerdem wurde der Unterhaltsanspruch des überlebenden Ehegatten neu gefasst. Das Erbrechtsänderungsgesetz 1989 brachte schließlich noch eine **Erweiterung des gesetzlichen Vorausvermächtnisses.** Von besonderer Bedeutung ist der neue, gegen den Erben gerichtete schuldrechtliche Anspruch des hinterbliebenen Ehegatten, ihm den dauernden Verbleib in der **Ehewohnung** zu ermöglichen. Diese Regelung soll zusammen mit der neu formulierten Umschreibung der dem verwitweten Ehegatten zu überlassenden haushaltszugehörigen Sachen gewährleisten, dass er seine gewohnte Umgebung beibehalten kann. Mit dem Familien- und Erbrechts-Änderungsgesetz 2004 wurde die **erbrechtliche Stellung** des überlebenden Ehegatten insofern weiter **verbessert**, als er auch Erbteile erhielt, die den Nachkommen verstorbener Geschwister zugefallen wären, wenn es keinen überlebenden Ehegatten gäbe[762]. Das Eingetragene Partnerschaft-Gesetz ordnete für eingetragene Partner die sinngemäße Anwendung aller erbrechtlichen Bestimmungen Ehegatten betreffend an. Das ErbRÄG 2015 stärkte die erbrechtliche Position des überlebenden Ehegatten/eingetragenen Partners neuerlich. Er konkurriert nur mehr mit Kindern und Eltern des Verstorbenen[763].

758 Der endgültige Entwurf der I TN ging von der Regierungsvorlage und den Subkomiteebeschlüssen ab, die ein Pflichtteilsrecht des Ehegatten vorgesehen hatten. Dies mit der Begründung, dass eine weitere Einschränkung der Verfügungsfreiheit des Erblassers nicht zweckmäßig sei, am wenigsten für das Verhältnis zwischen den Ehegatten. Dazu auch *L. Schiffner*, Die Erbrechtsreform in der Novelle zum österreichischen allgemeinen bürgerlichen Gesetzbuch, 1908, 26 ff.

759 Die Reformer konnten sich bei dieser Regelung nicht nur auf das Vorbild des BGB berufen, sie rechtfertigten sie auch mit dem Hinweis auf ältere österreichische Rechtsquellen.

760 BG v. 30.10.1970, BGBl. 342.

761 BG v. 15.6.1978, BGBl. 280.

762 Das FamErbRÄG 2004 (BGBl. I 2004/58) zog eine neue Erbrechtsgrenze bei den Geschwistern des Erblassers. Nachkommen der Geschwister des Erblassers – also insbesondere Nichten und Neffen – wurden durch einen hinterbliebenen Ehegatten vom Erbrecht ausgeschlossen.

763 BGBl. I 2015/87.

E. Gewillkürte Erbfolge

Lit.: *A. Amend-Traut*, Pflichtteilsrecht, HRG ²IV, Sp. 581 ff.; *L. Arndts Ritter v. Arnesbach*, Zur Lehre von den Erbverträgen nach gemeinem und Österreichischem Recht, Viertelsjahresschrift für Rechts- und Staatswissenschaften 7, 1861; *Th. Bühler*, Die Methoden der Rezeption des römisch-gemeinen in die Erbrechte der Schweiz, ZRG GA 120, 2003, 1 ff.; *I. Ebert*, Familienfideikommiß, HRG ²I, Sp. 1503 f.; *I. Ebert*, Familienstammgüter, HRG ²I, Sp. 1505 f.; *A. Erler*, Familienfideikommiß, HRG I, Sp. 1071 ff.; *A. Erler*, Familienstammgüter, HRG I, Sp. 1173 ff.; *U. Floßmann/H. Kalb*, „Von recht und landgebrauchs wegen" im Testamentsrecht der Landtafel ob der Enns, FS W. Ogris, 2010, 157 ff.; *G. Güldemund*, Das Erbrecht der Buch´schen Glosse, 2021, 189 ff.; *F. Hofmann*, Excurse über österreichisches allgemeines bürgerliches Recht, Beilagen zum Commentar II, 68 ff.; *P. Landau*, Die Testierfreiheit in der Geschichte des deutschen Rechts im späten Mittelalter und in der frühen Neuzeit, ZRG GA 114, 1997, 55 ff.; *H. Lentze*, Das Wiener Testamentsrecht des Mittelalters, I. Teil, ZRG GA 69, 1952, 98 ff., II. Teil, ZRG GA 70, 1953, 159 ff.; *W. Ogris*, Freiteil, HRG I, Sp. 1249 ff., ²I, Sp. 1782 ff.; *W. Ogris*, Testament, HRG V, Sp. 152 ff.; *Th. Olechowski/Ch. Schmetterer* (Hg.), Testamente aus der Habsburgermonarchie, 2011; *M. Rintelen*, Bernhard Walthers privatrechtliche Traktate aus dem 16. Jahrhundert, 1937, 159 ff.; *G. K. Schmelzeisen*, Polizeiordnungen und Privatrecht, 1955, 156 ff.; *A. Schmidt-Recla*, Kalte oder warme Hand? Verfügungen von Todes wegen in mittelalterlichen Referenzrechtsquellen, 2011; *R. Schmidt-Wiegand*, Affatomie, HRG ²I, Sp. 1451 f.; *U. Seif*, Römisch-kanonisches Erbrecht in mittelalterlichen deutschen Rechtsaufzeichnungen, ZRG GA 122, 2005, 87 ff.; *W. Sellert*, Erbvertrag, HRG I, Sp. 981 ff., ²I, Sp. 1389 ff.; *G. Signori*, Vorsorgen – Vererben – Erinnern. Kinder- und familienlose Erblasser in der städtischen Gesellschaft des Spätmittelalters, 2001; *J. Unger*, System des österreichischen allgemeinen Privatrechts. Das österreichische Erbrecht, 1864, 250 ff.; *A. Wacke*, Pflichtteilsrecht, HRG III, Sp. 1737 ff.; *G. Wesener*, Geschichte des Erbrechts in Österreich seit der Rezeption, 1957, 119 ff.; *G. Wesener*, Beschränkungen der Testierfreiheit in deutschen Stadtrechtsreformationen und Landrechten der Rezeptionszeit, FS U. v. Lübtow, 1970, 569 ff.; *G. Wesener*, Pflichtteilsrecht und Unterhaltsanspruch des überlebenden Ehegatten in historischer Sicht, FS zur 200-Jahr-Feier der Rechtswiss. Fak. der Univ. Graz, 1979, 118 ff.; *G. Wesener*, Zur Lehre vom Erbvertrag im deutschen Usus modernus pandectarum und im Naturrecht, FS K. Kroeschell, 1987, 607 ff.; *F. v. Zeiller*, Commentar über das allgemeine bürgerliche Gesetzbuch II, 1812, 413 ff.

1. Älteres Recht

a) Entstehungsbedingungen der gewillkürten Erbfolge

Die Familiengebundenheit des Hausvermögens stand der Anerkennung einer Verfügungsfreiheit von Todes wegen im Wege. Es gab nur „geborene", keine „gekorenen" Erben[764]. Eine Aufweichung dieser Rechtsüberzeugung erfolgte durch die auch im weltlichen Bereich übliche Anerkennung von **Verfügungen zu frommen Zwecken** (Seelgerätstiftungen, Freiteilslehre). Diese Vorstellung einer beschränkten Verfügungsfreiheit des Erblassers erfasste nach und nach auch jene Vermögensmassen, bei denen das althergebrachte Argu-

764 Die germanisch-fränkische Zeit war vom Grundsatz beherrscht: „Heredes tamen successoresque sui cuique liberi, et *nullum testamentum* " Tac. Germ. Cap. XX.

ment von der Familiengebundenheit versagte (z. B. Kaufgut). Ausstrahlungen des kanonisch-römischen Testamentsrechts ließen schließlich im ausgehenden Hochma. **Verfügungen von Todes wegen** (Testament und Erbvertrag) rechtlich wirksam werden. Die ma. **„Testiermöglichkeit"** beließ freilich bestimmte Vermögensmassen des Erblassers (insbes. dessen Erbgut) den Blutsverwandten als **Erbschaftsreserve**. Außerdem ging mit der Testamentserrichtung vorerst noch regelmäßig eine Erbauseinandersetzung zu Lebzeiten des Erblassers einher. Zustimmungserklärungen von Ehefrau und Kindern waren Gültigkeitserfordernisse der letztwilligen Verfügung des Erblassers, der zudem noch an sein Testament gebunden war (Grundsatz der *Unwiderruflichkeit*). Erst die spätma. Entwicklung zeigt das Testament auf dem Weg zur einseitigen und jederzeit widerruflichen letztwilligen Erklärung, womit der Boden für die gänzliche Übernahme des gemeinen Testamentsrechts bereitet war.

aa) Totenteil – Seelgerätstiftung

Die höchstpersönlichen Gegenstände, die ursprünglich das einzige Eigentum darstellten, folgten dem Toten als **„Totenteil"** ins Grab nach (Grabbeigaben). Der Rest des Vermögens, an dem der Verstorbene im Rahmen der Hausgemeinschaft partizipiert hatte, wuchs den übrigen Hausgenossen zu.

Als Güter der persönlichsten Bedürfnisse des Verstorbenen finden sich: Kleidungsstücke und Kleinodien, Waffen, Ross, Jagdhunde, sonstige Lieblingsgegenstände[765]. Aus Gründen des Ahnen- und Totenkults kam es daneben zu Grabbeigaben von Verwandten, die bei den sich wiederholenden Totenfesten erneuert wurden, um die weiterbestehende Genossen- und Sippenhilfe augenscheinlich zu machen. Dem Lebenden waren sie diese Hilfe im Falle seiner Bedürftigkeit schuldig gewesen.

Mit der Christianisierung wurde die Kirche Herrin der Begräbnisfeierlichkeit. Sie vergeistigte das Fortleben nach dem Tod und machte den Totenkult zum Seelenkult. Damit trat die leibliche Versorgung des toten Angehörigen in den Hintergrund und machte dem Gedanken der „seelischen Versorgung" Platz. Die ursprünglichen Grabbeigaben wurden zum **Seelgerät** umfunktioniert, die Totengaben also nicht mehr mitbegraben, sondern den Zwecken der Seelsorge gewidmet. Der Totenteil fiel an die Kirche. Das war ein kirchliches Gebot, hatte aber auch Rückwirkungen auf das weltliche Recht. In Analogie dazu entstand die herrschaftliche Abgabepflicht gegenüber dem Leiheherrn[766].

---

765 Näheres bei *H. Brunner*, Der Totenteil in germanischen Rechten, ZRG GA 19, 1898, 107 ff. *Heergeräte* („Heergewäte", „vestis bellica") wurden bereits in fränkischer Zeit aus dem Totenteil herausgenommen. Sie gelangten über eine Sondererbfolge an Verwandte des Mannesstammes. Auf Frauenseite galt dies für die *Gerade*, d. h. es kam zur Sondererbfolge in weiblicher Linie (s. oben).

766 *Besthaupt*, d. h. das beste Stück Vieh, und *Bestkleid* finden sich als bäuerliche Abgaben an den Leib- oder Grundherrn bis ins 19. Jh. Vgl. *D. Werkmüller*, Besthaupt, HRG ^{2}I, Sp. 554.

Totenteil und Seelgerät hatten immer nur Fahrnisse zum Gegenstand. Liegenschaften blieben der Hausgemeinschaft (Familie) verfangen.

bb) Freiteilsrecht

In noch stärkerem Maß hat die kirchliche Freiteilslehre auf die Entwicklung des Vererbungsrechtes eingewirkt[767]. Bereits gegen Ende des römischen Reiches sah sich die Kirche mit den Problemen einer wachsenden Massenverelendung konfrontiert, hatte sie doch gerade aus den armen Bevölkerungsschichten den größten Zulauf. Dementsprechend radikal stellten die Kirchenväter die Frage nach dem Anteil der Armen an den Gütern dieser Welt. *Basilius, Gregor von Nazianz, Gregor von Nyssa, Johannes Chrysostomos, Augustinus von Salvian* u. a. forderten im Sinne des Urchristentums eine tiefgreifende Umverteilung zugunsten der Armen. Der Besitzende sollte mit dem Nichtbesitzenden teilen, am besten durch Hingabe aller Güter zu Lebzeiten, doch genüge es auch, die Armen bzw. die Kirche letztwillig zu bedenken. Dabei dachte man an eine **Quote** des Nachlasses **(Freiteil)**, nicht an einzelne Gegenstände[768].

Erst in der Gestalt, die *Augustinus* (354–430 n. Chr.) der Freiteilslehre gegeben hat, fand sie Eingang in das deutsche Recht. Er verlangte von den Gläubigen einen Teil des Nachlasses für die Armen, allerdings nicht wie bisher einen feststehenden Bruchteil, sondern eine Sohnesquote für Christus. „Schließlich zähle deine Söhne, füge einen zu ihnen hinzu, deinen Herrn. Hast du einen Sohn, so sei jener der zweite, hast du zwei Söhne, so sei jener der dritte; hast du drei Söhne, so sei jener der vierte."

Die Hingabe des Freiteils war zunächst kirchliches Gebot. Im Falle der Nichtbefolgung verweigerte die Kirche Absolution und Begräbnis. Wenn sich die Erben des Verstorbenen nicht meldeten, setzte die Kirche selbst den Freiteil fest.

Die Freiteilslehre blieb für das ganze MA. bestimmend. Sie schuf die rechtliche Basis für Verfügungen des Erblassers, ohne die Zustimmung seiner Söhne einholen zu müssen. Der Freiteil wurde der Kirche durch Rechtsgeschäft unter Lebenden übertragen (Schenkung, donatio pro anima).

---

767 Vgl. *E. F. Bruck*, Kirchenväter und soziales Erbrecht, 1956.

768 Einer der ersten, der sich dafür einsetzte, war *Basilius*. Wie viele andere Kirchenväter des 4. und 5. Jhs. stammte auch er aus reichem Haus, verzichtete aber auf sein Vermögen und lebte in Askese. Seine Frage „Wieviel muß der Besitzende geben, um sein Seelenheil zu sichern?" ließ die Vorstellung von einer „*Quote für die Seele*" aufkommen. Die kappatozischen Kirchenväter forderten ausdrücklich eine bestimmte Quote des Nachlasses (ein Viertel, ein Drittel, die Hälfte, u. U. sogar das Ganze) für die Armen. Am weitesten in seinen Forderungen ging Salvian (5. Jh. n. Chr.). Seiner Ermahnung: „Wenn du nicht alles der Kirche gibst, was du hast, dann wirst du im Jenseits ‚in der äußersten Finsternis hingemartert' und ‚in unauslöschlichen Feuern gebraten werden'" (*E. F. Bruck*, Kirchenväter und soziales Erbrecht, 1956, 109), liegt die gänzliche Ablehnung des Erbrechts zugrunde. Jeder Gläubige sei Schuldner Gottes und als solcher verpflichtet, sein gesamtes Vermögen der Kirche zu übertragen.

cc) Vergabungen von Todes wegen

Mit der Freiteilslehre war ein überzeugender Rechtsgrund für letztwillige Verfügungen zu frommen Zwecken gefunden. Was noch fehlte, war die rechtliche Form. Man fand sie vorerst in den bereits anerkannten Verfügungsgeschäften unter Lebenden. Die in verschiedenen Spielarten gebräuchliche **donatio pro anima**, eine auf den Tod hin gerichtete, aber mit gegenwärtiger dinglicher Wirkung ausgestattete Schenkung, wurde zur vorherrschenden Form für Vergabungen von Todes wegen. Sie war entweder eine bedingte Schenkung auf den Todesfall *(donatio post obitum)*, die der beschenkten Kirche eine anwartschaftliche Gewere gab, oder eine sofortige Schenkung unter Vorbehalt des Nießbrauchs *(donatio reservato usufructu)* oft zugunsten eines Dritten (z. B. der Witwe). Beide Rechtsgeschäfte konnten durch *traditio cartae* vollzogen werden.

Dabei galt es, eine Schwierigkeit zu überwinden. Die herkömmlichen Rechtsgeschäfte waren auf dem Prinzip der Entgeltlichkeit aufgebaut. Es gab keine Gabe ohne Gegengabe. Die Schenkung war daher ein unsicherer Rechtstitel und bedurfte zur endgültigen Vermögensverschiebung einer Gegenleistung. Die Schenkung kam nur in der Wertdifferenz der ausgetauschten Leistungen zum Ausdruck. Dem Erfordernis der Entgeltlichkeit entsprechend, wurde daher von kirchlicher Seite auf den jenseitigen Lohn, auf die Gegengabe des Himmels hingewiesen. Im langobardischen Recht finden sich bereits Aussagen, dass jede Schenkung an die Kirche auch ohne Lohngeld (Gegenleistung) unangreifbar fest sei, weil sie eben für die Seele *(pro anima)* geschähe[769]. Mit der Ausbreitung der Seelenmesse wird für diese kirchliche Leistung sogar der Ausdruck Lohngeld gebräuchlich.

dd) Verfügungen von Todes wegen

Mit dem Eindringen der Vergabungen von Todes wegen in den weltlichen Rechtsbereich vollzog sich im MA. der Wandel vom gebundenen Hausvermögen zum frei verfügbaren Eigentum. Die Verfügungsfreiheit des Eigentümers hält sich allerdings in Grenzen, es kommt zur Kategorisierung seiner Befugnisse nach der Sachqualität. Das ursprünglich einheitliche Familiengut wird in verschiedene Vermögensmassen aufgefächert, die teils neuartigen Bindungen unterworfen werden (z. B. Ehegut), teils weiterhin der Familie verfangen bleiben (z. B. unbewegliches Gut, Erbgut), daneben aber – über den herkömmlichen Freiteil hinausgehend – von Todes wegen frei übereignet werden können (z. B. Kaufgut, Fahrnisvermögen). Dazu bilden sich unter dem Einfluss des kirchlichen Rechts neue Verfügungsarten nach römischrechtlichem Vorbild aus. Die sachenrechtlichen Vergabungen erweitern ihren Anwendungsbereich, daneben entstehen **erbrechtliche Verfügungen**, wie **Erbverträge** und **Testamente**, alle zunächst noch mit Vermengungen und fließenden Übergängen.

---

769 Näheres bei *A. Schultze*, Der Einfluß der Kirche auf die Entwicklung des germanischen Erbrechts, ZRG GA 35, 1914, 75 ff., 99 f.

Die Vorarbeiten der Kirche zum Testamentsrecht waren vorwiegend vom Bemühen geleitet, das Vermögen der Geistlichen von der Bindung an die Blutsverwandten freizumachen. Die Kleriker sollten angehalten werden, ihr persönliches Vermögen letztwillig der Kirche zuzuwenden. Das am besten geeignete Instrument hiefür war das römischrechtliche Testament, das es freilich noch von den strengen Formerfordernissen zu befreien galt. Am Ende dieser Entwicklung stand das sog. **„kanonische Testament"** vor dem Pfarrer und zwei oder drei Zeugen. Bei Verfügungen zu frommen Zwecken in Todesnähe sollte sogar vollständige Formfreiheit gelten (mündliche Erklärungen an die Umstehenden).

Bis ins hohe MA. wurde allerdings noch zwischen dem persönlichen Vermögen des Klerikers und dem Vermögen seiner Kirche unterschieden. Das Prinzip der Testierfreiheit galt vorerst nur für das persönliche Vermögen, was die letztwillige Verfügungsmacht des Weltklerus empfindlich einschränkte. Sie drohte zudem durch das **Spolienrecht** ausgehöhlt zu werden, mit dem weltliche Eigenkirchenherren, Landesherren, Kaiser und Könige (auch nach lehnsrechtlichen Bestimmungen) die Beschlagnahme des beweglichen Nachlasses von Klerikern beanspruchten[770].

Der Kampf der Kirche gegen das Spolienrecht war zugleich ein Kampf um die volle Testierfreiheit des Klerus, auch hinsichtlich seiner Einkünfte aus dem Kirchengut[771]. Er führte zum ausdrücklichen Verzicht auf das Spolienrecht durch Friedrich I. 1165 zu Worms und 1173 in der „Constitutio de bonis clericorum decedentium"[772], womit auch die Testierfreiheit des Klerus erstmals förmlich anerkannt wurde[773]. Es dauerte allerdings noch bis zum *Konzil von Trient*, ehe alle Weltgeistlichen nach weltlichem und kirchlichem Recht volle Testierfreiheit erlangt hatten.

Da diese Testierfreiheit zum Schutze des kirchlichen Vermögens gewährt wurde, bestand für den Geistlichen weiterhin die Gewissenspflicht, sein Vermögen für kirchliche oder wenigstens gute Zwecke zu verwenden. Das bekräftigt das *Tridentinum* in Cap. 1 der Reformdekrete der 25. Sitzung, wo allen Benefiziaten zunächst Einfachheit in der Lebenshaltung empfohlen und dann folgendes bestimmt wird: „Vor allem untersagt der hl. Kirchenrat ihnen, aus den Einkünften der Kirche ihre Blutsverwandten oder Hausgenossen zu bereichern, da die Kanones der Apostel gebieten, daß sie die

770 Erste Hinweise auf das Spolienrecht im deutschen Rechtsraum finden sich auf dem Nationalkonzil von Tribur von 895 (*U. Stutz*, Die Eigenkirche als Element mittelalterlich-germanischen Kirchenrechts, 1904, Neudr. 1964). Es wurde u. a. damit zu rechtfertigen versucht, dass das Gut eines Geistlichen mit seinem Tod herrenlos werde und dass die seinen standesgemäßen Unterhalt übersteigenden Pfründeeinnahmen ohnehin den Armen zustünden.

771 Die meisten Konzile im ma. Reich, die gegen das Spolienrecht protestierten, haben gleichzeitig dem Klerus weitgehende Testierfreiheit bestätigt.

772 M. G. Legum II, 139 und 142 ff.

773 Wie die fortwährenden Klagen der Synoden beweisen, übten allerdings die Landes- und Grundherren das Spolienrecht teilweise bis in das 16. Jh. weiter aus.

kirchlichen Güter, welche Gottes sind, nicht den Blutsverwandten schenken, sondern, wenn diese arm sind, ihnen als Armen davon mitteilen, sie aber ihretwegen nicht veräußern, noch verschwenden sollen. Ja, der hl. Kirchenrat ermahnt sie, so dringend er nur kann, alle diese menschliche Zuneigung des Fleisches zu Brüdern, Neffen und Anverwandten, woraus in der Kirche eine Pflanzschule vieler Übel entstanden, gänzlich abzulegen."[774]

Der entscheidende Impuls für die Fortentwicklung der ma. Verfügungen von Todes wegen zum Recht der gewillkürten Erbfolge liegt jedoch darin, dass die Kirche „ihr" Testamentsrecht auch dem Laien zugänglich machen wollte. Einseitigkeit und weitgehende Formlosigkeit des kanonischen Testaments erleichterten die Erfüllung des kirchlichen Gebots, nicht ohne **Seelgerät** von hinnen zu gehen. Es wurde vor allem dort gebraucht, wo der Erblasser durch Krankheit daran gehindert war, den zweiseitigen Schenkungsakt der alten Vergabungen von Todes wegen vorzunehmen. Da der Vergabende nach deutschrechtlichen Vorstellungen „frisch und gesund", „mit fröhlichem Mute", „ungeleitet und ohne Stab" über sein Vermögen verfügen sollte[775], war das einseitige Testament mit dem alleinigen Erfordernis geistiger Klarheit ein bedeutender Schritt in diese Richtung[776]. Die Gültigkeit solcher Testamente war zunächst an die Bedingung geknüpft, dass der Erblasser an seiner Krankheit starb. Nach und nach erweiterte sich jedoch ihr Anwendungsbereich auf Gesunde und schließlich fanden auch andere Verfügungen als fromme Stiftungen Eingang in die Testamente. Der große Einfluss in diesen Angelegenheiten verschaffte der Kirche die Zuständigkeit für Testamentserrichtungen.

Die **Zuwendung für die Seele** war **caput et fundamentum** des *„mittelalterlichen Testaments"*. Es war dies ein sehr weitreichender Begriff. So wurden in der ma. Rechtssprache Testament und Seelgerät gleichbedeutend gebraucht. Außerdem verstand man darunter nicht nur die einseitige letztwillige Verfügung im Sinne des römischen Rechts, sondern auch die zweiseitige Vergabung nach alter Tradition. Schließlich war Testament die den Erben auferlegte Verbindlichkeit, den bedachten Kirchen und Klöstern die für sie bestimmten Nachlassgegenstände auszuhändigen. Das verbindende Element all dieser Verfügungen war die **fromme Zuwendung**[777].

774 *J. Kaps*, Das Testamentsrecht der Weltgeistlichen und Ordenspersonen, 1958, 48 ff.

775 Vgl. Sachsenspiegel I 52 § 2, wonach der Vergabende, mit Schwert und Schild begürtet, ohne Hilfe ein Ross besteigen musste.

776 Dazu etwa der Beleg aus dem Freiburger Stadtrecht § 52, das dem Kranken im Siechbett eine Gabe bis zu einem kleinen Wertbetrag, und zwar bis zu fünf Schillingen gestattete, was im Jahre 1244 die Missbilligung des Papstes Innozenz IV. hervorrief (*A. Schultze*, Der Einfluß der Kirche auf die Entwicklung des germanischen Erbrechts, ZRG GA 35, 1914, 75 ff.).

777 „Die Fürsorge für die Seele ist die ‚domina', die Herrin, diejenige für profane Zwecke die ‚ancilla', die Magd, die hinter dem Rücken der ersteren hinterdreinzugehen hat." (*A. Schultze*, Der Einfluß der Kirche, 106).

b) Ma. Testament

Im ma. Testamentsrecht mengten sich germanisch-fränkische Rechtstradition und fremdrechtliche Einflüsse zu einer fast unüberschaubaren, aber doch harmonischen Rechtskultur. Unter dem Mantel der heimischen Vergabungen von Todes wegen vollzog sich ein zeitlich wie inhaltlich stark differenzierter Übergang zum Recht der testamentarischen Erbfolge[778].

Für Vergabungen zu frommen Zwecken hielt sich zwar im ganzen MA. der Brauch, sie inter vivos als Schenkungen abzuwickeln, doch wurden zunehmend Widerrufsvorbehalte gemacht und Ablösemöglichkeiten bedungen[779]. Ein allgemeines Vordringen des Testamentsrechts kann mit dem 13. Jh. angenommen werden. Es hat viele römisch-kanonischrechtliche Elemente in sich aufgenommen, trägt aber doch Züge einer großräumigen eigenständigen Rechtstradition. Der spätma. Rechtspraxis dürfte bereits ein entwickeltes Testamentsrecht zur Verfügung gestanden haben, das von der Überzeugung getragen war, gemeines und landsbräuchiges Recht zu einer Einheit zu verdichten, ohne die Besonderheiten traditionell gebundener Erbgüter preiszugeben[780].

Obwohl der Einfluss des kanonischen und des römischen Rechts unverkennbar ist[781], sind etwa im Wiener Rechtskreis Laientestamente früher belegt als Klerikertestamente. Dies lässt sich dadurch erklären, dass im heimischen Recht bis ins 15. Jh. der Rechtssatz galt, dass kein Geistlicher ohne seines Vogtes bzw. Patrons Erlaubnis ein Testament errichten durfte, um dem gewohnheitsrechtlich anerkannten Spolienrecht keinen Abbruch zu tun.

778 Während etwa das *Kölner Recht* die Testamentsform anerkannte und den Eltern völlige Testierfreiheit zugestand, bildeten im *Magdeburger Stadtrecht* die alten Vergabungen von Todes wegen noch am Ausgang des MA. die regelmäßige Form einer letztwilligen Verfügung, obwohl auch dort bereits im 13. Jh. Belege über Testamentserrichtungen zu finden sind. Eine Sonderstellung nehmen auch Rechtsgebiete in der Schweiz ein, bspw. der Züricher Rechtskreis, wo das Testament erst durch die Erbrechtsordnung von 1716 eingeführt wurde, und Luzern, wo dies 1679 geschah. Vgl. *E. Huber*, System und Geschichte des schweizerischen Privatrechts IV, 1893, 639 ff.

779 Während etwa im Magdeburger Rechtskreis die „Gabe mit Unterscheid“, eine Vergabung mit dem Vorbehalt anderweitiger Verfügung, eine wichtige Übergangsstufe zum Testament bildet, tauchen die Widerrufsvorbehalte im Wiener Stadtrechtskreis – wie *Lentze* nachgewiesen hat – erst zu einer Zeit auf, als sich das Testament in voller Blüte befand.

780 *U. Floßmann/H. Kalb*, „Von recht und landgebrauchs wegen“ im Testamentsrecht der Landtafel ob der Enns, FS W. Ogris, 2010, 157 ff., verweisen auf die Konkordanzregelungen bei der frühneuzeitlichen Kodifizierung des Testamentsrechts.

781 Eine Bestätigung für den frühen Rezeptionsvorgang im Wiener Testamentsrecht vermitteln Rechtsquellen aus dem beginnenden 14. Jh., z. B. die *Summa legum brevis levis et utilis* des sog. Doctor Raymundus von Wiener-Neustadt und das *Baumgartenberger Formularbuch*. S. dazu *H. Lentze*, Das Wiener Testamentsrecht des Mittelalters, I. Teil, ZRG GA 69, 1952, 98 ff., 107 ff; auch für den deutschen Rechtsraum weist *U. Seif*, Römisch-kanonisches Erbrecht in mittelalterlichen deutschen Rechtsaufzeichnungen, ZRG GA 120, 2005, 87 ff. nach, dass das Eindringen des gelehrten Erbrechts nicht als Gegensatz, sondern als Synthese zweier Rechtsordnungen begriffen wurde.

aa) Sachliche Grenzen der Testiermöglichkeit

Der Ausbildung einer umfassenden Verfügungsfreiheit von Todes wegen standen im MA. noch verschiedenartige Bindungen des Vermögens an die Familie entgegen. Sie ließen sich nicht mit einem Schlag beseitigen. Liegenschaften und ererbtes Gut **(Erbgut)** entzogen sich weiterhin der letztwilligen Verfügung des Erblassers, während Fahrnisse, vor allem selbst erworbenes Vermögen **(Kaufgut)**, den Weg einer gewillkürten Sondererbfolge **(Spezialsukzession)** gehen konnten. Resistent blieben auch zahlreiche Verwandtenerbfolgeordnungen, die das Ansehen oder die Existenz alter Familien gewährleisten sollten und sogar zu neuen Formen gefunden hatten. Das Prinzip der **Testiermöglichkeit** ließ nur Verfügungen über bestimmte Vermögensmassen gelten, die Verwandten des Erblassers hatten jedenfalls Anspruch auf die **Erbschaftsreserve**. Erweiterungen der Testiermöglichkeit sollten sich erst im Recht der Städte durchsetzen.

Besonders eng waren die Grenzen der Testiermöglichkeit in *Tirol* gezogen. Der Erblasser konnte hier in Anlehnung an das Freiteilsrecht nur über einen Bruchteil seines Vermögens letztwillig verfügen, der andere Teil musste seinen gesetzlichen Erben verbleiben. Verfügungen des Erblassers, die über das zulässige Maß hinausgingen, waren ungültig. In der Tiroler Landesordnung von 1573 findet sich die Bestimmung, dass der Erblasser entweder den Fruchtgenuss des ganzen Vermögens einer Person auf Lebenszeit oder ein Drittel der Erbgüter und die Hälfte der gewonnenen Güter – berechnet vom reinen Nachlass – zu Eigentum verschaffen und verordnen könne (III, 3). Fehlten allerdings gesetzliche Erben, die in Tirol ansässig waren, konnte er über sein ganzes Vermögen frei verfügen. Dieses strenge Prinzip der Erbschaftsreserve führte dazu, dass in Tirol das Pflichtteilsrecht erst mit dem ABGB eingeführt wurde.

Die zunehmende Verfügungsfreiheit über Grund und Boden im städtischen Rechtsbereich ließ die Vorstellung aufkommen, dass die dem Erblasser zu seinen Lebzeiten zugestandenen Befugnisse wenigstens im beschränkten Maß durch Verfügungsmöglichkeiten von Todes wegen ergänzt werden sollen[782].

Die Zugehörigkeit von Grund und Boden verengte sich – ganz im Gegensatz zum ma. Landrecht – auf die Kleinfamilie des Erblassers. Sie wurde weiters durch die Unterscheidung in Erbgut und wohlerworbenes Gut modifiziert. Während das Erbgut als ein von den Vorfahren herrührendes Vermögen weiterhin den nächsten Erben (z. B. nach Wiener Stadtrecht Frau und Kindern) verfangen blieb, konnte sich das wohlerworbene Gut aus den familienrechtlichen Bindungen gänzlich lösen. Es war durch Rechtsgeschäfte unter Lebenden, aber auch letztwillig verfügbar.

782 Besonders markant ist in diesem Zusammenhang die *Babenberger Handfeste* von 1221, die jedem Bürger der Stadt Wien das Recht freier Verfügung über bewegliches und unbewegliches Vermögen ausdrücklich zuerkannte. Vgl. *F. Keutgen*, Urkunden zur städtischen Verfassungsgeschichte, 1901, Neudr. 1965, 203 ff.; *A. Tomaschek*, Die Rechte und Freiheiten der Stadt Wien I, 1877, Nr. V; zusammenfassend *H. Lentze*, Das Wiener Testamentsrecht des Mittelalters I, ZRG GA 69, 1952, 98 ff., 102 ff.

bb) Erbauseinandersetzung

Die Verfangenschaft der Erbgüter durch Erbenwartrechte ließ den Vorzug des Testaments nicht so sehr in der Verfügungsfreiheit des Erblassers, sondern darin bestehen, dass er alle seine Verfügungen in einem einheitlichen Akt zusammenfassen konnte. Musste der Erblasser bisher die nötige Zustimmung der Erben zu jedem einzelnen Vergabungsakt einholen, genügte beim Testament als letztwilliger **Sammelverfügung** deren einmaliger Konsens. Das Testament stellte sich auf diese Weise als Ergebnis der Erbauseinandersetzung dar. Es verband die Prinzipien der Testiermöglichkeit und Familiengebundenheit[783].

cc) Verteilungstestament

Die Vorstellung der Universalsukzession war dem ma. Testamentsrecht zunächst fremd. Es erschöpfte sich in Einzelvergabungen, in der letztwilligen Verteilung des freien Vermögens, enthielt also **keine Erbeinsetzung** im Sinne des römischen Rechts, das die Bestimmung eines Gesamtrechtsnachfolgers als caput et fundamentum testamenti verstand. Die verbindende Klammer des ma. Testaments war nicht *der* sondern *das* Erbe. Die zunehmende Übung, im Testament das von Einzelverfügungen frei gebliebene Restvermögen einer Person „zu verschaffen" (sog. Hauptgeschäft, s. unten) stand bereits in der römisch-gemeinrechtlichen Tradition einer Erbeinsetzung.

dd) Testamentsvollstrecker

Notwendige Konsequenz der mangelnden Universalsukzession war die Berufung eines Testamentsvollstreckers. Ein **Treuhänder** des Erblassers sollte alle, die Ansprüche an den Nachlass zu stellen hatten (Gläubiger, Bedachte und Erben), beteilen. Über die Vollstreckung des Testaments wachte die Obrigkeit. Die *Kirche*, die sich als Mittlerin zwischen Diesseits und Jenseits verstand und ohnehin nach einer Sicherstellung der Seelgaben suchte, nahm sich dieser Aufgaben an und stellte ihre Beamtenschaft bereit, doch wurden sie im städtischen Rechtsleben sehr früh vom *Rat* übernommen.

Die österreichische Rechtsentwicklung ging damit von der ma. Vorstellung ab, dass der zuständige Bischof *legitimus executor* der Seelgaben, ja des ganzen Testaments sei. In England[784] nahm der Bischof sogar den ganzen beweglichen Nachlass in seine Verwaltung, wenn kein Testament vorhanden war, und verteilte ihn an die Anwärter aus

---

783 Vgl. das in verschiedenen Rechtskulturen bekannte Institut der elterlichen Teilung. *E. Rabel*, Elterliche Teilung, FS zur 49. Versammlung Deutscher Philologen und Schulmänner in Basel, 1907, 521 ff.; *H. Kreller*, Erbrechtliche Untersuchungen auf Grund der graeco-aegyptischen Papyrusurkunden, 1919, Neudr. 1970, 204 ff., 237 ff.

784 *F. Pollock* u. *F. W. Maitland*, The History of English Law before the Time of Edward I, I–II, ^{2}1959, 360 ff.

der Verwandtschaft und die Kirche. Zumindest ließ er das unter seiner Aufsicht durch einen von ihm eingesetzten Administrator tun.

Der Rat konnte auf Verlangen des Erblassers selbst als Testamentsvollstrecker fungieren oder Vertrauensleute ernennen, die in seinem Auftrag die Vollstreckung durchzuführen hatten. Verabsäumte der Testator die Bestellung eines Treuhänders, konnte sie der Rat von sich aus vornehmen. Damit verband sich sehr früh eine kontrollierende Tätigkeit bei Ausübung der weitgehenden Rechtsmacht eines Testamentsvollstreckers.

Der Testamentsvollstrecker galt als **Rechtsnachfolger** des Toten, durfte den Nachlass in Besitz nehmen, die Forderungen des Erblassers einziehen und alle Verfügungen treffen, die zur Beteiligung der Erben und Begleichung der Nachlassverbindlichkeiten notwendig waren. Seine „Macht und Gewalt" konnte durch den Testator so weit gesteigert werden, dass er volle Verfügungsfreiheit über den Nachlass hatte, ohne an irgendwelche Verteilungsregeln – allenfalls an mündliche Empfehlungen – gebunden zu sein *(testamentum per amicum)*.

Besonderheiten stellen der sog. *Gesamtrechtsvollstrecker minderen Rechts* dar, der bei Verfügungen über den Nachlass an die Zustimmung dritter Personen gebunden war, und der *Teilrechtsvollstrecker*, der entweder nur eine Sonderaufgabe zu erfüllen hatte oder nur über Teile des Nachlassvermögens verfügen konnte.

Ob der Testamentsvollstrecker Eigentümer am Nachlassvermögen wurde oder nicht, ist heftig umstritten, wohl aber so zu beantworten, dass ihm eine „bloß" treuhänderische dingliche Verfügungsgewalt zustand[785].

ee) Unwiderruflichkeitserklärung

Zuwendungen an die Kirche erfolgten bis ins 14. Jh. in Gestalt der alten Vergabungen von Todes wegen. Das erklärt sich aus dem mangelnden Interesse der Kirche am widerruflichen Testament. Sie sah im Testament einen willkommenen Anreiz für Seelgerätstiftungen, erkannte aber sehr bald die Gefahr der Widerrufsmöglichkeit. Um dem Bedachten einen unentziehbaren Anspruch auf die Stiftung zu sichern, wurde die Klausel der Unwiderruflichkeit und Unabänderlichkeit einzelner Bestimmungen oder des ganzen Testaments für verbindlich erklärt[786]. Derartige Klauseln fanden schließlich sogar Aufnahme in römische Testamentsurkunden[787].

---

785 *D. Pleimes*, Weltliches Stiftungsrecht, Forsch. z. dt. Recht III/3, 1938, 188 ff. Für die Rechtsstellung eines Eigentümers *W. Schönfeld*, Die Vollstreckung der Verfügungen von Todes wegen im Mittelalter, ZRG GA 42, 1921, 241 ff.

786 Sowohl im Baumgartenberger Formularienbuch als auch in der Summa legum ist die Widerruflichkeit des Testaments betont, aber auch der Hinweis auf den entgegenstehenden heimischen Rechtsbrauch enthalten.

787 *R. Bartsch*, Seelgerätstiftungen im 14. Jahrhundert, FS K. v. Amira, 1908, Neudr. 1979, 1 ff.

ff) Zustimmungsklauseln

In Anlehnung an die ma. Seelgerätsurkunden, die regelmäßig mit vier Klauseln versehen waren, die die Besonnenheit des Verfügenden, die Zustimmung der Verwandten, den Zustand der Verfügungsfähigkeit sowie das Motiv der Verfügung zum Ausdruck brachten, finden sich auch in den ma. Testamenten immer wieder Belege über die Zustimmung der Ehefrau und der Kinder zum Testamentsinhalt.

„Guter Wille", „Gunst und Rat", „Willen und Gunst der Erben", waren Wendungen, die die Zuwendungsfreiheit (auch für Zwecke des Seelenheils) einengen und Erbrechtsstreitigkeiten vermeiden sollten. Erst im späten MA. machte sich das Testament von diesen Erfordernissen frei und gewann Anerkennung als rein einseitige Verfügung. Etwa zeitgleich ergab sich für den Erblasser die Möglichkeit, Erbansprüche an Erbgütern durch Geld abzufinden.

gg) Körperliche Gesundheit

Die Gesundheit war ausschlaggebend für die Erbfähigkeit (s. unten), aber auch für die Testierfähigkeit. Bis zum Beginn des 15. Jhs. stellte bspw. das Wiener Testamentsrecht an die aktive Testierfähigkeit neben der Anforderung der Großjährigkeit (18 Jahre) den Besitz der geistigen und leiblichen Gesundheit. Die Formel *„mit gesundem leib* ", die in ma. Testamenten zahlreich belegt ist, zeigt die Verwurzelung der rechtlichen Fähigkeit des einzelnen in seiner körperlichen Gesundheit. Erst im Laufe des 15. Jhs. löste sich die Testierfähigkeit vom Erfordernis der körperlichen Gesundheit. Auf die Freiheit des Willens wurde nur vereinzelt hingewiesen.

hh) Formerfordernisse

Eine bestimmte Form für das Testament war im MA. nicht ausdrücklich vorgeschrieben. Es wurde in Form der Siegelurkunde, mündlich vor dem Rat, als eigenhändiges Schriftstück, aber auch in Formen der Notariatsinstrumente, der Offizialatsurkunden und des kanonischen Testaments errichtet[788].

c) Ma. Erbvertrag

Rechtsfiguren, die eine Ähnlichkeit mit der vertraglichen Erbeinsetzung aufweisen, gab es bereits in fränkischer Zeit: Die fränkische **Affatomie** und das im langobardischen Recht geregelte **thinx**. Gemeinsam ist ihnen die **adoptio in hereditatem**. Die Affatomie[789] war nur demjenigen möglich, der keine leiblichen Erben hatte. Sie kam in vielerlei Gestalt vor, verlangte aber immer die feierliche symbolische Bestellung einer Gewere für den Bedachten am Ver-

788 S. dazu die eingehende Darstellung bei *H. Lentze*, Das Wiener Testamentsrecht des Mittelalters, I. Teil, ZRG GA 69, 1952, 98 ff., 117 ff.

789 Lex Rib. 51. *R. Schmidt-Wiegand*, Affatomie, HRG ^{2}I, Sp. 1451 f.

mögen des Erblassers vor dem Königsgericht. Im selben Rahmen konnte die Gewere am Erbgut auch einem **Salmann** (Vertrauensmann, Treuhänder) übertragen werden, der es dem Begünstigten binnen zwölf Monaten zu übereignen hatte[790]. Die Zustimmung des Königs war erforderlich, weil erbloses Gut in der Regel an den König zurückfiel. Das *thinx*[791] verschaffte dem Begünstigten die Rechtsstellung eines Sohnes und ermöglichte ihm auf diese Weise den Vermögenserwerb trotz fehlender Blutsbande. Ob der Begünstigte sofort Eigentümer des Gutes wurde oder lediglich ein Wartrecht wie der natürliche Erbe erhielt, ob also Gegenstand des Vertrages schlechthin die Erbeinsetzung oder die Übertragung des Nachlassvermögens war, ist aus den Quellen nicht klar ersichtlich[792].

Mit Zunahme der Vergabungen von Todes wegen verlor die Affatomie an Bedeutung, weil nunmehr die Möglichkeit bestand, nicht nur den gesamten Nachlass, sondern auch einzelne Vermögensstücke zuzuwenden. Diese Vergabungen enthielten sowohl sachenrechtliche als auch erbrechtliche Elemente, die in der ma. Rechtsentwicklung verschieden gewichtet in Erscheinung traten, letztlich aber im Spätma. ein rein erbrechtliches Gepräge bekamen[793]. Der Begriff „mittelalterliche Erbverträge“ ist daher weit gespannt.

aa) Erbverbrüderungen (Konfraternität)

Sie gelangten am Ende des Hochma. zu großer verfassungsrechtlicher Bedeutung. In diesen oft auch als **Hausverträge** bezeichneten Vereinbarungen sicherten sich zwei oder mehrere regierende Häuser für den Fall, dass eines von ihnen ausstirbt, ein wechselseitiges Erbrecht zu. Sie waren ausschließlich zwischen Familien, die dem hohen Adel angehörten, zulässig, und streiften das sachenrechtliche Element sehr früh ab. Wurden sie in älterer Zeit noch wie die Vergabungen von Todes wegen durch Einräumung der Gewere abgeschlossen, genügte alsbald ein einfacher Vertrag. Die Bestätigung durch den Kaiser

790 Lex Salica, XXVI de adfathamire.

791 Roth. 168–174; Liutpr. 73.

792 Daher die im 19. Jh. geführte Kontroverse zwischen den Befürwortern eines echten Erbvertrages (*O. Stobbe*, Deutsches Privatrecht V, 1885, 174, und *M. Pappenheim*, Launegild und Garethinx, 1882, Neudr. 1970, 47 ff.) und den Vertretern einer bloß sachenrechtlichen Lösung (*G. Beseler*, Die Lehre von den Erbverträgen, I–II/2, 1835–1840, I, 1835, 113 ff., und *G. Kugelmann*, Gemeinrechtliche Begründung des particulären Erbvertrages, 1877). Vgl. auch *J. Ulrich*, Der Erbvertrag als Problem von Rechtswissenschaft. Eine rechtswissenschaftsgeschichtliche Untersuchung vor dem Hintergrund der Geschichte eines allgemeinen Vertragsbegriffs, 2017.

793 Treffend *A. Heusler*, Institutionen des Deutschen Privatrechts II, 1886, 628, der meint, dass das MA. „nicht zu voller Klarheit über die juristische Natur dieser Vergabungen und zu sauberer Abgrenzung, sei es gegen das Erbrecht, sei es gegen das Sachenrecht, gelangt ist“. Zu den Schwierigkeiten einer eindeutigen Klärung der Entstehung und des Ursprungs der Erbverträge, insbes. in der Rechtsliteratur des 19. Jhs., s. die Übersicht bei *W. Sellert*, Erbvertrag, HRG I, Sp. 981 ff., ²I, Sp. 1389 ff.

konnte aus lehnsrechtlichen Aspekten notwendig sein, sofern solche Erbverbrüderungen Reichslehn zum Gegenstand hatten[794].

bb) Ehegemächt

Auch zwischen Ehegatten kam die vertragliche Erbeinsetzung in Gestalt des sog. Ehegemächts häufig vor. Sein Ursprung liegt in der sachenrechtlichen Übertragung des *gesamten* Vermögens von einem Ehegatten an den anderen, wobei es im 14. Jh. üblich wurde, den Vermögensübergang an den Bedachten erst im Zeitpunkt des Todes des Erblassers wirksam werden zu lassen. Das Merkmal der Unwiderruflichkeit blieb diesem Rechtsgeschäft ebenso erhalten wie der Zweck einer umfassenden Vermögenssukzession[795]. Das Ehegemächt gestaltete sich auf diese Weise zum **Erbeinsetzungsvertrag** für das gesamte Vermögen. Während der Erbvertrag in anderen deutschen Rechtsgebieten (wie etwa im Magdeburger Rechtskreis) lediglich vorvertraglichen Charakter für eine spätere Vergabung gewinnen konnte, für die noch immer Eigentumsübertragung und Auflassung erforderlich waren, wurden die Ehegemächte im österreichischen Rechtsraum sofort zu erbrechtlichen Rechtsgeschäften, die dem begünstigten Ehegatten eine Anwartschaft auf den Nachlass verschafften. Starb der Begünstigte vor dem Aussteller, erhielt dieser wiederum die volle Verfügungsfreiheit über sein Vermögen; ansonsten war er gebunden und besaß keine Möglichkeit zum Vertragsrücktritt. Das Bestreben, dem begünstigten Ehegatten gleichartige Bindungen hinsichtlich seines Vermögens aufzuerlegen, führte im Wiener Rechtskreis bereits in der zweiten Hälfte des 14. Jhs. zur Ausbildung des typischen **wechselseitigen Ehegemächts,** in dem beide Ehegatten einander zu Erben einsetzten[796]. Überschneidungen mit dem wechselseitigen Testament waren häufig und blieben mangels besonderer Abgrenzungsbedürfnisse unbeachtet.

Da das gegenseitige Ehegemächt in der Regel eine allgemeine Gütergemeinschaft zwischen den Ehegatten begründete, bestand an der Unwiderruflichkeit dieses Erbvertrags besonderes Interesse. Vielfach wurde jede Abänderung ausgeschlossen oder ausdrücklich an das beiderseitige Einverständnis gebunden. Es finden sich allerdings auch Belege darüber, dass sich ein Ehegatte oder beide vorbehielten, das Ehegemächt ohne Zustimmung des anderen abändern zu dürfen.

---

794 Deshalb die wiederholte Bestätigung von Erbverbrüderungen bzw. ihrer Zulässigkeit in den Wahlkapitulationen, etwa Karls VI., § 1. Die Hausverträge wurden als ein wirksames Instrument zur Machtentfaltung der Territorialherren angesehen, da sie die Nachfolge im Land sicherstellten.

795 *H. Lentze*, Wiener Testamentsrecht II, 210 ff., weist auf interessante Parallelen zur Entwicklung in der Schweiz hin, die bei *v. Wüß*, Die letztwilligen Verfügungen nach den schweizerischen Rechten der früheren Zeit, Zs. Schweizer Recht, 19, 1876, nachzulesen ist. Dazu auch *E. Huber*, System und Geschichte des schweizerischen Privatrechts IV, 1893, 608 ff.

796 Urkundliche Nachweise aus dem Jahre 1361 bei *H. Lentze*, Das Wiener Testamentsrecht des Mittelalters, II. Teil, ZRG GA 70, 1953, 159 ff., 215.

Wesentlicher Inhalt aller ma. Erbverträge war die Begleichung der Schulden durch den überlebenden Ehegatten, die Stiftung von Seelgeräten und – vor allem – die Auseinandersetzung mit den rechten Erben, also mit den Kindern und den übrigen Blutsverwandten. Hier findet sich bereits Mitte des 14. Jhs. jener Modus, der die spätma. Entwicklung bestimmt hat: Dem überlebenden Ehegatten wurde ein Kindesanteil zugewiesen, daneben die Verwaltung des Kindesvermögens und ein Erbrecht daran für den Fall, dass die Kinder vorversterben. Noch günstiger konnte sich die Rechtsstellung des überlebenden Ehegatten dadurch gestalten, dass ihm das gesamte Vermögen zugewendet wurde, während den Kindern nur ein Anspruch auf die elterliche Fürsorge erhalten blieb. Die Hauptbedeutung erlangten die Ehegemächte allerdings bei kinderlosen Ehen. Durch sie konnte das Fallrecht zugunsten des überlebenden Ehegatten beseitigt werden. Den Verwandten des Verstorbenen wurde als Entschädigung meist eine bestimmte Geldsumme ausgesetzt, es war aber auch üblich, dem Überlebenden aufzutragen, sie „nach seinen trewn" zu bedenken[797].

Erbverträge, die nicht zwischen Ehegatten abgeschlossen wurden, waren im österreichischen Recht Ausnahmen. In den wenigen belegten Fällen aus dem Wiener Stadtrechtskreis handelt es sich um Vereinbarungen zwischen nahen Blutsverwandten.

cc) Erbverzicht

Der vertragliche Erbverzicht des MA. ist dem Erbvertrag verwandt. Er bot die Möglichkeit, das starre Herkommen des Familienerbrechts durch individuelle Entschlüsse umzugestalten, und kam daher häufig vor. Bedeutung hatte er vor allem im Herrenstand und Adel, wo der vertragliche Verzicht der Töchter auf das Hausvermögen üblich war und schließlich sogar den gewohnheitsrechtlichen Satz des *notwendigen Verzichts* ausbildete.

dd) Einkindschaft

Die hohe Sterblichkeit im MA. brachte es mit sich, dass mehrmalige Eheschließungen und das Mitbringen von Kindern in eine neue Ehe sehr häufig waren. Dabei wurde meist vor oder unmittelbar nach Eingehung einer neuen Ehe vereinbart, die Stiefgeschwister erbrechtlich gleichzustellen (Einkindschaftsvertrag). Vertragsparteien waren die Gatten der zweiten Ehe und die beiderseitigen Kinder. Waren diese noch nicht mündig, bedurfte es der Zustimmung ihrer Verwandten oder Vormünder. Die Kinder verzichteten auf ihre Rechte am erstehelichen Vermögen zugunsten der neuen Ehegatten (des Stiefelternteils), wofür ihnen ein Erbrecht zugestanden wurde. Für die Gültigkeit dieses Vertrages war erforderlich, dass er vor Gericht oder zumindest vor Zeugen abgeschlossen wurde.

797 *H. Lentze*, Wiener Testamentsrecht II, 221.

Trotz mancher Schwächen dieses Vertragstyps (eine große Zahl nachgeborener Kinder benachteiligte z. B. die in die neue Ehe mitgebrachten Kinder) blieb die Einkindschaft auch in den neuzeitlichen Rechtsordnungen erhalten. Sie wurde noch im ALR in einem besonderen Abschnitt geregelt (II 2 §§ 717–752). Im ABGB 1811 wurde ihr die rechtliche Wirkung ausdrücklich aberkannt (§ 1259)[798].

2. Neuzeitliche Rechtsentwicklung

Die **Rezeption des römisch-gemeinen Testamentsrechts** gab der österreichischen Rechtsentwicklung starke Impulse. Während sich die Verwandten- und Ehegattenerbfolgeordnungen bis ins 18. Jh. eine weitgehende Eigenständigkeit erhielten, nahm das eher kümmerliche Recht der testamentarischen Erbfolge die Neuerungen begierig auf. Die Folge war, dass etwa die Vorstellung vom Inhalt eines Testaments schon zu Beginn der Neuzeit eine fast einheitliche gemeinrechtliche Ausrichtung erfuhr. Es setzte ein neuer Abschnitt der Erbrechtsgeschichte ein.

a) Nebeneinander von gewillkürter und gesetzlicher Erbfolge

Beherrschendes Prinzip des gemeinen Erbrechts war die **Testierfreiheit**, das Testament bevorzugter Berufungsgrund. Der Erblasser konnte und sollte über seinen Nachlass letztwillig verfügen, nur wenn er dies nicht tat, kam es zur **Intestaterbfolge**. Testamentarische und Intestaterbfolge konnten nicht nebeneinander bestehen (*nemo pro parte testatus pro parte intestatus decedere potest*). Dieser Grundsatz fand tatsächlich Aufnahme in die Mehrzahl frühneuzeitlicher Landesordnungen[799] und stand bis ins 18. Jh. in Geltung. Er war zwar der gegenteiligen Rechtsüberzeugung nicht gewachsen und wurde gewohnheitsrechtlich außer Kraft gesetzt, doch hat ihn erst eine kaiserliche Verordnung aus dem Jahr 1789 aufgehoben[800].

b) Testierfähigkeit

Die **Testierfähigkeit** kam als Teil der Geschäftsfähigkeit grundsätzlich allen Personen jeden Standes zu. Sie wurde im Allgemeinen mit einem bestimmten Alter erreicht, fehlte also denen, die noch nicht „vogtbar“ waren. Diese Altersgrenzen waren in den einzelnen Rechtskreisen sehr unterschiedlich gere-

798 Die Bestimmung, deren Effektivität ohnehin strittig gewesen war, wurde durch FamRÄG 2009, BGBl. I 75, aufgehoben.

799 Oberösterreichische Landtafel IV 13 § 10: „... ob gleich ainer in seinem testament nur allain in etliche stuckh oder thail seiner haab und güeter zu ainem oder mehr erben eingesetzt und dem übrigen thail nichts verordnet noch derselbigen gedacht hete, das dannoch auch die übrige thail oder stuckh des testatoris verlaßung auf die eingesetzte erben und deren ieden nach seiner angebier verstanden und zuegehören sollen. alles verrern inhalts gemainer geschribenen rechten.“

800 JGS Nr. 1019.

gelt und wurden erst durch die kais. VO vom 12.4.1753 (*„Majorennitäts-Jahrebestimmung“)* vereinheitlicht: Männer erlangten von da an mit dem vollendeten 20. Lebensjahr, Frauen mit dem vollendeten 18. die Testierfähigkeit[801].

Die Testierfähigkeit war unabhängig davon, ob die Kinder noch unter väterlicher Gewalt standen oder nicht.

Ausnahmen von der allgemeinen Testierfähigkeit bestanden für Geisteskranke, Geistesschwache, Verschwender (denen die Verwaltung ihres Gutes entzogen wurde), zum Tode Verurteilte, ehrlose Personen oder Personen, die in Reichsacht standen. Besondere Vorschriften für Ordensleute und für den „ultimus familiae“ im Herrenstand und Adel (s. oben) erweiterten den Ausnahmenkatalog.

In das *ABGB 1811* wurden als Gründe für die Testierunfähigkeit mangelnde Besonnenheit (Geistesstörung und Trunkenheit), Verschwendung[802], unreifes Alter, Ordensgelübde und schwere Kriminalstrafen[803] übernommen. Heute sind vor allem Unmündige gänzlich testierunfähig; mündige Minderjährige können dagegen nur mündlich vor Gericht oder mündlich notariell testieren.

c) Testament – Kodizill

Der gemeinrechtlichen Lehre entsprechend, die dem **Begriff des Letzten Willens** sowohl das *Testament* als auch das *Kodizill* (Vermächtnis) und die *Schenkung auf den Todesfall* unterordnete, setzte sich auch im österreichischen Rechtsraum die Unterscheidung zwischen Testament und Kodizill durch. Zum Wesensgehalt des **Testaments** gehörte die **Erbeinsetzung**, die geradezu als Fundament dieses Rechtsinstituts verstanden wurde. Das gemeine Recht verlangte eine ausdrückliche Erbeinsetzung (*„nominatim“* oder *„mit gemesenen ausgedrukten worten“*), doch begnügte man sich auch mit der Form des **„Hauptgeschäfts“**, das deutschrechtlichen Ursprungs war.

Das „mittelalterliche“ Testament hatte den Charakter einer vorweggenommenen Erbauseinandersetzung. Es bestand aus einer Reihe von Verfügungen über einzelne Vermögensgegenstände und schloss in der Regel mit der Bestimmung, dass der Rest des Vermögens den gesetzlichen Erben oder einem der Bedachten zukommen solle, allenfalls zur freien Disposition des Testamentsvollstreckers stehe. Diese eigentümliche

801 § 8; abgedr. Codex Austriacus suppl. III, 759 f.

802 Ein gerichtlich erklärter Verschwender (Prodigalitätserklärung), aber auch ein wegen Missbrauchs von Alkohol oder Nervengiften beschränkt Entmündigter konnte bis zum In-Kraft-Treten des Sachwaltergesetzes am 1.7.1984 (BG vom 2.2.1983, BGBl. 136) nur über die Hälfte seines Vermögens letztwillig verfügen, die andere Hälfte fiel den gesetzlichen Erben zu.

803 Die auf die Strafzeit beschränkte Testierunfähigkeit jener Personen, die zu schweren Kriminalstrafen verurteilt wurden, besteht seit dem Gesetz vom 15.11.1867, RGBl. Nr. 131, nicht mehr.

Verschaffung des (gesamten) Restvermögens ließ man als Erbeinsetzung gelten, um so der gemeinrechtlichen Forderung nach einer *institutio heredis* Rechnung zu tragen.

Die **Formvorschriften** des Testaments wurden mit der Reichsnotariatsordnung von 1512 dem Corpus juris civilis entnommen, der für das ordentliche Testament die Beiziehung von sieben Zeugen forderte. Der österreichische Landesbrauch wich jedoch wesentlich von den strengen Formerfordernissen des gemeinen Rechts ab. Man anerkannte das holographe (eigenhändig geschriebene) Testament, das sich aus der Siegelurkunde entwickelt hatte, auch ohne Zuziehung von Zeugen und schuf Formerleichterungen für allographe (fremdhändig geschriebene) Testamente. Diese Formerleichterungen betrafen die Anzahl der Zeugen, aber auch das Erfordernis ihrer persönlichen und gleichzeitigen Anwesenheit, wenn die Testamentsurkunde vom Testator eigenhändig unterschrieben und mit seinem Siegel versehen war. Schließlich blieb als Eigentümlichkeit des österreichischen Rechts die Möglichkeit erhalten, die Testamentsurkunde an die Zeugen zu schicken und sie mit *„Petzeteln“* um die Unterfertigung zu ersuchen.

Unter naturrechtlichem Einfluss schwanden im 18. Jh. die Formvorschriften fast gänzlich. Verlangt wurde nur mehr der Beweis des letzten Willens des Erblassers.

Kodizill (Vermächtnis) hieß jede einseitige letztwillige Verfügung, die keine Erbeinsetzung enthielt. Es war wesentlich einfacheren Formvorschriften unterworfen, weshalb vielfach der Wunsch des Erblassers dokumentiert wurde, den urkundlich erklärten letzten Willen wenigstens als Kodizill gelten zu lassen, falls er den Formvorschriften des Testaments nicht genügen sollte. Diese **Kodizillarklausel** in vielen Testamenten hielt sich bis ins 18. Jh. und stellte ein Bindeglied zwischen Testament und Kodizill dar. Erst mit dem Zurücktreten der gemeinrechtlichen Formvorschriften verengte sich die Unterscheidung auf das Element der Erbeinsetzung.

Eine Erbeinsetzung in einer ausdrücklich als Kodizill bezeichneten Urkunde war also ungültig. Sie hatte allerdings die Wirkung eines Universalfideikommisses. Es kam zur gesetzlichen Erbfolge, doch mussten die gesetzlichen Erben die Erbschaft an den im Kodizill Eingesetzten unter Abzug eines Viertels des Nachlasses *(quarta Trebelliani-ca)* herausgeben.

Das ABGB kennt zwar noch die Unterscheidung zwischen Testament und Vermächtnis, behandelt sie aber im Wesentlichen gleich. Rechtserheblich ist der Unterschied nur insofern, als ein jüngeres Testament ein älteres aufhebt, mehrere Kodizille aber nebeneinander bestehen können (§§ 713, 714).

d) Erbvertrag

Unter den frühneuzeitlichen Berufungsgründen findet sich weiterhin der Erbvertrag, der als **„erbainigung“** entsprechend „disem unsern landsrechten nach billich bstand haben soll“[804]. Die partikuläre Aufnahme der Erbverträge

804 Entwurf *Strein-Linsmayr*, IV, 1, § 3.

in die frühneuzeitlichen Erbrechtsordnungen wurde also mit dem Hinweis auf den **„eigenständigen Landsbrauch“** begründet, der – wie berichtet – sehr viele Arten von Erbschaftsverträgen kannte. Solche Abmachungen seien, sofern sie nicht aus besonders sittenwidrigen Beweggründen abgeschlossen würden, erlaubt und, sofern sie mit Eid bekräftigt würden, auch nach dem kanonischen Recht gültig[805]. Trotz Anerkennung des Erbvertrages als Erbrechtstitel blieb jedoch eine rechtsdogmatische Konturierung der vertraglichen Erbeinsetzung aus[806]. Das römische Recht kannte den Erbvertrag nicht, sodass vielfach **gemeinschaftliche Testamente** von Ehegatten zum Ansatzpunkt gemeinrechtlicher Erörterungen über die Zulässigkeit einer vertraglichen Erbeinsetzung gemacht wurden. Zu einer klaren Abgrenzung zwischen Erbvertrag und gemeinschaftlichem Testament kam es nicht, man versuchte vielmehr eine Angleichung dieser Berufungsgründe. Erbverträge sollten nur zwischen **Ehegatten** zulässig sein und bis zum Tod des einen Ehegatten jederzeit widerrufen werden können **(pacta dotalia mixta)**. Auch im österreichischen Rechtsraum, wo gemeinschaftliche Testamente nur zwischen Ehegatten üblich waren und den Haupttypus des Erbvertrages darstellten, geriet das gemeinschaftliche Testament in den Bann des gemeinen Rechts, behielt jedoch Merkmale des Erbvertrages und wurde ihm auch systematisch zugeordnet.

Die gemeinrechtliche Streitfrage, ob der überlebende Ehegatte bei einem gegenseitigen Testament seinen letzten Willen widerrufen könne, wurde verschieden beantwortet: Die obderennsische Landtafel erklärte den Widerruf nach dem Tod des einen Ehegatten (ohne dessen Wissen) für unzulässig; andere Rechtsquellen bestätigten die unbeschränkte Widerruflichkeit derartiger letztwilliger Verfügungen.

Erst mit der rechtsdogmatischen Erfassung des Vertragsbegriffs (vor allem durch *Grotius*)[807] erhielt der Erbvertrag im 18. und 19. Jh. seine heutige Gestalt. Die Trennlinie zum gemeinschaftlichen Testament wurde vor allem in der **Unwiderruflichkeit** gefunden[808].

Schwierig ist auch die Einordnung der **Erbverzichtsverträge**. Im gemeinen Recht als Erbvertrag im weiteren Sinn verstanden, stellte bereits das Westgalizische Gesetzbuch in II § 526 klar: „Auch die Uebereinkunft, kraft welcher Eltern ihre Kinder vollständig ausstatten oder sich wegen des künftigen Erbrechts mit ihnen abfinden, gehört *nicht* zu den Erbverträgen.“ Die Eigenart des Erbverzichts besteht darin, daß er die einzig

805 *B. Finsterwalder*, Practicarum observatorium ad consuetudines Archiducatus Austriacae Superioris, 1687–1704 IV, observatio XVIII, Randziffer 7 und 8.

806 Dazu *J. Ulrich*, Der Erbvertrag als Problem von Rechtswissenschaft. Eine rechtswissenschaftsgeschichtliche Untersuchung vor dem Hintergrund der Geschichte eines allgemeinen Vertragsbegriffs, 2017.

807 S. *F. Wieacker*, Privatrechtsgeschichte der Neuzeit, ²1967, 239 ff.

808 Der Erbvertrag gilt als ein Rechtsgeschäft besonderer Art. Es nimmt eine Mittelstellung zwischen dem rein obligatorischen Vertrag und dem Testament ein. Über seine Zuordnung zu den Ehepakten im österreichischen Recht s. §§ 602, 1249 ff. ABGB. *L. Arndts*, Zur Lehre von den Erbverträgen nach gemeinem und österreichischem Recht, Öst. Vierteljahresschrift f. Rechts- und Staatswissenschaft 7, 1858.

zulässige Verfügung über ein *künftiges* Erbrecht darstellt. Er kommt durch Vertrag zwischen dem Erblasser und dem möglichen Erben zustande[809].

e) Pflichtteilsrecht

In dem Maß, in dem das Prinzip der Testierfreiheit im österreichischen Rechtsraum Geltung erlangte, konnte sich auch das römisch-gemeinrechtliche System des Pflichtteilsrechts durchsetzen[810]. Die gemeinrechtliche Lehre baute auf den Grundsätzen des justinianischen Noterbrechts auf, verwendete aber auch Erkenntnisse der Glossatoren und führte das Pflichtteilsrecht zu neuen Ergebnissen. In dieser Gestalt fand es Aufnahme im österreichischen Recht.

Nach dem justinianischen Noterbrecht mussten Aszendenten und Deszendenten einander als Erben einsetzen (**formelles** Noterbrecht). Deszendenten hatten Anspruch auf ein Drittel oder die Hälfte des gesetzlichen Erbteils (je nachdem, ob mehr oder weniger als vier Kinder vorhanden waren), Aszendenten auf ein Viertel (**materielles** Noterbrecht). Die zulässigen Enterbungsgründe waren taxativ aufgezählt. Wurde einer pflichtteilsberechtigten Person kein Pflichtteil eingeräumt, konnte sie das pflichtwidrige Testament mit der *querela inofficiosi testamenti* anfechten. Ein Sieg des Klägers führte zur Aufhebung des Testaments; der Kläger erhielt den vollen Intestaterbteil. Wurde dem Pflichtteilsberechtigten zu wenig zugewendet, hatte er einen Pflichtteilsergänzungsanspruch, den er mit der *actio ad supplendam legitimam* gegen den Testamentserben geltend machen konnte. Daraus entwickelten sich Theorien über die Gültigkeit eines Testaments, in dem Noterben grundlos enterbt oder übergangen worden waren. Während das **Nullitätssystem** die Erbeinsetzung in einem solchen Testament *ipso iure* für nichtig erklärte, sollte nach dem **Inoffiziositätssystem** die Gültigkeit der Erbeinsetzung vom Willen des Noterben abhängen. Das von den Glossatoren vertretene **„gemischte System"** unterschied folgendermaßen: Wenn ein Noterbe übergangen oder ohne Anführung eines gesetzlichen Enterbungsgrundes enterbt wurde, war das Testament ipso iure nichtig; dem Noterben stand die *hereditatis petitio* zu. War hingegen ein gesetzlicher Enterbungsgrund angeführt, blieb dem Noterben nur die *querela inofficiosi testamenti*. In allen diesen Fällen erstreckte sich die Ungültigkeit des Testaments nur auf die Erbeinsetzungen, andere letztwillige Verfügungen blieben aufrecht.

So wie in vielen anderen deutschen Gebieten wurde nur das **materielle**, nicht auch das formelle römische Noterbrecht übernommen. Der Pflichtteil konnte also dem Berechtigten unter jedem Titel *(quocunque titulo)* zugewendet werden, eine Erbeinsetzung war nicht erforderlich. Er umfasste Anteile am beweglichen und am unbeweglichen Vermögen, eine Abfindung des Pflichtteilsberechtigten in Geld wurde als unzulässig erachtet. Dabei blieb es zunächst, obwohl die Auffassungen hierüber geteilt waren. Im Zuge der Kodifikationsarbeiten wurde zwar die Frage aufgeworfen, ob der Pflichtteil in **natura** oder

809 Zum Stand der Lehre über den Erbverzicht im 19. Jh. sehr umfassend *L. Pfaff/F. Hofmann*, Excurse über österr. allg. bürgerl. Recht. Beilagen zum Commentar von L. Pfaff/F. Hofmann II/1, 1878, 31 ff.

810 In den niederösterreichischen Ländern wurde das gemeinrechtliche Pflichtteilssystem im 16. Jh. übernommen, in Tirol und Böhmen erst mit dem ABGB (bzw. dem Codex Theresianus).

in **Geld** zu entrichten sei[811], doch blieb das ABGB eine Antwort schuldig. Erst das *Hofdekret vom 31. Jänner 1844*, JGS Nr. 781, legte fest, dass der Noterbe „keinen Anspruch auf verhältnismäßige Antheile an den einzelnen, zur Verlassenschaft gehörigen beweglichen und unbeweglichen Sachen, sondern nur auf den nach gerichtlicher Schätzung berechneten Werth seines Erbtheiles" habe[812]. Damit ist die Pflichtteilsforderung kein Erbanspruch mehr, aber auch keine Vermächtnisforderung (sie hat eine kürzere Verjährungsfrist). An der materiellen Rechtslage hat sich trotz Aufhebung des HfD durch das 1. BRBG, BGBl. I 1999/191, nichts geändert.

Zum Kreis der pflichtteilsberechtigten Personen gehörten in erster Linie die **Deszendenten**, und zwar immer unter der Voraussetzung, dass sie im Falle der Intestaterbfolge berufen worden wären.

Nicht pflichtteilsberechtigt waren daher im Adel und Herrenstand die „verzigenen" Töchter. Ebenso fehlte den unehelichen Kindern ein Pflichtteilsrecht gegenüber ihrem Vater; gegenüber der Mutter stand ihnen ein solches zu, sofern diese keine ehelichen Kinder besaß und nicht dem Herren- oder Ritterstand angehörte.

Die **Aszendenten** waren nach dem österreichischen Landesbrauch des 16. und 17. Jhs. nicht pflichtteilsberechtigt und wurden auch nach In-Kraft-Treten der Neuen Satz- und Ordnung vom Erbrecht außer Testament des Jahres 1720 für Österreich unter der Enns trotz Einräumung eines gesetzlichen Erbrechts nicht in den Kreis der pflichtteilsberechtigten Personen aufgenommen. Erst mit In-Kraft-Treten des ABGB wurden die Aszendenten zu Pflichtteilsberechtigten[813].

Fehlten Deszendenten, waren nach frühneuzeitlichem Landesbrauch die „nächsten Freunde" zu bedenken, womit vor allem ein **Pflichtteilsrecht für Geschwister** gemeint war. Im österreichischen Rechtsraum konnte sich in diesem Punkt allerdings keine einheitliche Linie durchsetzen. Teils wurde das römische Pflichtteilsrecht rezipiert, wonach Geschwister nur dann pflichtteilsberechtigt waren, wenn sie mit dem Erblasser den Vater gemeinsam hatten und ihnen eine *persona turpis* vorgezogen worden war[814]; daneben bestanden partikuläre Beschränkungen der ma. Testierfreiheit fort, die einerseits am Zustimmungsrecht (auch entfernter) Verwandter bei letztwilligen Verfügungen festhielten und faktisch ihre Berücksichtigung im Testament erforderlich machten, andererseits zur Ausbildung des Rechtssatzes führten, dass Geschwister und überhaupt „nächste Freunde" im Testament zu bedenken seien, sei es auch nur mit einem symbolischen Betrag. Schließlich finden sich Belege

811 *J. Ofner*, Der Ur-Entwurf und die Berathungs-Protokolle des Österreichischen Allgemeinen Bürgerlichen Gesetzbuches I, 1889, 484.

812 *F. v. Woeß*, Die Entstehung des Pflichtteilsanspruches, FS ABGB II, 1911, 687 ff.

813 Vgl. § 762 a. F. sowie die Erläuterungen bei *F. v. Zeiller*, Commentar über das allgemeine bürgerliche Gesetzbuch II, 1812, 765 ff., insbes. 798. Ausgeschlossen blieb der Ehegatte. Erst seit dem BG vom 15.6.1978, BGBl. 280, hat er einen Pflichtteilsanspruch.

814 So in Österreich unter und ob der Enns im Bürgerstand.

über den gänzlichen Ausschluss der Geschwister vom Pflichtteilsrecht im Herren- und Ritterstand. Erst im *ABGB 1811* scheiden die Geschwister als Pflichtteilsberechtigte aus[815].

Bei der Bemessung des Pflichtteils von *Deszendenten* schloss man sich im österreichischen und steirischen Rechtsraum ganz den Regeln des gemeinen Rechts an.

Demnach bestimmte sich das Ausmaß des Kindespflichtteils nach der Anzahl der Berechtigten: Bei vier oder weniger Kindern war es ein Drittel des gesetzlichen Erbteils, bei fünf und mehr Kindern die Hälfte des gesetzlichen Erbteils. Der Pflichtteil war frei von jeder Belastung zu hinterlassen, beigefügte Belastungen waren ungültig. Berechnet wurde er nach Abzug der Schulden, jedoch vor Entrichtung der Vermächtnisse und der Zuwendungen zu frommen Zwecken. Auch posthum geborenen Kindern gebührte der Pflichtteil. Wenn sie im Testament ihres Vaters übergangen wurden, ließ ihre Geburt das Testament ungültig werden[816].

Dagegen war das Ausmaß des Pflichtteils von *Geschwistern* bestritten und uneinheitlich geregelt.

Die **Enterbungsgründe** wurden fast ausnahmslos dem justinianischen Recht entnommen. Allenfalls wurden einzelne aus dem österreichischen Landesbrauch stammende Enterbungsgründe beigefügt[817]. Uneinheitlich gestalteten sich allerdings die Rechtsfolgen der **Präterition** (Übergehung) oder **unbegründeten Enterbung** pflichtteilsberechtigter Personen. Während die gemeinrechtliche Lehre beide Pflichtwidrigkeiten des Erblassers gleich behandelte (das Testament war ipso iure nichtig), knüpfte man in Österreich an die Präterition und grundlose Enterbung verschiedene Sanktionen.

Wurden pflichtteilsberechtigte Personen weder enterbt noch unter irgendeinem Titel bedacht *(Präterition)*, war zu unterscheiden, ob es sich um ein Testament des Vaters oder der Mutter handelte. Die Präterition durch den Vater machte das Testament ipso iure nichtig und konnte mit der Nichtigkeitsklage angefochten werden. Erfolgte jedoch die Präterition durch die Mutter, wurde Enterbung angenommen und dem übergangenen Kind die *querela inofficiosi testamenti* zugestanden. Rechtserheblich war darüber hinaus, ob die Präterition durch den Vater in Kenntnis oder Unkenntnis des Vorhandenseins von Noterben erfolgte. Im ersten Fall war das Testament nur bezüglich der Erbeinsetzung ungültig, d. h. Legate und andere Zuwendungen blieben aufrecht. Im zweiten Fall war dagegen das Testament zur Gänze ungültig. Erst unter naturrechtlichem Einfluss wurden die verschiedenen Rechtsfolgen der Präterition durch Vater oder Mutter beseitigt und zur heutigen Regelung vereinfacht.

Im Falle der *Enterbung* konnten die Pflichtteilsberechtigten das Testament mit der *querela inofficiosi testamenti* anfechten. Das Testament wurde hinsichtlich der Erbeinsetzung ungültig, die Legate und sonstigen Verfügungen blieben rechtswirksam[818].

815 *F. v. Zeiller*, Commentar über das allgemeine bürgerliche Gesetzbuch II, 1812, 767f., erwähnt jedoch eine gewohnheitsrechtliche Beschränkung des Pflichtteils auf die Kinder.

816 *E. Weiß*, Klang-Kommentar III, ^{2}1952, 865 f.

817 So z. B., dass Töchter, die vor Erreichung des 25. Lebensjahres wider den Willen ihrer Eltern heirateten, von diesen enterbt werden können.

818 Vgl. dazu *G. Wesener*, Geschichte des Erbrechtes in Österreich seit der Rezeption, 1957, 184.

Wurde der Pflichtteilsberechtigte zwar nicht als Erbe eingesetzt, ihm aber *quocunque titulo* etwas hinterlassen, konnte er mit der *actio ad supplendam legitimam* auf Ergänzung seines Pflichtteils dringen. In Nachbildung dieser Klage, die die Gültigkeit des Testaments nicht berührte, wurde im Zuge der Kodifikationsarbeiten zum ABGB eine **allgemeine Pflichtteilsklage** ausgestaltet (§ 775 a. F.), die das Rechtsgestrüpp der Testamentsanfechtung wegen ungerechtfertigter Enterbung beseitigte. Nur das irrtümliche Übergehen eines von mehreren oder des einzigen Kindes des Erblassers ließ weiterhin spezifische Rechtsfolgen bestehen (Nachforderung des gesetzlichen Erbteils; testamentum ruptum bei Aufrechterhaltung bestimmter Vermächtnisse)[819].

Sowohl im *Codex Theresianus* (II Cap. XIV § 6 num. 110 ff.) als auch im *Entwurf Horten* (II 13. Cap. § 32) fand sich noch die „Klage der Unpflichtmäßigkeit", mittels derer ein Testament bei unrechtmäßiger Enterbung bezüglich der Erbeinsetzung zu Fall gebracht werden konnte. Im *Entwurf Martini* (II 17. Hpst. § 23) wurde dem zu Unrecht Enterbten nur mehr eine Klage auf seinen Pflichtteil gewährt, die die Gültigkeit des Testaments nicht berührte.

Mit In-Kraft-Treten des Erbrechtsänderungsgesetzes 1989 und Neufassung des § 773a durch das FamErbRÄG 2004 hatte der Erblasser die Möglichkeit, letztwillig den Pflichtteil jener Nachkommen oder Vorfahren auf die Hälfte herabzusetzen, die zu ihm nie in einem typischen familiären Naheverhältnis standen. Durch das KindRÄG 2001[820] wurde diese Möglichkeit allerdings insofern beschränkt, als der Pflichtteil nicht gemindert werden darf, wenn der Erblasser selbst den persönlichen Verkehr mit dem Pflichtteilsberechtigten grundlos abgelehnt hat.

§ 773a Abs. 1 i. d. F. 1989 sah eine Minderung des Pflichtteils vor, wenn es der Erblasser anordnete und der „Elternteil und sein Kind zu keiner Zeit in einem Naheverhältnis (standen), wie es in der Familie zwischen Eltern und Kindern gewöhnlich besteht". Für die Pflichtteilsminderung war somit das Naheverhältnis zwischen dem betreffenden Elternteil und dem Kind, nicht die Beziehung zwischen Erblasser und Kind maßgebend. Fehlte beispielsweise ein Naheverhältnis zwischen Vater und Kind, so konnte der Pflichtteil dieses Kindes nicht nur vom Vater gemindert werden, sondern auch von den Vorfahren des Vaters, also von den väterlichen Großeltern des Kindes, und zwar auch dann, wenn sie selbst ein Naheverhältnis zum Enkel hatten. Fehlte das Naheverhältnis aber bloß zwischen Großeltern und Enkel, so war der gesetzliche Tatbestand des § 773a nicht erfüllt und somit eine Pflichtteilsminderung nicht möglich. Das FamErbRÄG 2004[821] sah daher eine Neufassung des § 773a vor, die für die Pflichtteilsminderung – sachgerechter – auf das Naheverhältnis zwischen Erblasser und Pflichtteilsberechtigten abstellt.

819 §§ 777, 778 a. F. ABGB.
820 BG vom 29.12.2000, BGBl. I 135.
821 BGBl. I 2004/58.

f) Substitution – Fideikommisse – Legate

aa) Substitution

Das in Österreich bis ins 18. Jh. geltende Substitutionenrecht, das die Einsetzung eines zweiten Erben für den Fall regelt, dass der primär Berufene wegfällt, stimmt bis auf geringe Abweichungen mit dem gemeinen Recht überein. In Anlehnung an die gemeinrechtliche Systematik, die zwischen der *substitutio directa* (Vulgar- und Pupillarsubstitution) sowie der *substitutio obliqua fideicommissaria* (Universalfideikommiss) unterschied, fanden alle Substitutionsarten Aufnahme in das Rechtsinstitut der **„aftererbsatzung"**.

Die Substitution war im römisch-gemeinen Recht ein Sonderfall der bedingten Erbeinsetzung. Setzte der Erblasser einen Ersatzerben für den Fall ein, dass der Erstberufene nicht Erbe werden kann oder nicht Erbe werden will, sprach man von **Vulgarsubstitution**; bei der **Pupillarsubstitution** berief der Erblasser für einen unmündigen Erben einen *Nacherben* für den Fall, dass dieser zwar den Erblasser überlebt und beerbt, aber als Unmündiger stirbt.

Von diesen Substitutionsfällen unterschieden wurde die **fideikommissarische Substitution**[822]. Sie folgte der (römischen) Übung, die Herausgabe einer testamentarischen Zuwendung bei Tod des Empfängers letztwillig anzuordnen, die allmählich dazu führte, dass auch die Anordnung der Herausgabe der ganzen Erbschaft bei Tod des ersteingesetzten Erben für zulässig erklärt wurde (römischrechtliches Universalfideikommiss). Das Universalfideikommiss ermöglichte eine Art Nacherbfolge, die dem römischen Recht wegen der Regel „Wer einmal Erbe ist, bleibt immer Erbe" (semel heres semper heres) Schwierigkeiten bereitete.

Die Übernahme des gemeinrechtlichen Substitutionenrechts wurde durch die spätma. österreichische Testamentspraxis erleichtert; denn alle vorgenannten Substitutionsarten finden sich darin belegt. Fast in jedem Testament wurde Vorsorge für den Fall getroffen, dass der Erbe minderjährig, also ohne selbst ein gültiges Testament errichtet zu haben, stirbt. Als Nacherben finden sich daneben geistliche Stiftungen. Üblich war auch die Einsetzung eines Vorerben, dem ein Dritter als Nacherbe bestellt wurde (Vorerbschaft). Der Vorerbe erwarb lebenslängliches, aber unveräußerliches und unvererbliches Eigentum. Schwierigkeiten bereitete wegen des unklaren Sprachgebrauchs oftmals die Abgrenzung zwischen Vorerbschaft und Bestellung eines Leibgedinges, also einer Nutznießung am nachgelassenen Vermögen. Dem Leibzüchter stand in diesem Fall nur der Nießbrauch zu, während das Eigentum an einen Dritten fiel.

bb) Fideikommiss

Besondere Bedeutung gewannen die gemeinrechtlichen Fideikommissregeln für die Ausgestaltung des neuzeitlichen **Familienfideikommisses**. Bereits seit dem 11. Jh. sind Versuche des niederen Adels belegt, das Familiengut im Mannesstamm rechtsgeschäftlich zu binden, um das politische und gesellschaftliche Ansehen ihrer Familien zu fördern. Vorbildlich waren die *Familienstammgüter* des Hochadels, bei welchen Hausgesetz oder Herkommen den Vermögensübergang nur auf Agnaten zuließ.

---

822 *P. Apathy*, Fideikommissarische Substitution und Treuhand, GS H. Hofmeister, 1996, 15 ff.

Das wurde im MA. zunächst durch die vertragliche Begründung sog. Ganerbschaften erreicht, die als gesamthänderische, nur mit Zustimmung aller Berechtigten aufhebbare Erbengemeinschaften zu verstehen sind. Bald aber ging der hohe Adel zu einem festen Erstgeburtsrecht über. Er schuf sich kraft seiner Autonomie durch Hausgesetze oder durch observanzmäßige Übung ein Sonderrecht der Erbfolge. Der niedere Adel, der sich keine Satzungsgewalt zu sichern vermochte, suchte sein Ziel durch rechtsgeschäftliche Verfügungen zu verwirklichen.

Die rechtsgeschäftlichen Stiftungen des niederen Adels ließen sich nach der Rezeption nur dadurch sichern, dass man sie mit einer Rechtsfigur des gemeinen Rechts ummantelte. Man fand das Rüstzeug in dem auf der fideikommissarischen Substitution beruhenden *fidei commissum quod familiae relinquitur* (Nov. 159) und verschmolz es mit lehnsrechtlichen Erbrechtsgrundsätzen (insbes. der Idee einer *successio ex pacto et providentia maiorum*). In dieser Gestalt fand das Familienfideikommissrecht Aufnahme in das *ABGB 1811*.

Ein Familienfideikommiss war eine Anordnung, die ein bestimmtes Vermögen für alle künftigen (oder doch für mehrere) Generationen zu einem unveräußerlichen Gut der Familie machte. Der Stifter eines solchen Vermögens bestimmte vorweg die erbrechtliche Nachfolge, indem er z. B. die Primogenitur, ein Majorat oder ein Seniorat anordnete (§ 619 ABGB). Das Eigentum des Fideikommissvermögens war zwischen allen Anwärtern und dem jeweiligen Fideikommissinhaber geteilt. Den Anwärtern kam das Obereigentum zu, dem Fideikommissinhaber das Nutzungseigentum (§ 629 ABGB). Als Nutzungseigentümer gehörten dem Fideikommissinhaber alle Nutzungen des Fideikommissguts, die Substanz blieb der Familie verfangen. Der Nutznießer des Vermögens trug auch alle Lasten; nur für die ohne sein Verschulden eingetretene Substanzverminderung hatte er nicht zu haften[823].

Mit der französischen Revolution setzte aus gesellschaftspolitischen und politischen Gründen der Kampf gegen das Familienfideikommiss ein. Er endete mit der Beseitigung dieses Rechtsinstituts im europäischen Rechtsraum (s. oben Eigentumsbeschränkungen)[824].

---

823 S. dazu *A. Erler*, Familienfideikommiß, HRG I, Sp. 1072, und das dort zit. Traktat „De fideicommissis familiarum nobilium" von Philipp Knipschild aus dem Jahre 1654, das in der gemeinrechtlichen Theorie weitgehende Anerkennung fand und auf die Kodifikationen einwirkte.

824 Dazu etwa *Ch. de Montesquieu*, De l'esprit des lois, 1748, Neudr. 1803, V, 9. In Frankreich erfolgte die Aufhebung bereits durch den Code Civil. In Österreich handelte das ABGB in den §§ 618–645 von den Familienfideikommissen, die durch Bestimmungen „Von der Obsorge über die Fideikommisse" im 4. Hpst. des Außerstreitgesetzes ergänzt wurden. Die endgültige Aufhebung erfolgte mit 1.1.1939. Zur Auflösung der Familienfideikommisse *E. Weiß*, Klang-Kommentar III, ^{2}1952, 467 ff. Eine umfassende Darstellung in systematischer und historischer Perspektive bietet *B. Bayer*, Sukzession und Freiheit. Historische Voraussetzungen der rechtstheoretischen und rechtsphilosophischen Auseinandersetzungen um das Institut der Familienfideikommisse im 18. und 19. Jahrhundert, 1999.

cc) Vermächtnis

Auch das römisch-gemeine Vermächtnisrecht wurde im österreichischen Rechtsraum fast unverändert rezipiert, fand allerdings auch einen aufnahmebereiten Boden vor, da das ma. Testament im Wesentlichen eine Zusammenfassung von Vermächtnissen darstellte. Es hat sich auch kein vom gemeinen Recht abweichender Landsbrauch entwickelt.

Unterschiede zeigten sich lediglich in der systematischen Anordnung. Während in den Landesordnungsentwürfen für Österreich unter der Enns die Universalfideikommisse im Anschluss an die Lehre von den Legaten behandelt wurden, also dem System der justinianischen Institutionen folgten, hatte man in der oberösterreichischen Landtafel zu einer moderneren Gliederung gefunden. Sie behandelte Legate und Partikularfideikommisse gemeinsam (IV, Tit. 26–29, 32), während das Universalfideikommiss als Substitution erkannt und im Anschluss an die Vulgar- und Pupillarsubstitution dargestellt wurde (IV, Tit. 16). Damit hatte man der systematischen Gliederung im ABGB vorgearbeitet: 10. Hpst.: „Von Nacherben und Fideikommissen" (§§ 604–646); 11. Hpst.: „Von Vermächtnissen" (§§ 647–694)[825].

F. Erbfähigkeit

Lit.: *G. K. Schmelzeisen*, Polizeiordnungen und Privatrecht, 1955, 141 ff.; *J. Unger*, System des österreichischen Privatrechts VI, 1864, 20 ff.; *G. Wesener*, Geschichte des Erbrechtes in Österreich seit der Rezeption, 1957, 127f.

1. Älteres Recht

Dem älteren Recht waren wohl **zahlreiche Beschränkungen der Erbfähigkeit** bekannt, doch sind nicht einmal Ansätze einer systematischen Aufbereitung zu finden. So versagte man fremden und friedlosen Personen die Fähigkeit zum Erwerb von Todes wegen; Kinder, die bald nach der Geburt starben, wurden so behandelt, als hätten sie angefallenes (angewachsenes) Vermögen nie erworben. Auch „Blödsinnige" und „Krüppel" waren im MA. eines Vermögenserwerbs nicht fähig, doch mehren sich ab dem Hochma. die Ausnahmen.

Eine Voraussetzung der Erbfähigkeit zu einem bestimmten Nachlass war meist die Ebenbürtigkeit, die zwar bald in den Städten an rechtlicher Bedeutung verlor, sich jedoch im hohen Adel bis ins 20. Jh. als Spezifikum der (relativen) Erbfähigkeit halten konnte.

825 Zur inhaltlichen Umgestaltung dieser Hauptstücke während der Kodifikationsarbeiten s. *E. Weiß*, Klang-Kommentar III, ^{2}1952, 479 ff. Mit ErbRÄG 2015 wurde das 10. Hpst. mit „Von der Ersatz- und Nacherbschaft", das 11. Hpst. mit „Vermächtnisse" übertitelt. Die Begriffe „Substitution" und „Fideicommiss" finden sich nicht mehr im Gesetzestext.

Am Ende des MA. und zu Beginn der Neuzeit führte oft die Verheiratung gegen den Willen der Eltern zur relativen Erbunfähigkeit. In manchen Partikularrechten verloren Töchter ihr gesetzliches Erbrecht am Vermögen der Eltern, wenn sie der Unzucht überführt worden waren.

Schließlich galt schon im älteren Recht der Satz, dass derjenige, der den Tod des Erblassers verschuldet hatte, diesen nicht beerben könne („Die blutige Hand nimmt kein Erbe"). Eine Ausnahme war die Tötung in Notwehr.

2. Neuzeitliche Rechtsentwicklung

Mit dem Vordringen des römischen Rechts wurde auch dessen Unterscheidung in **Erbeinsetzungsfähigkeit**, Erwerbsunfähigkeit **(Inkapazität)** und Erbunwürdigkeit **(Indignität)** bekannt.

Die *testamenti factio passiva*, also die Fähigkeit, letztwillig zur Erbfolge berufen zu werden, hatte grundsätzlich jeder römische Bürger; nur Ausländer waren vom römischen Erbrecht ausgeschlossen.

Zufolge *Inkapazität* waren bestimmte Personen zwar erbfähig, konnten aber ein testamentarisch zugewendetes Vermögen nicht erwerben. Sie lässt sich auf die Ehegesetze des Augustus zurückführen, der aus bevölkerungspolitischen Gründen Unverheirateten im ehepflichtigen Alter zur Gänze, Kinderlosen jedoch zur Hälfte die Fähigkeit aberkannte, ihnen zugewendete Erbschaften oder Legate zu übernehmen. Von einigen Ausnahmen abgesehen, die vor allem zwischen Eltern und Kindern wirksam waren, wurde das dem Erwerbsunfähigen zugedachte Vermögen jenen Testamentserben oder Legataren zugeteilt, die zumindest ein Kind hatten. Waren solche Personen nicht vorhanden, fiel das Vermögen dem Fiskus zu. Konstantin hat diese Ehegesetzgebung gemildert; unter Justinian wurden die Bestimmungen über die lnkapazität aufgehoben.

Mit *Indignität* wurden zunächst Einzelfälle der Erbunwürdigkeit umschrieben, allmählich wurden sie jedoch zu einem feststehenden Rechtsbegriff. Sie beseitigte nicht die Erbenqualität und auch nicht die Erwerbsfähigkeit des letztwillig Bedachten, doch hatte die Feststellung der Erbunwürdigkeit die Einziehung des erworbenen Gutes durch das Aerarium (später den Fiskus) zur Folge. Gründe für die Indignität waren vor allem schwere Verfehlungen gegen den Erblasser, gewaltsame oder betrügerische Einflussnahme auf den Testierakt und die Unterdrückung des Testaments.

In die Partikularrechte der frühen Neuzeit hat zwar nicht die gemeinrechtliche Systematik, vor allem nicht die strenge terminologische Unterscheidung zwischen Erbunfähigkeit, Erwerbsunfähigkeit und Erbunwürdigkeit Aufnahme gefunden, wohl aber kam es zur Rezeption einzelner Tatbestände unter dem Sammelbegriff „Erbunfähigkeit".

Der Rechtsbegriff Erbunwürdigkeit wurde im österreichischen Recht in den §§ 25, 26 des Josephinischen Erbfolgegesetzes vom 11. Mai 1786 (JGS Nr. 548) ausdrücklich erwähnt.

Das *ABGB 1811* hat die Erbfähigkeit unter dem Gesichtspunkt der erbrechtlichen Erwerbsfähigkeit behandelt und die überkommenen „Erbunfähigkeitsgründe" danach zu ordnen versucht, ob sie absolut oder nur im Verhältnis zwischen bestimmten Personen wirksam sind. Die **absolute** Erbunfähigkeit ist seither weitgehend inhaltsleer geworden, die Gründe für die **relative** Erbunfähigkeit wurden erheblich eingeschränkt.

Während § 538 a. F. („Hat jemand dem Rechte etwas zu erwerben überhaupt entsagt, oder auf eine bestimmte Erbschaft gültig Verzicht gethan; so ist er dadurch des Erbrechtes überhaupt, oder des Erbrechtes auf eine bestimmte Erbschaft verlustig geworden") lange unverändert blieb, waren die Gründe der relativen Erbunfähigkeit im § 540 a. F. ABGB weiter gefasst. Von einem bestimmten Erbrecht ausgeschlossen war ursprünglich derjenige, der eine strafbare Handlung gegen den Erblasser, dessen Kinder, Eltern oder Gatten begangen hatte. Die spätere Rechtslage ging auf die III TN zurück und schloss (in der Modifikation des Bundesgesetzes vom 11.7.1974) denjenigen vom Erbrecht aus, der eine gerichtlich strafbare Handlung (die nur vorsätzlich begangen werden kann und mit mehr als einjähriger Freiheitsstrafe bedroht ist) gegen den Erblasser begangen hatte. Die dem römischen Recht entlehnten Erbunwürdigkeitsgründe des § 542 a. F. (Testamentserpressung, Testamentserschleichung, Testamentshinterziehung und Testamentsunterschlagung) standen bis zum ErbRÄG 2015 unverändert in Geltung. Die Bezeichnung „Inkapazität" hatte sich für den Ausschluss des gegenseitigen testamentarischen Erbrechts zwischen jenen Personen erhalten, die des Ehebruchs oder der Blutschande gerichtlich geständig oder überwiesen waren (§ 543 a. F.[826]). Absolute und relative Erbunfähigkeit beseitigten das subjektive Erbrecht[827].

G. Der erblose Nachlass

Lit.: *W. Ogris*, Heimfallsrecht, HRG II, Sp. 51 ff., ²II, Sp. 897 ff.; *L. Pfaff/F. Hofmann*, Commentar zum österreichischen allgemeinen bürgerlichen Gesetzbuche II, 1887, 772 ff.; *B. Poll*, Das Heimfallsrecht auf den Grundherrschaften Österreichs, 1925, Neudr. 1978; *J. A. Tomaschek*, Das Heimfallsrecht, 1882; *E. Weiß*, Klang-Kommentar III, ²1952, 791 ff.

Erblos ist ein Nachlass dann, wenn keine zur Erbfolge berechtigten Personen vorhanden sind oder wenn erbberechtigte Personen die Erbschaft nicht antreten. Die Folge ist der **Heimfall**.

Das **Heimfallsrecht** (jus caducitatis, jus devolutionis, jus morticiniorum) hat eine bewegte Geschichte. Es änderte seine Form, sein Subjekt, seinen Umfang und nicht zuletzt seine Rechtsgrundlage. Mitverursacht wurde dieser Wandel durch die Wechselbezüglichkeit zum Erbrecht: Je weiter der Kreis der erbberechtigten Personen gezogen ist, desto seltener kommt es zum Heimfall eines Nachlasses.

Zur Rechtfertigung des Heimfallsrechtes gegenüber der Erberwartung entfernter Verwandter des Erblassers oder seines Ehegatten wurden zumeist höherwertige Gemeinschaftsinteressen genannt, die im Wandel der Zeit der Sippe, der Gemeinde, der Genossenschaft oder (seit der Neuzeit) dem Staat galten, doch standen auch handfeste fiskalische Überlegungen hinter der Einschränkung des Erbrechtes. Heimfallsberechtigte Subjekte waren – oftmals in Konkurrenz zueinander – die Dorfgemeinde, die Markgenossenschaft, der

826 Aufgehoben durch BGBl. I 2009/75.

827 Nachweis bei *J. Unger*, Österreichisches Privatrecht VI, 1864, § 5 Nr. 4, 18.

Gerichtsherr, Universitäten, Zünfte, Stadtgemeinden, die Kirche, Lehnsherren, Landesherren, Gefängnisse, Spitäler und Siechenhäuser und (vielfach in erster Linie) der König bzw. der Staat (Fiskus). Um alle Interessen unter einen Hut zu bringen, erfasste das Heimfallsrecht zuweilen nur einzelne Teile des Nachlasses oder auch bestimmte Gegenstände. Andererseits finden sich Regelungen, die das Heimfallsrecht nur beim Nachlass bestimmter Personen (Hingerichteten, Sträflingen, Ketzern, Selbstmördern, Unehelichen oder Fremden) eintreten ließen. Seine Rechtsgrundlagen waren das genossenschaftliche Gesamteigentum, das Obereigentum, die Gerichtsherrlichkeit oder die Regalität[828]. Wegweisend für die Zukunft ist letztlich das **Heimfallsrecht des Königs** geworden, das in der Neuzeit mit der Landeshoheit in Verbindung gebracht und dem **Landesherrn** bzw. dem **Staat** zugeschrieben wurde. Hilfestellung leistete die Rezeption des gemeinen Rechts, das anderen öffentlichrechtlichen Körperschaften nur ausnahmsweise ein Heimfallsrecht zuerkannte. Die ältere gemeinrechtliche Lehre formte das Heimfallsrecht zu einem **fiskalischen Aneignungsrecht** an herrenlosen Sachen, die jüngere Auffassung verstand den Staat als **Universalsukzessor**. Ob dadurch der Staat zum Erben wurde, ob er nur heredis loco stand oder ob er ein Universalsukzessor ohne Erbenqualität war, blieb unbeantwortet, obwohl das Heimfallsrecht große praktische Bedeutung hatte.

Im 16. und 17. Jh. wurde die Erbrechtsgrenze folgendermaßen gezogen: Erbberechtigt waren alle ehelichen Verwandten in absteigender Linie und die Seitenverwandten bis zum 10. Grad (einschließlich), die Aszendenten waren – wie oben ausgeführt – von der Erbfolge ausgeschlossen. Uneheliche Kinder waren zumindest gegenüber dem Vater und den väterlichen Verwandten nicht erbberechtigt. Auch der überlebende Ehegatte besaß kein eigentliches Erbrecht. Zudem wurde die Erbberechtigung durch das Prinzip des Fallrechts eingeschränkt.

Das erblose Gut fiel nach den neuzeitlichen Rechtsordnungen dem *Fiskus*, d. h. der landesfürstlichen Kammer anheim. Das Heimfallsrecht des Landesherrn war aber beschränkt durch konforme Befugnisse von Städten, der Lehnsherren und der Grundherren. Die Rechtszersplitterung blieb auf diese Weise erhalten. Der Heimfallsberechtigte nahm in vielfacher Hinsicht die Stellung eines Universalsukzessors ein und haftete in der Regel für die Schulden des Erblassers, beanspruchte jedoch die Rechtswohltat des Inventars.

Mit der Neuordnung der Intestaterbfolge zu Beginn des 18. Jhs. gelang eine weitgehende **Rechtsvereinheitlichung**: „Wann einer ohne Testament, wie auch ohne gesippte Freund ab= oder auf=steigender oder Zwerchs=Lini, in was für einem Grad sie auch dem Verstorbenen verwandt, mit Tod abgehet,

828 *W. Ogris*, Heimfallsrecht, HRG II, Sp. 51 ff., ²II, Sp. 897 ff., ist beizupflichten, dass das Heimfallsrecht kein einheitliches Rechtsinstitut gewesen ist. Es war ein Bündel verschiedenartigster rechtspolitischer Maßnahmen mit der gemeinsamen Zielsetzung, alle oder bestimmte Verwandte oder den Ehegatten ganz oder teilweise von der Erbfolge auszuschließen.

auch keinen Ehe=Genossen nach sich verlasset, so wird desselben Verlassenschaft erb=los"[829]. Die erbenlose Verlassenschaft fiel dem Landesfürsten zu, sofern nicht Heimfallsrechte von Städten oder Grundherrn vorgingen. Der Heimfallsberechtigte haftete für die Verbindlichkeiten des Verstorbenen wie ein Erbe[830], ohne dass deshalb über die Rechtsnatur seines Rechts entschieden worden wäre. Auch das ABGB 1811 enthielt sich einer eindeutigen Qualifikation des Heimfallsrechtes.

§ 760 a. F. „Ist auch der Ehegatte nicht mehr am Leben, so wird die Verlassenschaft, als ein erbloses Gut, entweder von der Kammer, oder von denjenigen Personen eingezogen, welche vermöge der politischen Verordnungen zur Einziehung erbloser Güter ein Recht haben."

Nach *geltendem Recht* ist das Heimfallsrecht des Staates ein **Recht sui generis.** Der Staat ist befugt, sich den reinen Überschuss des hinterlassenen Vermögens im Wege der Gesamtnachfolge anzueignen[831].

Einen anderen Weg ging das BGB, das den Fiskus (§ 1936) oder die an seiner Stelle nach Landesrecht berechtigten öffentlichrechtlichen Körperschaften (EGBGB Art. 138) zu (notwendigen) gesetzlichen Erben erklärt.

Gemeinsam ist allen modernen Rechtsordnungen, dass der Fiskus erst nach einem Aufgebotsverfahren zum Zug kommt.

H. Die rechtliche Stellung des Erben

Lit.: *G. Buchda*, Gesamthand, gesamte Hand, HRG I, Sp. 1587 ff.; *C. Gf. Chorinsky*, Das Notariat und die Verlassenschaftsabhandlung in Oesterreich, 1887; *H. Coing*, Nachlaßverteilungsverträge im deutschen Erbrecht, FS F. Schwind, 1978, 63 ff.; S. Lepsius, Gesamthand, gesamte Hand, HRG ²II, Sp. 264 ff.; *W. Ogris*, Erbengemeinschaft, HRG I, Sp. 953 ff.; *W. Ogris*, Ganerben, HRG I, Sp. 1380 ff., ²I, Sp. 1928 ff.; *G. Wesener*, Geschichte des Erbrechtes in Österreich seit der Rezeption, 1957, 23 ff., 98 ff.; *G. Wesener*, Vorkaufs- und Einstandsrecht der „gesippten Freunde" (ius retractus consanguinitatis) im Recht der altösterreichischen Länder, GS R. Schmidt, 1966, 535 ff.; *G. Wesener*, Zur Erbenhaftung in historischer Sicht, FS U. v. Lübtow, 1991, 113 ff.

1. Erbengemeinschaft

Werden mehrere Personen nebeneinander zur Erbschaft berufen, so entsteht zwischen ihnen eine Rechtsgemeinschaft. Deren Organisation war im Laufe der rechtshistorischen Entwicklung verschieden gestaltet.

a) Älteres Recht

Die Erbengemeinschaft ist der Urfall der ma. **Gesamthandgemeinschaften.** Der Miterbe **(Ganerbe)** war Teilhaber am ganzen Nachlass, in seinem Verfü-

829 Neue Satz- und Ordnung außer Testament 1720 XV § 1.

830 Neue Satz- und Ordnung außer Testament 1720 XV § 3.

831 § 760 i. d. F. durch die I TN. § 750 i. d. F. ErbRÄG 2015 erhielt die Überschrift „Aneignung durch den Bund" und bezieht sich auf alle in Österreich befindlichen erblosen Verlassenschaften unabhängig vom Erbstatut des Verstorbenen.

gungsrecht jedoch beschränkt durch gleiche Rechte der Miterben. Der einzelne Ganerbe konnte weder über seinen „Anteil" am Nachlassvermögen noch über einzelne Nachlassgegenstände verfügen. Fiel einer von ihnen weg, wuchs sein Anteil den übrigen an. Während der Dauer der Gemeinschaft wurde der Nachlass gemeinsam verwaltet, und Verfügungen über Nachlassgegenstände bedurften der Mitwirkung aller. In ältester Zeit war die Gemeinschaft überhaupt unteilbar, doch setzte sich im frühen MA. die Vorstellung durch, dass zum Recht aus Gesamtgut auch gehöre, Teilung verlangen zu können[832].

Kam es zur **Teilung** – sie konnte der Substanz nach erfolgen (Totteilung) oder der Nutzung nach (Idealteilung, Mutschierung) – wurden die Regeln des Verwandtenerbrechts beachtet. Gleichnahe Verwandte erhielten gleiche Teile („so viel Mund, so viel Pfund"). Zu dieser **Teilung nach Köpfen** gesellte sich mit Anerkennung des Eintrittsrechts die **Teilung nach Stämmen**. Teilten nur zwei Miterben, hielt man sich an partikuläre Sonderregelungen, wie sie in den Rechtssprichwörtern „Der Ältere teilt, der Jüngere wählt"[833] oder „Teilen dem reiferen Verstande zugesagt, Wählen der Unschuld der Jugend" zum Ausdruck kommen. Auch Losentscheid wurde akzeptiert.

Für Miterben, die schon zu Lebzeiten des Erblassers etwas aus seinem Vermögen erhalten hatten, galt **Ausgleichspflicht**, d. h. Vorempfänge (z. B. die Ausstattung) wurden auf den Erbteil angerechnet.

Vielgestaltige Regelungen finden sich auch zur Behandlung körperlicher Sachen, die keine Realteilung zuließen. Der Erwerb derartiger Sachen durch einen Miterben verpflichtete ihn zur Entrichtung des *Erbegeldes*, einer Kapital- oder Rentenzahlung an die übrigen Miterben. Zur Ermittlung des Sachwertes war das *„Setzen zu Gelde"* oft geübter Brauch, der darin bestand, dass einer der Miterben den Schätzpreis festsetzt und die anderen das Wahlrecht hatten, entweder die Sache zu übernehmen oder sie dem Setzenden zu überlassen. Bei Liegenschaften kam es vor, dass bestimmten Erben Vorrechte bei der Übernahme und Abfindung eingeräumt wurden, bspw. den Söhnen des Erblassers gegenüber ihren Schwestern, dem ältesten oder jüngsten Sohn gegenüber seinen Brüdern.

b) Neuzeitliche Rechtsentwicklung

Das gemeine Recht konstruierte die Erbengemeinschaft als **Bruchteilsgemeinschaft** an den einzelnen körperlichen Nachlassgegenständen. Bereits das klassisch-römische Recht hatte die gesamthandrechtlich ausgerichtete Erbengemeinschaft (consortium) überwunden; nun zerlegte man den Anteil des

832 In einigen Rechtskreisen setzte im MA. eine gegenläufige Entwicklung ein, u. a. im Ritter- und Bauernstand. Wegen der schweren wirtschaftlichen Gefahren, die das Teilungsrecht in sich barg, bemühte man sich, es durch Vertrag oder den Druck des Herkommens weitgehend auszuschließen.

833 *H. v. Voltelini*, Der Ältere teilt, der Jüngere wählt, ZRG GA 36, 1915, 478.

Miterben am Nachlassvermögen soweit es ging in Einzelberechtigungen – teilbare Erbschaftsforderungen und Erbschaftsschulden zerfielen ipso iure in selbständige Teilforderungen und Teilschulden der einzelnen Miterben – und war bemüht, auch die verbleibenden Anteilsrechte individuell verfügbar zu machen. Jeder Miterbe konnte daher über seinen ideellen Anteil selbständig verfügen. Eine solidarische Beteiligung blieb nur bei unteilbaren Rechten und Verpflichtungen erhalten.

Die gemeinrechtliche Bruchteilsgemeinschaft fand Eingang in viele Partikularrechte und bestimmt im Prinzip noch heute das Schicksal der Erbengemeinschaft. Das ABGB behandelt den Nachlass **bis zur gerichtlichen Einantwortung** als **Sondervermögen**, danach greifen mit gewissen Modifikationen die Regeln der **Bruchteilsgemeinschaft** ein[834]. Vor der Einantwortung ist demnach das Erbrecht Gegenstand der Gemeinschaft, mit der Einantwortung entsteht Miteigentum aller Erben am Nachlass (vgl. § 550).

Davon abweichend schloss sich das ALR der deutschrechtlichen Lösung an, die auch in das BGB als Gemeinschaft zur gesamten Hand übernommen wurde. Es finden sich aber Elemente der Bruchteilsgemeinschaft. Jedem Miterben steht das Verfügungsrecht über seinen Anteil zu, doch sind die anderen Miterben vorkaufsberechtigt.

2. Erbenhaftung

a) Älteres Recht

Die Haftung des Erben für Nachlassverbindlichkeiten setzt vererbliche Schulden voraus. Solche hatte es offenkundig in ältester Zeit überhaupt nicht gegeben. Wegen der strafrechtlichen Verwurzelung des Schuldrechtes und der damit verbundenen leiblichen, also strafrechtlichen Haftung des „Schuldigers“ konnte man sich wohl ein Einstehenmüssen des Leichnams, nicht aber der Erben vorstellen. Den nächsten Erben wurde nur die sakrale Pflicht aufgebürdet, den Toten aus der strafrechtlichen Verfangenheit zu lösen. Wo in Volksrechten von Sippenhaftung die Rede ist, handelt es sich nicht um eine erbrechtliche Haftung, sondern um die Haftung der Sippegenossen kraft eigener Verpflichtung als Mitglieder einer Gefahrengemeinschaft.

Die **Unvererblichkeit** der **Deliktsschulden** blieb für das ma. Recht bestimmend und führte mit der Ausbildung (Herauslösung) der **Vertragsschulden** zur **beschränkten Erbenhaftung**. In der Regel hatte der Erbe für Vertragsschulden nur einzustehen, soweit schon ein Gegenwert *(Wederstadinge)* in das Vermögen des Erblassers gelangt war. Er haftete weiters nur mit den Fahrnissen des Nachlasses, nicht aber mit den Liegenschaften[835]. Die Erweite-

834 Vgl. §§ 825 ff., insbes. § 829; weiters §§ 888 ff. ABGB. Für Nachlassverbindlichkeiten haften allerdings die Erben solidarisch, wenn sie nicht von der Rechtswohltat des Inventars Gebrauch machen (§§ 820, 821).

835 Die Haftung des Erben bloß mit dem Fahrnisnachlass entspricht wohl älterem Recht, wonach der Erblasser über Grundstücke nicht ohne Erbenlaub verfügen konnte.

rung der Erbenhaftung im spätma. Rechtsleben ließ den Erben für alle Schulden des Erblassers haften, soweit sie nicht als höchstpersönliche verstanden wurden. Allerdings schlug das deutschrechtliche Prinzip der **Sachhaftung** durch. Es sollte der Nachlass für die Schulden des Erblassers haften, nicht der Erbe[836]. Praktisch gestaltete sich die Haftung so, dass der Erbe die Vollstreckung in den Nachlass duldete oder ihn den Gläubigern preisgab.

Im spätma. Recht enthält fast jedes Testament detaillierte Bestimmungen über die Erfüllung bestehender Verbindlichkeiten des Erblassers. Klauseln, in denen der Erblasser die Bezahlung seiner Schulden anordnet und gleichzeitig die dazu bestimmten Vermögensteile beschreibt, sind häufig belegt. Erst wenn die Schulden des Erblassers beglichen waren, konnte es an die Auszahlung der Erbfallschulden (d. h. der Vermächtnisse) gehen.

b) Neuzeitliche Rechtsentwicklung

Die **unbeschränkte Haftung** des Erben im österreichischen Rechtsraum ist ein Ergebnis der Rezeption. Nach römischrechtlichen Vorstellungen haftete der Erbe grundsätzlich unbeschränkt, was dem spätestens im justinianischen Recht aufgekommenen Gedanken der Personenidentität zwischen Erblasser und Erben entsprach. Das gemeine Recht hielt an diesem Grundsatz fest, baute aber die bereits dem römischen Recht bekannten Beschränkungen der Erbenhaftung weiter aus. Anknüpfungspunkt hiefür war das Vorbild des justinianischen Rechts, das dem Erben ein **beneficium inventarii** einräumte. Innerhalb bestimmter Fristen konnte der Erbe ein Verzeichnis der Erbschaftsgegenstände anlegen und damit seine Haftung auf die Gegenstände der Erbschaft beschränken (Haftung *cum viribus hereditatis*, zuweilen auch als Haftung *pro viribus*, d. h. mit dem Wert der Erbschaft, verstanden). Das gemeine Recht stellte klar, dass die Haftung des Erben **gegenständlich** beschränkt ist, was dem deutschrechtlichen Grundsatz der Sachhaftung entgegenkam. In dieser Gestalt fanden die Regeln der Erbenhaftung Eingang in das österreichische Recht[837]. Manche Formulierungen in Rechtsquellen der frühen Neuzeit lassen allerdings auch die Zulässigkeit einer betragsmäßig begrenzten Erbenhaftung (pro viribus hereditatis) erkennen. Auch das *ABGB 1811* enthält kei-

836 „Und ist nicht gutes da, so sint die erben ledic.“ Schwabenspiegel XX § 2.

837 Vgl. hiezu obderennsische Landtafel IV 21 § 1; *J. B. Suttinger*, Consuetudines Austriacae, ²1718, 357; *W. Püdler*, Landtafel des Landes unter der Enns, III 32; zusammenfassend *G. Wesener*, Geschichte des Erbrechtes seit der Rezeption, 1957, 27 ff. Zur Beschränkung der Erbenhaftung war allerdings mehr als bloß die Inventarserrichtung erforderlich. Der Erbe musste die ausdrückliche Erklärung abgeben, dass er die Erbschaft „cum beneficio legis et inventarii“ antreten wolle.
Überhaupt wurde die gemeinrechtliche „pro herede gestio“ (ausnahmsweise belegt als „Mächtigung der Erbgüter mit Werken“) als hinreichend schlüssige Antrittshandlung nicht rezipiert. Damit zeigt sich bereits der Zug zur formellen, später gerichtlichen Erbserklärung. *C. Gf. Chorinsky*, Das Notariat und die Verlassenschaftsabhandlung in Oesterreich, 1887, 53 f.

ne eindeutige Antwort auf die Frage, wie die beschränkte Haftung des bedingt erbserklärten Erben zu verstehen sei (s. § 802 ABGB). Die Lehre des 19. Jhs. ging meist in die Richtung, den Erben kraft Inventarrechts nur mit den Nachlassaktiven haften zu lassen.

Heute bekennt man sich zur **umfänglich beschränkten Haftung** des bedingt erbserklärten Erben, weil die Übereignung des Nachlasses mit der Einantwortung den direkten Zugriff von Gläubigern auf Gegenstände des Nachlassvermögens verhindert. Mit der **Nachlassseparation** (§ 812) auf Antrag der Gläubiger (Legatare, Noterben) kann jedoch auf **Sachhaftung** gedrungen werden. Auch der unbedingt erbserklärte Erbe haftet in einem solchen Fall „cum viribus hereditatis".

I. Der Erwerb der Erbschaft

Lit.: *C. Gf. Chorinsky*, Das Notariat und die Verlassenschaftsabhandlung in Oesterreich, 1887; *H.-R. Hagemann*, Erbrecht, HRG I, Sp. 971 ff., ²I, Sp. 1370 ff.; *C. G. Homeyer*, Der Dreißigste, 1864, 87 ff., 193 ff.; *W. Ogris*, Dreißigster, HRG I, Sp. 785 ff., ²I, Sp. 1150; *J. Unger*, Die Verlassenschaftsabhandlung in Oesterreich, 1862.

Zentrale Frage beim Erwerb der Erbschaft ist jene nach dem Zeitpunkt. Geht es nach dem **Anfallsprinzip**, wird der Erbe mit dem Tod des Erblassers Eigentümer der Erbschaft. Sein Erwerbswille bleibt unberücksichtigt. Ähnlich ist der Erwerbsvorgang dann, wenn ein Treuhänder eingeschaltet wird, der ebenfalls mit dem Erbfall ohne weiteres Herr der Erbschaft wird.

So das angelsächsische System. Beide Systeme vermeiden den Schwebezustand eines subjektlosen Nachlassvermögens, der durch die Trennung des Vorgangs der Berufung zur Erbfolge *(Delation)* von dem des Erwerbs der Erbschaft *(Aquisition)* entsteht.

Das sog. **Antrittsprinzip** hingegen berücksichtigt den Erwerbswillen des Berufenen. Mit der Kundgebung des Willens, die Erbschaft anzutreten, wird der Erbe zum Berechtigten über das Nachlassvermögen.

Damit stellt sich das Problem der „subjektlosen Erbschaft". Sie ist mit dem herrschenden Vermögensbegriff, aber auch mit dem Begriff des subjektiven Rechts schwer zu vereinbaren. Man behilft sich daher mit Fiktionen, etwa mit der Rückwirkung der Erbserklärung (Rückwirkungsfiktion). Ein anderer Lösungsversuch will die Rechtspersönlichkeit des Erblassers über seinen Tod hinaus bis zum Erwerb der Erbschaft bestehen lassen (Fiktion des Fortlebens der Persönlichkeit des Erblassers). Wie bei aufschiebend bedingten und befristeten Erbeinsetzungen bietet sich aber auch die Vorstellung einer sukzessiven Erbfolge an, um das Zwischenstadium der subjektlosen Erbschaft zu überwinden. Schließlich wird auch die Theorie subjektloser Rechte vertreten, die zu erklären versucht, dass die erbschaftlichen Rechte trotz des Fehlens eines Rechtssubjekts weiter bestehen können.

Das österreichische Erbrechtssystem, das die obrigkeitliche Verlassenschaftsabhandlung und die gerichtliche Einantwortung des Erben in das Nachlassvermögen zu „Fundamentalprincipien der practischen Rechtsordnung"[838] erklärt hatte, konnte an dieser Auseinandersetzung nicht vorbeigehen.

838 *J. Unger*, Die Verlassenschaftsabhandlung in Oesterreich, 1862, 7.

1. Älteres Recht

a) Anwachsungsprinzip

Dem älteren deutschen Recht war eine gerichtliche Behandlung oder gar Zuweisung der Verlassenschaft unbekannt. Die Frage nach dem Zeitpunkt des Erbschaftserwerbes stellte sich gar nicht. Das Erbrecht war ein Teil des Familienrechtes und erschöpfte sich in der Erhaltung des Hausvermögens für die männlichen Hausgenossen. Die gesamthänderische Struktur dieser Vermögensgemeinschaft bedingte die *Anwachsung* der Anteilsberechtigten bei Tod (Ausscheiden) eines Genossen. Gegenstände der Privatnutzung konnten nur unter Lebenden vergeben werden.

b) Prinzip des unmittelbaren Erbanfalls – „Der Tote erbt den Lebendigen"

Mit der Ausbildung eigenständiger erbrechtlicher Grundsätze fiel den Blutsverwandten die Erbschaft mit dem Tod des Erblassers von selbst zu, ohne dass es einer Erwerbshandlung bedurfte. Erbfall und Erbschaftsanfall fielen zusammen. Der Tote wurde als selbsthandelnd gedacht, der den Lebendigen in das Nachlassvermögen einsetzt. Die Parömie „*Der Tote erbt den Lebendigen*" (le mort saisit le vif; mortuus aperit oculos viventis) drückt aus, dass der Erbe **ipso iure** nicht nur das Recht, sondern auch den **Besitz** am Nachlass erwirbt. Er erhielt sofort die **ideelle Gewere** am Nachlass und konnte aufgrund ihrer Offensivwirkung gegen jeden Besitzer schlechteren Rechts vorgehen. Unter diesen Bedingungen stellte sich das Problem der hereditas iacens gar nicht. Zur Durchsetzung seines Herausgabeanspruchs hatte der Erbe sofort die Klage *von erves wegen*, die ihm gegen jeden Erbansprecher den Beweisvorteil der ideellen Gewere verschaffte.

c) Förmliche Besitzergreifungs- und Einweisungshandlungen

Um die Rechtsstellung des Erben unangreifbar zu machen, finden sich im MA. Belege über **förmliche** Besitzergreifungs- und Einweisungshandlungen, die mit der Zunahme letztwilliger Verfügungen und dem ständigen Anwachsen des Erbenkreises in Zusammenhang zu bringen sind. Derartige Konsolidierungsakte wurden vor allem dann gesetzt, wenn sich Personen um den Nachlass bewarben, deren Erbrecht zweifelhaft war. Sie mussten vor Gericht ihre Verwandtschaft zum Verstorbenen durch Eid bekräftigen und konnten nur durch gerichtliche Zuteilung der Gewere das Nachlass(teil)vermögen in Besitz nehmen. Meist verband sich damit die Bestellung einer Sicherheitsleistung für den Fall, dass sich ein näherberechtigter Erbe melden sollte.

Die förmliche Besitzergreifung des Nachlassvermögens, so der „Anefang" im Magdeburgischen Recht oder das „Sterbehausrecht" in den Niederlanden, aber auch der Brauch gerichtlicher Besitzeinweisungen in anderen Rechtsgebieten änderte nichts an dem Grundsatz, dass der Erbe bereits im Zeitpunkt des Todes des Erblassers das Gut und die Gewere erwarb. Diese Einrichtungen dienten im MA. nur dem Zweck, die Rechtsdurchsetzung im Erbstreit zu erleichtern.

Eine **gerichtliche Mitwirkung** am Erbgang ist auch üblich geworden, wenn der Erbe abwesend oder sein Recht ungewiss war. Der Richter konnte in diesen Fällen das einstweilen für erblos gehaltene Gut an sich ziehen und es nach Ablauf einer festgesetzten Frist (meistens binnen Jahr und Tag) dem gemeldeten Erben ausfolgen oder den Nachlass als erbloses Gut endgültig einziehen.

d) Förmliche Ausschlagungshandlungen

Der Erbe musste zunächst die Erbschaft behalten, ein Ausschlagungsrecht war unbekannt. Er war dadurch nicht gefährdet, solange die Schuldenhaftung (zunächst auf die Fahrnis, später auf Gegenstände des Nachlassvermögens) beschränkt war. Der Gedanke der Betragsbeschränkung bürdete ihm bereits unangenehme Verpflichtungen auf. Im späten MA. verflüchtigt sich daher die Vorstellung einer unvermittelten Rechtsnachfolge in das Vermögen des Erblassers. Man gewährte dem Erben, die Erbschaft auszuschlagen. Die Ausübung dieses Rechts bedurfte in der Regel obrigkeitlicher bzw. gerichtlicher Mitwirkung. Dem Erben wurde eine Frist gesetzt, in der er sich von seiner ipso iure erworbenen Erbschaft wieder losmachen konnte. Er tat dies mittels **förmlicher Ausschlagungshandlungen** vor Gericht, worauf es zur **„gerichtlichen Einweisung“** des nächsten Erben in das Nachlassvermögen, zur Überweisung des Nachlasses an etwaige Gläubiger oder zur Abwicklung des Heimfalls an die Obrigkeit kam.

e) Recht des „Dreißigsten"

Der unmittelbare Erbanfall war das ganze MA. hindurch von der Maßnahme begleitet, dass der Erbe in den ersten dreißig Tagen nach dem Erbfall an der Ausübung seiner Rechte gehindert war. Damit sollte die Ruhe des Totenhauses gewährleistet und die Familie des Toten vor Belästigungen geschützt werden. Die Witwe und die Hausgenossen hatten einen Anspruch darauf, unangefochten im Haus zu bleiben. Nur bewahrende Maßnahmen waren dem Erben erlaubt, dafür war er auch vor dem Zugriff der Nachlassgläubiger geschützt. Anfänglich bedeutete das *Recht des Dreißigsten*, dass sich der Erbe in dieser Zeit nicht in den tatsächlichen Besitz der Erbschaft setzen durfte; dieser Rechtsbrauch wurde aber schon im Zeitalter der Rechtsbücher nicht mehr beibehalten[839].

839 Vgl. *C. G. Homeyer*, Der Dreißigste, 87 ff. Ein Vergleich mit der hereditas iacens erscheint nicht gerechtfertigt, weil Zweck und Inhalt dieser Institute völlig verschieden sind.

2. Neuzeitliche Rechtsentwicklung

a) Gemeines Recht

Die römisch-gemeinrechtliche Regelung des Erbgangs baut zwar auf den Prinzipien der privaten Erbantretung und privaten Besitzergreifung des Nachlasses auf, kannte aber in **Ausnahmefällen** den sog. **gerichtlichen Einsatz** und ließ ihn auch auf besonderes Ansuchen zu. Der bereits in ma. Quellen mancherorts belegte „Einsatz" oder „gerichtlicher Einsatz" des Erben in die Erbschaft aufgrund einer summarischen Untersuchung durch den Richter konnte sich also behaupten[840].

Legistische Hilfestellung boten die *missio Hadriana* und das *interdictum quorum bonorum*. Das eine war eine Art Besitzeinweisung des Erben in den Nachlass unter der Voraussetzung der Bezahlung der Erbschaftssteuer, wenn er dies binnen Jahresfrist nach der Testamentseröffnung verlangte, das andere war ein Rechtsmittel auf Herausgabe von Nachlassgegenständen, das nur dem zustand, der vor dem Richter oder vor der Gemeindebehörde die Erwerbserklärung abgegeben hatte.

Festzuhalten bleibt, dass gerichtlicher Einsatz in der Regel *nur auf Antrag der Erben* erfolgte. Fälle eines amtswegigen Einschreitens der Obrigkeit sind kaum belegt. Die definitive Feststellung des Erbrechts blieb im Streitfall dem Prozess vorbehalten *(hereditatis petitio)*[841].

Charakteristisch für den Erbgang im 16. und 17. Jh. blieben demnach die **außergerichtliche** Eröffnung der Testamente, die **außergerichtliche** Antretung der Erbschaft und die **außergerichtliche** Ergreifung des Nachlassbesitzes. Es war nicht Pflicht der Parteien, sich einem obrigkeitlichen Nachlassverfahren zu unterziehen, sondern umgekehrt Pflicht des Richters, auf deren Antrag oder bei Vorliegen schutzwürdiger Interessen an der Zuweisung des Nachlassbesitzes unterstützend mitzuwirken.

b) Obrigkeitliches Nachlassverfahren

Erst in der zweiten Hälfte des 17. Jhs. vollzog sich ein bemerkenswerter Wandel. Verfahrensrechtliche Vorschriften in den *Novellae declaratoriae* Ferdinands III. aus dem Jahre 1640 für das Königreich Böhmen dokumentieren erstmals das Interesse des königlichen Fiskus an einem obrigkeitlichen Nachlassverfahren und erweitern die **richterlichen Mitwirkungsbefugnisse** beim

840 Bemerkenswert ist vor allem die gemeinrechtliche Regelung des gerichtlichen Einsatzes in der Tiroler Landesordnung von 1532, III, Art. XXVI ff.

841 Von gerichtlicher Sperre und Inventarisierung des Nachlassvermögens ist die Rede bei abwesenden und unbekannten Erben (obderennsische Landtafel IV, Tit. 14), im Falle des Todes eines Fremden (böhmisches Stadtrecht E. 38) oder zum Schutze der Pupillen (böhmisches Stadtrecht A. 29 § 2). Besondere Maßregeln wurden auch dann ergriffen, wenn ein Geistlicher starb. Ein Ausländer hatte Sicherheit durch angesessene Bürgen zu leisten, ehe ihm die Erbschaft ausgefolgt wurde. Nachweise bei *J. Unger*, Die Verlassenschaftsabhandlung in Oesterreich, 1862, 45 ff.

Erwerb des Nachlassvermögens. Das Recht der Parteien, richterliche Hilfe beim Nachlasserwerb in Anspruch zu nehmen, wurde in den österreichischen Erbländern – teils verordnet, teils auf gewohnheitsrechtlichem Weg wie in den innerösterreichischen Ländern – sehr rasch zu einer Pflicht.

Zu Beginn des 18. Jhs. waren bereits **gerichtliche Sperre des Nachlasses, gerichtliche Eröffnung des Testaments, gerichtliche Erbserklärung** und **gerichtlicher Einsatz** Voraussetzungen des Erbschaftserwerbs in einem weitgehend amtswegigen Verfahren. Die dem gerichtlichen Einsatz vorhergehenden summarischen Untersuchungen zur Feststellung des Erbrechts gaben zwar der abschließenden Besitzeinweisung des Erben noch immer den Charakter eines Provisoriums *(vorläufige Einweisung in den Besitz der Erbschaft)*, doch war auch das nur ein Übergangsstadium. Sowohl den Verfahrensvorschriften als auch aus der juristischen Literatur dieser Zeit ist die Forderung zu entnehmen, dass sich die amtswegige Verlassenschaftsabhandlung auf die Ermittlung und Wahrung aller möglichen Interessen zu erstrecken habe und dass der Nachlass dem Erben erst nach Befriedigung oder Sicherstellung aller anderweitigen Ansprüche zu überantworten sei[842].

Die Idee des Obrigkeitsstaates setzte sich auch bei der Behandlung des Nachlassvermögens durch. Handlungen, zu denen das Gericht vormals auf Verlangen der Parteien und in deren Interesse befugt war, erschienen zunehmend als *Jurisdiktionsakte*, die das Gericht im Interesse der Obrigkeit vorzunehmen hatte. Die **Verlassenschaftsabhandlung** wurde zum Recht der Jurisdiktion, um die die Parteien anzusuchen hatten, widrigenfalls das Verfahren von Amts wegen eingeleitet wurde. Starke Impulse für die Einführung eines amtswegigen Nachlassverfahrens ergaben sich nicht zuletzt durch die vermögensrechtlichen Vorteile für die Obrigkeit. Die Verlassenschaftspflege wurde gleichsam zu einem **nutzbaren Regal**[843].

Im Zuge dieser Entwicklung hat man im 18. Jh. die Ausmittlung und Befriedigung aller Ansprüche auf und an den Nachlass, vor allem die Prüfung und Feststellung des behaupteten oder strittigen Erbrechts in das Nachlassverfahren aufgenommen, um erst dann die Einantwortung des Nachlasses vorzunehmen. Dadurch wurden die amtswegig wahrzunehmenden Interessen immer zahlreicher. Die Abhandlungsinstanz wuchs in die Rolle eines Testamentsvollziehers, dem zugleich die Regulierung des Nachlasses aufgetragen ist. Sie hatte auf die Abgabe der Erbserklärungen zu dringen, für die Erfüllung der testamentarischen Anordnungen, für die Ausrichtung der Vermächtnisse, für die Befriedigung der Erbschaftsgläubiger, für die Bezahlung der

842 Näheres bei *J. Unger*, Verlassenschaftsabhandlung, 60 ff.

843 Wie vielgestaltig die sog. Jurisdiktionsgebühren bzw. Abhandlungstaxen waren, zeigt ein Blick in die Rechtsquellen: es ist die Rede von Sperrtaxen, Inventurstaxen, Pfundgeldern, Anschreibgeldern, Abschreibgeldern, Abhandlungs-Gefälle, Mortuarium. Zum letzteren s. insbes. *J. Unger*, Verlassenschaftsabhandlung, 79, FN 70.

gerichtsherrlichen Abgaben, für die Entrichtung der landesfürstlichen Steuern und letztendlich für die Einantwortung des *reinen Nachlasses* an den Erben Sorge zu tragen.

c) Verfahrensgrundsätze

Am Ende dieser Entwicklung stand das **Nachlassverfahren**, wie es im *Patent vom 9. September 1785* für die Justizstellen der deutsch-slawischen Erbländer festgelegt wurde. Es war von Amts wegen dafür zu sorgen, dass der ausgesprochene oder vermutete Wille des Erblassers in Erfüllung geht und von Amts wegen dafür zu sorgen, dass ein jeder das ihm aus und von dem Nachlass Gebührende erhält[844]. Der Leitsatz, dass der Nachlass nur dem *wahren Erben* ausgefolgt werden soll[845], machte aus dem Provisorium der Einantwortung eine Entscheidung über die Erbberechtigung. Aus dem gemeinrechtlichen Erbrechtsprozess war eine Amtssache geworden.

Diese festgefahrenen Grundsätze des Nachlasserwerbs waren durch die Kodifikationsarbeiten zum ABGB kaum aufzuweichen. Noch im *Westgalizischen Gesetzbuch* (Teil II Hpst. 18 §§ 589–639) finden sich ausführliche und umständliche Regelungen über das Nachlassverfahren. Die Redaktoren des ABGB bemühten sich immerhin, eine Grenzlinie zu ziehen zwischen jenen Bestimmungen, die in das Gesetzbuch aufzunehmen, und jenen, die der Gerichtsordnung zuzuweisen seien.

Eindeutig in diesem Sinn das schriftliche Referat von *Zeiller*, in dem er u. a. ausführt: „... Diese Grenzlinie ergibt sich aus der Natur der Sache. Alles was bloß das Amt des Richters betrifft und der Partei nicht einmal zu wissen nöthig, gehört in die Gerichtsordnung. Aber Alles, was dabei die Partei selbst besorgen oder doch zu ihrem Benehmen wissen muß, gehört in das Gesetzbuch. Vermöge des ersten Satzes erachtete ich, daß man mehrere Paragraphe in dem Hauptstück des Entwurfs ganz weglassen, aus einigen aber nur ... Gewisses ausziehen soll."

Tatsächlich zog § 798 a. F. ABGB diese Grenze[846]. Die Gerichtsordnung, auf die das *ABGB 1811* verweist, war bis 31.12.2004 das Gesetz über das gerichtliche Verfahren in Rechtsangelegenheiten außer Streitsachen vom 9.8.1854, RGBl. 208 (in der Praxis „Außerstreitgesetz", auch „Abhandlungspatent" genannt), und ist seither das „neue"

844 *J. Unger* (Verlassenschaftsabhandlung, 97) formulierte in beißender Schärfe, dass der Erbe nicht dasjenige *behalten* sollte, was nach Bezahlung der Erbschaftsschulden übrig ist, sondern dasjenige *erhalten*, was nach Abzug der Nachlassschulden übrig bleibt.

845 Vgl. die Bestimmung der Instruction von 1785 II § 43, dass der Richter zu bestimmen habe, „wer über das streitige Erbrecht als Kläger aufzutreten und die gehörig instruierte Klage zu überreichen habe, welche alsdann den Grund zur weiteren ordentlichen Rechtsverhandlung zu legen hat".

846 „Wie weit das Gericht nach einem Todesfalle von amtswegen vorzugehen habe und welche Fristen und Vorsichtsmittel bei diesem Abhandlungsgeschäfte zu beobachten seien, bestimmen die besondern, über das gerichtliche Verfahren bestehenden Vorschriften. Hier wird festgesetzt, was dem Erben oder demjenigen, der sonst einen Anspruch an die Verlassenschaft hat, zu thun obliege, um zu dem Besitze dessen, was ihm gebührt, zu gelangen."

Außerstreitgesetz (AußStrG) vom 12.12.2003, BGBl. I 111, das die alten Verfahrensvorschriften mit Wirkung vom 1.1.2005 ersetzte.

Schon 1854 aufgegeben wurde u. a. das Prinzip der Einantwortung des reinen Nachlasses. Seit damals hat der Abhandlungsrichter auch nicht mehr von Amts wegen für die Sicherstellung oder Befriedigung der Erbschaftsgläubiger und Legatare vorzusorgen[847]. Die Ausforschung der Erbberechtigten und amtswegige Ausfolgung des Nachlassvermögens an den wahren Erben ist jedoch gültiger Gesetzesauftrag[848]. Der Erbrechtsstreit war nach dem „alten" Außerstreitgesetz 1854 im **Rechtsweg** auszutragen, und zwar vor der Einantwortung. Das Abhandlungsgericht bestimmte, wer von den konkurrierenden Erbansprechern die **Erbrechtsklage** einzubringen hatte[849]. Dazu wurde ihm eine Frist gesetzt, bei deren ungenützter Verstreichung mit der Verlassenschaftsabhandlung fortgefahren wurde, als wäre er im Erbrechtsstreit unterlegen[850]. Mit dem „neuen" Außerstreitgesetz wurde der Erbrechtsstreit in das **Außerstreitverfahren** verlagert[851]. Nach Einantwortung des Nachlasses lässt seit jeher § 823 ABGB die Klage auf Herausgabe oder Teilung der Erbschaft zu **(Erbschaftsklage)**.

847 §§ 688, 811 ABGB; vgl. dazu bereits das Westgalizische Gesetzbuch II § 634.

848 Vgl. § 819 a. F. ABGB „Sobald über die eingebrachte Erbserklärung (seit BGBl. I 2003/111 Erbantrittserklärung) der *rechtmäßige* Erbe vom Gerichte *erkannt*, und von demselben die Erfüllung der Verbindlichkeiten geleistet ist, wird ihm die Erbschaft eingeantwortet und die Abhandlung geschlossen …". Durch ErbRÄG 2015 erfolgte die sprachliche Modernisierung der Norm unter Betonung der konstitutiven Wirkung der Einantwortung, die auch das grundbücherliche Eintragungsprinzip durchbricht.

849 Er trug damit die Beweislast für sein besseres Recht.

850 § 125 Außerstreitgesetz 1854.

851 §§ 160–163 AußStrG.

Sachverzeichnis

B

C

D

H

N

O

P

Q

R

T

W